DAS BUCH

Berlin war die Frontstadt des Kalten Krieges. Die Geheimdienste CIA und KGB bekämpften sich hier mit allen Mitteln der Spionage und Gegenspionage, um die Pläne der anderen Seite zu erkunden und zu durchkreuzen. Berlin-Blockade, Aufstand am 17. Juni, Otto-John-Affäre, Chruschtschows Ultimatum, Mauerbau, immer spielten die Geheimdienste eine zentrale Rolle. Viel ist über Operationen, Agenten und Drahtzieher von damals spekuliert worden. Doch nie haben sich die Verantwortlichen selbst zu Wort gemeldet, noch nie wurden die einschlägigen Akten zugänglich gemacht. Um so sensationeller ist das vorliegende Buch. Geschrieben haben es die beiden Hauptkontrahenten von damals: David E. Murphy, in den 50er Jahren CIA-Chef der Operationsbasis Berlin, und Sergej A. Kondraschow, Leiter der Deutschland-Abteilung des KGB. Der dritte im Bund: George Bailey, Journalist, Buchautor und seinerzeit US-Verbindungsoffizier in Berlin. Offen sprechen sie über ihre geheimsten Einsatzpläne, Erfolge und Mißerfolge, über ihre Verbündeten und Topspione im anderen Lager. Sie konnten, speziell für dieses Buch, die Geheimakten von CIA und KGB hinzuziehen. Gestützt auf Dokumente und ihre eigenen Erinnerungen, haben sie die damaligen Ereignisse rekonstruiert. Das Resultat ist dieses einzigartige Buch, aus dem der Leser aus erster Hand erfährt, wie alles wirklich gewesen ist.

DIE AUTOREN

George Bailey, geboren 1919, war im Zweiten Weltkrieg US-Verbindungsoffizier bei der Roten Armee. Nach dem Krieg war er für die US Army tätig, zunächst als Betreuungsoffizier für sowjetische Überläufer, dann als Verbindungsoffizier in Berlin. Seit 1956 journalistische Tätigkeit in Berlin, u. a. für ABC und als Leiter von Radio Liberty. Er lebt in München.

Sergej A. Kondraschow, geboren 1923 in Sagorsk, stand von 1944 bis 1992 in Diensten des KGB. Von 1955 bis 1957 und 1963 bis 1967 war er Leiter der Deutschland-Abteilung der Auslandsaufklärung und damit auch für Berlin-Operationen zuständig. Er lebt in Moskau.

David E. Murphey, geboren 1921 in New York, stand von 1947 bis 1977 in Diensten der CIA, von 1945 bis 1959 als stellvertretender Leiter, dann bis 1961 als Leiter der Operationsbasis Berlin. Anschließend war er bis 1968 Leiter der Abteilung Sowjetrußland im CIA-Hauptquartier in Washington. Er lebt in Florida.

GEORGE BAILEY
SERGEJ A. KONDRASCHOW
DAVID E. MURPHY

DIE UNSICHTBARE FRONT

DER KRIEG DER GEHEIMDIENSTE IM GETEILTEN BERLIN

AUS DEM AMERIKANISCHEN VON RALF FRIESE,
HERRMANN KUSTERER UND KLAUS-DIETER SCHMIDT

ULLSTEIN

Ullstein Buchverlage GmbH & Co. KG, Berlin
Taschenbuchnummer: 26569
Titel der amerikanischen Originalausgabe:
Battleground Berlin
Originalverlag:
Yale University Press, New Haven

Unveränderte Ausgabe März 2000

Umschlaggestaltung: Morian & Bayer-Eynck
Umschlagabbildung: Archiv für Kunst und Geschichte, Berlin

Propyläen Verlag

Printed in Germany 2000

Satz: MPM, Wasserburg
Druck und Bindung: Ebner Ulm
ISBN 3 548 26569 3

Gedruckt auf alterungsbeständigem Papier mit chlorfrei gebleichtem Zellstoff

INHALT

VORWORT

Dies ist die Geschichte zweier Nachrichtendienste, die im Kalten Krieg in einen Kampf um Berlin und Deutschland verstrickt waren. Der eine, der sowjetische KGB, war ein leistungsfähiger Staatssicherheitsapparat und Auslandsnachrichtendienst, der in der Oktoberrevolution, in den Säuberungen der Stalinära und im Krieg mit Nazideutschland gestählt worden war. Seine vielen Erfolge wurden von einer durch Fehlurteile und Ideologie verblendeten Führung allerdings selten angemessen gewürdigt.

Die CIA dagegen war ein Neuling. Sie entstand aus dem Büro für Strategische Dienste (OSS) der Kriegszeit und war der erste zivile amerikanische Nachrichtendienst, der die Durchführung von Operationen und die unabhängige Analyse von Informationen in einer einzigen Behörde zusammenfaßte. In ihrem mit Naivität gemischten Optimismus und der eisernen Entschlossenheit, Probleme zu lösen, spiegelte die CIA in vieler Hinsicht den amerikanischen Charakter wider. Die Erfahrungen ihrer Wachstumsphase sammelte sie zu einem großen Teil in Berlin zwischen Kriegsende und Mauerbau.

Es ist angebracht, den Leser an dieser Stelle auf einige konzeptionelle und technische Schwierigkeiten aufmerksam zu machen, die sich bei der Recherche für dieses Buch und bei seiner Niederschrift ergeben haben. Die Zusammenarbeit dreier Autoren kann sich, selbst wenn sie gleicher Herkunft sind und gleiche Ansichten vertreten, als schnellster Weg in die Katastrophe erweisen, und die Autoren dieses Buchs wiesen keine dieser Gemeinsamkeiten auf. David E. Murphy hatte in den wichtigsten Jahren des Kalten Krieges an der Spitze der Berliner Operationsbasis der CIA gestanden, und Generalleutnant i. R. Sergej A. Kondraschow war einer der führenden Deutschlandexperten des KGB gewesen. Der dritte im Bunde, der ehemalige Direktor von Radio Liberty, George Bailey, der jetzt in München lebt und über das deutsch-russische Verhältnis schreibt, fand sich oft in der Rolle des Vermittlers zwischen diesen beiden ehemaligen Nachrichtendienstoffizieren der beiden Seiten des Kalten Krieges wieder. Murphy und Kondraschow unterschieden sich nicht nur hinsichtlich ihrer Karrieren und ihres persönlichen Lebens, sie gingen auch mit verschiedenen Erfahrungen, Haltungen und Überzeugungen, die sie in Jahrzehnten erworben hatten, an dieses Projekt heran. Beide konnten zwar die Grundpositionen des anderen verstehen, vermochten aber deren Nuancen und Folgerungen häufig nicht nachzuvollziehen. Sogar die Terminologie wirkte störend. Was Bailey und Murphy Ost-Berlin oder Sowjetsektor nannten, war für Kondraschow das demokratische Berlin. Darüber hinaus hatten beide Seiten unterschiedliche, in vielen Punkten einander widersprechende Vorstellungen über Inhalt, Schwerpunkt und Schlußfolgerungen des Buchs. Schließlich waren die Autoren je nach der Archivierungspraxis des jeweiligen Dienstes sowie der Zugänglichkeit seiner Archive sowie der Verfügbarkeit und Bereitschaft von Veteranen, Fragen zu beantworten, in unterschiedlichem Maß in der Lage, ihre Ansichten zu untermauern.

Obwohl diese Schwierigkeiten nicht auf die Autoren dieses Buchs beschränkt sind, wurde die Öffentlichkeit während des Kalten Krieges und nach seinem Ende mit Sachbüchern zu diesem Thema geradezu überschwemmt. Viele dieser Bücher wurden von Überläufern geschrieben – früheren KGB-Offizieren, die sich allein oder gemeinsam mit westlichen Autoren des Themas angenommen hatten. Ein Beispiel für dieses Genre ist das von Oleg Gordiewsky in Zusammenarbeit mit Christopher Andrew verfaßte Buch *KGB. Die Geschichte seiner Auslandsoperationen von Lenin bis Gorbatschow.* Auf der anderen Seite erschienen die Memoiren von Kim Philby und George Blake, als beide Männer in der Sowjetunion lebten. Ihnen folgten sorgfältig edierte und vom russischen Auslandsnachrichtendienst (SWR) abgesegnete Bücher ehemaliger KGB-Offiziere. Die Zusammenarbeit mit dem pensionierten KGB-General Kondraschow, der in Moskau lebt und weiterhin auf gutem Fuß mit seinem früheren Dienst steht, paßt in keine dieser Kategorien. Tatsächlich ist es das erste Mal in der Geschichte, daß ehemalige Offiziere von CIA und KGB zusammengearbeitet haben, um gemeinsam ihre Erfahrungen darzustellen. Dabei blieben die unterschiedlichen gesellschaftlichen Strukturen, in denen beide Dienste operierten, nicht ohne Wirkung auf die Entstehung des Manuskripts. Die schwierigste Aufgabe aber bestand darin, die unterschiedlichen Vorstellungen über die Gestalt des Buchs miteinander zu vereinen.

Murphys und Baileys Idee war, die Geschichte der Berliner Filialen von CIA und KGB in der Zeit vom Kriegsende bis zum Bau der Mauer darzustellen. Durch die Zusammenfügung von Archivmaterial und persönlichen Erinnerungen aus beiden Diensten sollten ihre Ursprünge und Entwicklung innerhalb des Staatsapparats beider Länder aufgedeckt und ihre Operationen so beschrieben werden, wie die Beteiligten selbst sie dokumentiert haben. Kurz, es sollte ein Insiderbericht über die Rivalität zwischen CIA und KGB im Berlin des Kalten Krieges und über ihr Verhalten in solch explosiven Situationen wie der Berliner Blockade werden. Dementsprechend sollten die Organisationsstruktur beider Dienste sowie deren Personal und Operationen dargestellt werden. Murphy und Bailey wußten, wieviel im Westen über die Rolle der CIA im Kalten Krieg geschrieben worden war, während über die KGB-Aktivitäten nur wenig bekannt war, und sie erwarteten, Zugang zu wertvollem sowjetischen Archivmaterial zu erhalten, obwohl ihnen klar war, daß der SWR gewisse Details von Operationen und die Identität von Agenten, die nie enttarnt worden waren, nicht preisgeben würde. Indem sie dieses Material mit den Informationen verglichen, die Murphy von der CIA bekommen würde, hofften sie ein ausgewogenes Bild der Zeit geben zu können.

Kondraschow andererseits wollte sich auf politische Informationen konzentrieren, mit denen der KGB die sowjetischen Absichten in Deutschland unterstützte. Diese Haltung war verständlich, gehörte es doch während eines großen Teils seiner Karriere zu seinen Hauptaufgaben, diese deutschlandpolitischen Ziele durchzusetzen. Dennoch war er ebenso wie die anderen beiden Autoren stets bereit, Meinungsverschiedenheiten über die Zielrichtung des Buchs oder über spezifische Fragen einvernehmlich zu lösen. Das Ergebnis ist eine Darstellung, die vielleicht das Beste beider Vorstellungen über die Gestalt dieses Buchs vereint. Dieser fruchtbare Austausch wird in der Abhandlung solch zentraler Themen wie der Berliner Blockade und den Auswirkungen des Koreakrieges auf die deutsche Rolle in der Verteidigung Europas deutlich.

Kondraschow erhielt problemlos Zugang zum Archiv des SWR. Schwierigkeiten bereitete es allerdings, einzelne Dokumente zu finden. Außerdem stellte sich heraus, daß viele Berichte über Berlin nie in

Umlauf gebracht worden waren, weil es politisch nicht opportun zu sein schien. Daß KGB-Offiziere Informationen zurückhielten, die einer anerkannten politischen Strategie oder der Parteilinie widersprachen, war nichts Ungewöhnliches. Dennoch wurde eine Vielzahl neuer Dokumente zutage gefördert. Das Archivmaterial bestand aus siebenundachtzig Fotokopien von Dokumenten und rund zweihundertfünfzig Zusammenfassungen von Akten. Das Übergewicht der Zusammenfassungen erklärt sich aus der Schwierigkeit, die Erlaubnis zu erhalten, die Dokumente aus den Akten zu entnehmen – sie sind buchstäblich in die Ordner eingenäht –, und aus der Zeit, die der SWR braucht, um die kopierten Dokumente aus der Geheimhaltung zu entlassen. Über den Zugang zu seinem Archiv entscheidet die Presse- und Öffentlichkeitsabteilung des SWR.

Das von Kondraschow bereitgestellte Material wurde mit nicht geheimen Publikationen, mit den Erinnerungen von Murphy und seinen CIA-Kollegen sowie den relevanten CIA-Akten verglichen. Diese Akten umfaßten Entstehung, Aufbau, Operationen und Besetzung der Berliner Operationsbasis, angefangen mit ihrer Gründung durch Allen Dulles im Sommer 1945. Um Zutritt zum CIA-Archiv zu erhalten, mußte sich Murphy einer neuerlichen Sicherheitsprüfung und einem Polygraphentest unterziehen. Außerdem wurden alle in diesem Buch zitierten Dokumente vom Zentrum für nachrichtendienstliche Studien der CIA auf mögliche Sicherheitsbedenken geprüft und freigegeben. Kopien der Dokumente sind auf Anfrage erhältlich.

Ein Buch wie *Die unsichtbare Front,* das auf dem Wissen von sowjetischen und amerikanischen Nachrichtendienstoffizieren beruht, die an vielen dieser Ereignisse beteiligt waren, kann wohl nie wieder geschrieben werden; wenn dieses Buch erscheint, werden wir alle weit in den Siebzigern stehen. Deshalb haben wir uns ein ehrgeiziges Ziel gesetzt: beispiellose dokumentarische Beweise dafür zu liefern, was beide Seiten in den jeweiligen Krisen wußten, und dem Leser ein Gefühl davon zu vermitteln, was es bedeutete, sich im Kalten Krieg in Berlin auf eine Kraftprobe mit einem Geheimdienstgegner einzulassen. Das Ergebnis dieses Vorhabens ist, wie wir zuversichtlich glauben, ein einzigartiger Beitrag zur Geschichte des Kampfes zwischen Ost und West nach dem Ende des Zweiten Weltkrieges.

I

DIE FRONTEN BILDEN SICH HERAUS

DIE BERLINER OPERATIONSBASIS DER CIA

Am Heiligabend 1943 traf General William Donovan, der Chef des OSS, dem ersten zentralen Nachrichtendienst der USA, in Moskau ein. Seine Absicht war, eine ständige Verbindung mit dem sowjetischen Auslandsnachrichtendienst aufzubauen, wie sie zwischen Sowjets und Briten bereits bestand. Einen Tag nach seiner Ankunft kam er mit dem sowjetischen Außenminister Wjatscheslaw Molotow zusammen, dem er unter anderem die OSS-Absichten in Bulgarien erläuterte. Molotow war über die möglichen Interessenkonflikte angesichts der Balkanpläne des OSS zwar nicht erfreut, arrangierte aber ein Treffen zwischen Donovan und Vertretern des sowjetischen Nachrichtendienstes.[1]

Zwei Tage später sprach Donovan mit Pawel Fitin, dem Chef der Auslandsverwaltung des Volkskommissariats für Staatssicherheit (NKGB), und einem gewissen Oberst Alexander Osipow, der als Dolmetscher fungierte und ihm als Leiter der Abteilung für subversive Operationen in den von den Deutschen besetzten Gebieten vorgestellt wurde. Man kann sich Donovans Reaktion vorstellen, wenn er gewußt hätte, daß Osipow in Wirklichkeit der »gerissene Armenier« Gaik B. Owakimian war, der 1941 in den USA wegen Spionage verhaftet, wenig später nach dem deutschen Angriff auf die Sowjetunion aber wieder entlassen worden war und inzwischen als Stellvertreter Fitins die anglo-amerikanischen Operationen des NKGB leitete.[2] Donovans Gespräch mit Fitin ist häufig dargestellt worden; Osipows wahre Identität aber wird hier zum ersten Mal enthüllt.

Sein Schock wäre noch größer gewesen, wenn er erfahren hätte, daß Owakimian die umfangreiche Infiltration des OSS leitete. Seit dieses im Juli 1941 als Büro des Nachrichtenkoordinators des Präsidenten (COI) gegründet worden war, hatte der NKGB unter dem Decknamen »Isba«

(Hütte) mehrere gutplazierte Agenten in dem jungen Nachrichtendienst angeworben, darunter den Rechtsanwalt Duncan Chaplin Lee, Deckname Koch, einen von Donovans persönlichen Assistenten.[3] Da die Sowjets über die Pläne und Absichten des OSS also bestens informiert waren, kann es nicht überraschen, daß Donovan so schnell eine Übereinkunft darüber erzielte, geheime Informationen auszutauschen und in Moskau und Washington Verbindungsmissionen einzurichten. Letztere Idee wurde allerdings von J. Edgar Hoover, dem Direktor des FBI, vereitelt, der um die amerikanische Sicherheit fürchtete. Die Verbindung zwischen OSS und NKGB wurde aber trotz dieses Rückschlags über die US-Militärmission in Moskau aufrechterhalten. Besser konnte es der NKGB gar nicht treffen. Einerseits erhielt er Informationen vom OSS selbst, andererseits konnten seine Agenten jene Informationen besorgen, darunter Dokumente aus dem Außen- und dem Kriegsministerium, die das OSS nicht weitergeben wollte, so daß Stalin, Molotow und Berija vielfältiges Material aus offiziellen wie inoffiziellen Quellen vorgelegt werden konnte, das zudem in vielen Fällen von Informationen anderer NKGB-Quellen ergänzt wurde. Besonders geschätzt waren Berichte der OSS-Mission in Bern, von wo aus Allen Dulles ausgezeichnete Quellen im deutschen Widerstand führte.[4]

Die Zusammenarbeit zwischen OSS und NKGB wurde bis kurz nach Kriegsende fortgeführt, als das OSS nach Deutschland vorrückte und Dulles sich in Berlin einrichtete. Damals nahm das OSS den Führer eines SS-Agentennetzes in Südosteuropa gefangen, der eine Funkstation in Österreich betrieb, und man schlug vor, bei der Liquidierung des Netzes mit dem NKGB zusammenzuarbeiten. Das OSS regte deshalb ein Treffen zwischen Dulles und Fitin an.[5] Bei dem Gespräch in Berlin legte sich Fitin jedoch quer. Er wollte wissen, »welche anderen führenden deutschen Nachrichtendienstoffiziere vom amerikanischen Militär noch gefangengenommen worden« seien und wer von ihnen vorgeschlagen habe, »gegen die Sowjetunion zu arbeiten«. Daraufhin wiesen die amerikanischen Vereinigten Stabschefs das OSS an, die Idee fallenzulassen. Sie befürchteten wahrscheinlich, andere zur Kooperation bereite Nachrichtendienstoffiziere abzuschrecken, wenn das Gerücht aufkam, sie hätten ein deutsches Agentennetz »verraten«.[6] Demgemäß erhielt das OSS Deutschland den Befehl, die Funkstation zu zerstören.[7]

Damit endete die vom Krieg veranlaßte Zusammenarbeit der beiden Nachrichtendienste, die auf seiten des OSS stets von beträchtlicher Naivi-

РАССЕКРЕЧЕНО
Служба внешней разведки РФ

Сов. секретно

В три адреса

НКГБ СССР сообщает содержание сводки политической разведки Управления Стратегических Служб США № 40 от 16.2.45. Текст документа получен в Вашингтоне агентурным путем, [illegible]

« Кризис в Германии.

В результате недавних военных неудач немецкая администрация и экономическая система функционируют с большим напряжением. Советское наступление увеличило эвакуацию населения из захваченных Красной Армией областей, усложняя политический контроль и загружая немецкий транспорт и перенаселяя города. Потеря важных индустриальных и сельско-хозяйственных районов предвещает серьезную недостачу военных и гражданских продуктов снабжения. Положение усугубляется сильными бомбардировками германских городов и, в частности, Берлина, а также мрачным предчувствием результатов Крымской конференции и новым наступлением союзников на двух фронтах.

Германская пропаганда до Крымской конференции заранее пыталась дискредитировать любую декларацию союзников и этим самым свидетельствовала о увеличивающемся беспокойстве нацистов относительно влияния этих деклараций на моральное состояние армии и населения. Эта озабоченность нацистов указывает на их опасение, что эффективность правительственного контроля над населением ослабнет, нацистские же руководители, по-видимому, считают, что до тех пор, пока сохраняется единство командования и эффективность правительственного контроля, ухудшение морально-политического состояния германского населения не представляет очень большой опасности. Превращение в настоящее время тыловых районов в зону военных действий может временно усилить этот контроль, но в конце концов известный распад фронта и массовая

№ 170/599

OSS, Wöchentlicher Nachrichtenbericht Nr. 40, »Krise in Deutschland«, 16. Februar 1945, der Washingtoner NKGB-Residentur von Agenten im OSS zugänglich gemacht und von dieser an die »drei Adressen« verteilt: Stalin, Molotow und Berija.

tät hinsichtlich der Nachkriegsrolle seines sowjetischen Gegenstücks geprägt war. Als die Erben des OSS dessen Hinterlassenschaft antraten und sich in Berlin und anderswo auf der Welt neuen Herausforderungen gegenübersahen, entpuppte sich der einstige Verbündete als harter Gegner, der eine Menge mehr über die amerikanischen Nachrichtendienste wußte als diese über den NKGB.

Der sowjetische Vorteil reichte über die Nachrichtendienste hinaus. Der Kampf um Berlin ging am 2. Mai 1945 zu Ende, und die deutsche Gesamtkapitulation wurde im Westen am 7. und im Osten am 9. Mai – kurz nach Mitternacht und noch mit Datum vom 8. Mai – unterzeichnet. Doch in Berlin konnten die westlichen Alliierten erst am 4. Juli einmarschieren, nachdem die Amerikaner Teile der künftigen Sowjetischen Besatzungszone geräumt hatten, die von ihnen in den letzten Kriegstagen besetzt worden waren. Inzwischen kontrollierten die Sowjets die ganze Stadt, und sie und ihre Verbündeten von der KPD hatten die Bezirksämter und viele andere Einrichtungen der Stadtverwaltung übernommen. Sogar das berüchtigte Blockleitersystem der Nazizeit hatten sie für ihre Zwecke nutzbar gemacht.

Für die deutsche OSS-Mission bedeutete die zweimonatige Verzögerung verlorene Zeit, da sie ihr die Möglichkeit nahm, »Kontakte in einem Gebiet herzustellen, das uns bald verschlossen sein wird«.[8] Tatsächlich wurde die Sowjetische Besatzungszone (SBZ) für westliche Militärs und Nachrichtendienstoffiziere wenig später zur Terra incognita. Die Militärmissionen, die in allen vier Besatzungszonen eingerichtet werden sollten, waren noch nicht in Betrieb. Verschlimmert wurde der daraus folgende Mangel an Informationen über die Aufstellung der Einheiten der Roten Armee durch die Arglosigkeit, mit der die Amerikaner auf eine militärische Zusammenarbeit mit den Sowjets hofften. Als General Omar Bradley am 5. Mai 1945 zum ersten Mal mit Marschall Iwan Konew zusammentraf, gab er ihm eine Karte, auf der die Aufstellung sämtlicher US-Divisionen an seiner Front verzeichnet war. Konew erwiderte das Geschenk ebensowenig wie Marschall Georgi Shukow.[9]

Die Anfänge der Berliner Operationsbasis

Am 4. Juli 1945, dem ersten Tag, an dem das OSS Zugang zu Berlin hatte, ließ es umgehend eine Gruppe von Agenten einfliegen. Als sie auf dem Flugplatz Tempelhof landete, befand sich dieser noch unter sowjetischer Kontrolle. Als Hauptquartier wählte Allen Dulles den ehemaligen Kommandostand von Feldmarschall Wilhelm Keitel im Föhrenweg im zu Zehlendorf gehörenden Villenvorort Dahlem, der nur geringe Bombenschäden erlitten hatte. Mit mehreren Kellergeschossen für Büros, Wohnräume und Werkstätten und dem ansehnlichen Park, von dem es umgeben war, wirkte das von Albert Speer entworfene Gebäude wie die Kulisse eines Le-Carré-Films.

Dulles verbrachte allerdings nicht viel Zeit in dem neuen Hauptquartier. Donovans Bemühungen, das OSS in eine Organisation für die Friedenszeit umzuwandeln, schlugen fehl, und am 1. Oktober wurden

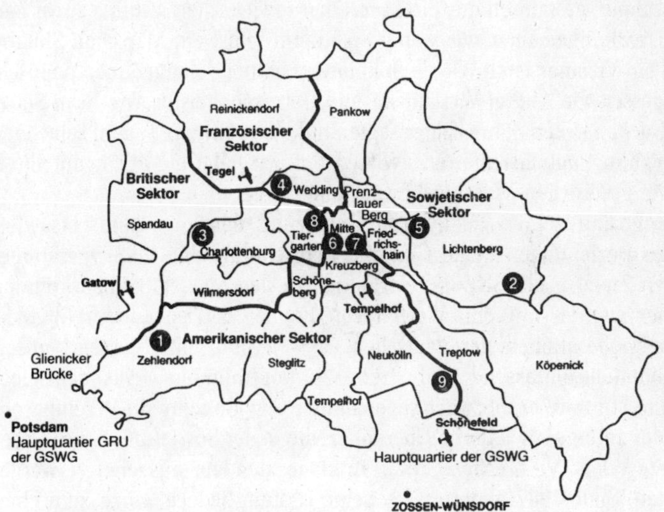

1. US-Hauptquartier (BOB), Clayallee
2. Sowjetisches Hauptquartier (KGB-Apparat), Karlshorst
3. Britisches Hauptquartier, Olympiastadion
4. Französisches Hauptquartier, Quartier Napoleon
5. Ministerium für Staatssicherheit, Normannenstraße
6. ZK der SED, Marx-Engels-Platz
7. Ministerrat der DDR, Klosterstraße
8. Brandenburger Tor
9. Berliner Tunnel

Nachrichtenbeschaffung und Spionageabwehr des OSS als Einheit für Strategische Dienste (SSU) dem Kriegsministerium unterstellt. Die Berliner OSS-Mission wurde zu deren Berliner Operationsbasis (BOB), und Dulles kehrte in seine Anwaltskanzlei zurück. Vor seinem Abschied machte er General Lucius D. Clay, den zu dieser Zeit höchstrangigen Repräsentanten der USA in Berlin, auf die Probleme aufmerksam, die es der SSU erschweren würden, Informationen von der Qualität zu beschaffen, die Clay benötigte. Dulles verwies außerdem auf die drastische Kürzung des OSS-Etats, die erhebliche Verringerung der Personalstärke und die Abneigung vieler begabter Leute, weiter für eine Organisation zu arbeiten, die augenscheinlich keine Zukunft hatte.[10]

Damit ist bereits angedeutet, daß die Probleme der Berliner Operationsbasis nicht nur aus dem sowjetischen Vorteil resultierten. Das Militär stand dem Nachrichtendienst anfangs recht kühl gegenüber. Ein großer Teil der Offiziere, einschließlich der Generale Dwight D. Eisenhower und Clay, war der Meinung, daß viele Probleme hätten vermieden werden können, wenn man ihnen gestattet hätte, direkt mit den sowjetischen Militärs zu verhandeln.[11] Sie übersahen, wie wenig Spielraum selbst ein Marschall Shukow und ein Vizemarschall Wassili Sokolowski hatten, solange ihnen politische Aufpasser wie Andrej Wyschinski und Geheimpolizisten wie Iwan Serow im Nacken saßen. Jahre später sagte Shukow in Erinnerung an seine erste Begegnung mit Eisenhower: »Wissen Sie, ich habe nie allein mit Eisenhower gesprochen. Wyschinski war immer dabei.«[12]

Aufgrund seiner positiven Einschätzung der amerikanisch-sowjetischen Beziehungen hegte Clay die Befürchtung, daß OSS-Operationen gegen Ziele in der SBZ das Verhältnis zu den Sowjets trüben könnten. Daher war er, mit den Worten von Frank G. Wisner, dem Chef der Geheimoperationen der deutschen OSS-Mission, entschlossen, »unsere Aktivitäten umfassend und streng zu kontrollieren«. Aus demselben Grund stimmte er auch der sogenannten Clay-Sokolowski-Vereinbarung zu, der zufolge sowjetische Überläufer, die in der Sowjetunion als »Deserteure« oder »Verbrecher« unter Anklage standen, ausgeliefert werden sollten. Ende 1947 änderte Clay seine Haltung jedoch, wozu zum einen die Verschlechterung der Beziehung zu seinem sowjetischen Gegenüber Shukow, zum anderen seine wachsende Wertschätzung für die von BOB gelieferten Informationen beigetragen hatte.[13]

Vergrößert wurden BOBs Probleme durch die geographische Lage. Theo-

OFFICIAL DISPATCH

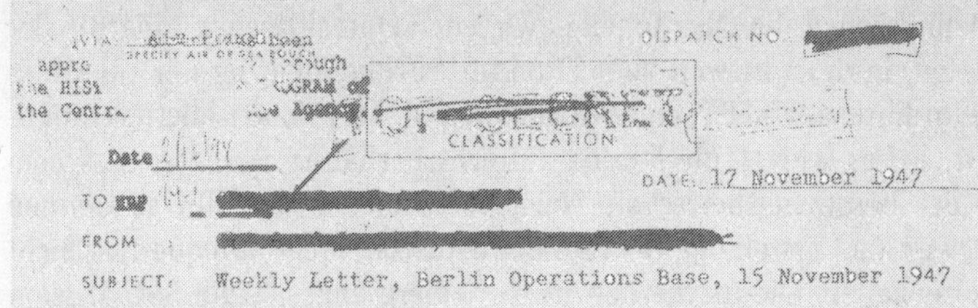

DISPATCH NO.

CLASSIFICATION

DATE: 17 November 1947

TO

FROM

SUBJECT: Weekly Letter, Berlin Operations Base, 15 November 1947

REF

1. As indicated in our cable 633, the most important development affecting our position in Berlin is the apparent change in General Clay's attitude toward intelligence. As you are only too aware, we and other intelligence agencies have labored for the past two years under the disadvantage of having to contend with the so-called goldfish bowl policy. This policy was laid down at the beginning of the occupation, and has been taken for granted by the principal OMGUS officials (such as the Chief of Staff, Brig. Gen. Gailey), without even venturing to suggest modifications to General Clay. Last week, at his press conference, General Clay reaffirmed the goldfish bowl policy, but accompanied it with two restrictions which in effect mark the end of an era. He declared that Military Government publicity would continue freely and openly, but that the lid would be clamped on all items involving real security interests, or which might prejudice diplomatic or high policy negotiations in progress.

We are not fully informed as to the circumstances which brought about these significant limitations. We assume that General Clay, for many months, has been undergoing a steady disillusioning process, insofar as concerns his relations with his Soviet opposite numbers. The climax occurred early in October at the moment when General Clay returned to the States. His protest against the bitter public criticism of American policy and motives, delivered in Berlin by Colonel Tyulpanov, was rejected by Marshall Sokolovsky with only the barest trace of official courtesy. No doubt this sting was sharpened by what Clay was told in Washington, though we have no reason to believe that the recent Newsweek account of a dressing down by Royal and Marshall was other than conjecture.

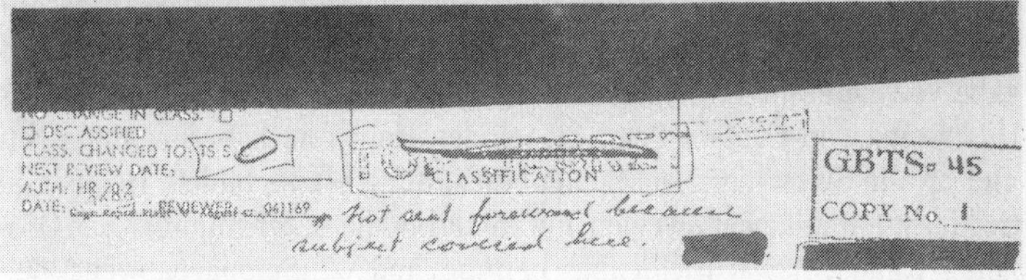

NO CHANGE IN CLASS. ☐
☐ DECLASSIFIED
CLASS. CHANGED TO: TS S C
NEXT REVIEW DATE:
AUTH: HR 70-2
DATE: REVIEWER: 061169

Not sent forward because subject covered here.

CLASSIFICATION

GBTS- 45
COPY No. 1

Wochenbrief, BOB, 17. November 1947, mit der Darstellung eines offensichtlichen Sinneswandels von General Clay hinsichtlich der Beziehungen zu den Sowjets und in seiner Haltung gegenüber Nachrichtendienstoperationen.

retisch wurde das besetzte Deutschland von Berlin aus verwaltet, aber in der Praxis war dies nie der Fall gewesen. Die Siegermächte besaßen in ihren Besatzungszonen die Oberhoheit sowie ein Vetorecht gegen Eingriffe der Alliierten. Berlin war weit vom Frankfurter Hauptquartier der US-Streitkräfte in Europa (USFET) entfernt, und den in ihrer Zone isolierten Amerikanern fiel es schwer, die Fiktion aufrechtzuerhalten, Berlin sei das Zentrum der Besatzungsherrschaft. Nachdem Dulles seinen Hut genommen hatte, war die Vorstellung, BOB sei das deutsche SSU-Hauptquartier, nicht mehr zu halten. Die inzwischen in Heidelberg angesiedelte SSU-Mission Deutschland wurde zum »höheren Hauptquartier«, während BOB eine Ebene herabgestuft wurde und der SSU-Mission und ihren Nachfolgeorganisationen während des gesamten Kalten Krieges untergeordnet blieb. Die Sowjets dagegen räumten Berlin Priorität ein und konzentrierten dort ihre Verwaltungen: Die Sowjetische Militäradministration in Deutschland (SMAD), das Hauptquartier der Gruppe der sowjetischen Besatzungstruppen in Deutschland (GSOWG) – ab 1949 Gruppe der sowjetischen Truppen in Deutschland (GSWG) – sowie deren Nachrichten- und Abwehrdienste wurden allesamt in Ost-Berlin und seinen Vororten untergebracht.

Die Offiziere, die nach Dulles' Abschied in Berlin geblieben waren, kümmerte BOBs Rangordnung wenig. Sie wußten, daß ihre nachrichtendienstliche Zukunft düster aussah, wenn es nicht gelang, die Schwierigkeiten, in denen BOB steckte, zu überwinden. Zu dem ernsten Personalmangel und der unzureichenden Finanzierung kam hinzu, daß einige OSS-Offiziere in umfangreiche Schwarzmarktgeschäfte verwickelt waren. Solche Aktivitäten waren allerdings nicht auf die kleine OSS/SSU-Außenstelle beschränkt, sondern in allen Zweigen der amerikanischen Streitkräfte an der Tagesordnung. Diese Probleme zu bewältigen und BOB zu reorganisieren war Aufgabe von Dulles' Nachfolger, dem späteren CIA-Direktor Richard Helms. Unterstützt von Captain Peter Sichel, den Helms nach Berlin mitbrachte und an die Spitze der Nachrichtenbeschaffung setzte, bildete Helms eine Organisation mit zwei Zweigen, die weiterhin die Bezeichnungen aus OSS-Zeiten trugen: SI (Nachrichtenbeschaffung) und X-2 (Spionageabwehr). Dieses Organisationsschema, einschließlich der Berichtsoffiziere, die die Nachrichtenberichte der Operationsbasis verfaßten, blieb für viele Jahre gültig.

Helms verließ Berlin vor Weihnachten 1945. An seine Stelle trat Dana Durand, der – mit Sichel als Stellvertreter – BOB durch die Umbruchszeit führte, in der die SSU zunächst zur Zentralen Nachrichtengruppe (CIG)

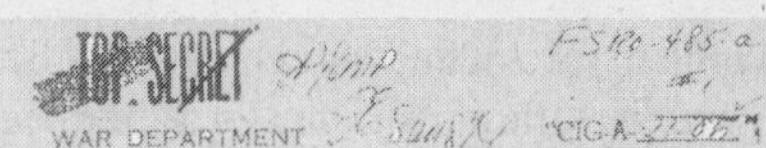

WAR DEPARTMENT

OFFICE OF THE ASSISTANT SECRETARY OF WAR

STRATEGIC SERVICES UNIT

25th & E STREETS, N.W.
WASHINGTON 25, D.C.

FSRO-485-a

"CIG-A-

This document has been approved for release through the HISTORICAL REVIEW PROGRAM of the Central Intelligence Agency

8 October 1946

TO: Director, SSU

VIA: Acting Chief, FSRO

FROM: Acting Chief, FBM

Attached hereto is a memorandum from Mr. Sichel in Berlin, with a covering memorandum from Mr. Stewart in Heidelberg.

These memoranda raise certain significant points which might well merit the attention of CIG officials.

It is not my aim to institute a special plea for Berlin. My thought rather is that the problem on the relationship between personnel and targets in Berlin is typical of the situation existing throughout our field organization. Unless we can get a clearer definition of our responsibilities in the intelligence field, as well as the specific targets which we are to cover, we will be constantly in the position of doing what we can with the personnel at hand rather than staffing our detachments with the necessary personnel to do the job which it is felt essential to do in a specific area.

In this connection, I would like to draw your attention to Attachment 2 in FSRO-485. The targets here outlined are on the face of it of interest to various departments of the United States Government. They include Grail targets which were specifically assigned to us by General Vandenburg. Also included are targets bearing on the reparations problem in Germany, a high priority consideration in connection with the writing of the Peace Treaty on Germany. The political objectives are basic in an appreciation of Soviet intentions with regard to Germany and Central Europe. Scientific information is a constant high priority.

Also, in Attachment 2 is indicated the degree of coverage on the various targets. In the opinion of the Berlin men themselves, they are giving only partial and, what they call, "inadequate" coverage on the highest priority objectives. Nevertheless, it is fair to say that most of the intelligence received on these targets by the United States Government comes from SSU. The State Department and the War Department have few if any facilities for covering in detail political, economic, military, and scientific information in the Russian Zone of Germany and the Polish-administered area of Germany.

It would be keenly appreciated if you could obtain for us some guidance as to how we should proceed in our approach to this problem in general and to the situation in Berlin specifically.

Richard Helms

Richard Helms

Memorandum von Richard Helms, amtierender Chef des Auslandsreferats M, an Oberst William W. Quinn, Direktor der SSU, 8. Oktober 1946, über das Verhältnis zwischen verfügbarem Personal und Nachrichtendienstaufgaben der Berliner Operationsbasis.

und schließlich am 18. September 1947 zur Zentralen Nachrichtenagentur (CIA) wurde.[14] Durands Hauptsorge in dieser Zeit bestand darin, BOB als Basis für Geheimdienstoperationen zu erhalten. Um dies zu erreichen, mußte er einander widersprechende Konzepte für die Zukunft und Funktion der Basis ausbalancieren. Nach Ansicht der SSU-Zentrale in Washington sollte BOB Teil einer langfristig angelegten verdeckten Organisation werden, die strategische Informationen von nationaler Bedeutung sammeln sollte. Die Besatzungsbehörden in Deutschland verlangten dagegen nach aktuellen Informationen über die SBZ. Das Dilemma wurde zugunsten der aktuellen örtlichen Erfordernisse beigelegt.

Als Durand Berlin 1949 verließ, war BOB zu einer festen Größe in der Geheimdienstszene der Stadt geworden. Unter seiner Ägide hatte die Basis mit ernsten Schwierigkeiten in der Nachrichtenbeschaffung und bei Abwehroperationen sowie einer Unzahl von Problemen hinsichtlich der Tarnung und der Beziehungen zum Militär zu kämpfen gehabt. Aber sie hatte überlebt und konnte während der Berliner Blockade zeigen, was in ihr steckte.[15]

BOBs Geheimdienstauftrag

Im Spätsommer 1945 hatte BOB keinen klar definierten Geheimdienstauftrag. Die wenigen Berichte, die die Basis lieferte, betrafen den Hintergrund von Deutschen, die als Mitarbeiter einer künftigen deutschen Regierung ins Auge gefaßt worden waren, die Aktivitäten neu gegründeter Gewerkschaften, Handlungen örtlicher deutscher Beamter und die gelegentlichen Gewalttaten unverbesserlicher Nazis. Tatsächlich gab es Zweifel daran, daß BOB jemals einen Geheimdienstauftrag haben würde. Im Alliierten Hauptquartier (SHAEF) waren manche der Meinung, daß das OSS nicht außerhalb der amerikanischen Besatzungszone Informationen sammeln sollte. Botschafter Robert Murphy, der politische Berater des SHAEF, war anderer Ansicht. Die Sowjets hatten nie Skrupel, auf dem Territorium eines Verbündeten zu operieren.[16]

Sie waren es auch, die die Frage, ob das OSS über die Grenzen der amerikanischen Zone hinaus tätig werden sollte, erledigten. Als die sowjetische Kontrolle an der Demarkationslinie zwischen den Besatzungszonen immer rigider wurde, fehlten der amerikanischen Militärverwaltung sogar die grundlegendsten Informationen, die eine Einschätzung der wirtschaftlichen und politischen Lage in Ostdeutschland erlaubt hätten. Auf Drängen des Militärs berichtete BOB daraufhin verstärkt über die SBZ betreffende Themen wie das Transportsystem, die Lebensmittelversorgung, die Bodenreform, die öffentliche Meinung und den Zustand der Industrie, einschließlich der Demontage ganzer Fabriken und ihres Abtransports in die Sowjetunion. Viele dieser Berichte stützten sich auf die Befragung von Flüchtlingen; gleichzeitig erschloß sich BOB aber auch zunehmend neue Quellen.

Die Berichte über die Übernahme der ostdeutschen Eisenbahn durch die Sowjets Ende August 1945 waren ein Vorgeschmack auf die ausgezeichneten Informationen, die BOB später über diesen Schlüsselbereich des Verkehrswesens liefern sollte – selbst während der Berliner Blockade. Außerdem beschaffte BOB zum Beispiel die ersten Informationen über die von den Sowjets gebildeten deutschen Zentralverwaltungen, eine Art Schattenregierung, deren Aufgabe es war, die in Karlshorst, dem Sitz der SMAD, getroffenen Beschlüsse auszuführen; der Berliner Ortsteil Karlshorst sollte zum Synonym der von den Sowjets ausgeübten Kontrolle über Ostdeutschland und ihrer nachrichtendienstlichen Aktivität werden. Des weiteren bekam BOB das Protokoll eines Treffens zwischen Mitarbeitern der Zentralverwaltung für Industrie und Vertretern der SMAD in die Hände, die am 26. und 27. September zusammengekommen waren, um die Lage der Industrie in der SBZ zu erörtern. Durch die Überwachung der sowjetischen Sammelstelle in Berlin-Lichtenberg war man auch hinsichtlich des Abtransports industrieller Anlagen auf dem laufenden. Solche wirtschaftlichen Berichte gaben den politischen Entscheidungsträgern der USA die ersten Hinweise auf Art und Umfang der sowjetischen Eingriffe in die Wirtschaft der SBZ.[17]

Ende 1945 traten politische Berichte in den Vordergrund. Obwohl das Ausmaß des sowjetischen Einflusses auf die ostdeutsche Politik zu dieser Zeit kaum wahrgenommen wurde, zog im Dezember 1945 eine Reihe von Ereignissen um die ostdeutsche CDU die amerikanische Aufmerksamkeit auf sich. Am 22. Dezember berichtete BOB über ein zehn Tage zurückliegendes Treffen zwischen ostdeutschen CDU-Führern und Marschall Shukow, bei dem letzterer verkündet hatte, die CDU sei »nicht repräsentativ für die öffentliche Meinung« und nehme »eine zutiefst zu mißbilligende

Haltung zur Bodenreform ein«; deshalb könne man es ihr »nicht gestatten, an politischen Treffen mit CDU-Führern der amerikanischen und britischen Zone teilzunehmen«. Fünf Tage später folgte ein BOB-Bericht über die Krise in der ostdeutschen CDU-Führung, in dem ausführlich auf den von den Sowjets ausgeübten Druck eingegangen wurde, insbesondere auf »die Methode und die zentrale Planung, die angewandt wurde, um die Krise zu schüren«.[18] Beunruhigt über diese Berichte, wurde Sichel, der Chef der Berliner SI, in die SSU-Zentrale nach Heidelberg bestellt, um sie zu erläutern. Manche Angehörige der SSU-Mission störte die sowjetkritische Haltung der Berichte. Doch Sichel ließ sich nicht beirren; er beharrte darauf, daß über solche Aktivitäten, insbesondere, wenn sie von den Spitzen der SMAD unternommen wurden, in vollem Umfang berichtet werden müsse. Am Ende fand seine Auffassung, daß solche Informationen fundamental seien und auch künftig beschafft werden müßten, allgemeine Zustimmung.[19] Ein anderer aufmerksamer Leser dieser Berichte war Botschafter Murphy.[20]

Von den Ereignissen bedingt, beschäftigten sich die politischen Berichte nach und nach mit der gesamten ostdeutschen Parteienlandschaft. Erster Anlaß war die Krise, die von der sowjetischen Entscheidung ausgelöst wurde, Sozialdemokraten und Kommunisten zu vereinen. Die Vereinigung ging nicht so glatt über die Bühne, wie die Sowjets erwartet hatten. Angeführt von Clay, lehnten die westlichen Stadtkommandanten von Berlin in ihren Sektoren die Vereinigung ohne Befragung der SPD-Mitglieder ab, und als diese über den Plan abstimmten, fand er weniger als dreitausend Befürworter, während sich mehr als neunundzwanzigtausend Sozialdemokraten gegen ihn aussprachen. Auch die Zwangsvereinigung in Ostdeutschland führte nicht zu den gewünschten Ergebnissen. Bei den letzten gesamtberliner Wahlen im Oktober 1946 hatten CDU und Liberal-Demokratische Partei (LDP), eine weitere »bürgerliche« Partei der ostdeutschen Nationalen Front, zusammen mehr Stimmen erhalten als die frisch vereinigte SED. BOB wurde unter anderem durch das Ostbüro der SPD auf dem laufenden gehalten und berichtete auf der Grundlage dieser Informationen eingehend über die parteipolitischen Entwicklungen in Ostdeutschland.

Eine Krisensitzung in Karlshorst

Am 23. Dezember 1946 trafen Marschall Sokolowski und sein politischer Berater Wladimir Semjonow mit führenden Vertretern der SED zusammen, um die Probleme in der SBZ zu erörtern. Die SED-Delegation bestand aus den Altkommunisten Wilhelm Pieck und Walter Ulbricht sowie den ehemaligen Sozialdemokraten Otto Grotewohl und Max Fechner, die sich dem Vereinigungsdruck gebeugt hatten. Grotewohl war die Zustimmung zur Vereinigung nach BOBs Erkenntnissen in einer Reihe nächtlicher Sitzungen in Karlshorst von Shukow persönlich abgerungen worden.[21] Die amtliche Niederschrift des Gesprächs im Dezember 1946 enthüllt das Ausmaß, in dem das sowjetische Verhalten in der SBZ die Unzufriedenheit der Bevölkerung vergrößerte und dadurch der SED die Ausführung der von den Sowjets gewünschten Politik erschwerte.[22] Die SED-Führer präsentierten Sokolowski eine lange Liste von Klagen: über die fortgesetzte Demontage von Fabriken, die Reparationen aus der laufenden Produktion sowie Vergewaltigungen und Plünderungen durch Soldaten und Offiziere der sowjetischen Streitkräfte.

Sokolowski verteidigte die sowjetische Handlungsweise und verwies auf eine mögliche Schwachstelle der SED: »Als die Partei vereinigt wurde, traten Personen in sie ein, denen die Demokratisierung [Sowjetisierung] Deutschlands nicht gefiel.« Grotewohl entgegnete, die SED werde als Partei der Besatzungsmacht angesehen, und Fechner ergänzte, das Wahlergebnis in Berlin sei schlecht gewesen; es sei ein großer Fehler gewesen, der SPD die weitere Tätigkeit in Berlin zu gestatten. Sokolowski erwiderte, daß es schwer zu entscheiden sei, wer in dieser Frage gewonnen oder verloren habe: »Wenn wir es der SPD nicht erlaubt hätten, in Berlin tätig zu werden, wäre die SED in Berlin verboten worden. Was die Zone betrifft, haben wir gegenwärtig nicht die Absicht, die SPD zuzulassen. Es hängt alles davon ab, wie sehr die SED in der Zone gestärkt wird.«

In bezug auf Demontagen und Reparationen kritisierten die SED-Führer die widersprüchliche Politik der Sowjetunion, die trotz wiederholter gegenteiliger Versprechen die Demontagen fortsetze. Aus Sachsen zum Beispiel würden Maschinen aus dem Kohlebergbau abtransportiert, obwohl die Bevölkerung unter einem ernsten Brennstoffmangel leide. Zusätzlichen Unmut rufe darüber hinaus die planlose Weise hervor, in der die Demontagen vor sich gingen. Dieses Vorgehen bringe gerade die qualifiziertesten Arbeiter gegen die Sowjetunion und die SED auf und liefere der westlichen Presse Munition für ihre Angriffe gegen die Partei.

An diesem Punkt warf Sokolowski ein: »Wir spucken auf die käufliche Westpresse!« Darin spiegelte sich die Verwirrung der meisten Sowjetbürger in dieser Frage wider. Angesichts der von den Deutschen in der Sowjetunion angerichteten Kriegsschäden hielten die Sowjets sich für berechtigt, alles, was sie brauchten, aus Deutschland zu holen, um ihr eigenes Land wieder aufzubauen. Nur wenige hatten einen Gedanken für eine Zukunft übrig, in der die Sowjetunion genötigt wäre, ihre Forderungen an die deutsche Wirtschaft zu zügeln, um die SED zu unterstützen. Mit dem Problem der Demontagen verknüpft waren die Reparationen aus der laufenden Produktion. Es sei schwer zu verstehen, sagten die SED-Führer, warum eine Fabrik auseinandergenommen werden sollte, wenn sie zivile Produkte herstellte, von denen ein Teil für Reparationen verwendet werden könnte.

Ein Beispiel für die problematische Demontagepraxis waren die Zeiss-Werke in Jena, wo es zu einer Auseinandersetzung zwischen den Demontierern und der Industrieverwaltung der SMAD kam, die die Arbeiter in große Unruhe versetzte. Auf Sokolowskis Befehl sollten die Offiziere die Arbeiter beruhigen, die Demontage aber teilweise fortsetzen. »Warum«, fragte Ulbricht den Marschall, »hat man den Arbeitern nicht gleich gesagt, daß die Demontage weitergehen sollte, um Unmut und Widerspruch zu vermeiden?« Sokolowski wich der Frage aus, indem er erwiderte, daß man in Jena die Produktion für friedliche Zwecke erhalte.

Es gelang den Sowjets nicht, ein in sich schlüssiges und, soweit möglich, faires Demontageprogramm zu entwickeln. Dies lag zum großen Teil daran, daß es in der sowjetischen Führung verschiedene Ansichten darüber gab, wie die deutsche Wirtschaft am besten ausgebeutet werden konnte. Einige rechtfertigten die Demontagen; andere meinten, das Außenhandelsministerium müsse die Hauptrolle spielen, und wieder andere bestanden wie Berija auf der Kontrolle über jene Teile der ostdeutschen Wirtschaft, die zum sowjetischen Atomprogramm beitragen konnten. Hinzu kam die primitive sowjetische Sichtweise der modernen Industriegesellschaft. Nachdem sie an Stalins Zwangsindustrialisierung der dreißiger Jahre mitgewirkt hatten, war den sowjetischen Beamten nur schwer nahezubringen, daß eine Elektronikfabrik in Jena ihre Produkte nur herstellen konnte, wenn sie von einem umfangreichen Netz von

Zulieferern in ganz Deutschland die nötigen Einzelteile geliefert bekam. Diese Borniertheit und das von Meinungsverschiedenheiten in der sowjetischen Bürokratie hervorgerufene Chaos versetzten sogar die unpolitischsten Werksdirektoren in Wut und trugen zur Unzufriedenheit in der SBZ bei.

Ein anderes Reizthema für die SED war die Frage der deutschen Ostgrenze. Auf der Potsdamer Konferenz waren die früheren deutschen Ostgebiete Schlesien, Pommern und der südwestliche Teil von Ostpreußen unter polnische Verwaltung gestellt worden. Obwohl die Zukunft dieser Gebiete theoretisch erst durch einen Friedensvertrag gelöst werden sollte, waren sie bis 1946 faktisch zu polnischem Territorium geworden. Tausende von Deutschen waren aus diesen stark industrialisierten Gebieten vertrieben worden und lebten jetzt in der SBZ, wo sie eine lautstarke und streng antisowjetische Minderheit bildeten. Die SED versuchte angestrengt, sich in der Grenzfrage von der Sowjetunion zu distanzieren. Wie bei den Reparationen wollte die SED der »nationalen« Haltung der Französischen Kommunistischen Partei nacheifern und einen »deutschen Standpunkt« einnehmen. Ihre Unfähigkeit, dies zu tun, verstärkte den Unmut der großen Gruppe der nach Ostdeutschland geflohenen Schlesier.

Die Bevölkerung der SBZ hätte die schwierige Phase der Besatzung nach dem Krieg wahrscheinlich ruhig ertragen, wenn es nicht immer wieder zu Vergewaltigungen und Plünderungen durch Angehörige der sowjetischen Streitkräfte gekommen wäre. In nahezu jedem Haushalt in Ostdeutschland wurden Geschichten über solche Übergriffe erzählt, die schließlich zu einer Art Volkslegenden wurden. Dennoch waren viele von ihnen wahr, und in der Sitzung bei Sokolowski äußerten sich alle anwesenden SED-Führer besorgt über dieses emotional aufgeladene Thema. Ihnen war klar, daß eine Armee, die erst anderthalb Jahre zuvor einen langen Krieg beendet hatte, kein »Mädchenpensionat« war, wie Grotewohl es diplomatisch ausdrückte, aber die Vorfälle erschwerten ihm und seinen Kollegen die politische Arbeit. »Wir ziehen die Hälfte unserer Armee zurück«, erwiderte Sokolowski, »und das bringt Unordnung mit sich. Wir führen Heimkehrer zurück, ehemalige Kriegsgefangene und andere, die Schlimmes von den Deutschen erfahren haben. Das muß man psychologisch verstehen. Die Leute kehren nach Hause zurück und werden ihre Häuser nicht mehr vorfinden, weil sie von den Deutschen zerstört worden sind. Natürlich wendet sich ihre Wut gegen die Menschen. Es ist ein unvermeidliches Übel. Natürlich ermutigen wir das nicht, wir bekämpfen es, aber wir können nicht hunderttausend Männer abstellen, um andere hunderttausend zu überwachen.« Ulbricht war mit dieser Antwort nicht zufrieden und beklagte sich darüber, daß die Volkspolizei häufig nicht in der Lage sei, die Ordnung aufrechtzuerhalten, weil es ihr verboten war, auf sowjetische Soldaten zu schießen.

Größere Sorgen bereiteten Sokolowski die Ergebnisse der im Oktober abgehaltenen Landtagswahlen in den ostdeutschen Ländern und Provinzen, in denen CDU und LDP wie in Berlin zusammen jeweils mehr Stimmen erhalten hatten als die SED. Man werde sicherstellen, erklärte er den SED-Führern, daß eine Regierung gebildet werde, »die Deutschland auf einen demokratischen Kurs bringt«. Dann zählte er einige deutsche Politiker auf, die bei den Sowjets besonders unbeliebt waren: »Wir werden in der künftigen Regierung keine Reaktionäre dulden. ... Die Aufnahme von [Kurt] Schumacher, [Heinrich] Brüning und anderen von ihrer Art in eine deutsche Regierung ist ausgeschlossen. Auf [Jakob] Kaiser haben wir nie gezählt, und wir werden es nie tun.« Daß die Sowjets dennoch darauf bestanden, in Ostdeutschland Abziehbilder der »bürgerlichen« Parteien Westdeutschlands am Leben zu erhalten, war ein schwerer Fehler und stellte sie vor ein ständiges Sicherheitsproblem.

Das größte Problem für die SED und die Sowjets blieb jedoch die Frage, wie man mit den SPD-Mitgliedern verfahren sollte, die sich der Vereinigung mit der KPD verweigert hatten. Verschärft wurde dieses Problem dadurch, daß die SPD in West-Berlin und den Westzonen ihre Genossen im Osten unterstützte. BOB hatte vor der Vereinigung über die Klagen der SPD berichtet, die sich über Manipulationen bei Gewerkschaftswahlen, über die Besetzung von Ostberliner Wahlbüros durch sowjetische Soldaten, um dort die Urabstimmung über die Vereinigung mit der KPD zu verhindern, und über die Belästigung von SPD-Mitgliedern durch KPD-Aktivisten, Einheiten des sowjetischen Ministeriums für Staatssicherheit (MGB) und kommunistische Gewerkschafter beschwert hatte. Wie BOB beobachten konnte, ließ der Druck auf die Mitglieder der in Ost-Berlin weiterhin existierenden sozialdemokratischen Organisationen auch nach der Gründung der SED nicht nach.[23]

Die Sowjets wußten inzwischen von den Kontakten zwischen dem Ostbüro der SPD und den westlichen Nachrichtendiensten und betrachteten sie als Bedrohung der eigenen Sicherheit. Nach dem Verständnis des

MGB hatte die SPD mit der Wahl Schumachers zum Vorsitzenden aufgehört, eine politische Partei zu sein, und sich in einen Nachrichtendienst im Sold von Briten und Amerikanern verwandelt. Zuerst hatte Schumacher durch seinen Einsatz gegen die Vereinigung von KPD und SPD erreicht, daß die Berliner SPD-Mitglieder sie mehrheitlich ablehnten, und dann hatte er im April 1946, nach der Gründung der SED im Osten, das Ostbüro der SPD ins Leben gerufen, das nach Ansicht des MGB in der SBZ »illegale Organisationen der SPD« gründete, »die subversive Arbeit gegen die SED und die sowjetischen Besatzungsbehörden durchführten«. Angeblich gab es in jeder größeren ostdeutschen Stadt Gruppen von sozialdemokratischen Untergrundorganisationen, die »die SED infiltrierten, führende Posten in der Partei besetzten, um sie von innen heraus aufzubrechen, und Stellungen in den lokalen deutschen Ämtern und Behörden zu erlangen versuchten«. Außerdem glaubte das MGB, daß die SPD sich vor den Wahlen von 1946 mit der CDU abgesprochen hatte, um die Kandidaten der SED zu schlagen. Dem hier zitierten Bericht zufolge hatten Mitglieder beider Parteien der SED vorgeworfen, sie sei »keine deutsche politische Partei, sondern ein Geschöpf der Sowjetischen Militäradministration«.[24]

Die sowjetische Bombe

Im Zuge der Wirtschaftsüberwachung behielt BOB auch die sowjetischen Demontageaktivitäten in der SBZ im Auge. Der Abbau von Industrieanlagen stand in Übereinstimmung mit dem alliierten Ziel, daß Deutschland niemals wieder in der Lage sein dürfe, einen Angriffskrieg zu führen. Die Hoffnung der Sowjets, ihre während der deutschen Invasion verwüstete Wirtschaft mit den demontierten Anlagen wieder in Schwung bringen zu können, erwies sich jedoch als trügerisch. In vielen Fällen trafen die Fabriken und Ausrüstungen stark beschädigt und verrostet in der Sowjetunion ein. Die Alternative, Reparationen aus der Produktion noch in Betrieb befindlicher Fabriken zu entnehmen, erwies sich als erfolgreicher.[25]

Ein Unternehmen, das beim amerikanischen Nachrichtendienst besonderes Interesse erregte, war die Wismut SAG, die Uran abbaute und verarbeitete. Ihre Entstehung verdankte sie Stalins Absicht, ostdeutsche Ressourcen für den Bau der Atombombe zu nutzen, obwohl dies gegen alliierte Vereinbarungen verstieß. Die Gründung blieb nicht unbemerkt, und wenig später drangen sogar Gerüchte über Zwangsarbeit in den Westen.[26]

Einer der ersten Erfolge, die BOB bei der Überwachung des sowjetischen Atomprogramms erzielen konnte, war die Entdeckung, daß 1945 eine Gruppe deutscher Wissenschaftler in die Sowjetunion gebracht worden war. Die Uranminen und die Erzverdichtungsanlagen in Ostdeutschland wurden selbstverständlich zu Hauptzielen der Berliner Basis, aber je deutlicher sich der Umfang des sowjetischen Atomprogramms abzeichnete, desto mehr rückten auch andere deutsche Industriebetriebe ins Blickfeld. Der britische Nachrichtendienst war auf demselben Feld tätig. Beide Dienste warben zum Beispiel Informanten in einem ehemaligen Betrieb der I.G. Farben in Bitterfeld an, der Kalzium herstellte, das für die Herstellung von Uran 235 benötigt wurde. BOB war es jedoch zu verdanken, daß die Verbindung zwischen dem Bitterfelder Kalzium und dem sowjetischen Atomprogramm nachgewiesen werden konnte, denn die Basis fand heraus, daß das Kalzium an eine Fabrik in Elektrostal bei Moskau versandt wurde, in der, wie man bereits wußte, Uran 235 hergestellt wurde.[27]

Darüber hinaus lieferte BOB entscheidende Informationen über die Produktion von Nickelsieben bei Tewa in Neustadt. Diese sehr feinen Siebe wurden als poröse Sperren in dem Gasdiffusionsprozeß bei der Herstellung von Uran 235 verwendet. Da die Nickelsiebe für diesen Prozeß von entscheidender Bedeutung waren, begann BOB sogar, Mitarbeiter von Tewa abzuwerben und in Westdeutschland anzusiedeln.[28]

Nach und nach wurden viele Zulieferbetriebe der Wismut und andere für das sowjetische Atomprogramm arbeitende Firmen in sogenannten Sowjetischen Aktiengesellschaften (SAG) zusammengefaßt, die der in Berlin-Weißensee residierenden Verwaltung des Sowjetischen Vermögens in Deutschland (USIG) unterstanden, aus der im übrigen die Information stammte, durch die BOB auf die Nickeldrahtproduktion bei Tewa aufmerksam wurde.[29] Diese Unternehmen versorgten die Wismut mit Dingen wie Druckluftbohrmaschinen und speziellen Grubenlampen und stellten Geräte her wie gekühlte Testkammern, die direkt in die Sowjetunion ausgeliefert wurden.[30] Einige notwendige Teile waren jedoch in der

SBZ nicht zu erhalten und wurden über das alliierte Beschaffungssystem bei westdeutschen Firmen bestellt. Der Bitterfelder Betrieb zum Beispiel brauchte für die Herstellung reinen Kalziums Vakuumpumpen und einen bestimmten Spezialstahl aus Westdeutschland. Die meisten der auf diesem Weg georderten Dinge standen allerdings auf einer Exportkontrolliste, so daß das amerikanische Oberkommando für Europa die Lieferungen stoppte, sobald es von ihnen erfahren hatte.[31]

BOB erhielt auch von den Sowjets selbst Informationen über das sowjetische Atombombenprojekt. Jewgeni Pitowranow, ein höherer KGB-Offizier, berichtete im Gespräch mit den Autoren von den Sorgen, die man sich beim MGB Anfang 1952 über die Sicherheit der Wismut-Transporte gemacht hatte. Bis Nowosibirsk wurden die Informationen über die Transporte durch verschlüsselte Botschaften auf dem Landweg übermittelt, von dort aber per Funk weitergegeben, so daß sie leicht aufzufangen waren.[32] Besonders tief waren die Sorgenfalten gewesen, als im Juni 1950 ein Oberst mit dem Decknamen Ikarus, der als Logistikoffizier zunächst in Moskau und dann bei der Wismut gearbeitet hatte, in den Westen überlief. Daß er seine deutsche Geliebte zurückgelassen hatte, bereitete ihm jedoch zunehmend Gewissensbisse, und er kehrte schließlich zu den Sowjets zurück. Soweit bekannt, wurde er hingerichtet, während seine Geliebte in den Gulag kam. Die von Ikarus gelieferten Informationen gestatteten den Amerikanern einen tiefen Einblick in das sowjetische Atomprogramm in Ostdeutschland, doch die anschließende Verschärfung der sowjetischen Sicherheitsmaßnahmen verhinderte, daß BOB weitere operative Programme ausführen konnte. Agenten in der Wismut zu rekrutieren war von nun an völlig ausgeschlossen.[33]

Militärische Überwachung

Angesichts der erfolgreichen Arbeit auf dem Wirtschaftssektor und der vordringlichen Überwachung der sowjetischen Nuklearaktivitäten in Ostdeutschland erhebt sich die Frage, warum BOB 1946 mit solchem Eifer Erkenntnisse über die Aufstellung der sowjetischen Streitkräfte sammelte. Die Antwort ist, daß es nicht aus freien Stücken geschah. Es war kein sorgfältig erarbeitetes Programm, sondern eine Aufgabe, die eine noch in den Anfängen steckende Organisation wie die SSU akzeptieren mußte, wenn sie überleben wollte.

Im Januar 1946 war die deutsche SSU-Mission die größte noch verbliebene Einheit des OSS Übersee, und BOB war ihre größte Basis. Im Hinblick auf Logistik, Tarnung und das Recht, Operationen im besetzten Deutschland durchzuführen, war man auf den guten Willen der US Army angewiesen. Die Zukunft der verdeckten Operationen von SSU, CIG und schließlich CIA hing vom Nachweis der Leistungsfähigkeit der Mission ab. Ihre Stellung innerhalb der Militärhierarchie wurde durch eine USFET-Direktive vom 30. Januar 1946 festgelegt, die sie dem Nachrichtendienstoffizier im Generalstab unterstellte, General Edwin Sibert.[34] Dieser sah sich wie die gesamte US Army einer völlig neuen Situation gegenüber: einer Roten Armee, von der man nur wußte, daß sie, nachdem die US-Truppen im Juni 1945 aus Ostdeutschland abgerückt waren, an der Demarkationslinie Aufstellung genommen hatte, aber nicht, in welcher Verteilung und Stärke.[35] General Sibert ging mit bemerkenswerter Energie an diese enorme Aufgabe heran. Binnen kurzem machte er den Chef des USFET-Nachrichtendiensts zum obersten Koordinator aller US-Geheimdienste in Europa. Sein Büro übernahm die Kontrolle über alle Geheimdienst- und Abwehraktivitäten der US Army, ermunterte die SSU aber zu eigenständigen Operationen. Im Gegenzug für seine Autonomie wurde BOB gebeten, einen erheblichen Teil seiner Ressourcen für militärische Ziele zu verwenden, und das Programm mit dem Decknamen »Grail« für das Sammeln militärischer Erkenntnisse maß der Aufstellung der sowjetischen Truppen höchste Priorität bei.[36]

Grail war ein Rückfall ins operative Denken des Krieges, als eine zeitabhängige, taktische Überwachung des Feindes von entscheidender Bedeutung war. Solche Tiefenüberwachung konnte nur mit harten, unsentimentalen Führungsagenten durchgeführt werden, deren Motivation für die Unterminierung der Sowjets materielle Interessen ebenso umfaßte wie den Wunsch, persönliche Rechnungen zu begleichen – viele von ihnen hatten an der Ostfront gekämpft. Diese Führungsagenten setzten sich mit alten Bekannten und Freunden in Verbindung, die in der Nähe sowjetischer Garnisonen, Flugplätze oder Übungsgebiete wohnten und ihrerseits weitere Helfer anwarben. In der Regel beobachteten diese örtlichen Agenten einfach die sowjetischen Einrichtungen und machten gelegentlich Fotos. Die Berichte wurden entweder per Kurier nach Berlin gebracht oder von den Führungsagenten abgeholt. An Grail waren über zweihundertfünfzig Agenten beteiligt. Viele von ihnen wurden verhaftet, konnten aber rasch ersetzt werden. Zu den Mitteln, mit denen diese Aktivitäten aufgedeckt wurden, gehörte auch die Infiltration einzelner Agentenringe, die erst aufgerollt wurden, wenn alle Mitglieder bekannt waren. Es wurde selten versucht, die Verhafteten umzudrehen und zu Doppelagenten zu machen, vermutlich wegen ihres niedrigen Rangs innerhalb von BOB. Sie wurden vielmehr vor Gericht gestellt und zu Gefängnisstrafen verurteilt, was in dieser Zeit den Gulag bedeutete.[37]

Professionalität und die bei der Agentenführung üblichen Sicherheitsvorkehrungen wurden bei Grail weitgehend außer acht gelassen. Führungsagenten lernten örtliche Agenten kennen, die ihrerseits viele ihrer Unteragenten identifizieren konnten. Treffen wurden in requirierten Häusern im amerikanischen Sektor von Berlin abgehalten, und es kam häufig vor, daß mehrere Agenten in diesen sogenannten sicheren Häusern übernachteten und so die Identität ihrer Kollegen erfuhren. Weihnachtsfeiern sollten die Moral stärken, bewirkten aber auch, daß die Identität der teilnehmenden Agenten einem breiteren Kreis bekannt wurde. Richard W. Cutler, bis August 1946 BOBs Abwehrchef, wurde einmal gebeten, ein sicheres Haus zu besuchen, in dem sich nicht weniger als fünfundzwanzig Agenten aufhielten. Man hoffte offenbar, die Anwesenheit eines X-2-Offiziers würde die Sicherheitsdisziplin erhöhen. Aber es half nichts.[38] Der Druck, unablässig über die Aufstellung der sowjetischen Streitkräfte berichten zu müssen, ließ kaum Raum dafür, die klassischen Sicherheitsvorkehrungen zu treffen. Normalerweise führte ein Führungsoffizier eine kleine Zahl sorgfältig ausgebildeter und angeleiteter Agenten. Den Kontakt mit ihnen erhielt er durch gelegentliche, akribisch geplante persönliche Treffen oder über unpersönliche Kommunikationswege aufrecht, durch Kuriere oder tote Briefkästen. Aber solche professionellen Methoden wären äußerst zeitaufwendig gewesen und hätten BOB daran gehindert, den Informationsbedarf ihrer Auftraggeber zu stillen.

Grail war dennoch ein außerordentlicher Erfolg und wurde sowohl von den Chefs von SSU beziehungsweise CIG als auch von den militärischen Abnehmern in Frankfurt und Washington geschätzt. Die Agenten lieferten detaillierte Informationen über Flugplätze, Kasernen, Truppenbewegungen, Munitionslager, Übungsplätze, Befestigungen und Truppenmanöver in der SBZ. »Es ist leicht, diese freizügige, lockere Zeit zu kritisieren«, stellte der damalige BOB-Chef Durand fest, »aber damals waren alle – unsere Abnehmer in Frankfurt und Washington – hoch erfreut und verlangten ständig mehr. Es war unheimlich befriedigend, in der Lage zu sein, auf ein Ziel irgendwo in der russischen Zone zu zeigen und fast im selben Augenblick einen Agenten dort zu haben.«[39]

Das Kartenhaus stürzte im Herbst 1946 ein, als die sowjetischen Sicherheitsdienste ganze Agentenringe auszuheben begannen. Damit war nicht nur das Programm zur Beschaffung militärischer Informationen beendet, sondern auch BOBs Experiment mit dem Einsatz von Agentenringen. Für die an dem Programm beteiligten Führungsoffiziere war es eine harte Lektion. Den Preis hatten jedoch die Agenten zu bezahlen. Erst Jahre später wurde im einzelnen bekannt, was mit ihnen geschehen war. Als die Sowjets 1955 im Zuge der Aufnahme diplomatischer Beziehungen zur Bundesrepublik als Zeichen ihres guten Willens deutsche Gefangene freiließen, waren auch viele ehemalige BOB-Agenten darunter, die jetzt endlich über ihre Erlebnisse berichten konnten.[40]

Einer von ihnen, ein ehemaliger Stabsoffizier der Wehrmacht, war im Februar 1946 als Führungsagent rekrutiert worden und hatte seinerseits rund zwanzig Unteragenten angeworben, die die eigentliche Arbeit der Informationsbeschaffung erledigten. Er selbst hatte ihre Informationen nach West-Berlin gebracht, wo er in einem sicheren Haus übernachtete und Berichte für den amerikanischen Führungsoffizier in die Maschine tippte. Im Sommer 1946 war ein Offizier der sowjetischen Sicherheitsdienste an ihn herangetreten und hatte ihn als Informanten angeworben, der über antisowjetische Aktivitäten in seiner Heimatstadt berichten sollte. Der Führungsagent hatte seine Tätigkeit für BOB fortgeführt, bis er im März 1947 von den Sowjets verhaftet wurde. Als ihm im Verhör vorgehalten wurde, er habe in einem sicheren Haus in West-Berlin übernachtet und an einer Weihnachtsfeier teilgenommen, auf der er fotografiert worden sei, legte der Mann ein Geständnis ab. Er wurde zu fünfundzwanzig Jahren Zwangsarbeit verurteilt und kam im Mai 1949 zusammen mit anderen von den Sowjets verurteilten Ostdeutschen in den Gulag, aus dem er im Oktober 1955 entlassen wurde. Dieser und ähnliche Fälle legen den Schluß nahe, daß die Sowjets über BOBs Operationen auf dem laufenden waren und daß die vorgebliche Anwerbung des Führungsagenten nur dazu diente, die Situation unter Kontrolle zu behalten, bis im März 1947 das gesamte Netz aufgerollt werden konnte.

Spionageabwehr

Während BOBs Informationsbeschaffung auf wirtschaftlichem, politischem und wissenschaftlichem Gebiet expandierte und in der US-Administration in Berlin und Washington viel Anklang fand, schien die Spionageabwehr den Kontakt zur neuen Nachkriegsrealität verloren zu haben. Sie operierte in Berlin, wie sie es im Krieg im Kampf gegen die deutschen Nachrichtendienste getan hatte, nur ohne die Trumpfkarte, die sie damals besessen hatte – ULTRA, das britische Entschlüsselungssystem deutscher Funksprüche, das den Alliierten einen gewaltigen Vorteil verschafft hatte. Nach dem Ende der Feindseligkeiten verlor X-2 abrupt seine bevorzugte Stellung in der SSU. Der neue Gegner, die sowjetischen Nachrichten- und Sicherheitsdienste, waren wesentlich disziplinierter und straffer organisiert als ihre deutschen Pendants. Andererseits war es bezeichnend, daß es in beiden Abteilungen von BOB, bei X-2 ebenso wie bei SI, niemanden gab, der Russisch konnte.[41]

Die SI-Abteilung des OSS Deutschland schien prädestiniert zu sein, die Operationsbasis in Berlin zu leiten. Während des Krieges hatten herausragende Persönlichkeiten an ihrer Spitze gestanden, Dulles als Chef der Mission und Wisner als SI-Chef; auch Richard Helms, der designierte Nachfolger von Dulles, war SI-Offizier. BOBs Operationen hätten sicherlich davon profitiert, wenn die Nachrichtenbeschaffung und Spionageabwehr zusammengearbeitet hätten. Doch bereits die baulichen Gegebenheiten im Föhrenweg mit den verschiedenen über- und unterirdischen Geschossen machten die Trennung der rivalisierenden Abteilungen sichtbar. Beide führten ihre Operationen weitgehend unabhängig voneinander durch.[42] Isoliert und des früheren Sonderstatus beraubt, wurde die Berliner X-2-Abteilung 1945 auf fünf Mitarbeiter unter der Leitung von Lieutenant Richard W. Cutler reduziert, die kaum in der Lage waren, mit der zunehmenden Gegenspionage der Sowjets Schritt zu halten, zumal diese die Stadt seit dem 2. Mai unter Kontrolle gehabt hatten. Die Verhaftungen der von den Sowjets gesuchten Personen hatten bereits überall in der Stadt begonnen, bevor die Westalliierten in Berlin eintrafen. Von Juli an waren die Verhaftungen auf den Ostsektor beschränkt, doch die Sowjets gingen später dazu über, Personen aus West-Berlin zu entführen. Diese Praxis wurde sogar noch fortgesetzt, nachdem uniformierte sowjetische Offiziere auf frischer Tat ertappt und an die sowjetische Kommandantur übergeben worden waren.

Die sichtbaren Beweise für die Operationen der sowjetischen Gegenspionage wurden durch eine zunehmende Zahl von Berichten ergänzt, die vermeldeten, daß Ostberliner und Ostdeutsche von den Sowjets angeworben wurden, um westalliierte Einrichtungen auszuspionieren. Einige dieser Berichte kamen von Personen, die auf der SHAEF-Verhaftungsliste standen und im Verhör zugegeben hatten, daß die Sowjets sie für die Arbeit gegen die Amerikaner rekrutiert hatten. Das Resultat war, daß die Berliner X-2-Abteilung im Frühherbst 1945 eine Reihe von Doppelagenten führte, die Informationen über den Nachrichtendienst sammeln sollten, von dem sie angeheuert worden waren. BOB hoffte, den einen oder anderen der Führungsoffiziere dieser Agenten rekrutieren oder zum Überlaufen bewegen zu können. In vielen Fällen waren den OSS-Offizieren allerdings die Hände gebunden, da es ihnen verboten war, ehemalige SS- oder Gestapoangehörige anzuwerben. Eine Ausnahme war die Abwehr, der 1944 zwangsweise in die SS eingegliederte Nachrichtendienst der deutschen Wehrmacht, dessen Mitglieder gefragte Experten waren. Die Sowjets hatten sich nie solche Beschränkungen auferlegt; sie waren der Ansicht, daß nicht alle Angehörigen der inkriminierten Organisationen verbohrte Nazis waren und manche von ihnen zu nützlichen Agenten werden konnten.

Die umgedrehten ehemaligen deutschen Geheimdienstoffiziere arbeiteten mehrere Jahre für BOBs X-2-Abteilung. Insgesamt stellten die Fälle, in denen Doppelagenten aus den Reihen der sowjetischen Nachrichtendienste Informationen über ihre Einheiten lieferten, für einige Zeit den Hauptteil der Gegenspionageaktivitäten der Basis dar. In keinem dieser Fälle konnte allerdings ein sowjetischer Führungsoffizier angeworben werden. 1948 bemerkte BOB-Chef Durand eine wachsende Ernüchterung über den Einsatz von Doppelagenten. Das klassische Ziel der Gegenspionage wurde nicht erreicht, weil die sowjetischen Zielpersonen den ihnen gestellten Fallen auswichen. BOB mußte auf dem harten Weg lernen, daß den sowjetischen Führungsoffizieren »alle Tricks der Agentenführung bekannt [waren]: neutrale Treffpunkte, Decknamen, Ablenkungsmanöver, Geheimhaltung des Hauptquartiers und der Identität anderer Agenten sowie des Stabspersonals vor den Agenten«.[43]

BOB machte außerdem die Erfahrung, daß die hervorragenden Studien über die sowjetischen Nachrichtendienste, die man von den Briten erhielt, nicht aus Doppelagentenoperationen resultierten, sondern auf den Informationen eines bestimmten Überläufertyps fußten: ehemaligen Zwangsarbeitern, die nach dem Krieg vom NKGB als Dolmetscher angestellt worden waren. Diese Menschen waren für westliche Angebote besonders anfällig, da sie Gelegenheit gehabt hatten, das Leben in Deutschland mit dem in der UdSSR zu vergleichen und sie sich innerhalb der sowjetischen Besatzungstruppen in einer heiklen Situation befanden. Die Sowjets vertrauten ihnen nicht, sondern duldeten sie nur aufgrund ihrer Deutschkenntnisse.

Daß Überläufer als Informationsquelle besonders wertvoll waren, liegt auf der Hand. Durand verweist in seinem Überblick über die Doppelagentenoperationen auf die Erfahrung der Briten, die in einem Doppelagenteneinsatz in acht Monaten angestrengter Bemühungen nicht mehr als eine halbe Seite mit Informationen über den Aufbau der sowjetischen Nachrichtendienste erhalten hatten, während die intensiven Verhöre einiger Überläufer, die als untergeordnete Dolmetscher gearbeitet hatten, eine Vielzahl organisatorischer und personeller Informationen erbrachten.[44] BOB konnte vorläufig keinen Nutzen aus Überläufern ziehen, da erst 1947 der erste Russisch sprechende Offizier, George Belic, in Berlin stationiert wurde.[45] Belic war dem CIG im selben Jahr beigetreten, und nachdem er an den Verhören des sowjetischen Überläufers Anatoli Granowski teilgenommen hatte, wurde er nach Berlin geschickt, wo er zur Tarnung in der Sonderverbindungsabteilung der Kommandantur der Militärpolizei untergebracht wurde.[46] Dort konnte er sowjetische Repräsentanten treffen, erfuhr aber auch aus erster Hand von den vielen sowjetischen Militärs, die mit der amerikanischen Militärpolizei aneinandergerieten. Es war ein ausgezeichneter Platz, um potentielle Agenten oder Überläufer zu entdecken.

Bei Anwerbungsoperationen mußte allerdings auf die Clay-Sokolowski-Vereinbarung Rücksicht genommen werden, so daß bei der Entscheidung darüber, ob ein Überläufer aufgenommen werden sollte oder nicht, stets zwischen seinem potentiellen Wert und den zu erwartenden Schwierigkeiten bei dem Versuch, ihn aus Berlin herauszubekommen und ihm nach den Verhören ein neues Leben zu ermöglichen, abgewogen werden mußte. Bis Clay seine Haltung lockerte, gab es daher nur wenige, die das Risiko auf sich nahmen. Einer von ihnen war Captain Alexander Sogolow, der dem Nachrichtendienstbüro des Berliner US-Hauptquartiers angehörte. Da er Anfang der zwanziger Jahre mit seiner Familie aus Rußland zunächst nach Berlin emigriert war, sprach er nicht nur Russisch, sondern auch fließend Deutsch. Er war BOB bei Überläuferoperationen eine große Hilfe und verschaffte der Basis eine der bedeutendsten sowjetischen Quellen, die während der Berliner Blockade lebenswichtige Informationen liefern sollte. Aber Sogolows Ruf als Anwerber von Überläufern drang auch an die Ohren der Sowjets. Im Januar 1948 reichten sie beim amerikanischen Stadtkommandanten eine formelle Beschwerde gegen seine Aktivitäten ein, und er wurde umgehend in die Vereinigten Staaten zurückbeordert.[47]

Auf eine Quelle, die den Decknamen Buick erhielt, wurde X-2 durch einen Zivilangestellten der amerikanischen Militärregierung in Berlin aufmerksam gemacht. Es handelte sich um einen in Karlshorst stationierten Offizier mit reicher Erfahrung in der internen Spionageabwehr in der UdSSR und nach dem Krieg in Deutschland, der zu verstehen gegeben hatte, daß er über Informationen verfüge, die für die Amerikaner von Wert seien. Da Belic, als einziger Russisch sprechender Angehöriger von BOB, erst seit kurzem in Berlin war und als erster BOB-Offizier eine wirksame Tarnung besaß, hielt man es für unklug, ihn in Gefahr zu bringen. An seiner Stelle wurde ein neu eingetroffener Mitarbeiter der X-2-Abteilung in der Mission in Heidelberg nach Berlin geschickt, um die Sache in Gang zu bringen. Er kam durch Vermittlung des Zivilangestellten mit dem sowjetischen Offizier zusammen, der sich bereit erklärte, auf seinem Posten in Karlshorst zu bleiben und über seine Geliebte Dokumente aus dem SMAD-Archiv weiterzugeben. Sein Fall wurde schließlich von Belic übernommen, der ihn führte, bis er 1948 in den Westen überwechselte.[48]

Malinin alias Georgijew

Ein anderer, weniger erfolgreicher Fall, der zeigte, mit welcher Naivität BOB agierte, war der Kontakt mit Leonid A. Malinin. Laut Robert Conquest war Malinin am 11. Juli 1945 zum Generalmajor der Staatssicherheit ernannt worden,[49] und der frühere KGB-Offizier Ilja Dschirkwelow

This document has been approved for release through the HISTORICAL REVIEW PROGRAM of the Central Intelligence Agency

CONFIDENTIAL

MEMORANDUM FOR THE DIRECTOR, CENTRAL INTELLIGENCE

After considerable exploratory effort, George Belic, a staff member of our Berlin station [redacted], arranged to have himself and Major General Leonid A. Malinin, Deputy to Marshal Sokolovsky, invited to a dinner given on 9 December 1947 by a member of the OMGUS Press Section. After dinner Belic and Malinin separated from the other guests and talked from 1930 hours to 0300 hours — Malinin consumed three water-glasses of vodka and five water-glasses of undiluted American whiskey in the course of the conversation. The freedom with which Malinin discussed various political topics of significant interest, ranging from the current Soviet name-calling propaganda campaign to the general strike in France and the approaching devaluation of the ruble, encouraged Belic to arrange another dinner-party at which Malinin suggested he would be pleased to have Ambassador Murphy present.

On 16 January 1948 Ambassador Murphy, at the suggestion of Mr. Durand, Chief of our Berlin station, gave a dinner-party attended by General Malinin, Belic (interpreting), Mr. Durand, and two members of the Polad staff. Malinin made the following statements in the course of the evening's discussions:

a. He depreciated attempts to settle outstanding international issues at London-type conferences, agreeing with Ambassador Murphy that the publicity attending such conferences was prejudicial to understanding. He strongly urged a meeting of Truman and Stalin to delineate "spheres of interest" stating that he appreciated U.S. public opinion would resent the choice of a meeting place within the Soviet orbit but that he was sure the Politburo would veto Stalin's travel to the Western hemisphere in view of his age and the delicate state of his health. He stated the Politburo might sanction a meeting at Stockholm.

b. He agreed with Ambassador Murphy that the current propaganda warfare has reached a dangerous pass and should be called off. He believed that basic differences are ideological and unlikely to lead to war, but that the ideological conflict may last "for centuries".

CONFIDENTIAL

DOCUMENT NO. 033
NO CHANGE IN CLASS. ☐
☐ DECLASSIFIED
CLASS. CHANGED TO: TS S C 2010
NEXT REVIEW DATE:
AUTH: HR 70-2
DATE: 3/2/80 REVIEWER: 061169

HISTORICAL DOCUMENT
Destroy only with consent of the Historical Staff
Name:
Date: 18 March 68

Memorandum an DCI, undatiert, über den sowjetischen General Leonid Malinin, der ohne Wissen von BOB KI-Resident in Ost-Berlin war.

erwähnt in seinen Memoiren ein Offiziersgerichtsverfahren, in dem Malinin des Mißbrauchs seiner Position im Nachkriegsdeutschland beschuldigt wurde.[50] Tom Polgar erzählte im Interview, daß Henry Hecksher mit einem Generalmajor Malinin in Kontakt gewesen sei, »den er auf Empfängen bei James Riddleberger, dem stellvertretenden Politischen Berater, traf«. Malinin habe bei diesen Gelegenheiten offen über die Lage in der Sowjetunion gesprochen. Auf die Frage, warum er so frei über vermutlich geheime Angelegenheiten sprechen könne, habe er geantwortet: »Nur weil Sie es nicht wissen, ist es noch kein Geheimnis.« Peter Sichel erinnerte sich ebenfalls an solche Kontakte, fügte aber hinzu, daß BOB-Chef Durand sie geheimgehalten habe.[51]

Obwohl Malinin als Kontakt mit dem Decknamen Desoto geführt wurde, hatte BOB keine Ahnung, daß dieser Russe der Chef des Auslandsnachrichtendienstes in Ost-Berlin war. Zustande gekommen war die Beziehung bei einem Abendessen bei »einem Angehörigen der OMGUS-Presseabteilung«, bei dem Belic ihn kennengelernt hatte. Malinin war offenbar bereit, über eine Vielzahl politischer Themen zu sprechen, und so sorgte Belic dafür, daß er zu einer Dinnerparty eingeladen wurde, die Botschafter Robert Murphy am 16. Januar 1948 gab.[52] Weitere Treffen fanden unter anderem bei Riddleberger statt. Gleichzeitig hatte Malinin unter dem Decknamen Georgijew oder Malinin-Georgijew Kontakt zu mehreren ostdeutschen Politikern gesucht.

In amerikanischen Zeitungen wurde noch im Frühjahr 1949 berichtet, daß Malinin unter diesen Decknamen in Berlin aktiv sei,[53] aber ab Juni 1948 ist seine Anwesenheit nicht mehr nachweisbar. Dies ist gewissermaßen ein Nachhall dessen, was Durand als »höchste Ebene, auf der Geheimdienst, Täuschung und Politik in einer einzigen (oder vielleicht schizophrenen) Person verschmelzen«, beschrieben hat.[54] In einer Aktennotiz meinte Hecksher später, er betrachte Malinins Fall »als besonders bedeutsam, insofern er etwas unternahm, was wir als politische Aktion auf sehr hoher Ebene bezeichnen würden. Die konspirativen Aspekte seiner Arbeit wurden von der Tatsache unterstrichen, daß er vergeblich versuchte, unter einem Decknamen zu operieren.«[55] Es war jedenfalls eine Überraschung, als wir aus den Akten des SWR erfuhren, daß Malinin nicht nur stellvertretender Politischer Berater des Obersten Chefs der SMAD war, sondern auch Nachfolger von Korotkow als Resident des Auslandsnachrichtendienstes. Es war sein erster Auslandseinsatz, obwohl er seit den zwanziger Jahren im Staatssicherheitsdienst gearbeitet hatte.

1907 im sibirischen Nowosibirsk geboren, hatte Malinin laut seiner Personalakte zuerst im Transportwesen des Staatssicherheitsdienstes gedient, bevor er 1935 die Zentrale Schule des NKWD in Moskau besuchte. Danach bekleidete er bis 1941 eine Reihe höherer Posten im Transportwesen. Im Zweiten Weltkrieg war er Chef der NKWD-Verwaltung des Bezirks Odessa und organisierte die Evakuierung der Stadt. 1943 wurde er auf den Posten des NKWD-Chefs des Bezirks Nowosibirsk versetzt, und 1944 bis 1945 nahm er denselben Posten im Bezirk Ternopolskaja in der Westukraine ein, einem Zentrum des ukrainischen Nationalismus. Dieser Stellung hatte er möglicherweise seine Ernennung zum Berliner Residenten zu verdanken.

Nach der Darstellung seines Begleiters wurde Malinin bei einem »russischen« Abendessen bei Robert Gray, einem Mitarbeiter des »amerikanischen Informationsbüros«, George Bell vorgestellt, mit dem er, abgesondert von den anderen Gästen, ein längeres Gespräch führte. Bell hatte offenbar versucht, von Malinin eine Bestätigung dafür zu erhalten, daß die Generale Malinin und Georgijew dieselbe Person waren, was Malinin abstritt. Dessen Begleiter, wahrscheinlich Boris J. Naliwaiko, vermutete, daß Bell ein Geheimdienstoffizier und Gray sein Untergebener war. Im Januar 1948 teilte Malinin dem Berichterstatter mit, daß er eine Einladung von Botschafter Murphy erhalten habe. Er werde aber »mit allen Mitteln versuchen, diesem Treffen auszuweichen, da Bell wahrscheinlich Personen einladen werde, die ihn als Georgijew kennen«. Zwei Wochen später erklärte Malinin, daß man Gray, falls er nach ihm frage, sagen solle, er sei in Potsdam und komme fast nie nach Berlin. Am 17. März war der Berichterstatter zu Gray eingeladen, »und wie er erwartete, war auch George Bell dort und versuchte den Aufenthaltsort von Malinin herauszufinden«. Nach dieser Begegnung wurde die Residentur offenbar angewiesen, den Kontakt mit Gray und Bell abzubrechen.[56]

Den Rest der Geschichte hat Naliwaiko in seinen unter Verschluß befindlichen Memoiren erzählt. Seiner Ansicht nach hatte Malinin im Gespräch mit Bell herauszufinden versucht, welche Haltung der Westen in der deutschen Frage einnahm. Unglücklicherweise erschien am nächsten Tag in »amerikanischen Zeitungen« ein Artikel, in dem es hieß, daß ein hochrangiger Sowjetvertreter ein Treffen zwischen Stalin und Truman für möglich halte. Da Malinins Bericht über die Begegnung mit Bell am selben Tag in Moskau eintraf, war es nicht schwer, auf die Quelle dieser Äußerung zu schließen. Malinin wurde abberufen.[57]

Stalin, der von dem Fall erfahren hatte, genügte die Abberufung jedoch nicht. Er wies Molotow als Vorsitzenden des KI an, Malinin vor ein Offiziersgericht zu stellen. Die Anklage hielt ihm den Kontakt mit dem »bekannten amerikanischen Nachrichtendienstoffizier Murphy« und die Verbreitung eines falschen Bildes der sowjetischen Außenpolitik vor, insbesondere hinsichtlich der Möglichkeit eines separaten Friedensvertrages mit Deutschland. Von den Treffen mit Riddleberger, Hecksher und anderen BOB-Offizieren wußten die Sowjets entweder nichts, oder sie zogen es vor, dieses Wissen nicht zu verwenden. Außerdem wurde Malinin vorgeworfen, als Chef der Berliner Residentur versagt zu haben. Da all dies jedoch nicht auf stichhaltigen Zeugenaussagen beruhte, nahm man zur Anklage des Amtsmißbrauchs Zuflucht. Naliwaiko behauptet, in seiner Aussage alles Malinins Unerfahrenheit zugeschrieben zu haben. Geändert hat es nichts – am Schluß des Prozeßberichts heißt es: »Für eine Revision des Urteils im Fall des Genossen Malinin gibt es keine Grundlage.« Er wurde zum Oberst degradiert.[58]

Der Fall zeigt, daß BOB mehr als zwei Jahre nach dem Krieg immer noch nicht darüber im Bild war, wer auf der anderen Seite die Fäden zog. Wieviel die Basis mit ihren Operationen gegen die sowjetischen Nachrichtendienste im ersten Jahr der Besatzung auch erreicht haben mochte, über deren Organisationsstruktur und Personal hatte sie nur wenig in Erfahrung gebracht. Daß BOB allerdings überhaupt versuchte, aktiv zu werden, war nur der Entschlossenheit und dem Selbstvertrauen jener Männer zu verdanken, die nach den »glorreichen Tagen« des Sieges über Deutschland bei der Stange geblieben waren. Erstaunlich ist, daß die US-Regierung es nicht fertigbrachte, eine arbeitsfähige amerikanische Nachrichtendienstbasis in Berlin aufzubauen, die in der Lage gewesen wäre, unter den Tausenden von unzufriedenen sowjetischen Militärs in Ost-Berlin und der SBZ einen Stamm von Agenten zu rekrutieren und langfristig an sich zu binden.

DIE SOWJETISCHE RESIDENTUR IN KARLSHORST

Der sowjetische Hauptmann tastete nach dem Zettel, den er in die Tasche gesteckt hatte. Er stand an einer dunklen Straßenecke in Ost-Berlin und war auf dem Weg zu der Kontaktperson, die ihm helfen sollte, in den Westen überzulaufen. Eigentlich war er kein Soldat. Vor kurzem erst war er mit einer hastig zusammengestellten Expertengruppe aus Leningrad gekommen, um in ostdeutschen Fabriken die Produktion wichtiger Teile zu überwachen, die von der expandierenden Leningrader Elektroindustrie dringend benötigt wurden. Der Westen hatte ihn immer fasziniert, und er liebte amerikanischen Jazz. Als er die Nachricht von seiner Versetzung erhielt, hatte er kein Hehl aus seiner Freude gemacht. Vor seiner Abreise hatte er mit einem Freund darüber gesprochen, der als Rotarmist in Deutschland gedient hatte. Hinter vorgehaltener Hand hatte der ihm gesagt, er kenne jemanden, der ihm das wirkliche Berlin zeigen könne. Der Hauptmann hatte den Deutschen aufgesucht, und die hellen Lichter West-Berlins hatten es ihm angetan. Sein neuer Freund hatte gesagt, er kenne jemanden, der ihn mit Leuten in Verbindung bringen könne, die ihm helfen würden, im Westen zu bleiben.

Jetzt sollte das Treffen mit ihnen stattfinden. Trotz seiner Anspannung mußte er bei dem Gedanken an das neue Leben, das ihn im Westen erwartete, lächeln. Eine dunkle Limousine hielt neben ihm an, und nach kurzem Zögern stieg der Hauptmann ein. Der Wagen brachte ihn und seinen deutschen Kontaktmann zu einer imposanten Villa, in der er von seinen Gastgebern in offenbar amerikanischem Englisch herzlich begrüßt wurde. Die Umgebung und die Uniformen der Amerikaner gaben ihm ein Gefühl der Sicherheit. Nachdem man ihn zu einer ausladenden Couch geführt hatte, wurde er gebeten, von sich selbst zu erzählen, und er tat es mit Vergnügen, während einer der Offiziere als Dolmetscher fungierte.

Doch nach einiger Zeit bemerkte er eine gewisse Unzufriedenheit bei seinen Gastgebern. Schließlich unterbrach ihn einer von ihnen und sagte in akzentfreiem Russisch: »In Ordnung, das reicht! Erzählen Sie uns von Ihren Kontakten mit amerikanischen Agenten in Leningrad!«

Der Hauptmann war kein amerikanischer Spion, sondern ein Opfer der Pawlowski-Falle, einem ausgeklügelten System, um die vielen amerikanischen und britischen Agenten auszuräuchern, die nach Stalins Überzeugung während des Krieges und danach auf sowjetischem Territorium operierten. Bei der Spionageabwehr stapelten sich Hunderte von Dossiers über verdächtige Sowjetbürger – unser Hauptmann ist ein fiktiver Repräsentant dieser Verdächtigen. Das Verfahren wurde von Oberst Iwan Pawlowski entwickelt, dem überaus agilen stellvertretenden Chef der britischen Abteilung der NKGB-Verwaltung für Spionageabwehr während der Kriegsjahre. Pawlowski hatte eine besondere Begabung für komplizierte strategische Spiele. Das von ihm entwickelte Verfahren beruhte auf Techniken, die die Spionageabwehr üblicherweise innerhalb der Sowjetunion anwandte, wenn sie einem Verdächtigen vorgaukelte, er stehe in Kontakt mit einem Offizier eines ausländischen Nachrichtendienstes, der in Wirklichkeit dem sowjetischen Staatssicherheitsdienst angehörte. Legte der Verdächtige eine antisowjetische Haltung an den Tag und gestand er, daß er von dem ausländischen Geheimdienst rekrutiert worden war, waren Verhaftung und Verbannung in den Gulag die Folge.[1]

Pawlowskis Falle wurde aufgebaut, indem ein Agent an den Verdächtigen herantrat und ihm zu verstehen gab, daß eine Reise nach Berlin arrangiert werden könne, wenn er genug habe vom sowjetischen Leben. In Ost-Berlin wurde der Verdächtige dann mit einer zweiten Person zusammengebracht, für gewöhnlich einem deutschen Agenten der deutschen MGB-Residentur, der ihm anbot, ihn zu einer amerikanischen Einrichtung in West-Berlin zu führen. Dort wurde er vom »amerikanischen« Team übernommen, so daß sich der Verdächtige in luxuriösem Ambiente unter mehreren Personen in amerikanischen Uniformen wiederfand, die allesamt mehr oder weniger perfekt Englisch sprachen. Man hatte gehofft, bei Potsdam in der Nähe des Westzipfels des amerikanischen Sektors ein geeignetes Anwesen zu finden, doch das erwies sich als unmöglich. Schließlich wurde dem Team Schloß Dammsmühle im Kreis Oranienburg zur Verfügung gestellt, direkt nördlich des Punktes, an dem der französische und der sowjetische Sektor Berlins zusammenstießen.

Man nahm an, daß sich ein frisch eingetroffener Sowjetbürger nicht so genau in der politischen Nachkriegsgeographie der Stadt auskennen würde, um die Lage des Schlosses merkwürdig zu finden. Von dem in dieser Umgebung geführten Gespräch mit den »amerikanischen« Offizieren erhoffte man sich, daß der Verdächtige seine Freude über den wiederhergestellten Kontakt ausdrückte. Doch diese Hoffnung erfüllte sich selten; nur wenige der Verdächtigen hatten jemals Kontakt mit einem westlichen Nachrichtendienst gehabt. Die Operation wurde folgerichtig 1948 oder 1949 eingestellt.[2]

Die Kompliziertheit dieser Falle und das Stalinsche Mißtrauen, das ihr zugrunde lag, illustriert den Unterschied zwischen der Berliner SSU-Basis und dem Wirken des sowjetischen Staatssicherheitsdienstes in Ostdeutschland. In den USA begannen die Politiker gerade erst zu begreifen, daß sich die Besetzung Deutschlands wesentlich schwieriger gestalten würde, als im Potsdamer Abkommen vorausgesehen. Was die SSU betraf, so wußte sie noch nicht genau, welche Nachkriegsrolle ihr zukommen würde. Die sowjetische Besatzungspolitik war einfach: Ihr Ziel bestand darin, den größtmöglichen Einfluß in Deutschland zu gewinnen oder, falls sich dies nicht verwirklichen ließ, die unbeschränkte Kontrolle über die eigene Besatzungszone zu erlangen. Die sowjetischen Nachrichtendienste hatten dafür zu sorgen, daß diese Politik umgesetzt wurde.

Die Situation der beiden Hauptakteure im Berlin der Nachkriegszeit, der Sowjets und der Amerikaner, hätte unterschiedlicher nicht sein können. Seit das OSS in Berlin eingetroffen war und Keitels ehemaligen Kommandostand bezogen hatte, war es sich seiner Zukunft nie sicher gewesen. Es hatte mit knappen Finanzen, Personalmangel, geringen Kenntnissen der sowjetischen Realität und der russischen Sprache sowie gespannten Beziehungen zu den amerikanischen Militärs zu kämpfen. Die sowjetischen Nachrichtendienste, die sich nach dem Krieg in Karlshorst niederließen, wurden von keinem dieser Probleme in ähnlichem Ausmaß geplagt. Immerhin existierten sie bereits seit der Oktoberrevolution und waren ein integraler Bestandteil der sowjetischen Gesellschaft. Einen Vorteil hatten die Amerikaner allerdings auf ihrer Seite, auch wenn er noch viele Jahre verborgen blieb: die Unfähigkeit Stalins und seiner Nachfolger, Erkenntnisse zu akzeptieren, die ihrer vorgefaßten Weltsicht zuwiderliefen, und nach diesen Erkenntnissen zu handeln. Der vielleicht beängstigendste Aspekt des Kalten Krieges war die Tatsache, wie schlecht die Sowjetführung informiert war, obwohl sie von ihrem Auslandsnachrichtendienst Berge von Geheiminformationen über die Absichten und Pläne des Westens erhielt, häufig direkt aus den Büros führender westlicher Politiker. Aber nur wenige sowjetische Geheimdienstoffiziere wagten es, Stalin oder Chruschtschow eine unangenehme Nachricht zu überbringen, wenn man nicht den Rest seines Lebens im Gulag verbringen wollte. Das daraus folgende mangelhafte Verständnis der amerikanischen Sichtweise führte beide Seiten mehr als einmal an den Rand des heißen Krieges.

Die Anfänge der sowjetischen Nachrichtendienste

Manche sind der Meinung, daß der Kalte Krieg hätte verhindert werden können, wenn der Westen Stalin und die Methoden, mit denen er sein Land regierte, besser verstanden hätte. Nach dem Sieg über Deutschland befand sich Stalin auf dem Höhepunkt seiner Macht. Sein Ansehen in der vom Krieg erschöpften und auf bessere Zeiten hoffenden sowjetischen Bevölkerung war nie größer gewesen. Dennoch fuhr er unermüdlich in seinen Bemühungen fort, seine persönliche Macht im In- und Ausland zu stärken. Die Verwaltungsapparate, die von Moskau aus die Nachrichtendienste in Deutschland leiteten, standen unter der totalen Kontrolle Stalins, der in ihnen seit langem die wichtigsten Instrumente zur Aufrechterhaltung seiner Macht sah. Bei denen, die in diesen Organisationen dienten, löste der Gedanke an den »chosjain« – den Chef – Ehrfurcht und Schrecken aus. Die meisten der andernfalls unerklärlichen Wechsel in Schlüsselpositionen waren auf Stalins Gewohnheit zurückzuführen, ehrgeizige Staatssicherheitschefs unter Kontrolle zu behalten, indem er ihnen seine eigenen, häufig mediokren Männer vor die Nase setzte. Die daraus resultierenden Rivalitäten führten nach dem Krieg auch in Deutschland zu erbitterten Auseinandersetzungen um die Vormachtstellung und um Stalins Gunst. Selbst nach dessen Tod und nach der Entstalinisierung blieben Spuren seines Herrschaftsstils erhalten.[3]

Die Geschichte der sowjetischen Nachrichtendienste begann mit der bolschewistischen Machtergreifung in Rußland im Oktober 1917. Feliks

Dzierżyński, ein polnischer Revolutionär, der sich den Bolschewiki angeschlossen hatte, schuf die Tscheka, die Außerordentliche Kommission zum Kampf gegen Konterrevolution und Sabotage. Deren Auslandsabteilung wurde am 12. Dezember 1920 gegründet. Der Name des Nachrichtendienstes änderte sich im Verlauf der zwanziger Jahre mehrfach, aber seine Mitarbeiter wurden weiterhin als Tschekisten bezeichnet.

1934 rief Stalin das Volkskommissariat des Inneren (NKWD) wieder ins Leben, das sowohl für die Staatssicherheit als auch für die Aufrechterhaltung der öffentlichen Ordnung verantwortlich war. Unter seinem brutalen ersten Chef, Genrich Jagoda, begann es Stalins Säuberungen durchzuführen und verschaffte der Abkürzung NKWD einen Klang, der noch Angst auslöste, als sie schon lange nicht mehr in Gebrauch war. Jagoda wurde 1936 durch Nikolai Jeschow ersetzt, einen noch fanatischeren »Säuberer«. Als Jeschow zwei Jahre später zurücktrat, nahm Stalin die Gelegenheit wahr und schob ihm die Schuld an den schrecklichen Säuberungen der dreißiger Jahre zu.[4] Nach Jeschows Absetzung wandte sich die Säuberungsmaschinerie gegen die NKWD-Angehörigen, die bei der Verfolgung von Stalins Feinden allzu eifrig gewesen waren. Diese neuen Säuberungen betrafen auch den Auslandsnachrichtendienst. Die Residenturen in Schanghai und Tokio wurden drastisch verkleinert; andere, wie die Londoner Residentur, mußten ihre Tore schließen. Es sollte nicht das letzte Mal gewesen sein, daß der Auslandsnachrichtendienst zu einem kritischen Zeitpunkt durch politische Grabenkämpfe innerhalb der Sowjetführung gelähmt wurde.

1938 gelangte der berüchtigte Lawrenti Berija an die Spitze des NKWD. Anfang 1941 experimentierte Stalin mit einer neuen Organisationsstruktur, indem er die für die Staatssicherheit wichtigsten Verwaltungen, die Spionageabwehr und den Auslandsnachrichtendienst, aus dem NKWD ausgliederte und zu einem neuen NKGB zusammenfaßte. Nach dem deutschen Angriff im Juni 1941 wurden diese Verwaltungen jedoch wieder dem NKWD und damit Berija unterstellt. Daß Berija trotz Stalins Paranoia seine frühere Stellung zurückerhielt, war offenbar dessen Einsicht zu verdanken, daß eine feste Hand vonnöten war, um angesichts der neuen, beispiellosen Bedrohung seiner Macht durch den deutschen Angriff die Kräfte von Innenministerium und Staatssicherheitsdienst zu konsolidieren und zu koordinieren. Der Kampf gegen Deutschland bestimmte während des gesamten Krieges die Ziele der sowjetischen Nachrichtendienste.

Die sowjetischen Nachrichtendienste im Krieg

Pawel Fitin berichtet in seinen unter Verschluß gehaltenen Memoiren von einer Entscheidung des ZK der KPdSU, in der sich das ganze Ausmaß der deutschen Bedrohung widerspiegelte.[5] Weil die Bemühungen von Fitins NKGB-Auslandsverwaltung, operative Gruppen hinter den feindlichen Linien aufzubauen und zu erhalten, ständig ausgeweitet wurden und immer mehr Aufmerksamkeit verlangten, beschloß das ZK, sie aufzuteilen und zwei neue Verwaltungen zu schaffen, die Erste und die Vierte. Die Erste Verwaltung, der Auslandsnachrichtendienst, sollte über Deutschland und dessen Verbündete, über die amerikanische und britische Politik gegenüber der Sowjetunion und Deutschland sowie über die Politik anderer kapitalistischer Staaten, die nicht am Krieg teilnahmen, Informationen sammeln. Außerdem war sie für die technische Spionage und die Gegenspionage im Ausland zuständig. Die Vierte Verwaltung, die Diversions- und Aufklärungsverwaltung, organisierte und führte operative Gruppen, die mit den Partisanen hinter den deutschen Linien zusammenarbeiteten. Chef der neuen Verwaltung wurde Pawel Sudoplatow, einer von Fitins Stellvertretern.[6] Die Erste Verwaltung, deren Hauptaufgabe darin bestand, Residenturen im Ausland zu führen, unterstützte die Vierte. Tatsächlich gab es einen ständigen Personalaustausch zwischen beiden Verwaltungen.[7]

Im April 1943, als sich das Kriegsglück zu Stalins Gunsten gewendet hatte, erhielt der Geheimdienst im Zuge einer weiteren Umstrukturierung jene Gestalt, die bis in die unmittelbare Nachkriegszeit gültig blieb. Der NKGB wurde am 14. April 1943 wieder zu einer unabhängigen Organisation, so daß die Spionageabwehr und der Auslandsnachrichtendienst des Staatssicherheitskommissariats erneut unter die ausschließliche Führung ihres früheren Chefs kamen, des Berija-Gefolgsmannes Wsewolod Merkulow. Berija blieb Chef des NKWD und der nach Tausenden zählenden Sondereinheiten, die die Deportation vieler ethnischer Gruppen aus ihren Heimatgebieten durchführten.[8] Unterstützt wurde er bei den Operationen von Iwan Serow und Bogdan Kobulow, die beide eine bedeutende Rolle im Nachkriegsdeutschland spielen sollten.

Gleichzeitig wurde die militärische Abwehr reorganisiert. Sie suchte nach deutschen Agenten in der Roten Armee und stellte die politische Zuverlässigkeit der Militärangehörigen sicher, vom General bis hinunter zum kleinsten Infanteristen. Ihre Sonderabteilungen überall in den Streitkräften wurden unter der Leitung ihres Chefs Viktor Abakumow aus der NKWD-Hauptverwaltung für Staatssicherheit herausgelöst und als Hauptverwaltung - oder Smersch - ins Volkskommissariat für Verteidigung (NKO) eingegliedert. Durch diese Umstrukturierung wurde die Befehlskette gestrafft und die Abstimmung zwischen Abwehroperationen und militärischen Planungen vereinfacht. Die Verantwortlichkeiten und die Stellung der meisten Angehörigen der militärischen Spionageabwehr blieben jedoch unverändert. Abakumow zum Beispiel, der vormalige Leiter der militärischen Spionageabwehr im NKWD und neue Chef der Smersch, behielt trotz seiner Versetzung ins NKO sein altes Büro im NKGB-Hauptquartier, der Lubjanka.[9]

Die Gründe, die Stalin zu dieser Umstrukturierung bewogen hatten, waren die potentielle Bedrohung seiner Macht durch die wachsende Popularität seiner Generale und die Tatsache, daß Tausende von Rotarmisten auf Feindgebiet vordrangen und dort mit eigenen Augen einen vergleichsweise hohen Wohlstand kennenlernten, von dem sie zu Hause berichteten.[10] Andererseits war abzusehen, daß die Rote Armee zunehmend auf feindlichem Territorium agieren würde - in der Westukraine, in Polen, auf dem Balkan und in Deutschland selbst. Dafür brauchte Stalin Abwehreinheiten, die in der Lage waren, die sowjetischen Truppen bei der Stange zu halten und antisowjetische Kräfte auszuschalten.[11]

An jeder Front der Roten Armee gab es eine Smersch-Verwaltung, die die Abteilungen und Sondereinheiten in den Armeen und Divisionen führte. Den Vormarsch durch Polen nach Deutschland begleiteten vor allem die Smersch-Verwaltungen der Ersten und Zweiten Belorussischen Front, die schließlich den größten Teil der in Berlin und der SBZ operierenden Staatssicherheitseinheiten stellen sollten.[12]

Der Übergang in die Nachkriegszeit

Die Aufgabe, diese Einheiten für die Verwendung in Friedenszeiten umzugestalten, wurde Generaloberst Iwan Serow übertragen. Serow kam aus Polen, wo er unter dem Namen General Iwanow die operativen Gruppen geführt hatte, die einer kommunistisch dominierten Regierung den Weg ebneten. Offiziell trat Serow in Berlin den Posten des für Zivilangelegenheiten zuständigen Stellvertreters des SMAD-Chefs an, obwohl seine Geheimdienstvergangenheit auf einen anderen Arbeitsbereich schließen ließ. In Wirklichkeit figurierte er denn auch als persönlicher Vertreter des Volkskommissars des Innern bei der GSOWG in Berlin.[13] Er stand der SMAD-Verwaltung für Innere Angelegenheiten vor, in deren Zuständigkeit Polizei, Feuerwehr, Gefängnisse und Wachtruppen fielen. Am 27. Juli 1945 ordnete Serow zum Beispiel die Einrichtung von NKWD-Internierungslagern an, den sogenannten Spez[ial]lagern, in denen Nazis und Gegner der kommunistischen Vorherrschaft in Ostdeutschland eingesperrt werden sollten.[14] Außerdem wurden in sämtlichen Landes-, Provinz- und Bezirksverwaltungen der SMAD Abteilungen für Inneres gebildet, mit deren Hilfe Serow neue deutsche Sicherheitskräfte und Justizeinrichtungen schuf.

Sein Hauptaugenmerk galt allerdings dem Aufbau einer nichtmilitärischen Spionageabwehr, die in der Lage war, mit den übriggebliebenen Nazis und einer künftigen Opposition gegen die sowjetische Besatzung fertig zu werden. Wie ihr amerikanisches Gegenstück war auch die sowjetische Abwehr von Berichten über einen aktiven Naziuntergrund beunruhigt. Darüber hinaus befürchteten die Sowjets, daß dieser Untergrund bereits eng mit »reaktionären Kreisen in England und den Vereinigten Staaten zusammen[arbeitete], um eine antisowjetische Front zu schaffen«.[15]

Mit dieser Machtfülle wurde Serow zu einem Schwergewicht in der politischen Hierarchie der UdSSR, und er sicherte seine Stellung geschickt, indem er auf den kleinsten Wink Stalins reagierte. Er behielt nicht nur Marschall Shukow im Auge, sondern schützte auch Stalins alkoholkranken Sohn, der bei der Luftwaffe in Deutschland diente. Als er jedoch begann, Smersch-Einheiten Staatssicherheitsaufgaben zuzuweisen, machte er sich Feinde in Moskau. Berlin war von höchster Bedeutung, und so schickte Serow Offiziere der Smersch-Verwaltung der Ersten Belorussischen Front mit dem Auftrag in die Stadt, einen operativen Sektor (Opersektor) zu bilden. Dessen erster Chef und gleichzeitig Leiter der Smersch-Verwaltung der GSWOG wurde Serows Protégé Generalmajor Alexej Sidnew, der seit 1944 stellvertretender Chef der Smersch-Abteilung der Ersten Belorussischen Front gewesen war. Offiziell war er bei der SMAD für öffentliche Sicherheit und innere Angelegenheiten verantwortlich.[16] Sidnews Laufbahn und weiteres Schicksal sind ein Beispiel dafür, wie hochrangige Machtkämpfe in der sowjetischen Hierarchie ausgefochten wurden. Er wurde 1947 abgelöst und auf den Posten des Staatssicherheitsministers der Tatarischen Autonomen Sowjetrepublik abgeschoben. Später wurde er wegen angeblicher Beteiligung an Schwarzmarktgeschäften in seiner Zeit in Berlin verhaftet. Sidnew fiel vermutlich der Rivalität zwischen Serow und Abakumow zum Opfer, die beide um Stalins Anerkennung und die Vorherrschaft in Ostdeutschland rangen. Um Stalins Gunst zu erlangen und Serow in Mißkredit zu bringen, ließ Abakumow dem Diktator Sidnews Verhörprotokolle zukommen.[17]

Nach Berliner Vorbild wurden auch in den Landes- und Provinzhauptstädten NKGB-Opersektoren eingerichtet. Besetzt wurden sie mit Angehörigen anderer Smersch-Verwaltungen und Mitarbeitern von Abwehreinheiten in der UdSSR. In Berlin wurden in jedem Bezirk operative Gruppen (Opergruppen) gebildet. Die Schaffung dieser Einrichtungen, die für gewöhnlich bei den Militärkommandanturen oder den Verwaltungen und Abteilungen des NKWD angesiedelt waren, war Ausdruck der sowjetischen Sicherheitsbesorgnisse in bezug auf die deutsche Bevölkerung. Grund zur Sorge bot in der hektischen Atmosphäre der unmittelbaren Nachkriegszeit aber auch die Sicherheit der Roten Armee. Serow erteilte deshalb einer anderen Gruppe von Smersch-Offizieren der Ersten Belorussischen Front den Auftrag, in Potsdam das Hauptquartier der Spionageabwehrverwaltung (UKR) der GSOWG aufzubauen. Dieses Hauptquartier blieb in Betrieb, bis im Sommer 1994 der letzte sowjetische Soldat Deutschland verlassen hatte. Gründer und erster Chef der UKR wurde der bisherige Smersch-Chef der Ersten Belorussischen Front, Generalleutnant Alexander Wadis, der ein ausgeprägtes Gespür dafür bewies, wie sich politisch heikle Fälle für seine Karriere nutzen ließen. Zum Beispiel erfreute er Stalin damit, daß er ein erbeutetes deutsches Dokument zutage förderte, in dem den Briten die Schuld am mißlungenen Warschauer Aufstand im Juli 1944 gegeben wurde, und rechnete sich das Verdienst an der Entdeckung der Tagebücher von Joseph Goebbels an.[18]

Das Potsdamer Smersch-Hauptquartier war für die politische Zuverlässigkeit und die Sicherheit der Angehörigen der sowjetischen Streitkräfte verantwortlich. Seine Informanten rekrutierten sich sowohl aus den Reihen der sowjetischen Streitkräfte als auch aus der deutschen Bevölkerung, die in der Umgebung sowjetischer Garnisonen lebte. Außerdem untersuchte die UKR Fälle von westlicher Spionage gegen sowjetische Einrichtungen. Die betreffenden Agenten wurden aufgespürt, inhaftiert und, wenn möglich, in Doppelagenten umgewandelt. Der tschekistische Geist war im Potsdamer Hauptquartier nicht zu übersehen. Eine alte Mitarbeiterin, die Agentenakten betreute, prahlte vor jedem, der ihr zuhörte: »Ich war früher Putzfrau bei Feliks Dzerżyński.«[19]

Diese tschekistische Atmosphäre war jedoch nicht auf die militärische Abwehr beschränkt. Auch in den neuen Opersektoren und -gruppen, die überall in der SBZ ihre Arbeit aufnahmen, war sie zu spüren. Immerhin hatten die meisten höheren Smersch-Offiziere früher schon im Staatssicherheitsapparat gearbeitet. Darüber hinaus hatten 1943 bis 1946 Tausende neuer Smersch-Kader die Staatssicherheitsschulen durchlaufen, wo sie außer dem nachrichtendienstlichen Handwerk auch den richtigen tschekistischen Geist erlernt hatten.[20] Für die meisten Sowjetbürger und Ostdeutschen und auch die Westalliierten gehörten alle diese Gruppen jedoch zum NKWD.[21]

Da die Aufgabe, die eigene Besatzungszone unter Kontrolle zu bekommen, bei den Sowjets oberste Priorität besaß, war Serow vollauf damit beschäftigt, die NKGB-Opersektoren zu bilden. Gleichzeitig konnte es die Auslandsverwaltung des NKGB kaum erwarten, in Deutschland Fuß zu fassen. Die Berliner Residentur des Auslandsnachrichtendienstes war nach dem deutschen Angriff im Juni 1941 geschlossen worden, also mußte man wieder von null anfangen. Die methodische Art, mit der dies geschah, unterschied sich erheblich von der Schaffung der Berliner OSS-Basis. Am 16. April 1945 billigte Stalin einen Plan, dem zufolge als vorbereitende Stufe zur Bildung einer Residentur den Hauptquartieren aller Fronten, die damals auf ausländischem Boden kämpften, politische Berater beigegeben werden sollten.[22] Unterstützt wurden diese Berater von operativen Gruppen, die jeweils aus drei operativen NKGB-Offizieren, einem Chiffrierbeamten und einem Funker bestanden. Aufgabe dieser Gruppen war es, Moskau über die Zustände in den eroberten Gebieten zu berichten, einschließlich der Stimmung der Bevölkerung und der wirtschaftlichen Lage. Außerdem beobachteten sie die Aktivitäten der britischen und amerikanischen Vertreter in den Gebieten, die unter gemeinsamer Kontrolle standen, und bereiteten für die Zeit nach dem Sieg über Deutschland Geheimdienstoperationen im Westen vor.[23]

Im Juni 1945 wurden die der Ersten und Zweiten Belorussischen sowie

SECRET

CONFIDENTIAL

CENTRAL INTELLIGENCE GROUP

INTELLIGENCE REPORT

COUNTRY Germany (Russian Zone)

SUBJECT SMA Priority List for Industrial Production

This document has been approved for release through the HISTORICAL REVIEW PROGRAM of the Central Intelligence Agency. Date 2/4/94

ORIGIN Germany, Berlin

DATE:
INFO. 27 September 1947
DIST. 18 November 1947
PAGES 2
SUPPLEMENT SO-9244

EVALUATION OF SOURCE

A	B	C	D	E	F
Completely reliable	Usually reliable	Fairly reliable	Not usually reliable	Not reliable	Cannot be judged

EVALUATION OF CONTENT

1	2	3	4	5	6
Confirmed other sources	Probably true	Possibly true	Doubtful	Probably false	Cannot be judged

DISTRIBUTION

STATE	WAR	NAVY	JUSTICE	R & E	C & D

SOURCE

1. During a meeting of the executive council of the SMA (Karlshorst), I. V. Kurasshov, G. G. Alexandrov, and G. K. Blagovestov, the men responsible for the industrial output, complained that delivery dates were not being observed. Major-General Kvashnin ordered, therefore, that the Soviet AGs be investigated to determine who are the persons responsible for the delay, and that steps be taken immediately to remedy the situation. It was pointed out that the B.M.W. in Eisenach, the Horch plant in Zwickau, and the Audi factory (formerly Auto Union) in Zwickau, which are working exclusively on reparations orders, were the worst offenders, i.e., that their deliveries were at present almost 25% behind schedule. Although it was alleged that the slow-down in the work program is due to political differences among the workers and to sabotage on the part of some technicians and foremen, the actual reason is a shortage of raw materials and dissatisfaction among the workers who have not received the special allocations they had been promised. Several men accused of sabotage have already been arrested in the Audi plant. Similar conditions exist in the Zeiss plant in Jena, i.e., orders for bomb sights and optical measuring instruments have been only about 60% filled.

2. During this meeting, a priority list for current production orders was submitted by Colonel Ruchkin of the reparations section; it contained twelve main groups, of which five were to take precedence.

   Washington Comment: The priority list mentioned above is given in detail in [redacted] of which this report should be considered a part. Both reports should be read in connection with [redacted]

3. Colonel Ruchkin reiterated that all reparations orders, of whatever nature, are to take precedence over any other orders. He also made it clear that all factories, including private and socialized plants, are bound to follow strictly the above-mentioned priority classification.

4. Export orders, Colonel Ruchkin stated, are second in importance, and must be started as soon as reparations orders have been filled, in accordance

CONFIDENTIAL

Document No. 016
NO CHANGE in Class.
DECLASSIFIED
Class. CHANGED TO: TS S C
DDA Memo, 4 Apr 77
Auth: DDA REG. 77/1763
Date: 24 APR 1978 By: 013

CLASSIFICATION SECRET

SECRET

CIG-Informationsbericht, 18. November 1947, über die Prioritätenliste der SMAD für die industrielle Produktion.

der Ersten Ukrainischen Front zugeteilten Gruppen zusammengefaßt, um eine Residentur der Ersten Verwaltung des NKGB aufzubauen. Zwei Monate später verfügte der sowjetische Auslandsnachrichtendienst in Karlshorst über eine voll funktionsfähige Residentur. Erster Resident wurde Alexander Korotkow, ein erfahrener Geheimdienstoffizier, der bis 1941 stellvertretender Resident in Berlin gewesen war. Während des Krieges hatte er in der Ersten Verwaltung gedient und mehrere operative Reisen ins Ausland unternommen – 1943 nach Afghanistan, 1944 nach Polen und Rumänien. Außerdem war er im Zusammenhang mit Doppelagentenoperationen, an denen in sowjetischer Hand befindliche deutsche Funker beteiligt waren, häufig an der Front gewesen. Vor diesem operativen Hintergrund und seiner Bekanntheit mit Deutschland war Korotkows Ernennung sicherlich eine kluge Wahl.[24] Offiziell firmierte er in der SMAD als stellvertretender Politischer Berater des Obersten Chefs, und die Residentur wurde in der Verwaltung seines vorgeblichen Vorgesetzten, des Politischen Beraters Arkadi Soboljow, versteckt.[25] Ende 1945 bestand sie allerdings nur aus sechs operativen Offizieren, zu denen im Januar 1946 zwei weitere hinzustießen. Da sie augenscheinlich allein nicht in der Lage war, Moskaus Hunger nach Informationen über West-Berlin und die westlichen Besatzungszonen zu stillen, wurde Ende 1945 beschlossen, bei allen Opersektoren und -gruppen Abteilungen für Nachrichtenbeschaffung einzurichten.[26]

Ende 1945 führte die Residentur bereits eine Reihe von Agenten, die überwiegend in Behörden sowohl in Berlin als auch in den Landeshauptstädten arbeiteten. Zusätzlich zu der Aufgabe, Moskau über die Zustände auf dem laufenden zu halten, wurde die Residentur angewiesen, Agenten in bürgerlichen Parteien wie der CDU zu rekrutieren. Insgesamt war die Situation der sowjetischen Nachrichtendienste zu dieser Zeit aber vermutlich auch für die Sowjets selbst ziemlich unübersichtlich – für BOB war sie es. Ihre Einrichtungen – Korotkows Residentur war die kleinste von ihnen – waren über ganz Ost-Berlin und die Berliner Vororte verstreut, und die Bewegungen dieses vielarmigen Kraken zu koordinieren, dürfte ein schwieriges Unterfangen gewesen sein. Die militärische Abwehr gehörte theoretisch weiterhin zur Dritten Hauptverwaltung des NKO. Die neuen Opersektoren und -gruppen unterstanden der Spionageabwehrverwaltung des NKGB, während für Korotkows Residentur die Auslandsverwaltung zuständig war. Dennoch blieb diese Grundstruktur – mit leichten Modifikationen – mehrere Jahre bestehen.

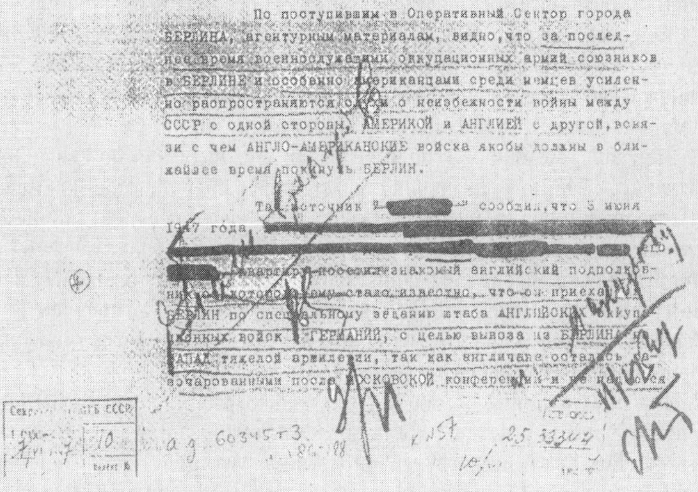

186

СОВЕРШЕННО-СЕКРЕТНО.
Экз. ___

РАССЕКРЕЧЕНО
Служба внешней разведки РФ 10

МИНИСТЕРСТВО ГОСУДАРСТВЕННОЙ БЕЗОПАСНОСТИ
СОЮЗА С. С. Р.

товарищу АБАКУМОВУ В.С.

ДОКЛАДНАЯ ЗАПИСКА.

По поступившим в Оперативный Сектор города БЕРЛИНА, агентурным материалам, видно, что за последнее время военнослужащими оккупационных армий союзников в БЕРЛИНЕ и особенно американцами среди немцев усиленно распространяются [illegible] о неизбежности войны между СССР с одной стороны, АМЕРИКОЙ и АНГЛИЕЙ с другой, в связи с чем АНГЛО-АМЕРИКАНСКИЕ войска якобы должны в ближайшее время покинуть БЕРЛИН.

Так источник [illegible] сообщил, что 5 июня 1947 года [illegible] его [illegible] квартиру посетил знакомый английский подполковник, от которого ему стало известно, что он приехал в БЕРЛИН по специальному заданию штаба АНГЛИЙСКИХ оккупационных войск в ГЕРМАНИИ, с целью вывоза из БЕРЛИНА на ЗАПАД тяжелой артиллерии, так как англичане остались разочарованными после МОСКОВСКОЙ конференции и [illegible]

Бericht von General Nikolai Kowaltschuk an Staatssicherheitsminister Abakumow, 7. Juni 1947, über die widersprüchlichen Berichte, die der Berliner MGB-Apparat über die Unvermeidbarkeit eines Krieges zwischen der UdSSR und dem Westen erhalten hatte, sowie zu Gerüchten über den Rückzug der anglo-amerikanischen Truppen aus Berlin.

Das MGB erhöht den Druck

Im März 1946 wurde die Revolutionsbezeichnung »Volkskommissariat« fallengelassen, und der NKGB mutierte zum Ministerium für Staatssicherheit (MGB).[27] Drei Monate später löste Abakumow, der seit 1943 im NKO an der Spitze der Smersch gestanden hatte, Merkulow als Staatssicherheitsminister ab. Pawel Sudoplatow zufolge mißtraute Stalin Merkulow wegen dessen enger Beziehung zu Berija.[28] Für diese Begründung spricht, daß Berija damals offenbar die Kontrolle über das »MGB-MWD-Imperium« verlor und mehrere seiner engsten Verbündeten im Staatssicherheitsapparat abgesetzt wurden. Aber die Ernennung Abakumows hatte noch einen anderen Aspekt, der häufig übersehen wird, in bezug auf Deutschland jedoch von Bedeutung ist.

Mit der Gründung eines Sonderkomitees des Staatlichen Verteidigungskomitees (GKO), dessen Vorsitz Berija übertragen wurde, begann am 20. August 1945 der sowjetische Wettlauf um die Atombombe. Es war, wie David Holloway betont, »weder abwegig noch exzentrisch, [Berija] die Leitung des Atomprojekts zu übertragen, sondern ein Hinweis auf die zentrale Bedeutung, die das Projekt für die Sowjetführung besaß«. Am 23. Januar 1946 kamen Stalin, Berija und Molotow mit Igor W. Kurtschatow, dem wissenschaftlichen Leiter des Atomprojekts, zusammen und forderten ihn auf, »die Bombe schnell zu bauen und nicht auf die Kosten zu schauen«.[29] Die Sowjets hatten Informationen über die amerikanische Atombombe erhalten, und sie verfügten über viele brillante Atomphysiker, die an dem Projekt arbeiteten; aber zu diesem Zeitpunkt war bereits deutlich geworden, daß die technischen und industriellen Kapazitäten der Sowjetunion in einigen entscheidenden Bereichen nicht ausreichten. Ein Ausweg war die verstärkte Heranziehung von Gefangenen, ob nun als Bauarbeiter oder als Forscher in den vielen Gefängnislabors.

Eine andere Lösung war die Nutzung ostdeutscher und osteuropäischer Unternehmen, von denen viele in sowjetisches Eigentum übergegangen waren. Für diese Aufgabe ernannte Berija Merkulow zum Chef der Hauptverwaltung für sowjetisches Eigentum im Ausland beim Ministerrat der UdSSR (GUSIMS), der zum Beispiel die ostdeutschen SAG unterstellt waren. Andere Günstlinge des Geheimdienstchefs wurden an die Spitze von sowjetischen Unternehmen in technisch fortgeschrittenen Ostblockstaaten gesetzt. Aus demselben Grund wurde Bogdan Kobulow nach

Ostdeutschland geschickt, wo er die Oberaufsicht über die sowjetischen Unternehmen übernahm, einschließlich der Wismut.[30] Stalins gut dokumentierte Besessenheit von der Atombombe legt die Vermutung nahe, daß ihre Entwicklung in dieser Zeit sein Hauptziel darstellte. Und es war klar, daß Berija Mitstreiter auswählen würde, denen er – und vielleicht nur er – vertraute.

Die größte Gefahr, der sich die Sowjets in der unmittelbaren Nachkriegszeit gegenübersahen, war aber der wachsende Unmut der deutschen Öffentlichkeit. Moskau verlangte von den MGB-Einheiten in Ostdeutschland mit zunehmender Schärfe, die Bevölkerung unter Kontrolle zu bringen. Um dieser Aufgabe gerecht werden zu können, wurden einige Veränderungen in der operativen Struktur des MGB in Ostdeutschland vorgenommen. Begonnen wurde die Reorganisation noch von Serow, vollendet aber von dessen Nachfolger als Chef des Sicherheitsapparates in der SBZ, Generalleutnant Nikolai Kowaltschuk, der während des Krieges Chef der Smersch-Verwaltung der Vierten Ukrainischen Front gewesen war. Mit Serows Ablösung Ende 1947 endete die Phase, in der die Verantwortung für die SMAD-Verwaltung für Innere Angelegenheiten und den Sicherheitsapparat in der SBZ in einer Hand lag. Kowaltschuk, der Beauftragte des MGB für Deutschland, war nur noch für die MGB-Aktivitäten in der SBZ verantwortlich. Die Verwirrung über die Zuständigkeiten blieb allerdings bestehen, so daß in vielen Berichten über diese Zeit weiterhin von Operationen des NKWD oder MWD (Ministerium des Innern) die Rede ist, obwohl sie vom MGB durchgeführt worden waren.

Im Zuge der Reorganisation erhielt jeder MGB-Opersektor eine Erste Verwaltung, deren Aufgabe die Nachrichtenbeschaffung in West-Berlin und Westdeutschland war. Der Themenkatalog, den diese Verwaltungen bearbeiteten, reichte von der Aufstellung der westalliierten Truppen bis zu zivilen Informationen aus Politik, Wirtschaft und Wissenschaft, überlappte sich also mit dem der Karlshorster Residentur des Auslandsnachrichtendienstes. Die daraus erwachsende Rivalität zwischen beiden Unterorganisationen des MGB blieb auch nach der Gründung des Informationskomitees (KI) eine Quelle ständiger Reibereien.[31] Dem Aufbau der MGB-Zentrale in Moskau entsprechend umfaßte der Aufgabenbereich der Zweiten Verwaltungen der Opersektoren die gegen die westlichen Nachrichtendienste gerichtete Gegenspionage, einschließlich offensiver Operationen gegen Einrichtungen und Personen in West-Berlin und Westdeutschland. Die Dritte Verwaltung rekrutierte und führte Informanten in ostdeutschen Behörden, politischen Parteien, Gewerkschaften, Kirchen und kulturellen Organisationen. Oberste Priorität des MGB besaß die Ausschaltung der Opposition gegen das ostdeutsche Regime. Ende der vierziger und Anfang der fünfziger Jahre war der MGB ein sichtbares und gefürchtetes Zeichen für die sowjetische Macht in den Städten und Gemeinden Ostdeutschlands.[32]

In Kowaltschuks bisher unveröffentlichten Berichten an seinen Chef Abakumow spiegelte sich die Prioritätensetzung des MGB in dieser Periode wider. So informierte er in einer Zusammenfassung der Aktivitäten in der ersten Hälfte des Dezembers 1946 über die Verhaftung von 487 Personen, darunter 55 Sowjetbürger. Von den 432 Deutschen waren 37 wegen Spionage und 191 wegen ihrer früheren Mitgliedschaft in NSDAP, Gestapo, SS oder anderen Organisationen der Hitlerzeit festgenommen worden.[33] Für die übrigen Verhafteten wurden keine Gründe genannt, aber sie müssen der politischen Opposition zugerechnet worden sein, denn für gewöhnliche kriminelle Delikte war die Volkspolizei oder das MWD zuständig.

Das MGB verliert den Auslandsnachrichtendienst

1947 war die Rivalität zwischen dem Auslandsnachrichtendienst des MGB und den Ersten Verwaltungen der Opersektoren seiner Spionageabwehr zu einem ernsten Problem geworden. Im Vorjahr hatte sich die Ostberliner Residentur des Auslandsnachrichtendienstes verstärkt darum bemüht, den Kontakt zu den Quellen aus der Vorkriegszeit wiederherzustellen, und gleichzeitig weiterhin nach Dokumenten über die Nazi-Geheimdienste gesucht. Aus den dabei gesammelten Informationen ergab sich ein recht gutes Bild der Politik und Aktivitäten der westlichen Besatzungstruppen sowie der Westalliierten in Berlin. Der erste Berliner Resident, Korotkow, kehrte 1946 nach Moskau zurück, wo er die Leitung der Operationen übernahm, in die Illegale verwickelt waren – im Ausland lebende, als Einheimische getarnte sowjetische Agenten. An Korotkows Stelle trat Leonid Malinin.

In dieser Phase betrat ein neuer Mitspieler die Arena, der erhebliche Veränderungen in der Organisation des sowjetischen Nachrichtendienstsystems bewirken sollte. Am 30. September 1947 wurde das Informationskomitee (KI) beim Ministerrat der UdSSR gegründet. Manche glauben, das KI sei Stalins Antwort auf die zwei Wochen zuvor erfolgte Gründung der CIA gewesen - obwohl er dafür angesichts der prekären Lage, in der sich die CIA damals innerhalb der US-Administration befand, entweder ungewöhnlich leicht zu beeindrucken oder aber erstaunlich weitsichtig gewesen sein müßte. In Wirklichkeit hatte die Entscheidung schwerwiegendere interne Gründe. Die Ereignisse im Frühjahr 1947 hatten die Stellung des sowjetischen Außenministeriums im Vergleich zu den Kriegsjahren, in denen die Militärs bestimmend gewesen waren, erheblich gestärkt. Der Rat der Außenminister der vier Siegermächte trat in regelmäßigen Abständen reihum in ihren Hauptstädten zusammen, und da sich die Spaltung zwischen Ost und West hauptsächlich durch den Streit über die Zukunft Deutschlands vertiefte, waren die Einsätze, die bei diesen Treffen auf dem Spiel standen, hoch. Die Erste Verwaltung des MGB verfügte zwar über gut plazierte Agenten, die Zugang zu den alliierten Verhandlungspapieren hatten, aber die Informationen wurden den sowjetischen Verhandlungsführern nicht immer rechtzeitig übermittelt, um noch von Nutzen zu sein. Deshalb verlangte Molotow mit dem Fortgang der Verhandlungen immer nachdrücklicher die sofortige Weitergabe der Berichte aus diesen Quellen.[34] Angesichts des bei allen Geheimdiensten anzutreffenden Widerstrebens, ihre Quellen zu offenbaren und den Verlust der Kontrolle über sie zu riskieren, insbesondere wenn es sich um Agenten von der Bedeutung der dem britischen Außenministerium angehörenden Donald MacLean und Guy Burgess handelte, dürften Stalin und Molotow mit der Gründung des KI vor allem die Absicht verfolgt haben, den direkten Zugriff auf das gesamte System der sowjetischen Auslandsnachrichtendienste zu erlangen. Daher gingen sowohl das MGB als auch die Nachrichtendienstliche Hauptverwaltung des Generalstabs der sowjetischen Streitkräfte (GRU) im KI auf.

Ursprünglich bildete das KI eine dem Ministerrat unterstellte eigenständige Einheit, die sowohl für den gesamten Bereich der Beschaffung politischer, militärischer, wirtschaftlicher und wissenschaftlich-technischer Nachrichten im Ausland als auch für die Gegenspionage verantwortlich war. Im Gegensatz zur CIA war das KI keine offizielle Behörde;

seine Existenz wurde vielmehr vor der Öffentlichkeit geheimgehalten, selbst noch, nachdem es 1949 dem Außenministerium angeschlossen worden war, ohne ihm allerdings zu unterstehen.[35] Im MGB wurden kaum Einwände gegen das KI laut, vermutlich weil eine Reihe leitender Beamter den Rang eines Ministers und mindestens fünfundzwanzig ihrer Untergebenen den Rang eines stellvertretenden Ministers erhielten. Ihnen allen stand jetzt ein Dienstwagen mit Chauffeur zu, und sie bekamen Zugang zum Kremlewka, dem Telefonnetz der Regierung. Außerdem wurden manche Botschafter des Landes zu dem KI unterstellten »Chefresidenten« in ihrer Region ernannt, was erwarten ließ, daß ins Ausland geschickte KI-Offiziere bessere Tarnposten an den Botschaften erhalten würden – angesichts der bisherigen Ungeschicklichkeit des MGB in dieser Hinsicht eine willkommene Verbesserung.

Die zum KI zusammengefaßten Einheiten zogen in ein neues Domizil in den ehemaligen Gebäuden der Komintern um. Doch unter den Militärs, die den Angehörigen der ehemaligen MGB-Auslandsverwaltung zahlenmäßig und in ihren Befugnissen unterlegen waren, hatte sich schon vor der Herausgabe des Gründungsdekrets des KI am 30. September Unmut breitgemacht. Mitte 1948 begann Verteidigungsminister Nikolai Bulganin auf die Rückkehr des militärischen Nachrichtendienstes in sein Ministerium hinzuarbeiten.[36] Unterstützt wurde er vom Generalstab, der erklärte, daß taktische Aufklärung allein nicht genüge, sondern durch einen strategischen Nachrichtendienst ergänzt werden müsse. Im April 1949 ging dieser Teil des KI schließlich wieder in die Obhut des Militärs über, weil »der besondere Charakter der Aufklärungsarbeit auf militärischem Gebiet in der Struktur des KI nicht ausreichend berücksichtigt wurde«, wie es in der amtlichen Geschichte des KI heißt. Mit anderen Worten, die Unterordnung der Vertreter des Verteidigungsministeriums unter die Offiziere der MGB-Auslandsverwaltung hatte einen mörderischen Wettstreit zwischen beiden Diensten zur Folge gehabt, und die Militärs wollten ihre Geheimdienstkräfte zurückhaben, um sie unbehindert von einem derartigen tschekistischen Wettbewerb einsetzen zu können.[37] Das restliche KI, das fast ausschließlich aus der ehemaligen MGB-Auslandsverwaltung bestand, wurde im Februar 1949 aus dem Apparat des Ministerrats herausgelöst und dem Außenministerium angegliedert »mit der Absicht der besseren Ausnutzung der Informationsmöglichkeiten des Informationskomitees auf dem Gebiet der politischen Nachrich-

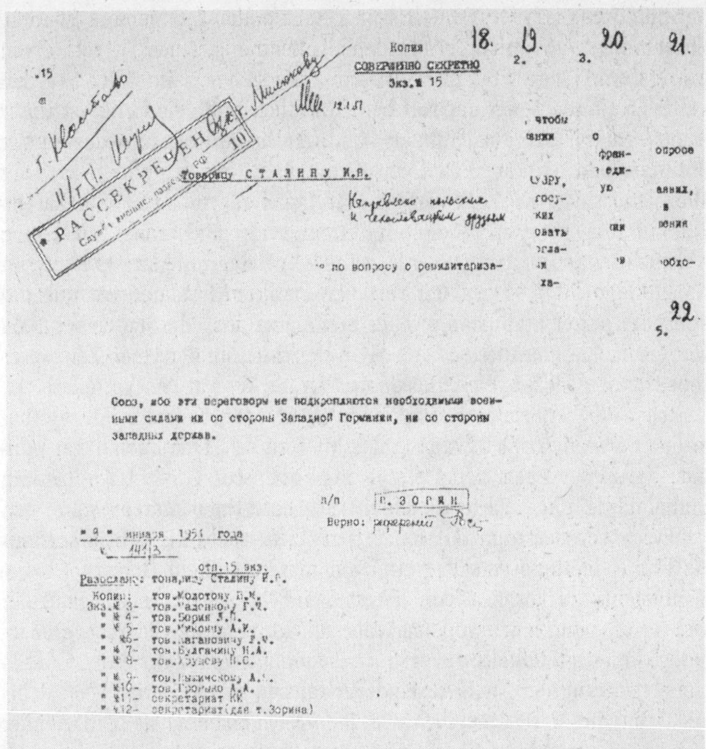

Копия
СОВЕРШЕННО СЕКРЕТНО
Экз.№ 15

РАССЕКРЕЧЕНО
10

Товарищу С Т А Л И Н У И.В.

Направлено польским и чехословацким друзьям

по вопросу о ремилитариза-

Союз, ибо эти переговоры не подкрепляются необходимыми военными силами ни со стороны Западной Германии, ни со стороны западных держав.

п/п В. З О Р И Н
Верно:

« 9 » января 1951 года
№ 14/3

отп. 15 экз.
Разослано: товарищу Сталину И.В.
Копии: тов. Молотову В.М.
Экз.№ 3- тов. Маленкову Г.М.
" № 4- тов. Берия Л.П.
" № 5- тов. Микояну А.И.
" № 6- тов. Кагановичу Л.М.
" № 7- тов. Булганину Н.А.
" № 8- тов. Хрущеву Н.С.
" № 9- тов. Вышинскому А.Я.
" № 10- тов. Громыко А.А.
" № 11- секретариат КИ
" № 12- секретариат (для т. Зорина)

Bericht des stellvertretenden Außenministers und KI-Chefs Walerian Sorin an Stalin, 9. Januar 1951, über die Wiederbewaffnung Westdeutschlands. Samuil Kwastel merkt an, daß dieser Bericht auch an die polnischen und tschechischen »Freunde« geschickt wurde.

ten und der Unterordnung der politischen Nachrichtenbeschaffung unter die übergeordneten außenpolitischen Aufgaben der UdSSR und die gegenwärtige Arbeit des Außenministeriums«. Die Verordnung beschränkte das Tätigkeitsfeld des KI auf politische, wirtschaftliche und wissenschaftlich-technische Operationen.

Die Namen der Schlüsselpersonen und deren Rolle werden in den offiziellen Geschichtswerken nicht genannt. Da das KI eine Geheimorganisation innerhalb des sowjetischen Regierungsapparats war, wurden Ernennungen und Beförderungen nicht bekanntgegeben. Molotow war als Außenminister der erste Vorsitzende des KI, bis er im März 1949 bei Stalin in Ungnade fiel und auf beiden Posten durch Andrej Wyschinski ersetzt wurde, den berüchtigten Ankläger in den Schauprozessen der dreißiger Jahre. In den Akten von KI und MGB aus den Jahren 1949 bis 1952 fand sich eine merkwürdige Marginalie zu Molotows »Sturz«: Obwohl er seinen Posten als Außenminister verlor und seine Frau, Polina Shemtshuschina, verbannt wurde, stand sein Name von März 1949 bis zur Auflösung des KI 1951 auf der Verteilerliste aller KI-Memoranden für das Politbüro hinter Stalins an zweiter Stelle, und noch im September 1952 war er die »zweite Adresse« von MGB-Berichten. In derselben Zeit wechselten die Positionen Wyschinskis und Gromykos auf den Verteilerlisten zwischen den Plätzen acht und zehn. Wenn man bedenkt, mit welcher Sorgfalt sowohl das KI als auch das MGB diese Listen aufstellten, muß man davon ausgehen, daß Molotow eine politische Größe blieb, bis sich Stalin auf dem XIX. Parteitag der KPdSU gegen ihn wandte.

Wyschinski war nur drei Monate Vorsitzender des KI. Mehr Frontfigur als Führer, gestand er selbst ein, »auf diesem heiklen Gebiet ... keine Kompetenz« zu besitzen. Am längsten an der Spitze des KI stand der stellvertretende Außenminister Walerian Sorin. In der Praxis wurde es jedoch von dessen Stellvertreter Pjotr Fedotow geleitet, der es im Grunde als Fortsetzung der MGB-Auslandsverwaltung führte, deren Chef er bis zur Gründung des KI gewesen war. Sein Nachfolger als stellvertretender Vorsitzender wurde 1949 Sergej Sawtschenko. Nach der Ablösung und Verhaftung Abakumows, der Stalins Vertrauen verloren hatte, wurde die frühere Auslandsverwaltung des Staatssicherheitsdienstes Ende 1951 aus dem KI herausgelöst und als Erste Hauptverwaltung erneut dem MGB unterstellt, so daß von nun an der neue Staatssicherheitsminister Semjon Ignatjew die Berichte an Stalin und das Politbüro unterzeichnete.[38]

In auffallender Weise konzentrierten sich die KI-Aktivitäten Anfang der fünfziger Jahre auf amerikanische Ziele. Im Februar 1950 und noch einmal im September – im Juni hatte der Koreakrieg begonnen – bezeichnete das KI die Ausforschung der Vereinigten Staaten als »eine der wichtigsten Aufgaben des Zentralapparats und aller Residenturen des KI in kapitalistischen Ländern«. Im März 1951 wurden die Vereinigten Staaten als »Hauptgegner« eingestuft. Die Geheimdienstarbeit gegen die

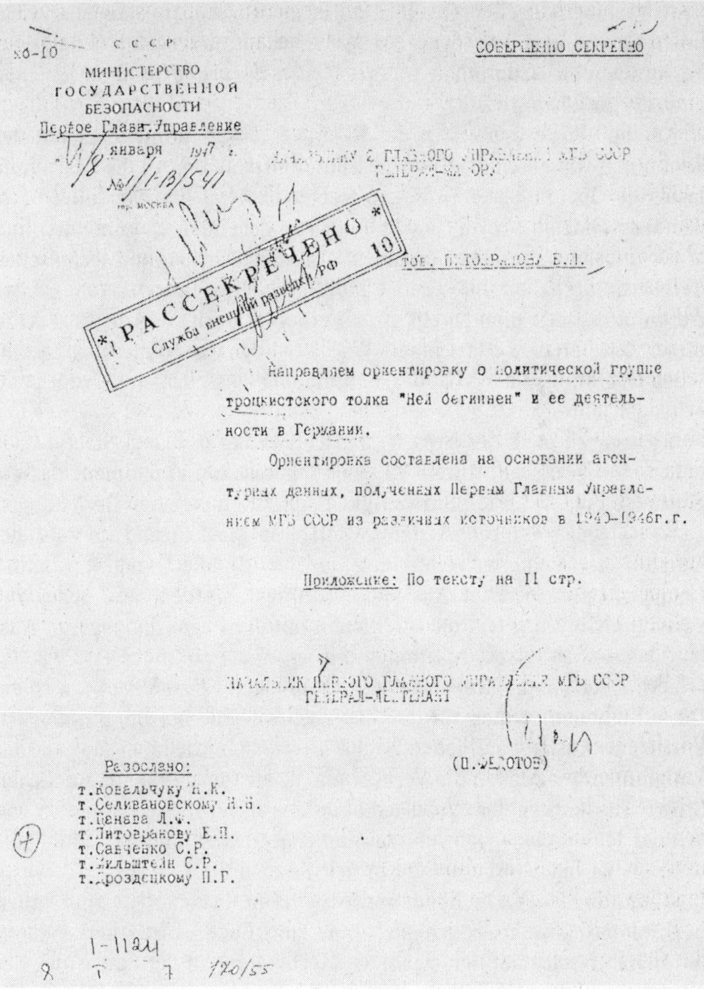

хб-10

С С С Р

МИНИСТЕРСТВО
ГОСУДАРСТВЕННОЙ
БЕЗОПАСНОСТИ
Первое Главн. Управление

„8" января 1947 г.

№ 1/1-В/541

гор. Москва

СОВЕРШЕННО СЕКРЕТНО

НАЧАЛЬНИКУ 2 ГЛАВНОГО УПРАВЛЕНИЯ МГБ СССР
ГЕНЕРАЛ-МАЙОРУ

тов. ПИТОВРАНОВУ Е.П.

* РАССЕКРЕЧЕНО *
Служба внешней разведки РФ
10

Направляем ориентировку о политической группе троцкистского толка "Ней бегиннен" и ее деятельности в Германии.

Ориентировка составлена на основании агентурных данных, полученных Первым Главным Управлением МГБ СССР из различных источников в 1940-1946г.г.

Приложение: По тексту на II стр.

НАЧАЛЬНИК ПЕРВОГО ГЛАВНОГО УПРАВЛЕНИЯ МГБ СССР
ГЕНЕРАЛ-ЛЕЙТЕНАНТ

(П. ФЕДОТОВ)

Разослано:
т. Ковальчуку Н.К.
т. Селивановскому Н.Н.
т. Цанава Л.Ф.
т. Питовранову Е.П.
т. Савченко С.Р.
т. Мильштейн С.Р.
т. Дроздецкому П.Г.

(7)

1-1124

Brief vom 8. Januar 1947 von Generalleutnant Pjotr Fedotow, Chef der Ersten Hauptverwaltung des MGB (Auslandsnachrichtendienst), an Generalmajor Jewgeni Pitowranow, Chef der Zweiten Hauptverwaltung (innere Spionageabwehr), mit einer Studie über die mit dem OSS verbundene politische Organisation Neuanfang, die noch 1946 in Deutschland aktiv gewesen sein soll.

USA war der offiziellen Geschichte des sowjetischen Auslandsnachrichtendienstes zufolge keine »kurzfristige Angelegenheit, sondern stellte für lange Zeit den Hauptinhalt unserer Arbeit dar«, und zwar noch lange nach der Auflösung des KI.[39]

Anfang 1951 wandte sich das KI mit erhöhter Aufmerksamkeit der Sammlung wissenschaftlich-technischer Informationen zu. Es analysierte bisherige Operationen auf diesem Gebiet und traf Entscheidungen, die den Weg ebneten für die Beschaffung von geheimen Dokumenten und Waffenmustern aus »den führenden wissenschaftlichen und technischen Bereichen der kapitalistischen Länder«. Wichtige Informationen über Atomwaffen hatte man bereits vorher erhalten, doch die Arbeit des KI in dieser Zeit bereitete das schnelle Wachstum der wissenschaftlich-technischen Operationen der KGB-Residenturen in den sechziger, siebziger und achtziger Jahren vor.[40]

Wenngleich auch der Versuch der KI-Führung mißlang, Staatssicherheit und militärische Abwehr in einer Organisation zusammenzufassen, entstanden die lästigsten Schwierigkeiten des KI aus seinen Beziehungen zu den Gegenspionageeinheiten des MGB in Moskau und im Ausland. Durch seine Gründungsverordnung war dem KI »die Durchführung der Gegenspionagearbeit im Ausland« übertragen worden, was bedeutete, daß die MGB-Einheiten, die traditionell mit der Gegenspionage im Ausland verbunden waren, zusammen mit jenen, die politische und wissenschaftlich-technische Spionage betrieben, dem KI unterstellt wurden. Diese Einheiten sorgten für die Sicherheit sowjetischer Bürger, die sich offiziell im Ausland aufhielten, beobachteten die Aktivitäten sowjetischer Emigranten und hielten die Verbindung mit den im Aufbau befindlichen Sicherheitsdiensten der »Volksdemokratien« aufrecht. Sie alle hatten eng mit der MGB-Spionageabwehr zusammengearbeitet, und ihre Eingliederung ins KI hatte insbesondere in den Residenturen im Ausland ernste Probleme zur Folge. Die Spannungen zwischen KI und MGB hinsichtlich der Spionageabwehr trugen nicht nur zum Ende des KI bei, sondern wirkten sich auch auf den ständigen Machtkampf an der Spitze aus. Ein Grund für Stalins Einwilligung in die Wiedervereinigung des Auslandsnachrichtendienstes und der Spionageabwehr unter dem Dach des MGB war vermutlich die Ablösung Abakumows, dessen Loyalität er inzwischen anzweifelte.[41] Seinen Nachfolger, Ignatjew, glaubte Stalin fest in der Hand zu haben.

Der Fall von Jewgeni Pitowranow, dem Chef der für die Spionageabwehr zuständigen Zweiten Hauptverwaltung des MGB, ist ein Lehrbuchbeispiel für das Ausmaß, in dem die Trennung von Spionageabwehr und Nachrichtendienst zu einem Problem der obersten Etage der Sowjetführung geworden war. Im Fall Pitowranow schaltete sich Stalin selbst sowohl direkt als auch mittelbar ein.[42] Bis zu diesem Zeitpunkt hatte Pitowranow im Staatssicherheitsdienst eine makellose Karriere durchlaufen. Während Abakumows Haft wurde er sogar von Stalin zu sich bestellt, der mit ihm über die Qualität des von der Spionageabwehr in der UdSSR unterhaltenen Agentennetzes sprechen wollte. Nachdem er Pitowranows Erwiderung angehört hatte, wies Stalin ihn an, das Agentennetz auf ein Drittel seiner bisherigen Größe zu verkleinern und nur jene Informanten zu behalten, die Zugang zu wichtigen Informationen hatten. Bei dieser Entscheidung, erklärte Stalin, habe er sich von seinen vorrevolutionären Erfahrungen mit der Beschaffung politischer Informationen leiten lassen. Offenbar als Anerkennung für die Offenheit, mit der Pitowranow über die Probleme der Spionageabwehr gesprochen hatte, war er der einzige Außenstehende, der wenige Tage später eingeladen wurde, Stalin auf dem Kursker Bahnhof in den Sommerurlaub zu verabschieden.

Wie so oft war Stalins Gunstbeweis jedoch kein Grund, auf dem sich bauen ließ. Später im selben Jahr sagte Pitowranow, der an einigen Verhören Abakumows beteiligt gewesen war, vor der Kommission aus, die gegen Abakumow ermittelte. Nach seiner Aussage rief ihn Berija noch einmal herein, um ihn zu fragen, welche Motive Abakumow für sein Handeln gehabt habe; immerhin sei er für die Sicherheit der höheren Partei- und Staatsführer verantwortlich gewesen, von denen viele vorzeitig gestorben waren. Pitowranow beging den Fehler, Abakumow in diesem Punkt zu verteidigen, mit der Folge, daß er am 29. Oktober 1951 selbst verhaftet wurde. In der Haft schrieb er eine Denkschrift an Stalin, in der er unter Bezugnahme auf das Gespräch, das er im Sommer 1951 mit ihm geführt hatte, spezifische Ratschläge für die Verbesserung des Staatssicherheitsdienstes gab. Unter anderem merkte er an, daß Eifersucht und Rivalität zwischen Spionageabwehr und Auslandsnachrichtendienst die Arbeit störten, und drängte Stalin, über die Wiedervereinigung beider Dienste nachzudenken. Nach vielem Hin und Her wurde Pitowranow schließlich wieder entlassen.

Er hielt sich in einem Erholungsheim bei Moskau auf, als er am 10.

274
Копия
СОВЕРШЕННО СЕКРЕТНО
Экз. №7
РАССЕКРЕЧЕНО
Служба внешней разведки РФ
Направлено сообщение польским и чехословацким друзьям (декабрь 1950 г.)

Комитет Информации располагает следующими сведениями о планах создания разведывательной службы в Западной Германии.

На англо-американских совещаниях по вопросу о ремилитаризации Западной Германии, происходивших в Висбадене и Бад-Наугейме в середине августа с.г., было принято решение о создании при будущей западногерманской армии разведывательной и контрразведывательной службы. В задачи этой службы должно входить получение не только военной, но и политической информации о Германской демократической республике, СССР и странах народной демократии.

Западногерманскую разведывательную службу предполагается создать на базе слияния так называемого "Оперативного бюро" (созданный недавно боннским правительством разведывательный орган) и разведывательной организации генерал-майора ГЕЛЕНА (бывший начальник подотдела "Иностранные армии – восток" главного командования германской армии), состоящей из бывших сотрудников немецкой разведки.

Руководителем разведывательной службы намечен полковник Фридрих ГЕЙНЦ (бывший командир разведывательного полка "Бранденбург", последнее время был руководителем "ведомства по охране конституции" в земле Северный Рейн-Вестфалия).

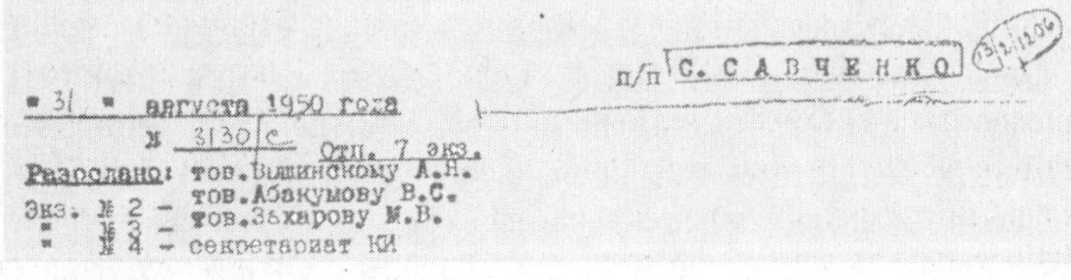

п/п С. САВЧЕНКО
"31" августа 1950 года
№ 3130/с
Отп. 7 экз.
Разослано: тов.Вышинскому А.Я.
тов.Абакумову В.С.
Экз. № 2 – тов.Захарову М.В.
" № 3 –
" № 4 – секретариат КИ

KI-Bericht an Wyschinski im Außenministerium, mit Kopien an MGB-Chef Abakumow und GRU-Chef Matwei Sacharow, 31. August 1950, über die Schaffung eines westdeutschen Nachrichtendienstes.

November zu einer Sitzung des neugewählten ZK der KPdSU gerufen wurde, in der Stalin erklärte: »Es sind Überlegungen darüber angestellt worden, die Arbeit der Staatssicherheitsorgane radikal zu verbessern und den Nachrichtendienst und die Spionageabwehr zu vereinen. Zu diesem Zweck wird eine Kommission gebildet, der neben allen Sekretären des Zentralkomitees auch Pitowranow angehören wird. Es ist eine Hauptverwaltung für Staatssicherheit zu schaffen, in der es eine Verwaltung für Spionageabwehr und eine für Nachrichtenbeschaffung geben wird. Zum Chef der Spionageabwehr wird Wassili Rjasnoi ernannt. Chef der Nachrichtenverwaltung wird Pitowranow.« Nicht genug damit, daß das KI zerschlagen und der Auslandsnachrichtendienst zum MGB zurückkehrte, hielt es Stalin offenbar für notwendig, diesen und die heimische Spionageabwehr unter einem Dach zu vereinen. Im Dezember 1952 wurde eine neue nachrichtendienstliche Hauptverwaltung mit einer von Pitowranow geleiteten Auslandsverwaltung und einer Spionageabwehrverwaltung geschaffen. Bei dieser Organisationsstruktur blieb es bis zu Stalins Tod.

Das KI in Berlin

Nur wenige Probleme des KI und seiner Residenturen im Ausland waren derart umfassend und komplex wie die, vor denen das Komitee in der SBZ stand. Die Opersektoren und -gruppen sowie die Kowaltschuk unterstehenden fünf Landesverwaltungen waren seit über zwei Jahren tätig. Sie waren nicht nur in der Gegenspionage, in Fragen der sowjetischen Kolonie und in bezug auf Emigranten äußerst aktiv, sondern fuhren auch nach der Gründung des KI fort, Informationen über Westdeutschland zu sammeln. Nachdem das KI die Kontrolle über die Residentur des Auslandsnachrichtendienstes des MGB in Ost-Berlin, die damals von General Malinin geleitet wurde, übernommen hatte, verschlechterten sich die ohnehin angespannten Beziehungen zwischen der Residentur und dem MGB weiter. Es war schon immer schwierig gewesen, die Operationen von Auslandsnachrichtendienst und Spionageabwehr zu koordinieren, auch wenn beide zum MGB gehörten. Doch nach der Übernahme durch das KI wurde die Situation so schlecht, daß Abwehroffiziere des MGB sogar versuchten, Angehörige der KI-Residentur als Informanten anzuwerben.[43]

Durch den Kontakt zu Malinin hatte BOB unabsichtlich zu den Problemen des KI in Berlin beigetragen. Im April 1947 wurde Wassili Tischtschenko alias Rasin mitgeteilt, daß er Malinin als Resident in Karlshorst ablösen würde, doch die Ernennung verzögerte sich durch den Wechsel der Auslandsverwaltung des MGB zum KI.[44] So kam es, daß Rasin, als er schließlich Anfang 1948 zu Beginn der Blockade in Berlin eintraf, eine wesentlich vergrößerte Residentur übernahm, zu der jetzt auch die militärische Abwehr gehörte. Ihre Hauptaufgabe war die Nachrichtenbeschaffung in West-Berlin und Westdeutschland. Doch bald nach Rasins Eintreffen wurden sowohl die militärische Abwehr als auch die Emigrantenoperationen der Verantwortung der KI-Residentur entzogen. Unterdessen sammelten die Ersten Verwaltungen der Opersektoren unter dem Vorwand, daß ihre Nachrichtenbeschaffung der Spionageabwehr diene, weiterhin Informationen, so daß die Zweigleisigkeit von MGB- und KI-Operationen bestehen blieb.

Obwohl dieser Auftakt nicht sehr vielversprechend war, besaß die KI-Residentur unter Rasin eine ausgezeichnete Tarnung, die ihren Operationen ein Maß an Sicherheit gab, das BOB nie gekannt hat. Rasin fungierte zum Beispiel offiziell als Stellvertreter Wladimir Semjonows, des Politischen Beraters der SMAD, und sein Apparat war in dessen Verwaltung versteckt. Die Tarnung des operativen Personals der Residentur übernahmen andere Verwaltungen. Der stellvertretende Resident, Boris Naliwaiko, zum Beispiel wurde als Chef der Visaabteilung geführt. Außerdem konnte die Residentur die Aktivitäten all dieser Verwaltungen für ihre Arbeit gegen Westberliner und westdeutsche Ziele nutzen.

Rasin zufolge erzielte die Residentur bemerkenswerte Erfolge, die insbesondere Naliwaiko zu verdanken waren. Ein besonders beeindruckender Erfolg war die Erwerbung des Kriegstagebuchs des früheren Chefs des Generalstabes des deutschen Heeres, Generaloberst Franz Halder, das nicht mit seinen später von Hans-Adolph Jacobsen publizierten persönlichen Tagebüchern verwechselt werden sollte. Nachdem die Blockade vollständig durchgesetzt war, ging es jedoch um mehr als das Aufspüren von Kriegstrophäen. 1948 hatten KI-Agenten sowohl die großen politischen Parteien Westdeutschlands als auch die Militärverwaltungen der Westalliierten infiltriert. Auch unter sowjetischen Emigranten im

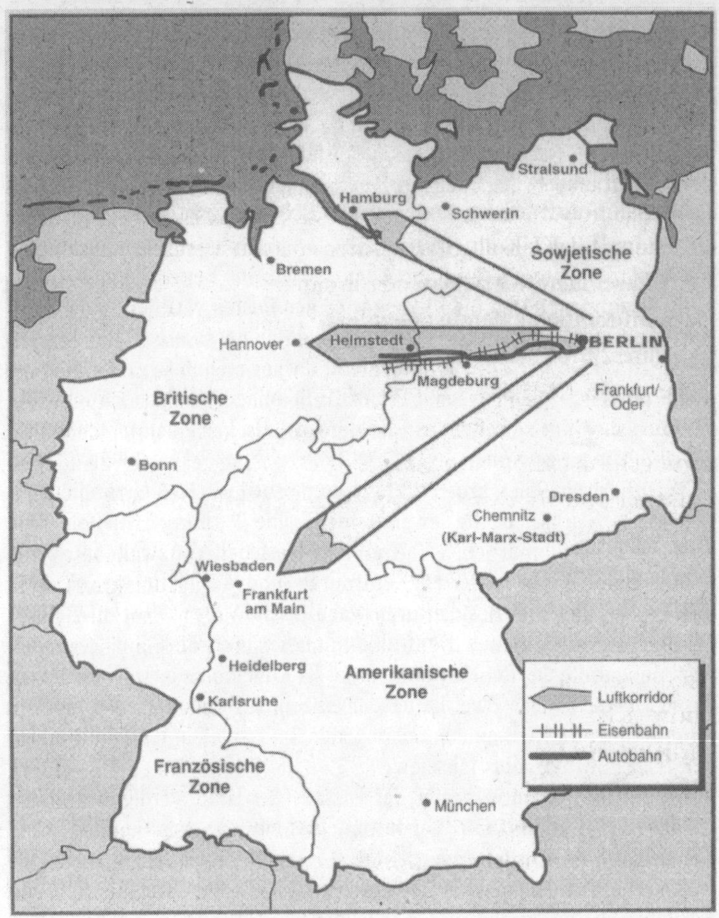

Die alliierten Transportwege von/nach Berlin.

Westen konnten mehrere wertvolle Informanten rekrutiert werden. Insgesamt stieg die Zahl der Agenten erheblich an; Beamte, Bankiers, Politiker und bedeutende Journalisten: sie alle trugen zu den KI-Berichten bei, die zum Thema der Berliner Blockade im SWR-Archiv lagern.[45]

1950 wurde Rasin nach Moskau zurückberufen. An seine Stelle trat Generalleutnant Iwan Iljitschow, der früher die militärische Abwehr geleitet hatte und jetzt stellvertretender Vorsitzender des KI war. Seine Ernennung hing möglicherweise mit der im Frühjahr 1949 erfolgten Wiedereingliederung der militärischen Abwehr ins Verteidigungsministerium zusammen, durch die Iljitschow seinen Posten verloren hatte.[46] Auf jeden Fall wurde die Ostberliner KI-Residentur nach seinem Amtsantritt erheblich vergrößert. Die Tarnung dieser ausgeweiteten Organisation war wiederum ausgezeichnet, so daß es BOBs Spionageabwehr noch schwerer fiel als bisher, ein zutreffendes Bild der sowjetischen Nachrichtendienste in Ost-Berlin zu gewinnen.

Am 19. April 1950 wurden drei getrennte sowjetische Geheimdienstresidenturen geschaffen, die jeweils eine eigene Tarnung erhielten. Eine wurde in der diplomatischen Vertretung angesiedelt, die zweite im sowjetischen Bereich des Alliierten Kontrollrats und die dritte in Kobulows USIG. Chef aller drei Residenturen war Iljitschow, der selbst offiziell als Berater der Sowjetischen Kontrollkommission auftrat. Seine verdeckte Position war die des Repräsentanten des KI-Kollegiums oder Chefresidenten in Deutschland.[47] Zwei Leiter der einzelnen Residenturen sollten im KI und später im KGB eine herausragende Rolle spielen: Wassili Sitnikow und Jelisei Sinizyn alias Jelisejew.[48]

Die dritte Residentur hinter der Fassade der USIG verdient ebenfalls erwähnt zu werden.[49] Die Verwaltung des sowjetischen Vermögens in Deutschland, also unter anderem der SAG, war ein Hauptziel von BOBs wissenschaftlich-technischen Operationen im Zusammenhang mit dem sowjetischen Atomprogramm. Neben der Leitung der Wismut und anderer ostdeutscher Unternehmen versuchte sie, in Westdeutschland und Westeuropa industrielle Güter zu erwerben, die im sowjetischen Machtbereich nicht zu bekommen waren. Diese Tarnung ermöglichte es der dritten Residentur, sich an diese Aktivitäten anzukoppeln und westliche Industrielle und Ingenieure anzuwerben. BOB vermochte die beteiligten Sowjets zwar nicht dem KI zuzuordnen, erkannte aber, daß sie aus dem Nachrichtendienstbereich kamen, und behielt ihre Aktivitäten genauestens im Auge. Ein Hauptziel der USIG-Gruppe war Jewgeni Lewin, der für viele Jahre eine prominente Figur in wissenschaftlich-technischen Operationen des KGB bleiben sollte.[50]

Nachdem am 1. November 1951 das Ende des KI gekommen war und das MGB im Januar 1952 die Kontrolle über den Auslandsnachrichtendienst wiedererlangt hatte, wurden die drei Berliner Residenturen aufgelöst. Mit ihrem Personal wurde die neue Abteilung B-1 im MGB-Apparat in Karlshorst gebildet, der die Verantwortung für alle Operationen des Auslandsnachrichtendienstes in Deutschland übertragen wurde.[51] Die Zeit war reif für diesen Wechsel. Die wachsenden Differenzen zwischen KI und MGB hatten nicht nur die sowjetische Nachrichtenbeschaffung im Zusammenhang mit der Berliner Blockade und den Auswirkungen des Koreakrieges auf Deutschland behindert, sondern auch Probleme mit der SED und der ostdeutschen Regierung hervorgerufen, die nicht »innerhalb der Familie« der sowjetischen Nachrichtendienste gehalten werden konnten.

DIE BERLINER BLOCKADE

Der damalige BOB-Vize Peter Sichel hat die Blockade stets als Fehlkalkulation der Russen betrachtet: »Sie wollten sehen, wie weit sie gehen können, und sie gingen zu weit.«[1] Entwickelt hatte sich die Blockade aus sporadischen Behinderungen von Landfahrzeugen und Flugzeugen im Berlin-Verkehr. Diese Vorfälle steigerten sich nun zu einer vollständigen Abriegelung der Stadt, die die Furcht vor einem neuen Weltkrieg anfachte. Während die Sowjets darauf bestanden, daß die Blockade eine Reaktion auf die im Westen durchgeführte Währungsreform sei, wurde sie bald zum Testfall der westlichen Entschlossenheit, Berlin zu halten. Gleichzeitig bestärkten der Verlust der Tschechoslowakei als freier Staat und die bedrohliche Lage in Berlin die westlichen Staatsmänner in der Absicht, einen eigenständigen westdeutschen Staat zu schaffen, der in die westliche Verteidigung eingebunden sein und enge emotionale, wirtschaftliche und juristische Verbindungen mit West-Berlin aufrechterhalten sollte. Die Nachrichtendienste spielten bei der Bestimmung der Position beider Seiten eine Schlüsselrolle. Einerseits dämpften BOBs Berichte über das Militärpotential und die Absichten von Sowjets und Ostdeutschen die Furcht vor einem neuen Krieg. Andererseits ließ sich Stalin durch die umfangreichen nachrichtendienstlichen Erkenntnisse über die westliche Entschlossenheit, in Berlin zu bleiben, nicht von seiner Politik abbringen. Erst als die Westmächte West-Berlin über eine massive Luftbrücke mit Lebensmitteln und anderen Gütern versorgten – was das KI nicht vorausgesehen oder bedacht hatte –, hob er die Blockade auf.

Wie schon 1945 machte sich die SMAD auch Ende 1947 daran, ungeniert die Führung der ostdeutschen CDU auszuwechseln. Als Marschall Shukow im Dezember 1945 die CDU unterminiert hatte, waren BOBs Berichte eine Warnung vor den sowjetischen Absichten gewesen, die manche nicht akzeptieren wollten, wenngleich sie nicht umhin konnten, sie wahrzunehmen. Nach Ansicht vieler amerikanischer Vertreter in Berlin war die Offenheit, mit der die Sowjets ohne Rücksicht auf die Meinung des Westens ihre Intoleranz gegenüber der politischen Opposition demonstrierten, ein Hinweis darauf, daß sie vorhatten, die Westmächte aus Berlin zu vertreiben. Die Zeitungen in der SBZ hatten bereits begonnen, den Viermächtestatus von Berlin in Frage zu stellen, und die US-Botschaft in Moskau prophezeite eine »lautstarke Kampagne, um uns hinauszuekeln«.[2] Wie sich herausstellte, erschöpfte sich die Kampagne nicht im Lärm. In einem Memorandum an US-Präsident Harry Truman warnte die CIA am 27. Dezember vor »der Möglichkeit, daß von den sowjetischen Behörden in Berlin Schritte unternommen werden, um die anderen Besatzungsmächte zu zwingen, sich aus Berlin zurückzuziehen«.[3]

General Clay und die Währungsreform

General Clay, der seit der deutschen Kapitulation die Auffassung vertreten hatte, daß man mit Offenheit und Gesprächsbereitschaft dem sowjetischen Opportunismus in Ostdeutschland und Ost-Berlin wirkungsvoll entgegentreten könne, gehörte zu jenen führenden Amerikanern, die angesichts der erdrückenden Beweise für die sowjetischen Absichten ihre Meinung geändert hatten. Die neue Härte kam gerade rechtzeitig, um seine Ansicht zu stützen, daß die Währungsreform unumgänglich sei. Clay war überzeugt, daß eine weitere wirtschaftliche Erholung in den Westzonen unmöglich war, solange den Menschen das Vertrauen in die gegenwärtige, wertlose Währung fehlte. Eine Reform war überfällig, vorzugsweise in ganz Deutschland, doch wenn das nicht durchführbar sein sollte, in den Westzonen allein – auch gegen sowjetischen Einspruch. Auf der anderen Seite begriffen die Sowjets, daß Clays Plan eine direkte Kampfansage an sie darstellte. Eine erfolgreiche Währungsreform im Westen würde nicht nur die Spaltung zwischen den Westzonen und der SBZ unüberbrückbar machen, sondern auch die Unterschiede der beiden Wirtschaftssysteme deutlicher zutage treten lassen.

Die Sowjets erfuhren früh von Clays Vorhaben, doch die Stalin zugeleiteten Berichte schienen nur den Zweck zu verfolgen, ihn in seiner Meinung zu bestärken, daß die Amerikaner bereit wären, Berlin aufzugeben, sobald Druck auf sie ausgeübt wurde. Am 31. Dezember 1947 zum Beispiel leitete die Berliner KI-Residentur einen Bericht »gut informierter Amerikaner« weiter, in dem es hieß: »Die Berliner Frage löst bei den Amerikanern große Besorgnis aus. Sie haben erkannt, daß die Durchführung einer auf die Westzonen beschränkten Währungsreform ihnen die Möglichkeit nehmen würde, auch nur im Rahmen der gegenwärtigen Viermächteverwaltung an Berlin festzuhalten. Gleichzeitig hat die gesamte antikommunistische Propaganda, die sie unrechtmäßigerweise in der Sowjetischen Zone betreiben, ihren Ursprung in Berlin. ... Sie wollen um jeden Preis an Berlin festhalten, selbst wenn sie den Russen dafür Konzessionen machen müssen.«[4]

Andere Berichte waren noch präziser. Am 5. Januar 1948 berichtete eine KI-Quelle über Gespräche, die Clay mit seinem Finanzberater Jack Bennett und Theodore Ball, dem Chef der Finanzabteilung der US-Militärregierung in Deutschland (OMGUS), über die Notwendigkeit einer Währungsreform auf Viermächtebasis und den amerikanischen Wunsch, das neue Geld in Berlin drucken zu lassen, geführt hatte. Dem Informanten wurde gesagt, daß die neuen Banknoten für den Fall, daß eine separate Währungsreform in Westdeutschland nötig werden sollte, bereits gedruckt und in die amerikanische Zone geliefert worden seien.[5] Am 15. Januar leitete die Berliner KI-Residentur einige Bemerkungen weiter, die Generalmajor Robert Walsh, der Nachrichtendienstchef des OMGUS, der kurz zuvor zu Konsultationen in Washington gewesen war, dem Informanten gegenüber gemacht hatte. Washington, erklärte Walsh dem KI-Bericht zufolge, sei »besorgt darüber, daß dem sowjetischen Nachrichtendienst das wirkliche Potential der amerikanischen Streitkräfte und der amerikanischen Industrie entgehen und die sowjetische Regierung durch Ignoranz über die wahre Lage irregeführt werden könnte. ... Dies könnte zu unvorhergesehenen und schlecht durchdachten Aktionen führen.« Die Residentur merkte dazu an: »Die Quelle hat Walshs Äußerungen wörtlich übermittelt ..., konnte aber keine Verantwortung für deren Wahrheitsgehalt übernehmen.« Es war eine gängige Einschränkung. Weil der Bericht bei Stalin selbst oder seinem Hofstaat Mißfallen erregen konnte, distanzierte sich das KI vorsorglich von dieser offenen und in der Tat prophetischen Bemerkung von Clays Nachrichtendienstoffizier.[6]

Unter Mißachtung dieses Berichts fegte Marschall Sokolowski den von Clay dem Alliierten Kontrollrat vorgelegten Vorschlag für eine Währungsreform am 20. Januar 1948 mit einer barschen Geste vom Tisch. Clay war über die Reaktion enttäuscht und sah darin einen weiteren Beweis für die zunehmend härtere Linie, die die Sowjets im Kontrollrat und in der Interalliierten Kommandantur, der Viermächteverwaltung Berlins, verfolgten, seit der Rat der Außenminister im Monat zuvor auf seiner Londoner Konferenz auseinandergebrochen war. Clays Befürchtungen veranlaßten ihn, am 5. März ein alarmierendes Telegramm nach Washington zu schicken, in dem er voraussagte, daß es in dieser Region »mit dramatischer Plötzlichkeit« zu einem Krieg kommen könnte. Die Warnung war überraschend, denn sie stützte sich auf keinerlei Nachrichtendienstmaterial über sowjetische Kriegsvorbereitungen. Tatsächlich erfuhren Durand und Sichel erst eine Woche später von Clays Telegramm. In ihrer Erwiderung wiederholten sie ihre Einschätzung vom Dezember 1947, der zufolge die Sowjetunion nicht versuchen würde, ihre politischen Ziele in Deutschland mit Waffengewalt zu erreichen. Am 16. März ließ die CIA Präsident Truman weitere beruhigende Worte zukommen: Es gebe »keinen stichhaltigen Beweis dafür, daß die UdSSR beabsichtigt, innerhalb der nächsten sechzig Tage zu militärischen Mitteln zu greifen«.[7]

Die Blockade beginnt

Fünfzig Jahre nach den Ereignissen ist es leicht festzustellen, daß die Sowjets die Krise von 1948/49 in optimaler Weise zu nutzen gedachten, um ihrem Ziel, die Präsenz des Westens in Berlin zu beenden, näherzukommen und, sollte dies nicht gelingen, wenigstens ihre Stellung in Ostdeutschland zu festigen. Damals jedoch stellte sich die Lage keineswegs so einfach dar. Viele Faktoren und scheinbar zusammenhanglose Ereignisse in anderen Weltgegenden sollten den Ausgang der Krise beeinflussen. Der Januar und Februar 1948 waren trotz einiger Störungen amerikanischer und britischer Militärzüge und dem üblichen Gerangel im Kontrollrat und in der Interalliierten Kommandantur relativ ruhig. Ende Februar jedoch warfen die Ereignisse in Prag einen ersten Schatten bis nach Berlin. Wenngleich bereits die im vergangenen Sommer getroffene Entscheidung der tschechoslowakischen Regierung, nicht am Marshallplan teilzunehmen, hatte aufhorchen lassen, hatte die brüchige Koalition, die das Land seit Kriegsende regierte, gehalten. Beendet wurde sie schließlich mit brutaler Endgültigkeit, als Klement Gottwald, der Vorsitzende der Kommunistischen Partei der Tschechoslowakei, mit der Unterstützung von Arbeitermilizen Staatspräsident Eduard Beneš zum Rücktritt zwang. Obwohl die Zerbrechlichkeit der tschechischen Koalition dem Westen hätte bekannt sein müssen, war man vom Ausmaß des verdeckten sowjetischen Einflusses auf die tschechoslowakische Regierung und Gottwalds Entschlossenheit, die totale Macht zu erlangen, schockiert. Nach der kommunistischen Machtübernahme in Prag legte sich eine Atmosphäre der Angst über Europa, die sicherlich auch zu Clays »Krisentelegramm« beigetragen hat.

Im März verschärften sich die Behinderungen des Eisenbahn- und Straßenverkehrs von und nach West-Berlin. Als nächstes verlangten die Sowjets die Schließung der amerikanischen Erste-Hilfe-Station an der Autobahn Berlin–Helmstedt und den Rückzug der amerikanischen Fernmeldeeinheiten, die die durch die SBZ verlaufenden Telefonkabel nach West-Berlin warteten.[8] Am 20. März verließen sie den Alliierten Kontrollrat, und am Ende des Monats drohten sie, westalliierte Militärzüge ohne Kontrolle von Fracht und Personen nicht mehr passieren zu lassen. Manche verstanden diese Forderungen als Teil einer umfangreichen sowjetischen Kampagne mit dem Ziel, die Westmächte aus Berlin zu vertreiben. BOB blieb jedoch bei dem Standpunkt, »daß die Russen eher politische als militärische Ziele verfolgen«. Die März-Krise endete, als am letzten Tag des Monats ein amerikanischer Zug in Helmstedt eintraf, ohne gestoppt und kontrolliert worden zu sein. Die Grundprobleme, die zur Blockade führen sollten, blieben allerdings bestehen.[9]

Einen neuen Höhepunkt erreichten die Spannungen, als am 6. April ein sowjetisches Jagdflugzeug bei dem Versuch, eine britische Passagiermaschine zu stören, mit dieser kollidierte, so daß sie abstürzte und alle Menschen an Bord ums Leben kamen. Am 15. Mai berichtete die KI-Residentur von einem Gespräch zwischen Clay und »einem Amerikaner aus der Umgebung des Generals«. In diesem Gespräch hatte Clay angeblich gesagt, »die Amerikaner würden in Berlin bleiben, bis er den eindeutigen Befehl erhalte, die Stadt zu räumen«. Als nächsten Schritt der Sowjets

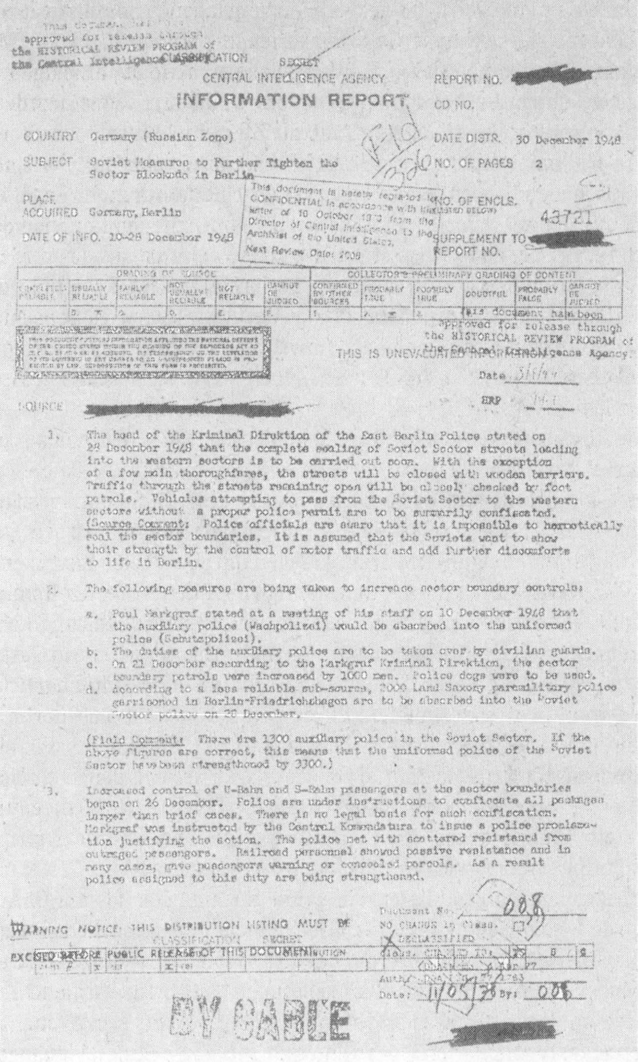

approved for release through
the HISTORICAL REVIEW PROGRAM of
the Central Intelligence Agency

CLASSIFICATION SECRET

CENTRAL INTELLIGENCE AGENCY

INFORMATION REPORT

REPORT NO. [redacted]

CD NO.

COUNTRY Germany (Russian Zone)

SUBJECT Soviet Measures to Further Tighten the Sector Blockade in Berlin

PLACE ACQUIRED Germany, Berlin

DATE OF INFO. 10-28 December 1948

DATE DISTR. 30 December 1948

NO. OF PAGES 2

NO. OF ENCLS. (LISTED BELOW)

43721

SUPPLEMENT TO REPORT NO. [redacted]

This document is hereby regraded to CONFIDENTIAL in accordance with the letter of 16 October 1978 from the Director of Central Intelligence to the Archivist of the United States.
Next Review Date: 2008

GRADING OF SOURCE						COLLECTOR'S PRELIMINARY GRADING OF CONTENT					
COMPLETELY RELIABLE	USUALLY RELIABLE	FAIRLY RELIABLE	NOT USUALLY RELIABLE	NOT RELIABLE	CANNOT BE JUDGED	CONFIRMED BY OTHER SOURCES	PROBABLY TRUE	POSSIBLY TRUE	DOUBTFUL	PROBABLY FALSE	CANNOT BE JUDGED
A.	B. X	C.	D.	E.	F.	1.	2. X	3.			

This document has been approved for release through the HISTORICAL REVIEW PROGRAM of the Central Intelligence Agency.

THIS IS UNEVALUATED INFORMATION

Date 5/1/94

HRP 94-1

SOURCE [redacted]

1. The head of the Kriminal Direktion of the East Berlin Police stated on 28 December 1948 that the complete sealing of Soviet Sector streets leading into the western sectors is to be carried out soon. With the exception of a few main thoroughfares, the streets will be closed with wooden barriers. Traffic through the streets remaining open will be closely checked by foot patrols. Vehicles attempting to pass from the Soviet Sector to the western sectors without a proper police permit are to be summarily confiscated. (Source Comment: Police officials are aware that it is impossible to hermetically seal the sector boundaries. It is assumed that the Soviets want to show their strength by the control of motor traffic and add further discomforts to life in Berlin.

2. The following measures are being taken to increase sector boundary controls:

a. Paul Markgraf stated at a meeting of his staff on 10 December 1948 that the auxiliary police (Wachpolizei) would be absorbed into the uniformed police (Schutzpolizei).
b. The duties of the auxiliary police are to be taken over by civilian guards.
c. On 21 December according to the Markgraf Kriminal Direktion, the sector boundary patrols were increased by 1000 men. Police dogs were to be used.
d. According to a less reliable sub-source, 2000 Land Saxony paramilitary police garrisoned in Berlin-Friedrichshagen are to be absorbed into the Soviet Sector police on 28 December.

(Field Comment: There are 1300 auxiliary police in the Soviet Sector. If the above figures are correct, this means that the uniformed police of the Soviet Sector have been strengthened by 3300.)

3. Increased control of U-Bahn and S-Bahn passengers at the sector boundaries began on 26 December. Police are under instructions to confiscate all packages larger than brief cases. There is no legal basis for such confiscation. Markgraf was instructed by the Central Komendatura to issue a police proclamation justifying the action. The police met with scattered resistance from outraged passengers. Railroad personnel showed passive resistance and in many cases, gave passengers warning or concealed parcels. As a result police assigned to this duty are being strengthened.

Document No. 008
NO CHANGE in Class. ☐
☒ DECLASSIFIED

WARNING NOTICE: THIS DISTRIBUTION LISTING MUST BE EXCISED BEFORE PUBLIC RELEASE OF THIS DOCUMENT

CLASSIFICATION SECRET

Date: 11/05/78 By: 006

BY CABLE

CIA-Informationsbericht, 30. Dezember 1948, über sowjetische Maßnahmen zur weiteren Verschärfung der Berliner Blockade.

befürchtete er eine vollständige Schließung der Luftkorridore. In diesem Fall sähe er sich »gezwungen, einen Jägerschutz für amerikanische Transportflugzeuge zu organisieren. ... Wenn die Russen Flüge amerikanischer Flugzeuge durch die Korridore verhindern wollten, müßten sie auf die amerikanischen Maschinen feuern.« Briten und Franzosen nahmen eine andere Haltung ein. Die Franzosen, soll Clay in demselben Gespräch geäußert haben, hätten genug von der Verschlechterung der Lage, und mit den Briten sei es nicht viel einfacher. Der britische Militärgouverneur Brian Robertson zum Beispiel habe »die Anweisung aus London, die Beziehungen zu den Russen nicht zu verschlechtern«. Nach der Flugzeugkatastrophe vom 6. April habe die britische Regierung Robertson die Hände gebunden, und er habe auf Anweisung Londons seinem scharfen mündlichen Protest bei Sokolowski »einen wesentlich milderen Brief« folgen lassen müssen. Das KI fügte in seinem Anschreiben hinzu: »Die Information wird als glaubwürdig erachtet. Die SMAD-Führung ist ins Bild gesetzt worden.«[10]

Ende Juni wurde die vollständige Blockade über West-Berlin verhängt. Als die Westmächte am 20. Juni in ihren Besatzungszonen die neue Währung einführten, die DM-West, kappten die Sowjets die Stromversorgung der Westsektoren Berlins und sperrten die Eisenbahn-, Straßen- und Wasserwege in die Stadt. Die lebenswichtigen Lebensmittel- und Kohlelieferungen aus der SBZ wurden eingestellt. Am 1. Juli verließen die Sowjets nach dem Kontrollrat auch die Interalliierte Kommandantur. Damit war die Krise komplett. Nach Aussage Askold Lebedews, der damals im SMAD-Sekretariat arbeitete, war der Streit über die Währungsreform im Vergleich mit der sowjetischen Absicht, die Westmächte aus Berlin zu vertreiben, von zweitrangiger Bedeutung. Sokolowskis Mitarbeiter jubelten, als die Blockade begann und die Straßen nach West-Berlin gesperrt wurden. Sie waren überzeugt, daß die Westmächte jetzt gezwungen wären, ihnen die ganze Stadt zu überlassen. Daß die Blockade fehlschlagen könnte, kam ihnen nicht in den Sinn. Die meisten nahmen als selbstverständlich an, daß den Westmächten angesichts ausbleibender Lebensmittel- und Kohlelieferungen aus Ostdeutschland keine andere Wahl blieb, als sich zurückzuziehen.[11] Aber die Westmächte hatten eine Trumpfkarte in der Hinterhand. Bald nach der Verhängung der Blockade richteten sie eine Luftbrücke ein, über die West-Berlin mit Lebensmitteln und anderen Gütern versorgt wurde. Dieser mutige Schritt verblüffte die Sowjets und hob die Stimmung der Westberliner Bevölkerung, die darin ein Zeichen der westlichen Entschlossenheit sah, in der Stadt zu bleiben und ihr in der Krise beizustehen.

BOB zeigt sich der Herausforderung gewachsen

Kurz bevor die Grenzen geschlossen wurden, stellten Analytiker der CIA-Abteilung für Berichte und Einschätzungen (ORE) besorgt fest, daß die Sowjets »sowohl ihre Sicherheitsmaßnahmen verstärkt als auch in allen städtischen Angelegenheiten eine größere Unnachgiebigkeit an den Tag gelegt« hatten, mit der Folge, daß »der Nutzen Berlins als Nachrichtendienstzentrum beeinträchtigt« sei.[12] Die Abteilung für verdeckte Einsätze, die im CIA-Hauptquartier für die Führung der Feldoperationen zuständig war, äußerte sich in einem Lagebericht vom 30. Juni optimistischer: »Die Beobachtung der Wirtschaft der russischen Zone in Deutschland ... wurde während des Monats im selben Ausmaß und mit derselben Qualität fortgesetzt wie bisher ... Trotz der verschärften Sicherheitsmaßnahmen dringen wir mit unseren Operationen weiterhin erfolgreich in die wichtigsten Behörden der russischen Zone ein.«[13] Tatsächlich wurden BOBs Agenteneinsätze durch die Einschränkung der Bewegungsfreiheit keineswegs behindert. Ganz im Gegenteil. Die Möglichkeit, sich innerhalb Berlins zu bewegen, ließ sich trotz entsprechender Versuche der Sowjets nie vollständig unterbinden. Darüber hinaus waren viele Ostdeutsche empört über die Blockade, was bei manchen den Entschluß reifen ließ, mit westlichen Nachrichtendiensten zusammenzuarbeiten.

Für die fortgeführte wirtschaftliche Berichterstattung ist eine Sitzung ein gutes Beispiel, zu der Marschall Sokolowski und Oberst Sergej Tulpanow am 28. Juni 1948 in Karlshorst mit Vertretern der Deutschen Wirtschaftskommission zusammenkamen. Der Bericht über diese Sitzung zeigt, wie sehr die Sowjets von der Luftbrücke überrascht worden waren, und erklärt, warum sie später die Wiederaufnahme des Interzonenhandels zur Bedingung für die Aufhebung der Blockade machten. Sokolowski eröffnete die Diskussion, indem er sich bei seinen deutschen Gästen erkundigte, welche Auswirkungen es hätte, wenn infolge der Blockade keine Importe aus Westdeutschland mehr möglich wären. Nach Auskunft der Deutschen würden die Zuckerraffinerien leiden, wenn keine Stahlrohre aus Westdeutschland mehr geliefert würden; die Konservenfabriken würden ohne westliches Rohmaterial stillstehen; die Fischereiflotte auf der Ostsee würde in ernste Schwierigkeiten geraten, wenn keine Ersatzteile mehr verfügbar wären; und die Schwerindustrie, einschließlich der Stahlwerke, wäre ohne Importe lahmgelegt. Die Sowjets waren überrascht; sie hatten keine Ahnung gehabt, wie stark die ostdeutsche Wirtschaft vom Westen abhing. Sokolowski erklärte schließlich, daß drei Optionen möglich seien: »Erstens, einen Krieg anzufangen. Zweitens, die Reisebeschränkungen von und nach Berlin aufzuheben. Drittens, Berlin ganz dem Westen zu überlassen und ihm eine Eisenbahnlinie zu geben.« Für Tulpanow kam ein Krieg nicht in Frage. Aber auch gegen die Aufhebung der Reisebeschränkungen hatte er Bedenken, da dies einen Gesichtsverlust bedeutet hätte. Der Westen, erklärte er, müsse jetzt West-Berlin ernähren und habe damit »mehr am Hals, als er erwartet hatte«. Er räumte jedoch ein, daß es dem Westen durch die massierte Einfuhr von »konzentrierter Nahrung« gelingen könnte, die Krise zu überstehen. Ganz offensichtlich hatte niemand in Karlshorst mit der Einrichtung einer Luftbrücke gerechnet.[14]

Während sich die Berlin-Krise verschärfte, berichtete BOB über Pläne der SED, in den Fabriken sogenannte Aktionskomitees zu bilden und Streiks und Demonstrationen in den Westsektoren Berlins durchzuführen, um »den Eindruck zu erwecken, die Anwesenheit der Westalliierten in Berlin sei durch den Volkswillen und nicht durch sowjetischen Zwang beendet worden«. Diese Strategie erinnerte an den Prager Putsch, in dem von der Kommunistischen Partei kontrollierte Fabrikkomitees und Milizen eine wichtige Rolle gespielt hatten. In denselben BOB-Berichten wurden auch Versuche gemeldet, den von den Amerikanern kontrollierten Polizeifunk in West-Berlin zu stören, der im Fall von Unruhen von wesentlicher Bedeutung gewesen wäre. Die US Air Force stellte daraufhin einen Sender zur Verfügung, der stark genug war, um gegen die Störungen anzukommen.[15]

Während der Blockade berichtete BOB regelmäßig über die sowjetischen Bemühungen, die letzten Spuren der gemeinsamen Stadtverwaltung und Polizei zu tilgen. So hatte man sich, als sich die Sowjets am 1. Juli 1948 aus der Interalliierten Kommandantur zurückzogen, darauf verständigt, daß sich alle Seiten weiterhin an Viermächtevereinbarungen halten würden. Aber schon vierzehn Tage später wiesen die Sowjets den Berliner Polizeipräsidenten Paul Markgraf an, drei höhere Polizeibeamte zu entlassen, wozu vereinbarungsgemäß die Zustimmung aller vier Mächte erforderlich gewesen wäre. Diese Maßnahme führte zur Spaltung der Berliner Polizei und zur Schaffung einer Westberliner Polizei mit einem eigenen Präsidenten.[16] Markgraf blieb noch einige Zeit im Amt, wurde aber weder von den Sowjets noch von der SED als politisch zuverlässig betrachtet. Im Verlauf des nächsten Jahres ersetzten die Sowjets mehrere höhere Ostberliner Polizeibeamte, darunter auch Markgraf, durch ideologisch genehmere Kandidaten aus der Polizei der SBZ.[17]

Ein BOB-Bericht von Ende 1948 enthielt eine Vorahnung des Mauerbaus von 1961. Am 10. Dezember 1948 schickte der Direktor der CIA Präsident Truman ein Memorandum, in dem der jüngste Schritt der Sowjets, die Anerkennung einer »Ostberliner Regierung«, analysiert und prophezeit wurde: »Die UdSSR wird jetzt möglicherweise eine strengere Blockade der Westsektoren Berlins verhängen. Sie könnte die kürzlich stattgefundenen ›illegalen‹ Wahlen in den Westsektoren oder die mögliche Einführung der West-Mark als einziges Zahlungsmittel in den Westsektoren als Vorwand anführen, um einen Kordon um die westlichen Gebiete zu legen.«[18] Am selben Tag berichtete BOB, daß die Sowjets vorhatten, am 28. Dezember in die Westsektoren führende Straßen an der Sektorengrenze mit Holzbarrieren abzusperren und nur wenige kontrollierte Durchfahrten offenzulassen. Bei der Polizei war man sich allerdings klar darüber, daß es selbst mit der geplanten Verstärkung der Grenzkontrollen unmöglich war, die Sektorengrenze hermetisch abzuriegeln. Allein schon die Versuche, die Pakete von Fahrgästen der U- und S-Bahn zu kontrollieren, wurden durch den Widerstand der Fahrgäste und den Unwillen des Bahnpersonals vereitelt, die Kontrollen durchzuführen. Darüber hinaus mußte sich die Ostberliner Polizei damit abfinden, daß Tausende von Westberlinern im sowjetischen Sektor arbeiteten.[19] Es sollte noch über zwölf Jahre dauern, bis Sowjets und SED den im Memorandum an Truman erwähnten Kordon schufen.

Ein anderes Thema der BOB-Berichte waren die Indoktrination der Ostberliner Polizei und ihre Ausbildung für verschiedene Eventualfälle. Es bestand die Möglichkeit, daß die Sowjetunion die Macht in der SBZ und Groß-Berlin einer deutschen Regierung übergeben und anschließend ihre Truppen abziehen würde. Man erwartete, daß die Westmächte, zumindest in Berlin, nachziehen würden, und die Ostberliner Polizei sollte sicherstellen, daß die Westsektoren die Autorität der ostzonalen Regierung über alle Teile Deutschlands anerkannten. Bemerkenswerterweise favorisierten die Ostberliner Zeitungen bei der Behandlung eines möglichen Abzugs der Besatzungstruppen die »koreanische Lösung«, obwohl sich in Korea zuerst die Sowjets und dann erst die Amerikaner zurückgezogen hatten. Sollten die Westmächte sich weigern, ihre Sektoren zu räumen, sollte eine andere Strategie zum Zuge kommen: die Entfachung von Unruhen in West-Berlin unter der verdeckten Führung der SED. Diese Unruhen würden der Ostberliner Polizei den Vorwand zum Eingreifen liefern, was wiederum die Eingliederung der Westsektoren in die SBZ nach sich zöge. Zu diesem Zweck sollte die Berliner Polizei durch politisch zuverlässige Kräfte aus anderen Teilen Ostdeutschlands verstärkt werden.[20]

Zwei BOB-Berichte aus SED-Quellen von Anfang 1949 wiesen darauf hin, daß sich Sowjets und SED offenbar damit abgefunden hatten, die Blockade aufzuheben, obwohl die Westmächte noch in Berlin waren. Das bedeutete, daß die SED in West-Berlin zu illegaler Arbeit würde übergehen müssen. Man rechnete mit einem raschen Mitgliederschwund und einem möglichen Parteiverbot. Deshalb wurden vorsorglich »alle Bestände, Geräte, Akten und anderes entbehrliches Parteieigentum« aus den Westsektoren in Lager im Ostteil der Stadt geschafft. Personen, die man für die Arbeit im Untergrund für geeignet hielt, wurden ausgewählt und geheime Kommunikationseinrichtungen geschaffen. Zu den Aufgaben dieses illegalen Parteiapparats würde es gehören, die »bürgerlichen Parteien« und Massenorganisationen zu unterwandern.[21] Unterdessen ging die SED in der SBZ daran, ihre Reihen von politisch unzuverlässigen und inaktiven Mitgliedern zu säubern und die Partei aus einer Massenorganisation in eine kleine, disziplinierte Gruppe von Aktivisten umzuwandeln, die in der Lage war, Ostdeutschland den sowjetischen Absichten gemäß zu gestalten.[22]

Gleichzeitig trug BOB mit seiner Einschätzung, daß sich allem Anschein nach weder das sowjetische Militär noch die paramilitärischen Einheiten der ostdeutschen Polizei auf die Eröffnung von Feindseligkeiten vorbereiteten, dazu bei, die westliche Furcht vor einem bevorstehenden Kriegsausbruch zu zerstreuen. Durch die Beobachtung der sowjetischen Verbindungsstelle bei der ostdeutschen Polizei war sichergestellt, daß BOB davon erfahren würde, wenn der Befehl für größere Bewegungen gepanzerter oder motorisierter Formationen erteilt wurde. »Man bewegt keine Panzer, ohne vorher die Straßen zu sichern«, bemerkte der Führungsoffizier eines Informanten bei der ostdeutschen Polizei. Noch bedeutsamer waren jedoch die Informationen über Aufstellung und Bewegungen der sowjetischen Streitkräfte, die BOB während der Blockade von einem in Dresden stationierten sowjetischen Major erhielt. Der Major hatte regelmäßig in der Umgebung von Berlin zu tun und traf sich bei diesen Gelegenheiten in einem sicheren Haus in West-Berlin mit seinem Führungsoffizier. Er beschrieb den Zustand der sowjetischen Truppen, ihre Moral und ihren Ausrüstungsstand. Darüber hinaus informierte er über Truppenbewegungen in Berlin und Umgebung, die nur der Abschreckung dienten.[23]

Die potentielle Bedrohung West-Berlins kam nicht nur von seiten der sowjetischen Streitkräfte, sondern auch von den paramilitärischen Einheiten der ostdeutschen Polizei, den kasernierten Polizeibereitschaften, die in West-Berlin »die Ordnung wiederherstellen« sollten. Von BOB stammte der erste Bericht über die Absicht, diese Einheiten zu schaffen, die später in den Kader der Volksarmee der DDR eingingen.[24] Gegründet wurden sie Mitte 1948, und bis Anfang 1949 standen vier dieser Einheiten in Ost-Berlin. Sie waren nur leicht bewaffnet; die schwersten Waffen waren Maschinengewehre. Darüber hinaus fehlte es ihnen an Disziplin und Ausbildung. Dies traf besonders für die beiden in Sachsen aufgestellten Einheiten zu, wo man Fabrikarbeiter rekrutiert hatte, die man für politisch zuverlässiger hielt als die Berliner. Doch als sie nach Berlin gebracht wurden, um die Kommunalwahlen am 5. Dezember 1948 zu überwachen – die im sowjetischen Sektor von der SMAD verboten worden waren und deshalb nur in den Westsektoren stattfanden –, verließen viele ihren Posten. Es war zu bezweifeln, daß man sich bei einer Konfrontation mit den in West-Berlin stationierten Truppen der Westmächte auf diese Einheiten würde verlassen können.[25]

Diejenigen, die 1948/49 in der Berliner CIA-Basis gearbeitet haben, erinnern sich, daß die Stimmung dort nie besser war. Während der Blockade sprach man in der amerikanischen Kolonie darüber, wenigstens einen Teil der Angehörigen zu evakuieren. Das betraf jedoch nicht die Operationsbasis, deren Leistungen während der Blockade hervorragend waren. Gordon Stewart, der damalige Chef der Mission in Heidelberg, erinnert sich, daß sich politische Entscheidungsträger in Deutschland und Washington auf die Berichte aus Berlin verließen. Insbesondere ist ihm die von Tom Polgar stammende Beobachtung im Gedächtnis geblieben, der zufolge keine konkreten Hinweise darauf vorlägen, daß die Sowjets beabsichtigen, militärisch gegen den Westen vorzugehen.[26]

Irreführende Berichte der KI-Residentur

Am 30. Juni 1948 erklärte US-Außenminister George Marshall, die Amerikaner würden »in Berlin bleiben und alles tun, um den Lufttransport für die Versorgung der Zivilbevölkerung zu nutzen«.[27] Am 3. Juli meldete der Berliner KI-Resident an Marschall Sokolowski: »Die Stimmung der Amerikaner ist nicht mehr kriegerisch, sondern niedergeschlagen. Die vielen Flugzeuge, die in Berlin eintreffen, schaffen Dokumente und anderes Eigentum der amerikanischen Verwaltung heraus.«[28] Es war nicht der einzige irreführende Bericht, den die Residentur während der Blockade erstattete. Aber er beleuchtet beispielhaft, wie die Informationen gut plazierter sowjetischer Quellen gefiltert und geschliffen wurden, bis eine Interpretation zustande kam, von der man sicher sein konnte, daß sie Stalin erfreuen würde. Die gute Laune des Diktators mag die Karriere der KI-Offiziere, die ihm die guten Nachrichten übermittelten, für eine gewisse Zeit gesichert haben, gleichzeitig aber brachten ihre irreführenden Berichte die Menschen in Berlin in Lebensgefahr. Sie verlängerten die Blockade, indem sie einerseits die westliche Entschlossenheit unterschätzten und andererseits übersahen, daß die von der Blockade hervorgerufene Besorgnis den Westen veranlaßte, über die Einbeziehung Westdeutschlands in die europäische Verteidigung nachzudenken. In den Augen der Sowjets war die westdeutsche Wiederbewaffnung dagegen ein offensiver Schritt der Westmächte.

Am 3. August ließ der Chef des Berliner MGB-Opersektors, Generalmajor Alexej M. Wul, Sicherheitschef Kowaltschuk einen zusammenfassenden Bericht über die Lage in Berlin zukommen.[29] Darin lastete er die Schuld an der Spaltung von Stadtverwaltung und Polizei anglo-amerikanischen Machenschaften an und behauptete, die Luftbrücke bringe nicht

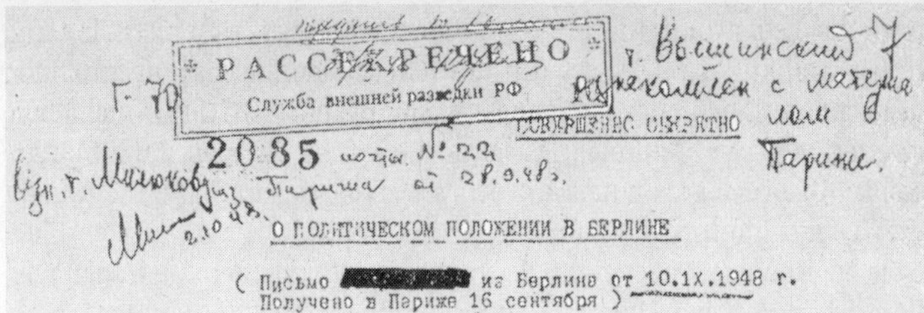

РАССЕКРЕЧЕНО
Служба внешней разведки РФ

СОВЕРШЕННО СЕКРЕТНО

2085

О ПОЛИТИЧЕСКОМ ПОЛОЖЕНИИ В БЕРЛИНЕ

(Письмо [geschwärzt] из Берлина от 10.IX.1948 г.
Получено в Париже 16 сентября)

Одновременно с возобновлением берлинских четырехсторонних переговоров , которые протекают почти в абсолютной тайне, в бывшей столице Рейха развернулись два маневра: один со стороны берлинцев, другой со стороны русских.

У меня создалось впечатление , что большинство берлинского населения сильно настроено против русских и желает от всего сердца, чтобы в Берлине остались западные оккупанты. Последние, по крайней мере в настоящий момент , являются уже не врагами, а действительными союзниками, помощью которых берлинцы хотят воспользоваться.

Испытав два месяца тому назад настоящий страх, берлинское население западных секторов кажется сейчас от этого полностью оправилось. Утешенные рядом заявлений КЛЕЯ и посылкой самолетов с продовольствием, которые постоянно видны в небе, берлинское население увидело в возобновлении четырехсторонней деятельности в помещении межсоюзнического Контрольного Совета лишь признак начала капитуляции русских и доказательств того, что во всяком случае англо-американцы и французы не покинут Берлин. Население говорит о возможном снятии блокады, желая этого, однако не видя в этом необходимой меры, которую стоило бы провести любой ценой. Оно не считает также, что лишь восточная марка должна иметь хождение в Берлине. Западная марка продолжает повышаться в цене, причем

1666

KI-Übersetzung eines Berichts vom 10. September 1948 zur politischen Situation in Berlin, den ein französischer Vertreter in der Stadt nach Paris sandte und der am 16. September von einer nicht genannten französischen Behörde, vermutlich dem Außenministerium, in Empfang genommen wurde. Das Dokument gelangte in die Hände der Pariser KI-Residentur und wurde am 28. September nach Moskau geschickt.

genügend Lebensmittel in die Westsektoren. Weniger optimistisch klang die Feststellung, daß die von den Sowjets angebotene Lebensmittelhilfe aufgrund der »wütenden Propagandakampagne« der SPD nicht, wie erwartet, von zwei Millionen Menschen, sondern nur von neunzehntausend in Anspruch genommen worden war. Wul wies auch auf die Absicht der Westmächte hin, die Zahl der für die Luftbrücke eingesetzten Flugzeuge zu erhöhen, wobei er das Ausmaß der tatsächlichen Anstrengungen allerdings untertrieb. Um die Zahl der Flüge erhöhen zu können, bauten die Alliierten mit der Hilfe von siebzehntausend Westberlinern in nur drei Monaten im französischen Sektor eine völlig neue Landebahn. Am Ostersonntag 1949 erreichte die Luftbrücke einen Rekord von 1398 Flügen, mit denen an einem einzigen Tag 12941 Tonnen Fracht nach Berlin gebracht wurden.[30]

Die Quellen der Berichte, die die KI-Residentur während der Blockade und der endlosen Verhandlungen, die zu ihrer Beendigung führten, nach Moskau schickte, reichten von Agenten mit Zutritt zu »amerikanischen Kreisen« in Berlin und Frankfurt am Main bis zu handfesten Dokumenten, wie dem amtlichen französischen und britischen Funkverkehr. Die französischen und britischen Quellen waren bei weitem die besten. Was die Berichte aus »amerikanischen Kreisen« betraf, so stammten sie offenbar, wenngleich die Namen der Quellen nicht genannt wurden, von amerikanischen Angestellten, die mit der Besatzungspolitik ihrer Regierung nicht einverstanden waren. So übermittelte die Berliner Residentur zum Beispiel den Inhalt eines Gesprächs, das ein Informant mit dem Decknamen »Brat« (Bruder) Anfang Januar 1948 mit dem kommunistischen Politiker und Journalisten Leo Bauer geführt hatte. Bauer erzählte dem Informanten, daß er sich mit einem Mitarbeiter der OMGUS-Abteilung für Informationskontrolle über das Scheitern der antikommunistischen Propaganda der Amerikaner und die Absicht, einen westdeutschen Staat zu gründen, unterhalten habe. Sein Freund, sagte Bauer, habe nicht gewußt, »ob er in Berlin bleiben oder bei einer routinemäßigen ›Säuberung‹ gefeuert werden würde«. Er wolle jedenfalls nicht in die Vereinigten Staaten zurückkehren, da er einen »angeschlagenen politischen Ruf« habe und in Amerika ohne Arbeit dastehen würde.[31] Bauer und sein Freund, die bei Kriegsende beide in Hessen gewesen waren, teilten offenbar ihre politischen Ansichten. Solche Personen anzuwerben dürfte der KI-Residentur nicht allzu schwergefallen sein.[32]

In dem Bericht vom 3. Juli 1948, in dem der Berliner KI-Resident offenbar mehrere Berichte eines Informanten in der amerikanischen Militärverwaltung zusammengefaßt hatte, wurde die Quelle mit den Worten zitiert, bis Juli sei »in führenden amerikanischen Kreisen die Überzeugung verbreitet [gewesen], Washington würde Clays Vorschlag zustimmen, Gewalt gegen die Russen anzuwenden. ... Mehrere Stabsangehörige begannen einen Panzerdurchbruch von Helmstedt nach Berlin zu planen, um einen etwa zwei Kilometer breiten Korridor zu öffnen und die Bewegung in diesem Korridor durch amerikanische Truppen zu sichern. Clay wies diesen Plan als phantastisch zurück, weil die Panzer es nach dem Durchbruch möglicherweise nicht bis Berlin schaffen würden und es infolgedessen auch keinen Korridor geben würde.«[33]

Unterdessen hatten Amerikaner und Briten ihre Besatzungszonen in Westdeutschland zur sogenannten Bizone vereinigt. Das KI erhielt am 14. Juli 1948 einen Bericht über eine Sitzung, zu der im selben Monat der amerikanische und der britische Militärgouverneur im Frankfurter IG-Farben-Gebäude mit Vertretern der deutschen Verwaltung zusammengekommen waren, unter ihnen Ludwig Erhard, der künftige westdeutsche Wirtschaftsminister. In dem Bericht wurde der Wunsch der Deutschen hervorgehoben, den Handel mit der SBZ unter der Schirmherrschaft der neuen Bizonenverwaltung zu erweitern, sobald die Berliner Blockade aufgehoben worden war, damit die westdeutsche KPD dieses Thema nicht mehr als Propagandawaffe einsetzen konnte.[34]

Am 6. August brachte die Berliner KI-Residentur einen Bericht über die Moskauer Berlin-Verhandlungen in Umlauf, in dem unter dem Titel »Eine Änderung in der amerikanischen Haltung zur Berlin-Frage« behauptet wurde, »unter prominenten Angehörigen der amerikanischen Verwaltung in Berlin« sei man »überzeugt, daß die Westmächte der Sowjetunion nachgeben müssen«. Die Amerikaner, hieß es weiter, seien »bereit, der sowjetischen Verwaltung die volle Kontrolle über das Finanz- und Wirtschaftsleben von Groß-Berlin zu überlassen«, während sie selbst »nur ein kleines Verbindungsbüro und eine kleine Garnison« behalten wollten. Es folgte die merkwürdige Feststellung, die Amerikaner hätten sich für die Moskauer Verhandlungen das Ziel gesteckt, »in Berlin zu bleiben, unter welchen Umständen auch immer. Eine Konferenz über alle Aspekte der deutschen Frage werden sie nicht zulassen.« Abschließend hieß es: »Die Amerikaner in Berlin sind der Meinung, daß General Clay für die neuen

Bedingungen, die für die friedliche Lösung der Berlin-Frage erforderlich sind, nicht geeignet ist.«[35] Als dieser Bericht aus »amerikanischen Kreisen« in Moskau eintraf, besaß er ironischerweise keinen großen Nachrichtenwert mehr. Die vorbereitenden Gespräche mit Außenminister Molotow waren ebenso vorüber wie ein Treffen mit Stalin, das am 3. August stattgefunden hatte.[36]

Nach dem Gespräch mit Stalin wurde die Berlin-Frage an die vier Militärgouverneure zurückverwiesen, ein überflüssiger Schritt, denn nach den Erfahrungen aus den Kontrollratssitzungen war abzusehen, daß man über dieses Thema kein Einvernehmen erzielen würde. Nachdem die Verhandlungen der Militärgouverneure am 7. September ergebnislos abgebrochen worden waren, begann im Westen die Diskussion über die nächsten Schritte. Am 10. September sprach der britische Außenminister Bevin in einer Kabinettssitzung diese Frage an. Das Protokoll dieser Sitzung lag Stalin Anfang Oktober vor. Der Erhalt von Kabinettspapieren stellte einen großen Erfolg des sowjetischen Nachrichtendienstes dar, und das Protokoll vom 10. September hätte Stalin eigentlich davon überzeugen müssen, daß sich die Westmächte durch den sowjetischen Druck auf West-Berlin nicht davon abhalten lassen würden, einen westdeutschen Staat zu schaffen. Dieser KI-Bericht und die im folgenden zitierten Berichte beweisen die hohe Qualität der britischen KI-Informationen in dieser kritischen Phase.[37]

Am 12. September 1948 schickte Bevin dem britischen Botschafter in Washington ein Telegramm über die Frage der westdeutschen Staatsgründung. Das KI gelangte in den Besitz einer Kopie und brachte sie in Umlauf. Die Quelle wurde nicht genannt, aber vermutlich handelte es sich um Donald MacLean, einen sowjetischen Agenten, der bis zum Spätsommer 1948 eine hohe Position in der britischen Botschaft in Washington innehatte. Ein Auszug aus diesem Dokument, der sechste Absatz des Originals, wurde ins Archivmaterial aufgenommen. Darin heißt es: »Für mich wäre es völlig unmöglich, die Regierung Seiner Majestät an eine Verpflichtung zu binden, die Krieg bedeuten kann, und das nur wegen einer simplen Meinungsverschiedenheit zwischen Militärgouverneuren. Es besteht die entschiedene Ansicht, daß die Vereinigten Staaten uns herumzukommandieren versuchen, und das hat hier tiefen Unmut verursacht. Weder das Kabinett noch das Parlament wird dieser Sache zustimmen. Ich kann dem Parlament eine derartige Verpflichtung nicht vorschlagen. ... Wenn die Regierung der Vereinigten Staaten mich in dieser Frage wie in der Vergangenheit unter Druck setzt, könnten Umstände eintreten, unter denen ich gezwungen wäre, eine öffentliche Erklärung zu diesem Thema abzugeben.«[38]

Die Sowjets interpretierten diesen Absatz als Hinweis auf gespannte Beziehungen zwischen der britischen und der amerikanischen Regierung. Wie es schien, ließen sich die Briten nicht unter Druck setzen. Diese Schlußfolgerung aus der zitierten Passage paßt allerdings kaum zu der Tatsache, daß Bevin während der gesamten Dauer der Blockade stets auf die Solidarität des Westens gedrängt hatte. Nach Ansicht des britischen Außenministers hätte die Aufgabe Berlins »für Westdeutschland und Westeuropa ernste, wenn nicht katastrophale Folgen« gehabt.[39]

Zwei weitere Telegramme, in denen Bevin am 21. und 23. September über eine Konferenz der westlichen Außenminister in Paris berichtete, gelangten ebenfalls in die Hände des KI. In diesen Schreiben besprach Bevin den Plan der Außenminister, der Sowjetunion nach dem Abbruch der Verhandlungen der Militärgouverneure eine Botschaft zukommen zu lassen. Dem KI lagen sogar die Vermerke vor, die Bevin über diese Konferenz diktiert hatte.[40] Die Botschaft der Westmächte wurde von der Sowjetunion zurückgewiesen, die ihrerseits ihren bisherigen Standpunkt wiederholte. Als die westlichen Außenminister am 26. September erneut in Paris zusammenkamen, einigten sie sich darauf, die Berlin-Frage vor die Vereinten Nationen zu bringen.

Obwohl die KI-Berichte häufig auf solider dokumentarischer Grundlage standen, waren die Meldungen aus Berlin in Moskau nicht immer willkommen. In einem Kabel der Berliner KI-Residentur vom 2. Oktober 1948 wurden Spekulationen amerikanischer Beamter darüber wiedergegeben, wie der UN-Sicherheitsrat mit der Berlin-Frage umgehen würde. Dieselbe Quelle berichtete außerdem, daß die Amerikaner eine militärische Provokation der Sowjetunion oder der Ostberliner SED erwarteten oder als Beweis dafür, daß »die Russen den Frieden bedrohten«, sogar herbeisehnten. Am Ende des Berichts war distanzierend angefügt: »Das Material stammt von einem Agenten. Die Führung der SMAD wurde nicht darüber informiert, und es wurde innerhalb der Verwaltung nicht verwendet.«[41]

Das Wissen um die westlichen Verhandlungspositionen und die Erkenntnis, daß die britische und französische Neigung, West-Berlin zu unterstützen, aufgrund heimischer Wirtschaftsprobleme nachließ, verschafften Stalin und Molotow in den Verhandlungen mit den Westalliierten einen erheblichen Vorteil. Doch es gab weitaus dramatischere und für den Verlauf der Krise maßgeblichere Faktoren, etwa die amerikanische Entscheidung vom Juni 1948, nicht militärisch gegen die Blockade vorzugehen. Wenn es dem KI gelungen wäre, gut dokumentiertes Material über diese amerikanische Entscheidung zu beschaffen, wäre dies ein beachtlicher Nachrichtendienstcoup gewesen. Es ist darüber spekuliert worden, daß Donald MacLean die Sowjets davon in Kenntnis gesetzt hatte und daß Stalins weiteres Verhalten in der Berlin-Krise von dieser Information bestimmt wurde. Doch dafür haben sich im SWR-Archiv keine Beweise gefunden.

Der Bericht über die Sitzung des britischen Kabinetts am 22. September demonstriert erneut, wie schwer es der Sowjetführung fiel, unangenehme Nachrichten zu akzeptieren und entsprechend zu handeln. Bevin hatte in der Kabinettsitzung darauf hingewiesen, daß »unsere Situation in Europa hoffnungslos sein« werde, wenn »wir keinen festen Standpunkt einnehmen«, und die Vermutung geäußert, daß die Sowjetunion die Verhandlungen hinausziehen wollte, bis der Winter die Versorgung West-Berlins erschweren würde. Dann zitierte er einige Zahlen aus dem Bericht, den US-Außenminister Marshall über den Stand der Luftbrücke abgegeben hatte. Bevin teilte seinen Kollegen mit, daß man vorhatte, größere Flugzeuge (C-54) einzusetzen, wiederholte aber auch Marshalls Warnung, daß »im Fall eines sowjetischen Überraschungsangriffs ... der Verlust eines großen Teils der amerikanischen Luftbrückenflotte unvermeidlich« wäre.[42] Dieser Bericht ging nur an Molotow und Sorin, nicht an Stalin. Angesichts der großen Zahl belangloser Berichte, die das KI Stalin vorlegte, ist es bemerkenswert, daß dem reizbaren Diktator dieser Bericht, der sein Blut sicherlich in Wallung versetzt hätte, vorenthalten wurde.

Bevins Äußerungen über die Luftbrücke verweisen auf einen interessanten Aspekt der KI-Berichterstattung über die Blockade, denn die Luftbrücke wird trotz der entscheidenden Bedeutung, die sie für die Westmächte besaß, in den uns zur Verfügung stehenden sowjetischen Akten, außer in dem soeben zitierten Bericht und dem MGB-Bericht vom 3. August 1948, nirgends erwähnt. Die rein technische Einschätzung der Leistungsfähigkeit der Luftbrücke und des Bedarfs der Garnisonen und der Zivilbevölkerung in West-Berlin war Aufgabe des militärischen Nachrichtendienstes, nicht des KI. Wir haben keinen Beweis dafür gefunden, daß das KI seinen Residenturen und Agentennetzen den Auftrag erteilt hätte, die Luftbrücke zu beobachten. Der ehemalige SMAD-Mitarbeiter Lebedew betont, daß die Sowjets vom Ausmaß der Luftbrücke völlig überrascht wurden.

Als der Winter 1948/49 näherrückte und die Wetterverhältnisse sich verschlechterten, hofften die Sowjets, daß die Flugtätigkeit zum Erliegen kommen würde. Doch sie wurde unvermindert fortgesetzt. Ein Offizier aus Sokolowskis Stab hatte den Eindruck, daß die Flugzeuge »absichtlich tief über Karlshorst hinweg[flogen], um uns zu beeindrucken. Eines befand sich über uns, ein zweites verschwand hinter dem Horizont, und ein drittes tauchte gerade auf. So ging es ohne Unterbrechung, eins nach dem andern, wie am Fließband.«[43] Georgi Korotja, damals MGB-Spionageabwehroffizier in Karlshorst, meint, die ganze Blockade als Mittel, um den Westen aus Berlin zu vertreiben, sei von Anfang an »ein undurchdachtes Unterfangen« gewesen. Deshalb sei die Luftbrücke niemals in die Überlegungen einbezogen worden. Die Blockade habe »der sowjetischen Seite keinen Nutzen gebracht, nur Schaden, und sie hat die deutsche Bevölkerung gegen uns aufgebracht«. Wie alle befragten Geheimdienstoffiziere weist er darauf hin, daß niemand in Karlshorst in die Entscheidung über die Blockade einbezogen worden sei: »Wir wurden nicht einmal vorgewarnt, sondern vor vollendete Tatsachen gestellt.«[44]

Als im August die Phase der intensiven Verhandlungen begann, erhielt das KI einen interessanten Bericht seiner Pariser Residentur. Er trug den Titel »Die politische Lage in Berlin« und stammte vermutlich von einem französischen Diplomaten in der Stadt.[45] Am oberen rechten Rand des Berichts ist vermerkt: »Genosse Wyschinski hat sich in Paris mit diesem Material vertraut gemacht.« Wyschinski hielt sich zu dieser Zeit zu UN-Sitzungen in Paris auf. Der Bericht war im wesentlichen eine leidenschaftslose Analyse der Auswirkungen der Blockade auf die Berliner Bevölkerung und die Ausrichtung der sowjetischen Politik. Der Verfasser wies zu Beginn darauf hin, daß die Berliner antirussisch eingestellt seien und die Anwesenheit der Westmächte wünschten. Was die Sowjets betreffe, so könnten sie »im Zentrum ihrer Zone keine ihnen feindlich gesinnte Verwaltung dulden, die mit ihrer Presse- und Redefreiheit ein unseliges Beispiel für die Bevölkerung der gesamten sowjetischen Zone darstellt, die nicht daran gehindert werden kann, mit Berlin in Berührung zu kommen«. Berlin wurde von den Sowjets jedoch als Hauptstadt betrachtet, von der aus sie Einfluß auf Westdeutschland ausüben konnten. Deshalb hofften sie, so vermutet der Verfasser des Berichts, den damaligen Berliner Magistrat und die Stadtverordnetenversammlung loswerden und die im November angesetzten Wahlen vermeiden zu können. Durch die Bildung eines »Demokratischen Blocks« würden sie darauf setzen, daß die aus ganz Deutschland kommenden Delegierten des nächsten Volkskongresses die Verfassung annehmen würden, die vom Verfassungsausschuß des auf dem Zweiten Volkskongreß gewählten Volksrates ausgearbeitet wurde. Das Ergebnis dieser Entwicklung würde eine mit einer westdeutschen Regierung rivalisierende Regierung sein. »An diesem Punkt«, schließt der Berichterstatter, »könnten die Sowjets … Zugeständnisse anbieten, wonach beide deutschen Regierungen eine vereinigte Regierung bilden könnten, die ihren Sitz selbstverständlich in Berlin haben würde.«

Die Pläne der Sowjets gingen nur zum Teil auf. West-Berlin blieb ihrem Zugriff entzogen, und sie mußten sich mit der umfassenden Kontrolle ihres Teils der Stadt begnügen. Was die längerfristigen Planungen betraf, insbesondere hinsichtlich der Rolle der Volkskongreßbewegung und des Volksrates, war die Analyse jedoch dicht an der Wirklichkeit.

Erste Ansätze der Wiederbewaffnung

Trotz des Erfolgs der Luftbrücke verstärkten die militärischen Implikationen der Blockade die in Washington und den westeuropäischen Hauptstädten bestehenden Sorgen über das Ungleichgewicht der in Deutschland stehenden Streitkräfte beider Seiten und das Fehlen eines koordinierten Verteidigungsplans für den Fall eines europäischen Krieges. Im Rahmen des Brüsseler Fünfmächtevertrages (Westunion), dem Vorläufer der Westeuropäischen Union (WEU), wurde deshalb ein aus den Verteidigungsministern der Mitgliedsstaaten bestehender Verteidigungsausschuß gebildet, und am 5. Oktober 1948 wurde Feldmarschall Bernard Montgomery dessen ständiger Vorsitzender. Am 8. November traf Montgomery im nieder-

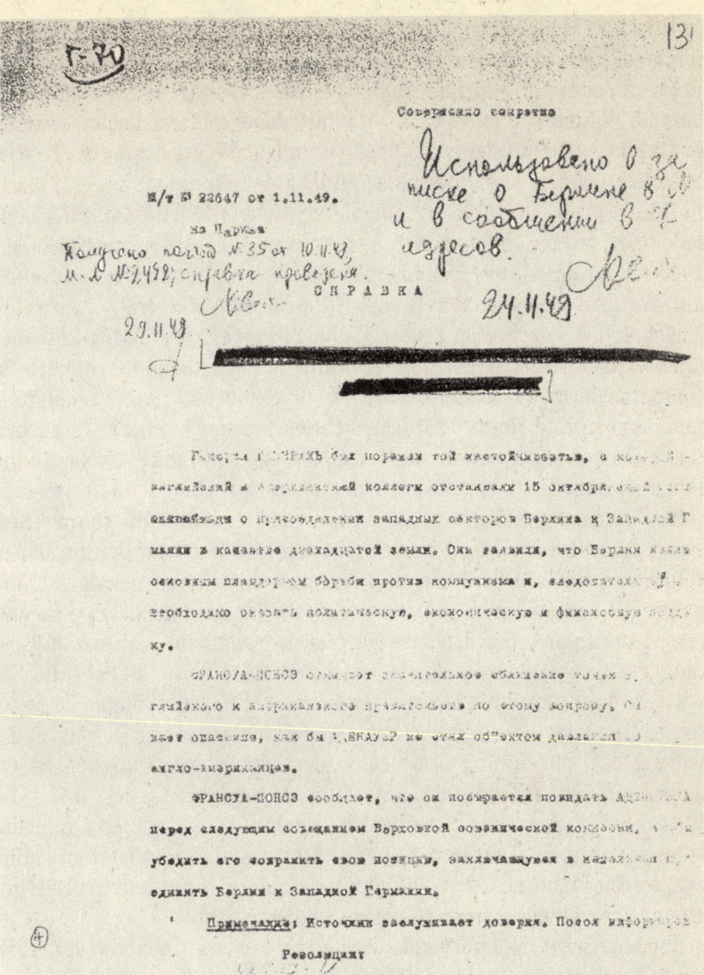

Г-70

131

Совершенно секретно

Использовано в записке о Берлине в [illegible] и в сообщении в [illegible] адресов.
24.11.49

Н/т № 22647 от 1.11.49.

из Парижа

Получено почтой № 35 от 10.11.49, м. с № 2492; справка проведена.
29.11.49

СПРАВКА

Генерал [illegible] был поражен той настойчивостью, с которой [illegible] английский и американский коллеги отстаивали 15 октября [illegible] о присоединении западных секторов Берлина к Западной Германии в качестве двенадцатой земли. Они заявили, что Берлин является основным плацдармом борьбы против коммунизма и, следовательно, необходимо оказать политическую, экономическую и финансовую поддержку.

ФРАНСУА-ПОНСЭ [illegible] обсуждение [illegible] английского и американского правительств по этому вопросу. Он [illegible] опасение, как бы АДЕНАУЭР не стал объектом давления [illegible] англо-американцев.

ФРАНСУА-ПОНСЭ сообщает, что он попытается повидать АДЕНАУЭРА перед следующим совещанием Верховной союзнической комиссии, чтобы убедить его сохранить свою позицию, заключающуюся в [illegible] присоединить Берлин к Западной Германии.

Примечание: Источник заслуживает доверия. Посол информирован.

Резолюция:

Verschlüsseltes Telegramm der Pariser KI-Residentur, 1. November 1949, über die Ansichten des französischen Berliner Stadtkommandanten Jean Ganeval und des Diplomaten André François-Poncet hinsichtlich der Eingliederung West-Berlins als zwölftes Bundesland in die Bundesrepublik Deutschland. Die Quellen der Informationen wurden als verläßlich bezeichnet, und der sowjetische Botschafter in Paris wurde über das Material ins Bild gesetzt.

sächsischen Melle mit den Militärgouverneuren der drei Westzonen zusammen, um ihre Ansicht darüber zu erfahren, was beim Ausbruch von Feindseligkeiten zu tun war. Angesichts der schwierigen wirtschaftlichen Lage in Westeuropa bestand das Hauptproblem der westlichen Verteidigungsplaner damals darin, Truppen zu finden, die im Zeitraum von drei Monaten nach der Mobilmachung verfügbar sein konnten.[46]

Die Sowjets, die in bezug auf die deutsche Wiederbewaffnung stets hellhörig waren, folgten diesen Vorgängen aufmerksam. Im November 1948 erhielt das KI in Moskau einen Bericht über Montgomerys Treffen mit den Militärgouverneuren.[47] Darin wird zwar General Clarence R. Huebner, der Befehlshaber der US-Bodentruppen, erwähnt, nicht aber General Clay. Dem Bericht zufolge wurde in der Sitzung beschlossen, in Deutschland Streitkräfte zu schaffen, zugleich aus im Krieg verschleppten und nicht in ihre Heimat zurückgekehrten Polen, Ukrainern, Tschechen und Balten zusätzliche Einheiten zu bilden und sowohl diese als auch die französischen Besatzungstruppen mit amerikanischen Waffen auszurüsten. Anschließend wurden in dem Bericht Aufbau und Bewaffnung dieser Einheiten beschrieben. Diese Truppen, die hauptsächlich zur Bewachung von Einrichtungen der Besatzungsstreitkräfte eingesetzt wurden, galten bei den alliierten Militärs nicht viel. Man glaubte, daß sie im Fall einer sowjetischen Offensive die Vorratslager plündern und sich in Richtung Paris absetzen würden. Dennoch bestärkte dieser Bericht die Sowjets in ihrer Besorgnis über die Aufrüstung Westdeutschlands. In anderen KI-Berichten über Montgomerys Inspektionsreise wird darauf hingewiesen, daß die Ministerpräsidenten der Länder der britischen Besatzungszone die Schaffung paramilitärischer Verbände und die Wiedereinführung des Militärdienstes ablehnten. Einem dieser Berichte zufolge sprachen sich Montgomerys deutsche Gesprächspartner dafür aus, solche Pläne zurückzustellen, bis sie auf einer Konferenz der Ministerpräsidenten der Länder diskutiert worden waren.[48]

Ein deutscher KI-Informant, vermutlich aus dem Umfeld der KPD, vergrößerte die sowjetischen Sorgen über die mögliche deutsche Wiederbewaffnung durch die Mitteilung, daß der amerikanische Armeeminister, Kenneth Royall, die Italiener bei einem Italienbesuch im Dezember 1948 gedrängt habe, sich an der Bewaffnung der Westunion zu beteiligen. Royall verfolgte diesen Kurs entgegen dem Rat seiner Mitarbeiter, die ihn darauf aufmerksam gemacht hatten, daß die italienische Beteiligung nur sinnvoll wäre, wenn Westdeutschland in die Verteidigung Europas einbezogen würde; der Gedanke einer deutschen Wiederbewaffnung stieß aber sowohl in der deutschen als auch in der westeuropäischen Öffentlichkeit auf vehemente Ablehnung. Die Briten waren über Royalls Vorstoß erstaunt; ihrem Verständnis nach hatte man sich mit Clay darauf geeinigt, in der Frage der Wiederbewaffnung langsam vorzugehen.[49] Weitere Berichte über dieses Thema erhielt das KI von einem österreichischen Informanten, der die Bildung zweier militärischer Stäbe vermeldete, einen in Königstein unter Generaloberst Halder und den zweiten in Oberursel unter Generaloberst Heinz Guderian.[50]

Noch bedrohlicher als die Bestrebungen der Westmächte, in ihren Zonen zusätzliche Truppen aufzustellen, müssen die bizarren KI-Berichte gewirkt haben, in denen von einem unmittelbar bevorstehenden Kriegsausbruch die Rede war. Einer dieser Berichte erreichte das KI am 13. November.[51] Die Quelle, »ein Deutscher, der nach eigener Aussage Kurier zwischen einer deutschen Geheimdienstgruppe in Berlin und einem anglo-amerikanischen Geheimdienstzentrum in Westdeutschland war«, erklärte darin: »Vor den Wahlen in den Vereinigten Staaten waren angloamerikanische Militärkreise in Deutschland einhellig der Auffassung, daß die militärischen Operationen der Westmächte gegen die Sowjetunion im März 1949 beginnen müssen.« Es folgte die Darstellung des Plans für einen Blitzvorstoß anglo-amerikanischer Panzerkräfte bis zur Oder. Währenddessen sollte Berlin evakuiert werden: »Die wenigen amerikanischen, britischen und französischen Truppen sollen in Begleitung einiger führender deutscher Politiker auf dem Luftweg abgezogen werden.« Dem Bericht zufolge glaubten die Amerikaner allerdings, daß die sowjetischen Streitkräfte in der Lage wären, die anglo-amerikanische Offensive zu zerschlagen und ihrerseits Westdeutschland bis zum Rhein zu besetzen. »Der sowjetische Angriff ginge zudem so schnell vonstatten, daß nur ein kleiner Teil der deutschen Bevölkerung in der Lage wäre, über den Rhein zu fliehen.« Wie die Quelle dieses Berichts hinzufügte, hänge die Verwirklichung dieses »Plans«, der im übrigen »nur einen Teil der anglo-amerikanischen Kriegspläne« darstelle, vom Ergebnis der amerikanischen Wahlen ab. Auf der letzten Seite des Berichts ist vermerkt: »1. Das Material stammt von einem Agenten. 2. Die Führung der SMAD wurde nicht informiert. 3. Es wurde in der Verwaltung nicht verwendet.« Warum dieses Phantasiegespinst nicht verbreitet wurde, liegt auf der Hand.

West-Berlin lehnt sich an Westdeutschland an

Im Winter 1948/49 erreichten in den USA Beschäftigung und Industrieproduktion einen neuen Höchststand, und die Berliner Luftbrücke brach trotz des schlechten Wetters alle Rekorde. Die Londoner KI-Residentur informierte in einem Bericht an Stalin und das Politbüro der KPdSU über Beratungen, die Premierminister Clement Attlee, Außenminister Bevin, Außenamtsstaatssekretär Hector McNeil und andere Beamte des britischen Außenministeriums am Wochenende vom 13. auf den 14. November geführt hatten. Sie hatten darin übereingestimmt, daß Truman, Attlee und der französische Außenminister Robert Schuman nicht mit Stalin zusammenkommen sollten und daß man die Berlin-Frage erneut auf die Tagesordnung des UN-Sicherheitsrates setzen würde. McNeil wurde in dem Bericht mit den Worten zitiert, das gesamte Berlin-Problem sei eine »taktische Episode im strategischen Kampf um ganz Deutschland«.[52]

Die Pariser Residentur wollte dem nicht nachstehen und schickte einen Bericht nach Moskau, in dem die Ansicht des stellvertretenden politischen Beraters François Seydoux zu den am 5. Dezember in den Westsektoren von Berlin abgehaltenen Wahlen wiedergegeben wurde. Seydoux sah im Wahlsieg der SPD »einen gewaltigen, alle Erwartungen übertreffenden Erfolg für die Westmächte«, befürchtete aber, daß er »die Lage in Berlin komplizieren« werde. Außerdem fragte er sich, ob »die Blockade angesichts des Erfolgs der Luftbrücke für die UdSSR letzten Endes nicht eher eine Peinlichkeit darstellt und keinen Vorteil«. Ohne Kohlelieferungen aus dem Ruhrgebiet befände sich die Sowjetzone »in einer prekären Lage, die nicht beliebig lange ausgedehnt werden kann, ohne den Eindruck des wirtschaftlichen Erfolgs in Westdeutschland zu verstärken«.[53]

Stalin scheint mit Seydoux einer Meinung gewesen zu sein. Am 27. Januar 1949 reichte Joseph Kingsbury-Smith, der europäische Direktor des International News Service, vier Fragen an Stalin ein. Dies war die übliche Praxis – die Fragen wurden manchmal beantwortet, manchmal nicht. Eine der vier Fragen betraf Berlin: »Wäre die UdSSR bereit, die Beschränkungen des Verkehrs nach Berlin aufzuheben, wenn die Vereinigten Staaten, Großbritannien und Frankreich zusagen, keinen separaten westdeutschen Staat zu bilden, bevor nicht auf einer Konferenz des

Rats der Außenminister die deutsche Frage als Ganzes besprochen worden ist?« Stalins bejahende Antwort traf bereits drei Tage später ein. Die Währungsreform, den vorgeblichen Grund der Blockade, erwähnte Stalin mit keinem Wort. US-Außenminister Acheson äußerte am 2. Februar auf einer Pressekonferenz die Ansicht, die Antworten auf die anderen drei Fragen seien nebensächlich und bildeten nur den Rahmen für die Berlin-Frage, was unterstreiche, daß diese die Hauptsorge der Sowjets darstelle.[54]

Das Übergehen des Währungsproblems in Stalins Antwort ist erstaunlich, denn tatsächlich verschärfte es sich. Laut Anordnung der Sowjets war die neue ostdeutsche Währung in ganz Berlin gültig, so daß in West-Berlin zwei Währungen in Umlauf waren. Am 2. März 1949 ging beim KI ein Bericht seiner Berliner Residentur zu dieser Problematik ein. Die Quelle, ein Informant aus der Umgebung von Friedrich Haas, dem Leiter der Abteilung Finanzen des Westberliner Magistrats, stellte fest, daß die Entscheidung, die DM-West zum einzigen legalen Zahlungsmittel in West-Berlin zu machen, wahrscheinlich nicht vor Mitte April getroffen werden würde. Haas habe von der Besorgnis »amerikanischer Beamter« gesprochen, »diese Aktion könnte die Versorgung der Bevölkerung erschweren und, was wichtiger sei, die letzten Verbindungen zwischen Amerika und Rußland zerbrechen. Ein letzter Versuch, dies zu vermeiden, wäre möglich, wenn die Ostmark unter Viermächtekontrolle eingeführt werden könnte und die Blockade aufgehoben würde.«[55] Haas hatte unrecht. Als dieser Bericht in Moskau eintraf, war die Entscheidung, die Westmark zum einzigen Zahlungsmittel in West-Berlin zu machen, bereits gefallen. Dieser Bericht spiegelte erneut die Neigung vieler KI-Offiziere wider, zu berichten, was man in Moskau hören wollte.

Die Sowjets beendeten die Blockade kurz vor der für den 23. Mai 1949 nach Paris einberufenen Außenministerkonferenz, auf der »Fragen in bezug auf Deutschland und sich aus der Lage in Berlin ergebende Fragen, einschließlich der Frage der Währung in Berlin«, behandelt werden sollten.[56] Die Währungsfrage stellte sich konkret, als die Westberliner Eisenbahner, die in Ost- und Westmark bezahlt wurden, wegen der Aufteilung ihres Lohns in den Streik traten. In einem KI-Bericht aus Berlin heißt es, daß es keinen Streik gegeben hätte, wenn der amerikanische Stadtkommandant nicht darauf bestanden hätte. Das Streikziel, das angeblich die Zustimmung Präsident Trumans besaß, bestand darin, »die

Russen zur Anerkennung der Legalität der West-Mark zu zwingen«. Zu diesem Zweck unterstützten die Amerikaner die Streikenden mit Lebensmitteln und anderen Dingen. Dieser Bericht wurde an die sowjetische Verhandlungsdelegation auf der bereits im Gang befindlichen Pariser Außenministerkonferenz weitergeleitet.[57] Der Streik endete am 28. Juni, nachdem die Reichsbahnverwaltung der SBZ zugesagt hatte, sechzig Prozent der Löhne in Westmark auszuzahlen. Während des Streiks war die Frage aufgetaucht, wem das Reichsbahneigentum in West-Berlin unterstand. Die Sowjets beharrten darauf, daß die ostdeutsche Reichsbahn als Besitzerin der Grundstücke auch die polizeiliche Hoheit über diese besaß. Diese Frage sollte noch auf Jahre hinaus ernste Probleme hervorrufen.

Nachdem die Blockade am 12. Mai aufgehoben worden war, standen die Westmächte vor der Frage, wie sie mit dem Wunsch West-Berlins umgehen sollten, sich als zwölftes Land der neuen Bundesrepublik Deutschland anzuschließen – damals bestand das spätere Baden-Württemberg noch aus drei Ländern und war das Saarland noch französisch verwaltet. Das Grundgesetz des neuen Staates trat am 24. Mai in Kraft, und am 15. September sollte Konrad Adenauer zum ersten Bundeskanzler gewählt werden. Am 9. Juni brachte das KI einen Bericht in Umlauf, der auf einem Schriftwechsel zwischen Seydoux und dem französischen Außenministerium vom 7. Juni beruhte. Seydoux erklärte in seinem Memorandum, daß in der Frage, welchen Platz Berlin in Deutschland und Europa einnehmen solle, zwischen Frankreich und England ernste Meinungsverschiedenheiten bestünden. Für die Briten sei Berlin eine vorgeschobene Bastion gegen den Kommunismus in Europa, deren Verlust schwere Konsequenzen für Westdeutschland nach sich zöge.[58]

Die französischen Sorgen wegen der Beziehungen Berlins zur Bundesrepublik blieben das ganze Jahr über virulent. In einem Telegramm der Berliner KI-Residentur vom 17. Oktober wird ein Gespräch zwischen dem französischen Hohen Kommissar André François-Poncet und dem Berliner Oberbürgermeister Ernst Reuter wiedergegeben, in dem François-Poncet erklärt hatte, er werde Reuters Vorschlag, Berlin zu einem Land der Bundesrepublik zu machen, weiterhin ablehnen, obwohl Amerikaner und Briten die Idee unterstützten.[59] Der letzte Beitrag des Jahres zu diesem Thema war ein Telegramm der Pariser KI-Residentur vom 1. November, dem zufolge der französische Stadtkommandant von Berlin,

General Jean Ganeval, erstaunt war »über die Hartnäckigkeit, mit der sein amerikanischer und britischer Kollege bei ihrem Treffen am 15. Oktober 1949 die Ansicht vertraten, daß die Westsektoren Berlins als zwölftes Land mit Westdeutschland vereint werden sollten«. In dem Telegramm wurde außerdem erwähnt, daß François-Poncet versuchen werde, vor der nächsten Sitzung der Alliierten Hohen Kommission mit Bundeskanzler Adenauer zusammenzukommen, um ihn in seiner Abneigung gegen die Eingliederung West-Berlins zu bestärken.[60] Das Verhältnis der Stadt zur Bundesrepublik blieb für viele Jahre ein dorniges Problem. Die Westalliierten, einschließlich Frankreichs, einigten sich jedoch am 21. Oktober 1949 darauf, West-Berlin als Teil der Bundesrepublik zu behandeln.[61]

Der in Moskau entstandene Eindruck, die Westmächte würden das Konzept von West-Berlin als zwölftem Bundesland möglicherweise fallenlassen, war – nach diesen Berichten zu urteilen – offenbar zum großen Teil den französischen Quellen des KI zu verdanken. Angesichts der bekannten französischen Eigenwilligkeit nicht nur hinsichtlich der alliierten Präsenz in Berlin, sondern auch in der gesamten Frage des Umgangs mit Nachkriegsdeutschland, wäre es gewiß interessant gewesen, die Informationen derselben französischen Quellen zu anderen kritischen Themen zu untersuchen – wenn sie verfügbar gewesen wären. Andererseits läßt sich in Kenntnis dieser KI-Berichte über die Uneinigkeit der Alliierten in bezug auf die Beziehung zwischen West-Berlin und der Bundesrepublik verstehen, warum Stalin die Hoffnung gehegt haben mochte, sein Ziel doch noch zu erreichen.

Nach der Blockade

Von Dezember 1949 an intensivierte das KI die Berichterstattung über die deutsche »Remilitarisierung«. Im Westen glaubte man, die Fehlkalkulation der Sowjets hinsichtlich der Berliner Blockade hätte ihren Grund in der militärischen Unterlegenheit der Westmächte gehabt, insbesondere was die Bodentruppen betraf. Nach Ansicht des Westens war die Sowjetunion aufgrund dieses Ungleichgewichts offenbar überzeugt gewesen, keine Gegenmaßnahmen fürchten zu müssen. Die Folge war, daß der

Westen nach Mitteln und Wegen suchte, um seine Verteidigung zu verstärken. Die Sowjets andererseits glaubten, die Westmächte hätten die Wiederbewaffnung Deutschlands schon lange vorher beschlossen und benutzten die Blockade nur als Vorwand.

Rückblickend betrachtet, verfügte das KI während der gesamten Blockade über eine beeindruckende Vielzahl von Informanten, die hochrangiges dokumentarisches Material der britischen und französischen Regierung beschafften. Aber trotz der eindeutigen Berichte über die Festigkeit der westlichen Haltung in der Berlin-Frage, die Stalin im September 1948 vorlagen, waren die Informationen unvollständig und trafen häufig mit einiger Verzögerung ein. Da das KI nicht darüber berichtete, wie erfolgreich die Luftbrücke verlief, fühlte sich Stalin ermutigt, abzuwarten, bis der Winter sowohl die Luftbrücke als auch die Moral der Westberliner Bevölkerung geschwächt hatte, bevor er die Blockade aufhob. Die Berichte der Berliner KI-Residentur trugen kaum etwas dazu bei, Stalins Sicht der Dinge zu korrigieren. Ihre im allgemeinen guten Quellen vermochten dem Vergleich mit denen der Londoner und der Pariser Residentur nicht standzuhalten; sie mußte sich weit mehr aufs Hörensagen verlassen und war offenbar nicht in der Lage, Dokumente aus dem Westen zu beschaffen.

Die von BOB gesammelten Informationen spielten eine wichtige Rolle bei den amerikanischen Entscheidungen in bezug auf Berlin und Deutschland. BOBs Berichte gingen direkt an den Militärgouverneur, General Clay, dessen Haltung unmittelbaren Einfluß auf diese Entscheidungen hatte. Die Berichte über Sicherheits- und Militärfragen trafen den Kern von Clays Sorgen: Gab es Beweise dafür, daß die Sowjets oder die ostdeutschen paramilitärischen Einheiten sich auf eine bewaffnete Auseinandersetzung vorbereiteten? Eine der ersten Folgen der von der Blockade geschürten westlichen Befürchtungen war die Unterzeichnung des Nordatlantikvertrages am 4. April 1949, als die Blockade noch in Kraft war. Die geringen konventionellen Streitkräfte, über die die NATO anfangs verfügte, hatten wenig Ähnlichkeit mit dem Schreckgespenst des westlichen Militarismus, über das das KI in den Monaten nach Verhängung der Blockade berichtet hatte. Sie waren kaum geeignet, die Sowjets abzuschrecken, stellten aber einen bedeutsamen ersten Schritt dar, der die Entschlossenheit des Westens demonstrierte. Das geradezu explosive Wachstum, das die NATO-Verbände in den folgenden Jahren erleben sollten, war eher Moskau zu verdanken als den westlichen Demokratien.

DER KOREAKRIEG

Die nach dem Ende der Blockade eintretende Normalisierung der Beziehungen zwischen den vier Mächten erschwerte es dem Westen, die Verteidigung Westeuropas zu stärken. Obwohl den Westmächten klar war, daß eine militärische Auseinandersetzung mit der UdSSR in Europa ohne die Beteiligung der BRD verlorengehen würde, traf die Wiederbewaffnung Westdeutschlands auf starken Widerstand. Der Koreakrieg änderte diese Situation von Grund auf. Als im Juni 1950 die nordkoreanische Volksarmee in Südkorea einmarschierte, sahen viele Europäer darin instinktiv ein Vorspiel zu einem ähnlichen Überfall in Deutschland oder zumindest zum Ausbau der paramilitärischen Einheiten in Ostdeutschland. Der Westen reagierte, indem er seine Absicht verdeutlichte, die NATO zu erweitern und Westdeutschland in die gemeinsame westeuropäische Verteidigung einzubeziehen. Doch Stalin wußte kaum etwas von den Gründen, die den Westen bewogen, seine Verteidigungsanstrengungen zu erhöhen und sich gegen einen bewaffneten Konflikt mit der Sowjetunion zu wappnen. Die KI-Berichte konzentrierten sich zwar auf die westdeutsche Remilitarisierung, ließen aber den Zusammenhang mit dem Koreakrieg völlig unberücksichtigt. In den nach dem Ende des Kalten Krieges entstandenen Studien über den nordkoreanischen Angriff werden vor allem die Beziehungen zwischen Stalin, Mao Tse-tung und Kim Il Sung hervorgehoben. Der Fehler, den Stalin beging, indem er die Auswirkungen der Invasion auf Westeuropa und die Vereinigten Staaten nicht in seine Rechnung einbezog, wird selten erwähnt. Dabei wurde durch diese grandiose Fehlkalkulation die Grundlage für die strategische Konfrontation geschaffen, die den Kalten Krieg bis zu seinem Ende prägen sollte.[1]

Das KI meldet Wirtschaftsprobleme im Westen

Von seinen ausgezeichneten Quellen im französischen Regierungsapparat erhielt das KI ausführliche Informationen über die Lage in West-Berlin nach der Blockade und der Einführung der West-Mark. In der Konzentration auf Wirtschaftsfragen und der Tatsache, daß Berichte über dieses Thema in der Regel in Moskau in Umlauf gebracht wurden, spiegelte sich Stalins persönliches Interesse an den Problemen der Weltwirtschaft und insbesondere der deutschen Wirtschaft wider. Doch dieses Interesse wurzelte immer noch in dem »dem bolschewistischen Imperialismus zugrundeliegenden kruden wirtschaftlichen Determinismus«, an den selbst die erfahrensten sowjetischen Diplomaten glaubten – oder zu glauben vorgaben. Daher tendierten KI-Berichte über normale wirtschaftliche Spannungen zwischen westlichen Staaten dazu, diese »Widersprüche« zu übertreiben und Stalin und seine Berater in ihren Auffassungen zu bestärken.[2]

Besondere Aufmerksamkeit widmeten die Sowjets dem Ruhrgebiet, das in beiden Weltkriegen eine so große Bedeutung für die deutsche Rüstung gehabt hatte. Am 22. Oktober 1949 berichtete die Berliner KI-Residentur über mehrere Fälle, in denen die amerikanische Einmischung örtliche Initiativen konterkariert zu haben schien. So hatten sich die Amerikaner dafür ausgesprochen, die Elektrifizierung einer Eisenbahnstrecke an der Ruhr nicht vom Staat, sondern von privaten Firmen ausführen zu lassen. Dieses und andere Beispiele für den Einfluß des amerikanischen Kapitalismus hatten angeblich zur Folge, daß westdeutsche und westeuropäische Unternehmen diesen Einfluß zurückzudrängen versuchten. Der Bericht, der aus vermeintlich zuverlässiger Quelle stammte, endete mit der abwegigen Prophezeiung, daß nach dem Auslaufen des Marshallplans 1953 in den Vereinigten Staaten eine Wirtschaftskrise ausbrechen werde.[3]

Am 29. August 1949 hatte die Berliner KI-Residentur einen vierseitigen Bericht über die schwierige wirtschaftliche Lage in der Anfangsphase der Bundesrepublik vorgelegt, in dem hervorgehoben wurde, daß ein großer Teil der westdeutschen Industrie nicht mit voller Kapazität arbeite. Diese pessimistisch gestimmte Analyse stammte offenbar aus einer einzigen Quelle, obwohl die dargelegten Ansichten auf Informationen aus frei zugänglichen Publikationen beruhten.[4] Zwei Monate später, am 29. Oktober, reichte die Residentur einen Bericht über die wirtschaftlichen Probleme West-Berlins nach. Wiedergegeben wurde ein Gespräch zwischen Norman Collison, dem für Deutschland zuständigen Koordinator des Amts für wirtschaftliche Zusammenarbeit (ECA), das auf amerikanischer Seite die Umsetzung des Marshallplans besorgte, und Paul Hoffman, dem ECA-Koordinator für Europa. Collison brachte dem Bericht zufolge die »schwierige wirtschaftliche Lage in den Westsektoren von Berlin zur Sprache und vertrat die Auffassung, daß es, um Berlin zu retten, notwendig wäre, systematisch und in ausreichender Menge Mittel aus dem Europäischen Wiederaufbauprogramm zur Verfügung zu stellen«. Als Hoffman widersprach, sagte Collison voraus, daß »die Russen im Rahmen ihres Plans, Berlin mit dem Osten zu vereinen, im Winter 1949/50 erneut auf das Instrument der Blockade zurückgreifen« würden. Diesmal würde der Westen die Bevölkerung nicht über eine Luftbrücke versorgen können, und »wenn die Russen unter diesen Umständen den Berlinern wiederum Lebensmittel und Brennstoff anbieten, wird die Mehrheit dieses Mal das Angebot annehmen«. Stalin muß dieser Bericht erfreut haben, obwohl er wußte, daß eine längerfristige sowjetische Versorgung West-Berlins aufgrund der Lebensmittelknappheit in der UdSSR und der Schwierigkeiten der ostdeutschen Landwirtschaft ausgeschlossen war.[5]

Am 23. Oktober 1949 verteilte das KI einen Bericht, in dem von einem Rückgang der Produktion und einer Zunahme der Arbeitslosigkeit in West-Berlin die Rede war, eine Entwicklung, die angeblich mit der Einführung der Westmark begonnen und sich in den Monaten seither verschlimmert hatte. In einem beigefügten Memorandum hieß es, diese Probleme seien die Folge der Entscheidung der Westberliner Behörden, die Wiederherstellung »normaler wirtschaftlicher Beziehungen zwischen den Westsektoren und der Sowjetischen Besatzungszone, insbesondere beim Ankauf von Rohstoffen«, zu verhindern. Der Bericht fügte hinzu, die Berliner Abteilung des Wirtschaftsrats der Bizone habe erklärt, »daß ›in der gegenwärtigen politischen Lage Einkäufe in der Ostzone der Vereinigung Berlins mit dieser Zone gleichkämen‹«. Eine andere Ursache der Arbeitslosigkeit waren dem Bericht zufolge die Schließung von Fabriken und die Verlegung von Produktionsstätten nach Westdeutschland. Der Bericht schloß mit der Einschätzung: »Das unausweichliche Resultat der Spalterpolitik der Westmächte und ihrer deutschen Schützlinge ist augenscheinlich die Unterordnung der Wirtschaft der Westsektoren von Berlin unter die Interessen des amerikanischen Monopolkapitals.«[6]

Diese negative Sicht der Westberliner Wirtschaftslage wurde durch einen statistischen Bericht über die Arbeitslosigkeit in den Westsektoren untermauert. Der am 12. Dezember verteilte Bericht beruhte auf den Monatsberichten der Berliner Abteilung des Wirtschaftsrats der Bizone für Juli bis Oktober. In einem beigefügten Memorandum klagte der stellvertretende Außenminister Sorin, die ernste wirtschaftliche Lage habe »den Prozeß der Proletarisierung der Bevölkerung und die Vernichtung von Mechanikern und Handwerkern beschleunigt«. Am Schluß seines Memorandums vermerkte Sorin, daß Stalin und das Politbüro über den Inhalt des Berichts informiert worden waren.[7]

Das KI berichtet über westliche Uneinigkeit

Die Sowjets griffen begierig jeden Hinweis auf westliche Differenzen in bezug auf Deutschland auf. Das Unbehagen des französischen Stadtkommandanten über die anglo-amerikanische Absicht, West-Berlin in die Bundesrepublik einzugliedern, wurde bereits erwähnt. Aber auch zwischen Amerikanern und Briten gab es Meinungsverschiedenheiten. Einer Mitteilung des Moskauer KI-Hauptquartiers an die Berliner Residentur zufolge unterstützten die Engländer die Amerikaner »in der Frage der Wiedergeburt des deutschen Imperialismus für ihren Kampf gegen die UdSSR«, fürchteten gleichzeitig aber auch, »daß mit dem Wiederaufbau der deutschen Industrie der englischen ein gefährlicher Konkurrent erwachsen wird und daß ihre Exportchancen stark beschnitten werden«. Moskau drängte die Berliner Residentur, weiterhin Informationen zu beschaffen, die dazu beitragen konnten, Konflikte zwischen den Westmächten heraufzubeschwören.

Als die Außenminister der Westalliierten am 9. und 10. November 1949 in Paris zusammentrafen, um über Deutschland zu beraten, gelang es dem KI, Stalin und dem Politbüro das vollständige Protokoll der Gespräche vorzulegen, einschließlich eines sechsseitigen Memorandums mit einer Analyse der Konferenz. Obwohl die deutsche Frage von den Briten auf die Tagesordnung gesetzt worden sei, so der KI-Bericht, habe

US-Außenminister Acheson die Diskussion dominiert und »auf der Annahme der weitreichendsten, auf die Wiederherstellung des politischen und militärisch-wirtschaftlichen Potentials Deutschlands abzielenden Entscheidungen« bestanden. Bevin habe Acheson »in allen Grundfragen zugestimmt, wenngleich er sich vorsichtiger ausdrückte«, während Schuman versucht habe, dem amerikanischen Druck zu widerstehen, »doch in der Abschlußdiskussion fügte er sich dem amerikanischen Standpunkt«.[8]

Das KI wurde natürlich hellhörig, wenn es einen Versuch witterte, »das militärisch-wirtschaftliche Potential Deutschlands« wiederherzustellen. Am 29. August 1949 faßte die Berliner Residentur in einem Telegramm zu diesem Thema die Meinungen mehrerer Quellen zusammen, die allesamt entschieden prosowjetisch und antiamerikanisch eingestellt waren und vermutlich der KPD angehörten. In dem Bericht wurde festgestellt, daß der Länderrat, die neben dem Wirtschaftsrat zweite parlamentarische Kammer der Bizone, den Beitritt zum westlichen Verteidigungssystem strikt ablehne, solange er nicht vorher konsultiert worden sei. Die Eile, mit der die Amerikaner die Einbeziehung Westdeutschlands betrieben, war nach Ansicht vieler Quellen in der Befürchtung begründet, daß die Sowjetunion bald über die Atombombe verfügen würde. Das Widerstreben der Westdeutschen gegen die Wiederbewaffnung lag, so der KI-Bericht, an den Erinnerungen an die verheerenden alliierten Bombenangriffe während des Krieges. Ob diese Ablehnung bestehen bleiben würde, hänge davon ab, ob »das Proletariat und seine Partei verhindern können, daß Westdeutschland in ein Bollwerk von Faschismus und Antikommunismus verwandelt wird«.[9]

Die KI-Berichte über Wirtschaftsprobleme und Meinungsverschiedenheiten der Westmächte müssen Stalin den Eindruck vermittelt haben, daß die Chancen für eine Stärkung der sowjetischen Position in Deutschland gut standen. Zu Beginn des Jahres 1950 war in der Bundesrepublik zwar die Rationierung von Lebensmitteln aufgehoben, doch die wirtschaftlichen Probleme waren damit nicht aus der Welt geschafft. Die alliierten Differenzen in der Frage der Beziehungen zu dem neuen westdeutschen Staat beschäftigten die Menschen; Korea bedeutete den meisten Europäern nichts. Am 21. März schlug Adenauer eine Wirtschaftsunion zwischen Frankreich und Deutschland vor, und im Mai legte der französische Außenminister Schuman den Plan für eine europäische Gemeinschaft für Kohle und Stahl vor, die spätere Montanunion.

In dem Wissen, daß Frankreich weiterhin eine Schlüsselrolle bei der Entscheidung darüber spielen würde, welchen Platz Westdeutschland im Nachkriegseuropa einnehmen sollte, verlangte das KI mit Nachdruck Informationen über die deutschlandpolitischen Ansichten französischer Spitzenpolitiker. Mitte Juni berichtete ein KI-Informant über ein Gespräch mit Jean Monnet, dem Leiter des französischen Planungsamtes, in dem dieser erklärt hatte, die Schuld an der Verschlechterung der Lage in Deutschland sei der amerikanischen »Atompolitik« anzulasten, aber es sei noch nicht zu spät, um zum System der Viermächtekontrolle zurückzukehren. Wenn es jedoch nicht möglich sei, »mit den Russen zu einer Übereinkunft zu kommen, wird Frankreich trotz der ›schrecklichen Risiken‹ nicht umhin können, auf Adenauers Vorschlag einer französisch-deutschen Wirtschaftsunion einzugehen«. Monnet betonte, die Sicherheit Frankreichs könne »keinesfalls vom Atlantikpakt gewährleistet werden, da die Amerikaner nur zwei Divisionen in Europa haben. Was amerikanische Waffen betrifft, sollte Frankreich sie annehmen, aber in aller Stille, nicht weil die Russen verängstigt würden, sondern weil die Bekanntgabe den französischen Kommunisten in die Hände spielen würde.«[10]

Monnets angebliche Bemerkung, daß die USA nur zwei Divisionen in Europa hätten, war falsch, spiegelte aber das Ungleichgewicht zwischen der erst in den Anfängen steckenden NATO und den sowjetischen Streitkräften wider. 1949/50 hatte die Sowjetunion »über dreißig Divisionen in Osteuropa stehen. Ihnen gegenüber standen dreieinhalb amerikanische und zweieinhalb britische Divisionen, die über ganz Deutschland verteilt waren und Besatzungs- und Polizeiaufgaben erfüllten. Die gesamte französische Streitmacht in Europa bestand aus weniger als einem halben Dutzend schlecht bewaffneter Divisionen. Die Beneluxstaaten brachten es vielleicht auf genauso viele.«[11] Es war trotz der vom amerikanischen Kongreß bewilligten Hilfsmittel unwahrscheinlich, daß die westlichen Länder dieses Ungleichgewicht würden ausgleichen können. Dennoch fand die Ansicht der amerikanischen Vereinigten Stabschefs, die am 5. Mai 1950 erklärten, daß »die angemessene, frühzeitige Bewaffnung Deutschlands ... von grundlegender Bedeutung für die Verteidigung Westeuropas gegenüber der UdSSR« sei, in der US-Regierung wenig Widerhall.[12]

Die nordkoreanische Invasion

Als die nordkoreanische Volksarmee am 25. Juni 1950 Südkorea angriff, war dies für die Politiker und Militärs auf beiden Seiten des Atlantiks ein Schock. Über die Ursachen des Koreakrieges und die Gründe, aus denen die Vereinigten Staaten so heftig reagierten, nachdem sie vorher erklärt hatten, Korea liege außerhalb ihrer Verteidigungslinien, ist seither viel diskutiert worden. In jüngster Zeit haben Historiker aufgrund einer genauen Untersuchung der zu dem Angriff führenden sowjetischen Schritte den nordkoreanischen Diktator Kim Il Sung als Anstifter ausgemacht. Von amerikanischen Äußerungen beruhigt, daß die Vereinigten Staaten nicht intervenieren würden, hatte sich Stalin offenbar von Kim überreden lassen, ihm die Unterstützung zu gewähren, die er für die Invasions des Südens benötigte. Daß Mao Kims Pläne befürwortete, dürfte ebenfalls eine Rolle gespielt haben.[13] Aber ob die Invasion nun das Resultat von Kims Plänen oder von Stalins Passivität war, ohne sowjetische Zustimmung hätte sie angesichts der gewaltigen logistischen Probleme, die von ihr aufgeworfen wurden, nicht durchgeführt werden können.[14]

Auf die USA und ihre europäischen Verbündeten hatte die Invasion tiefgreifende Auswirkungen, die sich letztlich in der amerikanischen Politik des Kalten Krieges niederschlugen. Sogar für Dean Acheson, der Korea in einer Rede am 12. Januar 1950 noch als außerhalb der amerikanischen Verteidigungslinien liegend erklärt hatte, war der Angriff »eine offene, unverhüllte Herausforderung unserer international anerkannten Stellung als Beschützer Südkoreas«.[15] In Europa fiel die Reaktion auf die Invasion sogar noch schärfer aus. Kein westlicher Staatsmann hatte erwartet, daß die Sowjetunion versuchen würde, die Nachkriegsarrangements mit Waffengewalt zu ändern. Daß dieser Versuch in Korea durch einheimische, von der sowjetischen Armee ausgebildete und bewaffnete Streitkräfte unternommen wurde, legte die Parallele zu Deutschland nahe, obwohl, wie Eisenhower betonte, »der Einsatz ostdeutscher Truppen nach koreanischem Vorbild einer offenen, vollgültigen Kriegserklärung sehr nahe kommen würde, und zwar deshalb, weil ... die [sowjetischen] Truppen Ostdeutschland besetzt halten und die Kontrolle über dieses Gebiet besitzen«.[16]

Hätten die ostdeutschen paramilitärischen Einheiten 1950 tatsächlich aus eigener Kraft eine Invasion Westdeutschlands in Gang setzen können? Wohl kaum. Es sollte noch Jahre dauern, bis es eine der nordkoreanischen Volksarmee vergleichbare ostdeutsche Armee gab. Die Sowjets hatten Anfang 1946 hinter der Fassade einer Abteilung des Innenministeriums für die Fortbildung von Sicherheitsoffizieren damit begonnen, nordkoreanische Streitkräfte aufzubauen. An ihre Spitze berief man Koreaner, die in der chinesischen Volksbefreiungsarmee gedient hatten, sowie Sowjetbürger koreanischer Herkunft, die in den dreißiger Jahren zwangsweise von der sowjetischen Ostgrenze nach Zentralasien umgesiedelt worden waren. Von letzteren hatten viele während des Zweiten Weltkriegs in der Roten Armee gekämpft, und sie sprachen sowohl Koreanisch als auch Russisch. Darüber hinaus standen den Koreanern sowjetische Berater sowie Ausbilder aus den Besatzungstruppen zur Seite. Im Gegensatz zur chinesischen Volksbefreiungsarmee in der Mandschurei, die mit von den Sowjets erbeuteten japanischen Waffen auskommen mußte, wurde die koreanische Volksarmee von Anfang an mit sowjetischem Material ausgerüstet.[17]

Aufgrund der funktionierenden Tarnung der »Fortbildungsschulen« fiel es den westlichen Nachrichtendiensten schwer, die Struktur der koreanischen Streitkräfte aufzuklären. Bis Mitte 1947 wußte der Westen jedoch von zwei Infanteriedivisionen und mindestens einer – wahrscheinlicher zwei – unabhängigen gemischten Brigade, die als Reserve für die Aufstellung zusätzlicher Divisionen diente. Die Ausbildung wurde weiterhin auf allen Ebenen von sowjetischen Offizieren überwacht. Ende 1947 war die Tarnung der Fortbildungsschulen suspekt geworden; immer mehr Überläufer bezeichneten ihre Einheiten im Verhör als Teile der Volksarmee. Offiziell trat sie jedoch erst im Februar 1948, mit neuen Uniformen nach sowjetischem Vorbild, unter dieser Bezeichnung auf. Die ersten Panzer erhielt sie ebenfalls Anfang 1948, und in den folgenden zwei Jahren nahm die Armee, die 1950 den Süden angreifen sollte, zunehmend Gestalt an. Zu dieser Zeit bestand sie aus mindestens acht Infanteriedivisionen und einer mit sowjetischen T-34 ausgerüsteten Panzerbrigade.[18]

Die ostdeutschen paramilitärischen Einheiten

Heute wissen wir, daß die paramilitärischen Einheiten der gerade gegründeten DDR zu einer militärischen Operation wie dem nordkoreanischen Angriff auf Südkorea nicht in der Lage gewesen wären, nicht einmal gegen ein kleines, isoliertes Ziel wie West-Berlin. Damals jedoch empfanden die Westmächte die Parallelität der beiden sowjetischen Besatzungsregime als höchst beunruhigend. Als die Alliierten Hohen Kommissare kurz nach Ausbruch des Koreakrieges mit Adenauer sprachen, drückte dieser die Hoffnung aus, daß »einige Vorsichtsmaßnahmen getroffen werden, um für den Fall eines Angriffs der Volkspolizei die Stabilität zu sichern«.[19]

Bei der Volkspolizei, auf die sich Adenauer bezog, handelte es sich um die 1948 gegründeten Polizeibereitschaften unter administrativer Leitung der Deutschen Verwaltung des Innern (DVdI). Anfangs war die Moral dieser Truppe schlecht, und sie spielte während der Berliner Blockade nie die aktive Rolle, die manche Quellen vorausgesagt hatten. Doch als sie 1949 einer Hauptverwaltung Schulung unterstellt wurde, der neuen Fassade des paramilitärischen Bereichs der DVdI, verbesserte sich die Moral. Trotz zahlreicher Berichte westlicher Nachrichtendienste über sowjetische Waffenlieferungen an diese Einheiten und eine sowjetische Beteiligung an deren Manövern war man Ende 1949 im Westen allgemein der Ansicht, daß der militärische Wert dieser Polizeibereitschaften, der späteren Kasernierten Volkspolizei (KVP), »immer noch unbedeutend und ihre politische Zuverlässigkeit noch nicht auf die Probe gestellt worden« sei.[20]

Aus MGB-Berichten geht hervor, daß die Polizeibereitschaften erst 1952 in nennenswertem Umfang sowjetische Waffen erhielten. Offenbar befürchtete man in Moskau, daß sowjetische Waffenlieferungen von den Volkspolizisten abgelehnt werden könnten. Das MGB erhielt deshalb den Auftrag, deren Stimmung zu erkunden, weil »dies in erheblichem Ausmaß die Möglichkeit der militärischen Zusammenarbeit bei der Verteidigung der Interessen der DDR und der Sowjetunion bestimmen könnte«. Am 24. Juni 1952 ging Stalin und dem Politbüro ein Bericht zu diesem Thema zu, in dem festgestellt wurde, daß »die überwältigende Mehrheit der kasernierten Polizeibereitschaften … positiv auf den Empfang sowjetischer Waffen« reagierte. In vielen Einheiten sei eine Verbesserung von Disziplin und Wachsamkeit zu beobachten, und viele Volkspolizisten hätten sich nach dem Eintreffen der sowjetischen Waffen zur Verlängerung ihrer Dienstzeit entschlossen. Der Bericht wies aber auch darauf hin, daß ein Teil der Bevölkerung ablehnend auf die Maßnahmen »zur Stärkung der bewaffneten Kräfte der Polizei« reagiere.[21]

Leider sind die sowjetischen Waffenlieferungen an die Volkspolizei nicht gut dokumentiert, so daß ihr Umfang nicht ermittelt werden kann. Andererseits war die in der DDR weiterhin zu findende antimilitaristische Einstellung kein Thema der westlichen Geheimdienstberichte. In einem ORE-Memorandum an den Präsidenten vom 21. August 1950 wurde zum Beispiel vermerkt, daß »bis in jüngste Zeit die gesamte Ausrüstung der Bereitschaften ... aus eroberten deutschen Beständen stammte. Im März 1950 wurde jedoch unter großer Geheimhaltung sowjetische Ausrüstung, einschließlich von Panzern, ausgeliefert.« Außerdem wurde in dem Bericht darüber spekuliert, daß die niedrige Moral dieser Polizeieinheiten, die einen Einsatz außerhalb Ostdeutschlands ausschloß, durch den Erfolg der Nordkoreaner gehoben worden sein könnte. Im September stellte das ORE jedenfalls fest, daß die Bereitschaften »eine potentielle Bedrohung Westdeutschlands und noch unmittelbarer eine Bedrohung West-Berlins« darstellten.[22] Auch Adenauer sprach im Sommer 1950, als der amerikanische Rückzug auf den Brückenkopf Pusan den Deutschen ihre eigene Verwundbarkeit bewußt machte, wiederholt mit amerikanischen Politikern über die Möglichkeit eines Angriffs durch die Volkspolizei.

Der Vormarsch der nordkoreanischen Truppen im Juli 1950 war in der Tat atemberaubend. Ob die von diesem Erfolg hervorgerufene westliche Furcht vor einem Angriff auf Westdeutschland berechtigt war oder nicht, ist nebensächlich. Sie war real, und sie rückte die Frage der westdeutschen Beteiligung an der Verteidigung Europas wieder in den Vordergrund. Während die Nordkoreaner gegen schwachen Widerstand weiter nach Süden vorrückten, nahmen die Schlagzeilen der westdeutschen und Westberliner Zeitungen einen zunehmend düsteren Ton an. Daß die ostdeutsche Nachrichtenagentur ADN von einem von den »amerikanischen Imperialisten« gesteuerten Angriff des südkoreanischen »Marionettenregimes« auf die Demokratische Volksrepublik Korea sprach, beunruhigte die Westberliner, die daran gewöhnt waren, die kommunistische Terminologie zu entschlüsseln.

Acheson, der noch am 5. Juni 1950 verkündet hatte, daß die amerikanische Politik der Entmilitarisierung Deutschlands gültig bleibe, gab selbst zu, daß seine »Bekehrung zur deutschen Beteiligung an der europäischen Verteidigung plötzlich erfolgt« sei. Die Entwicklung in Korea hatte die Vorstellung einer allmählichen Eingliederung Westdeutschlands zunichte gemacht.[23] Nun stockten die Amerikaner den westdeutschen Verteidigungshaushalt mit eigenen Mitteln um achtundzwanzig Millionen Dollar auf, die Einberufungsquote in den USA wurde erhöht, und die Zahl der für Aufgaben in Deutschland vorgesehenen amerikanischen Divisionen wurde auf achtzehn erhöht, von denen vier 1951 nach Europa geschickt wurden.[24]

Das KI weicht dem Thema Korea aus

In den KI-Berichten fand die sowjetische Besorgnis über die Versuche der Westmächte, weitere Nationen zur diplomatischen Anerkennung der Bundesrepublik zu bewegen, ebenso Niederschlag wie die Beunruhigung über die deutsche »Remilitarisierung«; nur der Koreakrieg wurde nicht erwähnt, noch wurde darüber nachgedacht, was den Westen so plötzlich bewogen haben könnte, Deutschland zu bewaffnen. Ein gutes Beispiel ist ein Bericht über »eine Reihe von Geheimverhandlungen zwischen amerikanischen und britischen Repräsentanten aus Deutschland in Wiesbaden und Bad Nauheim«, in denen angeblich Einigkeit erzielt wurde »über die Notwendigkeit, bis Ende 1950 unter dem Deckmantel einer ›Bundespolizei‹ eine westdeutsche Armee von zweihunderttausend Mann zu schaffen«. Außerdem sei beschlossen worden, daß »die Berufung deutscher Generale in Führungspositionen dieser Armee … nur auf Empfehlung der Amerikaner erfolgen« werde. Nach der Annahme dieser Bestimmung habe der amerikanische Hohe Kommissar, John McCloy, den Bundeskanzler aufgefordert, »zu einem Gespräch über den Text der von Adenauer vorbereiteten Erklärung über die Remilitarisierung zu ihm zu kommen. Auf diese Weise wurde Adenauers amtliche Erklärung vom 18. August vorher mit den Amerikanern abgesprochen.«[25]

Aus einem seiner eigenen Berichte geht hervor, daß McCloy wie Adenauer der Ansicht war, daß die ostdeutschen Polizeibereitschaften bis 1951 gut genug ausgebildet sein würden, um eine ernste Bedrohung darzustellen. Um dieser Herausforderung zu begegnen, schlug Adenauer vor, eine Truppe von hundertfünfzigtausend Freiwilligen auszubilden und zu bewaffnen. Doch McCloy bezweifelte seine Einschätzung, »daß die Sowjets glaubten, sie könnten die Volkspolizei für einen Angriff nach koreanischem Vorbild einsetzen, ganz zu schweigen von einem vollgültigen Krieg«.[26] McCloys Bericht über dieses Gespräch mit Adenauer enthält noch andere Bemerkungen über den Koreakrieg und seine Folgen für die Sicherheit des Westens, doch diese Passagen wurden vom KI ausgespart.

Das Fehlen von KI-Berichten über die westliche Reaktion auf den nordkoreanischen Angriff im SWR-Archiv ist insofern bemerkenswert, als zwei der bedeutendsten sowjetischen Agenten, Burgess und MacLean, zu dieser Zeit dem britischen Außenministerium angehörten. Tatsächlich waren sie, laut Juri Modin, »aktiver denn je«.[27] Aber über die nachteiligen Folgen des Koreakrieges für die sowjetische Stellung in Deutschland wurde in Moskauer Regierungskreisen einfach nicht gesprochen. Niemand wagte es, das Thema anzuschneiden, da jeder wußte, daß die Nordkoreaner nur gehandelt hatten, weil Stalin ihnen grünes Licht gegeben hatte.

Während die UN-Truppen in Korea von chinesischen Einheiten erneut in die Defensive gedrängt wurden, berichtete das KI, daß McCloy am 6. November 1950, einen Tag vor einer Generaldebatte des Bundestages, Bundeskanzler Adenauer und Vertreter der SPD empfangen habe. Im Verlauf des Gesprächs, so der Bericht, »erklärte McCloy, daß die Auslieferung der ›Marshallplan‹-Waren gestoppt werden würde, wenn sich der Bundestag gegen die Remilitarisierung aussprechen sollte«. Andererseits kündigte er an, »mit Beginn der Remilitarisierung würden vierzig bis sechzig Prozent der zusätzlichen Mittel aus dem ›Marshallplan‹ jenen Sektoren der westdeutschen Industrie zur Verfügung gestellt werden, die militärische Produkte herstellen sollen«. Der zweite Teil dieses KI-Berichts ist insofern erwähnenswert, als er einen nicht näher erläuterten und offenbar unbemerkt gebliebenen Verweis auf »die Ereignisse in Korea« enthält. Auf ein Privatgespräch mit amerikanischen Diplomaten in Bonn gestützt, erwähnt der Bericht McCloys Pläne für »Notmaßnahmen ... für den Fall, daß sich die Lage in Deutschland im Zusammenhang mit den Ereignissen in Korea verschlechtert«.[28] Der Bericht wurde vom Moskauer KI-Hauptquartier erst am 4. Januar 1951 verteilt. Dem US-Außenministerium zufolge hatte McCloy am 6. November 1950 mit Adenauer zu Mittag gegessen und später am selben Tag den SPD-Vorsitzenden Kurt Schumacher zu einem separaten Gespräch empfangen. Korea wurde nur einmal erwähnt, als Adenauer die Besorgnis ausdrückte, »daß die neue Entwicklung in Korea« – womit zweifellos das chinesische Eingreifen gemeint war – »die Ankunft zusätzlicher US-Truppen verzögern könnte«.[29]

Wiederum finden sich im SWR-Archiv keinerlei Hinweise auf Berichte von Burgess oder MacLean aus dieser kritischen Phase. Als der britische Premierminister Attlee Anfang Dezember 1950 nach Washington reiste, um seine Sorge darüber zum Ausdruck zu bringen, daß die USA, um die Chinesen in Schach zu halten, einen Atombombeneinsatz erwägen könnten, lieferte MacLean nach Aussage Modins einen vollständigen Bericht über die Ergebnisse des Besuchs, einschließlich der von Attlee und Bevin gegebenen Einwilligung zur deutschen Wiederbewaffnung. Falls dieser Bericht existierte und archiviert wurde, hat ihn der SWR nicht zur Verfügung gestellt oder nicht aus der Geheimhaltung entlassen.[30]

Die Wiederbewaffnung aus sowjetischer Sicht

Am 1. Dezember 1950 schickte DDR-Ministerpräsident Otto Grotewohl der westdeutschen Regierung einen Brief, in dem er Verhandlungen über die Abhaltung gesamtdeutscher Wahlen vorschlug. Einer CIA-Lageeinschätzung vom 27. Dezember zufolge war der Brief Teil des umfassenderen sowjetischen Versuchs, »die deutsche Wiederbewaffnung zu behindern und zu verzögern und die Konflikte, die das Problem in Westeuropa hervorruft, zu nutzen, um dem Endziel eines vereinigten Deutschland unter sowjetischer Kontrolle ein Stück näherzukommen«.[31] Schon am 7. Dezember hatte die Alliierte Hohe Kommission in einer »Geheimsitzung« festgestellt, »daß in gewissen Kreisen in Westdeutschland aufgrund der chinesischen Erfolge in Korea die Neigung besteht, den Grotewohl-Brief sorgfältig zu prüfen, statt ihn zurückzuweisen«.[32] Die Einbeziehung der Bundesrepublik in den westeuropäischen Einigungsprozeß blieb von der auch 1951 anhaltenden Aufregung um dieses Thema unberührt. Hinter den sowjetischen Angeboten, die Probleme zwischen den vier Mächten zu lösen, war ein bestimmtes Muster sichtbar geworden, das US-Hochkommissar McCloy so ausgedrückt hat: »Jedesmal, wenn ein Fortschritt bei der Integration Westdeutschlands in die freie Welt in Sicht war, ... wurden die kommunistischen Bedingungen für die Wiedervereinigung konzilianter«.[33]

Unterdessen nahmen die Nordkoreaner und ihre chinesischen Verbündeten Anfang 1951 die südkoreanische Hauptstadt Seoul ein. Am 14. März wurde sie von UN-Truppen zurückerobert, und die Angreifer zogen sich nach und nach in Stellungen nördlich des achtunddreißigsten Breitengrades, der früheren Grenze, zurück, woraufhin der sowjetische UN-Delegierte Jakow Malik am 23. Juni einen Waffenstillstand vorschlug. Die Verhandlungen begannen am 10. Juli. Die Front war stabilisiert, obwohl die Kämpfe weitergingen. Parallel dazu nahm der von den Ereignissen in Korea beschleunigte Prozeß der Einbeziehung Westdeutschlands in die europäische Verteidigung und die wirtschaftliche Partnerschaft mit seinen Nachbarn seinen Lauf. Das KI lieferte in dieser Zeit ausgezeichnete Informationen über die Entwicklungen in Deutschland. Es berichtete außerdem über die westlichen Reaktionen auf die diplomatischen und Handelsinitiativen, die Sowjets und Ostdeutsche unternahmen, um den Westen hinsichtlich des Tempos und der Art der westdeutschen Eingliederung in die europäische Verteidigung zu spalten.

Die sowjetischen Ziele in Deutschland waren dieselben geblieben. In einer CIA-Analyse vom 1. Februar 1951 wurde als »Endziel« der Sowjetunion die Kontrolle über ganz Deutschland genannt. Kurzfristig habe sie sich zum Ziel gesetzt, »die Bundesrepublik Deutschland zu unterminieren, ihre Wiederbewaffnung aufzuhalten und ihre politische, wirtschaftliche und militärische Verbindung mit den Westmächten zu verhindern«. Was Ostdeutschland betraf, würden die Sowjets »fortfahren, die kommunistische Herrschaft in der DDR zu stärken, ihr wirtschaftliches Potential auszunutzen, ihr militärisches Potential und ihre Streitkräfte zu entwickeln und sie weiter in die sowjetische Einflußsphäre zu integrieren«. Darüber hinaus werde Moskau weiterhin Berlin als Druckmittel benutzen und darauf hinarbeiten, die Westmächte aus der Stadt zu vertreiben, um sie zur ungeteilten Hauptstadt zuerst der DDR und dann eines vereinigten Deutschland zu machen.

Um die westdeutsche Wiederbewaffnung zu verhindern, werde die Sowjetunion laut dieser CIA-Analyse »jedes Mittel unterhalb der Schwelle zu militärischen Aktionen« einsetzen. Sollte diese Taktik keinen Erfolg haben und Westdeutschland sich mit einem starken westlichen Bündnis verbinden, werde die Sowjetunion »das Entstehen einer solchen neuen europäischen Machtkonstellation als Hindernis für ihre europäischen Ambitionen und möglicherweise als Bedrohung der Sicherheit der sowjetischen Einflußsphäre betrachten ... und wahrscheinlich zu einem günstigen Zeitpunkt an einem dafür günstigen Ort auf militärische Mittel zurückgreifen«. Um die Westmächte in Deutschland zurückzudrängen, würde sie möglicherweise sogar einen neuen Weltkrieg riskieren. Als Alternative könnte die Sowjetunion die Zeit, bis die westliche Wiederbewaffnung aus Sicht des Kreml gefährliche Dimensionen erreicht hatte, dazu nutzen, ihre militärische Position zu verbessern, und »ihre Versuche fortsetzen, die Fortschritte der Westmächte zu unterminieren«.[34]

Die Vorstellung ist erschreckend, daß in dieser Periode, als der Weltfrieden derart gefährdet war, in den KI-Berichten Übertreibungen und Vorurteile über den Westen die von Stalins Taubheit gegenüber Nachrichten aus Korea hervorgerufene Verwirrung noch vergrößerten. Anfang Januar 1951 zum Beispiel wurde ein Bericht mit Äußerungen Franz Halders an sowjetische, tschechische und polnische Entscheidungsträger verteilt. Darin erklärte Halder, daß die Schaffung einer westdeutschen Armee von hundert- bis hundertfünfzigtausend Mann vorgesehen sei, die in »vereinigte europäische Streitkräfte« eingebunden werden sollte. Im November hatte Halder in einem Gespräch angeblich gesagt, daß »die Remilitarisierung Westdeutschlands ... nicht auf ein paar Divisionen beschränkt sein« werde. Diese Divisionen würden vielmehr »den Rahmen für eine westdeutsche Massenarmee bilden«. Im übrigen glaube er nicht, »daß die US-Politik einen sowjetischen Angriff auf Westeuropa erwartet; vielmehr bereite man sich selbst auf einen Angriffskrieg vor«. Die Moskauer KI-Zentrale distanzierte sich allerdings von »eindeutig zweifelhaften« Berichten von Halders »deutschen Freunden«, die »das Tempo der Remilitarisierung übertreiben und die Politik der Westmächte in dieser Frage unzutreffend charakterisieren«. Tatsächlich vermutete das KI, Halder habe »Äußerungen wie diese dem Informanten gegenüber mit Vorbedacht gemacht, obwohl es auch möglich ist, daß der Informant selbst Desinformationen verbreitet«.[35]

Andere KI-Berichte über die deutsche »Remilitarisierung« aus dieser Zeit bestätigten die sowjetischen Vorurteile über die Beziehungen zwischen den Westmächten und der Regierung Adenauer. In diesem Szenario, das die Haltung der Beteiligten bis zur Karikatur verzerrte, drängten die Amerikaner mit Unterstützung der Briten, aber gegen den Willen der westdeutschen Bevölkerung auf die Wiederbewaffnung. Frankreich hatte nach anfänglichem Widerstand eingelenkt und den Pleven-Plan ins Gespräch gebracht, der vorsah, die westdeutschen Streitkräfte in eine Europa-Armee einzubinden, während Adenauer als gerissener Politiker dargestellt wurde, der in der Wiederbewaffnung die Chance sah, zu günstigen Bedingungen die Unabhängigkeit der Bundesrepublik zu erreichen. Ton und Inhalt dieser Stalin und dem Politbüro vorgelegten Berichte spiegelten offenkundig die Ansichten ideologisch motivierter Quellen wider. Aber auch Informanten, deren Mitarbeit handfesteren Gründen zu verdanken war, neigten dazu, ihren Führungsoffizieren zu liefern, wonach sie verlangten. Auf jeden Fall aber wurden ihre Berichte von den Führungsoffizieren, die in dieser Gepflogenheit des Systems bewandert waren, sorgfältig dem Sinn entsprechend stilistisch bearbeitet. Den letzten Schliff erhielten sie dann in der Informationsverwaltung des KI.

Ein weiteres Beispiel für die glättende Hand des KI ist der Bericht über General Eisenhowers Aufenthalt in Frankfurt am Main im Januar 1951. Eisenhower, der nach seiner Ernennung zum NATO-Oberbefehlshaber in Europa NATO-Einrichtungen inspizierte, habe dort, so der KI-Bericht, am Nachmittag des 22. Januar auf einem von McCloy gegebenen Empfang »kurz Gelegenheit« gehabt, mit »führenden deutschen Persönlichkeiten« zu sprechen. Dem Bericht des US-Außenministeriums zufolge betonte Eisenhower auf dem Empfang und in einer öffentlichen Erklärung den Unterschied zwischen »dem gewöhnlichen deutschen Soldaten und Offizier und Hitler«, eine symbolische Geste, mit der aus dem Krieg zurückgebliebene bittere Gefühle besänftigt werden sollten.[36] In dem KI-Bericht aus »Bonner Regierungs- und Militärkreisen«, der Stalin und dem Politbüro am 7. beziehungsweise 8. Februar zuging, liest es sich anders.[37] Er beruhte auf der Darstellung, die Adenauer in einer Kabinettssitzung von seinen »Verhandlungen« mit Eisenhower gegeben hatte, und übernahm offenbar des Kanzlers Perspektive von den Deutschen, die einen gleichberechtigten Status in der europäischen Verteidigung verlangten und erhielten. So soll Adenauer auf Eisenhowers Frage, wie das Widerstreben der Westdeutschen, »sich an der ›Verteidigung‹ Westeuropas zu beteiligen«, überwunden werden könne, geantwortet haben: »Dafür müßte Westdeutschland die volle Souveränität in politischen und militärischen Angelegenheiten erhalten.« Als Eisenhower einwandte, daß »die deutschen Streitkräfte … von zuverlässigen Leuten kommandiert werden« müßten, verwies Adenauer auf seine militärischen Berater Adolf Heusinger und Hans Speidel, die Hitler-Gegner gewesen seien. Eisenhower gestand seinen Fehler von 1945 ein, als er alle Deutschen für Nazis gehalten habe, und fügte dann angeblich hinzu, sein Besuch habe ihn davon überzeugt, daß die Verteidigung Westeuropas ohne die Beteiligung Westdeutschlands nicht möglich sei. Der KI-Bericht schloß mit dem Hinweis, daß der stellvertretende SPD-Vorsitzende, der bei dem Gespräch mit Eisenhower anwesend gewesen sei, »dieselbe politische Linie wie Adenauer verfolgt« habe. Angesichts des relativ kurzen Zusammentreffens mit den deutschen Politikern auf McCloys Empfang scheint das vom KI berichtete Gespräch etwas zu lang zu sein. Darüber hinaus hatte der KI-Informant Adenauers Bemühungen, die Bedeutung Deutschlands unter den europäischen Verbündeten hervorzuheben, offenbar irrtümlich als Zeichen enger Beziehungen zwischen deutschen und amerikanischen Militärs gedeutet.

Stalin müssen sowohl die Schwierigkeiten als auch die Fortschritte der Integration der Bundesrepublik in eine Verteidigungsstrategie für Westeuropa bekannt gewesen sein. In einem KI-Bericht vom 9. Januar zum Beispiel wurde Adenauers Unzufriedenheit mit den Ergebnissen der NATO-Ratssitzung im Dezember 1950 in Brüssel gemeldet, ebenso wie seine Reaktion auf den Ratschlag, den ihm McCloy vor der Sitzung gegeben hatte, nämlich deren Ergebnisse zu akzeptieren und weiter auf die Wiederbewaffnung zu drängen.[38] Obwohl sich dieser und andere Berichte der Berliner KI-Residentur in der Regel nicht auf Originaldokumente stützten, beschäftigten sie sich doch mit Gegenständen, die vom US-Außenministerium, vom amerikanischen Hochkommissar in Deutschland und den US-Botschaften in den westeuropäischen Hauptstädten als streng geheim eingestuft worden waren. Darüber hinaus zeigte der Umfang der KI-Berichterstattung, daß die Berliner Residentur besser über diese in den westlichen Hauptstädten stattfindenden bedeutenden Verhandlungen informiert war, als BOB über die gleichzeitigen Vorgänge in Ost-Berlin und Moskau. So behielt das KI mit Hilfe seiner Agentennetze in Europa die Aktivitäten des Bundeskanzlers im Auge. Über dessen Romreise im Juni wurde es in allen Einzelheiten, einschließlich der Audienz beim Papst, von seinen Quellen im französischen Nachrichtendienst informiert. Von besonderem Interesse war die von Adenauer und dem italienischen Ministerpräsidenten Alcide De Gasperi gemeinsam vertretene Auffassung, daß beide Länder die amerikanische Politik der europäischen Einigung unterstützen müßten.[39]

Auch über die Haltung der SPD in den innen- und außenpolitischen Schlüsselfragen wurde Stalin vom KI auf dem laufenden gehalten. Offenbar verloren die Sowjets nie die Hoffnung, zumindest einen Teil der SPD zur Unterstützung der sowjetischen Politik ermuntern zu können. Ende Juli 1951 lieferte das KI einen eingehenden Bericht über die Gespräche, die der britische Außenminister Herbert S. Morrison zwei Monate zuvor mit Schumacher und anderen SPD-Politikern geführt hatte. Diesem Bericht zufolge hatte Morrison die innen- und außenpolitische Linie der SPD grundsätzlich gutgeheißen, jedoch darauf hingewiesen, daß Großbritannien »auf dem Gebiet der Stärkung der ›Sicherheit Europas‹ eng mit den Vereinigten Staaten« kooperiere und »im Zusammenhang damit an der Remilitarisierung Westdeutschlands interessiert« sei. Quelle dieses Berichts war in Anbetracht von Ton und Inhalt der Darstellung vermutlich ein sozialdemokratischer Teilnehmer des Gesprächs und kein Informant aus dem britischen Außenministerium.[40]

Am 11./12. August 1951 verbreitete das KI einen Überblick über die Pariser Verhandlungen über den Pleven-Plan, dessen Inhalt die Mutmaßung untermauert, daß ein großer Teil der KI-Informationen über die Bestrebungen, eine europäische Verteidigung zu schaffen, aus französischen Quellen stammte. In dem beigefügten Memorandum wurden die Grundpositionen der Konferenzteilnehmer erläutert, wobei zwischen Frankreich und der Bundesrepublik eine »grundlegende Meinungsverschiedenheit« über die deutsche Forderung nach »politischer und militärischer Gleichstellung im Rahmen einer ›Europa-Armee‹« festgestellt wurde. Während die Informationen über die deutsche Seite überwiegend vom Hörensagen stammten, beruhte die Darstellung des französischen Standpunkts offenbar auf einem Aide-mémoire, das der französische Hochkommissar François-Poncet vom Außenministerium in Paris erhalten hatte.[41]

Wenngleich Informationen über die militärische Zusammenarbeit zwischen Westdeutschland und den Westmächten oberste Priorität besaßen, waren die Sowjets auch über die zunehmende Integration der westeuropäischen Wirtschaft besorgt. Am 13. Juli 1951 legte das KI Stalin und dem Politbüro die Übersetzung eines Gesprächs zwischen Adenauer und François-Poncet vor. Adenauer hatte dem französischen Hochkommissar den

Stand der parlamentarischen Beratungen über den Gründungsvertrag der Montanunion erläutert. Er war überzeugt, daß sie mit der Ratifizierung enden würden. Über die Art der westdeutschen Beteiligung an der geplanten Europa-Armee waren Adenauer und François-Poncet unterschiedlicher Ansicht. Die westdeutsche Neutralitätsbewegung mit dem Slogan »Ohne uns!« tat Adenauer als unbedeutend ab, und als François-Poncet seine Versicherung anzweifelte, er werde die Zustimmung des SPD-Vorsitzenden zur Wiederbewaffnung erhalten, vertraute Adenauer ihm an, »daß Schumacher Kapo in einem Konzentrationslager gewesen sei, was er, wie er behauptete, von einem Augenzeugen erfahren habe, einem früheren Insassen«. Da er befürchtete, kompromittiert zu werden, »vermeide Schumacher Begegnungen mit Personen, die in diesem Lager gewesen waren«. Für das KI war dieser Bericht offenbar so heikel, daß es ihn nicht, wie andere Informationen aus Bonn, an die osteuropäischen Verbündeten verteilte.[42]

Legte Stalin eine »Friedensfalle«?

Eine der diplomatischen Initiativen, mit denen die Einbeziehung der BRD in eine europäische Verteidigung behindert werden sollte, war im November 1950 der Vorschlag, den Rat der Außenminister einzuberufen, um »die Frage der Erfüllung der Klauseln des Potsdamer Abkommens hinsichtlich der Entmilitarisierung Deutschlands« zu erörtern. Aus innenpolitischen Gründen, die den Sowjets aufgrund der KI-Berichte sehr wohl bekannt waren, konnten es sich weder Frankreich noch Großbritannien leisten, diesen Vorschlag rundheraus abzulehnen, obwohl wenig dafür sprach, daß eine solche Konferenz zu akzeptablen Ergebnissen führen würde. Der anschließende Notenwechsel verdeutlichte denn auch, wie weit die Positionen in der deutschen Frage auseinanderlagen. Doch die vier Mächte einigten sich darauf, in »Sondierungsgespräche« über die Nützlichkeit einer Konferenz der Außenminister einzutreten. Diese Gespräche wurden im Juni 1951 ergebnislos abgebrochen.

Die KI-Berichte über die Sondierungsgespräche belegen, wie aufmerksam die Sowjets auf jedes Anzeichen für Differenzen innerhalb der SPD hinsichtlich der Behandlung der deutschen Frage durch die vier Mächte achteten. So gab ein an Stalin und das Politbüro verteilter Bericht vom 5. Mai 1951 die Meinung Herbert Wehners wieder, der damals Vorsitzender des Bundestagsausschusses für gesamtdeutsche Fragen war. Bei welcher Gelegenheit Wehner die angeführten Äußerungen gemacht hatte, wurde in dem Bericht nicht erwähnt. Nachdem er über die Gründe für den sowjetischen Wunsch, den Rat der Außenminister einzuberufen, spekuliert und einen gemeinsamen Washington-Besuch von Attlee und Schuman als Ausdruck des Friedensverlangens der »kriegsmüden« Briten und Franzosen interpretiert hatte, erklärte Wehner: »Die SPD würde ein Auseinanderbrechen des Rates einer Entscheidung für die Neutralisierung Deutschlands vorziehen. Die sowjetische Version der Neutralität würde Deutschland unter sowjetische Herrschaft bringen.« Er schloß mit der Bemerkung: »Wenn die Westmächte die Sowjetunion bewegen könnten, als Gegenleistung für die Weigerung, Westdeutschland wiederzubewaffnen, auf Ostdeutschland zu verzichten, hätten sie einen großen Sieg im Kalten Krieg erzielt.«[43] Zum Vergleich sei eine Äußerung von SPD-Chef Schumacher zum selben Thema zitiert, der im Gespräch mit McCloy sagte: »Wenn die Sowjets wirklich freie Wahlen anböten oder akzeptierten unter der Bedingung, daß Deutschland entwaffnet und ihm verboten bleibt, sich regionalen Verteidigungsgruppen anzuschließen, hätten wir eine solche Lösung meiner Ansicht nach zu akzeptieren und der Stärke der deutschen Demokratie zu vertrauen, sich selbst vor der unvermeidlichen kommunistischen Unterwanderung zu schützen, durch die die Sowjets versuchen würden, die Regierung zu übernehmen.« Solche Nuancen in den Ansichten der SPD-Führung waren für Stalin stets von Interesse.[44]

Im Frühjahr und Sommer 1951, während im Westen die schwierigen Verhandlungen über die westdeutsche Rolle in der europäischen Verteidigung stattfanden, flankierten die Sowjets ihre diplomatischen Bemühungen durch Versuche, den Interzonenhandel zu manipulieren. Ihr Ziel war es offensichtlich, West-Berlin als Umschlagplatz für diesen Handel und generell als Mittler zwischen Ost- und Westdeutschland auszuschalten. Am 24. Juli berichtete das KI über eine Direktive des US-Außenministeriums vom 18. Juni, durch die die Besatzungsbehörden in Westdeutschland aufgefordert wurden, sich auf eine Wiederaufnahme der Blockade vorzubereiten.[45] Drei Wochen zuvor, am 6. Juli, hatte Peter Sichel, inzwischen zum Chef von BOB aufgestiegen, in einem Bericht an den CIA-Direktor die Gefahr einer neuen Blockade erörtert. Nachdem er auf die

Probleme im Interzonenhandel hingewiesen hatte, zählte Sichel andere sowjetische Schritte auf, die als Vorbereitung einer Wiederaufnahme der Blockade betrachtet werden könnten. Der Eisenbahnring im Süden Berlins würde am 1. August in Betrieb gehen, wodurch es möglich werde, »den gesamten Eisenbahnverkehr, der gegenwärtig durch West-Berlin verläuft, um Berlin herumzuleiten«. Die Autobahn nach Helmstedt würde kaum instand gehalten, so daß »ein Drittel der Autobahn nur auf einer Fahrbahn benutzbar« sei. Auch gebe es Pläne, einen Umgehungskanal um West-Berlin zu bauen, wodurch eins der wirkungsvollsten Druckmittel der Westmächte, die »Drohung, den Schiffsverkehr in die Sowjetzone im britischen Sektor zu unterbinden«, unbrauchbar werden würde.

Außerdem, fuhr Sichel fort, würde man für eine neue Luftbrücke wesentlich mehr Flugzeuge und Nachschub benötigen als beim letzten Mal: Für eine industriell lebendige Stadt bräuchte man täglich 12 000 Tonnen, während 1948/49 nur 5000 Tonnen in die Stadt gebracht und 2000 bis 3000 Tonnen ausgeflogen worden seien. Hinzu käme die Integration der Westberliner in die westdeutsche Wirtschaft. Wenn zum Beispiel die Elektroindustrie, der größte Industriezweig der Stadt, abgeschnitten werden würde, hätten sowohl West-Berlin als auch Westdeutschland darunter zu leiden. Schließlich habe sich die Moral in West-Berlin in den vergangenen Monaten verschlechtert, da die Bevölkerung »die Unmöglichkeit einer ständigen politischen und wirtschaftlichen Verbesserung« begriffen habe. Verschlimmert werde die Lage noch durch die »tiefer werdende Kluft zwischen [dem inzwischen als Regierender Bürgermeister amtierenden] Reuter und der Bundesrepublik«. Sichels Memorandum beigefügt war ein Bericht über eine SED-Sitzung am 6. Juni 1951, in der Heinrich Rau, der Vorsitzende der Staatlichen Plankommission der DDR, angedeutet hatte, daß man beschlossen habe, West-Berlin von Westdeutschland abzuschneiden.[46]

Obwohl die Sowjets wußten, wie sehr die DDR vom Interzonenhandel abhing, fuhren sie fort, diesen Handel zu unterminieren, um West-Berlin zu isolieren. Im Dezember 1951 erhielt das KI einen Bericht von seinem Informanten im Büro von Friedrich Haas, inzwischen Finanzsenator von West-Berlin, der die sowjetische Sichtweise durch angebliche Bemerkungen über die Verschlechterung der politischen und wirtschaftlichen Lage West-Berlins bestätigte. Obwohl seine Ansichten offenbar verzerrt wiedergegeben wurden, passen sie doch zu der von Sichel geäußerten Sorge über die Stimmung in der Stadt. So soll Haas zum Beispiel gesagt haben: »Reuter und die Amerikaner wollen die Zahl der amerikanischen Soldaten in Berlin erhöhen, aber die Stadt kann sich das nicht leisten. ... Während die Wirtschaft abflaut, werden Bankkonten aufgelöst, und die Abwanderung von Kapital und Industrieunternehmen setzt sich fort.« Die Berliner, hieß es, glaubten, ihre Stadt sei »durch Reuters Reden und Versprechungen gerade so lange zu halten, wie es die Russen erlauben. Aber sobald die Lage eine ernste Wendung nimmt, wird sie nicht mehr zu halten sein.«[47] Solche KI-Berichte müssen der Sowjetführung den Eindruck vermittelt haben, daß ihre diplomatischen Ablenkungsmanöver wie die Konferenz des Rats der Außenminister und die Angriffe auf die Rolle West-Berlins im Interzonenhandel den Westen in Verwirrung gestürzt und demoralisiert hatten.

Nachdem sowohl die BRD als auch die DDR Gesetze vorgelegt hatten, in denen »freie Wahlen« in ganz Deutschland gefordert wurden, leitete die UN-Generalversammlung die Frage am 13. November 1951 an ihren politischen Ad-hoc-Ausschuß weiter. Zur selben Zeit informierte das KI Stalin und das Politbüro über »die Absicht der drei Westmächte, das Thema auf Bitten der BRD auf die Tagesordnung der UNO zu setzen«. Der Bericht stützte sich angeblich auf ein »Dokument der Regierung einer der drei Westmächte über das deutsche Problem«. In diesem Dokument wurde konstatiert, daß das Schicksal des Vorschlags von der Haltung der Sowjetunion abhänge, die sich entweder »gegen Wahlen in Deutschland aussprechen« oder gezwungen werden könne, »die Ostzone unparteiischen Beobachtern zu öffnen und sich mit den Konsequenzen abzufinden«. Das Dokument enthält ferner den prophetischen Satz: »Wenn die Wiedervereinigung Deutschlands unvermeidlich werden wird, dann muß sie durch die Eingliederung Ostdeutschlands in die Struktur Westdeutschlands unter Übernahme der Prinzipien und Institutionen der Bundesrepublik vollzogen werden.«[48]

Am deutlichsten kommt die sowjetische Entschlossenheit, die deutsche Wiederbewaffnung zu verhindern, in einer Denkschrift der Moskauer KI-Zentrale zum Ausdruck, in der die Informationslücke hinsichtlich neofaschistischer Organisationen bedauert wird. Als Grund für sein Interesse gibt das KI an, daß sich »ein Teil dieser neofaschistischen Organisationen gegen die Remilitarisierung und für die deutsche Einheit« ausspreche. Aber es sei unmöglich, die wahren Positionen dieser Kreise herauszufiltern und »eine Entscheidung darüber zu treffen, ob ihre Äußerungen in gewissem Ausmaß im Interesse des Volkskampfs gegen die Remilitarisierung und für die Einheit Deutschlands genutzt werden können«.[49] Mit anderen Worten, die Sowjets waren derart erpicht auf westdeutsche Kritik an einer Annäherung an die NATO, daß sie sogar bereit waren, auf Äußerungen der extremen Rechten zurückzugreifen.

In einem KI-Bericht vom 26. Juli wurde ein Gespräch zwischen Adenauer und dem früheren Wehrmachtsgeneral Heinz Guderian über die Richtung der deutschen Wiederbewaffnung wiedergegeben. Als Adenauer den Ex-General fragte, warum er nicht mit der Bonner Regierung zusammenarbeiten wolle, drückte dieser »seinen Abscheu gegen jene aus, die ihren Eid gebrochen hatten [die Teilnehmer am Putsch gegen Hitler am 20. Juli 1944]«, und erklärte, Adenauers Politik führe zur »Opferung deutscher Soldaten«. Demselben Bericht zufolge besuchte Guderian Mitte Juni den Führer der neofaschistischen Bruderschaft in Lübeck und gab ihm den Auftrag, nach Berlin zu reisen und in seinem Namen Kontakt mit den Sowjets aufzunehmen.[50]

Konkreter äußerte sich die Sorge über die Wiederbewaffnung in einem KI-Bericht vom 2. Oktober 1951 über den Zustand der deutschen Versorgungs- und Wacheinheiten in der amerikanischen und britischen Zone. Diese Einheiten waren neben die Truppe getreten, die aus Kriegsverschleppten – sogenannten Displaced persons – gebildet worden war. In dem Bericht wurden ihre Standorte in der amerikanischen Zone genannt und die Maßnahmen dargestellt, mit denen die britischen Behörden in den in ihrer Zone stationierten Einheiten die Disziplin zu verbessern versuchten. Adenauer gegenüber sei dies damit begründet worden, daß die Alliierten diese Einheiten darauf vorbereiten wollten, im Kriegsfall bestimmte Aufgaben zu übernehmen. »Wenn wir Deutschen die Verantwortung für diese Einheiten hätten«, sei dem Bundeskanzler von seinen Beratern erklärt worden, »hätten wir dieselben Schritte unternommen, um ihre Effektivität zu verbessern.« Alles in allem beschrieb dieser Bericht das wachsende westdeutsche Militärpotential konkreter als viele andere. Dennoch wurde er nur dem stellvertretenden Außenminister Andrej A. Gromyko und GRU-Chef Matwei N. Sacharow vorgelegt, nicht dem Politbüro.[51]

Ein neuer Vereinigungsvorschlag

Im Herbst 1951 startete die Sowjetunion eine weitere diplomatische Initiative: einen neuen Vereinigungsvorschlag des DDR-Ministerpräsidenten Grotewohl. Am 9. November erhielt Stalin einen Bericht über einen Vortrag von Douglas W. O'Neill, in dem der Erste Sekretär und Politische Direktor des Büros des britischen Hohen Kommissars in Deutschland auf den Grotewohl-Vorschlag einging.[52] »Die UdSSR«, stellte O'Neill einleitend fest, »ist zu der Schlußfolgerung gelangt, daß die Entscheidung der Westmächte, die Hoffnung auf eine Viermächteregelung für Deutschland aufzugeben und statt dessen ein gesundes, blühendes Westdeutschland in Gestalt der Bundesrepublik zu schaffen, das größte Hindernis für die Verwirklichung ihrer Pläne für Deutschland darstellt.« Die einzige sowjetische Reaktion darauf sei die Propagandaforderung, die vier Mächte müßten die beiden Teile Deutschlands vereinigen. Oberflächlich betrachtet, sei der neue Grotewohl-Vorschlag wesentlich attraktiver als seine Vorgänger. Der Preis für die Vereinigung sei auf zwei Bedingungen reduziert worden: die Entmilitarisierung und den Abzug aller Besatzungstruppen. Dies sei für viele Westdeutsche, von denen jeder zweite Verwandte in Ostdeutschland habe, ein verlockendes Angebot, meinte O'Neill und fügte hinzu: »Ebenso wie die Deutschen nicht geliebt wurden, als sie Besatzer waren, werden auch wir in dieser Rolle nicht geliebt.« Ein nach der Grotewohl-Formel vereinigtes Deutschland wäre allerdings, wie O'Neill hervorhob, »neutral, schwach und schutzlos, und es wäre unmöglich, es zu verteidigen. Dies wäre die größte Gefahr.« Wenn die Vereinigung Deutschlands »den allmählichen Übergang in die Einflußsphäre des Ostens bedeutet, können wir die Schaffung eines vereinigten Deutschland nicht zulassen. … Falls nötig, würden wir uns nicht scheuen, zu den Waffen zu greifen, um das Entstehen eines solchen Deutschland zu verhindern.« England stehe der deutschen Einheit nicht feindlich gegenüber, schloß O'Neill seinen Vortrag, würde aber eine Wiedervereinigung begrüßen, »die ein natürliches Gleichgewicht in Europa wiederherstellt«. Damit war nicht nur die britische, sondern auch die amerikanische Reaktion klar umrissen.

Im wöchentlichen Deutschlandbulletin des französischen Nachrichtendienstes vom 4. Dezember 1951, den das MGB, das den Auslandsnachrichtendienst inzwischen wieder übernommen hatte, in die Hände bekam, wurde die französische Haltung zum Grotewohl-Vorschlag dargelegt.[53] Der Teil des Bulletins, der sich mit West-Berlin beschäftigt, stammte offenbar von einer französischen Quelle in der SED. Diesem Bericht zufolge war die Mehrheit der Westberliner ihrer Insellage müde und gab Adenauers Katholizismus die Schuld an dessen mangelndem Interesse an der Stadt. Die Mittelschicht leide am meisten unter der Teilung der Stadt und hoffe, daß »Grotewohls Vorschläge und die Gerüchte über vertrauliche Kontakte zwischen Politikern aus Ost und West ... eine Veränderung bewirken« würden. Leider sei die Arbeiterklasse gegen die Vorschläge und vertraue Grotewohls Versprechungen nicht. Sie wisse, daß »der Lebensstandard eines Arbeiters in West-Berlin höher ist als in der DDR«. Geschäftsleute und Industrielle seien »sogar noch skeptischer, da sie keinen Zweifel über die Absichten der DDR-Regierung haben (auch wenn sie aus geschäftlichen Gründen nichts lieber täten als handeln, sogar mit den Kommunisten)«. Kern des Berlin-Problems war der SED-Quelle zufolge die Haltung der Sowjetischen Kontrollkommission, die sich bewußt sei, daß die Berliner Blockade »keine sehr kluge Maßnahme« gewesen war: »Der Geist der Berliner, der Erfolg der Luftbrücke, die amerikanische Propaganda, die der sowjetischen Regierung Unmenschlichkeit und die Absicht unterstellte, die Stadt dem Verhungern anheimzugeben – all dies hat das Berlin-Problem international in den Vordergrund gerückt.« Gleichzeitig habe »die amerikanische Ankündigung, allen sowjetischen Versuchen, Berlin mit Gewalt einzunehmen, bewaffnet entgegenzutreten, aus Berlin einen Casus belli gemacht«. Die Folge sei, daß ein »kleiner Berlin-Krieg« im Gang und der Interzonenhandel lahmgelegt sei: »Das am 20. September unterzeichnete Handelsabkommen ist nicht in Kraft gesetzt worden, weil die Sowjets nicht bereit sind, die Restriktionen des Handels zwischen West-Berlin und Westdeutschland aufzuheben, was eine Vorbedingung für die Wiederaufnahme der Handelsbeziehungen darstellt.« Politisch werde die unnachgiebige Haltung der Russen als peinlich empfunden: »In der Berliner SED-Organisation äußern sowohl Funktionäre als auch aktive Mitglieder ihre Unzufriedenheit ... und befürchten, daß das Schicksal der Stadt ungelöst bleiben wird, weil es für die Russen eine Frage der Ehre und des Kräfteverhältnisses ist. Sie können sich weder zurückziehen noch die Oberhand gewinnen.«

Dieser Bericht beleuchtet, wie unterschiedlich die Blickwinkel waren, aus denen die deutsche Frage in dieser bewegten Zeit betrachtet wurde.

Westdeutschland war jetzt ein eigenständiger Staat mit einer Wirtschaft, die nicht nur wuchs, sondern sich auch zunehmend mit der ihrer Nachbarländer, insbesondere Frankreichs, verzahnte. Obwohl die Erinnerung an die Kriegsmaschine der Nazis den Bemühungen um die Einbeziehung der Bundesrepublik in die westliche Verteidigung entgegenstand, war dieser Plan nicht vom Tisch. Stalin hätte es zwar nie zugegeben, aber er verdankte diese prekäre Lage den Auswirkungen der Berliner Blockade und des Koreakrieges. Auf der anderen Seite lösten diese Ereignisse einen beispiellosen Ausbau der verdeckten Operationen der CIA aus.

KALTE KRIEGER IN BERLIN

Als Reaktion auf den Koreakrieg und die als Bedrohung empfundene sowjetische Anwesenheit in Ostdeutschland baute die CIA ihr operatives Potential erheblich aus, und ein großer Teil dieser Aktivitäten war in Berlin konzentriert. Die Idee von verdeckten Operationen – oder »verdeckten psychologischen Operationen«, wie sie damals genannt wurden – hatte 1947/48 aufgrund kommunistischer Aktionen in Frankreich und Italien Gestalt angenommen. Die Verantwortung für diese Operationen wurde einer eigens zu diesem Zweck gebildeten Gruppe der CIA-Abteilung für Sonderoperationen (OSO) übergeben, obwohl der damalige CIA-Direktor, Admiral Roscoe H. Hillenkoetter, gegen die Verwicklung der CIA in solche Aktivitäten war.[1] Dennoch erhöhte sich bald der Druck auf ihn, sie auszudehnen. Verstärkt wurde er durch einen Kompetenzstreit zwischen Außenministerium und Pentagon, die zwar beide keine verdeckten Operationen durchführen wollten, aber die Kontrolle über sie anstrebten.

Ein Bericht der Berliner KI-Residentur vom Mai 1948 illustriert, wie schwierig es für Moskau gewesen sein muß, diese bürokratischen Konflikte in all ihren Verästelungen nachzuvollziehen. Hillenkoetter hatte sich diesem Bericht zufolge darüber beklagt, daß General Clay die Versuche, aus Displaced persons sogenannte Komitees zur Befreiung Rußlands zu bilden, zunichte mache, indem er sie auflösen lasse, sobald er von ihnen erfahre, »so daß die für ihre Organisierung aufgewandte Zeit und Arbeit vergeudet« seien. Clay war der Ansicht, daß diese Komitees, wenn es denn sein mußte, in Amerika organisiert werden sollten, weil »sie eine Herausforderung der Russen darstellen, die zu militärischen Komplikationen führen kann«.[2]

Diese Bemerkungen, die das KI von Clays Nachrichtendienstoffizier,

General Robert Walsh, erfuhr, mögen Clays Haltung gegenüber Emigrantenorganisationen korrekt wiedergegeben haben; die Atmosphäre der Washingtoner Grabenkämpfe konnten sie nicht vermitteln. Der KI-Bericht bezog sich vermutlich auf eine Denkschrift des Koordinationskomitees von Außenministerium, Heer, Marine und Luftwaffe der USA (SANACC) vom 17. März 1948, in der »der Einsatz von Flüchtlingen aus der Sowjetunion im nationalen Interesse« empfohlen wurde.[3] OSS-Veteran Frank G. Wisner, jetzt stellvertretender Leiter der Außenamtsabteilung für die besetzten Gebiete, unterstützte diese Idee, während Clay einem Bericht der Berliner KI-Residentur zufolge dem auf ihn ausgeübten Druck in dieser Sache widerstand. Hillenkoetter, von dem dieser Druck angeblich ausging, äußerte sich in seiner Erwiderung auf die SANACC-Denkschrift ausgesprochen negativ über die Nützlichkeit sowjetischer Flüchtlinge für »Propaganda, Sabotage und antikommunistische politische Aktivitäten«. Die sowjetischen Emigrantengruppen seien »höchst instabil und unzuverlässig, von persönlichen Rivalitäten und ideologischen Differenzen gespalten und hauptsächlich daran interessiert, einen Platz in der westlichen Welt für sich zu finden«.[4] Darüber hat das KI offenbar nichts erfahren; jedenfalls gibt es keinen Beleg dafür.

Von diesem Streit abgesehen, war man im Außen- und Verteidigungsministerium gleichermaßen unzufrieden mit Hillenkoetters Vorsicht und der Vorliebe des OSO für einen sorgfältigen, methodischen Aufbau von Nachrichtenquellen für langfristige verdeckte Operationen. Dies führte zu einer neuen Direktive des Nationalen Sicherheitsrats (NSC), mit der am 18. Juni 1948, während die Sowjets die Vorbereitung der Berliner Blockade abschlossen, eine neue, eigenständige Einheit innerhalb der CIA ins Leben gerufen wurde, die für die Durchführung von verdeckten Operationen in Friedenszeiten verantwortlich sein sollte.[5] Diese Abteilung für Politische Koordination (OPC) nahm am 1. September 1948 ihre Arbeit auf. Ihr erster Chef wurde Frank Wisner.[6] Bis Oktober hatte er eine Liste künftiger OPC-Projekte aufgestellt, darunter Medienoperationen, die Unterstützung von Widerstandsbewegungen, Wirtschaftskriegführung, die Gründung antikommunistischer Tarnorganisationen und die Schaffung verdeckter Organisationen im »Hinterland«, die im Fall einer sowjetischen Invasion Westeuropas Sabotageakte ausführen und Informationen sammeln sollten.[7]

Um diese ehrgeizigen Pläne in die Tat umzusetzen, brauchte man nicht nur die richtigen Leute, sondern auch die Unterstützung von Agenten und Administratoren des OSO. Jene OSO-Veteranen, die nach dem Krieg bei der Stange geblieben waren, hatten neue Kontakte zu ausländischen Sicherheits- und Nachrichtendiensten und zum amerikanischen Militär geknüpft. Sie hatten sich als Experten für langfristige Nachrichten- und Gegenspionageaktivitäten Respekt und Anerkennung erworben, und sie begannen zu ahnen, welch hohen menschlichen Preis Operationen gegen die Sowjets forderten, die unvergleichliche Erfahrungen darin besaßen, Regimegegner einzuschüchtern und zu kontrollieren. Anfangs wurden OPC-Angehörige von OSO-Feldeinheiten unterstützt, weil dem OSO klar war, daß seine Agenten mehr oder weniger vom Antikommunismus motiviert waren. Tatsächlich waren OSO-Offiziere bereits mit dem beschäftigt, was später »politische Kriegführung« genannt werden sollte, bei der als wichtiges Nebenprodukt Informationen anfielen.

Die Zusammenarbeit von OSO und OPC wurde 1949 und Anfang 1950 brüchig, während das OPC sein einzigartiges Programm in die Tat umzusetzen begann. Für das OSO waren viele Aspekte dieser Pläne unrealistisch, weil die Chefs des OPC weder die Beziehungen, die das OSO zu den amerikanischen Militärkommandos und zu den Regierungen der Gastgeberländer unterhielt, zu würdigen wußten, noch die Bedingungen in der Sowjetunion und deren Herrschaftsgebiet verstanden. Verschärft wurden diese Meinungsverschiedenheiten dadurch, daß das OPC rigoros auf seiner Unabhängigkeit bestand und seinen Mitarbeitern wesentlich mehr Gehalt zahlte, als OSO-Angehörige mit vergleichbaren Aufgaben erhielten. Darüber hinaus legten viele OPC-Offiziere ihren OSO-Kollegen gegenüber eine aufreizende Herablassung an den Tag. Bemerkbar machten sich diese Probleme besonders in Washington, wo beide Abteilungen nebeneinander in beengten provisorischen Bürogebäuden untergebracht waren. Es kam nicht selten vor, daß OSO-Offiziere einen von ihnen abgelehnten Bewerber um eine vakante Stelle in einem Nachbargebäude wiedertrafen – in einer höheren Position beim OPC.[8]

In Deutschland waren die Beziehungen zwischen OSO und OPC weniger angespannt. Die OSO-Mission in Karlsruhe half zum Beispiel R. E. »Rollo« Dulin, dem leutseligen, weltgewandten OPC-Repräsentanten in Deutschland, beim Aufbau der OPC-Rundfunksender Radio Free Europe und Radio Liberty. Im Februar 1949 kam Henry Sutton, der BOBs hektische Aktion zur Aufklärung der sowjetischen Gefechtsordnung in

Ostdeutschland geleitet hatte, zu Dulins Stab und nahm wieder Kontakt zu seinen alten Freunden bei BOB auf, um mit ihrer Hilfe deutsche Agenten zu finden.[9] Der erste OPC-Offizier in Berlin war Michael Josselson, der sich im Herbst 1949 in der Stadt befand. Seine Hauptaufgabe war der Aufbau einer antikommunistischen Tarnorganisation, des Internationalen Kongresses für kulturelle Freiheit, der im Juni 1950 in Berlin seine erste Konferenz abhielt.[10] Ein weiterer ehemaliger Berliner, Lawrence de Neufville, der im Herbst 1945 X-2-Chef in Berlin gewesen war, trat in Frankfurt die Nachfolge Dulins an.[11] Dennoch war der OPC-Stab in Deutschland Anfang 1949 noch so klein, daß viele OSO-Offiziere nicht einmal von seiner Existenz wußten.

Das OPC macht auf sich aufmerksam

Das OPC blieb nicht lange verborgen. Richard Helms hat es in einem Satz zusammengefaßt: »Das OSO blieb klein, während das OPC ständig größer wurde, und als der Koreakrieg ausbrach, explodierte es förmlich.«[12] Das OSO hatte den ersten OPC-Mitarbeitern wenig Beachtung geschenkt, doch als im Herbst und Winter 1950/51 immer mehr von ihnen in Deutschland eintrafen, ließ sich das OPC nicht mehr ignorieren.[13] Es richtete sich, um seine Unabhängigkeit von der OSO-Operationsbasis in Dahlem zu sichern, auf dem Flugplatz Tempelhof ein, als Zivilunternehmen im Dienst der US Air Force getarnt. Das OSO firmierte dagegen als Abteilung der US Army.[14]

Das vom Koreakrieg bewirkte rasante Wachstum des OPC im Washingtoner CIA-Hauptquartier wie im Ausland war in West-Berlin und der Bundesrepublik besonders auffällig. Sowohl die amerikanischen Militärs als auch die Bundesregierung fürchteten aus der DDR einen Angriff nach koreanischem Vorbild. Wie gefährdet West-Berlin war, machte das Jugendtreffen der Freien Deutschen Jugend (FDJ) deutlich, das weniger als einen Monat vor dem Ausbruch des Koreakrieges in Berlin stattfand. Die Veranstalter hatten um die Erlaubnis gebeten, durch West-Berlin marschieren zu dürfen, doch da die Geheimdienste berichteten, daß die Demonstration der erwarteten sechshunderttausend Jugendlichen aus der DDR und dem sozialistischen Ausland als Tarnung benutzt werden sollte,

»um die legale Westberliner Regierung zu stürzen«, ergriffen die westlichen Stadtkommandanten die nötigen Maßnahmen, um ein Eindringen in die Westsektoren zu verhindern. Die Demonstration fand statt, und sie bestätigte auf beeindruckende Weise die Fähigkeit des ostdeutschen Regimes, die Massen für ihre Zwecke zu mobilisieren - aber sie fand nur in Ost-Berlin statt.

Die sowjetische Unterstützung und Leitung des Projekts verdeutlicht ein Bericht der Berliner KI-Residentur vom 19. April 1950.[15] Darin beklagt eine ungenannte Quelle die von den Vereinigten Staaten einseitig getroffene Entscheidung, die militärische Verteidigung Berlins vorzubereiten. Damit hätten die USA in Berlin eine härtere Linie eingeschlagen, die auf eine neue Rolle der Stadt als Sprungbrett für offensive politische Operationen gegen die Sowjetunion hindeute. Tatsächlich hatten die Westmächte in enger Absprache gehandelt, wozu auch gehörte, daß Westberliner, westdeutsche und europäische politische Vereinigungen und Jugendorganisationen, einige vom OPC gefördert, herangezogen wurden, um der Attraktivität des FDJ-Treffens entgegenzuwirken.[16]

Wahrscheinlich durch das Pfingsttreffen von 1950 ermutigt, wollten die Sowjets ein Jahr später eine weit größere Veranstaltung in Berlin durchführen, ein Weltjugendfestival, zu dem vom 5. bis 19. August 1951 mehr als eine Million Menschen erwartet wurden. Der Westen reagierte diesmal damit, daß er den freien Zugang nach West-Berlin garantierte und zur Betreuung der Gäste Besucherzentren einrichtete. Am 7. Juli erhielt das Politbüromitglied Michail Suslow vom KI einen siebenseitigen Bericht über die westlichen Vorbereitungen auf das Festival, dem zufolge im Westen zweihunderttausend Besucher erwartet wurden, von denen einige möglicherweise den Wunsch haben würden, im Westen zu bleiben.[17] Besonders betont wurde, daß dem Koordinierungskomitee, das unter Leitung von Hans Hirschfeld, dem Pressesprecher des Regierenden Bürgermeisters, gebildet worden war, auch Ernst Tillich angehörte, der Vorsitzende der Kampfgruppe gegen Unmenschlichkeit.

Die Kampfgruppe war eines der Hauptprojekte des Berliner OPC-Büros. Tatsächlich hatte sie schon vor dem Eintreffen des OPC, als sie noch von ihrem streng antikommunistischen Gründer, Rainer Hildebrandt, geführt wurde, von der Spionageabwehr der US Army Geld erhalten. Das OPC begann die Gruppe 1949 indirekt zu unterstützen. Zur direkten Finanzierung ging man 1950 über; das OPC bestritt rund die Hälfte der

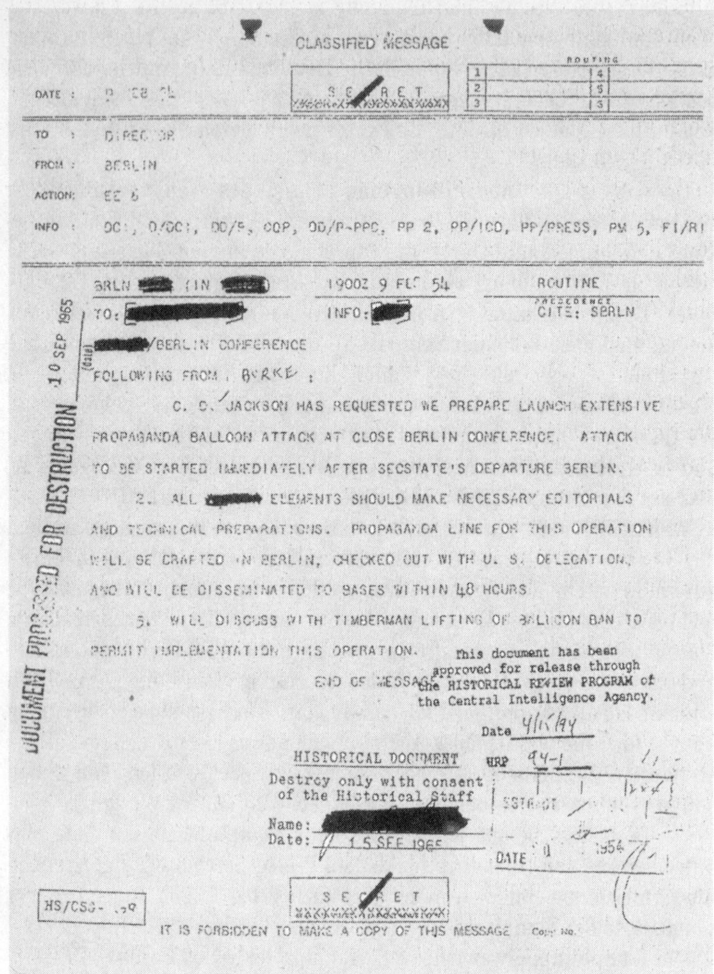

CLASSIFIED MESSAGE

DATE : 9 FEB 54

SECRET

TO : DIRECTOR

FROM : BERLIN

ACTION: EE 6

INFO : DCI, D/DCI, DD/P, COP, DD/P-PPC, PP 2, PP/ICD, PP/PRESS, PM 5, FI/RI

BRLN [redacted] (IN [redacted]) 1900Z 9 FEB 54 ROUTINE

TO: [redacted] INFO: [redacted] CITE: BERLIN

[redacted]/BERLIN CONFERENCE

FOLLOWING FROM BURKE:

C. D. JACKSON HAS REQUESTED WE PREPARE LAUNCH EXTENSIVE PROPAGANDA BALLOON ATTACK AT CLOSE BERLIN CONFERENCE. ATTACK TO BE STARTED IMMEDIATELY AFTER SECSTATE'S DEPARTURE BERLIN.

2. ALL [redacted] ELEMENTS SHOULD MAKE NECESSARY EDITORIALS AND TECHNICAL PREPARATIONS. PROPAGANDA LINE FOR THIS OPERATION WILL BE CRAFTED IN BERLIN, CHECKED OUT WITH U. S. DELEGATION, AND WILL BE DISSEMINATED TO BASES WITHIN 48 HOURS

3. WILL DISCUSS WITH TIMBERMAN LIFTING OF BALLOON BAN TO PERMIT IMPLEMENTATION THIS OPERATION.

END OF MESSAGE

This document has been approved for release through the HISTORICAL REVIEW PROGRAM of the Central Intelligence Agency.

Date 4/15/94

HRP 94-1

DOCUMENT PROCESSED FOR DESTRUCTION 10 SEP 1965

HISTORICAL DOCUMENT

Destroy only with consent of the Historical Staff

Name: [redacted]

Date: 15 SEP 1965

DATE 1954

HS/CSG-

SECRET

IT IS FORBIDDEN TO MAKE A COPY OF THIS MESSAGE Copy No.

Drahtbericht, BOB an DCI, 9. Februar 1954, mit der Anregung des Präsidentenberaters C. D. Jackson, nach der Berliner Außenministerkonferenz durch die CIA Propagandaballons starten zu lassen.

Ausgaben der Gruppe, ohne wirkliche Kontrolle über sie zu besitzen. Während Hildebrandt von Oktober 1950 bis Februar 1951 eine Vorlesungsreise durch die USA unternahm, nahm ein OPC-Führungsoffizier Kontakt mit Tillich auf, der damals Geschäftsführer der Gruppe war, woraufhin diese zu einer aggressiveren Vorgehensweise in der DDR überging. Im November 1951 willigte Hildebrandt in seinen Rücktritt ein, so daß Tillich die Führung übernehmen konnte. 1952 kam es zu Unstimmigkeiten in der Führung der Kampfgruppe, die heftige Angriffe in der sowjetischen und ostdeutschen Presse gegen die Gruppe und gegen Hildebrandt persönlich nach sich zogen.[18] Außerdem verstärkte die Berliner MGB-Residentur die Beobachtung der Gruppe. Im Jahresbericht von Generalmajor Michail Kawersnew, dem MGB-Chef in Karlshorst, ist vermerkt, daß das MGB im April 1952 die Aktentasche eines für »subversive Operationen in der DDR« verantwortlichen Mitglieds der Kampfgruppe in die Hände bekommen hatte. Darüber hinaus war angeblich die Sekretärin dieses Kampfgruppenmitglieds entführt worden. Aufgrund der in diesen Aktionen gewonnenen Erkenntnisse konnten dem Bericht zufolge vierundsechzig Agenten der Gruppe verhaftet werden.[19]

Das OPC hielt die Verbindung mit der Gruppe über Tillich aufrecht, wies aber alle Versuche Hildebrandts zurück, an seine frühere Beziehung zur CIA anzuknüpfen. Im März 1959 löste sich die Gruppe auf, während die Zeitungen in Ost und West sie mit Kritik überhäuften. In den Westberliner und westdeutschen Kommentaren wurde zwar anerkannt, daß die Gruppe ursprünglich ein »nobles Ziel« – Sammelpunkt für die Opfer des »Ostzonenterrors« zu sein – verfolgte, durch die amateurhafte Durchführung ihrer Operationen aber viele Ostdeutsche in Lebensgefahr gebracht und durch die Fehden ihrer Führer selbst ihrem Ruf geschadet hatte. Die sowjetischen und ostdeutschen Zeitungen bezweifelten, daß die Kampfgruppe tatsächlich aufgelöst worden war; sie gingen davon aus, daß sie unter neuem Namen weitermachen würde.[20]

Warum fuhr das OPC fort, diese Organisation zu unterstützen, obwohl ihre Führung zerstritten war, das Presseecho immer negativer wurde und Beweise dafür vorlagen, daß sie vom MGB und vom ostdeutschen Staatssicherheitsdienst (MfS) infiltriert worden war? Die Antwort ist einfach. Nachdem es gelungen war, den umtriebigen Hildebrandt durch den besonneneren Tillich zu ersetzen, hatte das Berliner OPC mit der Kampfgruppe ein Instrument in der Hand, mit dem es verdeckte Operationen gegen das ostdeutsche Regime ausführen konnte. Dazu gehörte das Abwerfen von Flugblättern aus Ballons und die Verteilung von Schriften per Hand; doch die Aktivität der Kampfgruppe, die den Osten am meisten störte, war die Anfertigung gefälschter DDR-Papiere aller Art, sogar von Briefmarken. Auf einer dieser Briefmarken war SED-Chef Walter Ulbricht mit einer Schlinge um den Hals abgebildet. Die Wut, mit der man in Ostdeutschland auf solche Angriffe reagierte, verwunderte die OPC-Führungsoffiziere. Spiegelte sich darin die Unsicherheit der SED aufgrund ihrer fehlenden demokratischen Legitimation wider? Vielleicht. Gleichzeitig aber schuf das ostdeutsche Regime, indem es jede Unruhe und jedes Versagen in der Wirtschaft der Sabotage zuschrieb, ein Bild der Kampfgruppe, das ihre tatsächlichen Fähigkeiten bei weitem überstieg.[21]

Hilfreiche Ideologen: Emigrantengruppen

Ein Berliner Projekt, das sich der einseitigen Zuordnung zu OSO oder OPC entzog, war BOBs Beziehung zur Nationalen Arbeitsunion (NTS), einer antisowjetischen Emigrantenorganisation. Ihre Propaganda und Publikationstätigkeit in Westdeutschland wurden zum Teil vom OPC finanziert. In Berlin hatte die NTS über deutsche Mittelsmänner Kontakte zur SMAD und zur Gruppe GSWG geknüpft, die sich zur Informationsbeschaffung geradezu anboten. BOB-Chef Sichel trat daher mit dem Vorschlag an die deutsche OPC-Station heran, bei BOB einen OSO-Platz für einen OPC-Führungsoffizier frei zu machen, der von dort aus, also innerhalb des OSO, die Berliner NTS-Operationen führen sollte.

Die Arbeit mit der NTS war nicht leicht. Während das OSO vornehmlich an Informationen über die GSWG interessiert war, wurde die NTS völlig von ihrem Hauptziel beherrscht, dem Sturz des sowjetischen Regimes. Bei OSO und OPC betraute man deshalb nur solche Offiziere mit diesem Fall, die Verständnis für die ideologischen Ziele der NTS aufbrachten. Die NTS verteilte mit Hilfe ostdeutscher Helfer Flugblätter und hatte eigene Ballonteams. Eine dieser Gruppen wurde von einem Emigranten geleitet, der eine Bar in der Nähe des Kurfürstendamms besaß, die regelmäßig von BOB-Offizieren frequentiert wurde. Über die Ballonflüge sprach er nie, und jene Mitarbeiter von BOB, die eingeweiht waren, gaben vor, nichts von seiner Nebenbeschäftigung zu wissen. Auch an der wichtigeren und gefährlicheren Kontaktaufnahme zu Sowjetbürgern in sowjetisch besetzten Gebieten waren NTS-Mitglieder beteiligt. Die NTS gab den BOB-Operationen einmal erheblichen Auftrieb, indem sie ein Telefonverzeichnis von BOBs wissenschaftlich-technischem Hauptziel besorgte, der in Berlin-Weißensee residierenden USIG.

Die Sowjets andererseits waren bemüht, die NTS einzuschüchtern und ihre westlichen Unterstützer abzuschrecken. 1954 entführte der sowjetische Geheimdienst, der ab März 1954 endgültig unter dem Namen KGB firmierte, den Berliner NTS-Vorsitzenden Alexander Truschnowitsch und versuchte, den Operationschef der NTS, Georgi Okolowitsch, zu ermorden.[22] Nikolai Chochlow, der Leiter des Killerkommandos, zog es jedoch vor, Okolowitsch zu warnen und in den Westen überzulaufen.[23] Unterstützt wurden diese und ähnliche Operationen nach Chochlows Aussage von der Residentur in Karlshorst. Um den Druck auf die NTS-Aktivisten zu erhöhen, brachte der KGB deren in der Sowjetunion lebende Angehörige nach Ost-Berlin. Man hoffte, die Aktivisten dadurch in den Osten locken zu können, doch diese Taktik schlug nicht an. Für gewöhnlich wurde ein Verwandter eines NTS-Mitglieds an die Sektorengrenze gebracht, wo er – manchmal in Sichtweite – durch den Austausch schriftlicher Botschaften mit seinem Familienangehörigen »sprechen« konnte. BOB hegte jedesmal die Hoffnung, daß es dem »Köder« gelingen würde, seinem KGB-Schatten zu entwischen und in den Westen zu kommen. Doch dieser Fall trat nie ein. Aber die Erfahrung dieser »Treffen« steigerte den Haß der NTS-Mitglieder auf die Sowjets.

An der Berliner NTS-Operation waren neben den Amerikanern auch die Briten beteiligt, deren Zusammenarbeit mit der NTS Ende 1950 begonnen hatte. Wie später bekannt wurde, hat George Blake, die KGB-Quelle im britischen Geheimdienst, die Sowjets über die britischen NTS-Aktivitäten auf dem laufenden gehalten, bis sie 1955 beendet wurden.[24] Blake wußte vermutlich besser als jeder andere, warum die Briten die NTS fallenließen: nicht nur der Kosten wegen, sondern auch wegen ihrer Infiltration durch den KGB. Angesichts des Aufwands, mit dem der KGB die NTS bekämpfte, hätte dies niemanden überraschen dürfen. An den klassischen Maßstäben der Spionageabwehr gemessen, stellte die NTS ein erhebliches operatives Risiko dar. Obwohl ihre Führung alles unternahm, um die Sicherheit zu gewährleisten, war die NTS aufgrund der Art ihrer

Arbeit ein exponiertes Ziel für KGB-Agenten. Zudem begrüßten einige NTS-Führer die direkte Konfrontation mit ihren sowjetischen Gegnern, selbst dann, wenn letztere eindeutig im Vorteil waren. Wenn einer der Ihren den Sowjets in die Hände fiel, dann hatte in ihren Augen nur ein weiterer russischer Patriot die Verteidigungslinien des Feindes überwunden. In der Ersten Hauptverwaltung des KGB war der enorme Personalaufwand, mit dem der KGB die NTS und andere Emigrantengruppen bekämpfte, eine Quelle ständiger Unzufriedenheit. Die mit politischer Aufklärung befaßten Offiziere sahen in der übertriebenen Furcht vor der NTS einen unnötigen Rückfall in die Zeit unmittelbar nach der Oktoberrevolution, als das russische Exil als ernste Bedrohung des neuen Regimes betrachtet wurde.

Auf der anderen Seite stand Peter Sichel dem NTS-Projekt ebenfalls skeptisch gegenüber. Sämtliche operativen Entscheidungen mußten mit dem britischen Nachrichtendienst SIS abgesprochen werden, und die NTS von der Notwendigkeit der Informationsbeschaffung zu überzeugen, war eine kaum erfüllbare Aufgabe. Deshalb sah sich BOB nach einer anderen Emigrantenorganisation um, die ebenfalls in der Lage war, sowjetische Zielobjekte in Ostdeutschland zu beobachten, aber unter alleiniger Führung der CIA stehen würde. Die Gruppe, die schließlich ausgewählt wurde, war der Kampfbund zur Befreiung des russischen Volkes (SBONR) mit Sitz in München. Einer der Agenten, die der SBONR dem Berliner CIA-Team empfahl, war Igor G. Orlow alias Sascha. 1924 in Kiew geboren, war er in Moskau aufgewachsen. Nach dem deutschen Angriff hatte man ihn auf eine Geheimdienstschule in Nowosibirsk geschickt, wo er für die Partisanenarbeit hinter den deutschen Linien ausgebildet wurde. Im Oktober 1943 sprang er über dem deutsch besetzten Ostpolen ab. Er geriet in Gefangenschaft und beteiligte sich von April 1944 an in einer deutschen Geheimdiensteinheit an Frontoperationen gegen die Rote Armee. Kurz vor Kriegsende wurde er zur Wlassow-Armee versetzt und erhielt Papiere auf den Namen Alexander (Sascha) Kopazky. Im Mai 1945 wurde er von den Amerikanern gefangengenommen und bis April 1946 interniert. Danach schloß er sich wie viele andere Russen, die im Krieg mit den Deutschen kollaboriert hatten, einer von der US Army geführten Untereinheit der Organisation Gehlen an. Später schied er aus dem Dienst aus – vermutlich, weil er erfundene Berichte ablieferte –, trat eine Stelle in einer deutschen Firma an und heiratete eine Deutsche.[25]

Im späten Frühjahr 1951 wurden Orlow und andere SBONR-Mitglieder von William S. Coffin, dem CIA-Führungsoffizier des SBONR-Projekts, nach Berlin gebracht.[26] Dort regten sich aufgrund einer Reihe merkwürdiger Zwischenfälle bald Zweifel an ihrer Eignung für die Tätigkeit in Berlin. Der Leiter der Gruppe, der wie Orlow der Wlassow-Armee angehört hatte, war zugleich Chef der »Geheimabteilung« des SBONR und für die Verbindung zur CIA verantwortlich. Nach Aussage der Führungsoffiziere, die mit ihm zu tun hatten, besaß er wenig Sinn für die Erfordernisse der operativen Sicherheit, weigerte sich aber, sein Verhalten zu mäßigen. Ihm fehlte jegliches Gespür für Geheimaktivitäten, was in einer so gefährlichen Stadt ein tödlicher Mangel sein konnte. Einmal wurde mitten auf dem Kurfürstendamm ein Sack voller Flugblätter in russischer Sprache achtlos fallengelassen und platzte auf, so daß Tausende von Flugblättern auf den Bürgersteig flatterten.

Im Gegensatz zu seinen SBONR-Kollegen war Orlow ein mustergültiger Agent, so daß BOB am 4. September 1951 zwar die Beendigung der SBONR-Operation empfahl, Orlow aber als unabhängigen Agenten behalten wollte. Er wurde angewiesen, nach München zu fahren, seinen Austritt aus dem SBONR zu erklären und dann nach Berlin zurückzukehren. Die Gemeinsame Sowjetoperationsbasis der CIA in München stimmte diesem Vorgehen zu und verlangte nur, daß Orlows Trennung vom SBONR ohne Eklat vonstatten gehen solle, da das OPC die Verbindung zu der Organisation für Propagandazwecke aufrechterhalten wollte. Die übrigen Mitglieder der Berliner SBONR-Gruppe wurden nach München zurückgeschickt, wo Coffin ihnen eröffnete, daß das Berliner Projekt beendet sei. Am 10. Oktober meldete die Münchner Operationsbasis, daß sich Orlow erfolgreich einem Polygraphentest unterzogen habe und nach Berlin abkommandiert worden sei.[27] Damit war Orlows Verbindung mit dem OPC zu Ende. Daß er in den folgenden Jahren weiterhin für BOB arbeitete, sollte ernste Nachwirkungen für alle haben, die mit Igor Orlow alias Sascha Kopazky zu tun gehabt hatten.

Die Ostbüros von CDU und SPD

Zu den OPC-Aktivitäten in Berlin gehörte der Kontakt zu den Ostbüros von CDU und SPD. Diese Beziehungen waren vom OSO angeknüpft und dann vom OPC übernommen worden, sobald es personell in der Lage war, zusätzliche Aufgaben zu erledigen. Der Grund, aus dem das OSO die Ostbüros unterstützt hatte, war der Bedarf an Informationen über die SBZ. Da das OSO jedoch keine Kontrolle über die Aktivitäten dieser Büros hatte, waren die Informationen aus diesen Quellen nicht sehr zahlreich, von geringem Wert und unbewiesen. Nachdem der Kontakt mit den Ostbüros dem OPC übergeben worden war, wurde eine wesentlich großzügigere Beihilfe für diese bereitgestellt.

Die Sowjets beobachteten die Ostbüros, die mutmaßlich gegen die SED gerichtete Aktionen ihrer Schwesterparteien in der DDR unterstützten, mit Argwohn. Ein besonderes Problem stellte das Ostbüro der CDU dar. Von der Ost-CDU wurde erwartet, daß sie ein willfähriger Teil der Nationalen Front war. Doch viele Mitglieder lehnten diese Rolle ab, und das von West-Berlin aus operierende Ostbüro bestärkte sie darin. In einem Bericht vom 2. Oktober 1952 meldet das MGB, es habe von Agenten und in Verhören von Verhafteten erfahren, daß das Ostbüro der CDU in Thüringen eine illegale CDU-Führung gebildet habe, die das Ziel verfolge, die CDU-Mitglieder der Berliner Parteizentrale abspenstig zu machen. Außerdem betreibe es Spionage gegen sowjetische Streitkräfte, indem es die Parteimitglieder anhalte, politische und wirtschaftliche Informationen zu sammeln, und die Soldaten auffordere, CDU-Mitgliedern die Flucht nach West-Berlin zu ermöglichen.[28] Diese »Enthüllungen« führten zur Verhaftung von vierzig Agenten und Helfern des »Spionage- und Diversionsbüros« der CDU. Unter den Festgenommenen waren der CDU angehörende Thüringer Bürgermeister, Stadträte, Beamte und Lehrer.[29]

Die Ostbüros von CDU und SPD behielten einen herausragenden Platz in den KGB-Berichten über »subversive Organisationen« in West-Berlin. Laut einem Bericht von 1957 verfügte das Ostbüro der CDU angeblich »über Agentennetze in der DDR, die vor allem unter den reaktionären Mitgliedern der DDR-CDU rekrutiert worden sind. Das Ostbüro der CDU nutzt diese Netze, um Spionageinformationen über Aktivitäten von Behörden und Parteien der DDR zu sammeln.« Das SPD-Ostbüro führte

Товарищу МОЛОТОВУ В.М.
Товарищу МАЛЕНКОВУ Г.М.
Товарищу БЕРИЯ Л.П.
Товарищу БУЛГАНИНУ Н.А.

Согласно сообщениям Уполномоченного МГБ СССР в Германии, МГБ ГДР, после изъятия из Западного Берлина руководителя шпионской службы так называемого "Союза свободных юристов" ЛИНЗЕ Вальтера, арестовано всего 84 действовавших в ГДР шпиона этой организации, в том числе 27 служащих государственного аппарата ГДР и 18 работников немецких хозяйственных учреждений и предприятий.

Следствием установлено, что "Союзу свободных юристов" с помощью агентуры, приобретенной ЛИНЗЕ и его заместителем ГАНЗЕНОМ, удалось собрать для американской разведки и боннского министерства по общегерманским вопросам ряд важных сведений о частях Советской Армии и подразделениях народной полиции ГДР, о планировании и торговле в ГДР, о выпускаемой народными предприятиями продукции, о новых изобретениях и другие секретные сведения о деятельности государственных и хозяйственных органов ГДР. С помощью агентуры "Союза свободных юристов" западно-немецким властям, в частности, удалось раскрыть и сорвать около 400 торговых сделок различных ведомств ГДР с западно-германскими торговыми фирмами, в результате чего промышленность ГДР недополучила из Западной Германии товаров и сырья на сумму 800 миллионов марок.

Ввиду представлений со стороны коменданта английского сектора Берлина [illegible] и американского верховного комиссара в Германии [illegible] по поводу секретного изъятия ЛИНЗЕ, властями ГДР принято решение дело ЛИНЗЕ рассмотреть в закрытом судебном порядке.

С.ИГНАТЬЕВ

«11» августа 1952 года

Auszug aus einem Bericht von MGB-Chef Ignatjew an Molotow, Malenkow, Berija und Bulganin, 11. August 1952, über die Entführung des Freiheitlichen Juristen Walter Linse. Eine handschriftliche Notiz des damaligen MGB-Referenten und späteren Überläufers Pjotr Deriabin nennt die Drahtberichte aus Berlin, auf denen der Bericht beruht.

~~SECRET~~
SECURITY INFORMATION
~~CONFIDENTIAL~~

54

5 August 1952

DOCUMENT NO. 004
NO CHANGE IN CLASS. ☐
☐ DECLASSIFIED
CLASS. CHANGED TO: TS S (C)
NEXT REVIEW DATE: 1989
AUTH: HR 70-2
DATE: 7/26/79 REVIEWER:

MEMORANDUM FOR: DEPUTY DIRECTOR (PLANS)

SUBJECT : International Congress of Jurists

This document has been approved for release through the HISTORICAL REVIEW PROGRAM of the Central Intelligence Agency.
Date 12/9/94
HRP 94-1

A. Memorandum for Deputy Director (Plans), dated 28 July 1952, same subject.

B. Memorandum for Deputy Director (Plans), dated 30 July 1952, same subject.

1. The International Congress of Jurists in Berlin adjourned its highly successful seven-day meeting on 31 July after voting a series of resolutions which declared the administration of the East Zone of Germany a virtual tyranny. A permanent committee to carry on the work of the Congress was established under the chairmanship of J. T. Thorson of Canada. The concluding resolution paid high tribute to the League of Free Jurists and its work.

~~SECRET~~
SECURITY INFORMATION
~~CONFIDENTIAL~~

the world; and (c) the administration of justice in the Soviet Zone is a virtual tyranny which even disregards many basic provisions of the East German consitution. Supplementary resolutions (by Van Dal, Netherlands) condemned the kidnapping of Dr. Walter Linse and (by P. Tricamdas, India) the Soviet Zone "show" trials of alleged League collaborators.

9. The Congress acknowledged a massive document entitled "Injustice as a System", which the West German Federal Government placed before it. This document exposes the oppressive workings of the East German legal machinery. The Congress voted to send copies of this document, together with its own resolutions, to the East German Government, to Soviet occupation authorities, and to Secretary General Trygve Lie of the United Nations "for their information and such action as may be appropriate". Copies of Congress resolutions were also directed to the West German Government.

10. The permanent standing committee established by the Congress has the following members: J. T. Thorson, Canada (Chairman); A. J. M. Van Dal, Netherlands (Secretary); Federspield, Denmark; Nabuco, Brazil; Tyabji, Pakistan; and Zellweger, Switzerland. Seat of the committee is The Hague, Netherlands. In addition to maintaining contact with the League of Free Jurists, the Committee was directed by resolution to investigate violations by Soviet occupation authorities of Allied Control Council directives.

11. The evening session was addressed by a number of well-known dignitaries including Stefan Osusky (CSR), Beontin J. Constantinescu (Rumania), and George Morris (USA). All emphasized the deep impression left by the Congress and expressed the highest regard for the League's preparation of documentary materials. East Zone co-workers of the League were wished success in their struggle against oppression and injustice. The assembly was informed that jurists in exile from the satellite countries will establish a council of independent national free jurists which will seek association with or integration into the International Congress after establishing itself.

12. The West Berlin press reports show that top coverage was given to the International Congress and its fight with intellectual weapons against the injustice of the Eastern Rulers. It is noteworthy that an SPD oriented newspaper stated: "The importance of the recently concluded Congress can hardly be overestimated. It lies in the fact that jurists from forty-four

Memorandum von John A. Bross, Chef der Osteuropaabteilung, an DDP Frank Wisner, 5. August 1952, über den Internationalen Juristenkongreß in West-Berlin.

diesem Bericht zufolge »Spionage- und Sabotageaktivitäten gegen die DDR« aus: »Besonders aktiv beteiligt es sich an der Verteilung von antidemokratischer Literatur und provokativen Flugblättern in der DDR. Allein in der Zeit vom 8. März bis 6. Mai 1957 verteilte das Ostbüro der SPD über fünfeinhalb Millionen Flugblätter in der DDR. Diese Flugblätter werden mit Hilfe von Heißluftballons oder durch Mitglieder der Agentennetze verbreitet. Im zweiten Halbjahr 1957 … ist als Ergebnis der vom MfS der DDR eingeleiteten Gegenmaßnahmen der Einsatz von Ballons mit antidemokratischem Material bedeutend zurückgegangen.«[30] Tatsächlich war dieser Rückgang wohl eher eine Folge westlicher Einschränkungen. Als zum Beispiel der Sonderberater des amerikanischen Präsidenten für den Kalten Krieg, C. D. Jackson, im Februar 1954 von BOB »einen umfassenden Propagandaballonangriff« in Berlin verlangte, antwortete Michael Burke, der stellvertretende Chef der deutschen CIA-Mission, daß er dafür beim amerikanischen Stadtkommandanten die Aufhebung der »Ballonsperre« erreichen müsse.[31]

Der Untersuchungsausschuss freiheitlicher Juristen

In dem bereits zitierten KGB-Bericht über »subversive Organisationen in West-Berlin« wird auch der 1949 von dem Rechtsanwalt Horst Erdmann alias Theo Friedenau gegründete Untersuchungsausschuß freiheitlicher Juristen erwähnt. Nach der Feststellung, daß er von den Amerikanern finanziert werde, heißt es in dem Bericht weiter: »Offiziell bietet der Untersuchungsausschuß Bürgern der DDR kostenlose juristische Beratung an. Tatsächlich aber führt er mit Hilfe seines Agentennetzes in der DDR weitgefächerte Spionagehandlungen gegen die DDR aus und betreibt eine systematische Hetzkampagne gegen die DDR und andere Länder des sozialistischen Lagers.«

Der Untersuchungsausschuß freiheitlicher Juristen war die Idee eines einzelnen BOB-Offiziers, doch seine Erfolge im Kampf gegen unrechtmäßige Handlungen des SED-Regimes verhalfen ihm rasch zu einer herausragenden Stellung unter den internationalen antikommunistischen Organisationen. Entsprechend vehement versuchten Sowjets und Ostdeutsche, seinem Einfluß in der DDR und im Ausland entgegenzuwirken. Auf der anderen Seite ließ sich die CIA durch diesen Erfolg dazu verleiten, den Ausschuß in nicht zu ihm passende paramilitärische Aktivitäten zu verwickeln – mit katastrophalem Ausgang. Tatsächlich trug der Ausschuß von Anfang an den Samen für die spätere Zerstörung seines Ansehens und des guten Rufs seines Gründers und Vorsitzenden in sich.

Horst Erdmann wurde von Henry Hecksher von der Berliner OSO-Station angeworben. Bis zum Übertritt in den Westen hatte er in Belzig im Land Brandenburg gelebt, wo er nach eigenen Angaben als Notar und Rechtsanwalt tätig gewesen war. Als in der Weimarer Republik ausgebildeter Jurist sah Hecksher deutlich, wie das in der SBZ entstehende SED-Regime in zunehmendem Maß das Recht mißachtete, wenn es seinen Bemühungen, die Opposition auszuschalten, im Wege stand. Damit zogen sich Sowjets und SED in einem Land, das vor kurzem noch das nationalsozialistische Unrecht erlebt hatte, die Feindschaft vieler Juristen zu und schufen eine Situation, in der viele Ostdeutsche Rechtsbeistand suchten, um eine Haft zu vermeiden. Andererseits war sich Hecksher darüber im klaren, daß er mit seiner kleinen Gruppe bei BOB und den wenigen von ihr geführten Doppelagenten keinen durchschlagenden Erfolg gegen die sowjetischen und ostdeutschen Sicherheitsdienste erzielen konnte. Was er brauchte, war ein Multiplikator, eine Organisation, die genau die Informationen über die gegnerischen Sicherheitsdienste sammeln konnte, die BOB benötigte, um gezielt einzelne Angehörige oder Einheiten dieser Dienste aufs Korn nehmen zu können. Außerdem würden bei einer Institution, die von der ostdeutschen Bevölkerung als unabhängige juristische Anlaufstelle genutzt wurde, als wertvolles Nebenprodukt Informationen über das ostdeutsche Rechts- und Sicherheitssystem anfallen. Hecksher beantragte beim neu gegründeten OPC die Finanzierung des Projekts mit der Begründung, er könnte »Erdmann gelegentlich einen Auftrag übergeben oder ihn über das befragen, was für uns von Interesse ist«.[32]

Hecksher hielt sich in der Aufbauphase damit zurück, dem Untersuchungsausschuß nachrichtendienstliche Aufträge zu erteilen, und fungierte in Abwesenheit eines OPC-Führungsoffiziers in Berlin statt dessen als Geldbeschaffer der Gruppe. Im Sommer 1950 hatte sich der Ausschuß in einer Weise etabliert, die niemand für möglich gehalten hätte. Er hatte unter den Juristen in der DDR ein Netzwerk aufgebaut, das sowohl über Unrechtshandlungen des SED-Regimes berichtete als auch Beweise sammelte, aufgrund deren in einem künftigen nichtkommunistischen Deutschland Strafverfahren hätten eingeleitet werden können. Der Einfluß der Gruppe war überall in der DDR spürbar, und Informanten berichteten, daß ostdeutsche Richter aus Furcht vor späterer Vergeltung davor zurückschreckten, harte Urteile gegen gefaßte Mitglieder des Ausschusses zu verhängen. Die Freiheitlichen Juristen waren in gewisser Weise zu einem Schattenjustizministerium der DDR geworden, und nach Ansicht der westlichen Medien und der öffentlichen Meinung verfügten sie über die schlagkräftigste Untergrundorganisation in der DDR. Ihre Hauptaufgaben sahen sie weiterhin in der Sammlung von Informationen über von der DDR-Justiz verübtes Unrecht sowie in der Verbreitung dieser Erkenntnisse in der DDR und in der Rechtsberatung des wachsenden Stroms von Ostdeutschen, die das Büro des Ausschusses in West-Berlin aufsuchten. Dabei fielen, wie erwartet, bedeutende Informationen über die sowjetischen und ostdeutschen Sicherheitsdienste und andere das OSO interessierende Institutionen und Organisationen an. Bis zu diesem Zeitpunkt hatte sich der Ausschuß von dem Ruch, mit dem amerikanischen Geheimdienst in Verbindung zu stehen, freihalten können.[33]

Ein Problem waren allerdings die Vorbehalte der OPC-Offiziere gegenüber Gegenspionageoperationen. Viele Führungsoffiziere, für die der Koreakrieg der Anlaß gewesen war, ihre Zivilberufe zu verlassen und sich dem OPC anzuschließen, standen mit ganzem Herzen hinter ihrer Arbeit und erfüllten ihre Pflicht, ohne Fragen zu stellen. Ihre Aufgabe bestand in alter OSS-Tradition darin, das ganze Arsenal der im Krieg angewandten Methoden einzusetzen, um die DDR in ihren Fundamenten zu erschüttern und im Umfeld der dort stationierten sowjetischen Truppen ein solches Chaos anzurichten, daß ein Angriff nach koreanischem Muster unmöglich war. Viele dieser OPC-Offiziere fanden, daß es unmoralisch sei und die von ihnen unterstützten Gruppen korrumpieren würde, wenn man ihnen Ziele und Methoden von Nachrichtendienst und Spionageabwehr überstülpte. Sie übersahen nur, daß ihre neuen Gegner, die sowjetischen Nachrichten- und Sicherheitsdienste und deren ostdeutsche Schützlinge, in dieser Frage anders dachten. Das MGB beschuldigte Organisationen wie die Freiheitlichen Juristen automatisch der Spionage, ganz gleich, ob es dafür Beweise gab oder nicht. Es war eine Propagandawaffe, die sowohl auf die Bevölkerung der DDR als auch auf das Ausland zielte. Darüber hinaus fiel es den OPC-Offizieren schwer, sich den schwieriger gewordenen Sicherheitsbedingungen in Ostdeutschland anzupassen. 1951/52 war die polizeistaatliche Ordnung nach sowjetischem Vorbild bereits derart gefestigt, daß eine psychologische Kriegführung in dem vom OPC gewünschten Ausmaß nicht mehr möglich war.

Die Entführung von Walter Linse

1950 war der Untersuchungsausschuß freiheitlicher Juristen nur ein MGB-Ziel unter vielen gewesen. Als das MGB 1952 erfuhr, daß er bei dem im Juli in West-Berlin stattfindenden internationalen Juristenkongreß eine führende Rolle spielen würde, verstärkte es jedoch die Beobachtung des Ausschusses. Höhepunkt der Kampagne gegen den Juristenkongreß sollte ursprünglich die Entführung von Horst Erdmann sein. Als dieser aber kurzfristig nach Schweden reiste, mußte das MGB seine Pläne ändern, und der Karlshorster KGB-Apparat schlug als Ersatz Walter Linse vor, den Chef der Wirtschaftsabteilung des Untersuchungsausschusses. Dieser Gedanke lag nahe, da die Residentur, die die Aktion geplant hatte, Linses Abteilung als das eigentliche Ziel ansah, da sie sich mit Problemen beschäftigte wie der entschädigungslosen Enteignung von Grund und Boden, den Rechten der Arbeiter in verstaatlichten Betrieben und dem Arbeitsrecht, das für den MGB von besonderem Interesse war, da es die verheerenden Arbeitsbedingungen bei der Wismut deckte.[34]

Linse wurde am 8. Juli 1952 entführt. In dem Bericht, den das MGB zwei Tage später vorlegte, hieß es, daß Linse »im Verhör durch das MfS der DDR ... Berichte über antisowjetische Aktivitäten seiner Organisation und die Existenz von Spionagenetzen auf DDR-Territorium« bestätigt habe. Das MfS habe »mit Zustimmung der Sowjetischen Kontrollkommission und des Genossen Ulbricht ... vierundzwanzig der aktiveren Agenten« festgenommen und werde die Verhaftungen enttarnter Agenten fortsetzen. Am Ende des Berichts findet sich folgende operative Anmerkung: »In Ausnutzung dieser Operation wird das MfS der DDR, um neue Agenten bei den Freiheitlichen Juristen einzuschleusen, eine Tarnung für sie aufbauen, indem es sie als ›Flüchtlinge‹ nach West-Berlin schickt.«[35]

Die Linse-Entführung war für das MGB offenbar der operative Höhepunkt des Jahres. Im Jahresbericht vom 18. Dezember 1952 wurde festgestellt, daß »die ostdeutschen Staatssicherheitsorgane im laufenden Jahr den feindlichen Formationen und den Agentennetzen der imperialistischen Nachrichtendienste in systematischerer Weise Schläge beigebracht« hätten. Als Beispiel wurde der Fall Linse angeführt: »Linses Verbringung hat eine umfassende Operation zur Liquidierung der Spionagenetze des ›Untersuchungsausschusses‹ in der DDR ermöglicht, in deren Verlauf achtundvierzig Agenten festgenommen wurden, die verantwortungsvolle Posten im Staatsapparat der DDR, in großen Fabriken und Stahlwerken sowie in Architekturbüros bekleidet hatten.« Der Rest des Berichts spiegelte die Qualen wider, die die Sowjets angesichts des Umfangs der Arbeit der Freiheitlichen Juristen verspürt haben müssen: »Bei der Verhaftung wurde ein umfangreicher Bericht Linses beschlagnahmt, der für den amerikanischen Nachrichtendienst bestimmt war. Er enthielt einen Überblick über Industrie, Handel und Wirtschaftsplanung der DDR, einschließlich der einschlägigen statistischen Daten. Auf der Grundlage des Materials, das während der Ermittlungen und der gerichtlichen Voruntersuchung erworben wurde, ist festgestellt worden, daß der ›Untersuchungsausschuß‹ mit Hilfe seiner Agenten in DDR-Unternehmen in der Lage war, mehr als vierhundert Transaktionen zwischen DDR-Behörden und westdeutschen Firmen aufzudecken, die gegen das amerikanische Handelsverbot verstießen. Dies führte zur Festnahme von rund achthundert Händlern, die an diesen Abschlüssen beteiligt waren, und zur Unterbindung von Waren- und Rohstofflieferungen aus Westdeutschland in die DDR im Wert von achthundert Millionen Mark.«[36]

Die wirtschaftlichen Enthüllungen müssen für Sowjets und Ostdeutsche schmerzhaft gewesen sein. Jedenfalls waren sie allein schon Grund genug für die heftigen Attacken auf die Freiheitlichen Juristen. Am 24. Juli zog das MGB, zusätzlich zur Entführung Linses, seinen Nutzen aus dem »Übertritt« einer Sekretärin, die wahrscheinlich als Spionin des MGB in Linses Wirtschaftsabteilung gearbeitet hatte. Vermutlich hatte sie befürchtet, bei der nach Linses Entführung durchgeführten Sicherheitsüberprüfung enttarnt zu werden. Auf jeden Fall veröffentlichten die Ostdeutschen umgehend einen Brief, in dem sie den Untersuchungsausschuß der »kriminellen Spionage und Sabotage« im Auftrag des amerikanischen Geheimdiensts beschuldigte.[37] Während der Juristenkongreß in West-Berlin tagte, erschienen in den ostdeutschen Zeitungen am 26. und

27. Juli Berichte über den unter Vorsitz der berüchtigten »roten Hilde« Benjamin stattfindenden Prozeß gegen sieben angebliche Agenten der Freiheitlichen Juristen. In diesem Prozeß, dem ersten von vier Verfahren, trat auch die »übergelaufene« Sekretärin in den Zeugenstand.[38]

Dem MGB zufolge wurde der Termin des Prozesses absichtlich so gelegt, »daß er mit der Eröffnung des Internationalen Kongresses der sogenannten Freiheitlichen Juristen zusammenfiel«. Durch diesen Prozeß und die Erklärung der ehemaligen Sekretärin wurde nach Ansicht des MGB »die Arbeit des Kongresses in erheblichem Maße gestört und die damit verbundene antisowjetische Propaganda behindert«. In bezug auf Linse wurde in dem Bericht angemerkt, daß »die Entführung von Linse selbst ... bezeichnenderweise keine Reaktion des Kongresses hervorgerufen« habe.[39] Daß das MGB die Entführung als solche bezeichnete und nicht, wie sonst üblich, umschrieb, sollte vermutlich die Tatsache unterstreichen, daß der Kongreß nicht darauf reagierte, obwohl es sich um ein Verbrechen handelte. Außerdem wurden in dem Bericht Agentenmeldungen aus West-Berlin zitiert, denen zufolge die MGB-Bemühungen bei einigen Mitgliedern der Freiheitlichen Juristen ebenso wie bei den Führern anderer antisowjetischer Organisationen in Berlin Verwirrung und Panik ausgelöst hatten. Wie hoch angesiedelt dieser Fall war, wird von der Tatsache illustriert, daß neben den Hauptempfängern Molotow, Malenkow, Berija und Bulganin auch Wyschinski eine Kopie des Berichts erhielt.

Im Gegensatz zu dem vom MGB entworfenen Bild verlief der Juristenkongreß ohne Störungen. Zwar nahm der westdeutsche Justizminister Thomas Dehler nicht an der Eröffnung teil, aber er schickte einen Vertreter nach Berlin, und sowohl Ernst Reuter als auch sein Justizsenator waren unter den Gästen. Tatsächlich boten die sowjetischen Aktionen Erdmann einen willkommenen Anlaß für eine Rundfunkansprache an die Bevölkerung der DDR. Darüber hinaus nahmen die Kongreßteilnehmer mit überwältigender Mehrheit eine Resolution an, in der die Entführung Linses verurteilt wurde.[40] In der Öffentlichkeit hatten der Kongreß und die Freiheitlichen Juristen, wie die damalige Berichterstattung der Presse zeigt, durch die Affäre sogar noch an Ansehen gewonnen.

Die Vereinigten Staaten, aus deren Sektor Linse entführt worden war, hielten den Fall und damit die Sache der Freiheitlichen Juristen im Bewußtsein der Öffentlichkeit, indem sie die Sowjets unter Druck setzten und jeden Protest samt anschließendem Dementi bekanntmachten. In dem bereits zitierten MGB-Bericht vom 11. August 1952 heißt es im letzten Absatz interessanterweise: »Hinsichtlich der Proteste gegen die geheime Verbringung Linses, die vom Kommandanten des US-Sektors von Berlin, Generalmajor Lemuel Matheson, und dem amerikanischen Hohen Kommissar in Deutschland, McCloy, vorgebracht wurden, haben die DDR-Behörden entschieden, den Fall Linse in einem geschlossenen Gerichtsverfahren zu untersuchen.«[41] Das Presseinteresse an dem Fall verebbte jedoch nicht. Am 11. Dezember wurde gemeldet, daß die Sowjets ein Lebensmittelpaket und einen Brief, die der neue amerikanische Hochkommissar, Walter J. Donnelly, an Linse geschickt hatte, mit dem Hinweis zurückgesandt hatten, der Aufenthaltsort des Adressaten sei unbekannt.[42]

Es ist nicht überraschend, daß diese Operation zwar von den Sowjets initiiert, aber von einer ostdeutschen Gruppe ausgeführt wurde. Deren Methoden im Fall Linse sowie bei früheren Entführungen wurden von der Berliner Polizei aufgedeckt.[43] Interessant an den MGB-Berichten vom 11. August und 18. Dezember ist, daß jede direkte sowjetische Beteiligung geleugnet und die ganze Angelegenheit als MfS-Initiative behandelt wurde. Die Beteiligung der Sowjets ist jedoch belegt. Auf der ersten Seite des Berichts vom 11. August befindet sich der Vermerk: »An Deriabin, 19. August«, und auf der letzten Seite wird der Adressat darauf aufmerksam gemacht, daß dieser Bericht Telegramme des Berliner KGB-Apparats vom 20., 22. und 30. Juli zusammenfasse. Nachdem er 1954 in den Westen übergelaufen war, versicherte Pjotr Deriabin, daß er als Führungsoffizier in der deutsch-österreichischen Abteilung des MGB den Fall Linse überwacht habe. Insofern verleihen die Vermerke in diesem MGB-Bericht seiner Aussage, die Linse-Operation sei dem Wunsch des MGB entsprungen, den Juristenkongreß in Berlin zu sabotieren, zusätzliche Glaubwürdigkeit.

Aussagen von Personen, die Linse im Gefängnis begegnet sind – darunter übrigens ein Flugblattverteiler der NTS –, haben sein Schicksal beleuchtet. Nach seiner Entführung wurde Linse in ein MfS-Gefängnis gesteckt, wo er bis Dezember 1952 verhört wurde. Anschließend kam er ins MWD-Gefängnis in Karlshorst, wo er als namenloser Gefangener behandelt wurde, um seine Identität geheimzuhalten. Gleichzeitig wurde ihm eine Vorzugsbehandlung zuteil, zu der zum Beispiel eine tägliche Zigarettenration gehörte. Bis zum Juni 1953 war das Protokoll seiner MWD-Verhöre angeblich auf über tausendeinhundert Seiten angewachsen.[44] Ihren

Niederschlag fanden diese Verhöre in dem Abschlußbericht, den General Kawersnew am 3. März 1953 MGB-Chef Ignatjew zukommen ließ. Er fand, daß es unklug sei, Linse weiter in einem sowjetischen Gefängnis in der DDR unterzubringen, und empfahl, die Ergebnisse der Verhöre dem Militärtribunal der GSWG zu übergeben. Dieses Gericht befand Linse nach kurzer Verhandlung für schuldig und verurteilte ihn zum Tode durch Erschießen.[45] In ihren Antworten auf die zahlreichen Anfragen zu Linses Verbleib wiesen die Sowjets jedoch jede Verantwortung von sich. Am 8. Juni 1960 schließlich teilte das Sowjetische dem Deutschen Roten Kreuz mit, daß Linse am 15. Dezember 1953 in einem Gefangenenlager gestorben sei. Tatsächlich war er an diesem Tag in der Moskauer Butirka, wohin er zwischenzeitlich verbracht worden war, erschossen worden.[46]

Rückblickend gesehen, markierte der Juristenkongreß von 1952 den Höhepunkt des Ansehens und der Wirksamkeit des Untersuchungsausschusses freiheitlicher Juristen. Selbst die Sowjets zollten ihm in Form der Linse-Entführung und der nachfolgenden Propagandakampagne auf ihre Weise Anerkennung. Bei BOB untersuchten Offiziere der Spionageabwehr mit Hilfe eigens nach Berlin entsandter Mitarbeiter der deutschen CIA-Mission die Sicherheitsaspekte der Linse-Entführung und ähnlicher Vorfälle. Die Freiheitlichen Juristen setzten ihre Tätigkeit mit Unterstützung der CIA fort, doch es traten bald Probleme auf, die zur schrittweisen Auflösung der Organisation führten. Einige dieser Probleme waren gewissermaßen ein Geburtsfehler des Projekts, andere entstanden aus der Beobachtung durch KGB und MfS, und wieder andere wurden von der CIA selbst heraufbeschworen.[47]

Die Freiheitlichen Juristen als paramilitärische Gruppe

Während der Koreakrieg zu einem Stellungskrieg wurde, blieb in Washington und im NATO-Hauptquartier die Sorge vor dem Ausbruch eines Ost-West-Konflikts in Europa virulent. In einer NSC-Direktive vom 23. Oktober 1951 wurde empfohlen, in sowjetisch kontrollierten Gebieten Widerstandszellen zu bilden und ihre Verfügbarkeit im Kriegsfall sicherzustellen.[48] Für die deutsche OPC-Station bedeutete dies, »ruhende« Kräfte in Ostdeutschland zu gewinnen – mit Funkgeräten ausgerüstete Geheimagenten, die außer im Kriegsfall inaktiv bleiben würden. Da dafür mit Vorliebe Kandidaten ausgewählt wurden, die sowohl eine »erwiesene Motivation« besaßen als auch mit den Verhältnissen in der DDR vertraut waren, fiel der Blick automatisch auf die Freiheitlichen Juristen.

Die Jahre 1952/53, als in Washington der Gedanke aufkam, die Freiheitlichen Juristen in paramilitärische Untergrundaktivitäten in Ostdeutschland einzubeziehen, waren wahrscheinlich nicht die beste Zeit, um eine Frage von solcher Bedeutung zu klären. Die CIA befand sich in einer umfassenden Reorganisation. Im Januar 1951 waren OSO und OPC einem stellvertretenden Direktor für Planungen (DDP) unterstellt worden, aber es dauerte bis zum August 1952, ehe beide Organisationen tatsächlich eine Einheit bildeten. Auch in Deutschland wurden beide Dienste zusammengeschlossen; in Berlin übernahm der BOB-Chef die Leitung der vereinigten operativen Abteilungen. Die frühere OPC-Einheit zog jedoch erst im Sommer 1954 vom Flugplatz Tempelhof nach Dahlem um.[49] Diese Veränderungen bedeuteten eine Verbesserung der Gesamtleitung der verdeckten Operationen der CIA, doch die Berliner OPC-Offiziere hatten den Eindruck, daß das OSO »gewonnen« hatte. Sie vermißten ihre bisherige Unabhängigkeit, und die Beziehungen zum neuen BOB-Chef waren eher locker.

In einem Memorandum vom 12. Mai 1952 legte Henry Hecksher, der in Washington auf Urlaub war, die Gründe dar, die dagegen sprachen, den Freiheitlichen Juristen paramilitärische Aufgaben zu übertragen. In Erinnerung an seinen eigenen Wunsch von 1950, den Ausschuß stärker für nachrichtendienstliche Aufgaben heranzuziehen, schrieb er, daß sich der OPC-Stationschef damals strikt gegen Aktivitäten gewandt habe, die »die Freien Juristen zu Unterstützern von Geheimdienstoperationen herabwürdigen«. Hecksher war überzeugt, daß die Organisation durch das geplante paramilitärische Unternehmen von ihrem eigentlichen Zweck, der Verfolgung staatlichen Unrechts in der DDR, abgebracht werden würde. Erdmanns Behauptung, die Freiheitlichen Juristen hätten in der DDR viertausend Anhänger, hielt Hecksher für Propaganda. Wichtiger aber war, daß Erdmann und seine Mitarbeiter seiner Ansicht nach weder von ihrer Ausbildung noch von ihrem Temperament her geeignet waren, jenes Maß an Disziplin und Sicherheit einzuhalten, das erforderlich war, um ein paramilitärisches Netzwerk auf feindlichem Territorium zu unterhalten. Schließlich merkte Hecksher an, daß die Verknüpfung eines neuen paramilitärischen Projekts mit den Freiheitlichen Juristen die sowjetischen und ostdeutschen Sicherheitsdienste förmlich zu intensiven Nachforschungen einlade. Warum, fragte er, sollte man bei einer derart heiklen Operation ein solches Risiko eingehen? Die gegnerischen Geheimdienste würden problemlos dazu übergehen können, die Freiheitlichen Juristen als paramilitärische Truppe zu verfolgen.[50]

Heckshers Worte erwiesen sich als prophetisch, doch das CIA-Hauptquartier beschloß, das paramilitärische Projekt den Freiheitlichen Juristen anzuvertrauen. Unglücklicherweise war das MGB von Linse bereits auf dieses Vorhaben aufmerksam gemacht worden. Tatsächlich beschäftigte sich General Kawersnew in seinem Abschlußbericht zum Fall Linse vom 3. März 1953 ausführlich mit der neuen, geheimen Einheit der Freiheitlichen Juristen.[51] Im Zuge der Säuberungen nach dem Aufstand vom 17. Juni 1953 wurde eine Reihe von Agenten aus dem Netzwerk des Untersuchungsausschusses verhaftet, die als Angehörige der Organisation Gehlen bezeichnet wurden. Die Verbindung zur Organisation Gehlen wurde zum Teil vermutlich deshalb hergestellt, weil sich der Chefagent, ein ehemaliger hochrangiger deutscher Marineoffizier, dem die Leitung des paramilitärischen Projekts anvertraut worden war, als Mitarbeiter der Organisation Gehlen entpuppte. Den Freiheitlichen Juristen warfen die ostdeutschen Medien Komplizenschaft bei dieser Operation vor. Bei BOB führte diese Beschuldigung zu einer weiteren umfangreichen Sicherheitsüberprüfung.[52] Nach Aussage eines früheren BOB-Führungsoffiziers hatten die für das Projekt zuständigen Offiziere der Berliner OPC-Einheit keine Vorstellung von der tödlichen Effektivität der sowjetischen und ostdeutschen Spionageabwehr. Das Netzwerk war in Dreierzellen organisiert worden, die theoretisch keinerlei Verbindung zueinander hatten. Wie ein Untersuchungsbericht von BOB nach dem Scheitern der Operation feststellte, hatten sich in Wirklichkeit aber fast alle Mitglieder der Zellen untereinander gekannt.

Trotz der negativen Presse, die sie nach dem Zusammenbruch des Agentennetzes in der DDR auch in Westdeutschland erhielten, arbeiteten die Freiheitlichen Juristen weiter. Aber sie standen von nun an unter strenger Beobachtung der DDR und zogen regelmäßig wiederkehrende Attacken der ostdeutschen Medien auf sich. Darüber hinaus konnte Horst Erdmann nicht nachweisen, daß er tatsächlich Rechtsanwalt war. 1957 schlug das CIA-Hauptquartier vor, ihm einen Ehrengrad verleihen zu lassen. In dem Memorandum, das diese Empfehlung enthält, wurde defensiv festgestellt, daß das ostdeutsche Regime diese Frage vorher noch nie angeschnitten habe, obwohl der Untersuchungsausschuß bereits seit acht Jahren tätig sei.[53] Wenig später war die ostdeutsche Duldsamkeit erschöpft. Am 25. Januar 1958 hielt die ostdeutsche Vereinigung Demokratischer Juristen Deutschlands in Ost-Berlin eine Pressekonferenz ab, in der die Freiheitlichen Juristen als kriminelle Organisation attackiert wurden: Ihr Anführer sei Hitlerjugendführer gewesen, habe Ort und Datum seiner Geburt gefälscht und sei nicht berechtigt, den Titel eines Doktors der Rechte zu tragen.[54] Eine Woche später, am 1. Juli, gab Erdmann seinen Rücktritt bekannt. Zur Begründung sagte er: »Ich hoffe, daß Verständnis dafür besteht, daß diese jahrelange zermürbende Arbeit von mir nicht mehr fortgeführt wird.«[55]

Das Presseecho in Westdeutschland war gemischt. Der *Spiegel* kommentierte vorsichtig: »Als ehemaliger HJ-Führer ohne jede juristische Qualifikation wäre Erdmann nicht zum Leiter des Untersuchungsausschusses freiheitlicher Juristen aufgestiegen.«[56] Die *Frankfurter Allgemeine Zeitung* dagegen schlug einen Ton an, der in der Bundesrepublik in der Folgezeit häufiger zu hören war. Dem Untersuchungsausschuß wurde zwar zugute gehalten, daß er viel Lobenswertes im Kampf gegen das »Unrecht als System« in der DDR getan habe. Aber der Explosivstoff habe von Anfang an darin gelegen, daß er zwar mit Deutschen besetzt, aber von Amerikanern finanziert worden sei. In Bonner Ministerien und im Westberliner Senat rege sich Widerstand dagegen, da weder Bundesregierung noch Senat eine Einflußmöglichkeit auf Inhalt und Taktik der Arbeit des Ausschusses besaßen. Der Artikel vermerkt weiter, daß die Zahl der Ostbesucher aufgrund der verschärften Sicherheitsmaßnahmen drastisch zurückgegangen und es schwieriger geworden sei, die Verbindung zu den Helfern in der DDR aufrechtzuerhalten. Dies habe zur Folge gehabt, daß der Ausschuß den Kontakt mit dem täglichen Leben in Ostdeutschland verloren habe und in immer größerem Umfang falsche, veraltete oder völlig bedeutungslose Meldungen und Artikel aus der ostdeutschen Presse verbreite.[57]

Den größten Einfluß hatten Gruppen wie die Freiheitlichen Juristen und die Kampfgruppe gegen Unmenschlichkeit in ihren Anfangsjahren, zwischen 1948 und 1953 beziehungsweise 1954. In dieser Periode, in der in der SBZ die totale sowjetische Herrschaft durch das vom größten Teil der Bevölkerung verachtete und vom Rest bestenfalls geduldete SED-Regime ersetzt wurde, war es noch möglich, sich frei im Land zu bewegen und ungehindert West-Berlin zu besuchen, ohne sich in Gefahr zu begeben. Unter diesen Umständen gediehen die Widerstandsgruppen, auch wenn sie der wachsenden Umklammerung durch den Staatssicherheitsdienst, die ihre Mitarbeiter gefährdete, wenig Beachtung schenkten. Doch schließlich hatten die Sowjets einen Polizeistaat geschaffen, der Untergrundorganisationen die Widerstandsarbeit in Ostdeutschland unmöglich machte.

II

DIE KRISENJAHRE

DER STAATSSICHERHEITSDIENST DER DDR

Der größte und bestausgerüstete Staatspolizeiapparat, den es jemals auf deutschem Boden gab, entwickelte sich aus bescheidenen Anfängen. Zum Ministerium für Staatssicherheit, üblicherweise Stasi genannt, konnte er nur dank der Unterstützung der Sowjets heranwachsen.[1] 1945/46 lastete die Verantwortung für die Sicherheit in der SBZ allein auf den Schultern der Opersektoren des MGB. Die von diesen angeworbenen Informanten waren überwiegend Deutsche, darunter viele Mitglieder der neu geschaffenen SED. Außerdem stützte sich das MGB auf die der SMAD-Verwaltung für Innere Angelegenheiten unterstehende Volkspolizei. Doch die Sowjets beschlossen bald nach dem Krieg, einen ostdeutschen Staatssicherheitsdienst nach dem Vorbild der sowjetischen Geheimpolizei aufzubauen. Diese Geheimpolizei sollte sowohl für die innere Sicherheit in Ostdeutschland zuständig sein als auch einen Auslandsnachrichtendienst unterhalten.

Im August 1947 betraute die SMAD die politische Geheimpolizei der ostdeutschen Kriminalpolizei, die Kommissariate 5 (K 5), mit dem »Kampf gegen verbrecherische Aktivitäten der Feinde der neuen demokratischen Ordnung«. Angeleitet wurden die K 5 dabei von den MGB-Vertretungen in Ost-Berlin und den Landeshauptstädten. Später arbeiteten viele K-5-Angehörige beim Aufbau des MfS mit und übernahmen Spitzenpositionen im neuen Staatssicherheitsdienst. 1949 wurden die K 5 der Hauptverwaltung zum Schutz der Volkswirtschaft im Innenministerium der DDR unterstellt, deren Chef Erich Mielke war.[2] Der von den Sowjets geplante Staatssicherheitsdienst sollte »Schwert und Schild der Partei« werden. Um diese Aufgabe erfüllen zu können, wurden Abteilungen zur Überwachung von Eisenbahn und Wasserwegen sowie eine für Berlin zuständige Zentrale und mehrere Einheiten in der SBZ aufgebaut, für die 2950

Personen eingestellt wurden, von denen 1535 den operativen Stab bildeten.[3]

Hauptkriterium bei der Auswahl der Mitarbeiter war die politische Zuverlässigkeit. Ein Teil von ihnen kam aus den Reihen der SED, andere hatten zum Kreis der erprobten MGB-Agenten gehört. Personen aus anderen politischen Parteien oder Organisationen galten als ungeeignet. Die sogenannten bürgerlichen Parteien, CDU und LDP, waren nichts anderes als schmückendes Beiwerk des neuen Regimes. Am 6. Oktober 1949 nahmen fünf Landesabteilungen die Arbeit auf, während die Zentrale, die auch für Berlin zuständig war, noch im Aufbau begriffen war. Grund für diese Verzögerung dürfte die besondere Problematik der Aufgabe gewesen sein, die sie in der Stadt zu erfüllen hatte.

Die Wahl eines Chefs

Angesichts der politischen Bedeutung der Wahl des Chefs des ostdeutschen Staatssicherheitsdiensts gingen die Sowjets besonders vorsichtig vor. Gegen Mielke, der als erster für den Posten in Frage zu kommen schien, bestanden offenbar Vorbehalte. In einem Brief an Stalin und das Politbüro schilderten Generaloberst Wassili Tschuikow, Oberbefehlshaber der GSWG und Chef der Sowjetischen Kontrollkommission, und sein politischer Berater Wladimir Semjonow Mielkes Werdegang.[4] Sie führten seine frühe KPD-Mitgliedschaft an, verwiesen auf das Exil in der UdSSR und die Zeit bei den Internationalen Brigaden im Spanischen Bürgerkrieg, nach der er in Frankreich interniert worden war. Als die Deutschen in Frankreich einmarschierten, sei er »angeblich geflohen. Die Länge seines Lageraufenthalts und das Datum seiner Flucht sind jedoch unbekannt.« Das nächste, was man von ihm wisse, sei, daß er 1944 von den Deutschen festgenommen worden sei und nach seiner Haft bis zum Kriegsende in der Organisation Todt gedient habe. Im Mai 1945 habe er die amerikanische Zone verlassen und sei im Juni in Berlin eingetroffen.

Möglicherweise hat Mielke die unbelegte Zeit geschadet, die er nach dem Spanischen Bürgerkrieg im Westen verbrachte. Aus sowjetischer Sicht ergab sich die größte Schwierigkeit bei der Schaffung des ostdeutschen Staatssicherheitsdienstes aus der Begrenztheit der Personengruppe, die als Mitarbeiter in Frage kam. Bis Anfang Mai 1949 hatten MGB-Offiziere gemeinsam mit den Leitern der neuen deutschen Abteilungen 6670 Bewerber unter die Lupe genommen. 5898 oder 88 Prozent von ihnen waren aus verschiedenen Gründen als ungeeignet aussortiert worden: weil sie nahe Verwandte oder andere Kontakte in West-Berlin oder Westdeutschland hatten, in britischer, amerikanischer oder französischer Kriegsgefangenschaft gewesen waren oder in Jugoslawien gekämpft hatten, wo sie mit dem abtrünnigen Tito zusammengekommen sein konnten. Die Nichtexistenz westlicher Verbindungen und Einflüsse blieb auch in der weiteren Entwicklung des MfS ein wichtiges Kriterium. Es erschwerte zwar die Rekrutierung, gewährleistete aber langfristig einen hohen Grad an Sicherheit.[5]

Die Sowjets fanden in Wilhelm Zaisser, dem sächsischen Innenminister und Leiter der Hauptverwaltung Bereitschaftspolizei im DDR-Innenministerium, einen genehmen Kandidaten für den Posten an der Spitze des MfS. Sein Ruf als Kommunist war untadelig. KPD-Mitglied seit 1919, war er einer der militärischen Leiter der sogenannten Roten Ruhrarmee gewesen und hatte später als Zeitungsredakteur im Ruhrgebiet gearbeitet, bevor er 1924 die militärpolitische Schule der Komintern in Moskau besuchte. Anschließend war er als Parteifunktionär in Deutschland, China und der Tschechoslowakei tätig. 1932 wurde er Mitglied der KPdSU und arbeitete als Dolmetscher an der Kominternschule. Nachdem er sich als »General Gómez« im Spanischen Bürgerkrieg einen legendären Ruf erworben hatte, kehrte er in die UdSSR zurück und nahm 1940 die sowjetische Staatsbürgerschaft an. Während des Zweiten Weltkriegs diente er als Lehrer an Antifa-Schulen in Kriegsgefangenenlagern. 1947 wurde er nach Deutschland geschickt, wo er sich als »selbstbeherrschter, entschlossener Mensch« erwies. Der Bericht des Berliner MGB-Residenten schloß mit der Einschätzung: »Zaisser ist der geeignetere Kandidat für den Posten des Ministers für Staatssicherheit. Mielke kann als stellvertretender Minister bleiben.«[6]

Es ist kaum überraschend, daß die sowjetische Führung der SED in einer derart wichtigen Frage die Entscheidung abnahm. Die Berichte vom Januar/Februar 1950 bieten ein detailliertes Bild des Prozesses, in dem solche Entscheidungen getroffen wurden. Den beteiligten sowjetischen Repräsentanten war bekannt, wieviel Vertrauen Stalin dem SED-Führer Wilhelm Pieck entgegenbrachte, und wenn Zaisser der Wunschkandidat

Piecks war, dann sollte er eben den Posten haben. In den folgenden Jahren sollte sich das »Mielke-Problem« – die Frage, ob die Sowjetunion noch die volle Kontrolle über den ostdeutschen Staatssicherheitsdienst besaß – immer wieder in der einen oder anderen Form stellen.

Geheimdienst und Partei

Kaum hatte Zaisser das Amt des Staatssicherheitsministers angetreten, als ein anderes Problem auftauchte, das über die Beziehungen zwischen MGB und KI hinaus die umfassendere Frage aufwarf, in welchem Maß sowjetische Nachrichtendienste Mitglieder ausländischer kommunistischer Parteien als Quelle nutzen durften. Im Oktober 1950 beschloß die SED-Führung, das Informationsnetz der Partei dem MfS zu übergeben, das dabei war, eine Gegenspionageorganisation in Westdeutschland aufzubauen. Für das KI war dieses Informationsnetz aus führenden KPD-Funktionären in ganz Westdeutschland von grundlegender Bedeutung, da es von ihm einen Großteil seiner politischen, wirtschaftlichen und militärischen Informationen über die Bundesrepublik erhielt.[7] Wenn es nun dem MfS unterstellt wurde, verlöre das KI eine seiner Hauptquellen. KI-Chefresident Iljitschow fragte deshalb bei seinem MGB-Kollegen an, ob Zaisser überredet werden könne, die Durchführung der SED-Direktive hinauszuzögern. Er erhielt zur Antwort, daß die Nutzung von Parteiquellen in Westdeutschland gefährlich sei, weil die Verbindung zwischen KPD und KI bekannt werden und den westdeutschen Behörden als Vorwand dienen könnte, die Partei zu verbieten.

Dieses Problem war nicht auf Deutschland begrenzt. In Österreich waren nach dem Verbot der Zusammenarbeit mit Parteimitgliedern angeblich siebzig Prozent der Mitglieder der Österreichischen KP, die MGB-Agenten gewesen waren, fallengelassen worden. Dasselbe galt für andere Länder: Moskau hatte die Residenturen angewiesen, nur im äußersten Notfall an die Führer der jeweiligen kommunistischen Partei heranzutreten. Man wollte verhindern, daß man noch einmal einen Schlag erhielt wie in den USA, wo das Agentennetz hauptsächlich aus Mitgliedern der kommunistischen Partei bestanden hatte und nach dem Krieg fast vollständig aufgerollt worden war.[8]

Unterdessen ging der Aufbau des MfS unter Aufsicht des neuen MGB-Repräsentanten in Deutschland, General Kawersnew, weiter. Im Februar 1952 legte er seinem Minister einen Bericht über die Fortschritte des MfS in bezug auf Führung, Personal und Aktivitäten vor. Laut Plan sollte das MfS 1952 auf eine Personalstärke von 11 899 Mitarbeitern kommen, davon 5780 operative Offiziere, doch bis zum 20. Februar hatte es erst dreiundvierzig Prozent seiner Sollstärke erreicht. Sowohl beim MGB in Karlshorst als auch bei den Opersektoren in den Landeshauptstädten waren Ausbildungseinrichtungen geschaffen worden, in denen die MfS-Mitarbeiter lernten, wie man Agenten rekrutierte und ausbildete, Agentenakten anlegte und Agentennetze führte. Gleichzeitig waren die sowjetischen Ausbilder an Agentenoperationen gegen Ziele beteiligt, für die offensichtlich das MfS verantwortlich war.[9]

Selbständige Agentenoperationen oder Ermittlungen gegen westliche Spionageorganisationen und feindliche Gruppen wurden den Ostdeutschen nicht anvertraut. Dies blieb die Domäne des MGB. Zudem besaß das MfS nicht die volle Kontrolle über seine Abteilungen in den Landeshauptstädten, da diese den dortigen MGB-Opersektoren Bericht erstatteten. Die Folge war, daß die Deutschen das Interesse und die Initiative verloren. Als sich einige MfS-Offiziere über diesen Zustand beklagten, gestanden die Sowjets dem MfS eine begrenzte und überwachte operative Eigenständigkeit zu, um, so Kawersnew, »die Entwicklung der kreativen Initiative unter den deutschen Offizieren zu fördern und die Rolle des DDR-Ministeriums zu stärken«. Im übrigen bereite das MfS »auf unsere Anweisung eine Reihe von Direktiven zur Intensivierung des Kampfs gegen Spionage, Diversion, Terror und Untergrundformationen vor«.[10] Trotz des guten Willens und des Vertrauens ins MfS, die er in diesem Telegramm ausdrückte, machte Kawersnew deutlich, daß die sowjetischen Ausbilder weiterhin vertrauliche Verbindungen zu Angehörigen des ostdeutschen Staatssicherheitsdienstes pflegen und unter den frisch Angeworbenen neue Kontakte knüpfen würden.

Die Beobachtung der SED und der DDR-Regierung war in dieser Zeit übliche Praxis. Begonnen hatte die Infiltration bereits wesentlich früher, als KPD-Funktionäre auf der Flucht vor Hitler in Moskau Asyl gesucht hatten. Es kann daher nicht verwundern, daß die Sowjets besondere Beziehungen zu Angehörigen der Partei- und Staatsführung der DDR besaßen. Diese Informanten hielten ihre Verbindung zum MGB in der Regel geheim, es sei denn, Ulbricht und seine Gefolgsleute im ZK der SED erfuhren davon. Von den Sowjets wurden diese Quellen eher als gute Freunde und weniger als Agenten angesehen, doch sie trugen dazu bei, daß das MGB und später der KGB nicht von Entwicklungen in der DDR überrascht wurde. Hoch angesiedelte Quellen in der SED informierten das MGB zum Beispiel über die explosive Stimmung, die im Winter 1952/53 in der DDR herrschte. Allerdings waren solche Informationen für die Sowjetführung nicht immer Anlaß zu entschiedenem Handeln. In diesem Fall änderte Ulbricht auf Drängen der Sowjetunion widerstrebend seinen Kurs, doch es war zu spät, um den Aufstand vom 17. Juni 1953 zu verhindern.

Die Lage im MfS war noch alles andere als zufriedenstellend. Im September 1952 stellten sowjetische Berater, laut Kawersnew, »ernste Mängel« fest. Aufgrund unzureichender operativer Vorbereitung und der Unzulänglichkeit des deutschen Stabes komme man bei der Infiltration gegnerischer Nachrichtendienste und feindlicher Zentren in Westdeutschland nur langsam voran. Die Qualität der Recherchen leide unter der Unerfahrenheit der Agenten. Auswahl und Ausbildung der operativen Kader seien ungenügend. Sogar die Parteiorganisation der SED sei dem neuen Staatssicherheitsdienst keine große Hilfe. Außerdem beklagte sich Kawersnew über die MGB-Berater und empfahl, besser qualifizierte Tschekisten an ihre Stelle zu setzen, insbesondere bei den MfS-Abteilungen für Nachrichten, Spionageabwehr, Industrie, Transport und operativ-technische Dienste.[11]

Im Dezember 1952 setzte Kawersnew den amtierenden Staatssicherheitsminister Sergej Ogolzow über den aktuellen Stand der Entwicklung des MfS ins Bild. Vor allem die operativen Erfolge waren beeindruckend. 1952 waren insgesamt 2625 Personen festgenommen worden, von denen 599 als Spione galten. Außerdem standen in West-Berlin und Westdeutschland fünfunddreißig sogenannte Spionage- und antisowjetische Zentren sowie die von ihnen geschaffenen Untergrundorganisationen in der DDR unter ständiger Beobachtung. 604 Agenten dieser Organisationen waren verhaftet worden, und man hatte versucht, mehrere ihrer Führer zu kidnappen. Aufgrund dieser Erfolge konnten zwischen Januar und November sechzehn Schauprozesse gegen »feindliche Spione, Diversionisten und Terroristen« durchgeführt werden.[12]

Im März 1953 trat wieder ein negatives Urteil an die Stelle der für einen Jahresbericht obligatorischen positiven Einschätzung. In einem Bericht vom 9. März stellte Kawersnews Stellvertreter fest, daß der operative Stab des MfS aufgrund unzureichender Ausbildung, mangelnder Erfahrung und schlechter politischer Vorbereitung nicht in der Lage sei, mit den wachsenden operativen Aufgaben Schritt zu halten, und dies in einer Situation, in der aufgrund »der Verschärfung des Klassenkonflikts in der DDR und der Zunahme der Aktivitäten imperialistischer Nachrichtendienste und feindlicher Untergrundbewegungen« ein funktionierender ostdeutscher Staatssicherheitsdienst dringend gebraucht werde. Schwierigkeiten bereitete dem MfS namentlich die Anwerbung von Informanten in der Intelligenz, die für die Sowjets von besonderem Interesse war. Die SED überstellte dem MfS deshalb 239 Mitglieder mit Hochschulabschluß. Aber viele dieser besser ausgebildeten SED-Mitglieder hatten Verwandte im Westen oder waren aus einem anderen Grund nicht geeignet. Bis zum 10. März hatten nur sechs Kandidaten die Arbeit aufgenommen.[13]

Die Moral in der Volkspolizei war noch nie so niedrig gewesen wie in dieser Periode. Das MGB meldete, daß 1952 über tausend Angehörige der paramilitärischen Volkspolizei-See und Volkspolizei-Luft sowie 320 Grenzpolizisten nach West-Berlin und Westdeutschland desertiert seien. Im Januar und Februar 1953 hatten sich weitere 492 Angehörige dieser Einheiten abgesetzt.[14] In den Augen des MGB waren diese Überläufer ungefestigte junge Männer, die der Belastung durch den Militärdienst nicht gewachsen waren und den Einflüssen und der Propaganda des Feindes nicht standgehalten hatten. Die ostdeutschen Behörden hatten sich im Kampf gegen diese Einflüsse als extrem schwach erwiesen. Um den negativen Folgen für die militärische Disziplin entgegenzuwirken, hatte man zwar auf Drängen des MfS eine Reihe von Polizeibeamten aus dem Dienst entlassen, aber die Stasi blieb für ihre sowjetischen Berater eine Enttäuschung.

»Mischa« Wolf und das IWF

Für einen Nachrichtendienst, der einmal seine sowjetischen Lehrmeister in Tiefe und Breite der Infiltration der westdeutschen Regierung überflügeln sollte, waren die Anfänge wenig spektakulär. Tatsächlich hat er seine Entstehung möglicherweise einem Streit zwischen den Berliner Residenturen von MGB und KI über die Nutzung verschiedener Quellen zu verdanken. Das KI stand jedenfalls unter Druck, einen ostdeutschen Auslandsnachrichtendienst zu schaffen. Der sowjetischen Direktive für seine Schaffung zufolge sollte die Berliner KI-Residentur aber weiterhin eigene Operationen gegen den Hauptfeind – die USA – durchführen, Informationen über die westdeutsche Regierung und die politischen, wirtschaftlichen und wissenschaftlich-technischen Institutionen der Bundesrepublik sammeln sowie über Drittländer aufklären.

Das Hauptziel des neuen Nachrichtendienstes war von Anfang an klar: die Aufklärung über die »innenpolitische und wirtschaftliche Lage in Westdeutschland; ... die Aktivitäten der Bonner Regierung und ihrer Ministerien, des Bundestages, des Bundesrates; ... die führenden Organe der bürgerlichen und sozialdemokratischen Parteien; die wissenschaftlich-technischen Zentren und Laboratorien; und die Kirchen und andere gesellschaftliche Organisationen«. Es verstand sich von selbst, daß das KI von seinem ostdeutschen Zögling nicht erwartete, seine Informationen aus den Zeitungen zu gewinnen, sondern vielmehr dadurch, daß er unter dem Personal der Zielinstitutionen Agenten anwarb. Schließlich sollte der neue Dienst sein Agentennetz in Westdeutschland dazu nutzen, »Licht auf die Politik der westlichen Besatzungsmächte zu werfen«.[15]

Die Verantwortung für die personelle Besetzung des neuen Nachrichtendienstes wurde »Genossen Akimow« übergeben. Akimow war der Deckname von Andrej G. Grauer, einem höheren Offizier des sowjetischen Auslandsnachrichtendienstes, der als NKWD-Verbindungsoffizier beim OSS in Washington im Gespräch gewesen war. Grauer hatte unter anderem den Auftrag, bei der Sowjetischen Kontrollkommission eine Tarnung für die KI-Vertreter zu schaffen, die mit dem ostdeutschen Dienst zusammenarbeiten würden. Unterstützt wurde Grauer von Alexander Korotkow, der nach Berlin geschickt worden war, um die Kooperation Ulbrichts sicherzustellen, den er seit vielen Jahren kannte. Das KI wollte kein Risiko eingehen, obwohl die Wahl Grauers bei aller Erfahrung, die er besaß, merkwürdig erscheint. Er war im Mai 1951 als Mitglied einer Inspektionsgruppe in Wien gewesen, wo zwischen den Residenturen von MGB und KI Probleme aufgetaucht waren, und hatte Fedotow, dem Chef der Gruppe, eines Morgens beim Frühstück erklärt, er sei vom britischen Nachrichtendienst rekrutiert worden. Fedotow ließ sich die Sache genauer erklären und kam zu dem Schluß, daß Grauer unter Wahnvorstellungen litt. Grauer wurde nach Moskau ausgeflogen, unterzog sich einer psychologischen Behandlung und trat nach seiner Genesung den Posten in Berlin an, auf dem er bis November 1952 blieb. Nachdem er nach Moskau zurückgekehrt war, erlitt er einen Rückfall und mußte aus dem Dienst ausscheiden.

Die Gründung des ostdeutschen Auslandsnachrichtendienstes wurde ebensowenig bekanntgegeben wie die des KI. Amtlich, wenn auch geheim, war er der Außenpolitische Nachrichtendienst der DDR, mit Anton Ackermann, Kandidat des Politbüros der SED und Staatssekretär im Außenministerium, als erstem Chef. Offiziell jedoch firmierte er, als weitere konspirative Finesse und um den Mitarbeitern eine zusätzliche Tarnung zu geben, als Institut für Wirtschaftswissenschaftliche Forschung (IWF).

Das erste Treffen zwischen Grauers Gruppe und den deutschen »Freunden« fand Anfang September 1951 in einem sicheren Haus in Berlin-Bohnsdorf statt. Auf deutscher Seite nahm neben Ackermann auch der künftige Chef des ostdeutschen Auslandsnachrichtendienstes teil, der damals achtundzwanzigjährige Markus »Mischa« Wolf.[16] Nach Hitlers Machtantritt war er mit seinen Eltern nach Moskau emigriert, wo er fließend Russisch gelernt und schließlich die sowjetische Staatsbürgerschaft angenommen hatte. Während des Zweiten Weltkriegs arbeitete er für den Deutschen Volkssender in Moskau. Nachdem er 1945 als sowjetischer Soldat nach Deutschland zurückgekehrt war, trat er eine Stelle beim Berliner Rundfunk an und wurde im November 1945 als Berichterstatter zum Nürnberger Prozeß geschickt. Im Oktober 1949 wurde er an die DDR-Mission in Moskau berufen. Dort blieb er, bis er im Sommer 1951 ins neu gegründete IWF wechselte.[17]

Nach dem Treffen in Bohnsdorf begann man damit, den neuen Nachrichtendienst buchstäblich aus dem Nichts aufzubauen. Die Personalabteilung des ZK der SED durchforstete die Mitgliederkartei nach geeigneten Kandidaten. Im November wurde ein junger Mann, der damals in der Devisenabteilung einer Ostberliner Bank arbeitete, zu einem Gespräch ins ZK bestellt. Er muß einen guten Eindruck hinterlassen haben, denn kurz darauf wurde er aufgefordert, sich beim IWF zu melden, dessen wahren Zweck er erst jetzt kennenlernte – nicht nur er, denn dieser neue Geheimdienstoffizier war trotz seiner ausgezeichneten Beglaubigungen ein Informant von BOB.[18]

Aufgrund der Informationen aus dieser Quelle war BOB in der Lage, die Wahrheit hinter der Tarnung dieses geheimnisvollen Instituts zu erkennen und den methodischen Aufbau der Infrastruktur zu verfolgen, die es für künftige Operationen in Westdeutschland benötigte. BOB war die erste westliche Geheimdiensteinheit, der es gelang, das IWF zu knacken. Der Wert des Informanten war unübersehbar, und BOB forderte ihn auf, »hinsichtlich des Materials, das er liefert, eine starke Auswahl zu treffen und kein Risiko einzugehen, um Informationen zu erhalten, die ihm normalerweise nicht zugänglich sind«. Man hoffte, dieser »Halb-Schläfer-Status« würde ihn ermutigen, an seinem Platz zu bleiben.[19] Doch er hatte andere Pläne, insbesondere die Flucht in den Westen. Seine Familie drängte ihn, die DDR zu verlassen, und je mehr er begriff, wie todernst das Spionagegeschäft des IWF war, desto ängstlicher wurde er. Seine Besorgnis wuchs weiter an, als Markus Wolf im Dezember 1952 die Führung übernahm und die Sicherheitsmaßnahmen verschärfte. Gegen Ende seiner Zeit beim IWF schien der Informant trotz seiner Entschlossenheit, soviel wie möglich über den neuen Nachrichtendienst in Erfahrung zu bringen und weiterzuleiten, dem Zusammenbruch nahe. BOB begriff, daß es Zeit war, ihn herauszuholen.[20]

Das IWF bestand zunächst aus vier Abteilungen, denen jeweils ein sowjetischer Berater beigeordnet war. Die Erste Abteilung war für die Infiltration von Regierungsstellen und politischen Parteien in West-Berlin und Westdeutschland zuständig, die Zweite für die Entwicklung von Quellen in der westdeutschen Industrie, die Dritte war die Informations- oder Berichtsabteilung, die Vierte schließlich die technische Abteilung. Später kamen – ebenfalls von sowjetischen Beratern unterstützt – eine Abteilung für wissenschaftlich-technische Informationen und eine Gegenspionageeinheit hinzu. Aufgabe der Gegenspionage war es, die Westberliner Polizei sowie die Sicherheits- und Nachrichtendienste der Westmächte und der Bundesrepublik zu unterwandern. Erster Chef dieser Abteilung wurde Gustav Szinda, ein alter KPD-Genosse und Ruhrkämpfer mit proletarischer Herkunft. Sein Stellvertreter wurde Markus Wolf.[21]

Als Auslandsnachrichtendienst und Spionageabwehr der Sowjetunion nach der Auflösung des KI Ende 1951 der Auslandsverwaltung des MGB unterstellt wurden, wirkte sich dies kaum auf das IWF aus. Es war von der Deutschlandabteilung des KI geführt worden, und als diese dem MGB einverleibt wurde, blieben die Berliner Berater auf ihren Posten. Im Dezember 1952 trat Wolf die Nachfolge Ackermanns an der Spitze des

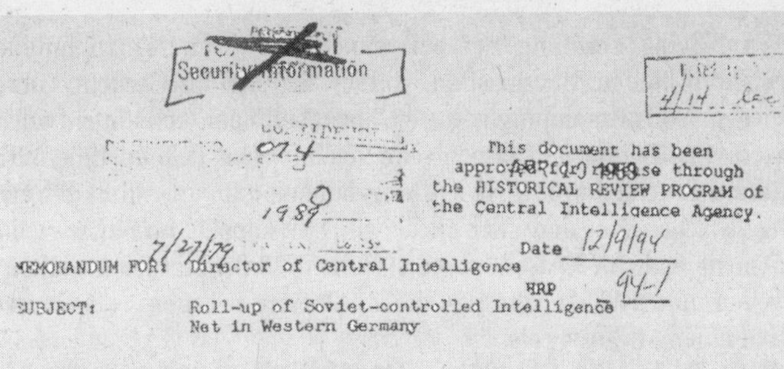

Security Information

This document has been approved for release through the HISTORICAL REVIEW PROGRAM of the Central Intelligence Agency.

Date 12/9/94

HRP 94-1

MEMORANDUM FOR: Director of Central Intelligence

SUBJECT: Roll-up of Soviet-controlled Intelligence Net in Western Germany

1. For the last two weeks, personnel of our German Mission have been cooperating closely with the West German Office for the Protection of the Constitution (Verfassungsschutz) in preparing the roll-up of a large net of agents in West Germany, controlled by the Soviet-controlled positive intelligence service of the East German Government. The roll-up began today and has already resulted in the arrest of at least thirty-four persons. More arrests are expected.

2. The Soviet Zone intelligence service, with the cover name Institut fuer Wirtschaftswissenschaftliche Forschung and offices in Berlin, was set up a year and a half ago for the purpose of conducting political, scientific, military, and economic espionage against Western Germany. Staffed with trusted SED men, controlled by Russian advisors, and headed for a time by Anton Ackermann, SED-stalwart, the IWF has assessed hundreds of people in East and West Germany as possible agent material and has dispatched a number of agents to Western Germany. The organization is also believed to run economic warfare and political action type operations in West Germany. Although other agencies suspected the role of the IWF, none had more than the sketchiest information on it.

3. For the past year, Berlin Operations Base has run a penetration of the IWF at a good level and collected voluminous documentary information on its aims, staffing, methods, training, and agent personnel. For security reasons, none of this data was given to other Allied or German agencies.

4. Our source in the IWF was scheduled to defect in early April 1953 and he came out safely with his immediate family and eight other relatives on 4 April. Two weeks before we had taken the German Government into our confidence and begun briefing them in detail on the IWF's operations. All necessary preparations for

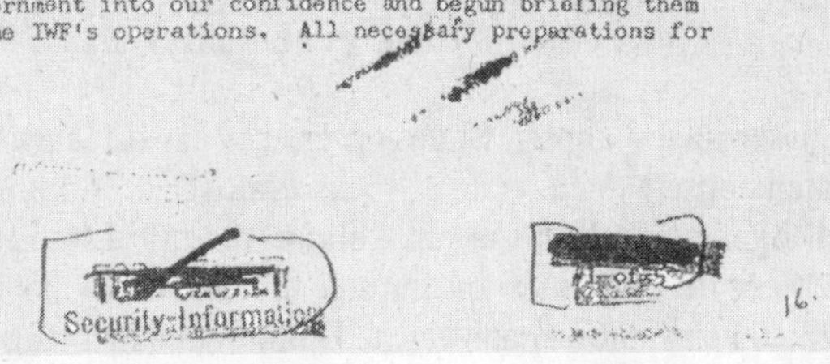

Security Information

Memorandum von Richard Helms, amtierender DDP, an DCI Allen Dulles, 10. April 1953, über die Aushebung des sowjetischen Agentennetzes in Westdeutschland.

IWF an. Seine Berufung rief bei manchen, die ihn für zu jung und unerfahren hielten, Überraschung hervor. Es ging das Gerücht, Ulbricht sei gegen Wolfs Ernennung gewesen, aber Wolf habe Ackermann und die sowjetischen Berater auf seiner Seite gehabt.[22] Das IWF blieb dem SED-Politbüro unterstellt, obwohl es Bestrebungen gab, jede direkte Verbindung zwischen ihm und dem ZK der SED zu kappen. So durfte sich das IWF nicht mehr auf das ZK berufen, um DDR-Bürger zur Mitarbeit zu bewegen, und IWF-Angehörige, die ZK-Papiere besaßen, erhielten statt dessen einen MfS-Ausweis.[23]

Stalins Tod am 5. März 1953 war für die gläubigen Parteimitglieder im IWF ein schwerer Schlag, wie BOBs Agent berichtete. Für den 7. März, vierzehn Uhr, wurde eine Sondersitzung des IWF-Personals mit dem sowjetischen Beraterstab einberufen. Die Berater diskutierten fast zwei Stunden hinter verschlossenen Türen mit Markus Wolf, bevor dieser gegen vier Uhr die Sitzung eröffnen konnte. Er übermittelte den IWF-Mitarbeitern die sowjetische Bitte, ihnen jegliche Information mitzuteilen, die darauf hinwies, daß der Westen seinen Vorteil aus Stalins Tod zu ziehen und eine Provokation gegen die UdSSR zu unternehmen gedachte. Besonders besorgniserregend war die Meldung, daß der Westberliner Senat die Alliierten gebeten hatte, mehr Militärtransportmaschinen bereitzustellen, um DDR-Flüchtlinge aus der Stadt auszufliegen. Die Sowjets befürchteten, daß durch diese Flüge eine militärische Aktion gegen die DDR getarnt werden sollte. Die Besorgnis über diese Möglichkeit sollte die IWF-Aktivitäten noch mehrere Wochen beherrschen.[24]

Vulkan – die Feuerprobe des IWF

In dieser angespannten Situation erlebte der ostdeutsche Auslandsnachrichtendienst seinen ersten Rückschlag. Der Termin des Abzugs des BOB-Agenten im IWF war auf Anfang April 1953 festgesetzt worden, und am 4. April verließ er zusammen mit seiner vielköpfigen Familie die DDR. Bei sich hatte er zahlreiche Dokumente über Angehörige, Operationen und Budget des IWF. Zwei Tage später sah sich das IWF unerwartet mit der Verhaftung von mehr als fünfunddreißig seiner Agenten konfrontiert. Die westdeutsche Regierung gab die Verhaftungen voller Stolz auf einer Pressekonferenz in Bonn bekannt, doch obwohl das neu geschaffene Bundesamt für Verfassungsschutz (BfV) das Verdienst an der Operation mit dem Decknamen »Vulkan« für sich in Anspruch nahm, stammte das entsprechende Material von BOB.[25] Den ostdeutschen Auslandsnachrichtendienst traf die Affäre schwer, insbesondere weil mehrere der festgenommenen Agenten mit dem Interzonenhandel zu tun hatten, der für die ostdeutsche Wirtschaft zunehmend an Bedeutung gewann. Außerdem identifizierte der *Spiegel* zum ersten Mal Markus Wolf als Chef des IWF.[26]

Die Entscheidung, nach der Flucht des BOB-Informanten das IWF-Netz in Westdeutschland aufzurollen, war nicht leicht gewesen. Man wußte, daß sich das IWF noch im Aufbau befand; die meisten Agenten waren noch dabei gewesen, ihre Tarnung zu vervollkommnen, und hatten wenig unternommen, um Informanten anzuwerben. Viele der Verhafteten mußten wieder freigelassen werden, da sie noch keine Spionage betrieben hatten. Dennoch war das IWF ein ernstzunehmender Nachrichtendienst, der sich besonders Wirtschaftszielen widmete und den Interzonenhandel zum einen als Tarnung und zum anderen als Zugang zu seinen Zielen nutzte. Seine Ausbildungsprogramme deuteten ebenso wie die Lageberichte darauf hin, daß das IWF auf dem besten Weg war, zu einem Geheimdienst nach sowjetischem Vorbild zu werden.[27]

Die Untersuchung der Vulkan-Affäre war noch im Gange, als am 17. Juni 1953 der Arbeiteraufstand in Ost-Berlin die glatte Oberfläche des ostdeutschen Regimes zerbrechen ließ. Es traf sich günstig, daß Wolf abwesend war, als der Sturm losbrach. Jedenfalls überstand das IWF unbeschadet die politischen und bürokratischen Grabenkämpfe im Gefolge der Unruhen in der DDR und der Verhaftung Berijas am 26. Juni. Berijas Sturz hatte eine Stärkung von Ulbrichts Stellung zur Folge. Das MfS wurde aufgelöst und Minister Zaisser entlassen. Die Aufgaben des MfS übernahm ein Staatssekretariat im Innenministerium unter Leitung von Ernst Wollweber. Die Gründe für die Wahl Wollwebers, bis dahin Staatssekretär im Verkehrsministerium und kein Günstling Ulbrichts, sind unklar. Wahrscheinlich hatte er seine Ernennung den Sowjets zu verdanken, die sich, nachdem ihr Wunschkandidat Zaisser nicht mehr zu halten war, für ihn entschieden, weil sie ihn kannten.[28]

Die Veränderungen im ostdeutschen Nachrichtendienst entsprachen den organisatorischen Veränderungen, die in Moskau nach Stalins Tod vorgenommen wurden, wo Auslandsnachrichtendienst und Spionageabwehr dem Innenministerium unterstellt wurden. In Berlin wurde das IWF, an dessen Spitze weiterhin Markus Wolf stand, zur Hauptabteilung XV (HA XV) des Staatssekretariats für Staatssicherheit im DDR-Innenministerium. Mielke, ein Protégé Ulbrichts, blieb Chef der Spionageabwehr. Die Beziehungen zwischen Wolf und Mielke, die nie gut gewesen waren, verschlechterten sich zusehends und sollten schließlich auch ihre sowjetischen Mentoren beschäftigen.

STALINS FRIEDENSANGEBOT

1952 ließ Stalin den Westmächten die erste einer Reihe von Noten zukommen, in denen er die Schaffung eines vereinigten, neutralen Deutschland vorschlug. Die Antwort der Westmächte, die gesamtdeutsche freie Wahlen zur Vorbedingung machten, ist von einigen als Zurückweisung der »letzten Chance« für die deutsche Wiedervereinigung gewertet worden. Andere hielten das sowjetische Angebot für reine Propaganda, deren Zweck es war, die Umsetzung der vertraglichen Vereinbarungen zwischen den Westmächten und der Bundesrepublik sowie deren Einbeziehung in die westliche Verteidigung zu verzögern. In einem CIA-Lagebericht aus dem Mai 1952 heißt es in bezug auf den sowjetischen Vorschlag: »Der Kreml glaubt fast mit Sicherheit, daß freie Wahlen zur Zurückdrängung des Kommunismus in Ostdeutschland führen würden«, und sei nicht sicher, »daß ein nicht unter sowjetischer Kontrolle stehendes vereinigtes Deutschland sich nicht wiederbewaffnen und gegen die UdSSR wenden würde«.[1] Heute wissen wir, daß die sowjetische Initiative tatsächlich nur ein Propagandacoup war.[2] Die Berliner Blockade und der nordkoreanische Angriff auf Südkorea hatten die Bestrebungen zur Wiederbewaffnung Westdeutschlands ausgelöst, und die Sowjets wollten diese Entwicklung umkehren, indem sie die Wiedervereinigung als reale Möglichkeit erscheinen ließen.

Unterdessen ging der militärische Aufbau weiter, da beide Seiten mit dem Schlimmsten rechneten. Im Januar 1952 berichtete die Berliner MGB-Residentur über ein Treffen der FDP-Führung in Berlin, bei dem einer der Teilnehmer gesagt haben soll: »Wir dürfen keine Zeit verlieren, weil wir nie wissen, ob die Russen nicht angreifen.«[3] Am 26. Januar meldete die Residentur, daß Adenauer die Remilitarisierung Deutschlands zu beschleunigen beabsichtige.[4] Ins selbe Horn stieß eine Analyse

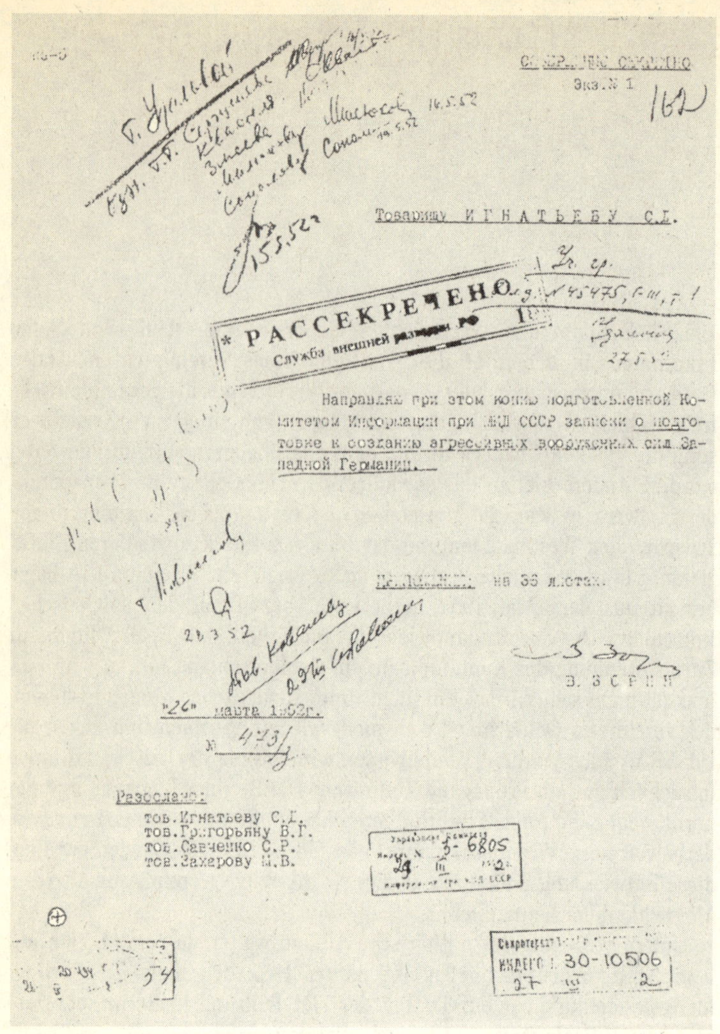

СОВЕРШЕННО СЕКРЕТНО

Экз.№ 1

Товарищу ИГНАТЬЕВУ С.Д.

РАССЕКРЕЧЕНО
Служба внешней разведки РФ

Направляю при этом копию подготовленной Комитетом Информации при МИД СССР записки о подготовке к созданию агрессивных вооруженных сил Западной Германии.

ПРИЛОЖЕНИЕ: на 36 листах.

В. ЗОРИН

«26» марта 1952г.

№ 473/

Разослано:
тов.Игнатьеву С.Д.
тов.Григорьяну В.Г.
тов.Савченко С.Р.
тов.Захарову М.В.

Memorandum des stellvertretenden Außenministers Sorin an MGB-Chef Ignatjew, 26. März 1952, mit einem vom Kleinen KI für Stalin verfaßten Bericht über die »Vorbereitungen auf die Schaffung aggressiver Streitkräfte durch Westdeutschland«.

über den Stand der Vorbereitungen für die Aufstellung »aggressiver Streitkräfte durch Westdeutschland«, die das »Kleine« Informationskomitee, das nach der Auflösung des KI im Außenministerium gebildet worden war, am 26. März 1952 Stalin vorlegte. In einem beigefügten Memorandum schrieb der stellvertretende Außenminister Sorin, »die demokratische Bewegung des deutschen Volks gegen die Remilitarisierung und für die deutsche Einheit und einen Friedensvertrag« sei »einer der bedeutendsten Faktoren in den amerikanischen Überlegungen zur Ausführung ihrer aggressiven Pläne in Europa«.[5] Diese Anmerkung ist ein Beleg dafür, daß mit dem Vorschlag für einen Friedensvertrag mit Deutschland vom 10. März vor allem der Zweck verfolgt wurde, die Beteiligung der Bundesrepublik an der europäischen Verteidigung zu verhindern.

Am 19. April wurde Stalin vom MGB über Adenauers Reaktion auf die sowjetische Note unterrichtet. Diesem Bericht zufolge hatte der Bundeskanzler Anfang April vor einem kleinen Kreis führender CDU-Politiker gesagt: »Wir erkennen die Potsdamer Erklärung nicht an. Wir streben nach der europäischen Einheit und werden sie erreichen. Damit wird ein Gegengewicht geschaffen, das eine magnetische Anziehungskraft auf Osteuropa ausüben wird. Rußland wird keinen Krieg anfangen.«[6] In einem weiteren MGB-Bericht vom 21. April wurde Adenauer die Äußerung zugeschrieben, der sowjetische Vorschlag habe nur ein Ziel: die Neutralisierung Deutschlands. Am 11. Mai konnte das MGB den vollen Text einer vierzehnseitigen Denkschrift vorlegen, die der Bundesminister für gesamtdeutsche Fragen, Jakob Kaiser, und der Vorsitzende des Bundestagsausschusses für gesamtdeutsche Fragen, Herbert Wehner, diesem und dem auswärtigen Ausschuß unterbreitet hatten. Kaiser und Wehner sahen eine Kompromißmöglichkeit zwischen der UdSSR und dem Westen: »Wenn der Westen Deutschland nicht in den Atlantikpakt einbezieht, könnte die Sowjetunion die Bereitschaft zeigen, freie Wahlen abzuhalten und die Zurückdrängung des Kommunismus in der Sowjetzone hinzunehmen.«[7]

Die Frage der westdeutschen Rolle in der europäischen Verteidigung blieb auf der Tagesordnung. Am 27. Mai unterzeichneten die Außenminister der Westmächte und der Bundesrepublik den Vertrag über die Europäische Verteidigungsgemeinschaft (EVG). Dies war jedoch nur ein formeller diplomatischer Akt; die eigentliche Schlacht würde in der Bundesrepublik um die Ratifizierung dieses Vertragswerks geschlagen werden. Am 22. Oktober berichtete das MGB Stalin und den wichtigsten Mitgliedern des Parteipräsidiums, das auf dem XIX. Parteitag der KPdSU an die Stelle des Politbüros getreten war, daß Adenauer eine westliche Antwort auf den sowjetischen Vorschlag weiterhin ablehne. Er war überzeugt, daß der Bundestag sowohl den mit den westlichen Besatzungsmächten geschlossenen Deutschlandvertrag als auch den EVG-Vertrag billigen würde, und wollte mit der westlichen Antwort abwarten, bis der Bundestag über diese Verträge abgestimmt hatte.[8]

Einer der bedeutendsten Berichte des MGB über die Reaktionen auf die Stalin-Note vom 10. März und deren Folgen für die Fortschritte der westlichen Vertragswerke stützte sich auf den Monatsbericht, den der französische Hochkommissar in Bonn, François-Poncet, am 1. Juni 1952 ans Außenministerium in Paris sandte. Darin wies er zunächst auf die negativen Auswirkungen auf den Ratifizierungszeitplan des Bundeskanzlers hin, der sich zudem bewußt sei, daß Viermächteverhandlungen eine weitere Verzögerung nach sich ziehen würden. Adenauer habe »seinen Einfluß auf die Koalitionsparteien über- und die Stärke der sozialdemokratischen Opposition sowie die Schwankungen der öffentlichen Meinung unterschätzt«, merkte François-Poncet an, um dann auf die Folgen des amerikanischen Wahlkampfs für Adenauers Terminplanung und auf die Ziele der sozialdemokratischen Opposition einzugehen. Der Bericht endete mit den Worten: »Die BRD macht auf jedem Gebiet Fortschritte. Mit jedem Tag wächst das Bewußtsein, daß sie dank der Rolle, die sie in den internationalen Ereignissen spielt, Hoffnungen auf neue Macht nähren kann. Die neutralistische Ohne-uns-Bewegung, die vor zwei Jahren in Blüte stand, befindet sich jetzt im Niedergang. Die Vorstellung, ein deutsches Kontingent für eine Europa-Armee aufzustellen, stößt nicht mehr auf Widerstand.« Angesichts der zunehmenden Stärke der Bundesrepublik und ihres wachsenden Selbstbewußtseins sowie der Ängste, die dies in Frankreich hervorrief, betrachtete François-Poncet die Einbeziehung des neuen Deutschland in die EVG als die beste Lösung.[9] Das war bittere Medizin für den alternden sowjetischen Diktator und sein Gefolge. Und es war im Gegensatz zu vielen anderen Berichten, die KI und MGB in dieser Zeit über Deutschland vorlegten, dokumentarisches Material, keine Wiedergabe von Dingen, die man nur vom Hörensagen kannte.

Nicht erst 1952 war deutlich, daß die sowjetischen Nachrichtendienste die besten Informationen über die westliche Haltung zur deutschen Frage aus französischen Quellen erhielten. Schon seit 1948 wurden in KI-Berichten ähnlich bedeutsame Dokumente übermittelt, so daß die sowjetische Führung, wo immer über diese Fragen diskutiert wurde, ob in Berlin, Bonn, Paris oder anderen Hauptstädten, darüber informiert zu sein schien. Ebenso fanden die Protokolle der Gespräche zwischen den westlichen Hochkommissaren regelmäßig ihren Weg nach Moskau. Als das KI die »Cambridge-Gruppe« aus Informanten im britischen Außenministerium, darunter Burgess und MacLean, verlor, traten die Quellen im französischen Regierungsapparat, die bereits seit längerer Zeit dort plaziert gewesen waren, an ihre Stelle. Vergleichbare Quellen in der westdeutschen militärisch-politischen Sphäre wurden dem KGB erst erschlossen, als Markus Wolfs Nachrichtendienst die Bundesrepublik infiltrierte.

Stalin zieht die Zügel an

Während Stalin dem Westen den Olivenzweig eines vereinigten, neutralen Deutschland reichte, begann in der DDR die Entwicklung, die im Aufstand vom 17. Juni 1953 gipfeln sollte. Auf der II. Parteikonferenz der SED im Juli 1952 verkündete Ulbricht eine dramatische Beschleunigung der Sozialisierung der DDR und der Vernichtung der Reste der vorkommunistischen Strukturen. Laut Beschluß der Parteikonferenz bedeutete dies, »die volksdemokratischen Grundlagen der Staatsmacht ständig zu festigen« und »die Heimat und das Werk des sozialistischen Aufbaus durch die Schaffung bewaffneter Streitkräfte zu schützen«, um den Aufbau des Sozialismus – die »grundlegende Aufgabe in der Deutschen Demokratischen Republik« – zu gewährleisten.[10]

Damit wurde der verhaltenere Kurs, den die SED bisher verfolgt hatte, aufgegeben. Stalin hatte sich trotz des vorgeblichen Interesses an der deutschen Vereinigung entschlossen, die Kluft zwischen den beiden deutschen Staaten zu vertiefen. Am 7. April erklärte er bei einem Treffen mit Pieck, Ulbricht und Grotewohl im Kreml, die Westmächte würden »ungeachtet aller Vorschläge, die wir in der deutschen Frage machen können, keinem von ihnen zustimmen und sich in keinem Fall aus Deutschland zurückziehen. ... Deshalb müßt ihr [in der DDR] euren eigenen Staat aufbauen. Die Demarkationslinie zwischen West- und Ostdeutschland ist nicht einfach als Grenze zu sehen, sondern als gefährliche Grenze.«[11] Er scheint das westliche Beharren auf gesamtdeutschen freien Wahlen als Vorbedingung der Wiedervereinigung als Zeichen des Scheiterns seiner Initiative interpretiert zu haben. Aber war sie tatsächlich gescheitert? Berichte von KI und MGB belegen, daß der Westen über Stalins Vorschlag nachdachte; aufgrund dieser Debatte verzögerte sich in Bonn und Paris sogar die Ratifizierung des EVG-Vertrages. Dennoch wies Stalin Ulbricht vor dem Ende dieser Debatte an, ein radikaleres Sozialisierungsprogramm in Gang zu setzen.

Dies war eine weitere schwere Fehlkalkulation Stalins. Die westlichen Regierungen verfolgten aufmerksam, was in der DDR vor sich ging. Die CIA berichtete regelmäßig über solche Themen wie die Lebensmittelversorgung, die Gründung der neuen Landwirtschaftlichen Produktionsgenossenschaften (LPG), den Mangel an Erdölprodukten und die Maßnahmen zur Eindämmung der »Republikflucht«.[12] Auf der anderen Seite scheint das MGB in seinen Berichten weder die westlichen Sorgen in bezug auf Ulbrichts Sozialisierungsprogramm noch die Auswirkungen, die dieses Programm auf die Stimmung in Ostdeutschland hatte, erwähnt zu haben. Jedenfalls konnten wir keinen Bericht darüber finden. Nach Stalins Tod tauchten in den Geheimdienstberichten allerdings Hinweise auf die angespannte innenpolitische Lage in der DDR auf. In einer Mitteilung vom 13. März 1953 heißt es, das Ausmaß des Flüchtlingsproblems werde »die Regierung der DDR in naher Zukunft zwingen, Schritte zu unternehmen, um die Abwanderung der Bevölkerung in den Westen zu unterbinden«. In der Vergangenheit seien viele Flüchtlinge Rentner oder Menschen ohne besondere Qualifikationen gewesen, doch »im Zusammenhang mit den sich verschärfenden Widersprüchen in der DDR beginnen Bauern und Angehörige der technischen Intelligenz nach West-Berlin zu fliehen«.[13]

Nach Ansicht eines ehemaligen Offiziers der sowjetischen Spionageabwehr, der bis 1952 in Ost-Berlin gedient hat, lag die Schuld an der damaligen Instabilität des SED-Regimes bei Ulbricht: »Er war Sachse, und seine Sprechweise rief Abneigung hervor. Er besaß nicht die nötige Autorität. Und daß er unsere sowjetischen Erfahrungen ohne die geringste Änderung kopierte, trug auch nicht zur Stärkung seiner Position bei.« Ein anderer Grund sei die Wirtschaft gewesen. »Ein Bewohner der DDR brauchte nur die Waren, die es in der DDR gab, mit denen zu vergleichen, die in West-Berlin oder Westdeutschland zu haben waren, um die notwendigen Schlüsse zu ziehen.«[14] Aber waren die Fehler von 1952 tatsächlich allein Ulbricht und der SED anzulasten? Wenn es darum ging, Stalin zu informieren, scheint man sich an die Devise gehalten zu haben: »Sag ihm nur, was er hören will«, und angesichts der Weigerung des sowjetischen Diktators, wahrzunehmen, daß die Sozialisierung Ostdeutschlands einer Katastrophe gleichkam, fällt es schwer, eine eindeutige Schuldzuweisung für die in der DDR begangenen Fehler vorzunehmen.

Neue Störungen des Berlin-Verkehrs

Diese zweigleisige sowjetische Deutschlandpolitik wurde ergänzt durch ständige Schikanen gegen West-Berlin. Warum der Kreml zu diesem Mittel griff, während er gleichzeitig sein neuestes Rezept für die deutsche Vereinigung vorstellte, ist unklar. Zum Teil läßt sich dieser Widerspruch mit Ulbrichts Sozialisierungsprogramm erklären, insbesondere was die Verschärfung der Grenzkontrollen betrifft. François-Poncet nannte in seinem Bericht vom 1. Juni einen anderen Grund: »Diese Maßnahmen haben das Ziel, die Westsektoren Berlins immer mehr zu isolieren und sie derart einzuschließen, daß die Russen oder ihre Agenten diese Sektoren durch eine Blockade abschnüren können, wenn sie dieses Risiko auf sich nehmen wollen.« Im April hatten sowjetische Jäger im Luftkorridor nach Berlin ein französisches Passagierflugzeug abgeschossen; im Mai war der alliierten Militärpolizei die Benutzung der Autobahn Berlin–Helmstedt versagt worden, und im selben Monat waren die Telefonverbindungen von West-Berlin nach Ost-Berlin und Westdeutschland unterbrochen worden. Am 3. Juni begann Ostdeutschland die Westberliner Exklaven zu besetzen; die bekannteste von ihnen war Steinstücken an der Grenze des amerikanischen Sektors. Als Reaktion auf diesen aggressiven Akt schnitten die Briten das in West-Berlin gelegene Haus des Rundfunks ab, seit 1945 Sitz eines ostdeutschen Rundfunksenders. Der pragmatische François-Poncet applaudierte: »Die normalerweise so phlegmatischen Engländer beantworteten diese Maßnahmen mit einer Blockade des sowjetischen Rundfunksenders in West-Berlin. Entschuldigt und gerechtfertigt wird der von den Engländern unternommene Schritt durch seinen Erfolg. Sie trafen ins Mark.«[15]

Bei der CIA lösten diese Vorkommnisse erneut Sorgen über die Sicherheit ihres Berliner Personals aus. Am 9. Juli bat der DDP um eine aktuelle Fassung der Evakuierungspläne. Die Osteuropaabteilung antwortete: »Obwohl das Personal der Berliner Station weder Panik noch extreme Furcht zeigt, sind in begrenztem Umfang dennoch Schritte unternommen worden, um der Station die Chance für eine erfolgreiche Evakuierung zu geben.« Nach der Darlegung des Plans wurde darauf hingewiesen, daß »eine erfolgreiche Evakuierung Berlins unter den Bedingungen eines plötzlichen, vernichtenden Angriffs ... unwahrscheinlich« sei, »aber der Berliner Fluchtplan und die Bereitschaftsflugzeuge bieten eine gewisse Hoffnung, die es zuvor nicht gegeben hat«.[16] BOB-Veteranen der Berliner Blockade hätten diese Äußerungen mit einem geringschätzigen Schnauben quittiert. Evakuierungen waren und sind ein beliebtes Konzept der Planer, doch in der Realität hätten nach einer überraschenden sowjetischen Besetzung der Westsektoren allenfalls ein paar Sprachbegabte aus der Stadt entkommen können.

Die Serie der Nadelstiche gegen West-Berlin riß nicht ab. Im Oktober forderte General Tschuikow die Schließung des amerikanischen Rundfunksenders RIAS und anderer Westberliner Medien, und die Volkspolizei errichtete weitere Grenzbarrieren zwischen der DDR und West-Berlin. Am 8. Oktober feuerten sowjetische Jäger im Luftkorridor von Berlin nach Frankfurt am Main auf ein amerikanisches Sanitätsflugzeug. Einen Monat später wurde Westberlinern der Besuch von Friedhöfen in Ost-Berlin und im Berliner Umland verboten, und vor Weihnachten verzögerte die ostdeutsche Post die Auslieferung von Geschenkpaketen aus West-Berlin und Westdeutschland.

In dieser Zeit wurde Peter Sichel, der seit 1945 in Berlin gewesen war, abberufen. Damit endete die Nachkriegsphase der Berliner Operationsbasis. Der neue BOB-Chef, Lester Houck, war ein großer, hagerer Kettenraucher, der seit den Tagen des OSS in Washington gedient hatte. Berlin war sein erster Überseeposten. Er fand dort das übliche unkoordinierte Nebeneinander von verdeckten Operationen vor. Diese Situation bestand seit Kriegsende, und bis die CIA etabliert war und eine eigene Bürokratie für die Lösung ihrer operativen Probleme besaß, bestand wenig Neigung, sich mit dem militärischen Nachrichtendienst abzusprechen. In Berlin brannte das Problem 1952 jedoch auf den Nägeln. Lyman Kirkpatrick, der stellvertretende Direktor für Sonderoperationen (ADSO), wurde beauftragt, sich die Sache genauer anzusehen. Er fand rasch heraus, daß in Berlin alle drei Teilstreitkräfte - Heer, Luftwaffe und Marine - jeweils mit eigenen Kommandostrukturen in verdeckten Operationen Informationen sammelten und daß keine von ihnen bereit war, die Leitung dieser Operationen einer einzigen Person oder Institution zu übergeben. Die Situation war derart verfahren, daß nach Kirkpatricks Ansicht auch die CIA sie nicht retten konnte. Die Folge war, daß er zu einem für die amerikanischen Interessen in Deutschland kritischen Zeitpunkt die Empfehlung aussprach, »keine Anstrengungen zu unternehmen, um einen Koordinator für die Geheimdienste in Berlin einzusetzen«.[17]

DER SOWJETISCHE GEHEIMDIENST NACH STALINS TOD

Nach Stalins Tod setzte der unvermeidliche Machtkampf unter seinen Erben ein. Die Angehörigen der alten Garde, wie Molotow, Anastas Mikojan und Lasar Kaganowitsch, wurden von dem neuen Triumvirat Georgi Malenkow, Nikita Chruschtschow und Lawrenti Berija in den Schatten gestellt, und jedes Mitglied dieser brüchigen Allianz versuchte »Reformen« durchzusetzen, die ihm einen Vorteil vor seinen Konkurrenten verschaffen würden. Berija, jetzt Innenminister und Mitglied des Präsidiums der KPdSU, bildete keine Ausnahme. Einige seiner Aktionen – wie die Amnestie politischer Gefangener und Vorschläge zur Einschränkung der Russifizierung und zur Verbesserung der Lebensbedingungen der nichtrussischen Völker – wurden zwar von vielen begrüßt, irritierten aber seine Rivalen, die allesamt an den Exzessen der Stalinära beteiligt gewesen waren. Berijas Untergang war jedoch sein Versuch, den Sicherheitsapparat wieder in die Hand zu bekommen. Er wußte, daß er ohne diesen weder an die Macht gelangen noch sie behaupten konnte. Doch seine entsprechenden Bemühungen demoralisierten und lähmten ihn derart, daß er nicht in der Lage war, angemessen auf die sich verschärfende Krise in Ostdeutschland zu reagieren. Der Aufstand im Juni 1953 gab Berijas Gegnern unter Führung Chruschtschows dann die Argumente, die sie brauchten, um seine Entmachtung zu rechtfertigen.

Neue Gesichter in Berlin und Moskau

In Karlshorst beschäftigte man sich Anfang Januar 1953 mit anderen Dingen. Die Überwacher der Telefonverbindungen zwischen West-Berlin und Frankfurt am Main standen vor einem Rätsel. Offenbar hatten die

Amerikaner einigen ihrer Geheimdienstoffiziere neue Decknamen gegeben. In den Gesprächen war plötzlich von »Boy Diplomat«, »Black Prince« und »Bishop« die Rede – alles Namen, die in den sowjetischen Listen nicht auftauchten.[1] Nach einiger Zeit mußte den Sowjets klar geworden sein, wer für diese Neuerungen verantwortlich war: William King Harvey, der neue Chef der Berliner Operationsbasis.

Harveys Ernennung markierte einen Einschnitt in der Personalpolitik bei der Besetzung der Berliner Basis. Er hatte nie im Ausland gedient und sprach kein Deutsch. Beim FBI, dem er bis 1947 angehört hatte, war er an einigen der bedeutendsten Spionagefälle beteiligt gewesen, bevor er zur CIG beziehungsweise CIA wechselte, wo er bis zu seiner Versetzung nach Berlin Stabspositionen in der OSO eingenommen hatte. Eingeweihten war er als Spionageabwehrfachmann bekannt, doch in den Augen der Berliner Führungsoffiziere war er ein Wesen von einem anderen Stern. Sein Vorgänger, Lester Houck, war kaum ein halbes Jahr im Amt gewesen, und der Posten des BOB-Chefs galt Anfang der fünfziger Jahre als Spitzenjob. Viele fragten sich, was Harvey vorzuweisen hatte, um ihn zu bekommen. Den wirklichen Grund für seine Ernennung kannten nur wenige. Die Öffentlichkeit sollte ihn erst am 23. April 1956 erfahren, als die Sowjets die Entdeckung des Berliner Tunnels bekanntgaben.

Gegen die vielen Karikaturen, die von Harvey veröffentlicht wurden, ist schwer anzukommen. Schon seine äußere Erscheinung lud zu Witzen ein; unter den BOB-Offizieren hatte er bald den Spitznamen »die Birne« weg. Hinzu kamen sein bereits erkennbarer Alkoholismus und ein hemdsärmeliges Verhalten, das viele vor den Kopf stieß. Außerdem fand er in Berlin ein ganz anderes Pflaster vor als bei seinen FBI-Einsätzen in New York oder Washington, und er übernahm eine Operationsbasis, die noch vom Nimbus des OSS der Kriegszeit umgeben war. BOB residierte immer noch an dem von Allen Dulles ausgewählten Standort im Föhrenweg, und Peter Sichel, der im Frühjahr 1952 Berlin verlassen hatte, um im Washingtoner Hauptquartier die Stelle des Operationschefs der Osteuropaabteilung anzutreten, richtete weiterhin ein wachsames Auge auf sein ehemaliges Kommando. Darüber hinaus wurde Harvey als BOB-Chef einem Stellvertreter, Henry Hecksher, vor die Nase gesetzt, der sich, seit er Ende 1945 in Berlin eingetroffen war, stets für vollkommen befähigt gehalten hatte, diesen Posten selbst auszufüllen. Doch außer Hecksher und der kleinen, kampferprobten Arbeitsgruppe gegen sowjetische Atomziele bestand der Mitarbeiterstab überwiegend aus sehr jungen Offizieren, die während des Krieges angeworben worden waren. Sie lernten gemeinsam mit Harvey, sich in Berlin zurechtzufinden, und später sollten viele von ihnen seinetwegen ihre Dienstzeit in Berlin verlängern.

Es war eine ruhige Zeit in Berlin, und Harvey hätte sie nutzen können, um sich auf dem neuen Posten einzuleben. Doch dann starb am 5. März Stalin. In Karlshorst rief der Tod des Diktators noch mehr Betroffenheit hervor als im IWF. Aber den sowjetischen Geheimdienstoffizieren blieb nur wenig Zeit zu Trauer, denn Berija leitete umgehend tiefgreifende Veränderungen des Sicherheitsapparats ein. Er begann damit, daß er den Staatssicherheitsdienst mit dem Innenministerium zu einem neuen, erweiterten MWD vereinte und die Offiziere, die ernannt worden waren, während er die Entwicklung der Atombombe überwachte, durch seine eigenen Leute ersetzte. Bogdan Kobulow, der frühere Chef der USIG, erhielt als Erster Stellvertretender Minister die Aufsicht über den Auslandsnachrichtendienst, und auch Sergej Goglidse, vorher MWD-Gebietschef von Chabarowsk, stieg zum stellvertretenden Minister auf. Diese Getreuen leisteten Berija gute Dienste. Doch er beging den Fehler, Sergej Kruglow, einen Malenkow-Anhänger, und Serow, der seit ihrer gemeinsamen Zeit in der Ukraine mit Chruschtschow verbunden war, im Amt zu belassen. Sie sollten später mithelfen, ihn zu stürzen.

Aus den sowjetischen Nachrichtendienstberichten geht hervor, daß sich Stalins Herrschaft schon vor seinem Tod aufzulösen begann. Am 23. Februar 1953 wurde ein wichtiger interner Bericht über die Möglichkeit eines Abkommens über die deutsche Wiederbewaffnung zwischen den USA und der BRD nicht an Stalin gesandt, dessen Name für gewöhnlich an der Spitze der Verteilerliste stand.[2] Der Grund dafür mag gewesen sein, daß sich Stalin in der letzten Februarwoche nicht wohl gefühlt hatte. Tatsächlich war er bereits seit seiner Rückkehr aus Sotschi einen Monat zuvor nur noch ein Schatten seiner selbst.[3]

Am 19. März erhielt das MWD aus französischen Quellen einen Bericht über ein »amerikanisches Ultimatum an Frankreich« in bezug auf die Ratifizierung des »Europa-Armee-Vertrages«. Der Bericht ging nur an Berija und nicht an die Mitglieder des Präsidiums. Unterzeichnet war er von Wassili Rjasnoi, den Berija als Nachfolger Pitowranows, der auf den Posten des stellvertretenden Chefs der Spionageabwehr wechselte, zum neuen Leiter der Auslandsverwaltung ernannt hatte, obwohl er den Verdacht hegte, daß er als Chruschtschows Spion in den MGB eingeschleust worden war, als Stalins Griff sich lockerte. Seine außergewöhnliche Dummheit brachte ihm bei seinen Untergebenen den Spitznamen Wassili Tjomny (der Dunkle) ein, nach einem von seinen Rivalen geblendeten russischen Großfürsten des 15. Jahrhunderts, dessen Name im Lauf der Zeit zum Synonym für Ignoranz und geistige Unbedarftheit geworden war. Auf dem Bericht ist vermerkt: »Kopie Nr. 1 an Berija«, was dafür spricht, daß Berija die Ereignisse in Deutschland aufmerksam verfolgte.[4] Den Berliner Residenten, General Kawersnew, hatte er seines Postens enthoben, so daß dessen für Nachrichtenbeschaffung zuständiger Stellvertreter, Oberst Iwan A. Fadeikin, zum amtierenden MWD-Residenten aufstieg.

Berijas Motive

Waren Berijas Vorschläge in bezug auf die Nationalitätenfrage, die Beziehungen zu Jugoslawien und vor allem die deutsche Wiedervereinigung die Gedanken eines echten Reformers, oder sollten sie ihm nur an die Macht verhelfen? Bis heute sind die Darstellungen aus der Sicht des Siegers, insbesondere Chruschtschows Memoiren und die amtlichen Dokumente jener Zeit, die Hauptquellen für Historiker, die eine Antwort auf diese Frage suchen. In ihnen läßt sich kein schlüssiger Beweis dafür finden, daß Berija tatsächlich »einen großen Handel« anstrebte, »durch den Deutschland als kapitalistisches, neutrales Land wiedervereinigt worden wäre«. Der wahrscheinlichere Grund dürfte der Eigennutz gewesen sein.[5]

In einem »Spezialordner« der Anklageschrift gegen Berija wird ihm vorgeworfen, er habe, »als Spion und Verräter handelnd, absichtlich die Verteidigung des Kaukasus untergraben, indem er den Hitleristen die Pässe über die Hauptkette … öffnete«. Außerdem soll er geplant haben, »kapitalistischen Regierungen« sowjetisches Territorium abzutreten. Boris Ljudwigow, sein Sekretariatsleiter, sagte am 23. Juni 1953 aus, Berija sei bereit gewesen, Deutschland Königsberg, Finnland die karelische Landenge und Japan die Kurilen zurückzugeben, eine Anklage, die in ihrer Phantastik an die stereotypen Spionagevorwürfe während der großen Säuberungen der dreißiger Jahre erinnerte. Die stärksten Worte hatten die Verfasser der Anklageschrift jedoch Berijas angeblichen Plänen für Deutschland vorbehalten. Während der »Periode vor der amerikanischen Provokation in Berlin« – dem Aufstand vom 17. Juni 1953 – habe er die »Liquidierung der sozialistischen Entwicklung in der DDR, die Auflösung der Landwirtschaftlichen Produktionsgenossenschaften und die Umwandlung der DDR in einen bürgerlichen Staat« angestrebt, »was die vollständige Kapitulation vor den imperialistischen Kräften bedeutet hätte«. Zusammenfassend heißt es: »Insgesamt nahm Berija eine negative Haltung zur Entwicklung des Sozialismus in der DDR ein.«[6]

Hat Berija tatsächlich derartig dramatische Veränderungen im Sinn gehabt, und wenn ja, hätte er sie verwirklicht? Wir werden es nie wissen. Sicher ist, daß er und das gesamte Präsidium die Probleme, von denen die DDR geplagt wurde, kannten. Am 19. Februar, noch vor Stalins Tod, verteilte das MGB den Bericht eines höheren französischen Beamten, in dem die Lage in der DDR als äußerst bedenklich eingeschätzt wurde, woraus die Sowjets den Schluß zogen, daß die DDR »alle Anziehungskraft für die Bürger Westdeutschlands verloren« habe.[7] Einen Monat später, am 9. März, schickte Karlshorst einen pessimistischen Bericht nach Moskau, in dem beklagt wurde, daß das MfS seiner Aufgabe nicht gewachsen sei und die Beherrschung der Lage infolge der »Verschärfung des Klassenkonflikts in der DDR« schwieriger werde.

Am 6. Mai brachte Berija selbst in seiner Eigenschaft als Innenminister einen Bericht in Umlauf, in dem er mit deutlichen Worten die sich verschlechternde Lage in der DDR schilderte.[8] Als erstes wies er auf den Anstieg der Flüchtlingszahlen hin. Waren im ersten Halbjahr 1952 noch 57234 Menschen in den Westen geflohen, so war diese Zahl in der zweiten Jahreshälfte auf 78831 gestiegen, und 1953 hatten in den ersten drei Monaten bereits 84034 Ostdeutsche der DDR den Rücken gekehrt, darunter 1836 SED- und 1781 FDJ-Mitglieder. Die Flüchtlingszahlen, hieß es in dem Bericht weiter, seien »nicht allein durch die von Westdeutschland auf die Bevölkerung der DDR ausgerichtete feindliche Propaganda zu erklären«. Verantwortlich dafür seien vielmehr »der Unwillen einzelner Bauerngruppen, den im Aufbau befindlichen Landwirtschaftlichen Produktionsgenossenschaften beizutreten, die bei kleinen und mittleren

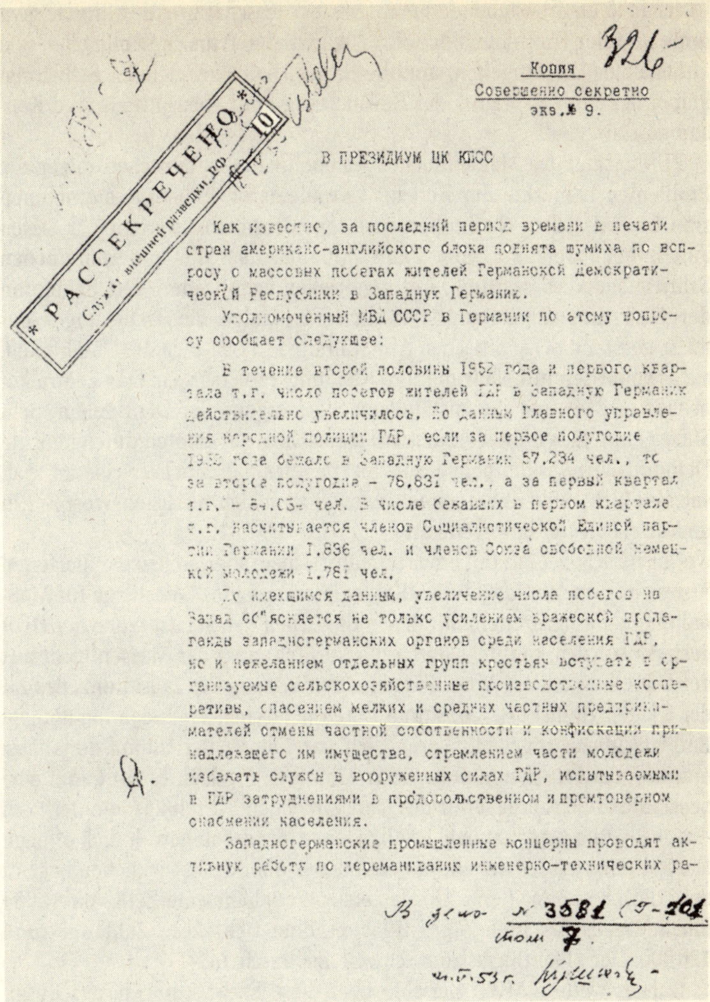

Копия
Совершенно секретно
экз. № 9.

* РАССЕКРЕЧЕНО * Служба внешней разведки РФ 10

В ПРЕЗИДИУМ ЦК КПСС

Как известно, за последний период времени в печати стран американо-английского блока поднята шумиха по вопросу о массовых побегах жителей Германской Демократической Республики в Западную Германию.

Уполномоченный МВД СССР в Германии по этому вопросу сообщает следующее:

В течение второй половины 1952 года и первого квартала т.г. число побегов жителей ГДР в Западную Германию действительно увеличилось. По данным Главного управления народной полиции ГДР, если за первое полугодие 1952 года бежало в Западную Германию 57.234 чел., то за второе полугодие – 78.831 чел., а за первый квартал т.г. – 84.034 чел. В числе бежавших в первом квартале т.г. насчитывается членов Социалистической Единой партии Германии 1.836 чел. и членов Союза свободной немецкой молодежи 1.781 чел.

По имеющимся данным, увеличение числа побегов на Запад объясняется не только усилением вражеской пропаганды западногерманских органов среди населения ГДР, но и нежеланием отдельных групп крестьян вступать в организуемые сельскохозяйственные производственные кооперативы, опасением мелких и средних частных предпринимателей отмены частной собственности и конфискации принадлежащего им имущества, стремлением части молодежи избежать службы в вооруженных силах ГДР, испытываемыми в ГДР затруднениями в продовольственном и промтоварном снабжении населения.

Западногерманские промышленные концерны проводят активную работу по переманиванию инженерно-технических ра-

Auszug aus einem Bericht von Berija an das Präsidium des ZK der KPdSU (Malenkow, Molotow, Chruschtschow, Bulganin, Kaganowitsch und Woroschilow), 6. Mai 1953, über den Flüchtlingsstrom aus der DDR.

Geschäftsleuten bestehende Furcht vor der Abschaffung des Privateigentums und der Beschlagnahme ihrer Waren, der Wunsch der Jugend, den Militärdienst zu umgehen, und die in der DDR auftretenden Schwierigkeiten bei der Versorgung der Bevölkerung mit Lebensmitteln und Konsumgütern«.

Zu den aus der Massenflucht hochqualifizierter Menschen folgenden Problemen bemerkte der Bericht: »Westdeutsche Industrieunternehmen sind gezielt dabei, Techniker und Ingenieure abzuwerben. ... Deren Flucht geht trotz der vom Zentralkomitee der SED unternommenen Schritte zur Verbesserung ihrer materiellen Lage weiter.« Die Schuld an der Desertion aus den militärischen Verbänden der DDR trage »der niedrige Stand der politischen Arbeit in ihnen, aber auch die Unfähigkeit, sie angemessen mit Nahrung und Kleidung zu versorgen. Das Zentralkomitee der SED und die zuständigen Staatsorgane der DDR gehen nicht aktiv genug gegen die von den westdeutschen Autoritäten durchgeführte Demoralisierungskampagne vor. Sie nehmen fälschlicherweise an, daß solche Flucht unvermeidlich ist, solange man sich zwischen West-Berlin und der DDR frei bewegen kann.«

Der Bericht schloß mit einer unrealistischen, aber politisch opportunen Anweisung an die Sowjetische Kontrollkommission, Vorschläge für Maßnahmen zu unterbreiten, mit denen die Arbeit der Staatsorgane der DDR gestärkt werden könnte – durch die Verhinderung der Massenflucht aus der DDR –, und diese Vorschläge in einer Sitzung des Präsidiums des ZK der KPdSU zu diskutieren, »um unseren deutschen Freunden die nötigen Empfehlungen zu geben«. Vermutlich stand dieser Bericht auf der Tagesordnung der Präsidiumssitzung am 27. Mai 1953, doch er bot kaum eine ausreichende Grundlage für die schockierenden Vorschläge, die Berija in dieser Sitzung gemacht haben soll.[9] Denn trotz der ungewöhnlich offenen Darstellung war der Bericht nur ein blasses Abbild der wirklichen Lage in der DDR. So nennt Berija für das erste Vierteljahr eine Zahl von 84 034 Flüchtlingen. Bis Ende April 1953 erhöhte sich diese Zahl auf rund 120 000. Der Flüchtlingsstrom schwoll also rasch an.[10]

Gab es weitere MWD-Berichte über diese Entwicklungen, aus Berlin oder anderen Orten? Fadeikin, der damalige amtierende Resident in Karlshorst, beharrt darauf, daß bis zum Juni 1953 Berichte vorgelegt worden seien, die auf eine bevorstehende politische Explosion hinwiesen. Aber diese Berichte sind im SWR-Archiv nicht zu finden. Sie werden entweder vermißt oder sind nie in den einschlägigen Akten abgeheftet worden. Gleichfalls unauffindbar sind MWD-Berichte über die ausländischen Reaktionen auf Stalins Tod und über die Anzeichen einer Veränderung der sowjetischen Haltung zur deutschen Frage, wie sie die *Prawda* am 25. April und 25. Mai 1953 andeutete. Dabei hatte der sowjetische Auslandsnachrichtendienst ein Jahr zuvor trotz des Verlusts der Cambridge-Gruppe bewiesen, daß seine französischen Quellen in der Lage waren, alle Aspekte des deutschen Problems abzudecken. Was also war passiert?

Berija lähmt den Auslandsnachrichtendienst

Als Berija den Staatssicherheitsdienst und das Innenministerium zum erweiterten MWD zusammenfaßte, wurde dies als Beweis für seine Absicht angesehen, beide Dienste wieder unter seine Kontrolle zu bringen. Wie erwähnt, hatte er in Stalins letzten Lebensjahren aufgrund seiner Beteiligung am Atombombenprojekt die Macht über die Polizei- und Sicherheitskräfte teilweise eingebüßt. Konsequenterweise ging er nach Stalins Tod daran, möglichst viele MWD-Offiziere auszutauschen, die von seinen Rivalen ausgewählt worden waren. Es lag deshalb nahe, diese personellen Veränderungen zu einem Hauptpunkt der Anklage gegen ihn zu machen.[11] So wurde in der Anklageschrift zum Beispiel angeführt, daß Berija und Kobulow im April 1953 »alle MWD-Residenten in den wichtigsten kapitalistischen Staaten nach Moskau zurückriefen. Dies führte zur Enttarnung des sowjetischen Agentennetzes im Ausland und fügte unserem Nachrichtendienst schweren Schaden zu, weil bis zu Berijas Festnahme, das heißt für mehr als zwei Monate, alle zurückgerufenen Residenten in Moskau weilten und der Empfang von Informationen des ausländischen Agentennetzes abgeschnitten war.«

Der frühere stellvertretende Chef der Zweiten Verwaltung des MWD, Sergej Sawtschenko, erklärte in seiner Aussage: »Berijas gleichzeitiger Rückruf aller Residenten unter dem Vorwand, ihre Arbeit überprüfen und Maßnahmen zu ihrer Verbesserung erörtern zu wollen, war … gefährlich für die nachrichtendienstliche Arbeit. Der von Berija dafür gewählte Anlaß war ein verschlüsseltes Telegramm eines der Residenten mit einem

Bericht, der der Erwähnung nicht wert war.« Laut Sawtschenko bereiteten sich die verschiedenen Regionalabteilungen des MWD auf die Rückkehr der Residenten vor, indem sie umfangreiche Vorschläge für die Besetzung und die Aufgaben jeder Residentur ausarbeiteten, um die geplante Überprüfung zu beschleunigen. »Allerdings las weder Berija noch Kobulow diese Vorschläge, noch sprachen sie mit den Residenten. Die Folge war, daß keine Entscheidungen über die Residenturen getroffen wurden und die Residenten und ihr operatives Personal beträchtliche Zeit tatenlos in Moskau herumlungerten.«

Aber das Hauptproblem war nicht der Rückruf selbst. Mitte Juni, so Sawtschenko, »war bekannt, daß die Amerikaner in der Lage waren, jene Angehörigen der sowjetischen Vertretungen im Ausland, die nach Moskau zurückgerufen worden waren, als Geheimdienstoffiziere zu identifizieren. … Es ist ausgeschlossen, daß Berija und Kobulow als Personen, die in der Geheimdiensttätigkeit erfahren sind, diese Folge ihres Handelns nicht vorausgesehen haben.« Schlimmer noch: »Nachdem Berija und Kobulow Mitte Juni erfahren hatten, daß der amerikanische Nachrichtendienst den Grund für den Rückruf der sowjetischen Geheimdienstoffiziere herausgefunden hatte, zögerten sie die Weiterleitung dieser Information an die Regierung und das Zentralkomitee hinaus. Tatsächlich hielten sie diese Information zurück.«

Auch wenn der »amerikanische Nachrichtendienst« offensichtlich um des Effekts willen genannt wurde, war Sawtschenkos Darstellung im wesentlichen richtig. Unmittelbar nach Stalins Tod gab die Sowjetrußlandabteilung der CIA allen Missionen die Anweisung, »jede Bewegung sowjetischen Personals in Ihrem Gebiet sofort durchzugeben«. Die Folge war, daß die CIA von der Abreise der Sowjets erfuhr und den Schluß zog, daß es sich zum einen nicht um Routinerückrufe und zum anderen um MWD-Offiziere und nicht um GRU-Agenten handelte. Bis zum September 1953 waren erst wenige von ihnen auf ihre Posten zurückgekehrt. Diese bizarre Aktion Berijas könnte eine Erklärung dafür sein, daß es keine MWD-Berichte über die ausländischen Reaktionen auf Stalins Tod und die anschließenden diplomatischen Schritte Berijas gibt.[12]

Der Rückruf der Residenten war ein schwerer Schlag für den Auslandsnachrichtendienst; unmittelbarere Folgen für Berija hatten aber seine Maßnahmen in bezug auf die deutsche MWD-Residentur. Es lag auf der Hand, daß Karlshorst der Schlüssel für alle Pläne war, die Berija für die deutsche Wiedervereinigung gehabt haben mochte, und aus den Dokumenten geht hervor, daß er die deutsche Residentur sowohl in operativer als auch in administrativer Hinsicht praktisch lahmlegte. In der Anklageschrift heißt es, Berija und Kobulow hätten »Anfang Juni 1953, unmittelbar vor den Ereignissen des 17. Juni in Berlin, die Stärke des Geheimdienstapparates des MWD in der DDR auf ein Siebentel reduziert, mit der Folge, daß den sowjetischen Geheimdienstorganen im Augenblick des Angriffs amerikanischer Agentennetze Informationen über die feindlichen Aktionen fehlten und sie keinen wirkungsvollen Kampf gegen deren subversive Aktivitäten führen konnten«. Sawtschenko und Korotkow bestätigten in ihren Aussagen diesen Vorgang. Letzterer erklärte: »Berijas Anweisungen und die in einem solchen Ausmaß vorgenommene Personalreduzierung in der DDR bewirkten den Zusammenbruch der tschekistischen Arbeit in Deutschland.«[13]

Auch in anderen Quellen wird die radikale Verkleinerung der Berliner MWD-Residentur erwähnt. Laut Deriabin wurden 1700 der 2800 Offiziere versetzt, zurückgerufen oder aus dem Dienst entlassen,[14] und Wassili Bulda, der im Frühjahr 1953 in Karlshorst gedient hat, erinnert sich, daß Berija am Vorabend der Ereignisse des 17. Juni allen höheren Offizieren der Residentur, einschließlich der Gruppenleiter und der Chefs der Bezirksbüros, den Befehl erteilt hatte, umgehend auf dem Luftweg nach Moskau zurückzukehren. Der Rest des Stabes sollte später folgen. Nachdem sie sich in der Lubjanka, dem Moskauer MWD-Hauptquartier, zurückgemeldet hatten, ließ man sie auf Befehle, Aufträge oder einen neuen Posten warten.[15] Zu den zurückgerufenen Offizieren gehörte Oberst Pawel Medwedew, der stellvertretende Stabschef der Berliner Residentur und Chefberater des MfS.[16] Während des Aufstands in der DDR wußten diese Offiziere aus Telefongesprächen mit ihren Familien, die noch in Berlin waren, daß auf den Straßen etwas Schreckliches geschah, doch Genaueres erfuhren sie erst, als einige von ihnen nach Berlin zurückgeschickt wurden.

Berija wies Fadeikin an, neue Ernennungsrichtlinien anzuwenden, nach denen nur noch Offiziere mit Deutschkenntnissen für die Berliner Residentur in Frage kamen, was zum Beispiel bedeutete, daß Bulda, den Fadeikin als seinen Stellvertreter benannt hatte, in der neuen Ernennungsliste nicht mehr auftauchte.[17] Unklar ist, ob es Berija tatsächlich um die Sprachkenntnisse ging oder ob er sie als Instrument benutzte, um den

Apparat in Deutschland umzugestalten. Ein anderer Veteran aus Karlshorst, Jewgeni Beresin, der in der Westdeutschlandsektion gearbeitet hatte, wurde von Berija nach seinen Albanischkenntnissen gefragt, die er sich Jahre zuvor angeeignet hatte. Beresin antwortete: »Fast vergessen.« Darauf Berija: »Du wirst dich erinnern müssen. Du gehst nach Albanien.«[18] Welche Schwierigkeiten die Deutschlandabteilung im Moskauer Hauptquartier mit dem Zustrom von Offizieren aus Karlshorst hatte, läßt sich daraus ersehen, daß der damalige Abteilungsleiter, Leonid Sjomontschuk, angewiesen wurde, seine Abteilung von fünfundsechzig auf achtzehn Mitarbeiter zu verkleinern. Eine Begründung wurde ihm nicht gegeben.[19]

Hinter diesen Schritten zur Reduzierung und Umgestaltung des MWD-Apparats in Karlshorst und der Deutschlandabteilung in Moskau stand eine von Berija eingesetzte Sonderuntersuchungskommission unter der Leitung von Bogdan Kobulows Bruder Amajak und Grigori Sabalotny, dem für die Auslandsverwaltung zuständigen stellvertretenden Kaderleiter. Diese Ernennung wurde in der Kaderabteilung als Anzeichen dafür gewertet, daß Amajak Kobulow die Residentur in Karlshorst, einen der bedeutendsten und prestigeträchtigsten Auslandsposten des MWD, bekommen würde.

Ende Mai überstürzten sich die Ereignisse. Am 25. forderte die *Prawda* »Viermächtevereinbarungen über die deutsche Vereinigungsfrage«. Nach der kritischen Präsidiumssitzung am 27. löste Wladimir Semjonow Tschuikow als Chef der Sowjetischen Kontrollkommission ab, die jetzt als Hohe Kommission der Sowjetunion in Deutschland firmierte. Gleichzeitig gab Tschuikow auch den Oberbefehl über die GSWG ab und übernahm das Kommando über den Militärbezirk Kiew. An die Spitze der GSWG trat Generaloberst Andrej Gretschko, der seit 1945 MWD-Chef in Kiew gewesen war. Diese Ernennung hätte für Berija und seine Freunde ein Warnzeichen sein müssen, denn Gretschko war eng mit Chruschtschow verbunden, seit sie gemeinsam gegen den bewaffneten antisowjetischen Widerstand ukrainischer Nationalisten in den westlichen Distrikten der Ukraine vorgegangen waren.[20]

Vom 2. bis 4. Juni weilten Semjonow und die SED-Führung in Moskau, um Anweisungen über den neuen politischen Kurs entgegenzunehmen, der viele stalinistische Schärfen der im Juli 1952 von der SED beschlossenen Wirtschaftspolitik abmilderte. Nach ihrer Rückkehr nach Deutschland trat am 9. Juni das SED-Politbüro zusammen, und zwei Tage später verkündete das *Neue Deutschland* den »Neuen Kurs«. Die Sowjets hatten darauf bestanden, daß die politischen Veränderungen sofort bekanntgemacht wurden. Leider sah der neue Kurs nicht die Rücknahme der Erhöhung der Arbeitsnormen vor, die unter den Arbeitern weiterhin für Unruhe sorgte. Dennoch würde die neue Linie für die SED-Anhänger ein Schock sein, weshalb Politbüromitglied Rudolf Herrnstadt, Chefredakteur des *Neuen Deutschland,* Semjonow bat, die Bekanntgabe um zwei Wochen zu verschieben. Semjonow lehnte ab, wobei er anmerkte: »In vierzehn Tagen werden Sie vielleicht schon keinen Staat mehr haben.«[21] Hinter den Kulissen fand auch in der SED ein Machtkampf statt, in dem Herrnstadt und Staatssicherheitsminister Zaisser versuchten, Ulbricht auszubooten. Am 14. Juni griff Herrnstadt in einem Leitartikel des *Neuen Deutschland* die Beibehaltung der erhöhten Normen an. Die Bühne für den 17. Juni war bereitet.[22]

DER 17. JUNI 1953

Als Jewgeni Pitowranow, der nach Berijas Entmachtung die Leitung der Residentur in Karlshorst übernommen hatte, 1993 in einem Interview auf den »faschistischen Putsch« in Ost-Berlin am 17. Juni 1953 angesprochen wurde, erwiderte er: »Putsch – das ist eine Übertreibung. Es war die Reaktion der Menschen auf die groben Fehler der Führung des Landes, ein Geschwür, das unter den gegebenen Umständen aufbrechen mußte. Im übrigen war es unverzeihlich, in dieser Situation Panzer einzusetzen.«[1] Dem würde sich gewiß nicht jeder ehemalige KGB-Offizier, der diese Zeit miterlebt hat, anschließen. Aber sie alle stimmen darin überein, daß die Streiks und Demonstrationen in Ost-Berlin und anderen Städten der DDR für Moskau und die Reste des MWD-Apparats in Ostdeutschland völlig überraschend kamen. Die Geschichte des Aufstands ist unzählige Male erzählt worden. Wir wollen uns deshalb auf die Reaktionen der Nachrichtendienste von UdSSR und USA konzentrieren und in unserer Darstellung, soweit möglich, unbekanntes Archivmaterial verwenden.

Kutschins Bericht

Am 16. Juni 1953 um 11.45 Uhr übermittelte der MWD-Deutschlandexperte Wadim W. Kutschin, der schon seit 1945 in Karlshorst war, einen Lagebericht an den für den Auslandsnachrichtendienst zuständigen stellvertretenden Innenminister Bogdan Kobulow.[2] Im Gegensatz zur üblichen MWD-Praxis unterzeichnete er den Bericht, in dem er sich ungewöhnlich kritisch mit der SED auseinandersetzte, sowohl als Verfasser als auch in der Rolle des freigebenden Offiziers. Es war der erste detaillierte Bericht, den Moskau von der gebeutelten Berliner Residentur über die sich anbahnende Krise erhielt. Die Sowjetführung muß ihn mit Entsetzen zur Kenntnis genommen haben. Dabei hat Kutschin, der sich offenbar auf Informationen aus dem MfS, der DDR-Regierung und der SED stützte, kaum die Oberfläche der Ereignisse geschildert, wie jüngere Forschungen gezeigt haben. Insofern ist sein Bericht auch ein Beleg dafür, in welch bedauernswertem Zustand sich die MWD-Residentur in Karlshorst damals befand.

Laut Kutschin begannen die Unruhen unter den Ostberliner Bauarbeitern schon am 11. Juni, nach der Bekanntgabe des Neuen Kurses der DDR-Politik, als auf einer Baustelle mit einem vierundzwanzigstündigen Sitzstreik gegen die »willkürliche Erhöhung der Arbeitsnormen« protestiert wurde. Am Abend des 13. Juni veranstalteten Gewerkschafter einer Krankenhausbaustelle in Friedrichshain eine Dampferfahrt, auf der angeblich ein Plan für weitere Proteste gegen die Normerhöhungen ausgearbeitet wurde. Die SED-Führung wußte von diesen Ereignissen, »reagierte aber nicht darauf, sondern bereitete die Vorarbeiter auf den Baustellen weiterhin auf die Einführung der erhöhten Normen vor«.[3]

Am Abend des 15. Juni verkündeten Bauarbeiter in der Stalinallee, daß sie in den Streik treten würden, wenn die neuen Normen nicht zurückgenommen werden sollten. Sie schickten einen Brief an Ministerpräsident Grotewohl und verlangten bis zum Mittag des nächsten Tages eine Antwort. Am selben Abend diskutierte die Berliner SED-Bezirksleitung über die Streikdrohung und stimmte wie der Ministerrat für die Beibehaltung der erhöhten Normen, die in Berlin zusätzlich zur allgemeinen Erhöhung von zehn Prozent um weitere fünfundzwanzig Prozent aufgestockt worden waren. Als am nächsten Morgen SED-Vertreter in die Fabriken gingen, um den Arbeitern die Notwendigkeit der neuen Normen zu erklären, wurden sie ausgepfiffen. Die Arbeiter entrollten Transparente, auf denen die Herabsetzung der Normen gefordert wurde, und zogen in Marschkolonnen in die Innenstadt, wo sie sich mit den Bauarbeitern vereinten. Versuche von SED-Vertretern, die Demonstranten zum Aufgeben zu bewegen, wurden mit der Androhung von Gewalt beantwortet. Der SED-Funktionär Bruno Baum entkam nur knapp einem tätlichen Angriff, indem er mit einem Auto davonraste. Die Demonstranten zogen zum Haus der Ministerien, wo sie Präsident Pieck und Ministerpräsident

Grotewohl zu sprechen verlangten. Als sie keine Antwort erhielten, zogen sie weiter zum Gebäude des Zentralkomitees der SED. Auf dem Weg zerstörten sie zwei mit SED-Propagandisten besetzte Lautsprecherwagen und übernahmen einen dritten in eigene Regie, wobei ein SED-Mitglied schwer verletzt wurde.

Vor dem ZK-Gebäude verlangten die Demonstranten erneut nach Pieck. Aus dem Lautsprecherwagen wurden Losungen verbreitet, die zunächst nur die Rücknahme der Normerhöhung forderten, aber zunehmend politischer wurden, bis es hieß: »Nieder mit der SED«, und: »Wir wollen freie Wahlen in einem vereinten Berlin«. Vor dem Polizeipräsidium schließlich lautete die Parole: »Wir, die Arbeiter der Stalinallee, rufen alle Berliner Arbeiter auf, am 17. Juni um sieben Uhr in den Generalstreik zu treten.« Als die Ostberliner Regierung über Rundfunk bekanntgab, daß zur selben Zeit, zu der der Streik beginnen sollte, auf den Baustellen »Produktionssitzungen« stattfinden würden, zerstörten die Demonstranten die auf den Straßen aufgestellten Lautsprecher. Neben den Marschkolonnen sollen laut Kutschin junge Männer auf Fahrrädern »westlicher Produktion« gefahren sein und die Demonstranten aufgestachelt haben, und »Passanten spendeten ebenso Beifall wie Bewohner der Häuser an den Straßen«. Unter den Demonstranten seien auch SED-Mitglieder gewesen, sogar Funktionäre, die erklärten, sie könnten nicht länger beiseite stehen.

Am Ende des Berichts findet sich die allgemeine Anmerkung, »Personen aus West-Berlin« hätten »eine aktive Rolle bei der Organisation der Demonstrationen gespielt«. Als Beleg werden Flugblätter angeführt, die in Reinickendorf im französischen Sektor gedruckt worden waren und in denen die Arbeiter zweier Ostberliner Fabriken aufgefordert wurden, gegen die Normerhöhung zu streiken und sich »für die Rückgabe der Unternehmen an ihre früheren Besitzer« einzusetzen. Daß die Demonstrationen am 15. und 16. Juni von Westberliner Provokateuren organisiert und angeführt worden seien, wie später von Moskau und Ost-Berlin behauptet, schrieb Kutschin jedoch nicht. Hätte Karlshorst konkrete Informationen über eine westliche Beteiligung besessen, hätte er sie mit Sicherheit erwähnt.

Kutschins hastig aufgesetzter Bericht dürfte in Moskau sämtliche Alarmglocken ausgelöst haben, beschrieb er doch offenen Widerstand von Arbeitern gegen die Arbeitspolitik der Partei, die Inbesitznahme und

Zerstörung von Parteieigentum, die Teilnahme von SED-Mitgliedern und -Funktionären an den Demonstrationen und, was am wichtigsten war, die mangelnde Urteilsfähigkeit und Passivität der SED-Führung während der Entstehung der Krise.

Die Lageeinschätzung des Berliner MWD-Chefs

Ein zweiter Bericht über die sich verschärfende Lage in Ost-Berlin stammt von Oberst Fadeikin, der nach Stalins Tod zum amtierenden Chef des MWD-Apparats aufgestiegen war.[4] Daß er ihn mit der Hand schrieb, ist ein Zeichen für die gespannte Atmosphäre, die an jenem schicksalhaften Vormittag in Karlshorst geherrscht haben muß. Adressaten des am 17. Juni um 12.25 Uhr abgesandten Berichts waren Sergej R. Sawtschenko, der Chef des Auslandsnachrichtendienstes, und Alexander Korotkow, inzwischen als stellvertretender Chef der MWD-Auslandsverwaltung für Europa zuständig.

Fadeikin berichtete, daß die Lage in Ost-Berlin in der Nacht vom 16. auf den 17. Juni angespannt geblieben sei: »Rowdys zerstörten mehrere staatliche Geschäfte. Die Frage eines Generalstreiks wurde entschieden. Heute um sieben Uhr begann sich in verschiedenen Teilen der Stadt eine große Menschenmenge zu versammeln und ins Zentrum zu ziehen. Mehrere Fabriken befinden sich bereits im Streik.« Die Ostberliner Polizei sei nicht in der Lage, die Ordnung aufrechtzuerhalten. Seit sechs Uhr hielten »sowjetische Truppen alle wichtigen Einrichtungen besetzt: Postämter, Brükken und Bahnhöfe. In der Nähe der Gebäude des Zentralkomitees der SED und des Ministerrats sind Patrouillen aus jeweils zwei gepanzerten Mannschaftswagen gebildet worden. Im Gebäude des Zentralkomitees, in dem sich das SED-Politbüro immer noch aufhält, hat ein Regiment der ostdeutschen Kasernierten Volkspolizei Aufstellung genommen. ... Der Zug der Marschkolonnen in Richtung Stadtzentrum geht weiter.«

Sowjetische Truppen seien in der Stadt aufmarschiert, meldete Fadeikin, aber »bei den Streikenden besteht der Eindruck, daß die Behörden nicht auf Zwangsmaßnahmen zurückgreifen werden, weil Berlin unter Viermächtehoheit steht. Wenn militärische Mittel eingesetzt werden, würden westliche Panzer ihnen zu Hilfe kommen.« Nach der ohne jeden Beweis aufgestellten Behauptung, daß »die Streiks und Demonstrationen ... von West-Berlin aus geführt« würden, kritisierte Fadeikin die ostdeutsche Regierung. Staatssicherheitsminister Zaisser sei den ganzen 16. Juni über beim Politbüro gewesen und habe »die gesamte Arbeit der Gewährleistung der Staatssicherheit seinem Stellvertreter Mielke überlassen, der ... den Ernst der sich entwickelnden Lage unterschätzte und nicht die harten Maßnahmen ergriff, die nötig gewesen wären, um die Rädelsführer und aktiven Teilnehmer der Demonstrationen zu identifizieren und festzunehmen«. Im Verlauf des 16. Juni hätten »ostdeutsche Polizei und MfS ... nur fünfundzwanzig Personen verhaftet, überwiegend gewöhnliche Demonstranten«.

Nach der Ankündigung, daß er Schritte einleiten werde, »um die Zahl der Verhaftungen von Organisatoren und Aktivisten der Streiks und Demonstrationen zu erhöhen«, wiederholte Fadeikin die bekannte Tatsache, daß der westdeutsche Minister für gesamtdeutsche Fragen, Jakob Kaiser, am 17. Juni auf einer Großveranstaltung in West-Berlin sprechen werde, und fügte als eigene Schlußfolgerung hinzu, Kaiser komme in die Stadt, »um sich an die Spitze der Protestbewegung in Ost-Berlin zu setzen«. Als dieser Bericht mittags abgeschickt wurde, geschah in Berlin vieles, von dem Fadeikin nichts wußte, was darauf schließen läßt, daß die MWD-Residentur in dieser Krise nicht auf dem laufenden war. Zum Beispiel hatte sich das SED-Politbüro zu diesem Zeitpunkt bereits in Karlshorst in Sicherheit gebracht, und Marschall Sokolowski, inzwischen Generalstabschef der sowjetischen Streitkräfte, befand sich auf dem Flug nach Berlin, was ein Signal dafür war, daß die Streitkräfte die Federführung bei der Bewältigung der Krise in Ostdeutschland übernommen hatten.

Die militärische Antwort der Sowjets

Um 12.30 Uhr erhielten die sowjetischen Truppen den Befehl, die Ordnung wiederherzustellen. Es ist fraglich, ob die Berliner MWD-Residentur bei der Entscheidung, den Aufstand mit militärischen Mitteln niederzuschlagen, eine Rolle gespielt hat. Aus dem von Sokolowski, Semjonow und dem stellvertretenden Hohen Kommissar, Pawel Judin, verfaßten Bericht vom 24. Juni geht hervor, daß die Entscheidung für den Einsatz der Truppen am Abend des 16. Juni gefällt worden war. Am frühen Morgen des 17. begannen sie, wie Fadeikin vermerkte, in Berlin in Stellung zu gehen. Kutschins Hinweis auf die Unfähigkeit des DDR-Regimes, der Krise Herr zu werden, könnte zu dieser Entscheidung beigetragen haben.

Während die sowjetischen Truppen gegen die Demonstranten vorgingen, erstattete Semjonow telefonisch Bericht über die Zustände auf den Straßen, die Unterbrechung der Verkehrsverbindungen zwischen Ost- und West-Berlin und die Verhängung des Kriegsrechts.[5] Laut Rudolf Herrnstadt teilte Semjonow auch dem SED-Politbüro in Karlshorst mit, daß um ein Uhr mittags das Kriegsrecht in Kraft gesetzt werde. »Zwei Minuten nach eins wird es vorüber sein«, prophezeite er. Außerdem unterrichtete er die Parteiführer darüber, daß Sokolowski und Marschall Leonid Goworow, der Generalinspekteur des sowjetischen Verteidigungsministeriums, auf dem Weg nach Berlin seien.[6] Es hatte offenbar enge Absprachen zwischen dem Generalstab und der Führung der GSWG gegeben. Außerdem war Sokolowski als ehemaliger SMAD-Chef mit den Verhältnissen in Ostdeutschland vertraut. Er war der richtige Mann für die Aufgabe.

Am 17. Juni um 23.30 Uhr teilten Semjonow und Gretschko Moskau in einem Fernschreiben mit, daß allen Deutschen verboten worden sei, die Sektorengrenze zu passieren. In einer zweiten Nachricht meldeten Semjonow und Sokolowski: »Die Störungen in Berlin haben aufgehört. Die Straßen sind ruhig.« Am frühen Morgen des 18. Juni sperrte die Volkspolizei unter Mithilfe sowjetischer Truppen und ostdeutscher paramilitärischer Einheiten die Sektorengrenze sowohl für Fahrzeuge als auch für Fußgänger. Es war die bis dahin vollständigste Abriegelung West-Berlins vom sowjetisch beherrschten Teil Deutschlands. Aber die Stadt blieb trotz der seit dem Vortag unterbrochenen Verkehrsverbindungen ruhig.

In einem Telegramm an Molotow und Bulganin vom 19. Juni melden Semjonow und Sokolowski »eine sehr aktive organisatorische Beteiligung des amerikanischen Militärs an dem Aufruhr in Berlin«. Nach Aussage Verhafteter hätten »amerikanische Offiziere persönlich Einwohner von West-Berlin ausgewählt und zu großen Gruppen zusammengefaßt, denen sie die Anweisung gaben, Unruhen in Ost-Berlin anzuzetteln«.

Wenn dies zuträfe, hätte Sokolowski recht gehabt, als er wenige Minuten nach seiner Ankunft in Karlshorst feststellte, die Krise sei das Werk feindlicher Kräfte. Aus den Berichten von Kutschin und Fadeikin geht allerdings hervor, daß weder die MWD-Residentur noch das MfS Beweise für diese Behauptung besaßen. Tatsache dagegen ist, daß zwar Mitarbeiter des amerikanischen Stadtkommandanten und der Ostabteilung der Berliner Mission des US-Außenministeriums Ost-Berlin besuchten, es den Angehörigen von BOB aber seit langem verboten war, den Ostteil der Stadt zu betreten.

Waren die Amerikaner beteiligt?

Die Frage einer direkten amerikanischen Beteiligung, insbesondere der CIA, ist viel besprochen worden. Da Eleanor Dulles als Referentin des US-Außenministeriums zu dieser Zeit Berlin besuchte, haben manche spekuliert, daß auch ihr Bruder, CIA-Chef Allen Dulles, in der Stadt war. Er war es nicht. Tatsächlich wurde BOB ebenso wie Karlshorst von den Ereignissen überrascht. »Wir wurden kalt erwischt«, stellte ein BOB-Berichteschreiber fest. Einige Ostberliner Agenten nahmen Kontakt zu ihrem Führungsoffizier auf, um über die Ereignisse zu berichten, aber als die Grenze geschlossen wurde, brach auch der Informationsfluß ab. Die deutsche CIA-Mission war gleichfalls überrascht worden. Der Missionschef, General Lucian Truscott, befand sich zu dieser Zeit mit seinem Stellvertreter Michael Burke und seinem Assistenten Thomas Polgar in Nürnberg und beriet mit US-Militärs über tschechoslowakische Grenzverletzungen. Von dem Aufstand in Ost-Berlin erfuhr er auf der Rückfahrt nach Frankfurt aus der Abendzeitung.[7]

1979 wurde eine aus dubioser Quelle stammende Episode veröffentlicht, die seither unzählige Male wiederholt worden ist, zum Beispiel von Christian Ostermann, der 1994 schrieb: »Der Chef der Berliner Operationsbasis, Harry Hecksher, schickte ein Telegramm nach Washington, in dem er angesichts der überwältigenden sowjetischen Feuerkraft um die Erlaubnis bat, die Aufständischen mit Waffen auszurüsten, wurde aber angewiesen, die Unterstützung auf ›Sympathie und Asyl, aber ohne Waffen‹, zu beschränken.«[8]

Diese dramatische Korrespondenz hat es nie gegeben. Erstens war Bill Harvey damals BOB-Chef, nicht Hecksher, und Harvey war während der ganzen Zeit in Berlin. Zweitens findet sich in den Akten kein Hinweis darauf, daß Berlin ein derartiges Telegramm geschickt hat, und auch keiner der Offiziere, die damals in Berlin oder in der deutschen CIA-Mission stationiert waren, kann sich daran erinnern. Truscotts Assistent Polgar stellt klipp und klar fest, daß Truscott Harvey (oder Hecksher) augenblicklich gefeuert hätte, wenn er eine solche Anfrage von ihm erhalten hätte. Gordon Stewart, der in Abwesenheit von Truscott und Burke als Missionschef amtierte, erinnert sich gut an den Tag. Wenn es ein solches Telegramm gegeben hätte, wüßte er es. Peter Sichel schließlich, der am 17. Juni 1953 Operationschef der Osteuropaabteilung war, erklärt ebenfalls, daß es diese Anfrage nie gegeben hat.[9]

Natürlich rang man bei der CIA die Hände über die westliche Handlungsunfähigkeit während des Aufstands. Nach einer »hochrangigen Erörterung der Entwicklungen der letzten 48 Stunden in Deutschland« und der einzuschlagenden Propagandataktik schickte DDP Frank Wisner am 18. Juni John Bross, dem Chef der Osteuropaabteilung, ein Memorandum, in dem er feststellte: »Wir scheinen mit unseren Bemühungen von gestern und letzter Nacht ziemlich nah an der richtigen Linie gelegen zu haben.« Im Augenblick solle man nichts tun, »um die Ostdeutschen zu weiteren Aktionen anzustacheln, die ihr Leben gefährden würden«. Wisner unterstrich die Unzuverlässigkeit der ostdeutschen Sicherheitskräfte, denn immerhin hätten die Russen mit ihren Truppen eingreifen müssen. Auch dieses Memorandum enthält keinen Hinweis darauf, daß BOB den Vorschlag gemacht hatte, die Aufständischen mit Waffen zu versorgen, und in den anderen Nachbetrachtungen über den 17. Juni findet er sich ebenfalls nicht.[10]

Das MWD tritt in Aktion

Am Samstag, dem 20. Juni, sprach Ulbricht mit Sokolowski, Semjonow und Judin in Karlshorst über die Notwendigkeit, Bewaffnung und Bereitschaft der KVP zu verbessern, und die Absicht der SED-Führung, in die Fabriken zu gehen, um die Unzufriedenheit der Arbeiter zu besänftigen.

Sokolowski erwähnte wie Kutschin und Fadeikin vor ihm das Fehlen jeglicher Vorwarnung und bemerkte: »Die deutschen Genossen sind wahrscheinlich etwas erschrocken durch die Plötzlichkeit der ganzen Sache.«[11]

Auf dem Höhepunkt der Krise hatten zwar die Streitkräfte die Fäden in der Hand, aber das MWD blieb deshalb nicht untätig. Berija schickte eine von Goglidse geleitete Sondergruppe nach Berlin, zu der unter anderen Geheimdienstveteran Fedotow und einige der besten Deutschlandkenner des MWD gehörten, und am 20. Juni unterrichteten Goglidse und Fedotow sowie Fadeikin als Resident den Innenminister über den Stand der Ausführung seiner Anweisungen.[12] Mit Goglidses Gruppe waren viele höhere Offiziere des Karlshorster Apparats, die zu den erfahrensten Deutschlandexperten des MWD gehörten, nach Berlin zurückgekehrt. Das MWD wollte die ostdeutschen Sicherheitsdienste durch Kräfte des Auslandsnachrichtendienstes und der Spionageabwehr verstärken, wie es die Streitkräfte bereits taten. Dem Bericht zufolge wurden aus Angehörigen der Spionageabwehr der GSWG und der MWD-Residentur achtunddreißig Untersuchungsgruppen gebildet. Weitere Untersuchungsgruppen aus jeweils sechzig Offizieren wurden innerhalb der Residentur aufgestellt. Ihre Aufgabe bestand darin, »die Organisatoren, Rädelsführer und Anstifter der Revolte zu enttarnen«.

Berija erwartete die Untersuchung der Fälle von »festgenommenen Teilnehmern an der Revolte, die als Bewohner West-Berlins von ausländischen Geheimdiensten und westdeutschen subversiven Organisationen in den Ostsektor geschickt worden sind«. Außerdem waren die Untersuchungsgruppen angehalten, »die Umstände der Revolte aufzudecken und die Themen festzustellen, die von reaktionären Kräften ausgenutzt werden konnten, um die breite Masse zu regierungsfeindlichen Äußerungen zu provozieren«. Darin äußerte sich eine gewisse Ambivalenz, denn zum einen hielten sich Berijas Anweisungen und der Bericht der Sondergruppe an die Vorstellung, daß die Unruhen von den Westmächten geplant und ausgeführt worden waren, zum anderen aber wurden die Untersuchungsoffiziere aufgefordert, die örtlichen Gegebenheiten zu durchleuchten, um herauszufinden, was den »Provokateuren« ihren spektakulären Erfolg ermöglicht hatte. Gleichzeitig sollten sie bei ihren Ermittlungen versuchen, »Teilnehmer der Revolte zu rekrutieren, um mitzuhelfen, die Organisatoren dieser regierungsfeindlichen Demonstrationen aufzuspüren«.

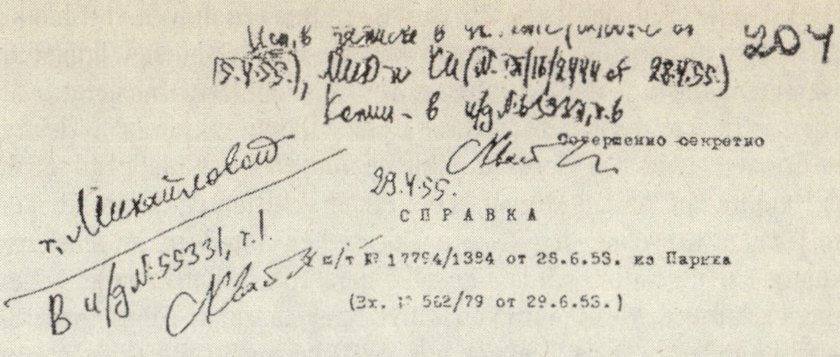

204

Копии – в и/д № 55333, т. 6

т. Михайловой

28.4.55.

В и/д № 55331, т. 1

Совершенно секретно

СПРАВКА

к/т № 17794/1384 от 28.6.53. из Парижа

(Вх. № 562/79 от 29.6.53.)

1.7.53. Выяснить истинные причины, лежащие в основе народных волнени[й] в Берлине, еще не удалось.

Также не установлено, имеет ли здесь место (наряду с недовол[ьст]вом рабочих) маневр Советского правительства.

Однако представляется почти определенным, что вмешательство представителей и агентов СДПГ превратило по крайней мере частичные т[ре]бования строительных рабочих, занятых на аллее имени Сталина, в поли[ти]ческую демонстрацию.

СДПГ со времени послевоенного восстановления поддерживает т[ес]ную связь с восточной зоной и с советским сектором Берлина. Боннские социал-демократы используют для поддержания связи со своими товарищами из ГДР начальников своих органов в Берлине, а также социал-демократические секции в советском секторе. План действия уже давно был подготовлен всем этим "аппаратом". Не была только определена дата осуществления этого плана: она зависела от хода событий.

День 16 июня определился как начало развязки этих событий, причем руководящий комитет СДПГ не определял его заранее. Если бы э[то] было не так, то ~~[illegible]~~ (берлинским друзьям), находившегося в этот вечер в Бонне, не пришлось бы срочно вызывать его по телефону с просмотра кинофильма; они настойчиво требовали его присутствия.

Verschlüsseltes Telegramm der Pariser MWD-Residentur an die Moskauer Zentrale, 28. Juni 1953, über die Gründe des Aufstands vom 17. Juni.

Der zweite Teil des Berichts von Goglidse, Fedotow und Fadeikin befaßte sich mit organisatorischen Problemen und personellen Fragen im Zusammenhang mit den Unruhen sowie mit der Demoralisierung der Sicherheitskräfte der DDR. Zu ihrer Unterstützung wurde in Karlshorst eine Sondergruppe von vierunddreißig operativen Offizieren gebildet, die von Hauptmann Wassili Morgatschow, einem Assistenten des Residenten, und Jewgeni Krawzow, dem Chef der deutschen Abteilung im Moskauer Hauptquartier, geleitet wurde. Sie sollte dem MfS in Berlin dabei helfen, »Überwachungen, Verhöre und operative Agentenarbeit« zu organisieren. Weitere hundertzwanzig Gruppen aus MWD-Personal sollten die MfS-Bezirksverwaltungen unterstützen.

Außerdem wurde die Arbeit der unabhängigen MWD-Agenten in Deutschland beschrieben. Sowohl die Residentur in Karlshorst als auch die militärische Abwehr in Potsdam hatten den Auftrag, »alle Agentenressourcen zu mobilisieren, um die Umstände zu klären, die die Ereignisse verursacht haben, und die Organisationszentren sowohl in Westdeutschland als auch in der DDR aufzuspüren«. Sie sollten Kontakt aufnehmen mit »den vorhandenen Agentennetzen in West-Berlin und Westdeutschland, um die Zukunftspläne der Westberliner und westdeutschen reaktionären Kreise sowie der ausländischen Geheimdienstorgane aufzudecken«. Als Aufsichtseinheit wurde eine operative Gruppe unter Leitung von Amajak Kobulow aufgestellt, die gewährleisten sollte, »daß diese wichtige Arbeit richtig durchgeführt wurde«.[13] Außer dem Deutschlandexperten Kutschin gehörte ihr unter anderen Oberst Andrej Kowaljow an, ein führender Analytiker der Deutschlandabteilung, ein Personalaufwand, der belegt, daß Berija durch die Krise in der DDR gezwungen war, den Umbau des MWD und seiner ostdeutschen Einheiten hinauszuschieben. Am Schluß des Berichts teilen die Verfasser mit, daß für den 20. Juni eine Sitzung mit der Führung des MfS anberaumt worden sei, um »Maßnahmen zur Festigung der MfS-Organe, zur Verstärkung der Grenzpolizei und zur Gewährleistung der verläßlichen Bewachung von MfS-Einrichtungen und DDR-Gefängnissen« zu besprechen. Dieser Bericht wurde am Montag, dem 22. Juni, mit einer von Korotkow und Sawtschenko unterzeichneten »Resolution« Berijas getreuem Gehilfen Bogdan Kobulow zugeleitet.

Inzwischen hatte Moskau die Residenturen aufgefordert, Informationen zu beschaffen, die »die wirklichen Gründe für die Volkserhebung in

Berlin erklären« könnten. Die Pariser Residentur, deren Antwort vom 28. Juni uns als einzige vorliegt, räumte zunächst ein, daß sie nicht in der Lage sei, die Frage schlüssig zu beantworten. Doch dann wird ein französischer Journalist zitiert, der behauptete, am 17. Juni mit Arno Scholtz, dem Chefredakteur der SPD-nahen Zeitung *Der Telegraf,* in Ost-Berlin gewesen zu sein. Die Darstellung dieses Journalisten dürfte genau das gewesen sein, was man in Moskau hören wollte: »Es ist fast als sicher anzunehmen, daß die Forderungen der Bauarbeiter der Stalinallee zumindest teilweise durch die Einmischung von Repräsentanten und Agenten der deutschen Sozialdemokratischen Partei (SPD) in eine politische Demonstration umgewandelt wurden. ... Dieser [SPD-] Apparat hatte schon lange vorher einen Aktionsplan ausgearbeitet. Nur das Ausführungsdatum stand nicht fest; es hing vom Gang der Ereignisse ab. ... Am 16. Juni bereiteten sich die folgenden Ereignisse vor, aber die SPD-Führung hatte dies nicht im voraus bestimmt. ... Die Sozialdemokraten der früheren Hauptstadt warteten die Entscheidung ihres Vorsitzenden nicht ab, sondern begannen die für einen solchen Fall ausgearbeiteten Direktiven anzuwenden.«[14]

Berijas Schuld

Der Bericht aus Paris ist das letzte Dokument über die Lage in Ostdeutschland, das wir aus der Zeit vor Berijas Verhaftung vom SWR-Archiv erhalten haben. Aber es gibt noch andere sowjetische Darstellungen. Offenbar wollten beide Lager des Machtkampfs zwischen Berija und Chruschtschow ihre Sicht der Ereignisse durchsetzen. Am 24. Juni gab der Chefredakteur der *Prawda,* Dmitri Schepilow, in einem an Chruschtschow adressierten Memorandum den Augenzeugenbericht des Berliner Korrespondenten »P. Naumow« wieder, eine nüchterne, realistische Darstellung der Geschehnisse vom 16. und 17. Juni. So erwähnt Naumow zum Beispiel den Aufmarsch der sowjetischen Truppen am frühen Morgen des 17. Juni ebenso wie die feindselige Stimmung der Menschenmenge. In der Nähe des Demonstrationszuges hatte er regelmäßig Fahrzeuge mit Westberliner und alliierten Kennzeichen beobachtet. Daraus schloß er kurzerhand, sie seien dort gewesen, um die Aufrührer anzustacheln.

Tatsächlich hatten die Alliierten alles Recht der Welt, sich in Ost-Berlin aufzuhalten, und ihre Fahrzeuge durften, im Gegensatz zu Westberliner Autos, nicht von der Volkspolizei kontrolliert werden. Naumow berichtete außerdem, daß nicht nur Arbeiter an der Demonstration teilgenommen hätten, sondern auch viele Bürger, darunter SED-Mitglieder, von denen man erwartet hätte, daß sie die Regierung unterstützten. Verärgert war er über die Feigheit der SED und ihr Unverständnis für die Stimmung der Massen. Dann schloß er den Bericht mit einem Satz, der in merkwürdigem Widerspruch zu den beschreibenden Passagen steht und anscheinend erst in letzter Minute hinzugefügt wurde: »Es besteht kein Zweifel daran, daß die ganze Operation sorgfältig vorbereitet ... und von einem einzigen Zentrum aus gesteuert wurde.« Diese am 22. Juni vorgenommene Einschätzung entspricht der Sicht der Ereignisse, die in Zukunft vorherrschen und gegen Berija eingesetzt werden sollte.[15]

Sokolowski und Semjonow hatten offenbar keine Ahnung von den Plänen zum Sturz Berijas. Die Empfehlungen ihres Berichts vom 24. Juni laufen darauf hinaus, daß der Neue Kurs fortgesetzt, die Situation in der DDR verbessert und der Reformflügel im ZK der SED gestärkt werden sollte.[16] Zwei Tage später wurde Berija in einer Präsidiumssitzung verhaftet. Da das offizielle Protokoll der Sitzung »vermißt« wird, müssen wir uns mit dem widersprüchlichen Bild abfinden, das die Akteure des Komplotts gegen Berija gezeichnet haben.[17] Sicher ist nur, daß Berija völlig unvorbereitet war. Andere scheinen ebensowenig informiert gewesen zu sein. So schickte Iwan Tugarinow, der Chef des Kleinen KI, Berijas Stellvertreter Kobulow noch am 29. Juni 1953 ein achtzehnseitiges Memorandum über »Die Haltung der Westmächte in der deutschen Frage«. Das hauptsächlich auf allgemein zugängliches Material gestützte Papier endete mit den Sätzen: »Aus dem oben Dargelegten geht hervor, daß zwischen den Vereinigten Staaten und England ernsthafte Differenzen in der Frage bestehen, ob sie in naher Zukunft mit der UdSSR in Verhandlungen über die deutsche Frage eintreten sollen. Diese Differenzen waren offenbar einer der Gründe für die Verschiebung der Bermuda-Konferenz [auf der die USA, Großbritannien und Frankreich im Dezember den Nordatlantikpakt bestätigen sollten].«[18] Es hatte den Anschein, als hätte die von Moskau signalisierte Flexibilität in der deutschen Frage bei den Westmächten tatsächlich Wirkung gezeigt. Berija hätte sich über dieses Memorandum gewiß gefreut, aber er hat es

Копия
Совершенно секретно

Принято по "ВЧ"
из Берлина

МВД СССР

Докладываем о положении в Берлине и на территории ГДР по состоянию на 30 июня с.г.

I. В течение 29 июня и дня 30 июня в Берлине и на территории ГДР было спокойно. Предприятия, транспорт и учреждения работали нормально.

На фабриках, заводах и в сельских общинах продолжают проходить собрания, одобряющие мероприятия, проводимые правительством, и осуждающие действия провокаторов.

Поступают сведения, что население ГДР заметно ощущает улучшения в области продовольственного снабжения.

Рабочий калийной шахты Глюкауф Эрфуртского округа член СЕПГ Фридрих заявил: "Решения правительства стали заметны. В магазины поступают свежие овощи, фрукты, молоко и другие продукты".

Жительница г.Бесков Франкфуртского округа домохозяйка ГАРТМАН заявила: "Я довольна решениями правительства ГДР об увеличении количества товаров, продаваемых населению, удивляюсь, откуда сразу достали такое большое количество товаров. Неужели нельзя было направить их в магазины раньше. Если бы правительство сделало это своевременно, то не было бы никаких выступлений".

[illegible] г.Росток [illegible] АРТ[illegible], выступая на собрании

W Ch-Mitteilung von Iwan Fadeikin, amtierender Berliner MWD-Resident, und Auslandsnachrichtendienstoffizier Pjotr Fedotow an die MWD-Zentrale, 30. Juni 1953, über die Lage in Berlin und der DDR nach dem Aufstand am 17. Juni.

nie erhalten, ebensowenig wie Kobulow, der am selben Tag wie sein Chef verhaftet worden war.

In der Anklageschrift und später in den Rechtfertigungen, die Berijas Gegner auf dem Plenum des ZK der KPdSU im Juli 1953 für seine Entmachtung und Verhaftung vorbrachten, wurde behauptet, sein Vorgehen im MWD sei darin begründet gewesen, daß er ein Spion »deutscher und englischer Geheimdienste« war. Wenn man diese haltlose Behauptung ausschließt, bleibt die Frage, wieso er den Auslandsnachrichtendienst zu einem derart kritischen Zeitpunkt praktisch lahmlegte? Der Wunsch, mit den Anhängern früherer Staatssicherheitschefs alte Rechnungen zu begleichen, reicht als Grund nicht aus, denn andererseits muß Berija gespannt darauf gewesen sein, zu erfahren, wie das Ausland auf seine Signale reagierte. Sein Handeln erscheint als völlig irrational – es sei denn, er hätte wie alle anderen in Moskau nichts von den Ereignissen geahnt, die sich in der DDR anbahnten. Dann mußte er annehmen, daß er genügend Zeit hatte, um die von ihm gewünschten Veränderungen im MWD durchzuführen. Jewgeni Beresin erinnert sich, daß Berija vor seiner Gruppe erklärt hat: »Es gibt eine neue Situation in Deutschland, die eine neue Herangehensweise erfordert. Wir müssen Leute von höherem intellektuellen Niveau nach Deutschland schicken. Dies ist der Grund für die Verringerung der Personalstärke in Deutschland, besonders in den Bezirken.«

Unterdessen stand man in Karlshorst vor der Aufgabe, Berijas Freunde Goglidse und Amajak Kobulow loszuwerden, die vermutlich mit Säuberungen nach dem Aufstand vom 17. Juni beschäftigt waren. Laut Sudoplatow wurden sie von General Gretschko verhaftet und nach Moskau verfrachtet. Einem CIA-Bericht zufolge ist ihre Festnahme jedoch von Semjonow arrangiert worden, der sie dienstlich zu sich rief. Als sie nicht wieder zur Sondergruppe zurückkehrten, fragten zwei ihrer Mitglieder, Fedotow und Kowaljow, nach. Die beiden seien nach Moskau zurückgerufen worden, erklärte ihnen Semjonow zögernd. Später erfuhr Fedotow angeblich, daß Goglidse und Kobulow am 27. Juni von Sokolowski verhaftet und in Handschellen an Bord eines Flugzeugs nach Moskau gebracht worden waren.[19]

Am 30. Juni teilten Fedotow und Fadeikin Moskau in einem Fernschreiben an die Moskauer Führung mit, daß sich die Lage in Ost-Berlin und Ostdeutschland beruhigt habe. Der Rest des Berichts bestand aus Äußerungen von Deutschen aus allen Lebensbereichen, die angeblich

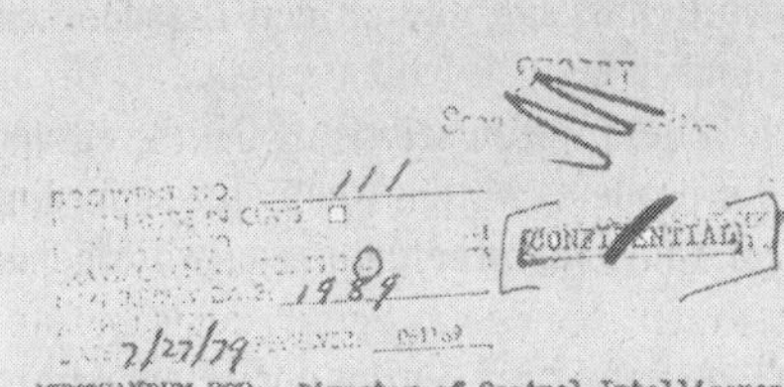

This document has been
August 11, 1953 approved for release through
the HISTORICAL REVIEW PROGRAM of
the Central Intelligence Agency.

Date 12/9/94

HRP 94-1

MEMORANDUM FOR: Director of Central Intelligence

SUBJECT : Proposal for establishment of food depots along zonal boundaries

1. The Working Committee of the PSB prepared a draft reply to the Soviet note of July 11, 1953, in which it was proposed that the United States set up depots along the interzonal boundary at which East Germans could pick up food packages. This draft was not used because of the objections of Ambassador Bohlen. The State Department then proposed to U. S. High Commissioner Conant on 10 August that the offer to establish food depots be incorporated in a note to Soviet High Commissioner Semenov and that if this offer were rejected "as we presume it would be . . . scattered food depots [would be established] along the frontiers to which East Germans would be invited to come and collect packages". The U. S. High Commissioner has not yet commented on this proposal.

2. It is our understanding that, at the PSB meeting on 12 August, the State Department will propose that action be taken to set up the food depots immediately, unless Mr. Conant in the meanwhile expresses very strong opposition. EE Division feels that a favorable decision on this proposal would be contrary to the best interests of the United States. If the proposal were carried out, it would evoke not only the usual Communist denunciations but also lend further substance to the statements of some West Europeans that we are using food as cold war propaganda. We will thus dissipate much of the good will which we have acquired since June 16. Furthermore, as the interzonal borders are much more difficult to cross than the Berlin Sector boundaries, we incur the risk of Soviet countermoves resulting in bloodshed or repressive measures against the Soviet Zone population. The Russians would thus be provided with a pretext for sealing the Sector border as well as the Zonal boundary. This would, of course, greatly hamper our operations both in Berlin and East Germany.

3. While the need for food does exist, it is not so great that an East Zone citizen would put his life in jeopardy to obtain a five pound package. Those who did attempt to cross the boundary would do so in the conviction that they were somehow being protected by us. The would not believe that we would invite them to cross the sterilized belt between the zones unless we were ready to accept full responsibility for their action. The Soviets, aware that we were not prepared to accept such responsibility, could turn this situation into a politico-psychological victory. We would be accused, and stand convicted, of irresponsibility -- particularly if any violence or bloodshed should result from our invitation.

Memorandum von John A. Bross, Chef der Osteuropaabteilung, an DCI Allen Dulles, über den Vorschlag, entlang der Zonengrenzen Lebensmittellager anzulegen. Bross spricht sich gegen diesen Vorschlag aus, weil man mit dieser Aktion »die Abriegelung der [Berliner] Sektorengrenze« riskiere.

nach ihrer Meinung zur gegenwärtigen Lage und zu den Ursachen der Unruhen befragt worden waren und in einigen Fällen massive Kritik am SED-Regime geübt hatten. Solche Zitate waren selbst bei Offizieren vom Rang Fedotows und Fadeikins ein probates Mittel, wenn es darum ging, unangenehme Nachrichten zu übermitteln, ohne die Verantwortung dafür zu übernehmen.[20]

Die Öffentlichkeit erfuhr von der Verhaftung Berijas und seiner Anhänger erst nach einem vom 2. bis 7. Juli abgehaltenen Geheimplenum des ZK der KPdSU.[21] Im Anschluß an das Plenum informierten Malenkow, Molotow und Chruschtschow die Ostblockführer, darunter Ulbricht und Grotewohl, in Moskau über dessen Ergebnisse. Am 10. Juli verkündete die *Prawda* die Neuigkeit. In der DDR wurden bald darauf Zaisser und Herrnstadt aus dem SED-Politbüro ausgeschlossen. Herrnstadt hatte offenbar nicht damit gerechnet, daß sich die Sowjetführung für Ulbricht entscheiden würde; doch trotz seiner Fehler setzte Moskau auf den SED-Chef als denjenigen, der die schmutzige Aufräumarbeit in der DDR erledigen würde.[22]

Nach der Bekanntgabe der Verhaftung Berijas fand in der Zweiten Hauptverwaltung des MWD – der Auslandsverwaltung – eine Sitzung statt, in der der neue Innenminister Kruglow die Ernennung von Alexander S. Panjuschkin zum neuen Chef der Hauptverwaltung und stellvertretenden Minister verkündete. Panjuschkin war von 1947 bis 1952 Botschafter in Washington gewesen und hatte in dieser Zeit gleichzeitig als KI-Resident fungiert. Anfang August fragte er die Abteilungsleiter und Parteisekretäre seiner Hauptverwaltung in einer Sitzung, wie sie ihre Abteilungen umstrukturieren wollten. Zur Begründung führte er an, »daß Berija während seiner Amtszeit als Minister die Arbeit der Verwaltung gestört, unnötig eine große Zahl von Mitarbeitern entlassen und eine völlig unsinnige Reorganisation der Verwaltung vorgenommen hat«.[23]

Amerikanische Lebensmittelspenden

Pitowranow ging aus dem Drama um Berija unbeschadet hervor. Anfang August 1953 war er als Chef der MWD-Residentur in Karlshorst mit Plänen für den Wiederaufbau sowohl seines eigenen Apparats als auch des ostdeutschen Staatssicherheitsdienstes beschäftigt. Doch bevor diese

Pläne weit gediehen waren, sah er sich mit einer neuen »Provokation« konfrontiert: amerikanischen Lebensmittelpaketen für die Ostberliner Bevölkerung. Dieses Hilfsprogramm war durch einen Briefwechsel zwischen US-Präsident Eisenhower und Bundeskanzler Adenauer am 10. Juli in Gang gesetzt worden, und es war überaus erfolgreich: Bis Mitte August hatten fünfundsiebzig Prozent der Ostberliner Lebensmittelpakete erhalten. Die SED schien das Programm zunächst nicht zu stören, aber als es immer weiter ausgedehnt wurde, begriff sie, wie sehr es die Spannungen in der DDR verschärfte.[24]

Am 7. August wurde Molotow von Kruglow über die Schritte ins Bild gesetzt, mit denen Pitowranow versuchte, »die subversive Aktivität feindlicher Elemente zu unterbinden, die die amerikanische ›Lebensmittelhilfe‹-Kampagne ausnutzen«. Das amerikanische Lebensmittelprogramm stellte laut Kruglow »eine ernste Bedrohung der Sicherheit und Stabilität in der DDR« dar. Der ostdeutsche Staatssicherheitsdienst wurde angewiesen, Maßnahmen einzuleiten, um das Programm zu beenden. Unter anderem sollte er Aussagen von Verhafteten in den SED-Medien einsetzen, »um den wahren Charakter der amerikanischen ›Hilfe‹ aufzudecken«. Außerdem sollten sich die ostdeutschen Sicherheitskräfte darauf konzentrieren, Personen aufzuspüren und zu »unterdrücken«, die Massenausflüge nach Berlin organisierten, um dort Lebensmittelpakete zu erhalten. Kruglow empfahl, den Verkauf von Eisenbahnfahrkarten nach Berlin einzustellen, um die Zahl der Paketabholer aus der DDR zu verringern. Tatsächlich sank sie nach Einführung der Maßnahme von 20 000 bis 40 000 auf 8000 Reisende pro Woche. Aber Kruglow nahm an, daß die Lebensmittelverteilung trotzdem noch mindestens eine Woche fortgesetzt werden würde. Zudem waren die Sicherheitskräfte mit Protesten konfrontiert: In Hennigsdorf zum Beispiel blockierten hundertfünfzig Frauen die Gleise, um die Wiederaufnahme des Kartenverkaufs zu erreichen. Zur Verhinderung weiterer Unruhen sollte die DDR-Führung die Bewachung von Regierungsgebäuden, Rundfunksendern und Kraftwerken verstärken, und die MWD-Residentur wurde angewiesen, unter Mithilfe der ostdeutschen Sicherheitskräfte und der eigenen Bezirksverwaltungen schärfer gegen »feindliche Untergrundelemente« vorzugehen. Sogar die MWD-Spionageabwehrabteilungen bei der GSWG wurden eingespannt; sie erhielten Befehl, die Spionageabwehr in den ostdeutschen paramilitärischen Einheiten zu verbessern.[25]

Die Lebensmittelhilfe verlängerte die Unruhe und Unsicherheit in der DDR, konnte die sowjetische Entschlossenheit, Ostdeutschland in der Hand zu behalten, jedoch nicht erschüttern. Darüber hinaus gab es auf amerikanischer Seite wegen der langfristigen Folgen Vorbehalte gegen das Programm. BOB drängte die Osteuropaabteilung, gegen die Lebensmittelverteilung zu protestieren, worauf diese eine Denkschrift an den Direktor der CIA richtete, in der sie darauf hinwies, daß man sich mit dem Hilfsprogramm den Vorwurf einhandeln könne, Nahrungsmittel als Propagandawaffe im Kalten Krieg zu verwenden. Außerdem sei die Interzonengrenze viel schwerer zu überwinden als die Berliner Sektorengrenze, weshalb sich jene, die ein Paket erhalten wollten, an den Berliner Ausgabestellen sammelten. Damit gebe man den Russen »einen Vorwand für die Abriegelung der Sektorengrenze. ... Dies würde unsere Operationen sowohl in Berlin als auch in Ostdeutschland erheblich behindern.« Aber der NSC und der Strategische Ausschuß für Psychologische Kriegführung waren für das Hilfsprogramm, so daß der Protest wirkungslos verhallte. Für die BOB-Offiziere blieb die Aussicht einer völligen Unterbrechung des Verkehrs zwischen Ost- und West-Berlin ein Alptraum.[26]

Nach dem Aufstand vom 17. Juni 1953 wurde die Stasi zu einem der mächtigsten und wirkungsvollsten Staatssicherheitsdienste des Ostblocks ausgebaut. Es ist darüber spekuliert worden, daß das SED-Regime ohne die Unruhen – und ohne die amerikanischen Bemühungen, sie als Druckmittel gegen die Sowjetunion und ihre ostdeutschen Vertreter zu nutzen – nicht derart gestärkt worden wäre. Nach Ansicht mancher Historiker wurde dadurch sogar die deutsche Wiedervereinigung auf damals unabsehbare Zeit hinausgeschoben. Ähnliche Spekulationen wurden darüber angestellt, daß Berija, wenn es ihm gelungen wäre, Stalins Erbe anzutreten, im Zuge der Reform überholter und untauglicher Grundzüge der Innen- und Außenpolitik auch die sowjetische Haltung zur deutschen Frage gelockert hätte. Leider verfolgte er diese Ziele auf eine Art und Weise, die sein Scheitern garantierte. Obwohl er wußte, wie das sowjetische Machtspiel gespielt wurde, verhielt er sich während seines kurzen Interregnums ignorant und blauäugig. Er hätte wissen müssen, wie sehr die Ostdeutschen das SED-Regime verabscheuten, und er hätte ihre Stärke nicht unterschätzen dürfen. Ebenso hätte er wissen müssen, daß die Streitkräfte jedem Experiment energischen Widerstand entgegensetzen würden, das die sowjetische Kontrolle über den Ostteil Deutschlands gefährdete, die für sie ein Symbol der im Zweiten Weltkrieg erlittenen Verluste war. Schließlich hätte ihm bekannt sein müssen, daß die Nachrichtendienste Ostdeutschland als Basis für ihre Auslandsoperationen schätzten. Blauäugig war er insofern, als er glaubte, sein Versuch, die Nachfolge Stalins anzutreten, indem er die Sicherheitskräfte in seine Hände brachte, könnte von Erfolg gekrönt sein. Er hätte sich denken können, daß seine Gegner alles unternommen hatten, um ihre Leute in Schlüsselstellungen des Sicherheitsapparats unterzubringen, einschließlich der Streitkräfte. Und indem er versuchte, seine Feinde aus dem MWD zu entfernen und einen völlig neuen Apparat aufzubauen, nahm er dem MWD und dessen ostdeutschen Freunden jede Chance, mit der politischen Explosion im Juni 1953 fertig zu werden.

DER FALL OTTO JOHN

Die Geschichte von Otto John, dem Präsidenten des Bundesamtes für Verfassungsschutz, schließt sich nahtlos an die Vorgänge vom Juni 1953 an und erstreckt sich über die gesamte in diesem Buch behandelte Zeit. John hatte im Krieg dem Widerstand angehört und im Verdacht gestanden, mit der Gestapo liiert zu sein, während er in Wirklichkeit für den britischen Nachrichtendienst gearbeitet hatte. Nach dem Krieg wurde er zum ersten westdeutschen Geheimdienstchef, war gleichzeitig aber unzufrieden mit der Politik der Regierung, der er diente. Seine Ansichten und seine gefühlsbetonte, unstete Art erregten die Aufmerksamkeit des KGB, der versuchte, ihn für sich zu gewinnen. Doch die Anwerbung verlief nicht, wie geplant, und so stellt der Fall John ein faszinierendes Lehrbeispiel für das Scheitern eines KGB-Unternehmens dar. Zum ersten Mal wird hier Material aus der KGB-Akte John veröffentlicht.

Im Juli 1954 schien sich auf beiden Seiten des Kalten Krieges in Deutschland nichts mehr zu bewegen. Der neu gebildete KGB und sein Ableger in der DDR erforschten weiterhin die Ursachen für den Aufstand vom 17. Juni 1953; der Deutsche Bundestag hatte am 17. Juni 1954 in West-Berlin getagt und Theodor Heuss als Bundespräsidenten wiedergewählt. Vier Tage später wurde bekannt, daß Otto John, Präsident des BfV, in Berlin verschwunden war. Ein paar Stunden später verbreitete die amtliche DDR-Nachrichtenagentur ADN, John sei das erbetene politische Asyl gewährt worden. Die Nachricht schlug wie eine Bombe ein. Skandalträchtig am Fall John war neben dem Übertritt selbst vor allem die Schlüsselrolle, die der Lebemann, Gynäkologe und Jazztrompeter Wolfgang »WoWo« Wohlgemuth dabei spielte: Er war zusammen mit John, als dessen Führer oder Entführer, verschwunden.

Drei Tage nach Johns Verschwinden sendete der ostdeutsche Rundfunk dessen erste Erklärung aus dem Osten, einen Angriff auf Adenauers Politik. Die Verblüffung des Westens erreichte ihren Höhepunkt, als John knapp drei Wochen später in einer Pressekonferenz in Ost-Berlin, an der auch westliche Korrespondenten teilnahmen, als Grund für sein Handeln den glühenden Wunsch nannte, die deutsche Einheit zu bewahren. Adenauer beschrieb er als überzeugten Separatisten, in dessen Regierung alte Nazis säßen. Eine dreiviertel Stunde lang parierte John die Fragen seiner Zuhörer. Es war eine Meisterleistung. Er überzeugte alle Anwesenden, darunter auch Sefton Delmer, seinen ehemaligen Chef beim britischen Nachrichtendienst, daß er freiwillig und aus lauteren Motiven übergelaufen war.

Die alliierten Nachrichtendienste in Deutschland, die mit John regelmäßig in Verbindung gestanden hatten, waren entsetzt. In aller Eile wurde ein »Schadensbericht« ausgearbeitet, um festzustellen, welche wichtigen Informationen John an die Sowjets weitergegeben haben konnte. Besonders erschüttert waren die amerikanischen Dienste, hatte doch John erst kurz zuvor Washington besucht, dort bei der CIA die üblichen Vorträge gehört und an gesellschaftlichen Anlässen teilgenommen. Das BfV war nie in BOB-Operationen eingeweiht worden, so daß in dieser Hinsicht keine besonderen Vorsichtsmaßnahmen nötig wurden. Doch die ostdeutschen BOB-Agenten mußten auf jeden Fall erfahren, daß ihre Operationen nicht aufgeflogen waren.[1]

Nach der sensationellen Pressekonferenz verschwand John erst einmal von der Bildfläche, bis er ab Ende 1954 im Auftrag des Ausschusses für deutsche Einheit, einer ostdeutschen Propagandaorganisation, in der DDR herumreiste. Bei seinen Auftritten plädierte er für ein vereintes, neutrales und der UdSSR freundlich gesinntes Deutschland. Ein Jahr später, am 12. Dezember 1955, tauchte John plötzlich wieder in West-Berlin auf. Ein Freund, der dänische Journalist Henrik Bonde-Henriksen, hatte seine ostdeutschen Bewacher überlisten können. Zwei Stunden nach ihrer Ankunft in West-Berlin saßen John und Bonde-Henriksen unter falschem Namen im Flugzeug von Berlin nach Köln. In Köln wurde John nach ein paar Stunden verständnisvoller Befragung als Landesverräter festgenommen. Er kam vor Gericht, wurde für schuldig befunden und zu vier Jahren Haft verurteilt.

Seit Johns Verurteilung waren verschiedene Personen, darunter mehrere Bundespräsidenten und vor allem John selbst, unermüdlich bestrebt,

John zu rehabilitieren, aber alle Anträge, das Verfahren wiederaufzunehmen, wurden abgelehnt. 1965 erschien Johns Buch *Zweimal kam ich heim,* in dem er behauptete, er sei von Wohlgemuth betäubt und nach Ost-Berlin verschleppt worden. Außerdem gab er an, seine Auftritte in Ost-Berlin und der Sowjetunion seien unter Zwang erfolgt; er habe sowjetischen oder ostdeutschen Behörden keine Geheimnisse preisgegeben. Diese Darstellung wurde vier Jahre später in dem Buch *Das Ende einer Legende* des westdeutschen Journalisten Hans Frederik in Frage gestellt. Frederik gab ein längeres Gespräch mit einem offiziellen KGB-Sprecher wieder, einem Oberst Karpow. In einem für die damalige Zeit einmaligen Schritt stellte Karpow die KGB-Version des Falls John dar. Er bestritt, daß John entführt und während seines Aufenthalts in Ost-Berlin und der Sowjetunion unter Druck gesetzt worden war. Durch Karpow dementierte der KGB außerdem, daß John habe gerettet werden müssen; er und sein Freund Bonde-Henriksen hätten ungehindert nach West-Berlin fahren können. Nach dem Zusammenbruch der DDR und dem Ende des MfS kam heraus, daß Frederik ein ostdeutscher Agent gewesen war und das Buch über John unter Anleitung des MfS verfaßt und veröffentlicht hatte.[2] »Oberst Karpow« war übrigens kein anderer als Wadim Kutschin, einer der besten Deutschlandkenner in Karlshorst. Er hatte 1969 unter dem Namen Wladimir A. Karpow angeblich Verbindung mit dem Autor Frederik aufgenommen und dabei im Namen des KGB abgestritten, daß John betäubt und gegen seinen Willen entführt worden war.

Die Version des SWR-Archivs

Der Fall John ist bis heute das klassische Spionagestück über den Kalten Krieg in Deutschland. Als wir im Sommer 1993 in Moskau die Arbeit an diesem Buch aufnahmen, stellten wir zu unserer Überraschung fest, daß John auf der Odyssee, die seinen guten Ruf wiederherstellen sollte, drei Wochen zuvor dort Station gemacht hatte. So hörten wir ganz ohne eigenes Zutun die erste von mehreren russischen Versionen des Falls. Die Einzelheiten waren den mittlerweile im Ruhestand lebenden KGB-Offizieren noch geläufig, denn sie hatten gerade an der Aufzeichnung einer deutschen Fernsehdokumentation über Johns Leben mitgewirkt.[3] Neben einer Zusammenfassung der KGB-Akte John bekamen wir auch die Anweisung zu sehen, die der russische Auslandsnachrichtendienst für die in der Sendung auftretenden ehemaligen Offiziere verfaßt hatte.

Die Zusammenfassung der Akte John entsprach der Version der Geschichte, die Karpow alias Kutschin 1969 erzählt hatte. Daraus ging hervor, daß John in der KGB-Korrespondenz unter den Decknamen »Proton« und »Keller« geführt wurde. In der Anweisung des russischen Auslandsnachrichtendienstes wurden einige Punkte hervorgehoben, von denen man annahm, daß sie günstig auf die öffentliche Meinung in Deutschland wirken würden. Man hoffte, die Sendung werde die »positive Rolle der UdSSR in bezug auf die Vereinigung Deutschlands in den frühen fünfziger Jahren« ebenso hervorheben wie die Tatsache, daß »die westlichen Alliierten damals bestrebt waren, das Wiedererstehen eines starken, vereinigten Deutschland nicht zuzulassen«, und die damals »von den Nachrichtendiensten der Vereinigten Staaten, Großbritanniens und Frankreichs ergriffenen Maßnahmen gegen die Normalisierung der deutsch-russischen Beziehungen«. Die Fernsehsendung folgte diesem Drehbuch allerdings nicht. Die Karpow-Version enthielt nicht die ganze Geschichte, und russische Nachrichtendienstoffiziere wollten es nicht dabei belassen, weil sich der Fall auf die Beziehungen zu Deutschland auswirken konnte.

Bevor wir den Fall John im nachrichtendienstlichen Zusammenhang ausführlicher betrachten, sollten wir uns noch einmal mit den Umständen befassen, unter denen Johns abrupte Abreise am Abend des 20. Juli 1954 vor sich ging. Der ohne Vorwarnung erfolgte Einmarsch Nordkoreas in Südkorea im Juni 1950 hatte im Westen die Befürchtung hervorgerufen, etwas Ähnliches könnte auch in Deutschland geschehen. Als Reaktion darauf war die NATO gestärkt worden. Für eine wirkungsvolle Verteidigung gegen einen Angriff von der Art des koreanischen Überfalls brauchte die NATO jedoch Westdeutschland. Damit war die deutsche Wiederaufrüstung über Nacht zu einer Schlüsselfrage geworden. Die Aussicht auf die deutsche Wiederbewaffnung unter Generalen der ehemaligen Wehrmacht löste im Westen und besonders in Westdeutschland einen Aufschrei der politischen Empörung aus. Für Menschen wie John, der im Widerstand gegen die Nazis Leib und Leben riskiert hatte und dessen Bruder in diesem Kampf umgekommen war, stellte der Aufbau einer neuen Militärmaschine unter Beteiligung ehemaliger Wehrmachtoffiziere eine Ungeheuerlichkeit dar.

John war zudem kein gewöhnlicher Antimilitarist. Während des Krieges hatte er nicht nur Verbindungen zum deutschen Widerstand unterhalten, sondern auch Fäden zu alliierten Nachrichtendiensten geknüpft. Nach dem fehlgeschlagenen Attentat auf Hitler am 20. Juli 1944 war John mit britischer Hilfe nach England geflohen. Den Rest des Krieges hatte er damit verbracht, im Auftrag des britischen Nachrichtendienstes über den Soldatensender Calais deutschsprachige Rundfunksendungen zu verfassen. 1945 bis 1949 war John als Berater der Britischen Kommission für Kriegsverbrechen mit Ermittlungen gegen deutsche Generale befaßt und führte für die britische Anklagevertretung in den Nürnberger Kriegsverbrecherprozessen Vernehmungen durch. Besonderes Aufsehen erregte er als wichtigster deutscher Mitarbeiter der britischen Anklage im Prozeß gegen Feldmarschall Erich von Manstein, dem Kriegsverbrechen in siebzehn Fällen vorgeworfen wurden. Johns Tätigkeit in diesem Prozeß stieß in Deutschland nicht nur bei ehemaligen Nazis auf heftige Ablehnung. In der jahrelangen Erörterung des Falls John im Parlament, vor Gericht und in der Öffentlichkeit diente als Maßstab immer wieder die Frage, ob er und andere, die dem Widerstand angehört hatten, unter dem Befehl einer fremden Macht standen. So schwächten Johns Verbindungen nach Großbritannien seine Position schon vor seiner Ernennung zum Chef des BfV.

In den fünfziger Jahren trieb John die Angst um, in Westdeutschland könnten die Nazis wieder an die Macht kommen. Da er das Gefühl hatte, daß seine Warnungen vor einer Naziunterwanderung bei der Regierung Adenauer und den westlichen Verbündeten auf taube Ohren stießen, wollte er seine Argumente den Sowjets vortragen, von denen er mehr Verständnis erwartete. War dies wirklich seine eigene Entscheidung gewesen, oder war er von Kräften gesteuert worden, die er nie ganz durchschaute? Die Antwort, die das SWR-Archiv in der Zusammenfassung der Akte John anbietet, klingt konstruiert. War John tatsächlich freiwillig nach Ost-Berlin gegangen, um sich mit den Sowjets zu treffen? Was hatte er von ihnen erwartet, und wie wurde er überredet, nicht nach Westdeutschland zurückzukehren? Als die erwähnte Fernsehsendung Ende November 1993 vom Hessischen Rundfunk ausgestrahlt wurde, verstärkten sich unsere Zweifel. Zwar versuchte der ehemalige Leiter des KGB-Apparats in Karlshorst, Jewgeni Pitowranow, die Geschichte weichzuzeichnen, doch der Regisseur der Sendung konnte anhand der Aussagen anderer ehemaliger KGB-Offiziere nachweisen, daß diese geglättete

Version nicht zutraf. Auf unsere eindringlichen Nachfragen lieferte uns der SWR eine zweite Zusammenfassung des Dossiers über John,[4] und aus diesem Text und unseren eigenen Nachforschungen ergab sich das Bild eines faszinierender Spionagefalls aus dem Kalten Krieg, in dessen Mittelpunkt der KGB stand.

John als Spion für den Westen

Das Dossier über John beginnt nicht erst mit Johns Ernennung zum Chef des BfV. Vielmehr finden sich darin auch Hinweise auf seine Beziehungen zu Admiral Wilhelm Canaris, dem Chef der Abwehr, im Jahr 1939, als John bei der Lufthansa tätig war. Canaris sah in Johns häufigen Reisen nach Lissabon und Madrid eine Möglichkeit, mit ausländischen Helfern in Verbindung zu bleiben. Aus Berichten der Berliner NKWD-Residentur ging hervor, daß John 1939 in Verbindung zu dem amerikanischen Korrespondenten Louis Lochner stand, der als Kontakt des deutschen Widerstands, dem sich John angeschlossen hatte, zu US-Präsident Roosevelt galt.[5]

Sowjetische Quellen im britischen Nachrichtendienst, vor allem Kim Philby, beschrieben Johns geheime Bande zum britischen Nachrichtendienst und seine umfassenden Berichte über den Stand der deutschen Atomwaffenentwicklung, den Einsatz von Unterseebooten und das Raketenversuchsgelände in Peenemünde. Für die Sowjets waren die Informationen über die Kriegsmaschinerie der Nazis allerdings viel weniger wert als die Erkenntnisse, die sie aus Johns Berichten über die Aktivitäten des nichtkommunistischen Widerstands gegen Hitler gewannen. Das sowjetische Dossier enthält auch Berichte, die John dem britischen Nachrichtendienst über seine Besuche in Lissabon im Dezember 1942 und ein Jahr später zukommen ließ. In ihnen erläuterte er die Pläne und Probleme des Widerstands gegen die Nazis, den zu vertreten er behauptete. Wie aus einem Dokument hervorgeht, das den Sowjets zusammen mit den Berichten übermittelt wurde, war der SIS allerdings der vermutlich auf Kim Philby zurückgehenden Ansicht, daß kein Grund bestehe, »die Ansicht zu ändern, Johns Tun und Reden sei von der Gestapo mindestens gebilligt, wenn nicht sogar diktiert worden«.[6]

Philbys Informationen und der offenkundige Verdacht des SIS, John habe Verbindungen zur Gestapo, machte die Sowjets auf John aufmerksam und belebte zugleich alte Ängste davor, daß der deutsche Widerstand, wenn es ihm denn gelingen sollte, Hitler zu beseitigen, mit den Westalliierten einen Separatfrieden schließen werde. Obwohl sich aus dem KGB-Dossier keine Beweise für die Ansicht des britischen Geheimdienstes ergeben, daß John von der Gestapo gesteuert wurde, wird darin doch der tief verwurzelte Argwohn gegenüber den britischen Motiven deutlich. Diese Zweifel waren in der sowjetischen Regierung weit verbreitet und verstärkten sich in der Folgezeit noch. So scheute die Auslandsverwaltung des NKGB zum Beispiel davor zurück, Stalin mitzuteilen, daß es in der Sowjetunion keine aktiven Agentennetze des SIS gab, denn schließlich hatte der Diktator seine Verfolgungen jahrelang unter anderem mit dem Vorwurf der Kollaboration mit dem englischen Nachrichtendienst begründet.[7]

Nach der Flucht nach England im Juli 1944 war John dem KGB-Dossier zufolge bis Weihnachten 1944 vom SIS vom Informanten zum Mitarbeiter ausgebildet worden. Er verfaßte ausführliche Berichte über die Lage in Deutschland und wichtige deutsche Politiker, half bei der Identifizierung führender Nazis mit und wurde schließlich in die Abteilung Psychologische Kriegführung unter Sefton Delmer versetzt, wo er für den Soldatensender Calais arbeitete. Hier begegnete er Wolfgang Gans Edler von und zu Putlitz, einem ehemaligen deutschen Diplomaten mit bewegter Vergangenheit, der später bei der Operation John für die Sowjets eine wichtige Rolle spielte.

Johns Tätigkeit bei der Verfolgung von Kriegsverbrechen und sein Umzug in die Bundesrepublik werden in dem sowjetischen Dossier kaum behandelt. Seine Ernennung zum Präsidenten des BfV wurde jedoch vermerkt – mit dem Hinweis »durch englischen Einfluß«. Das Interesse an John erwachte 1951 erneut, nicht nur wegen Johns Stellung im BfV, sondern auch, weil Sowjetquellen neue Informationen über Johns politische Ansichten lieferten. Deriabin meint, unter diesen Quellen sei auch ein Agent im BfV gewesen.[8] Daß es damals einen sowjetischen Agenten im BfV gegeben haben muß, wurde Hans Frederik in seinem Gespräch mit »Oberst Karpow« bestätigt, wenngleich die Glaubwürdigkeit des vom MfS veranlaßten Frederik-Buches umstritten ist.[9] John wurde von beiden Quellen sowohl als Befürworter der deutschen Einheit und entsprechender sowjetischer Bemühungen wie auch als ausgesprochener Kritiker der

Politik Adenauers und der Mitwirkung ehemaliger Nazis in der Regierung bezeichnet.

Der Karlshorster Apparat befaßte sich von nun an eingehender mit John, ging allerdings vorsichtig zu Werke, weil John immer noch als britischer Agent galt. Sowjetische Quellen vermeldeten, daß er leicht zu beeinflussen, inkonsequent, dem Alkohol verfallen und in der Wahl seiner Freunde unbedacht sei. Den Sowjets war durch Johns ehemaligen Kollegen beim Soldatensender Calais, den Edlen von Putlitz, noch ein anderer Blick auf John möglich; er bestätigte die sowjetischen Informationen über Johns Lebensumstände, Hintergrund und Unzufriedenheit mit der Regierung Adenauer. Leiter der Operation war niemand anders als Wadim Kutschin alias Karpow.

Die Sowjets wollen John anwerben

Dem Dossier und Karpows Bericht von 1969 zufolge deutete sich Ende 1953 ein erster Erfolg im Fall John an, als Max Wonsig, seit 1946 Agent des sowjetischen Nachrichtendienstes, seinem Führungsoffizier mitteilte, ein als Playboy bekannter Frauenarzt in West-Berlin, Wolfgang Wohlgemuth, sei eng mit John befreundet. John hatte Wohlgemuth während des Krieges in der Berliner Charité kennengelernt, wo sein Bruder nach einer Verwundung von Wohlgemuth behandelt worden war. »WoWo« Wohlgemuth gab sich als Kommunist, war aber nach eigener Aussage eher »Salonbolschewist«. Doch er wollte etwas für die sowjetische Sache tun. Wonsigs Schwester hatte als Krankenschwester bei ihm gearbeitet und ein Treffen zwischen ihrem Bruder und dem Arzt arrangiert. John war nach Wonsigs Aussage offenbar bereit, sich mit sowjetischen Vertretern zu treffen. Wonsig erklärte sich bereit, Wohlgemuth mit einem KGB-Offizier zusammenzubringen. Dieser Bericht schlug in Karlshorst groß ein, bot er doch in einer Zeit, in der sich der sowjetische Geheimdienst noch nicht richtig vom knapp vermiedenen Zusammenbruch des ostdeutschen Regimes im Juni 1953 erholt hatte, die Aussicht, Beziehungen zum Leiter einer westdeutschen Abwehr anzuknüpfen. Wenn man John, den Chef des westdeutschen Verfassungsschutzes, auf seine Seite zog, konnte man vielleicht wieder Boden gewinnen.

Nach Kutschins Bericht von 1969 trafen sich Wonsig und Wohlgemuth zum ersten Mal in einer Bar in Ost-Berlin. Den SWR-Unterlagen zufolge fand dieses Treffen jedoch am 21. Januar 1954 in einem sicheren Haus in Karlshorst statt. Im Anschluß daran besuchte Wohlgemuth John in Köln. Wohlgemuth beschrieb John als politisch indifferent, vom Leben enttäuscht und voll nostalgischer Erinnerungen an die Vorkriegszeit. Auf Kutschins Frage, ob man John so weit bringen könne, daß er Geheimunterlagen weitergebe, meinte Wohlgemuth, das würde zwar einige Zeit dauern, aber es ließe sich machen. Wonsigs Rolle in der Operation war nach der Herstellung des Kontakts zu Wohlgemuth zu Ende.

Als nächstes mußte ein Treffpunkt für eine Begegnung mit John ausgewählt werden. Wohlgemuth schlug seine Wohnung in West-Berlin vor, doch Karlshorst war dagegen. John hielt nichts von der Schweiz als Treffpunkt, weil er nicht sicher sein könne, daß er dort mit verantwortlichen sowjetischen Abgesandten sprechen werde. Wohlgemuth bekam den Auftrag, John zu übermitteln, er werde in Ost-Berlin einer »wichtigen politischen Persönlichkeit« vorgestellt werden, »mit der er die Frage fortschrittlicher Gruppen in Westdeutschland, die fähig sind, in einem vereinigten Deutschland tätig zu werden«, diskutieren könne. Doch John war von Amts wegen nicht in der Lage, einfach nach Berlin zu fahren und dort ein paar Stunden zu verschwinden.

Wie für diesen Zweck geschaffen, fand am 20. Juli in Berlin-Plötzensee eine Gedenkveranstaltung zum Jahrestag des fehlgeschlagenen Putschs gegen Hitler statt. John hatte natürlich das Recht, daran teilzunehmen; hätte er gefehlt, wäre dies sogar Grund für allerlei Mutmaßungen gewesen. Für den KGB war dies der geeignete Zeitpunkt, die Anwerbung Johns in Angriff zu nehmen. Der Vorschlag sagte John zu, und ein Treffen mit dem sowjetischen Vertreter wurde vereinbart. Als General Pitowranow davon erfuhr, meinte er nur: »Das glaube ich erst, wenn ich es erlebe.« So fuhr John am Abend des 20. Juli in Wohlgemuths Auto nach Ost-Berlin, stieg dort in ein Fahrzeug des KGB um und wurde von Kutschin in ein sicheres Haus in Karlshorst gebracht. In den Auszügen aus dem sowjetischen Dossier wird betont, daß John seinen Ausflug in den sowjetischen Sektor Berlins freiwillig unternommen habe, weil er sich mit Vertretern der UdSSR habe treffen wollen.

Der erste Satz des Berichts, den Pitowranow über sicheres Telefon dem KGB-Vorsitzenden Serow und dem Leiter der Ersten Hauptverwaltung,

Panjuschkin, übermittelte, muß in Moskau helle Aufregung ausgelöst haben: »Am 20. Juli wurde der Präsident des westdeutschen Bundesamtes für Verfassungsschutz (Politische Polizei), Otto John, von dem Westberliner Arzt Wolfgang Wohlgemuth, einem inoffiziellen Mitarbeiter der Nachrichtenabteilung des Inspektorats [dem Karlshorster Apparat], in das demokratische Berlin gebracht.« Sodann erwähnte Pitowranow Johns Motive für die Fahrt nach Ost-Berlin und dessen Wunsch, zum gemeinsamen Kampf Kontakte zu den Sowjets aufzunehmen. Außerdem war von Johns Bereitschaft die Rede, Fragen des KGB zu beantworten. Angeblich wollte John mit dem KGB »Verbindung aufnehmen, um über politische Probleme und gemeinsame Maßnahmen gegen die Nazis in Westdeutschland zu sprechen«. Pitowranow hielt Johns Situation allerdings für unsicher und merkte an, daß sich John geweigert habe, Informationen über die Aktivitäten von Bonner Einrichtungen und die Agenteneinsätze seines Amtes zu liefern. Dabei habe er behauptet, er habe keinen Zugang zu solchem Material. »Mithin«, folgerte Pitowranow, »hielten wir eine Verpflichtung von John für nicht angeraten und unrealistisch. Wir wollen ihn statt dessen überreden, nicht nach Westdeutschland zurückzukehren, sondern offen mit Adenauer zu brechen und eine entsprechende politische Erklärung abzugeben.«[10]

Bei aller bürokratischen Genauigkeit war Pitowranows Bericht recht nichtssagend. John nicht zu verpflichten war sicherlich ein kluger Schachzug. John hatte auf die sowjetischen Avancen nicht reagiert, und die Sowjets waren auf sein Angebot nicht eingegangen. Während John vom KGB Informationen über ehemalige Nazis in der Regierung Adenauer haben wollte, war dieser daran nicht interessiert, da ihm klar war, daß John solche Erkenntnisse kaum würde nutzen können, ohne sich gegenüber der Regierung Adenauer in eine unhaltbare Lage zu bringen. In den Augen des KGB war John außerdem eine höchst brisante emotionale Sprengladung, die jederzeit explodieren konnte. Ihm fehlte die Ausgeglichenheit, die Haupttugend des Geheimagenten. Also rückte man von ihm ab.

Aus der KGB-Akte geht noch ein weiterer Aspekt der Entscheidung hervor, John nicht zu verpflichten: Der KGB vermutete, er arbeite nach wie vor mit dem britischen Nachrichtendienst zusammen. Vielleicht wollten die Briten John in eine Position bringen, in der er die inoffiziellen sowjetisch-deutschen Kontakte, durch die der KGB die sowjetische Politik in Deutschland fördern wollte, lenken oder wenigstens beeinflussen konnte. Nicht nur der KGB verdächtigte John, ein britischer Handlanger zu sein: In der KGB-Akte findet sich ein Schreiben von FBI-Direktor J. Edgar Hoover an den US-Hochkommissar in Deutschland, James B. Conant, vom 24. August 1954. Darin heißt es: »Offenbar haben unsere Verbündeten trotz der Informationen, die sie vom [US-]Außenministerium über unsere Zweifel an seiner Aufrichtigkeit bekommen haben, Dr. John voll unterstützt.«[11] Dieses Schreiben kann allerdings die Überlegungen von Pitowranow und dessen Mitarbeitern nicht beeinflußt haben. Gab es noch weitere Berichte, oder wurde das FBI-Schreiben deshalb eingefügt, weil es die weiterbestehende Fixierung des KGB auf den britischen Nachrichtendienst untermauerte und so sein Handeln an diesem Abend rechtfertigte?

Wurde John entführt?

Es ist durchaus möglich, daß John freiwillig mit Wohlgemuth nach Ost-Berlin fuhr. Immerhin hatte er alle sicherheitsrelevanten Dinge aus den Taschen genommen, wie etwa seinen Terminkalender, seinen Dienstausweis und den Schlüssel für den Safe in seinem Kölner Büro.[12] Aber mußte Wohlgemuth, Wonsig und den beteiligten sowjetischen Offizieren nicht daran gelegen sein, John auf jedem erdenklichen Weg nach Ost-Berlin zu schaffen, ohne ihn dauerhaft seelisch oder körperlich zu schädigen? Wohlgemuth war Mediziner. John war betrunken und deprimiert in seiner Praxis erschienen. Was wäre für Wohlgemuth einfacher gewesen, als ihn mit einer Tablette, einem Pulver oder einem Getränk in einen Zustand benebelter Euphorie zu versetzen und für eine halbe Stunde kampfunfähig zu machen? Mehr brauchte es nicht. Dies nicht zu tun wäre unter den gegebenen Umständen unklug gewesen. John hätte in letzter Minute noch anderen Sinnes werden können. Und Wonsig?

Dazu haben wir die Aussage von Boris Naliwaiko, der sein ganzes Berufsleben mit KGB-Operationen in Deutschland verbracht hat und im Interview folgende Erklärung abgab: »Ich muß sagen, als Spionageprofi erfüllt es mich noch heute mit Stolz, daß letztlich eins der Mitglieder dieser Gruppe erfolgreich bei jener Operation mitmischte, die dazu diente, Otto John auf das Territorium der DDR zu bringen.« Bevor er von seinem KGB-Begleiter unterbrochen wurde, fügte Naliwaiko noch hinzu, der Agent sei Deutscher gewesen, von den Sowjets aus einem Konzentrationslager befreit worden und habe den Decknamen »Käfer« gehabt.[13] Diese Spur führt zum KGB-Agenten Max Wonsig. Kurz nach der Ausstrahlung des Dokumentarfilms am 28. November 1993 meldete sich ein ehemaliger Nachbar von Wonsig beim Hessischen Rundfunk. Wonsig war elf Jahre zuvor gestorben, doch der Nachbar erwähnte Wonsigs Nichte, die später den Bericht über Wonsigs Rolle bei der Entführung von Otto John bestätigte und ergänzte. Das russische Archivmaterial, in dem Wonsigs Lebenslauf und operative Laufbahn wenig günstig beurteilt werden, widerspricht jedoch ihrer Darstellung. Den Unterlagen zufolge wurde Wonsig vom KGB fallengelassen, weil er prinzipienlos und in Geldsachen unehrlich war. Der KGB nahm nur sporadisch Kontakt zu ihm auf, und irgendwann wurde er dem MfS überstellt. Diese Beurteilung läßt sich schlecht mit Naliwaikos Lob für Wonsig vereinbaren. Selbst Kutschin beschrieb 1969 gegenüber Frederik Wonsigs Rolle bei der Vermittlung von Wohlgemuth an den KGB positiv. Schließlich gibt es noch die merkwürdige Aussage im John-Prozeß, daß Wonsig selbst behauptet habe, in diesem Fall eine wichtige Rolle gespielt zu haben.[14] Angesichts dieser widersprüchlichen Angaben kann man nicht mit Gewißheit sagen, ob John freiwillig oder mit Wohlgemuths beziehungsweise Wonsigs »Nachhilfe« zu dem KGB-Treffen ging.

Im zweiten Teil von Pitowranows Bericht ging es um einen weitaus wichtigeren Aspekt im Umgang mit John, nachdem sich herausgestellt hatte, daß eine Verpflichtung nicht in Frage kam. Da es peinlich gewesen wäre, John einfach wieder nach West-Berlin zurückkehren zu lassen, behielt man ihn in Ostdeutschland. John zur Unterstützung der sowjetischen Deutschlandpolitik einzusetzen paßte vermutlich sowohl zu den sowjetischen Interessen als auch zu Johns Stimmung. Laut Pitowranow kam »die Möglichkeit, ihn mit Arzneimitteln oder psychologisch unter Druck zu setzen, ... überhaupt nicht in Frage und wurde für jemand von Johns Rang nie erwogen«. Im Interview wiederholte er diese Behauptung: »Ich schwöre bei allem, was mir heilig ist, wir hatten für solche Zwecke keine Medikamente, keine Präparate, mit denen wir jemand beeinflussen können.«[15]

Dem widersprach ein anderer KGB-Offizier, der bei der Operation John unmittelbar mit Kutschin zusammengearbeitet hatte, Witali G. Tschernjawski, der erklärte: »Otto John kam zu uns nach Ost-Berlin ganz freiwillig, um politische Gespräche mit sowjetischen Vertretern zu führen. Man wollte ihn als Agenten werben, aber John wollte nicht; er hat es abgelehnt. Dann machte man es so: John mußte in Ost-Berlin bleiben, und dafür legt man eine Schlaftablette in seinen Kaffee ein.« So wurde er ausgeschaltet, als er schon in Ost-Berlin war. Nachdem er etwa dreißig Stunden geschlafen hatte, wurde er von KGB-Experten mit psychologischen Mitteln bearbeitet. Tschernjawski: »Mit psychischer Erpressung, und er sagte endlich, er wird mit uns politisch arbeiten.« Zu den Mitteln, mit denen John unter Druck gesetzt wurde, gehörte laut Tschernjawski eine falsche Nachrichtensendung, in der ein bekannter ostdeutscher Ansager verkündete, John sei nach Ost-Berlin übergelaufen.[16]

Tschernjawski war im Sommer 1953 mit einer diplomatischen Tarnung zum KGB-Apparat in Karlshorst abkommandiert worden, wo er den Decknamen Tschernow annahm. Als Leiter der Ersten Abteilung des Apparats war er vermutlich auch für Kutschins Westdeutschlandreferat zuständig und wußte deshalb so genau über den Fall John Bescheid.[17] Seine Behauptung, man habe John mit einiger Überredung in Ost-Berlin gehalten, und er habe mit seinen KGB-Wärtern zusammengearbeitet, ist nicht ohne Logik. John war erschöpft und hatte viel getrunken; wahrscheinlich konnte man ihn schon mit geringem Aufwand bewußtlos machen. Kutschin behauptete 1969 gegenüber Hans Frederik, John sei so betrunken gewesen, daß er sich übergeben hatte, und man habe deshalb einen Arzt rufen müssen. So ist des einen »Katerkur« des anderen »Ruhigstellung«. Als die Würfel gefallen waren und eine Rückkehr nach Westdeutschland sich als unmöglich erwies, kann John durchaus eingewilligt haben, eine nach seinen Vorstellungen wichtige Rolle in Sachen deutsche Einheit zu spielen. MfS und KGB nahmen diese Entscheidung mit Erleichterung auf.

Die Sowjets sind unzufrieden

Natürlich waren in Karlshorst und Moskau nicht alle mit dem Ausgang der Operation zufrieden, und viele mehr wurden später enttäuscht, als Johns Wissen über Bonner politische Kreise im allgemeinen und seinen eigenen Dienst im besonderen abgeschöpft werden sollte. In einem waren sich jedoch alle einig: John wirkte überzeugend, als er Pitowranow erklärte, die Namen einzelner Agenten kenne er nicht. Das stellte Serow jedoch keineswegs zufrieden. Er schrie Pitowranow an, er wisse nicht, wie man ein Verhör führe, weshalb Alexander Korotkow den Fall übernehmen solle. Aus dem sowjetischen Archivmaterial und Kutschins Erklärungen gegenüber Hans Frederik geht jedoch hervor, daß John den Sowjets, von Agentennamen abgesehen, durchaus interessante Informationen übermittelte. In den zusammengefaßten KGB-Notizen heißt es, John habe den Sowjets offenbar schriftliche Berichte über Aufbau, Aufgaben, Arbeitsmethoden und Personal des BfV geliefert. In Frederiks Darstellung findet sich die Fotokopie eines Dokuments, bei dem es sich angeblich um einen kurzen maschinegeschriebenen BfV-Bericht über Günther Nollau handelt.[18] Aber das Buch von Frederik war ein KGB-MfS-Produkt, und die John zugeschriebenen Aussagen müssen nicht unbedingt zutreffen.

In der ersten KGB-Zusammenfassung, die uns 1993 übergeben wurde, wird Kutschins Behauptung wiederholt, während aus der zweiten Zusammenfassung der KGB-Akte aus dem Jahr 1994 hervorgeht, daß John recht allgemeine und nicht sonderlich nützliche Angaben über die Arbeit des BfV und der Geheimdienste der westlichen Alliierten gemacht hatte; seiner Meinung nach zielte deren Handeln darauf ab, die Wiedervereinigung Deutschlands zu verhindern und Westdeutschland als Vorposten gegen die UdSSR zu verwenden. Seine Ausführungen enthielten für den KGB nichts Neues. Das meiste wußte er schon aus eigenen Quellen; Johns Aussagen bestätigten lediglich, daß »das BfV das gesamte politische Leben in der Bundesrepublik überwachte«.

Die Berichte über Johns Befragungen durch den KGB wurden uns nicht zugänglich gemacht; wir wissen also nicht, was er weitergegeben hat. Obwohl der KGB John auch während seines Aufenthalts in der UdSSR vom 25. August bis 7. Dezember 1954 befragte, bestand sein wahrer Wert für die Sowjets darin, daß er ihnen einen Maßstab in die Hand gab, an dem sie die Berichterstattung über Westdeutschland aus anderen Quellen messen konnten. Allerdings besaßen sie in dieser Zeit bereits Originaldokumente des BfV. Johns Zuverlässigkeit half den Sowjets auch bei der Durchführung der Propagandakampagne für eine deutsche Wiedervereinigung nach ihren Vorstellungen, in der John selbst eine Rolle übernehmen sollte.

Die von Pitowranow erdachte Propagandakampagne begann damit, daß die DDR-Nachrichtenagentur ADN am 22. Juli 1954 meldete, John habe in der DDR um politisches Asyl ersucht. Dazu wurde seine Erklärung verbreitet, in der er die Bonner Regierung angriff. John behauptete später, diese Erklärung sei ihm von den Sowjets praktisch diktiert worden, während aus der KGB-Akte hervorgeht, daß er sie selbst entworfen hat. Die Schlacht war eröffnet; das Hauptgefecht sollte eine für Anfang August vorgesehene Pressekonferenz sein. Am 29. Juli berichtete Pitowranow nach Moskau, der Fall John werde »von den Delegierten des SPD-Parteitags in West-Berlin ausführlich diskutiert, und die Mehrheit neigt zu der Ansicht, John sei freiwillig in die DDR gegangen. Einige Delegierte glauben, die Gründe für Johns Übertritt in die DDR seien seine Gegnerschaft gegen Reinhard Gehlen und die Möglichkeit, daß er seines Postens beim BfV enthoben werde.«[19]

Aus den KGB-Akten ist ersichtlich, daß Grotewohl am 4. August ein Schreiben von John an die DDR-Volkskammer verlas, in dem dieser sich für das ihm gewährte Asyl bedankte. Grotewohl schloß seine Ansprache mit der Bemerkung: »John ist in der Erkenntnis in die DDR gekommen, daß es besser ist, das deutsche Volk gegen ein feindliches Regime und einen Krieg zu verteidigen, als für den Schutz eines solchen Regimes verantwortlich zu sein.« Die am 11. August veranstaltete Pressekonferenz war tatsächlich ein Meisterwerk, und entsprechend fielen die Berichte nach Moskau aus.[20] Mit höchster Sorgfalt wurde darauf geachtet, die Hand des KGB nicht erkennbar werden zu lassen, und nur John wußte, daß der sowjetische »Diplomat«, der den Vorgängen schweigend folgte, niemand anders war als Tschernow alias Tschernjawski.

Nach der Pressekonferenz wurden in der DDR einige Propagandaauftritte arrangiert, darunter in Dresden ein gespenstisches Treffen zwischen John und Friedrich Paulus, dem Oberbefehlshaber der deutschen 6. Armee in Stalingrad. John zufolge war er bei einem von Pitowranow gegebenen Abendessen auch Staatssicherheitsminister Wollweber vorgestellt worden, doch findet sich dafür in den KGB-Akten keine Bestätigung. Am 25. August flog John in Begleitung von Kutschin in die Sowjetunion. Es muß sich um einen Sonderflug gehandelt haben, denn John berichtet, unter den Passagieren habe sich Pitowranows Mutter befunden, die ihren Sohn in Karlshorst besucht hatte, was von einer im Haushalt Pitowranows beschäftigten BOB-Quelle bestätigt wurde.[21] Bis John im Dezember die Sowjetunion verließ, war Kutschin sein Hauptgesprächspartner; bei den Vernehmungen wurde er von einem KGB-Offizier unterstützt, der sich als Wadim Konstantinowitsch vorstellte und den John sehr sympathisch fand. Über diese Zeit finden sich in den uns zugänglichen Zusammenfassungen der KGB-Akte keine Angaben. Sie enthielten nur den Hinweis, daß John »in sicheren Häusern in Berlin festgehalten wurde und nach Moskau und Gagra in Urlaub fuhr«.

So bleibt uns nur Johns eigene Beschreibung. Nachdem John nicht zur Mitarbeit gewonnen werden konnte, kam Korotkow mit seiner Deutsch sprechenden Frau nach Gagra, angeblich auf Urlaub. In den Gesprächen mit Korotkow, die John als lang und intensiv beschreibt, ging es unter anderem um den im Krieg tätigen sowjetischen Spionagering »Rote Kapelle« und den deutschen Widerstand im allgemeinen, ein Thema, mit dem Korotkow sehr vertraut war. Außerdem interessierte sich Korotkow für Johns Beziehungen zu den Engländern; er wollte von John wissen, »welche Aufgaben Ihnen die Engländer zugeteilt haben und wer in London Ihr Chef ist«. Doch John ging nicht darauf ein. Nach seiner Rückkehr nach Moskau wurde er wieder von Tschernjawski übernommen. Kurz vor seiner Abreise wurde er von Panjuschkin zum Mittagessen eingeladen, der ihm Glück für seine Arbeit für die deutsche Wiedervereinigung wünschte. Außer Johns eigenen Aussagen gibt es keine Darstellung dieser Gespräche mit hochrangigen Offizieren des KGB-Auslandsnachrichtendiensts.[22] Korotkow war damals als stellvertretender Chef der Ersten Hauptverwaltung für Europa zuständig; daß er sich so viel Zeit für den Fall John nahm, zeigt, welche Bedeutung er in den Augen des KGB besaß.

Johns Rückkehr in den Westen

Als Panjuschkin beim Abschied zu John sagte, die Wiedervereinigung sei für ihn eine große Aufgabe, war es vielleicht nur ein Ausdruck von Geheimdienstironie. Nach Johns Rückkehr nach Ost-Berlin im Dezember 1954 zeigte sich jedenfalls bald, daß die Sowjets das Interesse an ihm verloren hatten. Ein Umschwung in der sowjetischen Deutschlandpolitik stand bevor, der schließlich zur Anerkennung der Bundesrepublik Deutschland durch Moskau führte. John wurde ans MfS übergeben, das somit für seine Unterbringung und Sicherheit verantwortlich war. In der zusammengefaßten KGB-Akte heißt es knapp, dadurch sollten »terroristische Aktionen durch westliche Geheimdienste gegen ihn verhindert werden«; er sollte keinesfalls als Gefangener betrachtet werden. Für John wurde eine Stelle im Büro des ostdeutschen Ausschusses für deutsche Einheit in der Humboldt-Universität gefunden, wo er Texte über die deutsche Einheit verfaßte. Außerdem hielt er überall in der DDR Vorträge über dieses Thema. Bis auf gelegentliche Routinebesuche seines alten Bekannten Kutschin sah John von den Sowjets wenig. In Kutschins Bericht über die Affäre John heißt es, als Adenauers Moskaubesuch im September 1955 vorbereitet wurde, habe John angeblich vorgeschlagen, hinter den Kulissen für den KGB Informationen aus der Bonner Delegation zu sammeln. Der KGB wies das Angebot zurück, denn die Sowjets wollten bei diesem Besuch keinen Eklat riskieren. Kutschin ließ jedoch durchblicken, daß John Hintergrundmaterial über einzelne Mitglieder der deutschen Delegation geliefert hatte.[23] Darüber finden sich in der KGB-Akte keine Angaben, und auch John spricht in seinem Buch nicht davon.

John kam sich in der DDR immer überflüssiger vor. Die Kampagne für ein neutrales vereintes Deutschland war ins Leere gelaufen. John war längst kein Aktivposten mehr, sondern erwies sich für die Sowjets und die Ostdeutschen zunehmend als Belastung. Man konnte ihn nicht einfach unter Verschluß halten; schließlich brauchte er eine gewisse Bewegungsfreiheit für Treffen mit der Presse, besonders mit ausländischen Journalisten. Jetzt half ihm seine Freundschaft mit Bonde-Henriksen, der unter anderem über Berlin berichtete. Er hatte John im Frühjahr 1955 interviewt, und seitdem waren beide in lockerer Verbindung geblieben. John glaubte, mit Hilfe von Bonde-Henriksen nach West-Berlin gelangen zu können. Natürlich wird in den Aufzeichnungen des KGB und den Berichten von Kutschin betont, John hätte jederzeit ausreisen können. Im November überlegten sich John und Bonde-Henriksen verschiedene Fluchtmöglichkeiten, wobei sie wohl durch die moralische Unterstützung des Prinzen Louis Ferdinand von Preußen ermutigt wurden.

Bonde-Henriksen hatte im dänischen Untergrund gearbeitet und über gute Verbindungen zum dänischen Nachrichtendienst und zum deutschen Widerstand verfügt, in dem auch John tätig gewesen war.[24] Einer von Bonde-Henriksens ältesten Freunden, mittlerweile Chef der dänischen militärischen Abwehr, war Oberst Hans Lunding. Gleich nach dem

Krieg war Lunding geheimer Verbindungsoffizier zu den Amerikanern und Engländern im Hauptquartier von Admiral Dönitz gewesen. John kannte Lunding ebenfalls gut; er hatte ihn als BfV-Präsident auf Nachrichtendienstkonferenzen kennengelernt. Von Lunding stammte der raffinierte Plan für Johns Flucht aus Ostdeutschland.

Im Sommer 1955 sollten in Helsinki Weltjugendfestspiele stattfinden. Lunding stellte sich nun vor, man müsse bei den Sowjets beantragen, daß John an dieser Veranstaltung im neutralen Finnland teilnehmen dürfe. John solle dann vom Ostberliner Flughafen Schönefeld nach Helsinki fliegen und in Kopenhagen zwischenlanden. Im Transitraum des Flughafens solle er auf die Toilette gehen und die äußerste rechte Kabine betreten. Neben der Toilettenschüssel gebe es eine Geheimtür, hinter der dänische Agenten warten würden. Bonde-Henriksen zufolge entschieden sich die Sowjets in letzter Minute gegen Johns Reise, wahrscheinlich, weil sie der Zwischenlandung in Kopenhagen mißtrauten. Es gibt keinen Hinweis darauf, daß der KGB jemals von Johns Fluchtplan erfahren hat.

Einen zweiten Fluchtplan dachten sich John und Bonde-Henriksen aus, als der Haupteingang der Humboldt-Universität repariert wurde. John fiel auf, daß man das Gebäude über das Gerüst betreten und verlassen konnte. Die MfS-Wachen hielten das Tor aber für unpassierbar und glaubten, John könne die Universität nur durch die Hintertür verlassen. Kurz bevor er mit seinen Wächtern das Universitätsgelände verließ, gab John vor, etwas im Büro vergessen zu haben. Seine Aktentasche ließ er bei den Wachen zurück und bat sie, gut darauf aufzupassen, denn sie enthalte einen größeren Geldbetrag. Dann betrat er das Gebäude wieder und verließ es durch die Vordertür, wo Bonde-Henriksen auf ihn wartete. Alles ging glatt: Die Fahrt in Bonde-Henriksens Ford mit dänischem Kennzeichen durch das Brandenburger Tor in die Freiheit dauerte genau sieben Minuten. Die Kontrolle durch die DDR-Polizei, die den dänischen Journalisten schon oft hatte ein- und ausreisen sehen, war in dieser verhältnismäßig ruhigen Zeit nur oberflächlich.

Bonde-Henriksen zufolge war die Operation in Zusammenarbeit mit Vertretern der westdeutschen Nachrichtendienste geplant worden, die ihrerseits Bundesinnenminister Schröder auf dem laufenden hielten. Am aktivsten unter allen Regierungsmitgliedern hatte sich Franz Josef Strauß eingeschaltet, ein ehemaliger Schulkamerad von Johns Frau. Strauß erklärte John über Bonde-Henriksen, er solle jede Möglichkeit zur Flucht nutzen; er könne garantieren, daß ihm nichts passieren werde. Dieses Versprechen wurde nicht gehalten.

In den KGB-Archiven findet sich über dieses Thema nur die Behauptung, John hätte jederzeit ausreisen können. Es drängt sich der Schluß auf, daß die Sowjets dieses Problem gern den Deutschen überließen, sollte doch der neu ernannte sowjetische Botschafter in der Bundesrepublik dieser Tage in Bonn seine Tätigkeit aufnehmen. Die Folgen eines negativen Echos in der Presse und der Öffentlichkeit, das sich nach Johns Rückkehr einstellen mußte, kämen so den Sowjets zugute, ohne daß sie selbst die Hand im Spiel zu haben brauchten. Auf der anderen Seite war man in Bonn bemüht, die mit dem Fall zusammenhängenden Rechtsfragen möglichst schnell zu klären. Johns Rückkehr in die Bundesrepublik mußte die Regierung Adenauer in Verlegenheit bringen, denn ein Gerichtsverfahren war unvermeidlich, in dem die Nachwirkungen des »Dritten Reichs« in der Bundesrepublik deutlich werden sollten. Zwar konnte man nicht behaupten, daß die Bonner Legislative und Exekutive voller Nazis steckte, doch für die westdeutsche Justiz traf dies gewiß zu. In der Nachkriegszeit waren die meisten deutschen Richter und Staatsanwälte ehemalige Mitglieder der NSDAP.

Nicht nur die Rechtshüter waren von der jüngsten Vergangenheit befleckt; in mancher Hinsicht waren auch die Gesetze Relikte aus dem »Dritten Reich«. Als Otto John zum zweiten Mal heimkehrte, lief er in die offenen Messer des einzigen vorhandenen Naziuntergrunds: der westdeutschen Justiz. Das treibt die Deutschen bis heute um. In einer deutschen Zeitung war 1993 zu lesen: »Es gab einen Prozeß in Karlsruhe. John wurde wegen Landesverrats zu vier Jahren Zuchthaus verurteilt: der Strafantrag der Staatsanwaltschaft hatte nur auf zwei Jahre Gefängnis gelautet. Wollte man zeigen, was das für Leute seien, die Attentäter vom 20. Juli? Zuchthäusler?«[25] Die Antwort gab ein paar Tage später Günther Willms, das letzte überlebende Mitglied des Senats des Bundesgerichtshofs, der Otto John verurteilt hatte: »Otto John wurde nicht wegen Landesverrats, sondern wegen landesverräterischer Fälschung in Tateinheit mit landesverräterischer Konspiration zu vier Jahren Zuchthaus verurteilt. Einen Verrat von Staatsgeheimnissen (Landesverrat) sah der Senat nicht als erwiesen an. Für die Höhe der Strafe war entscheidend, daß die Tat ›als beispiellose Loyalitätsverletzung eines hohen Beamten der Bundesrepublik‹ gewertet wurde.«[26]

Der eigentliche Tatbestand, der gegen John sprach, war seine öffentliche Behauptung, die Bundesrepublik Deutschland sei, realistisch betrachtet, genauso wenig der einzig rechtmäßige deutsche Staat wie die DDR. Eigentlich zeigte John damit nur, daß der Kaiser – die deutsche Bundesregierung – keine Kleider anhatte. Der Staat mußte etwas gegen Johns Vergehen tun. Vier Jahre Zuchthaus waren vielleicht das mildeste Strafmaß, das die Bundesrepublik damals verhängen konnte, um ihren Bestand zu sichern. Gewiß war sie als institutionalisierte bürgerliche Gesellschaft weitaus gefestigter als Ostdeutschland. Doch als der große Kampf zu Ende war und die Bundesrepublik als einziger deutscher Staat den Sieg davontrug, glaubten viele, nun könne es sich dieser Staat leisten, den Fall John in die richtige Perspektive zu rücken und den Mann zu rehabilitieren, ehe er »als Verräter« starb. Statt dessen wurde das Urteil im Dezember 1995 vom höchsten Gericht bestätigt. Das Gericht wies Johns fünften Antrag auf Wiederaufnahme unter Hinweis auf ungenügendes Beweismaterial ab, das zu keiner Änderung des Urteilsspruchs führen könne. Endgültig geschlossen wurden die Akten erst mit Johns Tod am 26. März 1997.

III

DIE BERLINER OPERATIONSBASIS IN AKTION

DER BERLINER TUNNEL

Kein Projekt in der Geschichte der Berliner CIA-Basis war aufwendiger als die Operation, in der durch einen Tunnel unter dem sowjetischen Sektor Nachrichtenverbindungen der Sowjets und der DDR angezapft wurden. Seit der sorgfältig inszenierten Entdeckung dieses Tunnels in einer Aprilnacht 1956 ist wohl nur wenigen geheimdienstlichen Operationen soviel Aufmerksamkeit zuteil geworden. Allerdings hat sich dies nicht immer in genauen, geschweige denn vollständigen Beschreibungen niedergeschlagen. Im Juli 1992 erschien Band 26 der vom US-Außenministerium veröffentlichten *Foreign Relations of the United States for 1955–57*. Darin wird dem Leser zum Berliner Tunnel das Buch *Wilderness of Mirrors* von David C. Martin empfohlen, dessen Darstellung sich allerdings auf eine 1977 aus der Geheimhaltung entlassene, stark bereinigte Fassung eines CIA-Berichts über die Operation aus dem Jahr 1957 stützt. Außerdem führte er Gespräche mit Personen, die behaupteten, mit der Tunneloperation zu tun gehabt zu haben. Kein Wunder, daß sein Buch Fehler enthält, die in späteren Publikationen wiederholt und verstärkt wurden. Sowjetische Darstellungen der Operation, insbesondere der Rolle George Blakes und der »Entdeckung« des Tunnels im April 1956, haben einen geheimnisvollen Hintergrund geschaffen, vor dem manche Autoren die Tunnelgeschichte nach ihrem eigenen Gusto umgeschrieben haben.[1] Jetzt können die Ereignisse zum ersten Mal an Hand von Archivmaterial der CIA und des KGB und von Aussagen der Offiziere beider Dienste geschildert werden, die tatsächlich an ihnen beteiligt waren.

Am hartnäckigsten hält sich im Zusammenhang mit dem Berliner Tunnel das Gerücht, Reinhard Gehlen, der Chef der Organisation Gehlen, dem Vorläufer des BND, habe sich die Operation ausgedacht und am Bau des Tunnels mitgewirkt. In jüngster Zeit hat Thomas Huntington diese

Behauptung wiederholt. Überzeugend widerlegt wurde sie von William Hood, einem ehemaligen hochrangigen CIA-Offizier, der sich während der Operation »Silber«, einer ähnlichen Tunneloperation gegen sowjetische Fernmeldeeinrichtungen in Österreich, in Wien aufgehalten hatte und später Operationsleiter in der Osteuropaabteilung der CIA wurde. Die vorhandenen Unterlagen und die Erinnerungen jener, die an dem Projekt von Anfang an beteiligt waren, deuten nicht darauf hin, daß die Organisation Gehlen etwas mit der Tunneloperation der CIA zu tun hatte.[2]

Ebenfalls in die Welt der Märchen gehört der Hinweis von Burton Hersh, das Projekt sei vom Nachrichtendienstchef der US Army initiiert und dann von der CIA übernommen worden. Dieser Version zufolge traf Bill Harvey 1954 in Berlin ein und übernahm ein »ursprünglich als Proviant- und Materiallager errichtetes Bauwerk«. In Wirklichkeit trat Harvey seinen Posten als BOB-Chef im Dezember 1952 an und hatte zu diesem Zeitpunkt den Tunnelplan schon fertig im Kopf. Dem Westberliner Bauunternehmen, das den Tunnel mit seinem tiefen Keller und den Rampen für Gabelstapler errichtete, wurde erklärt, der tiefe Keller gehöre zu einer neuen, kostengünstigen Bauausführung für ein derartiges Lagerhaus. Die Lagerlegende gehörte zu Harveys Konzept; die Auftragsabwicklung übernahm die US Army stellvertretend für die CIA. Das Projekt wurde mit dem Nachrichtendienstchef der Army, General Arthur Trudeau, koordiniert; die höheren Stellen in Europa unterrichtete Allen Dulles. Während der ganzen Operation war die Zusammenarbeit mit der Army ausgezeichnet.[3]

Verwirrung stiftete David Martins unrichtige Behauptung, die CIA hätte einen technischen Durchbruch erzielt, den sogenannten Echoeffekt, mit dessen Hilfe sie verschlüsselte telegrafische Mitteilungen im Klartext lesen konnte. Angeblich hatte der Echoeffekt wesentlich zum Erfolg der Wiener wie der Berliner Abhöroperation beigetragen. Diese Behauptung stammt offenbar aus Interviews mit dem verstorbenen Carl Nelson vom Kommunikationsbüro der CIA.[4] Dabei muß jedoch ein Mißverständnis aufgetreten sein, denn der sogenannte Echoeffekt spielte bei der Bearbeitung von mitgeschnittenen Fernschreiben in der CIA-Zentrale in Washington keine Rolle.[5]

Mit dem geheimnisvollen Echoeffekt hing die Behauptung zusammen, der am Tunnelprojekt beteiligte SIS sei nie über den Echoeffekt unterrichtet worden, so daß auch SIS-Offizier George Blake, der das Tunnelvorhaben an die Sowjets verriet, davon keine Kenntnis gehabt habe. Aus den Protokollen der Besprechungen zwischen SIS und CIA im Dezember 1953, die Blake dem KGB verschafft hatte, geht hervor, daß der SIS die Schwierigkeiten bei der Bearbeitung von telegrafiertem Nachrichtenmaterial kannte und dieses Problem von beiden Diensten gemeinsam gelöst werden sollte. Im selben Protokoll heißt es, »verschlüsseltes Material müsse natürlich dem GCHQ [General Communications Headquarters] und der NSA [National Security Agency] zugeleitet werden«. Der Echoeffekt spielte dabei nie eine Rolle.[6]

Blake hatte den KGB bereits unterrichtet, bevor der Tunnel fertiggestellt war. In manchen Berichten wird daraus gefolgert, die im Tunnel gewonnenen Erkenntnisse seien entweder unwichtig oder falsch gewesen. Ein ehemaliger CIA-Offizier, Victor Marchetti, behauptete 1972, der Tunnel habe »buchstäblich tonnenweise Geschwätz produziert«.[7] Martin umgeht die Möglichkeit sowjetischer Desinformation elegant, während Chapman Pincher 1984 kurz und bündig erklärte, der Tunnel habe »außer einer Menge sorgfältig präparierter Falschinformationen nichts gebracht«.[8]

1989 äußerten die Verfasser eines weiteren Buchs über Spionage im Kalten Krieg: »Das Material aus dem berühmten Tunnel war von Anfang an frisiert gewesen.«[9] Der KGB selbst schien sich seiner angeblichen Rolle nicht rühmen zu wollen. So spricht zum Beispiel George Blake in seinen 1990 unter dem Titel *No Other Choice* erschienenen Memoiren, die wahrscheinlich vom KGB gegengelesen wurden, mit keinem Wort von Desinformationen. Im März 1991 verfaßte Sergej Kondraschow, Blakes ehemaliger Führungsoffizier, einen Artikel für die Monatszeitschrift des Grenzschutzes, *Pogranitschnik*, in dem Blake und dessen Rolle bei der Aufdeckung des Tunnels erwähnt wurden. Aber auch darin findet sich kein Hinweis auf Desinformationen.

Drei Veröffentlichungen schienen 1992 die Vorstellung zu festigen, die Sowjets hätten die amerikanischen Geheimdienste an der Nase herumgeführt. In *Berlin, Then and Now* schrieb Tony Le Tissier: »Die Sowjets waren in der Lage, mit ihrem eigenen Spezialteam westliche Nachrichtenquellen zu besetzen und irrezuführen.«[10] Mark Perry behauptete in *Eclipse*, da der Tunnel an die Sowjets verraten worden sei, habe »die CIA viele der dort entschlüsselten Geheimnisse nicht nutzen können, da sie sinnlos waren«.[11] Schließlich vertrat David Wise in *Molehunt* die Ansicht, der Tunnel habe »nur wenige Erkenntnisse von Wert« erbracht.[12]

1993 schien sich der KGB die Desinformationsgeschichte zu eigen zu machen. In diesem Jahr erschien ein Buch über Lee Harvey Oswald, verfaßt von dem alten KGB-Abwehrmann Oleg Netschiporenko, der in Mexico City stationiert gewesen war, als Oswald die dortige sowjetische Botschaft aufgesucht hatte. In der Einleitung kommt Netschiporenko auf die Tunneloperation und deren Verrat durch Blake zu sprechen und behauptet, sie sei »vom sowjetischen Nachrichtendienst mit einer kräftigen Prise Desinformation versetzt worden«.[13] Da Netschiporenko nie mit dem Tunnel oder mit Operationen in Deutschland zu tun gehabt hatte, muß der KGB diese Stelle absichtlich eingefügt haben.

Die ungewöhnlichste Ansicht unter allen Autoren, die sich mit dem Berliner Tunnel beschäftigt haben, vertritt Peter Grose in *Gentleman Spy*. Er gibt fast alleobenerwähnten Märchen über den Tunnel wieder, einschließlich der Mär, die Engländer (und Blake) hätten nie etwas über die »amerikanische Entschlüsselungstechnik« erfahren. Weiter spekuliert er darüber, daß das Ergebnis der Operation durchaus echt gewesen sein könne. Die Sowjets hätten die Informationen möglicherweise ungehindert durchgehen lassen, um den Westen davon zu überzeugen, daß sie keine aggressiven Absichten verfolgten.[14]

Die wahre Geschichte vom Tunnelbau

In Wirklichkeit konnte keiner der Autoren, die im Westen über dieses Thema schrieben, den Fall beurteilen. Die wirkliche Tunnelgeschichte begann Anfang 1951, als Frank Rowlett im Gespräch mit Bill Harvey darüber klagte, wieviel den Amerikanern an Erkenntnissen verlorenging, seit die Sowjets Ende der vierziger Jahre den Funkverkehr eingestellt hatten und ihre Kommunikation durch Überlandleitungen übermittelten.[15] Weitere Nachforschungen ergaben, daß die Sowjets in ihren Besatzungszonen in Österreich und Deutschland zwei verschiedene Arten von Überlandleitungen einsetzten. Eine Ausführung umfaßte an Masten geführte Telefonleitungen und neue Schutzvorkehrungen bei der Sprachübermittlung. Dies waren zwar wunderschöne Zielobjekte, aber man kam nicht an sie heran. Die von der MGB-Hauptverwaltung für Fernmeldewesen betriebenen und hohen Militärs, dem Staatssicherheitsdienst und der kommunistischen Partei vorbehaltenen Leitungen wurden von Streifen bewacht, die auf Störungen oder Abhörstellen achteten. BOB versuchte dennoch, diese Leitungen anzuzapfen, aber der Erfolg hielt sich in Grenzen.

CIA und SIS waren deshalb vor allem an der zweiten Art von Überlandleitungen interessiert, den Erdkabeln. Sie verliefen noch so, wie die ehemalige kaiserlich-österreichische beziehungsweise deutsche Regierung sie verlegt hatte, mit Wien und Berlin als Verteilerknotenpunkten. Einen Teil dieser Leitungen benutzten die sowjetischen Besatzungstruppen. CIA und SIS wußten allerdings nie genau, in welchem Umfang dies geschah und welchen Erkenntniswert die übermittelten Nachrichten besaßen. Anhand dieser ersten Untersuchungen stationierte die für Geheimoperationen gegen Fernmeldedienste im Ausland zuständige Gruppe D des OSO Mitarbeiter in Österreich und Deutschland, die die Kabelnetze näher erkunden sollten. In Wien führten die Bemühungen des SIS am schnellsten zum Erfolg, und 1952 erklärte sich die CIA bereit, ihr Programm mit dem des SIS zu koordinieren und so Doppelarbeit zu vermeiden.

Mittlerweile hatte Harveys Tunnel immerhin theoretisch Gestalt angenommen. Der Frankfurter Vertreter der Gruppe D, als »Fleetwood« bekannt, merkte sehr bald, daß sein Hauptzielobjekt in Berlin lag. Sein Partner war Walter O'Brien, Jurist aus Chicago und ehemaliger Baseballprofi, der im Zweiten Weltkrieg als Infanterieoffizier gedient hatte.[16] Er war im September 1951 in der OSO-Zentrale in Karlsruhe eingetroffen und seitdem von Gordon Stewart mit juristischen Angelegenheiten beschäftigt worden. Allerdings hatte er nicht deswegen bei der CIA angeheuert. Seine aufbrausende Art sowie die an Drastik nicht zu überbietenden Beschreibungen seiner Tätigkeit machten bald den Vertreter der Gruppe D auf ihn aufmerksam. O'Brien bekam ohne weiteres die höheren Sicherheitsstufen, die er für die Operationen der Gruppe D brauchte, und da er fließend Deutsch sprach, wurde er nach Berlin abgestellt, wo er zur Tarnung die Stelle eines Spionageabwehrleiters bekleidete. In Wirklichkeit sollte er in dem Teil des Westberliner Fernmeldeamts Kontakte knüpfen, das für den Betrieb der Telefonfernleitungen zuständig war und ihm dabei helfen konnte, Agenten in Ost-Berlin anzuwerben, die wußten, wie die Sowjets diese Leitungen nutzten.

In der deutschen CIA-Mission hatte außer General Lucian B. Truscott, dem Leiter der gemeinsamen deutschen Mission von OSO und OPC, sowie Gordon Stewart, Truscotts Stellvertreter für OSO-Operationen, und dem Vertreter der Gruppe D niemand Kenntnis von dem Vorhaben. Weder Peter Sichel noch sein Nachfolger als BOB-Chef, Lester Houck, wurden von der Sonderaufgabe ihres Spionageabwehrleiters unterrichtet. Diese strengen Sicherheitsvorkehrungen blieben während der gesamten Operation in Kraft. So wurde beispielsweise David Murphy im Sommer 1954 zum stellvertretenden Leiter der Berliner Basis ernannt, von Harvey aber erst nach seiner Ankunft in Berlin über den Tunnel unterrichtet.

O'Briens Stellung konnte bald kaum noch als »Tarnung« bezeichnet werden: Die Spionageabwehr hatte plötzlich äußerst wichtige Dinge zu bearbeiten. War sie bis dahin in einer Art Abwehridylle vorwiegend mit dem Einsatz von Doppelagenten und Hilfsoperationen, wie etwa dem Anheuern von Kurieren und der Überbringung von Nachrichten nach Ost-Berlin, beschäftigt gewesen, verwandelte sie sich jetzt förmlich in einen Hexenkessel von Sicherheitsüberprüfungen, die sich aus MBG- und MfS-Operationen gegen vom OPC unterstützte Gruppen, wie die Freiheitlichen Juristen, ergaben. Außerdem wurde O'Brien direkt mit der ersten Infiltration des neuen DDR-Nachrichtendienstes befaßt. Dennoch machte er auch mit seiner Gruppe D Fortschritte, nachdem er und »Fleetwood« Beziehungen zu Westberliner Kontaktpersonen aufgebaut hatten und mit Ostberliner Fachleuten zusammenzuarbeiten begannen, die über das Fernleitungsnetz in ganz Ostdeutschland und seine Schnittstellen zu den militärischen Fernmeldeeinrichtungen der Sowjets Bescheid wußten.

O'Brien konnte einen Mitarbeiter im Fernmeldeamt eines wichtigen Ostberliner Postamts verpflichten, der ihm bald Bücher mit genauen Angaben darüber brachte, welche Teilnehmer in diesem Bezirk die Kabel nutzten. Diese dicken Bände wurden von dem Informanten an eine Stelle in der Nähe der Sektorengrenze gebracht, wo O'Brien sie abholte. Dann fuhr er mit den Unterlagen in die alte BOB-Zentrale im Föhrenweg in Dahlem und fotografierte sie dort im Fotolabor. Auf diese erste Anwerbung bei der Ostberliner Post folgten bald weitere. BOB sammelte allmählich immer mehr Informationen über das Kabelnetz, erfuhr, welche Kabel den Sowjets zugeteilt worden waren, und prüfte dann die Daten auf Richtigkeit.

Im Spätsommer 1952 rüstete sich Harvey zum Umzug nach Berlin.

Etwa um dieselbe Zeit sollte Frank Rowlett zur CIA kommen und dort als Leiter der Gruppe D das Tunnelprojekt von der Zentrale in Washington aus steuern. Daß Harveys Versetzung nach Berlin etwas Außergewöhnliches bedeutete, merkte er daran, daß er als Sonderreferent dem Leiter der Abteilung Berlin bei der Hohen Kommission für Deutschland zugeteilt wurde und damit dem Auslandsdienst des US-Außenministeriums angehörte. Für Berlin geschah dies zum ersten Mal. Bis dahin waren alle BOB-Offiziere, auch der Chef, unter der Tarnung der Army tätig gewesen. Weil Harvey in seiner wahren Funktion viel reisen mußte, brauchte er jedoch als zusätzliche Sicherheit diplomatischen Schutz. In jenen Tagen waren nicht einmal reguläre Reisen der US Army durch die Luftkorridore sicher. Nachdem Harvey zum BOB-Chef ernannt worden war, erstattete ihm O'Brien direkt Bericht über sein Überlandleitungsprojekt.

Nach seiner Ankunft forderte Harvey von O'Briens Agenten zusätzliche technische Details über die sowjetischen Überlandleitungen. Auch die Größe dieses Agentennetzes und die Zugangsmöglichkeiten, die die Agenten eröffnen konnten, wuchsen unter Harvey. Um diese Zeit hatte BOB mit der Befragung von Flüchtlingen begonnen, die in das Auffanglager Marienfelde nach West-Berlin kamen. Wenn man dabei auf Personen stieß, die mit dem Telefonverkehr zu tun gehabt hatten, konnte man unter Umständen neue Quellen aufspüren, die unabhängig von den Agenten rekrutiert werden konnten, die über Kontakte bei der Westberliner Post angeworben worden waren. Dennoch waren die Quellen in der Ostberliner Post weiterhin unentbehrlich. Zu ihnen gehörte eine als »Nummernmädchen« geführte Frau, die in dem Teil des Postamts arbeitete, wo die einzelnen Fernleitungen für dienstliche Zwecke zugeteilt und die Teilnehmer von einer Leitung auf eine andere umgeschaltet wurden. Bei dieser streng geheimen Tätigkeit führte die Vermittlung Karteikarten über die sowjetischen oder ostdeutschen Nutzer einer Leitung. Das waren die entscheidenden Unterlagen, mit denen man festlegen konnte, welche Leitungen abgehört werden sollten.

Zu den neu verpflichteten Quellen gehörte ein Jurist im DDR-Ministerium für Post- und Fernmeldewesen, der als Fachmann für den internationalen Postverkehr BOB einen Einblick in die sowjetische Nutzung des ostdeutschen Fernmeldenetzes ermöglichte. Außerdem verfügte BOB über Quellen in den Fernmeldeämtern einzelner Bezirke, wie zum Beispiel in Erfurt, Dresden und Magdeburg. Eine weitere nützliche Quelle war der russische Chefdolmetscher des Ministeriums für Post- und Fernmeldewesen, der bei vielen technischen Verhandlungen zwischen den Sowjets und dem Ministerium eingesetzt wurde. Je weiter die Tunnelpläne der CIA-Basis gediehen, um so dringender brauchte sie genaue Daten über die Lage der anzuzapfenden sowjetischen Leitungen. Sie erhielt sie von einer weiteren Quelle im Ministerium, die ihr Kopien der amtlichen Karten verschaffte, auf denen die Lage der Kabel exakt verzeichnet war. Ohne dieses Agentennetz wäre das Tunnelprojekt nicht möglich gewesen.

Im Frühjahr 1953 konnte endlich bestätigt werden, was die Berichte über die sowjetische Nutzung ostdeutscher Leitungen nahegelegt hatten: Die militärischen und zivilen Einrichtungen der Sowjets in Ost-Berlin wickelten ihren Nachrichtenverkehr weitgehend über Erdkabel ab. Von 23 Uhr bis 2 Uhr schaltete ein Agent in der Ostberliner Telefonvermittlung den sowjetischen Telefon- und Telegrafenverkehr auf ein Kabel, das mit einer Westberliner Schaltung verbunden war. Dort wurde der Verkehr von einem Deutsch sprechenden CIA-Techniker mitgeschnitten, der sich als Mitarbeiter der Westberliner Post ausgab. Die dabei gewonnenen Erkenntnisse galten als »einmaliges Material von hohem Interesse«. Schon in diesem Stadium merkten die CIA-Techniker, daß man Demodulatorgeräte zur Kanaltrennung brauchte. David Martins Behauptung, die in diesen ersten Probeläufen verwendeten Geräte seien imstande gewesen, verschlüsselte Nachrichten im Klartext zu empfangen, ist falsch. Die Bemerkung in dem 1977 freigegebenen CIA-Bericht: »Jetzt wußten wir, daß es ging«, bezog sich nicht auf den Echoeffekt, sondern auf die Feststellung, daß es sich bei den Kabeln um abhörenswerte Anlagen handelte.[17]

Der Tunneleingang entsteht

Während die CIA im Frühling und Frühsommer 1953 weiterhin Testaufnahmen machte und von ihren Agenten weitere technische Daten erhielt, überlegte man sich, wo der Tunnel liegen sollte und wie er getarnt werden konnte. Die Verantwortung dafür hatte BOB-Chef Harvey, der mit »Fleetwood« zusammen in Frankfurt arbeitete. Für jemanden, der erst ein paar Monate zuvor in einem völlig neuen operativen Umfeld eingetroffen war und kein Wort Deutsch konnte, müssen die Anforderungen unüberwindlich gewirkt haben. Obwohl sich Harvey hauptsächlich um den Tunnel kümmern sollte, geriet er auch in den Strudel der Ereignisse nach dem Aufstand vom 17. Juni. Das erschwerte nicht nur die BOB-Operationen, sondern belastete die Basis auch mit der Berichterstattung über die Lage in der DDR. Hinzu kam, daß O'Briens Spionageabwehr mit Überprüfungsaufträgen eingedeckt wurde. Sie sollte herausfinden, wie es den Sowjets gelungen war, die paramilitärische Organisation der Freiheitlichen Juristen aufzurollen. Als eines der neuesten Mitglieder von O'Briens Abteilung wurde Hugh Montgomery mit dieser Aufgabe betraut; er hatte gegen Kriegsende für die Spionageabwehr des OSS in Österreich und Deutschland gearbeitet, auch einmal kurze Zeit in Berlin. 1952 war er zur CIA gestoßen, und im Sommer 1953 saß er wieder in einem sicheren Haus in Berlin und befragte Überlebende des Schläfernetz-Debakels der Freiheitlichen Juristen und deren Verwandte, um herauszufinden, wer in diesen Gruppen wen gekannt hatte.

Schon bald bestellte Harvey Montgomery zu sich und erläuterte ihm, er werde mit O'Brien in einer Geheimoperation zusammenarbeiten, bei der es um die ostdeutschen Fernmeldeverbindungen gehe. Dann wurde Montgomery mit den Agenten bekannt gemacht, die über die Westberliner Fernverbindungen berichteten, und übernahm einige ostdeutsche Quellen. Er befragte außerdem Flüchtlinge und ergänzte damit das von den BOB-Agenten vermittelte Bild des DDR-Leitungsnetzes. Montgomery vermutete zwar, daß seine Tätigkeit etwas mit Plänen zu tun hatte, diese Leitungen anzuzapfen, doch über den Tunnel wurde er erst im Herbst 1953 unterrichtet. In den darauffolgenden Monaten fungierte er als wichtigster Verbindungsmann zwischen der Basis und der Tunnelbaustelle. Dieses Team, Harvey, O'Brien und Montgomery in Berlin und »Fleetwood« in Frankfurt, trieb die Arbeiten am Tunnel 1953/54 voran. In Frankfurt fanden häufig Besprechungen mit Rowlett statt, der aus Washington einflog, um sich vor Ort über die Fortschritte zu unterrichten.

Im August 1953 lagen die Pläne für den Tunnel vor. Rowlett kam zu einer Art Abnahmeprüfung nach Deutschland und half bei der Abfassung eines offiziellen Vorschlags an Allen Dulles.[18] Dieser Vorschlag wurde Dulles mit einer Begleitnotiz von General Truscott zugeleitet, in der Truscott betonte, ein »Höchstmaß an Sicherheit« sei zu gewährleisten, und die Kenntnis von diesem Vorhaben sei auf diejenigen zu beschränken, die zum Erfolg der Operation beitragen könnten. Zweck des Vorhabens sei es, »unbemerkt sowjetische Nachrichten zu sammeln, die nachweislich über bestimmte unterirdische Fernmeldeleitungen übermittelt werden, die dicht am amerikanischen Sektor Berlins verlaufen und von dort aus zugänglich sind«. Dann wurden auf der Grundlage »zuverlässiger technischer Angaben, die mehrere Jahre lang gesammelt« worden seien, die Einzelheiten des über diese Leitungen übertragenen Verkehrs besprochen. Zugang zu diesen Leitungen wolle man »durch den Bau eines unterirdischen Gangs von knapp 600 Metern Länge erreichen, der sich zur Hälfte auf sowjetischem Gebiet erstrecken wird«.[19]

Obwohl eine perfekte Tarnung für den Tunneleingang nicht zu erreichen war, brauchte man für das bereits begonnene Bauvorhaben einen Vorwand. Nach Fertigstellung des Baus konnte man »innerhalb eines räumlich abgeschlossenen Bereiches absolute Sicherheit für die Operation« gewährleisten. Laut Plan sollten entlang der Sektorengrenze drei Lagerhäuser als Teil eines angeblichen Notfallverteilernetzes der US Army für militärisches Gerät errichtet werden. Der Auftrag für den Bau der Lagerhäuser sollte über das Militär in Berlin als normales Bauvorhaben abgewickelt werden. Das war gut ausgedacht, ging aber ins Geld. Um Kosten zu sparen, wurden die drei »Lagerhäuser« schließlich auf eines zusammengestrichen. Im Bericht an Dulles wurde auch beschrieben, daß eine technische Einheit den fertiggestellten Bau beziehen und den Ausbau des Tunnels in Angriff nehmen sollte. Am Schluß hieß es, der CIA-Direktor müsse die Genehmigung höchster militärischer Stellen einholen; dazu wurde geraten, den militärischen Befehlshabern von dem Projekt nur streng vertraulich und persönlich Kenntnis zu geben.[20]

Die Sowjets erfahren von dem Projekt

Dulles genehmigte das Vorhaben. Am 22. Oktober 1953 reisten Harvey und »Fleetwood« zu einer der vielen Besprechungen mit dem SIS nach London, und trotz strengster Geheimhaltung erfuhr der KGB über seine Quelle beim SIS, George Blake, sehr bald von dem Projekt. Seit den fünfziger Jahren ist viel über Blake geschrieben worden; das meiste davon geht über den Rahmen dieses Buchs hinaus. Wir wollen uns deshalb auf Blakes Berichte über den Tunnel und die Reaktion des KGB auf die von ihm gelieferten Informationen beschränken. Blake fiel dem sowjetischen Auslandsnachrichtendienst auf, als er nach der Einnahme von Seoul im Juni 1950 in Nordkorea interniert wurde. Wassili A. Doschdaljow, der ausgezeichnet Englisch sprach, flog nach Korea, um Blake zu verhören und zu beurteilen. Er empfahl, ihn weiter zu beobachten, und Nikolai B. Rodin alias Korowin wurde ausgesandt, um Blake anzuwerben und Vorkehrungen für die spätere Kontaktaufnahme zu schaffen. Danach wurde Blake in KGB-Dokumenten unter dem Decknamen »Diomid« geführt. Nachdem er im Frühjahr 1953 zusammen mit den anderen internierten Engländern entlassen worden war, reiste er zu einem Erholungsurlaub nach Holland, wo er sich mit Rodin traf und die späteren Treffs in England mit ihm absprach.

Inzwischen war in Moskau entschieden worden, für Blake in London einen Führungsoffizier zu benennen. Für einen derart wichtigen Fall mußte es jemand sein, den die britische Abwehr nicht kannte. Außerdem mußte der Hintergrund des ausgewählten Offiziers stimmen, damit er alle ihm als Tarnung übertragenen Botschaftsaufgaben erledigen konnte. Gleichzeitig sollte er über operative Erfahrungen verfügen, besonders in Beschattungstechniken. Die Wahl fiel auf einen jungen Offizier, der erst kurz zuvor der Auslandsverwaltung zugeteilt worden war – Sergej Kondraschow. Um sich auf den Einsatz in London vorzubereiten, las Kondraschow zunächst die Akte »Diomid«, studierte den Londoner Stadtplan und befaßte sich mit Berichten über britische Beschattungsmethoden. Dabei kam ihm seine Tätigkeit gegen die amerikanische Botschaft in Moskau zustatten, denn sie hatte ihn mit den Techniken vertraut gemacht, die die Amerikaner benutzten, um sich einer Beschattung zu entziehen.

Nachdem sich Rodin in den Niederlanden mit Blake getroffen hatte, erfuhr der KGB, daß Blake der Abteilung Y zugeteilt werden sollte, die »mit streng geheimen Operationen technischer Natur gegen die Russen befaßt war«.[21] An »Harveys Loch« wurde weiter gebaut, und von nun an überwachte Blake den Baufortschritt. Im Oktober 1953 kam Kondraschow als Erster Botschaftssekretär für kulturelle Beziehungen nach London. Zu seinen Funktionen gehörte alles mögliche, vom Planen einer Gastspielreise des Geigers David Oistrach bis zur Beschaffung von Eintrittskarten zu Sportveranstaltungen für wichtige Gäste. Außerdem amtierte er bis zur Rückkehr von Sergej L. Tichwinski, der zum Nachfolger von Rodin ernannt worden war, vorübergehend als KGB-Resident. Seine Hauptaufgabe war allerdings die Operation »Diomid«. In der Residentur war er der einzige, der Namen und Stellung der Quelle kannte.

Kondraschow traf Blake zum ersten Mal Ende Oktober, um ihn kennenzulernen, weitere Treffen zu planen und unter anderem über die Beschaffung einer Kamera zu sprechen, die Blake benötigte, um die vielen Dokumente zu fotografieren, die durch seine Hände gingen. Blake übergab Kondraschow bei dieser Gelegenheit eine erste Liste von Telefon- und anderen Abhöraktionen des SIS gegen sowjetische Einrichtungen, darunter die Operation »Silber« in Wien, aber noch nicht der Berliner Tunnel.[22]

Blake in London zu führen war nicht einfach. Die Moskauer Zentrale überwachte jeden Schritt der Operation; die Residentur durfte keinen Fingerbreit vom vorgeschriebenen Weg abweichen. Einmal erschien Blake zu einem der regelmäßigen Treffs nicht und verpaßte auch den vereinbarten Ersatztermin. Als Moskau erfuhr, daß Blake beide Termine nicht wahrgenommen hatte, kam von dort die Empfehlung, den nächsten vereinbarten Termin abzuwarten. Als Blake auch dann nicht auftauchte, wollte Kondraschow Blake auf dem Weg ins Büro abpassen. Moskau lehnte den Vorschlag jedoch ab und bestand darauf, bis zum nächsten Treffen abzuwarten. Diesmal fand sich Blake am vereinbarten Ort, einem Londoner Kino, ein und erklärte Kondraschow, warum er die vorigen Termine versäumt hatte: Er habe Angst gehabt, die Petrows, KGB-Mitarbeiter, die sich kurz zuvor nach Australien abgesetzt hatten, wüßten etwas von seinen Sowjetkontakten, und sichergehen wollen, daß seine Vorgesetzten beim SIS nicht auf ihn aufmerksam geworden waren. Bis auf diese eine Unterbrechung trafen sich Kondraschow und Blake ohne Zwischenfälle, bis Blake 1955 London verließ.[23]

Wenn er mit Blake zusammenkommen wollte, dachte sich Kondraschow stets eine Ausrede für seinen Ausflug aus, die gut genug war, um die britische Überwachung zu überzeugen. Für einen wichtigen Treff am 18. Januar 1954 erklärte er zum Beispiel, er wolle, da er für kulturelle Angelegenheiten zuständig war, eine Gruppe sowjetischer Schachspieler verabschieden, die er dann auch getreulich zum Flughafen geleitete. Den Rest des Tages verbrachte er mit Einkäufen und im Kino. In dieser Zeit wurde von einem Mitarbeiter der Residentur zweimal an vorher vereinbarten Stellen geprüft, ob Kondraschow beschattet wurde. Das Treffen mit Blake fand auf dem Oberdeck eines Autobusses statt. Nachdem Blake ihm sein Material ausgehändigt hatte, stieg Kondraschow ein paar Haltestellen weiter aus, wo er von einem Mitarbeiter der Residentur erwartet wurde, der in der Nähe geparkt hatte.[24]

Blake hatte Kondraschow einen Durchschlag des Protokolls einer Konferenz von CIA und SIS über den Berliner Tunnel übergeben, die vom 15. bis 18. Dezember 1953 – mit Blake als Mitglied der SIS-Delegation – in London stattgefunden hatte. Unverzüglich wurde ein verschlüsseltes Telegramm über die Konferenz nach Moskau geschickt; ein ausführlicher Bericht folgte jedoch erst am 12. Februar. Im Fall Blake wurden die Berichte von Kondraschow selbst geschrieben, fotografiert und dann als unentwickelte Filme mit der Diplomatenpost nach Moskau geschickt. Im Fall des Sitzungsprotokolls war der Durchschlag allerdings so schlecht zu lesen, daß Kondraschow ihn direkt nach Moskau schickte, ohne ihn vorher zu fotografieren. Unterzeichnet war der Bericht mit Kondraschows Decknamen, Rostow.[25]

In seinem Kommentar zu dem Material, das offenbar fast ausschließlich britische Abhöroperationen in verschiedenen Gegenden zum Inhalt hatte, schrieb Kondraschow: »Die Angaben über eine geplante Lauschoperation gegen Inlandstelefonleitungen auf dem Territorium der DDR zu einer Radarstation sind interessant.« Im Protokoll selbst wurden die Teilnehmer genannt, und getrennte Anhänge enthielten erste Pläne zur Bearbeitung des Materials ebenso wie eine Erörterung der technischen Probleme bei der Anbringung der Abhöreinrichtungen und der Verlegung der Leitungen durch den Tunnel zu den Endgeräten. Es wurde angeregt, das Zentrum für die Bearbeitung des Telefonmaterials in London einzurichten, während über die Behandlung des telegrafischen Materials noch nachgedacht werden sollte. Ferner wurde vereinbart, alles verschlüsselte Material in die GCHQ und die NSA, also die kryptographischen Dienste Großbritanniens und der Vereinigten Staaten, zu schicken.[26]

Auf der Teilnehmerliste der Londoner Tunnelkonferenz fehlt der Name Harvey. Das ist merkwürdig, denn Blake geht in seiner Darstellung der Konferenz ausführlich auf den »Texaner« Bill Harvey und dessen »nachrichtendienstliche Wildwestmethoden« ein. Wir wissen, daß Kim Philby hauptsächlich Harvey für seine Enttarnung verantwortlich machte, und es stellt sich die Frage, ob diese stereotypen Hinweise auf Harvey unter Philbys Einfluß eingefügt wurden.[27] Tatsächlich nahm Harvey nur an wenigen Londoner Sitzungen teil. Schließlich hatte er eine große Operationsbasis zu verwalten, und in seiner freien Zeit widmete er sich dem Adjutanten von General Truscott, C. G. Follett. Für gewöhnlich leitete Rowlett die amerikanische Delegation bei den Sitzungen in London, und Harvey ließ sich von ihm berichten. Nach der Konferenz hielt sich Rowlett vom 19. bis 22. Dezember in Frankfurt auf, um Harvey auf Trab zu bringen. Dieser Ablauf wiederholte sich bei jeder Konferenz mit den Briten, auch wenn Harvey, wie am 4. März 1955, kurz vor Beginn der Abhöroperation, selbst an der Sitzung teilnahm. Harvey eröffnete für die Amerikaner mit dem Hinweis auf die notwendige Geheimhaltung. Er hoffe, daß keine Philbys anwesend seien. Der von Blake als Chef der SIS-Abteilung Y identifizierte Schotte George Young pflichtete ihm bei: »Schließlich soll man uns nicht mit hochgezogenem Kilt erwischen, Bill.«[28]

Die Sowjets schützen ihre Quelle

Nach dem Eintreffen von Kondraschows Bericht vom Februar 1954 mußte es dem KGB vor allem darum gehen, Blake zu schützen. Kondraschow zufolge wußten nur drei Personen in der Ersten Hauptverwaltung von dieser SIS-Quelle. Blakes Angaben fielen allerdings in die Zuständigkeit der für die Kommunikationssicherheit verantwortlichen Achten Hauptverwaltung. Der Chef der Ersten bat daher deren Leiter in sein Büro, wo er ihm den Bericht zu lesen gab. Mitnehmen durfte er ihn nicht, und die Identität der Quelle erfuhr er auch nicht. In der Ersten Hauptverwaltung flatterte den Abteilungsleitern am 19. April 1954 eine Anweisung von Arseni W. Tischkow, dem für operativ-technische Angelegenheiten zuständigen stellvertretenden Chef der Hauptverwaltung, zum Umgang mit Agenteninformationen über Abhöroperationen auf den Schreibtisch.[29] Tischkow wurde als einer der erfahrensten Fachleute auf seinem Gebiet mit der Oberaufsicht über die aufgrund von Blakes Berichten durchgeführten Operationen betraut. Er war ermächtigt, alle zum Schutz der Quelle notwendigen Maßnahmen zu ergreifen. Um es mit seinen Worten auszudrücken: »Die Maßnahmen zur Entfernung und Neutralisierung dieser Abhöroperation beziehungsweise ihrer Nutzung zur Streuung von Desinformationen müssen auf gründlich überlegter Tarnung der Quellen dieser Informationen aufgebaut sein, damit die wirkliche Quelle nicht kompromittiert wird und sichergestellt ist, daß solche Maßnahmen nicht auf einen Schlag gegen alle Operationen, sondern schrittweise durchgeführt werden. ... Bei der Ausarbeitung und Durchführung dieser Maßnahmen muß strengste Geheimhaltung walten. Alle Vorschläge zum Umgang mit diesem Material sind mir vorzulegen, und Maßnahmen in dieser Sache werden nur mit meiner Erlaubnis durchgeführt.«[30]

Aus dieser Aktennotiz ist ersichtlich, in welcher Klemme die Sowjets steckten. Sie wußten über den Tunnel Bescheid, durften aber nicht sofort etwas gegen ihn unternehmen, weil sie damit Blake bloßgestellt hätten. Nach dieser Anweisung von Tischkow durften auch die Gebietsabteilungen und die Residenturen nichts gegen feindliche Abhöroperationen unternehmen, ohne zuvor Tischkows Genehmigung eingeholt zu haben. Der KGB kannte sich im Einsatz von Abhöranlagen zur Streuung von Desinformationen aus, achtete aber stets darauf, seine Quellen zu schützen. Über die bei der Operation »Gold«, dem Berliner Tunnel, angezapften Fernmeldeleitungen sind nach Kondraschows eindeutiger Aussage keine Desinformationen verbreitet worden. Dafür hätte man zu viele Personen einschalten müssen und so Blakes Sicherheit aufs Spiel gesetzt.

Mit welcher Fürsorge der KGB Blake umgab, zeigt sich auch im Umgang mit den Informationen, die Blake über die Operation »Silber« lieferte. Obwohl Blake diese Operation gemeldet hatte, nachdem er im September 1953 für die technische SIS-Gruppe zu arbeiten begonnen hatte, schickte der KGB-Vorsitzende Serow dem sowjetischen Verteidigungsminister Nikolai A. Bulganin erst ein Jahr später, am 20. September 1954, einen Bericht über »ein geheim erhaltenes englisches Nachrichtendokument über die Aktivitäten der sowjetischen Besatzungstruppen in Österreich und Ungarn in der zweiten Novemberhälfte 1953«. Der Bericht wurde aus »abgehörten Telefongesprächen sowjetischer Offiziere und Mannschaften in Österreich und Ungarn« zusammengestellt. Es ist bezeichnend, daß dieses neunzigseitige Dokument dem sowjetischen Militär erst nach Beendigung der Wiener Operation durch den SIS zuging. Und es wurde nicht auf Blake zurückgeführt.[31]

Die sowjetische Militärführung war von Qualität und Umfang der Informationen überrascht, die sich die westlichen Alliierten durch das

Anzapfen von Telefonleitungen in Österreich und Ungarn verschafft hatten. Dennoch unternahm sie, um ihre Quelle nicht zu gefährden, nichts gegen die für Berlin geplante Abhöroperation. Bei der Entscheidung, die Tunnelpläne nur einem kleinen Kreis zugänglich zu machen, spielte wohl auch mit, daß die Abhöroperation noch nicht begonnen hatte und Blake die Sowjets ohnehin auf dem laufenden halten würde. Infolgedessen wurde in Deutschland niemand unterrichtet, nicht einmal Pitowranow in Karlshorst, bis Blakes Verbindung zur technischen Abteilung des SIS im Frühjahr 1955 zu Ende ging.

Der Bau beginnt

Die Amerikaner und die Engländer hatten keine Ahnung, daß ihr Vorhaben den Sowjets bekannt war. Am 20. Januar 1954 erteilte CIA-Direktor Dulles die offizielle Genehmigung zum Bau des Tunnels, und am 9. und 10. Februar wurden die letzten technischen Abmachungen getroffen, darunter auch die, das Zentrum für die Bearbeitung des telegrafischen Materials in Washington einzurichten. Der Bau des Lagerhauses mit dem ungewöhnlich tiefen Keller und den Gabelstaplerrampen wurde von den Berliner Baufirmen fortgeführt, während die Pioniere der US Army, die den Tunnel graben sollten, in New Mexico an einer Attrappe übten. Auch die Briten gruben auf einem Militärgelände in Surrey, wo ähnliche Bodenverhältnisse herrschten wie in Berlin, einen Versuchstunnel. Gebaut wurde der Berliner Tunnel jedoch von einer amerikanischen Pioniereinheit, während die Engländer am Ende des Tunnels den senkrechten Stollen zu den Zielkabeln vortrieben und britische Fernmeldefachleute die Kabel anzapften. Auf diesem Gebiet war das britische Fachwissen unschlagbar.

Nach Fertigstellung des Lagerhauses hielt der Pioniertrupp am 28. August Einzug auf dem Gelände, und bis zum 2. September war mit dem Bau des ersten senkrechten Schachts bis auf Tunnelniveau begonnen worden. Am 8. September stieß man in 2,40 Meter unter dem Kellerboden, also knapp fünf Meter unter Erdboden, auf Wasser, und die Pumpen mußten angeworfen werden. Das Grundwasser war eine unangenehme Überraschung, denn die Pioniere hatten den Grundwasser-

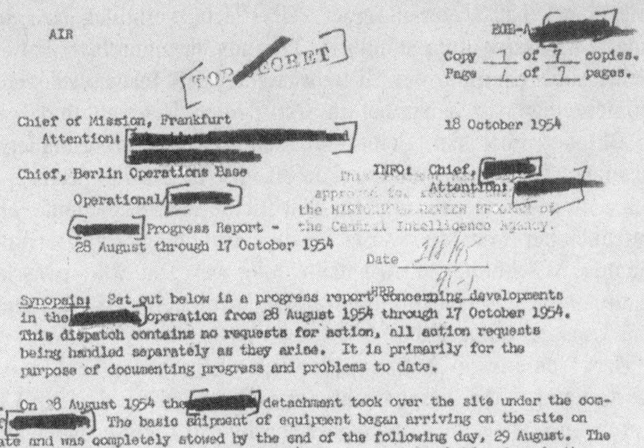

AIR

BOB-A

Copy 1 of 7 copies.
Page 1 of 7 pages.

TOP SECRET

Chief of Mission, Frankfurt
Attention:

18 October 1954

Chief, Berlin Operations Base

INFO: Chief,
Attention:

Operational/

Progress Report -
28 August through 17 October 1954

This document has been approved for release through the HISTORICAL REVIEW PROGRAM of the Central Intelligence Agency.
Date 3/1/95
HRP 91-1

Synopsis: Set out below is a progress report concerning developments in the operation from 28 August 1954 through 17 October 1954. This dispatch contains no requests for action, all action requests being handled separately as they arise. It is primarily for the purpose of documenting progress and problems to date.

1. On 28 August 1954 the detachment took over the site under the command of . The basic shipment of equipment began arriving on the site on that date and was completely stowed by the end of the following day, 29 August. The period between 29 August and 2 September 1954 was consumed in shaking down in the new installation. On 2 September and his crew began actual excavation. On 7 September the last of the necessary equipment arrived on the site and was securely unloaded and stowed.

2. On 8 September at approximately 8 feet below basement floor level, i.e., approximately 16½ feet below the surface of the ground, small amounts of water were encountered. This development was completely unanticipated inasmuch as all geologic and other data previously collected reflected that the water table in this area was at approximately 32½ feet. Further investigation reflected that immediately below the water there was a layer of heavy clay almost impervious to moisture which also was completely unanticipated since the geologic data had reflected that the soil composition in the area was composed completely of sand without either clay or rock formations. Pumps were procured and immediately placed into operation, and insofar as could be determined, the water flow was approximately 400 gallons per day in a hole 12 feet in diameter.

3. It being impossible for obvious reasons to conduct test borings outside the installation along the intended route of approach to the target, efforts were made to do as much testing as possible within the necessary limitations of security to determine the exact significance of the water. A test bore hole was sunk at the other end of the warehouse installation which revealed a similar phenomenon, i.e., the presence of water and a clay layer, except that at that location, approximately 50 yards away, water was first encountered at 16 feet instead of 16½ feet. In the

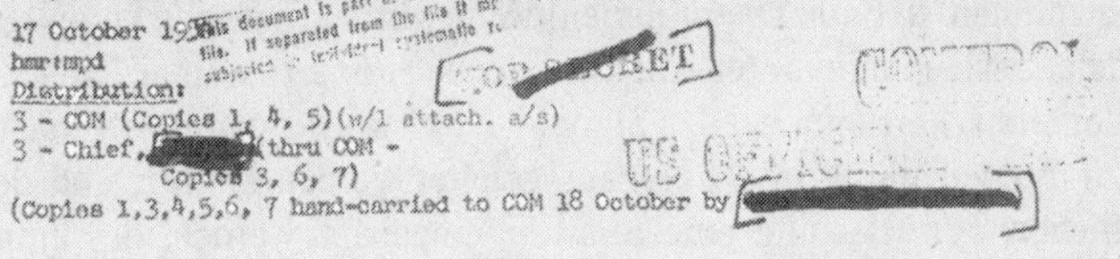

17 October 1954
hmr:mpd
Distribution:
3 - COM (Copies 1, 4, 5)(w/1 attach. a/s)
3 - Chief, (thru COM - Copies 3, 6, 7)
(Copies 1,3,4,5,6, 7 hand-carried to COM 18 October by

This document is part of an integrated file. If separated from the file it must be subjected to individual systematic review

TOP SECRET

Statusbericht über den Berliner Tunnel, BOB-Chef, 18. Oktober 1954. Berichtszeitraum 28. August–17. Oktober 1954.

spiegel bei 9,50 Meter unter der Oberfläche vermutet. Nachdem man eine Woche lang unter ständigem Pumpen herumprobiert hatte, konnte der Aushub oberhalb des Grundwasserspiegels fortgesetzt werden. Die Pioniere legten den Tunnel in fünf Meter Tiefe an und waren am 17. Oktober über das Betonfundament der Lagerhausmauer hinausgelangt.[32] Tunnelbau war Dreckarbeit, und da der Pioniertrupp vorgeblich eine geheime elektronische Nachrichtenstation bediente, also nicht im Dreck herumwühlte, war es für die Tarnung nicht gut, wenn man die Männer in schmutziger Arbeitskleidung sah. Die Militärwäscherei bot keine genügende Geheimhaltung, also wurden vor Ort Waschmaschine und Trockner aufgestellt.[33]

Der Pioniertrupp hatte mittlerweile Sicherheitsmaßnahmen eingeführt, die über die Bauphase hinaus beibehalten wurden. Im Lagerhaus wurde ein versteckter, ständig besetzter Beobachtungsposten eingerichtet, von dem aus der Tunnelverlauf zu überblicken war. In einem Logbuch wurden alle Bewegungen von Personen und Fahrzeugen in diesem Bereich festgehalten, und die Aufzeichnungen wurden regelmäßig auf Veränderungen im gewohnten Bild hin untersucht. Wenn nicht zu den Pionieren gehörende Personen den Tunnelbereich besuchten, mußten sie in geschlossenen Lastwagen anfahren, um unbeobachtet zu bleiben. Am Zaun um das Gelände wurden Mikrofone installiert, damit der Trupp rechtzeitig vor Eindringlingen gewarnt wurde und Gespräche patrouillierender DDR-Polizisten mitgehört werden konnten. Im Oktober 1954 rechnete man damit, daß die Bauarbeiten Ende Januar 1955 abgeschlossen sein würden.[34]

Im November reiste Harvey nach Washington, um über den Baufortschritt zu berichten und die Genehmigung für Notmaßnahmen für den Fall einzuholen, daß die Operation entdeckt wurde. Es wurde vereinbart, den Zielbereich ständig unter optischer Beobachtung zu halten. Zwischen dem Vorverstärkerraum, wo das Signal isoliert wurde, damit es verstärkt und zur Aufzeichnung ins Lagerhaus geleitet werden konnte, und dem eigentlichen Tunnel sollte eine Stahltür eingebaut werden, die immer verschlossen bleiben und nur dann offenstehen sollte, wenn sich jemand in dem telefonisch mit dem Lagerhaus verbundenen Vorverstärkerraum aufhielt. Als weitere Vorsichtsmaßnahme wurde angeregt, einen zwölf Meter langen Tunnelabschnitt mit Plastiksprengstoff zu verminen, der in einem Gartenschlauch hinter dem Auskleidungsblech versteckt werden sollte. Wenn die Ladung losging, würde der Tunnel in sich zusammenfallen, ohne daß an der Oberfläche eine Explosion zu sehen war. Obwohl die Zünder in der Nähe des Sprengstoffs gelagert werden mußten, wurde der verminte Bereich technisch so ausgelegt, daß er nicht zufällig in die Luft gehen konnte. Diesen Plänen erteilte CIA-Direktor Dulles am 29. November 1954 seine Zustimmung.[35]

Der Tunnel wurde Ende Februar 1955 fertig, der Raum, in dem die Leitungen angezapft wurden, einen Monat später.[36] Die drei Kabel wurden zwischen Mai und August 1955 getrennt angezapft, wonach sofort die Mitschnitte begannen. Außerdem wurde ein Team sprachkundiger Mitarbeiter vor Ort stationiert, das mit Hilfe einer von BOB gebauten Maschine, dem sogenannten Schneebesen, beim Abhören wichtiger Schaltungen mitwirken konnte. Die Möglichkeit, vor Ort ausgewählte Verbindungen abzuhören, stellte sich als wichtiger Beitrag zur Sicherheit der Anlage heraus, als sich eines Tages der Koch, der nichts vom Tunnel wußte, auf der Fahrt von Berlin nach Frankfurt am Main verirrte. Nicht zur Geheimhaltung verpflichtetes Militärpersonal durfte damals noch mit dem Auto fahren, und es hätte Verdacht erregt, wenn man es Servicemitarbeitern am Projekt verboten hätte. Der Koch nahm aus Versehen die Autobahn in Richtung Osten nach Frankfurt/Oder und wurde von der DDR-Grenzpolizei festgenommen. Als der Kontrollpunkt Helmstedt ihn als überfällig meldete, begann man im Tunnel sein Schicksal zu verfolgen. Die Lauscher erfuhren es sogar, als die Grenzpolizei den Mann noch am selben Tag wieder freiließ.[37]

Der Endpunkt des Tunnels, der Abhörraum, war mit dem Haupttunnel durch einen senkrechten Schacht verbunden. Durch eine schwere Stahltür von ihm getrennt, schloß sich der Vorverstärkerraum an. An dieser Tür befestigte man ein amtlich aussehendes Schild, auf dem in Deutsch und Russisch zu lesen war, daß Unbefugten der Zutritt verboten war. Außerdem wurde im Abhörraum ein empfindliches Mikrofon installiert, damit die Sicherheitskräfte alle Vorgänge in diesem Raum überwachen konnten. Abhörraum und Vorverstärkerraum waren gut isoliert, doch wurde darin weder mitgeschnitten noch überwacht, und bei den regelmäßigen Überprüfungen der Geräte bemühte man sich, möglichst wenig Lärm zu machen; schließlich befand man sich weit im sowjetischen Sektor. Auch die Tür zwischen Vorverstärkerraum und eigentlichem Tunnel bestand aus dickem Stahl. Die Seiten des Tunnels

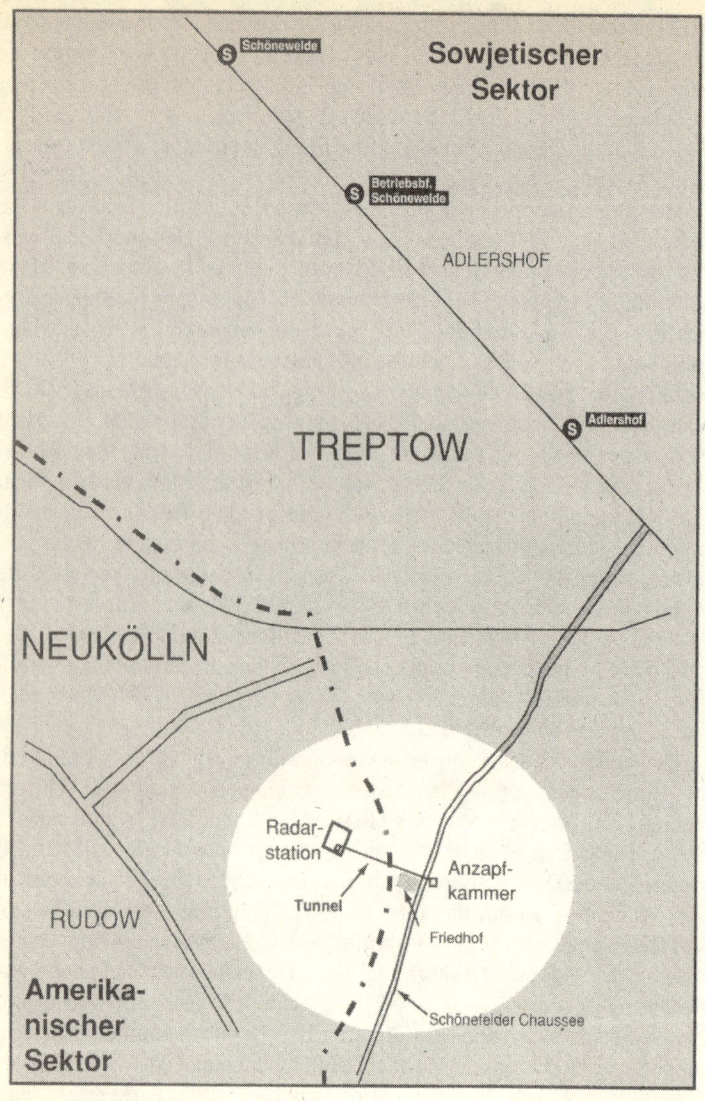

Lage des Berliner Tunnels.

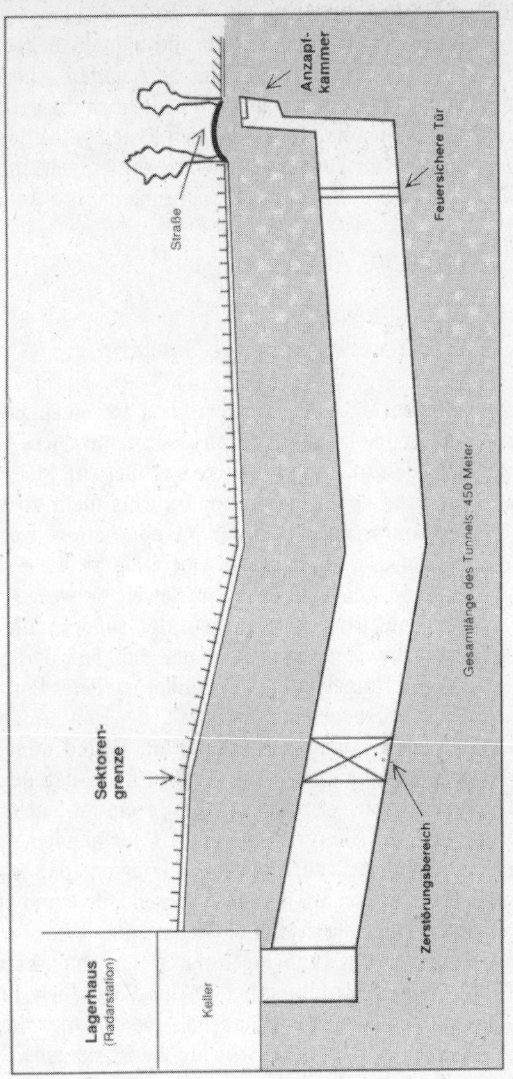

Technische Zeichnung des Berliner Tunnels.

wurden mit Sandsäcken ausgelegt, um die Isolierwirkung zu verstärken und gleichzeitig eine Auflage für Strom- und Signalkabel sowie für die Schläuche der Klimaanlage im Lagerhaus zu schaffen. Auf der Tunnelsohle lagen Holzplanken, auf denen man die Schubkarren mit Erde hinausrollte. Die Planken hatte man aus den Kisten gebaut, in denen die Stahlverkleidung für den Tunnel angeliefert worden war. Im Lagerhaus standen Klimaanlage und Entfeuchter, Schneebesen und Aufzeichnungsgeräte.[38]

Was wussten die Sowjets?

Blake wiederholte im Mai 1995, was er schon in seinen Erinnerungen erklärt hatte: daß er im Januar 1955 aus der technischen Abteilung in London ausgeschieden und später in die Berliner SIS-Mission versetzt worden sei. Dort habe er mit dem Tunnel nichts mehr zu tun gehabt, denn diese Operation sei nicht von der Mission betreut worden. Blake vermittelte den Eindruck, als habe die Operation zu diesem Zeitpunkt weitgehend in Händen der CIA gelegen. Soweit er wußte, wurde das abgehörte Material nicht in Berlin ausgewertet, sondern alle zwei Tage nach London geflogen. Er ging davon aus, daß auf Berlin bezogene Erkenntnisse aus der Tunnelaktion von London an Peter Lunn, den Chef der Berliner SIS-Mission, geschickt wurden, der von Anfang an vom Tunnel gewußt hatte.[39] Man kann jedoch mit Grund annehmen, daß Blake die Sowjets darauf aufmerksam gemacht hatte, daß der Tunnel ab Mai 1955 in Betrieb war. Als Blake in Berlin eintraf, suchte er zuerst Nikolai Rodin auf, der ihm riet, gegenüber niemandem, auch nicht gegenüber KGB-Offizieren, durchblicken zu lassen, daß er von dem Tunnel wußte. Dann übernahm Wassili A. Doschdaljow und blieb Blakes Führungsoffizier, solange dieser sich in Berlin aufhielt.

Als Pitowranow von der Tunneloperation unterrichtet wurde, hielt er sich an das übliche KGB-Verfahren bei heiklen Vorgängen: Er stellte die »Radarstation« unter Beobachtung und ließ sie von Anwohnern in der Umgebung ausforschen. Ende 1955 schickte die Moskauer KGB-Zentrale eine Gruppe technischer Fachleute unter der Leitung von Wadim F. Gontscharow alias Gorelow nach Karlshorst.[40] Gontscharow kannte seinen Auftrag nur teilweise. Soweit er es wußte, sollte seine Gruppe zusammen mit der Fernmeldehauptverwaltung der GSWG die Sicherheit der Nachrichtenverbindungen schützen. Westliche Geheimdienste hatten bereits verschiedentlich versucht, sowjetische Nachrichtenverbindungen abzuhören, weshalb Schutzmaßnahmen gegen mögliche Informationslecks nötig waren. Gontscharows Gruppe bekam nur recht allgemeine Hinweise auf den Tunnel mit auf den Weg; die Quelle wurde dabei nicht genannt. Natürlich dachte die Gruppe sofort an einen Versuch westlicher Nachrichtendienste, ein sowjetisches Kabel nahe der Grenze zum amerikanischen Sektor anzuzapfen; umgekehrt wußte man, daß der KGB eine amerikanische Leitung bei Potsdam abhörte.

Nachdem Pitowranow von der Existenz des Tunnels erfahren hatte und Gontscharows Gruppe eingetroffen war, ging man daran, die sowjetischen Telefongespräche sicherer zu machen. Gontscharow zufolge ergab eine Überprüfung der Gespräche in der militärischen Fernmeldezentrale in Karlshorst Hinweise auf »Verletzungen grundlegender Sicherheitsnormen. Bei Gesprächen wurden Codes oft nicht verwandt …, und das führte zur Weitergabe von Geheiminformationen. Wir zeichneten dann Gespräche zwischen dem GSWG-Hauptquartier und den Kommandeuren der Militäreinheiten auf.« Pitowranow zeigte dem GSWG-Oberbefehlshaber, Marschall Gretschko, die Ergebnisse. Dieser »mochte zunächst nicht glauben, daß man aus dem Telefongeschwätz etwas entnehmen konnte. Nachdem er jedoch einen Bandausschnitt gehört hatte, war er überzeugt und erteilte seinen Kommandeuren entsprechende Befehle in bezug auf die Sicherheit am Telefon.«

Gontscharows Einheit suchte die Abhörstelle zunächst in der Gegend von Altglienicke und an anderen Stellen entlang der Grenze. Auf so große Entfernung – fünfzig bis sechzig Kilometer – zeigten die Geräte nichts Ungewöhnliches an. Als man jedoch von einer deutschen Telefonvermittlung aus kleinere Abschnitte überprüfte, fand man die Stelle, an der das Kabel angezapft worden war. Pitowranow wußte, daß zur Aushebung des Tunnels mehr Personal erforderlich war, als dem Karlshorster Apparat zur Verfügung stand. Außerdem sollte die Entdeckung so aussehen, als sei sie bei einer routinemäßigen Überprüfung der Leitungen erfolgt. Deshalb holte Pitowranow Gretschkos Erlaubnis zur Aufstellung einer Fernmeldesonderkompanie ein. Deren Offiziere und Mannschaften wurden von ihren Kommandeuren für den gefährlichen Einsatz empfohlen und vom KGB überprüft. Die Gruppe bekam geeignetes Gerät und wurde von Gontscharows Leuten ausgebildet. Ein detaillierter Plan zur Feststellung und Aufdeckung feindlicher Anzapfungen von sowjetischen Überlandleitungen irgendwo im Raum Berlin wurde ausgearbeitet. Den Zeitplan der Operation wollte Moskau festlegen.

Die sowjetische Geschichte von der Entdeckung des Tunnels

Anfang 1956 lieferte der Tunnel nach wie vor wertvolle Informationen, während Chruschtschow und Bulganin, ohne daß der Westen es ahnte, überlegten, wie sie das Leck abdichten konnten. Chruschtschow wollte aus der Entdeckung des Tunnels einen großen Propagandacoup machen. Die internationale Lage behagte ihm nicht; er hatte den Eindruck, daß weder die diplomatische Anerkennung der Bundesrepublik noch der Abzug der sowjetischen Streitkräfte aus Österreich nach Abschluß des Staatsvertrages die sowjetischen Interessen im erwarteten Ausmaß gefördert hatten. Die Lage im Nahen Osten, wo sowjetische und westliche Interessen zusammenstießen, war bedrohlich. Doch Chruschtschow hatte für Ende April einen Staatsbesuch in London geplant, und er wollte die Beziehungen zu England nicht abbrechen. Also beauftragte er den KGB, die Entdeckung des Tunnels so zu inszenieren, daß die Quelle, George Blake, nicht in Gefahr geriet, während gleichzeitig ein Höchstmaß an Öffentlichkeitswirkung erzielt wurde, wobei die amerikanische Rolle hervorgehoben und die britische Beteiligung heruntergespielt werden sollte. Der Karlshorster KGB-Apparat erarbeitete daraufhin einen Plan für die »zufällige Entdeckung« des Tunnels und die anschließende Pressekonferenz. Um die Zufälligkeit zu unterstreichen, wurden Erklärungen von Gretschko, Sowjetbotschafter Puschkin und Pitowranow vorbereitet. Auf dieser Grundlage sollten dann die unteren Chargen die nötige diplomatische, technische und propagandistische Feinarbeit leisten. Daß der Tunnel entdeckt worden war, weil der KGB einen Agenten in der anglo-amerikanischen Projektgruppe gehabt hatte, wußten diese Offiziere nicht.

Die Fernmeldetrupps arbeiteten zunächst mit Suchgeräten, bevor sie schließlich zu graben begannen. Es war die Nacht vom 21. zum 22. April

1956. Als Pitowranow 1993 gefragt wurde, woher man denn gewußt habe, wo man graben müsse, antwortete er: »Auf Grund vorheriger Informationen von unserem Freund [Blake] ermittelten wir den kürzesten Weg von der amerikanischen Tarnanlage zur Schönefelder Chaussee. Auf diesen Punkt konzentrierten wir uns dann.« Um 2.30 Uhr nachts begaben sich Pitowranow und die KGB-Offiziere Sergej W. Patrikejew und Nikolai S. Mjakotnych auf den Flughafen Schönefeld, nicht weit vom Tunnel, und warteten auf das Ergebnis.[41] Daß diese Offiziere Pitowranow begleiteten, war nur folgerichtig. Patrikejew war sein Stellvertreter für Nachrichtenbeschaffung, und Mjakotnych war Leiter der Englandabteilung der Zweiten Hauptverwaltung. Angeblich hatte er 1953 damit zu tun gehabt, Donald MacLeans Ehefrau die Flucht zu ihrem Ehemann zu ermöglichen.[42]

Schließlich kam ein Leutnant zu Pitowranows Gruppe gerannt und meldete: »Der Oberst möchte Sie sprechen.« Als sie beim Oberst angelangt waren, sagte dieser: »Wir haben ihn gefunden!« Dann stiegen alle in die Anlage hinab. Pitowranow erinnert sich, daß er zur Vorsicht mahnte, weil der Gang möglicherweise vermint war. Doch die Techniker kletterten in das Loch hinein und liefen den Gang entlang. Pitowranow erzählt weiter: »Etwa um sechs Uhr früh forderte uns der Oberst auf, einmal hinunterzusehen. Wir schauten uns die Sache an. Alles war gut ausgestattet, als ob man sich auf tausend Jahre eingerichtet hatte. Da standen Kaffeemaschinen und alle möglichen Küchengeräte. Die Ausrüstung war sauber aufgebaut, teils amerikanisch, teils englisch. Wer das Projekt durchgeführt hatte, war offenbar felsenfest davon überzeugt gewesen, daß wir ihn nie dort aufspüren würden.«[43]

Laut Gontscharow kam, nachdem seine Leute zu graben begonnen hatten, allmählich alles zum Vorschein: »Die Kabel waren in achtzig Zentimeter Tiefe verlegt und verliefen geradenwegs zu dem Gebäude, in dem die Amerikaner angeblich Flugzeuge beobachteten. Dort, wo wir das Kabel ausgruben, stießen wir auf einen Einstieg. Wir machten die Luke auf und kletterten hinunter; der Eingang war mit einer massiven Eisentür verschlossen. Darauf stand auf Deutsch und Russisch: ›Auf Befehl des Oberbefehlshabers der GSWG ist das Betreten des Tunnels strengstens verboten.‹ Damit wollte man wohl sowjetische oder deutsche Fernmeldetechniker aufhalten, weil auf der anderen Seite besondere Nachrichtenleitungen verliefen, zu denen der Zutritt verboten war.«[44] Natürlich ging der Trupp davon aus, daß die Tür von innen verschlossen war, doch »offenbar rechneten die amerikanischen Spezialisten so wenig mit ihrer Entdeckung, daß sie die Tür nicht verschlossen hatten«.

Hinter der ersten Tür stießen sie zu ihrem Erstaunen auf Menschen. Gontscharow beschwört, daß dort Techniker mit Kopfhörern vor laufenden Tonbandgeräten saßen, während andere Männer Kaffee tranken. Was taten Amerikaner auf dem Territorium der DDR? Nach Gontscharows Meinung hätten »die Amerikaner ihre Abhörleitungen viel weiter in den Keller ihres Gebäudes ziehen können. Das wäre allerdings eine Strecke von rund vierhundert Metern gewesen; sie hätten die Leitungen bis dorthin verlegen müssen und Verstärker benötigt. Um sich Arbeit zu ersparen, installierten sie alles in größerer Nähe, auf unserem Gebiet, und bauten dann zur Tarnung diese große Tür ein, hinter der ein ganzer Kontrollpunkt saß. Sie haben vermutlich nicht damit gerechnet, daß die Tür entdeckt wird; deshalb ließen sie sie offenstehen.«

Beim Anblick der Sowjets rissen sich die Amerikaner die Kopfhörer von den Ohren und rannten durch den Tunnel auf den amerikanischen Sektor zu. Ohne lange zu überlegen, setzte die sowjetische Gruppe nach. Sie hielt erst inne, als sie am Eingang zum Gebäudekeller innerhalb des amerikanischen Sektors auf eine Barrikade aus Sandsäcken stieß. Auf die Barrikade hatte jemand ein krakelig beschriftetes Schild gestellt: »Sie betreten den amerikanischen Sektor.« Bei diesem Anblick kehrten die Sowjets zum Kontrollpunkt zurück, untersuchten die Aufnahmegeräte, klemmten sie ab und entfernten dann die Anzapfstellen an den sowjetischen Leitungen im Verteilergestell.

Wie es wirklich war

Es ist kaum anzunehmen, daß Pitowranow und Gontscharow allein aufgrund lückenhafter Erinnerungen derart phantastische Geschichten über die Entdeckung des Tunnels erzählen.[45] In Wirklichkeit war folgendes passiert: Schon einige Tage vor dem 21. April hatte ungewöhnlich starker Frühlingsregen eine Reihe von Telefonfernleitungen durch Kurzschluß lahmgelegt, wovon BOB sowohl aus dem Tunnel als auch von den Quellen in der DDR-Post erfuhr. Am 19. April wurde die Abhörstelle im Tunnel überprüft und schien in Ordnung zu sein. Bis in die frühen

Morgenstunden des 22. April arbeiteten die sowjetischen militärischen Fernmeldezentralen normal.

Um 0.50 Uhr am 22. April entdeckten amerikanische Beobachter im Ausguck im Lagerhaus mit Nachtsichtgeräten vierzig bis fünfzig Männer in der Nähe des Abhörraums, die in Abständen von ein bis anderthalb Metern Löcher gruben, wahrscheinlich die von Gontscharow erwähnte Fernmeldesonderkompanie. Bill Harvey wurde alarmiert. Gegen zwei Uhr morgens hatten die Sowjets die Decke des Abhörraums entdeckt, und man hörte russische Worte. Der Offizier, der dort sprach, war Hauptmann Bartasch, ein GSWG-Fernmeldeoffizier, der später von Marschall Gretschko für die Entdeckung des Abhörtunnels ausgezeichnet wurde. Harvey ließ Hugh Montgomery kommen, der den Übersetzern beim Abhören der Gespräche auf den angezapften Leitungen und vor allem der Wortwechsel, die von dem immer noch funktionierenden Mikrofon aufgefangen wurden, helfen sollte. Während Harvey ungeduldig wartete, wurde das Band an wichtigen Stellen immer wieder angehalten, um ihm die deutsch und russisch geführten Gespräche zu übersetzen. Die Anspannung war so groß, daß die Übersetzer gelegentlich vergaßen, auf die Stopptaste zu drücken, so daß auf dem Band ein Gemisch aus Deutsch oder Russisch und Englisch zu hören ist.

Gegen 2.50 Uhr konnte der sowjetische Trupp die Abhörkabel ausmachen, die durch eine Luke zum Boden des Abhörraums am oberen Ende des Schachts führten. Um drei Uhr trafen die ostdeutschen Fernmeldeexperten ein; Absperrungen wurden errichtet, um Neugierige fernzuhalten, und eine Deutsch sprechende russische Stimme verkündete, man könne erst am Morgen entscheiden, wie es weitergehen solle. Inzwischen wurden im Tunnel fleißig weiter die Gespräche zwischen den Leitern der GSWG-Fernmeldezentren in Wünsdorf und Karlshorst abgehört, um zu erfahren, ob man dort bereits vom Tunnel wußte. Doch vorläufig unterhielten sich die Sowjets nur über Kommunikationsschwierigkeiten beim Umzug bestimmter Luftwarneinrichtungen.

Um 6.30 Uhr wurde deutlich, daß die GSWG-Fernmeldehauptverwaltung von der Sache Wind bekommen hatte: Ihr Chef, Oberstleutnant Solotschko, war von Wünsdorf aus zum Tunnel gefahren. Mitgebracht hatte er Offiziere mit Schaltplänen und Kabelbelegungslisten, und die mithörenden Amerikaner vernahmen die Feststellung: »Das Kabel wird angezapft.« Fünf Minuten später wurde der Chef der Fernmeldezentrale Karlshorst angewiesen, das Freileitungsnetz der Ostberliner Fernmeldehauptverwaltung des KGB zu verwenden, um die angezapften Kabel zu umgehen. Bisher war die Fernmeldehauptverwaltung des KGB aus der Tunnelsuche herausgehalten worden, obwohl sie über die Sicherheit von Fernmeldeanlagen am besten Bescheid wußte. Das läßt darauf schließen, daß der KGB, um seine Quelle zu schützen, die Tunnelentdeckung dem Militär überließ, so daß er selbst nicht in Erscheinung trat.

Im Abhörraum wurden an diesem Morgen weiterhin zahlreiche Gespräche auf den abgehörten Leitungen mitgeschnitten, so zum Beispiel, als Gretschkos Stab Oberst Iwan Kozjuba suchte, den amtierenden sowjetischen Stadtkommandanten von Berlin, der in dem diplomatischen Szenario im Zusammenhang mit der »Entdeckung« des Tunnels eine Hauptrolle spielen sollte. Erst am Sonntag, dem 22. April, um 12.30 Uhr nahmen DDR-Techniker die Luke über dem senkrechten Schacht ab. Weil sie die massive Stahltür zum Vorverstärkerraum nicht öffnen konnten, gruben sie ein Loch durch die benachbarte Wand, bis sie den Raum dahinter betreten konnten. Spätestens zu diesem Zeitpunkt wies Harvey Montgomery an, den amerikanischen Kommandanten, General Charles L. Dasher, zu suchen und dessen Genehmigung dafür einzuholen, die Sprengladungen im Tunnel scharf zu machen und notfalls zu zünden. Montgomery trieb Dasher im Yachtklub Wannsee auf, wo ein Empfang für General Maxwell Taylor stattfand, den Stabschef der US Army, der sich zu einem dienstlichen Besuch in Berlin aufhielt. Nach Harveys Bericht erkundigte sich Dasher, ob bei der Sprengung des Tunnels Russen ums Leben kommen oder verletzt werden könnten. Auf die Antwort, das sei durchaus möglich, erklärte Dasher, er werde die Genehmigung nicht erteilen, es sei denn, Harvey könne ihm persönlich garantieren, daß niemand zu Schaden kommen werde. Diese Garantie konnte Harvey natürlich nicht geben, und so blieb der Tunnel intakt.

Gegen 14.20 Uhr war die Öffnung in der Wand groß genug, daß die Sowjets den Raum betreten konnten. Sie entriegelten die Tür, stellten Filmkameras auf und begannen mit der Untersuchung. Da der Tunnel nicht gesprengt werden durfte, hatte Harvey befohlen, an der Stelle im Tunnel, wo die Sektorengrenze verlief, Sandsäcke und Stacheldraht aufzubauen und das bereits erwähnte Schild daraufzustellen: »Sie betreten jetzt den amerikanischen Sektor.« Hinter der Barriere fiel der Tunnel etwas ab, so daß er von der sowjetischen Seite aus nicht einzusehen war, die Sowjets also auch das von Harvey zur optischen Abschreckung aufgestellte schwere Maschinengewehr nicht sehen konnten, das im übrigen ungeladen war. Gegen 15.00 Uhr waren Schritte zu hören, und Harvey entsicherte das Maschinengewehr. Das Geräusch war laut und deutlich zu hören. Die Schritte verstummten und entfernten sich dann schnell. Um 15.35 Uhr wurden die Abhörkabel gekappt, und um 15.50 Uhr war auch das Mikrofon tot. Der Tunnel war elf Monate und elf Tage in Betrieb gewesen.

Die sowjetische Propagandakampagne

Als Teil des sowjetischen Szenarios der »zufälligen Entdeckung« des Tunnels lagen die diplomatischen und öffentlichen Reaktionen schon vor, als die Sowjets den ersten Spatenstich taten. Am 22. April, dem Tag der Entdeckung, wurde dem Ostberliner Sowjetbotschafter Puschkin eine von Wladimir Semjonow im Außenministerium unterzeichnete Nachricht übermittelt, in der der sowjetische Stadtkommandant von Berlin angewiesen wurde, beim amerikanischen Stadtkommandanten wegen des Tunnels zu protestieren. Außerdem hieß es: »Weitere Anweisungen in bezug auf Journalisten und andere ergehen morgen.«[46] Am Montag, dem 23. April, setzten Gretschko, Puschkin und Pitowranow eine Nachricht nach Moskau ab, in der der Tunnel beschrieben, die Reaktion des amerikanischen Stadtkommandanten auf den Protest wiedergegeben und einige Empfehlungen zur Genehmigung vorgelegt wurden, die schon im voraus in Moskau erarbeitet worden waren. Diesen Empfehlungen zufolge sollte der Stabschef der sowjetischen Streitkräfte beim Hauptquartier der US-Streitkräfte in Europa einen schriftlichen Protest einreichen, der in der Presse veröffentlicht werden sollte. Zweitens sollten in Ost- und West-Berlin akkreditierte Korrespondenten zur Besichtigung des Tunnels eingeladen werden. Drittens sollten sich die Ostdeutschen nach Bekanntgabe des Vorfalls gleichfalls zu ihm äußern. Viertens sollte eine Gruppe sowjetischer Fachleute die Anlage untersuchen. Fünftens schließlich sollten alle öffentlichen Anschuldigungen, obwohl der Tunnel englisches Gerät enthielt, nur gegen die Amerikaner gerichtet sein.[47] Damit lag die Stoßrichtung der Propagandakampagne fest, zumal Chruschtschow an diesem Tag in London von Königin Elizabeth II. empfangen wurde.

Am nächsten Tag hielten die Sowjets am Tunnel ihre Pressekonferenz.

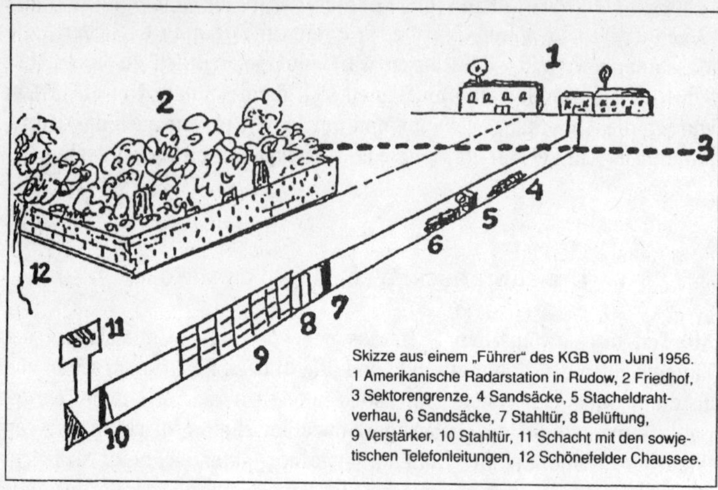

Skizze aus einem „Führer" des KGB vom Juni 1956.
1 Amerikanische Radarstation in Rudow, 2 Friedhof, 3 Sektorengrenze, 4 Sandsäcke, 5 Stacheldrahtverhau, 6 Sandsäcke, 7 Stahltür, 8 Belüftung, 9 Verstärker, 10 Stahltür, 11 Schacht mit den sowjetischen Telefonleitungen, 12 Schönefelder Chaussee.

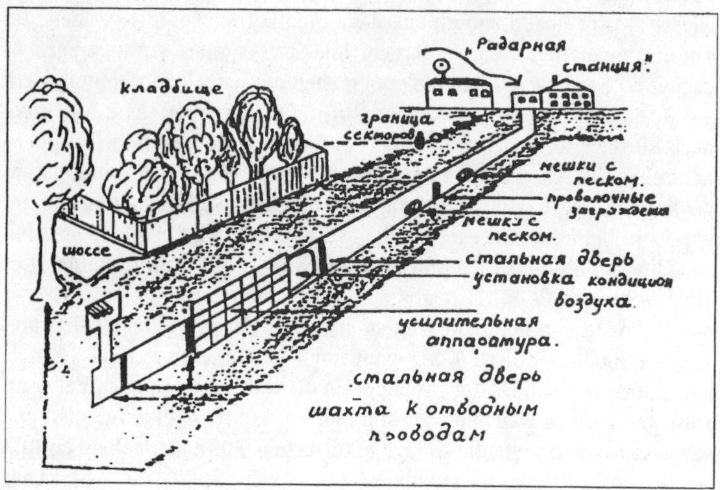

Berliner Tunnel, Skizzen aus einem KGB-Führer vom Juni 1956 und aus dem SWR-Archiv.

Im Westen wurde die Tunneloperation von den Medien als »leuchtendes Beispiel der amerikanischen Fähigkeit zu wagemutigen Unternehmungen« gefeiert.[48] Dennoch führten die sowjetischen Bemühungen, die Entdeckung des Tunnels auszuschlachten, zu allgemeiner Verwirrung über die Ereignisse des 22. und 23. April 1956. Am 28. April veröffentlichte das *Neue Deutschland* eine Skizze des Tunnels, und im Juni publizierte der KGB einen illustrierten »Führer« mit einer ähnlichen Skizze. Fast zwanzig Jahre später tauchte diese Skizze, nur etwas sauberer gezeichnet und mit einem erklärenden Text in russischer Sprache versehen, im SWR-Archiv auf. In all diesen Skizzen wird der Tunnel so dargestellt, als fange er in der Fahrbereitschaft oder im Kraftwerksgebäude an und nicht im »Lagerhaus« beziehungsweise in der »Radarstation«. Diese falsche Darstellung entsprang eindeutig dem Wunsch, Blake zu schützen.

Als diese Version erst einmal in Umlauf gebracht war, nahm sie bald ein Eigenleben an.[49] Noch 1978 wurde in einem englischen Sammelband folgende Version von der Entdeckung des Tunnels verbreitet: »Aber am 22. April 1956 brachen die Russen plötzlich am anderen Ende ein. Die elektrische Alarmanlage sprach an. Die Russen fanden den Tunnel verlassen vor, doch standen alle Geräte noch an ihrem Platz. Die Techniker waren so schnell verschwunden, daß die Russen in einem Nebenraum noch das Kaffeewasser kochend vorfanden.« Dieser Text wurde mit einer Zeichnung illustriert, auf der angeblich die Aufnahmegeräte und der »Erholungsraum« neben dem Abhörraum zu sehen waren. Auf der Skizze wurde der Tunnelanfang in die Baracke verlegt, also noch weiter von der richtigen Stelle in der »Radarstation« entfernt.[50]

In solchen Veröffentlichungen spiegelt sich die gut erfundene KGB-Geschichte von der zufälligen »Entdeckung« des Tunnels wider, der zufolge heldenhafte sowjetische Techniker die völlig gelähmten Amerikaner überraschten und zwangen, Kopfhörer und Tonbandgeräte im Stich zu lassen und durch den »Spionagetunnel« zu fliehen. Diese Version erschien noch 1997 in der westlichen Presse.[51] Nicht nur im Westen, sondern auch in den oberen Etagen des DDR-Fernmeldewesens war man überzeugt, daß die sowjetische Gegenoperation ein Zufallsereignis gewesen war.[52] Diejenigen, die dabei gewesen waren, hielten die sowjetische »Entdeckung« des Tunnels allerdings nicht für ruhmvoll. Vierzehn Stunden Schwerstarbeit, die überwiegend von ostdeutschen Spezialisten ausgeführt wurde, mußten geleistet werden, bis die Anzapfstelle freigelegt und abgetrennt war.

War der Tunnel die Mühe wert?

Hat der Berliner Tunnel der CIA und dem SIS zu wichtigen Erkenntnissen verholfen, oder bedeutet die Kenntnis des KGB von dem Vorhaben, daß nur Desinformation übertragen wurde? Führte der alles überlagernde Wunsch des KGB, Blake zu schützen, am Ende dazu, daß über die im Tunnel angezapften Kabel uneingeschränkt echte Informationen übermittelt wurden? An der KGB-Spitze erfuhren viele von der Existenz des Tunnels erst, als er schon allgemein bekannt war. Pitowranow, immerhin Chef des Karlshorster KGB-Apparats, wurde erst unterrichtet, als Blake zu seinem neuen Auftrag in Berlin eingetroffen war. Wie erwähnt, sollten als Tarnmaßnahme Fernmeldespezialisten der sowjetischen Armee den Tunnel »entdecken«. Am Ende waren CIA und SIS überzeugt, daß die Entdeckung tatsächlich nur auf die Reparatur von Störungen durch starke Regenfälle zurückzuführen war.

Aus dieser komplizierten Lage läßt sich ableiten, daß es nahezu unmöglich gewesen wäre, über die Leitungen ausschließlich erfundene oder allgemein zugängliche Informationen zu übermitteln, ohne damit viele darauf zu stoßen, daß etwas faul war. Abgesehen davon machte sich der KGB-Auslandsnachrichtendienst keine großen Sorgen darüber, daß die Überlandleitungen in der DDR abgehört wurden. Seine eigene Kommunikation wurde über die Freileitungen der Fernmeldehauptverwaltung abgewickelt, und bei Telefongesprächen über diese Leitungen wurde das »W Ch« genannte Sprachverschlüsselungssystem benutzt, das auch an der Spitze von Partei, Außenministerium und Militär verwendet wurde. Der KGB muß also zu dem Schluß gekommen sein, daß seine eigene Sicherheit gewährleistet war und alle wirklich empfindlichen Dinge ohnehin nur über sichere Leitungen übermittelt wurden.

Auch Menge und Inhalt des gesammelten Nachrichtenmaterials sprechen dafür, daß durch die im Berliner Tunnel angezapften Kabel nicht nur wertlose Informationen übertragen wurden.[53] Auf den drei Kabeln standen insgesamt 1200 Kommunikationskanäle zur Verfügung, von denen zu jedem Zeitpunkt rund 500 benutzt wurden. Mit den im »Lagerhaus« installierten Hunderten von Tonbandgeräten wurden zu jedem Zeitpunkt im Durchschnitt 28 telegraphische und 121 telefonische Verbindungen mitgeschnitten. Die Mitschnitte füllten bis zum Ende der Operation 50 000 Tonbandspulen. 443 000 Gespräche wurde in voller

Der amerikanische Militärgouverneur Lucius D. Clay (Mitte) und der britische General Brian Robertson mit den Ministerpräsidenten der Bundesländer Bayern, Nordrhein-Westfalen, Hamburg, Schleswig-Holstein und Niedersachsen.

Einweihung des sowjetischen Ehrenmals im Berliner Tiergarten am 11. November 1945: Marschall Shukow (Mitte), links neben ihm seine Stellvertreter Serow und Sokolowski.

Der stellvertretende BOB-Chef Peter Sichel (rechts) Anfang 1946 im Gespräch mit Henry Hecksher von der Berliner X-2-Abteilung.

Die Berliner Operationsbasis der CIA in den Jahren 1945 bis 1954 im Föhrenweg in Dahlem.

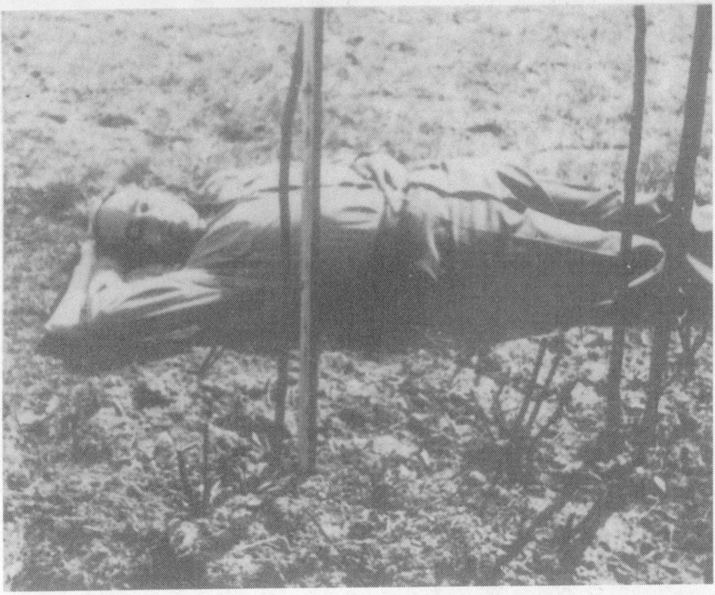

William Joseph Donavan, Chef des OSS.

BOB-Chef Dana Durand im Frühjahr 1946.

Jewgeni Pitowranow, 1953 bis 1957 Chef des KGB-Apparats in Karlshorst.

Pjotr Popow, GRU-Oberstleutnant und CIA-Informant zwischen 1953 und 1960.

Luftaufnahme des KGB-Hauptquartiers in Karlshorst, des früheren St.-Antonius-Krankenhauses, 1956.

Alexander Korotkow, 1945 der erste Berliner Resident des sowjetischen Auslandsnachrichtendienstes und 1957 bis 1961 Chef des KGB-Apparats in Karlshorst.

Pawel Fitin, Chef der Auslandsverwaltung des NKGB.

Otto John (2. von rechts), Chef des Bundesamtes für Verfassungsschutz, mit dem Präsidenten des Nationalrats der DDR,. Erich Correns (rechts) und Begleitern in Ost-Berlin, 1954.

Der Arzt Wolfgang Wohlgemuth, der John nach Ost-Berlin brachte, mit seiner Frau, 1954.

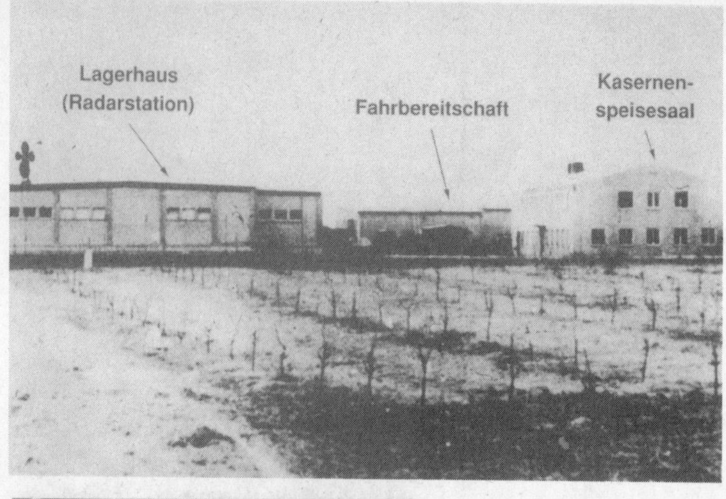

Aus dem Tunnelalbum des SWRA: Die überirdischen Einrichtungen des Berliner Tunnels.

Blick in den Berliner Tunnel.

Abhörtechnik und Verstärker im Berliner Tunnel.

Nach der Öffnung des Tunnels inspiziert ein sowjetischer Oberstleutnant die technischen Anlagen.

Der Präsident der DDR, Wilhelm Pieck (hinten links mit Hut), besichtigt den geöffneten Tunnelschacht.

CIA-Direktor Allen Dulles (rechts) überreicht William Harvey als Anerkennung für die Berliner Tunneloperation die Distinguished Intelligence Medal. Links Gordon Stewart.

David E. Murphy, von 1954 bis 1961 in der Berliner CIA-Basis tätig, ab 1959 als deren Leiter.

Igor Orlow, Deckname »Sascha«.

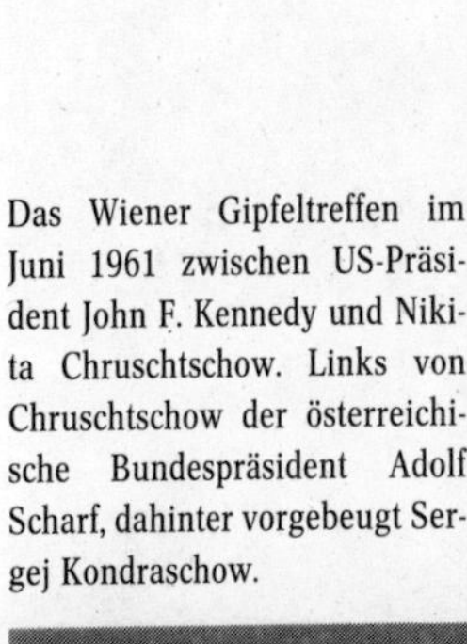

Das Wiener Gipfeltreffen im Juni 1961 zwischen US-Präsident John F. Kennedy und Nikita Chruschtschow. Links von Chruschtschow der österreichische Bundespräsident Adolf Scharf, dahinter vorgebeugt Sergej Kondraschow.

Norman Borodin, Iwan Agajanz, Sergej Kondraschow und Ischak Achmerow 1968 in Moskau (von links).

George Blake (zweiter von links) 1990 bei einem Vortrag vor jungen KGB-Offizieren im Dzierżiński-Klub in Moskau. Links neben ihm Sergej Kondraschow.

Soldaten der Nationalen Volksarmee mit aufgepflanzten Bajonetten am Potsdamer Platz, August 1961.

Nach dem Mauerbau 1961: Am Checkpoint Charlie in der Friedrichstraße sind amerikanische Militärfahrzeuge aufgefahren.

Länge transkribiert, 368 000 sowjetische und 75 000 ostdeutsche. Das Telegrafiezentrum hatte einen Tagesausstoß von rund 300 Metern Fernschreiben. Bis zum 30. September 1958 wurden 90 000 übersetzte Mitteilungen oder Telefongespräche in der CIA in Umlauf gebracht, die in 1750 Nachrichtenberichten ihren Niederschlag fanden.[54]

Wenn all dies »von Anfang an frisiert« gewesen wäre, hätte der KGB ein perfektes Spiel gespielt, denn es wäre ihm gelungen, einerseits seine Quelle zu schützen und andererseits keine Staatsgeheimnisse durchsickern zu lassen.[55] Tatsächlich wurde die Besessenheit, mit der die Sowjets »Staatsgeheimnisse« hüteten, nur noch von der westlichen Unwissenheit über die Zustände in der UdSSR und den von ihr besetzten Ländern übertroffen. Die westlichen Nachrichtendienste konnten mit der Nachfrage nach Informationen über diese Gebiete nicht Schritt halten. Nach dem Ausschluß vom sowjetischen Funkverkehr hatten Harvey und Rowlett zunächst daran gedacht, Überlandkabel anzuzapfen. Außerdem wurde es immer schwieriger, den Kontakt mit Agenten in der UdSSR und in Osteuropa aufrechtzuerhalten, während KGB und MfS 1954/55 fortfuhren, westliche Agentennetze aufzurollen. Darüber hinaus hatten die westlichen Agenten nur sehr beschränkten Zugang zu sowjetischen Militäreinrichtungen, und militärische Überläufer waren so selten wie wertvoll, da die sowjetische Spionageabwehr zusammen mit dem MfS die Überwachung der Streitkräfte verschärft hatte. Im Zeitalter der Satellitenfotografie ist es kaum vorstellbar, aber den westlichen Geheimdienstanalytikern fehlten schlicht die Informationen, um die Stärke der sowjetischen Bedrohung einschätzen zu können. Deshalb gehörte der Chef des Nachrichtendienstes der US Army, General Arthur Trudeau, zu den eifrigsten Befürwortern des Tunnelprojekts, zumal er wußte, wieviel man durch das Anzapfen von Überlandleitungen über die sowjetischen Truppen in Österreich und Ungarn erfahren hatte.

Besonders kritisch war die Situation in Berlin. Erstens bestanden die Westmächte trotz der ständigen Angriffe gegen sie auf ihrer Anwesenheit in Berlin. Jeder Versuch, sie zu vertreiben, hätte einen Krieg zur Folge haben können. Zweitens war die vom Chruschtschow-Anhänger Gretschko befehligte GSWG die größte sowjetische Streitmacht außerhalb der UdSSR. Informationen über ihre Aktivitäten, ihre Ausrüstung und ihr Personal waren ebenso wie entsprechende Informationen über die benachbarte Nordgruppe der sowjetischen Streitkräfte in Polen von grundlegender Bedeutung für die Einschätzung der sowjetischen Offensivfähigkeit gegen Berlin, Deutschland und Westeuropa. Drittens lieferte Ostdeutschland seit 1946 den Rohstoff sowie industrielle Güter für das sowjetische Atomprogramm. Viertens schließlich war die Stabilisierung der politischen Lage in der DDR, die zwei Jahre nach dem Aufstand vom Juni 1953 immer noch angespannt war, von wesentlicher Bedeutung für die langfristigen Pläne der Sowjetunion in Europa.

In diesem Kontext erschien der Tunnel als einzigartige, zum richtigen Zeitpunkt gefundene und verläßliche Informationsquelle über die UdSSR, die DDR und Polen. Er lieferte harte Informationen über die politischen Aktionen und Absichten der Sowjetunion in Berlin und über ihre Beziehungen zu den Westmächten sowie Hinweise auf Meinungsverschiedenheiten zwischen der Sowjetunion und der DDR in bezug auf den Status von West-Berlin. Während die DDR die Grenzen ihrer Souveränität ausmaß, erhielt man aus dem Tunnel detaillierte Informationen über Art und Ausmaß der militärischen und wirtschaftlichen Kontrolle der Sowjetunion über die DDR und Osteuropa, und die mitgehörten Berichte über Vorfälle in Berlin, an denen Angehörige der Westmächte beteiligt waren, zeigten die »Unvorbereitetheit, Verwirrung und Unentschlossenheit« der sowjetischen und ostdeutschen Militärs beziehungsweise Beamten darüber, wer die Autorität ausüben sollte. Sie eröffneten der CIA außerdem Einblicke darin, wie die Beschlüsse des XX. Parteitages der KPdSU – auf dem Stalin endgültig vom Sockel gestoßen worden war – in der Truppe und unter den in der DDR tätigen sowjetischen Wissenschaftlern und Technikern umgesetzt wurden. Außerdem erfuhr man Genaueres über Shukows Bemühungen, den Einfluß der Politoffiziere in der GSWG zu verringern.[56]

Manche sind der Meinung, der Tunnel hätte zum großen Teil nur Klatsch geliefert. Aber dieser Klatsch war alles andere als bedeutungslos; immerhin beschäftigte er sich mit den Spitzen der sowjetischen Hierarchie, und dies in einer Situation, in der sich der Westen einer neuen Riege von Sowjetführern gegenübersah. Obwohl Stalin schon lange tot war, ging der Machtkampf um die endgültige Nachfolge unvermindert weiter, und es war durchaus von Belang, zu erfahren, wer wem nahestand. Außerdem konnte man solchen Gesprächen Hinweise auf die politischen Ansichten, die Stimmung und das Verhalten in den oberen Rängen von Militär und Politik in der Sowjetunion entnehmen. Korruption, Einflußnahme und Nepotismus waren auf allen Ebenen anzutreffen.[57]

Geschätzt wurden besonders die militärischen Informationen aus dem Tunnel. Sie umfaßten Berichte über die Umstrukturierung des sowjetischen Verteidigungsministeriums, die enge militärische Zusammenarbeit der Sowjetunion mit dem Ostblock im Rahmen des Warschauer Pakts und die Verkleinerung der sowjetischen Streitkräfte. Außerdem konnten aufgrund der Tunnelinformationen Tausende von sowjetischen Offizieren identifiziert werden, was zum einen Erkenntnisse aus der Kriegszeit bestätigte und es zum anderen ermöglichte, für viele Offiziere, die ihre Laufbahn nach dem Krieg begonnen hatten, neue biographische Akten anzulegen. Darüber hinaus erfuhr man Neues über bisher nicht identifizierte oder nicht lokalisierte Einheiten der sowjetischen Streitkräfte in der UdSSR sowie Tausende von Feldpostnummern, die anstelle der wirklichen Bezeichnungen von Truppenteilen benutzt wurden und für die Analytiker eine wahre Goldgrube in bezug auf deren Bezeichnung und Standort darstellten. Schließlich erhielt man detaillierte Ausbildungs- und Bereitschaftspläne von sowjetischen Einheiten in Ostdeutschland und Polen.

Die Tunnelinformationen enthüllten eine verbesserte atomare Schlagkraft der sowjetischen Luftflotte in Ostdeutschland, die Ausrüstung dieser Flotte mit neuen Bombern und zweistrahligen Abfangjägern mit Bordradar. Man erfuhr von der Verdopplung der sowjetischen Bomberflotte und der Aufstellung einer neuen Jägerdivision in Polen. Außerdem konnten über hundert Einrichtungen der sowjetischen Luftstreitkräfte in der UdSSR, der DDR und Polen identifiziert werden, einschließlich mehrerer Schlüsselunternehmen der Flugzeugindustrie. Hinsichtlich der Marine lieferte der Tunnel Informationen über Aufbau, Stützpunkte und Personal der sowjetischen Ostseeflotte.

Auf wissenschaftlich-technischem Gebiet bestand der Hauptbeitrag in der Identifizierung von Personen, die mit dem sowjetischen Atomenergieprogramm zu tun hatten, das damals in die Verantwortung des Ministeriums für Werkzeugmaschinenbau fiel. Mehrere hundert Personen konnten festgestellt werden, ebenso wie die Standorte der Einrichtungen des Ministeriums in der UdSSR. Diese Informationen hätten zu keinem günstigeren Zeitpunkt kommen können. Hunderte deutscher Wissenschaftler, die am sowjetischen Atomprogramm und verwandten Waffenentwicklungen mitgearbeitet hatten, waren in den Westen entlassen worden, und mit Hilfe der Tunnelinformationen konnten jetzt ihre Aussagen überprüft werden. Von besonderem Interesse waren Informationen über Organisation und Aktivitäten der Wismut, unter anderem über die KGB-Einheiten, die für die Sicherheit des Unternehmens zuständig waren.[58]

Man kann verstehen, daß der KGB das Durchsickern politischer, militärischer und wissenschaftlicher Informationen in Kauf nahm, um seine Quelle, George Blake, nicht zu gefährden. Schwerer nachzuvollziehen ist diese Gleichgültigkeit dagegen in bezug auf die Einheiten des militärischen Nachrichtendienstes und der militärischen Spionageabwehr – letztere war immerhin Teil des KGB – sowie auf die zahlreichen Sicherheitseinrichtungen der DDR, mit denen der KGB durch Berater in Verbindung stand. Da diese Dienste zusammengenommen das größte Spionageabwehrproblem der NATO darstellten, waren die genauen Informationen, die der Tunnel über sie lieferte, von besonderer Bedeutung.

Am schwersten hatte es den militärischen Nachrichtendienst der Sowjets in der DDR getroffen. Fünfundzwanzig der abgehörten Telefonleitungen wurden von GRU und RU GSWG benutzt, mit dem Resultat, daß über dreihundertfünfzig in der DDR stationierte GRU- und RU-Offiziere identifiziert sowie Informationen über Organisation, Agentenoperationen und Aktivitäten einzelner Einheiten gesammelt werden konnten. Diese Informationen waren insofern von Wert, als sie es ermöglichten, die Meldungen von Doppelagenten bei der RU zu überprüfen. Als der CIA-Informant Oberstleutnant Pjotr S. Popow 1955/56 zum Schweriner Stützpunkt der Nachrichtendienstverwaltung (RU) der GSWG abkommandiert wurde, waren Popows Führungsoffizier die im Tunnel gewonnenen Erkenntnisse über Personal und Aktivitäten der verschiedenen RU-Stützpunkte eine bedeutende Hilfe. Und als GRU-Inspektionskommissionen aus Moskau in die DDR kamen, boten die in größerer Zahl geführten ungeschützten Telefongespräche weitere Einblicke in die RU-Aktivitäten.[59]

Darüber hinaus lieferte der Tunnel umfangreiche Informationen über die Fernmeldeeinheiten »zur besonderen Verwendung« der RU GSWG. Diese Einheiten hatten die Aufgabe, den Funkverkehr der westlichen Streitkräfte in West-Berlin und Westdeutschland abzuhören und die Funksprüche von Agenten zu empfangen. Die Tunnelinformationen enthüllten die gesamte Spannweite der geheimen Funkaktivitäten – von der Ausbildung der Agenten, einschließlich der Orte, an denen sie stattfand, über Modelle, Besonderheiten und Probleme der von ihnen benutzten Funkgeräte bis zu Einzelheiten über die Hauptfunkstation der RU, die den Kontakt mit den Agentenringen in Westdeutschland und den NATO-Staaten in Westeuropa aufrechterhielt. Zu den Informationen gehörten die Namen von Offizieren, die in diesen Einheiten dienten, die Decknamen vieler Agenten und konkrete Erkenntnisse über die Zusammenarbeit zwischen dem KGB und diesem Zweig des militärischen Nachrichtendienstes.[60]

Da die Erkenntnisse über die RU GSWG vor allem aus deren Telefongesprächen mit der GRU gewonnen wurden, fielen gleichzeitig umfangreiche Informationen über die Moskauer Zentrale an. Überdies waren den Gesprächen zwischen RU-Offizieren häufig unerwartete Informationen über GRU-Einheiten in weit von Deutschland entfernten Gebieten zu entnehmen, zum Beispiel über die RU des transkaukasischen Militärbezirks mit Hauptquartier in Tbilissi, die sechzehn Stützpunkte entlang der Grenze zum Iran und zur Türkei unterhielt.[61] Gleichfalls ein Schwerpunkt der CIA-Berichte war die Spionageabwehrverwaltung der GSWG in Potsdam, an deren Spitze damals Generalmajor Georgi Zinew stand, der spätere Chef der Dritten, für die militärische Spionageabwehr zuständigen Hauptverwaltung und stellvertretende Vorsitzende des KGB. Ein weiterer Gegenstand der Tunnelberichte war die Dritte oder Operationsverwaltung dieser Hauptverwaltung, die Agenten in Einheiten westlicher Nachrichtendienste in West-Berlin und Westdeutschland führte. Wie man herausfand, stellten die Operationen der Dritten Hauptverwaltung zusammengenommen den breitgefächerten Versuch dar, unter Einsatz einer großen Anzahl von Agenten westliche Spione zu enttarnen. Dies erforderte ständige Kommunikation sowohl mit dem KGB in Karlshorst als auch mit den KGB-Beratern des MfS, und viele dieser Gespräche wurden im Tunnel mitgeschnitten.[62]

Auch die regelmäßigen Inspektionen der Spionageabwehr durch die Moskauer Chefs hatten vermehrte Telefongespräche zur Folge. Im März 1956 zum Beispiel nahm der stellvertretende KGB-Vorsitzende und Chef der Dritten Hauptverwaltung, Generalleutnant Pjotr I. Iwaschutin, an einer dieser Inspektionen teil, wobei er sich naturgemäß besonders für die Operationen der Dritten Abteilung interessierte. Was dabei über die Überlandleitungen besprochen und von den Tonbandgeräten im Tunnel aufgenommen worden war, diente BOB als Material, um die Angaben eines 1956 übergelaufenen Angehörigen der Potsdamer Abwehrzentrale zu überprüfen. Im Rückblick erscheint es angesichts dieser Gespräche unwahrscheinlich, daß Iwaschutin oder Zinew von der Existenz des Tunnels gewußt haben.[63]

Die Erste Hauptverwaltung des KGB lebte wahrscheinlich in dem Glauben, daß sie am wenigsten vom Tunnel zu befürchten hatte. Zumindest muß man dies in Moskau angenommen haben, als die Entscheidung getroffen wurde, die Tunneloperation nicht sofort auffliegen zu lassen. Dabei übersah man allerdings, daß Pitowranows Residentur in Karlshorst darauf angewiesen war, den Kontakt mit zahllosen anderen sowjetischen und ostdeutschen Einheiten aufrechtzuerhalten, und zwar über die angezapften Erdkabel. Wenngleich seine Leute auf Sicherheit bedacht waren, konnte er doch nicht dafür garantieren, daß dies am anderen Ende genauso war. Dies galt zum Beispiel für die KGB-Offiziere bei der Wismut, von denen einige Kurieroperationen überwachten, während andere für die Sicherheit des wissenschaftlichen und technischen Personals des Unternehmens verantwortlich waren. Die Wismut-Einheit unterstand direkt Pitowranow oder dessen Stellvertreter.[64] Eine andere Gruppe, die neue Erkenntnisse über Pitowranow und seinen Apparat lieferte, war die Abteilung der MfS-Berater. Sogar Pitowranows Vorliebe dafür, nachts mit dem Infrarotfernglas Wildschweine zu jagen, kam dabei zutage: Generalmajor Pawel Dibrowa, der sowjetische Stadtkommandant von Berlin, beklagte sich am Telefon darüber, daß Pitowranow bei diesen Jagdausflügen einmal unabsichtlich einen Einheimischen töten könnte.[65]

Die Darstellung der Tunnelinformationen über den sowjetischen Sicherheitsapparat in Ost-Berlin und der DDR wäre unvollständig ohne einen Hinweis auf eine sowjetische Abhöroperation. Oberst Gontscharow erzählte uns, daß der KGB bei Potsdam ein amerikanisches Kabel angezapft hatte, das nach einer gewissen Zeit aber nicht mehr benutzt wurde, ohne daß der KGB den Grund dafür kannte. Er war einfach: Die Operation wurde von einer KGB-Abhöreinheit in Karlshorst durchgeführt, deren Telefongespräche im Tunnel mitgeschnitten wurden. Die Einheit achtete zwar streng auf Telefonsicherheit, aber durch die Auswertung zusätzlicher Informationen, die BOB über Karlshorst besaß, gelang es, die Gruppe aufzuspüren, ihren Standort zu lokalisieren und die Fahrzeuge, die sie benutzte, zu identifizieren.[66]

PROGRAMME FÜR ÜBERLÄUFER

Die nordkoreanische Invasion 1950 hatte im Westen die Befürchtung vor einem ähnlichen Angriff gegen Westdeutschland hervorgerufen, aus dem womöglich ein allgemeiner Krieg entstehen konnte. Erkenntnisse über die sowjetischen Absichten wurden dringend benötigt, doch die strengeren sowjetischen Sicherheitsmaßnahmen hatten den Strom freiwilliger Überläufer, aus dem die CIA bis 1952 die meisten Informationen über das Sowjetregime bezogen hatte, versiegen lassen. Als Reaktion darauf erarbeitete die CIA mit Billigung führender Regierungsmitarbeiter ein weltweites Programm zur Ermutigung von Überläufern. Nach den roten Mützen der uniformierten Gepäckträger auf Bahnhöfen wurde das Programm »Redcap« genannt. Vor allem wollte man Sowjets als Quellen anwerben oder sie dazu anhalten, »am Ort überzulaufen«. Wenn das nicht ging, wollte man diejenigen, die gleich ganz überlaufen wollten, in den Westen bringen und dort befragen. Viele OSO-Profis betrachteten dieses mit viel Tamtam eingeführte Programm mit Skepsis und Verärgerung, denn sie hatten die ganze Zeit versucht, Sowjets als Quellen zu gewinnen, und nach ihrer Ansicht war das Überlaufen nur die zweitbeste Möglichkeit, weil dann die Quellen von ihren Verbindungen abgeschnitten waren. Doch Amerikaner mögen nichts lieber als eine gut organisierte Werbekampagne, und die Fachleute wurden zugunsten des bürokratisch korrekteren »Redcap«-Programms überstimmt.

Berlin, ein Zentrum des Programms

Vor allem in Berlin wurde mit Nachdruck versucht, Sowjets anzuwerben oder zum Überlaufen zu bewegen, denn die Stadt lag mitten in der weltweit größten Konzentration sowjetischer Truppen. Das »Redcap«-Referat der Operationsbasis bestand sich aus einigen Stabsoffizieren und mehreren begabten freien Mitarbeitern, im Ausland geborenen amerikanischen Staatsbürgern, deren Deutsch oder Russisch so gut war, daß sie als Deutsche oder Russen durchgehen konnten. Die Offiziere befragten zunächst Flüchtlinge aus der DDR, um zu erfahren, wer in Ostdeutschland Kontakt zu Sowjets hatte. Wenn etwas dabei herauskam, unternahm BOB alle Anstrengungen, um mit der betreffenden Person Kontakt aufzunehmen und sie zu einer Fahrt nach West-Berlin zu überreden.

Leider war die Anwerbung von sowjetischem Personal über ehemalige DDR-Bürger kein sonderlich produktiver Ansatz. Sowjetische Mitarbeiter wurden sofort nach Ankunft in der DDR angehalten, der Bevölkerung aus dem Weg zu gehen und ihr nicht zu trauen, denn jeder konnte ein »imperialistischer Agent« sein. Als sich die Zusammenarbeit zwischen MfS und der sowjetischen militärischen Spionageabwehr verbesserte, achteten beide Dienste auf freundschaftliche Beziehungen zwischen den Sowjets und den Deutschen, mit denen sie zusammenarbeiteten. Sogar bei offiziellen Feiern hielten sich die Sowjets von ihren deutschen Kollegen fern. Fast der einzige Grund für engere Beziehungen zwischen Sowjets und Ostdeutschen war der Schwarzmarkt: Manche Sowjets beauftragten zum Beispiel ihre deutschen Fahrer, ihnen dies oder jenes zu besorgen. Doch solche geschäftlichen Beziehungen vermittelten den Deutschen kaum einen Einblick in das Privatleben der Sowjets.

Mindestens fünfundneunzig Prozent der bekannten gesellschaftlichen Kontakte entstanden zwischen ostdeutschen Frauen und sowjetischen Männern. Die meisten dieser Frauen waren Prostituierte, und die Sowjets wollten von ihnen nur Sex. Sie waren der Polizei genau bekannt, und die Polizei meldete jede Affäre, aus der sich mehr zu entwickeln schien, sofort MfS und UKR. Die Kontakte zwischen sowjetischem Personal und in sowjetischen Einrichtungen beschäftigten deutschen Frauen beschränkten sich auf die Arbeit. Sobald eine Romanze im Büro aufblühte und einem der vielen sowjetischen Informanten und MfS-Zuträger zur Kenntnis kam, wurde entweder der Sowjetbürger nach Hause geschickt und die deutsche Frau entlassen, oder die Affäre durfte so lange weitergehen, bis man wußte, ob ein westlicher Geheimdienst dahintersteckte. Den BOB-Werbern kam auch ungelegen, daß die ostdeutschen Frauen wegen Beziehungen zum Feind von Kollegen, Familie und Nachbarn geschnitten wurden. Jene, die trotzdem im Rahmen der offiziellen deutsch-sowjetischen Freundschaft solche Beziehungen eingingen, waren in der Regel Erzkommunisten. Aber selbst die standen unter sowjetischer Beobachtung, damit sie Sowjetkontakte nicht ausnutzten.

BOB mußte also Frauen finden, die über solche Widrigkeiten erhaben waren. Die Bemühungen, Agentinnen anzuwerben, die sich in diesem schwierigen Umfeld behaupten konnten, hatten mitunter ihre komischen Seiten. Ein Offizier, der an einem »Redcap«-Fall arbeitete, traf eine berufstätige junge Frau, die er für sehr geeignet hielt. Aus irgendeinem Grund überlegte er es sich dann aber anders. Die abgewiesene Bewerberin wollte sich jedoch nicht mit ihrem Los abfinden. Um zu beweisen, wie gut sie war, verfolgte sie ihren Führungsoffizier, schrieb sich seine Autonummer auf, bekam heraus, wo er wohnte und sein Büro hatte, und konnte über ihn viele BOB-Offiziere identifizieren. Als sie die dicke Akte mit all diesen Informationen stolz bei BOB vorlegte, waren der betreffende Offizier und seine Vorgesetzten erschüttert. Doch sie erkannten, daß dieser Eifer nicht auf einen gegnerischen Nachrichtendienst zurückzuführen war, und halfen der Frau diskret beim Umzug nach Westdeutschland.

Selbst wenn man Frauen fand und für diese Aufgabe ausbildete, hatte man immer noch keine Gewähr, daß die sowjetische Zielperson nach West-Berlin kam. Sobald davon die Rede war, ließen die meisten Sowjets ihre ostdeutschen Freundinnen ganz schnell sitzen. Ihre Angst vor dem Westen und dem Überqueren der Sektorengrenze saß so tief, daß sie nicht einmal daran denken wollten. Um diese Furcht auszuräumen, bediente sich BOB der NTS, der Nationalen Arbeitsunion, die deutsche und russische Broschüren verteilte, worin erklärt wurde, wie einfach man von Ost-Berlin in die Westsektoren gelangte. Auch den SBONR, den Kampfbund zur Befreiung des russischen Volkes, versuchte BOB in ähnlicher Weise einzusetzen.[1]

Die Geschichte von »Sascha« Orlow

Obwohl aus der Zusammenarbeit mit dem SBONR nichts wurde, suchte BOB Hilfe bei Igor Orlow, einem unabhängigen Agenten und ehemaligen SBONR-Mitglied. Orlows Spezialität war die Anwerbung und Führung von deutschen Frauen, die Zielpersonen zum Überlaufen veranlassen sollten. Von BOB wurden immer dringlicher Ergebnisse verlangt, und Orlow konnte vielleicht etwas bewirken. Diese Entscheidung sollte später das Leben mehrerer BOB-Offiziere ganz unerwartet beeinflussen. Damit er in West-Berlin wohnen konnte, bekam Orlow einen neuen Namen und eine neue Legende: Er hieß jetzt Franz Koischwitz. Für seine Führungsoffiziere blieb er jedoch Sascha, wie er sich seit seiner Zeit in der Wlassow-Armee nannte. Die Geschichte von Sascha kursiert in vielen Versionen; der vorliegende Bericht stützt sich zum ersten Mal auf dokumentarische Belege.

Kurz bevor Orlows unabhängige Operationen in Berlin in Gang kamen, ereignete sich ein Zwischenfall, der, mit den Worten seines ersten Führungsoffiziers, »einen beträchtlichen Knick in die Beziehung brachte«. Wladimir Kiwi, ein weiteres ehemaliges SBONR-Mitglied, der zusammen mit Orlow als unabhängiger Agent im »Redcap«-Programm eingesetzt werden sollte, verschwand etwa drei Monate nach seiner Ankunft in Berlin spurlos. Kiwi, ein großer, blonder Este, hatte wie Orlow im Krieg mit den Deutschen und dann mit der Organisation Gehlen zusammengearbeitet. In seiner Wohnung deutete nichts auf einen Kampf hin; Kleidung und Habe waren vollständig vorhanden. Die Berliner Polizei wurde verständigt, doch die Ermittlungen führten zu nichts. Da im Nachkriegs-Berlin von den Sowjets inszenierte Entführungen fast an der Tagesordnung waren, ging man davon aus, daß Kiwi entführt worden war. Doch obwohl der Zwischenfall bei BOB Besorgnis auslöste, gab es keinen ersichtlichen Grund, Orlow die Schuld daran zu geben.[2]

Im Frühjahr 1952 schien sich bei einer von Orlows ostdeutschen Agentinnen endlich ein Ergebnis anzubahnen. Doch obwohl der Mann erklärte, die Frau zu lieben, auch antikommunistische Ansichten äußerte, wollte er West-Berlin durchaus nicht besuchen. Um ihn zu überreden, ging Orlow, mit einem Foto und einem Brief der Frau ausgestattet, in dem er als ihr Vetter vorgestellt wurde, selbst in die Wohnung des Offiziers auf dem Karlshorster Gelände und erklärte, die Frau sei schwanger. Man könne sie von einer Beschwerde bei der sowjetischen Kommandantur nur abbringen, wenn man sich mit ihrer wohlhabenden Westberliner Tante treffe, deren Rat die Frau stets befolgt habe.[3]

Orlows Führungsoffizier hielt den Besuch in der Karlshorster Wohnung eines sowjetischen Offiziers für einen gefährlichen Verstoß gegen das übliche Verfahren. Orlow wurde dringend ersucht, so etwas nicht ein zweites Mal zu tun. Der sowjetische Offizier weigerte sich nach wie vor, nach West-Berlin zu kommen, aber er hielt den Kontakt aufrecht. Nach weiteren fehlgeschlagenen Versuchen, ihn zum Überqueren der Sektorengrenze zu bewegen, erklärte er am 12. August, er sei dazu bereit, wenn »Vetter« Orlow ihn begleite. Es wurde ein Treffen für den 18. August 1952 in der Nähe einer unmittelbar hinter der Sektorengrenze gelegenen Ostberliner U-Bahn-Station vereinbart, wo sie die U-Bahn nahmen. Kurz darauf erreichten sie das sichere BOB-Haus, wo sich der Offizier als Oberstleutnant Nikolai Stepanowitsch Swetlow vorstellte, Gruppenleiter in der Informationsabteilung der Sowjetischen Kontrollkommission in Karlshorst. Diese Abteilung befaßte sich mit der frei zugänglichen Westpresse und hatte keinerlei Verbindungen zum Nachrichtendienst.[4]

Der BOB-Führungsoffizier erkundigte sich nach Namen von Personen und weiteren Einzelheiten über Swetlows Aufgaben, doch bald erwies sich, daß der Mann kaum interessantes Material zu bieten hatte. Nachdem er erklärt hatte, daß er bis Oktober 1952 auf Urlaub in der Sowjetunion sei, und betont hatte, er wolle keineswegs überlaufen, erkundigte sich Swetlow, was er denn tun könne, um seine schwangere Freundin und deren erzürnte Tante zu besänftigen. Ihm wurde bedeutet, das ließe sich regeln, wenn er bereit wäre, seine Urlaubspapiere vor der Abreise kurz zur Ansicht zu überlassen; er bekäme sie binnen einer Stunde wieder.[5] Dieser Wunsch kam von der Münchner Operationsbasis der CIA, und Orlows BOB-Führungsoffiziere kannten auch den Grund dafür: Indem die CIA die schwer zu beschaffenden Urlaubspapiere fälschte, darunter den Urlaubsschein, den für eine Überschreitung der sowjetischen Grenze notwendigen Passierschein und den bestätigten Fahrschein für die Eisenbahn, gewann sie eine neue Tarnung, unter der sie ihre Agenten in die Sowjetunion einschleusen konnte. BOB sandte am 19. August ein aufgeregtes Telegramm an die deutsche CIA-Mission in Frankfurt und bat um Abstellung von technischen Experten vom 1. bis 24. August »mit allen Geräten zum Fotografieren, Vergleichen von Papierproben usw.«[6] Am

22. August meinte Swetlow dann allerdings, er könne nur seinen Urlaubsschein zur Verfügung stellen. Da er mit einer Gruppe reise, habe der leitende Offizier der Gruppe die Pässe einbehalten. Immerhin wurde der Urlaubsschein fotografiert und Swetlows dienstliche Telefonnummer notiert.[7]

Swetlow tauchte nie wieder auf, war auch unter seiner Karlshorster Dienstnummer nicht mehr zu erreichen.[8] Im Rückblick betrachtet, hätten eigentlich Vorfälle, wie der bizarre Besuch Orlows in Karlshorst, der in jedem Fall riskant war, ganz besonders jedoch für einen ehemaligen sowjetischen Nachrichtendienstoffizier, früheren Mitarbeiter der Organisation Gehlen und jetzigen CIA-Agenten, die Warnlampen aufleuchten lassen müssen. Statt dessen festigte der Fall Orlows Position bei BOB, obwohl im nächsten Jahr keines seiner Vorhaben von Erfolg gekrönt war. In der CIA-Zentrale und bei der deutschen Mission ergaben routinemäßige Überprüfungen seiner Vergangenheit mögliche Sicherheitsverletzungen. Gelegentlich wurde Orlow vorgeworfen, er habe sich, als er bei der Organisation Gehlen gewesen sei, seine Berichte aus den Fingern gesogen. Andere warfen ihm vor, in seiner SBONR-Zeit Dokumente gefälscht zu haben.

Zu diesen alten Geschichten kamen neue Anwürfe hinzu. Orlow sei ein Schürzenjäger und Alkoholiker, der, wenn er getrunken habe, zur Geschwätzigkeit neige. Manche der Beschuldigungen waren nachweislich falsch, andere wurden von Führungsoffizieren, die mit ihm gearbeitet hatten, bestritten. Dennoch wurde BOB am 20. April 1954 von der deutschen Mission aufgefordert, Orlow fallenzulassen. BOB weigerte sich, und am 21. Juli behandelte die Osteuropaabteilung der CIA die Kontroverse in einem langen Schrifterlaß. Obwohl darin viele Vorwürfe gegen Orlow ausgeräumt und andere Gründe für die ausbleibenden Erfolge angeführt wurden, lautete die Empfehlung, Orlow und seine Frau zu entlassen. Kurz nach Eingang dieses Erlasses war Orlow in einen Autounfall verwickelt und wurde wegen Trunkenheit am Steuer angeklagt.[9] BOB ließ auch diese Warnsignale unbeachtet und empfahl, Orlow so lange zu behalten, bis einige seiner »Redcap«-Operationen abgeschlossen waren. Es ging dabei um die ersten vielversprechenden Fälle seit über einem Jahr; irgendwie entwickelten sich Orlows Fälle schneller als andere Überläuferoperationen.

Am ersten Fall war eine einundzwanzigjährige Westberlinerin beteiligt, die Orlow am 1. April 1954 in einer Westberliner Bar kennengelernt hatte. Mitte Mai war sie angeworben und dabei, die Tanzcafés in der Umgebung von Karlshorst nach möglichen Überläufern abzuklappern. Sie begegnete einem verheißungsvollen jungen Sowjetsoldaten, Anatoli, und verabredete sich mit ihm für den 2. Juni. Anatoli kam nicht, doch an seiner Stelle erschien Alexander, Sachbearbeiter für Überweisungen im Militärpostamt in Karlshorst. Die Romanze war im Juni in voller Blüte, und am 12. Juli unternahm Alexander seinen ersten Besuch in West-Berlin. Das rasante Tempo machte BOB stutzig, und der Führungsoffizier äußerte in seinem ersten Bericht über die Vorgänge den Verdacht, daß es sich möglicherweise um einen KGB-Köder handle.[10]

Auf Anweisung von BOB gab die Frau Alexander russische Emigrantenzeitungen zu lesen. Angeblich war sie auf eine Emigrantenorganisation, die ZOPE, gestoßen, die ihm behilflich sein konnte, wenn er im Westen bleiben wollte. Am 2. August übergab sie ihm ein in russischer Sprache abgefaßtes Schreiben des ZOPE-Büros.[11] Am 23. August kam Alexander nach West-Berlin und traf sich vier Stunden mit einem Russisch sprechenden Angehörigen des »Redcap«-Referats, der sich als ZOPE-Vertreter ausgab. Der Mann ließ sich Alexanders erst vier Monate zuvor ausgestellte Ausweispapiere zeigen. Das Ausstellungsdatum fiel mit seiner Versetzung von einer Panzereinheit zur Posteinheit in Karlshorst zusammen. Den Papieren zufolge war er Feldwebel Alexander Michailowitsch Smirnow. Er wollte als Quelle für den Westen nicht weiter bei seiner Einheit bleiben, sondern in den Westen gehen und seine deutsche Freundin heiraten.[12] Aber er erklärte sich bereit, Listen mit Feldpostnummern, Kopien der Vorschriften über Militärzensur, Postformulare, Stempelkissen und Stempelfarbe, Passierscheine, Zulassungen und andere Dinge mitzubringen, also alles, was die CIA brauchte, um ihre Agenten in die UdSSR einzuschleusen.[13]

Am 4. September verkündete die Freundin, der Feldwebel wolle am kommenden Abend seine Zelte abbrechen.[14] Er kam am 6. September, brachte aber nur zwei allgemein zugängliche, überholte sowjetische Heeresdienstvorschriften, vier Postüberweisungsformulare und eine in unleserlicher Handschrift geschriebene Liste von Personen mit, die kürzlich Geld nach Hause überwiesen hatten. Befragt wurde er vom »ZOPE-Vertreter«, der danach zu dem Schluß kam, daß Smirnow ein echter Überläufer und nicht vom KGB geschickt war.[15] Am 7. September wurde er mit seiner Freundin in das Aufnahmelager für Überläufer nach Frankfurt geflogen.[16] Hier brach die Frau die romantische Scharade ab und erklärte, sie wolle Smirnow nie wiedersehen. Die Befragungen und Lügendetektortests, denen er unterzogen wurde, erbrachten keine eindeutigen Ergebnisse, weil er behauptete, sein Herz sei gebrochen. Im November waren die Zweifel an Smirnows Geschichte immer noch nicht ausgeräumt, vor allem was seine fragwürdige Aussage betraf, er sei im April 1954 von einer Panzereinheit zur Post nach Karlshorst versetzt worden.

Smirnow hatte wenig nützliche Informationen zu bieten, aber er konnte einfache Radioreparaturen ausführen und spielte hervorragend Schach. Die CIA beschloß, ihn keinem aufwendigen Abwehrverhör zu unterziehen, und siedelte ihn einfach in Westdeutschland an. Dort arbeitete er bis Mai 1958 für den NTS-Rundfunksender und danach in der Privatwirtschaft. Am 8. November 1958 bekam er Besuch von einer Russisch sprechenden Frau. Das Gespräch muß ihn sehr mitgenommen haben, denn er ließ sich sein Gehalt auszahlen, kaufte sich einen dicken Mantel und verschwand am 15. November. Die CIA vermutete, daß er wieder auf die andere Seite übergelaufen war.[17]

Auch Orlows zweiter Fall wurde von einer jungen Frau in Gang gesetzt, die im Dezember 1953 in einem Ostberliner Tanzlokal einen jungen Sowjetsoldaten kennengelernt hatte. Die Beziehung dauerte bis April 1954, als sich ein zweiter Sowjetsoldat dazugesellte und der erste verschwand. Das Verfahren, einen Köder auszuwerfen und dann auszutauschen, nahm zwar mehr Zeit in Anspruch, glich aber dem im Fall Smirnow. Als Anreiz zum Überlaufen erzählte die Orlow-Agentin von einer erfundenen wohlhabenden Großmutter in West-Berlin, die vor kurzem gestorben sei und das Mädchen zur Erbin eingesetzt habe. Um die Geschichte glaubwürdiger erscheinen zu lassen, gab die Frau dem sowjetischen Offizier Geld, damit ein Freund von ihm sein Auto reparieren konnte, mit dem er einen Unfall gehabt hatte. Der Soldat hatte offenbar vor, mit der Frau nach West-Berlin zu gehen und ihr zu ihrem Erbe zu verhelfen. Im Juni 1954 wurde er in ein sicheres BOB-Haus in West-Berlin gelockt und dort dem »Onkel« der Frau vorgestellt, einem Russisch sprechenden BOB-Offizier, der angeblich die ZOPE vertrat.

Die Gespräche zwischen dem Offizier und dem »Onkel« wurden mit Unterbrechungen bis Oktober fortgesetzt. Der sowjetische Offizier versprach, bis zum 1. Januar 1954 auf seinem Posten zu bleiben. Am 22.

Dezember erklärte er dann aber, er wolle nicht überlaufen, denn das Mädchen werde ihn doch niemals heiraten. Bei einem der nächsten Treffen am 29. Dezember versprach er, auch nach seiner bevorstehenden Versetzung in die Sowjetunion mit dem BOB-Vertreter in Verbindung zu bleiben. Er nahm sogar Geheimadressen mit, an die er schreiben sollte. Mitteilungen an ihn sollten in Briefen von Aufgabeorten innerhalb der Sowjetunion an seine Mutter geschickt werden. Auf den ersten Blick schienen BOB und Orlow einen Treffer gelandet zu haben: Jemand hatte zum Überlaufen veranlaßt werden sollen, schien nun aber bereit zu sein, statt dessen als Quelle in der Sowjetunion für die CIA zu arbeiten. Doch 1959 analysierte die CIA-Zentrale den Fall, vom ersten Treff bis zur vier Jahre dauernden Korrespondenz mit dem in der Sowjetunion lebenden Agenten, und zog den Wert des Falls in Zweifel. Es schien möglich zu sein, daß der Agent von Anfang an unter sowjetischer Steuerung gearbeitet hatte.[18]

Nach dem Fall Swetlow waren diese beiden Operationen von 1954 die einzigen, an denen Orlow beteiligt war und die Ergebnisse zeitigten. Als beide Ende 1954 ausliefen, mußte man sich wieder um Orlows Zukunft kümmern.[19] Die Berliner Polizei und andere wußten um diese Zeit längst, daß er mit BOB zu tun hatte. Außerdem war BOB zu der Erkenntnis gekommen, daß wegen der strengeren Sicherheitsmaßnahmen in der DDR diese Partnervermittlungen sowjetischer Militärs nicht mehr möglich waren. Selbst BOB räumte schließlich ein, daß Orlow gehen mußte, vielleicht in die Vereinigten Staaten. Nachdem die Entscheidung gefallen war, rang die CIA-Zentrale in Washington über ein Jahr mit dem Problem, wie Orlows Einreise in die USA arrangiert werden konnte. In einer Nachricht an das CIA-Hauptquartier in Washington vom 9. Oktober 1956 wies eine verärgerte BOB-Führung darauf hin, daß Orlow unmöglich in Berlin bleiben konnte, wenn der Mietvertrag für seine Wohnung abgelaufen war. Er müßte in diesem Fall in Westdeutschland auf die Ausreise in die USA warten.[20] BOB wollte mit Orlow nichts mehr zu tun haben.

Im Rückblick nehmen sich Orlows Loyalität und die Art seiner Operationen verdächtig aus. Es hatte Anzeichen dafür gegeben, daß etwas nicht stimmte. 1953 war Orlow einem DDR-Bürger vorgestellt worden, der ideal dafür geeignet gewesen wäre, die »Redcap«-Operationen in Ostdeutschland zu unterstützen. Als ehemaliger Mitarbeiter in einer Dienststelle für Polizeifahrzeuge und später als Taxifahrer konnte er Vordrucke von Führerscheinen und Fahrzeugzulassungen besorgen. Für diese Dokumente wurde er bezahlt, und er unterschrieb Quittungen für das Geld sowie für die kleine, leicht zu versteckende Kamera, die ihm BOB gab. Im April 1953 faßten ihn die Sowjets, und er kam ins Gefängnis.[21] Nach seiner Freilassung drei Jahre später ging er nach Westdeutschland und berichtete den CIA-Ermittlern von seiner Festnahme. Sowjetische Beamte hatten ihm beim Verhör die Originalquittungen gezeigt, die er während seiner Tätigkeit für Orlow unterschrieben hatte. Nur er, Orlow und BOB hatten diese Belege in der Hand gehabt. Die CIA gab den Fall nun nicht etwa zur Stellungnahme an BOB weiter, sondern unterzog den ehemaligen Agenten einem Lügendetektortest und kam zu dem Schluß, daß er log. Es gibt keine Aufzeichnungen darüber, daß BOB die Ergebnisse dieser Befragung jemals erfahren hat, obwohl sie vor allem Orlows Glaubwürdigkeit betrafen.[22]

Noch verheerender wirkte sich für Orlow der Fall eines CIA-Doppelagenten in der Emigrantenabteilung des Karlshorster KGB-Apparats aus. Ende 1956 meldete er, er habe von seinen KGB-Führungsoffizieren sensationelle Informationen über Wladimir Kiwi erhalten, das ehemalige SBONR-Mitglied, das verschwunden war, kurz nachdem es mit Orlow zusammen im Oktober 1951 in Berlin eingetroffen war. Kiwi, so der Doppelagent, sei »von den Sowjets in Berlin gefaßt worden; er lebe noch, befinde sich aber im Gulag«.[23] Dies hätte BOB eigentlich aufrütteln müssen, denn es lag auf der Hand, wie schwer Orlow es als Doppelagent mit einem ehrlichen Partner an seiner Seite gehabt hätte.

Im Frühjahr 1957 durfte Orlow mit seiner Familie in die USA einreisen. Mangels handfester Beweise dafür, daß bei seinen Operationen nicht nur Pech und das veränderte operative Umfeld in Berlin eine Rolle gespielt hatten, wurde er noch einmal beurteilt und in Washington ausgebildet. Nach diesem Aufenthalt in den USA kehrte er nach Europa zurück und wirkte bei einigen Operationen in Deutschland und Österreich mit. Ende 1960 wurde er wieder in die USA versetzt, und seine Verbindungen zur CIA wurden schließlich ohne einen Makel beendet. Knapp ein Jahr später, nach dem Übertritt des KGB-Offiziers Anatoli M. Golizyn, kehrte Orlow ins Rampenlicht zurück.

Über Golizyn sind unzählige Bücher und Artikel geschrieben worden. Er war seit 1945 in der Auslandsverwaltung tätig gewesen. 1951 bis 1953 hatte er in der Amerikaabteilung der MGB-Spionageabwehr in Moskau gearbeitet und sich danach in Wien mit Emigrantenfällen befaßt. Im Frühjahr 1962 beschrieb er in den ersten Vernehmungen nach seinem Übertritt einen Agenten mit dem Decknamen »Sascha«, den die MGB-Emigrantenabteilung spätestens 1950 rekrutiert, 1953 aber an die Amerikaabteilung der Spionageabwehr übergeben hatte. Sein Name fange mit K an und höre mit »sky« auf, in deutscher Umschrift »zky«. Golizyn zufolge hatte Sascha damals für eine amerikanische Nachrichtendiensteinheit in West-Berlin gearbeitet und dem KGB Erkenntnisse über diese Einheit und deren Verbündete geliefert. Einmal habe er dem KGB sogar mitgeteilt, die Amerikaner wollten einen mit sowjetischen Militärpapieren ausgerüsteten Agenten in die Sowjetunion schicken.

Golizyn schmückte die Geschichte in späteren Jahren aus, und heute läßt sich schwer unterscheiden, was er 1953 beim MGB erfuhr und was die CIA-Offiziere ihm in den Vernehmungen in den sechziger Jahren zeigten, um seinem Gedächtnis auf die Sprünge zu helfen. Jedenfalls dauerte es erstaunlich lange, bis jemand die Beschreibung des KGB-Agenten mit Orlow in Verbindung brachte. Anderthalb Jahre nach seinem Übertritt wurde Golizyn eine Liste mit Namen vorgelegt; er bezeichnete Viktor Scharow als den Agenten, der mit sowjetischen Militärpapieren in die Sowjetunion geschickt worden war. Das stimmte nicht. Scharow war in Berlin bei der Vernehmung von Flüchtlingen für BOBs »Redcap«-Referat tätig. Aber er hatte Orlow und dessen Frau kennengelernt, und bei einer anschließenden Aktenüberprüfung wurde diese Beziehung bekannt. Orlow geriet in Verdacht.[24]

Wie war Orlow den CIA-Ermittlern so lange entgangen? Der Name, den Orlow seit seiner Zeit bei der Wlassow-Armee benutzt hatte, lautete Alexander Kopazky, und seine Bekannten und die CIA-Führungsoffiziere nannten ihn, mit der Verkleinerungsform von Alexander, Sascha. Nach dem Dienst in der Wlassow-Armee war er beim SBONR gelandet, so daß wohl die KGB-Emigrantenabteilung für ihn zuständig war, und als BOB ihn zum »Redcap«-Programm heranzog, war es logisch, daß sein Fall der Amerikaabteilung der Spionageabwehr übergeben wurde. Im Fall Swetlow war es um sowjetische Militärdokumente gegangen, die CIA-Agenten zur Einreise in die Sowjetunion hätten benutzen können. Orlow wußte dies und kannte darüber hinaus aus seiner SBONR-Zeit das sowjetische Operationsprogramm im Raum München. Aus all dem hätte man eigentlich schließen müssen, daß der von Golizyn beschriebene Agent nur

Orlow sein konnte. Statt dessen dauerte die Jagd nach »Sascha« mehrere Jahre, und viele unschuldige CIA-Offiziere kamen dabei in Verdacht. Zu der Verwirrung um »Sascha« trug auch Golizyns Annahme bei, der Sascha, dessen Akte er 1953 gelesen habe, sei die gleichnamige, 1959 verpflichtete KGB-Quelle in einer amerikanischen Nachrichtendiensteinheit in Berlin gewesen. Diese Quelle war ihm aufgefallen, als er 1960 zum Vertragsreferat des KGB-Informationsdiensts versetzt wurde. Dabei kann es sich jedoch nicht um Orlow gehandelt haben, der Berlin schon 1956 verlassen hatte.[25]

Als wir das SWR-Archiv um Unterlagen über Orlow baten, bekamen wir folgende Auskunft: »Es gibt keine Angaben über eine Zusammenarbeit von Igor Orlow, Alexander Kopazky oder Franz Koischwitz mit sowjetischen Nachrichtendienststellen.«[26] Weiter hieß es, eine Person, die »Ausweispapiere auf den Namen Igor Orlow, einen Bürger der Vereinigten Staaten, vorlegte, habe am 10. Mai 1965 die sowjetische Botschaft [in Washington] aufgesucht«. Der Mann habe erklärt, er sei in Moskau geboren und »habe sich bei Kriegsende in der amerikanischen Zone in Deutschland befunden und dort als Zivilangestellter in einer Einrichtung der amerikanischen Armee gearbeitet. Er habe eine Deutsche geheiratet. 1961 sei er mit seiner Familie in die Vereinigten Staaten ausgereist und 1962 amerikanischer Staatsbürger geworden.« Dem SWR-Bericht zufolge hatte der Besucher behauptet, das FBI habe ihn und seine Frau verhört »und ein Geständnis erwirken wollen, daß er in den vierziger und fünfziger Jahren in Deutschland mit dem sowjetischen Nachrichtendienst zusammengearbeitet habe«.

Der Besucher habe sich angeblich nach der Möglichkeit erkundigt, »in der Sowjetunion Asyl zu erhalten oder wieder mit seiner Familie zusammengeführt zu werden«. Wegen der verworrenen Antworten, die er auf Fragen nach seiner Zeit in Deutschland und seiner Ausreise in die Vereinigten Staaten gab, und »weil er seine amerikanische Staatsbürgerschaft viel zu schnell« (innerhalb eines Jahres) bekommen hatte, erklärten ihm die Botschaftsangestellten nur, wie er den Asylantrag stellen und nach seinen Verwandten forschen könne. Ihm wurde geraten, die erforderlichen Unterlagen auszufüllen und dann mit der Post zu schicken oder persönlich vorbeizubringen. Danach sei der Besucher nie wieder in der Botschaft erschienen, und auch die Papiere seien nie angekommen. Der Bericht schließt mit der Feststellung: »Eine Aktenüberprüfung nach dem

Namen I. Orlow, einschließlich der Deutschlandakten, hat ergeben, daß über ihn nichts vorliegt.« Orlows Besuch in der sowjetischen Botschaft in Washington fand vermutlich im Frühjahr 1965 statt. Zwei KGB-Quellen identifizierten ihn später unabhängig voneinander als KGB-Agenten. Bei allem, was wir heute über Orlow wissen, erscheint die SWR-Auskunft als unaufrichtig.

Rote Mützen in Wien

Als die Verhandlungen über den österreichischen Staatsvertrag Anfang 1955 immer noch durch das sowjetische Junktim zwischen diesem Vertrag und einem deutschen Friedensvertrag blockiert wurden, lief in Wien eine bedeutende »Redcap«-Operation an. David Murphy arbeitete sich gerade in seine neuen Pflichten als stellvertretender BOB-Chef ein, als er vom CIA-Hauptquartier den Auftrag erhielt, in Wien an einer Operation gegen Boris Naliwaiko teilzunehmen, der 1947 bis 1948 stellvertretender Leiter der Berliner KI-Residentur gewesen war.

Als »sowjetischer Konsul aus Berlin« hatte Naliwaiko im Dezember 1951 an einer amerikanisch-sowjetischen Besprechung in Bremerhaven teilgenommen, in der es um die Rückgabe von Eisbrechern ging, die die Sowjetunion von den USA ausgeliehen hatte. Sein damaliges Interesse an ausländischen Wertpapieranlagen ließ vermuten, daß er den Verlockungen des kapitalistischen Westens nicht ganz unzugänglich war. Naliwaiko behauptete, er habe fast achtzigtausend Westmark auf der hohen Kante und suche für das Geld eine sichere, gewinnbringende Anlage. Auch mit den Preisen verschiedener Konsumgüter schien er gut vertraut zu sein. Gleichzeitig äußerte er die Überzeugung, der Sowjetunion werde es eines Tages bessergehen, doch wenn das Land »jemals zusammenbreche, dann werde er mit ihm untergehen«.[27] Er schien der geeignete Überläufer zu sein. Murphy gab sich als Oberst Francis Manning aus, der in Washington in einer Position sei, »in der er über Naliwaikos Zukunft reden könne«. In dieser Rolle sollte er Naliwaiko von Robert Gray vorgestellt werden, den der KGB-Mann im Zusammenhang mit dem Fall Malinin als amerikanischen Journalisten in Berlin kennengelernt hatte.

Gray und Naliwaiko trafen sich im Wiener Stadtpark, wo Naliwaiko und Manning alias Murphy im Gartenbaucafé einander vorgestellt werden sollten. Den Ort hatten die Sowjets ausgesucht. Ein Nachwuchsoffizier von der Wiener CIA-Mission sah, wie ein bekannter KGB-Offizier den Meinungsaustausch im Park beobachtete, und äußerte Zweifel daran, ob es wirklich zu dem Treffen im Gartenbaucafé kommen werde. Die Wiener CIA-Mission entschied sich jedoch dafür weiterzumachen.[28] Bislang gab es nur die CIA-Unterlagen über die Operation, ausgeschmückt mit zahlreichen inoffiziellen Berichten und Kommentaren.[29] Jetzt jedoch liegt uns Naliwaikos Darstellung der Ereignisse vor, zum einen in einer freigegebenen Fassung, die in der russischen Zeitschrift *Nowoje Wremja* erschien, und zum anderen in der Version seiner geheimen Memoiren mit dem Titel *Tri desjatiletija na perednem kraje* (Drei Jahrzehnte auf vorgeschobenem Posten). In beiden Berichten werden viele bekannte Einzelheiten bestätigt.

Nach eigener Aussage sollte Naliwaiko in Wien unter anderem das Verschwinden von Pjotr Deriabin, einem Mitarbeiter der dortigen KGB-Residentur, untersuchen. Die Residentur behauptete, sie mache sich wegen dessen Verschwinden keine großen Sorgen, denn Deriabins Kenntnisse seien auf die eigene Abteilung beschränkt gewesen, und die habe nur mit der Sicherheit von dienstlich in Wien anwesenden Sowjets zu tun. Tatsächlich war Deriabin zur Zeit seines Übertritts einer der am besten unterrichteten KGB-Offiziere, die jemals zur CIA übergelaufen waren. Ihm verdankte die CIA die ersten Informationen über die österreichisch-deutsche Abteilung in Moskau und die KGB-Residenturen in Wien und Ost-Berlin. Naliwaiko machte trotz der angeblichen Gelassenheit der Residentur die Runde bei den alliierten Konsularbeamten, um etwas über Deriabin zu erfahren. Zu diesem Zeitpunkt rief Gray Naliwaiko an, um sich mit ihm zu verabreden. Naliwaiko holte die Genehmigung der KGB-Residentur ein, rüstete sich mit einem versteckten Tonbandgerät aus und aß mit Gray in Gesellschaft ihrer Ehefrauen zu Abend. Gray wies Naliwaiko darauf hin, er sei in Moskau in Ungnade gefallen und werde wohl abberufen werden. Naliwaiko zeigte sich unbeeindruckt und fragte Gray seinerseits nach Deriabin, bekam aber keine Antwort.[30]

Jeder Schritt in dieser Operation wurde vom Wiener KGB-Residenten Fjodor G. Schubnjakow mit Moskau abgestimmt. Die KGB-Zentrale entschied, bei diesem Anwerbungsversuch der CIA vorläufig mitzuspielen. Die Sowjets hofften, den Amerikanern einen entscheidenden Schlag versetzen zu können, und erwarteten sich außerdem einen Propagandavorteil, den sie in den Verhandlungen über den Friedensvertrag mit Österreich ausschlachten konnten. Heikel war allerdings, daß der KGB den Abschluß der Operation bis Februar aufschieben wollte, weil dann die Sowjets turnusgemäß das Kommando im internationalen Sektor übernahmen.

Nach dem Treffen mit Gray im Wiener Stadtpark bestand Naliwaiko darauf, daß Manning seine Handlungsbefugnis bewies. Zur Sicherheit im Café werde man zwei Offiziere von der KGB-Residentur unter die Gäste setzen. Ein dritter, den Amerikanern unbekannter Offizier wurde eigens aus Moskau abgeordnet. Am 4. Februar, einem Freitag, gab Moskau grünes Licht. Naliwaiko rief Gray an, stimmte einem Treffen mit Manning zu und nannte den Ort. Die Falle war gestellt.[31]

Obwohl sie von den KGB-Plänen keine Ahnung hatten, gingen mehrere CIA-Offiziere vorsichtshalber schon vor dem Treffen in das Café, um die Situation zu beobachten. Gray und »Manning« kamen als nächste. Naliwaiko traf um achtzehn Uhr ein. Gray erkannte ihn und winkte ihn heran. Der Tisch, der, wie Naliwaiko fand, »professionell ausgesucht« worden war, stand an der hinteren Wand neben einer Topfpalme, dem Durchgang zu Garderobe und Küche sowie dem Ausgang zur Straße. Nach kurzem, nervösem Vorgespräch bat Naliwaiko Manning, ihm einen Beweis für seine Handlungsvollmacht zu geben, und Manning zückte ein eigens für diesen Anlaß verfaßtes Schreiben. Naliwaiko griff mit der Rechten nach dem Dokument und schüttete mit der Linken Gray sein Bier ins Gesicht. Dann versuchte er, das Dokument einzustecken, während er und Manning-Murphy noch darum kämpften. Plötzlich bekam Murphy einen Schlag von Naliwaikos Leibwächter und wurde von den anderen im Café anwesenden Sowjets umringt. Den erstaunten österreichischen Gästen rief Naliwaiko zu, ein Amerikaner habe »provozierende Handlungen ... gegen einen sowjetischen Konsul« begangen.

Währenddessen forderten die KGB-Agenten Murphy auf mitzukommen. Der Ton wurde lauter, als Murphy vorgab, kein Russisch zu verstehen. Ein KGB-Offizier hielt ihm immer wieder vor, das sei eine Lüge. Die Konfrontation wurde schließlich von einem der CIA-Offiziere beigelegt, die als Kundschafter vorausgeschickt worden waren. Als gebürtiger Wiener rief er das nächste Polizeirevier an und beschwerte sich darüber, daß ehrliche Bürger nicht einmal mehr ihren Kaffee in Frieden trinken könnten, ohne daß die Amerikaner und Russen Krach machten. Wie Naliwaiko schreibt, öffnete sich gleich darauf zu aller Erstaunen die Tür, »und fünfzehn Männer stürmten in das Café, riesig wie Grenadiere, mit schwarzen Mänteln und Helmen und zwei ungeheuer großen Hunden an der Leine. Es war die österreichische Polizei.« Ihr folgte die internationale Militärpolizei auf den Fersen, die die Papiere ihrer jeweiligen Staatsbürger überprüfte, die Streitenden ermahnte und dann laufen ließ. Die Amerikaner waren hereingelegt worden, aber der KGB hatte bei der Planung das neben dem Gartenbaucafé gelegene Polizeirevier übersehen, und das vereitelte den sowjetischen Versuch, Murphy und Gray in die Hände zu bekommen.

Da er jetzt in Wien bekannt war, wurde Murphy wieder nach Berlin geschickt. Der Propagandavorteil, den die Sowjets aus der Gartenbaucafé-Episode zogen, läßt sich schwer abschätzen – wenn es überhaupt einen gab. Aus den Schlagzeilen verschwand der Vorfall jedenfalls, als am 8. Februar aus Moskau die Nachricht eintraf, Malenkow sei als Vorsitzender des Ministerrats der Sowjetunion durch Marschall Bulganin ersetzt worden. Zum Verteidigungsminister wurde der Kriegsheld Georgi Shukow ernannt. Was die Rückwirkungen auf die Verhandlungen über den österreichischen Staatsvertrag betrifft, gaben die Sowjets Anfang März ihr Junktim auf. Dieser Umschwung in der sowjetischen Deutschlandpolitik überraschte viele Sowjetführer, die die Neutralität Österreichs immer als Trumpfkarte in einem von Chruschtschow begonnenen Spiel angesehen hatten.

Ein Überläufer in Pakistan

Im Frühjahr 1955 lief der dreiunddreißigjährige A. A. Smirnow, Dritter Sekretär an der sowjetischen Botschaft in Karatschi, zu amerikanischen Dienststellen über und wurde in die USA ausgeflogen.[32] Er überlegte es sich dann jedoch anders und sollte daraufhin in Berlin wieder den Sowjets übergeben werden. Vor der Rückkehr in die Heimat äußerte er in einem Gespräch mit Murphy einige weitblickende, ja prophetische Ansichten zu Berlin und zur deutschen Frage: »Ich glaube, in diesem Jahr [1955] werden viele weitreichende und wichtige Entscheidungen über

Deutschland fallen. Kein denkender Mensch in der Sowjetunion glaubt, daß die rund zwölf geplanten deutschen Divisionen die Sicherheit der UdSSR bedrohen werden. Aber wenn Westdeutschland bewaffnet ist, könnte sich die Haltung gegenüber den Besatzungsmächten ändern. Unter diesen Bedingungen könnte die Sowjetunion freien Wahlen in ganz Deutschland zustimmen, sofern sich die alliierten und die sowjetischen Streitkräfte aus ganz Deutschland zurückziehen. Der harte Kern der Kommunisten in Ostdeutschland ist gut organisiert und bei Kasse und würde todsicher eine beträchtliche Anzahl von Kommunisten in die neue Regierung entsenden.« Weiter sagte Smirnow: »Die Regierungsform spielt eigentlich keine Rolle, solange die Sowjetunion das wiedervereinte Deutschland von der NATO trennen kann. Diese Trennung könnten die Sowjets unter anderem mit der Rückgabe der beschlagnahmten deutschen Gebiete erreichen, die sich jetzt im Besitz der Sowjetunion und Polens befinden.«"[33]

Obwohl Smirnow wiederholt aufgefordert wurde, im Westen zu bleiben, ließ er sich nicht umstimmen. Er wurde am 17. Mai 1955 den Sowjets übergeben. Zu diesem Zeitpunkt vernahm BOB aus Ostberliner Quellen höchst interessante Gerüchte über eine mögliche Änderung der politischen Großwetterlage. Smirnows Ausführungen über die sowjetischen Absichten in Deutschland schienen eher Moskauer Hoffnungen als realistische Erwartungen widerzuspiegeln. Dennoch waren sie für BOB von besonderem Interesse, weil sie Themen aufgriffen, die im Sommer 1955 auch in anderen nachrichtendienstlichen Berichten besprochen wurden. Obwohl die CIA die Möglichkeit von der Hand gewiesen hatte, die Sowjets könnten ihre Truppen zurückziehen, wenn sie die Garantie erhielten, daß ein wiedervereinigtes Deutschland neutral sein würde – was für die Sowjets sicherlich mehr Nachteile als Vorteile gehabt hätte –, hatte Smirnow recht mit seiner Aussage, daß 1955 ein kritisches Jahr für Deutschland im Kalten Krieg sei. Am 5. Mai erkannten die Westalliierten die Souveränität der Bundesrepublik Deutschland an, und am 9. Mai wurde sie in die NATO aufgenommen. Gleichzeitig lud der Westen die UdSSR zu einem Viermächtegipfel im Sommer 1955 nach Genf ein. Dies war möglicherweise der Anlaß, aus dem die sowjetische Regierung Bundeskanzler Adenauer zu Gesprächen über die diplomatischen, kulturellen und kommerziellen Beziehungen zwischen den beiden Staaten nach Moskau einlud.

Dieser Umschwung im Verhältnis zur Bundesrepublik wurde von vielen als schwerer Schlag für die DDR-Führung betrachtet. Etwa um diese Zeit gingen bei BOB erste Berichte von Quellen im Apparat des SED-Politbüros ein, die auf zunehmende Schwierigkeiten in den Beziehungen zwischen der Sowjetunion und der DDR hindeuteten.[34] Auf einer Konferenz der Warschauer-Pakt-Staaten im Mai 1955 soll Walter Ulbricht beispielsweise einen Vorschlag zur Abriegelung der Grenze zwischen der DDR und West-Berlin vorgelegt haben, der jedoch von den Sowjets vom Tisch gefegt wurde.[35] Statt dessen ventilierten die Sowjets einen Vorschlag an Bundeskanzler Adenauer, dem sie anbieten wollten, »einem wiedervereinten Deutschland wirtschaftliche Vorrechte in Gebieten östlich der Oder-Neiße-Linie einzuräumen, allerdings ohne Änderungen in der territorialen Souveränität«. Der DDR wurde außerdem mitgeteilt, »sie werde während des Adenauerbesuchs in Moskau nicht durch eine eigene Delegation vertreten sein«.

In einer Sitzung des SED-Politbüros am 6. Juli soll Sowjetbotschafter Puschkin auf eine Frage zur Zukunft der DDR-Regierung dieses Thema als »innerdeutsche Angelegenheit« bezeichnet und erklärt haben: »Die DDR-Regierung ist bei der Lösung von Problemen im Zusammenhang mit der deutschen Frage wenig hilfreich gewesen. Das SED-Politbüro sollte sich von der Vorstellung trennen, die UdSSR halte die DDR für strategisch und politisch so wichtig, wie es die SED offenbar meint. Die Bevölkerungs- und Rohstoffressourcen der DDR sind für die UdSSR im internationalen Gesamtbild bedeutungslos.« In der Annahme, das SED-Politbüro mit diesen Ausführungen genügend erschüttert zu haben, schloß Puschkin mit dem üblichen Satz, die »Sowjets würden einer Wiedervereinigung aufgrund freier Wahlen nur zustimmen, wenn solch ein Deutschland eine ›sozialdemokratische Regierung‹ habe«.[36] Auf einer Sitzung am 16. Juli beschuldigte Chruschtschow die SED, sie habe »die Veränderungen in der sowjetischen Politik nicht verstanden« und »Maßnahmen ergriffen, die die Ost-West-Entspannung behinderten«.[37]

Washington bereitete sich gerade auf den Genfer Gipfel vor, als diese Berichte eingingen, und Außenministerium wie Weißes Haus waren gleichermaßen erstaunt. Derartige Spannungen zwischen Sowjets und Ostdeutschen waren kaum zu glauben, ebensowenig die Aussicht, die Sowjets könnten einem wiedervereinigten Deutschland wirtschaftliche Vorrechte in den ehemaligen deutschen Ostgebieten einräumen. Von manchen bei der CIA wurden diese Erklärungen schlicht als vorsätzliche Lügen bezeichnet. Jedenfalls kam keines dieser dramatischen sowjetischen Angebote auf dem Genfer Gipfel oder in den Verhandlungen mit Adenauer in Moskau zur Sprache. Wohl die einzige optimistische Note auf diesen Konferenzen war für den Westen die Tatsache, daß die sowjetische Delegation der Ansicht beipflichtete, die deutsche Wiedervereinigung müsse von den Deutschen selbst herbeigeführt werden.

OPERATIONSZIEL KARLSHORST

Mit dem »Redcap«-Programm hatte sich BOB bemüht, trotz der schärferen sowjetischen und ostdeutschen Sicherheitsmaßnahmen in große sowjetische Garnisonen in der DDR einzudringen. Doch die Anstrengungen waren schlecht organisiert; jedes Referat führte eigene Operationen gegen die sowjetischen Einheiten durch, an denen es am meisten interessiert war. Das Ergebnis hing also nicht von der Erfahrung der Referatsmitarbeiter ab, sondern von der Art ihrer Operationen. In der Atomenergiegruppe etwa waren erfahrene Agenten am Werk, die gegen ein ganz bestimmtes Zielobjekt vorgingen, während die unabhängig davon operierende Spionageabwehrabteilung sich immer noch mit unproduktiven sowjetischen Doppelagenten abgab und von dem Auftrag, Sicherheitslücken im Programm der verdeckten Operationen aufzuspüren, überfordert war.

Anhand ihrer Operationen gewannen die einzelnen Referate ihre eigenen Informationsbrocken über die Sowjets in der DDR. Jedes von ihnen hatte ein eigenes Organisationsschema, nach dem es die gesammelten Erkenntnisse weiterverteilte. Am besten war das wissenschaftlich-technische Referat organisiert, aber es bekam bei der Erschließung und Zusammenstellung des Materials auch Hilfe aus Washington. Nach einhelliger Meinung brauchte BOB für die Informationen unbedingt eine zentrale Datenbank, die allen mit Sowjetoperationen befaßten Offizieren zugänglich war.

Der Lageraum

Mehrere miteinander zusammenhängende Entwicklungen führten schließlich zur Zusammenführung der Informationen über die Sowjets. Vor allem fand man sich allmählich damit ab, daß sich für BOB nicht einmal der Versuch lohnte, ostdeutsche Agenten in oder bei sowjetischen Einrichtungen in der DDR anzuwerben; dazu waren die sowjetischen Sicherheitsvorkehrungen viel zu streng. Außerdem zogen 1953/54 die interessanten sowjetischen Zielobjekte auf das sowjetische Sperrgebiet in Karlshorst um. Dieses Gelände, das schon seit Kriegsende ein wichtiger Stützpunkt war, entwickelte sich zum Zentrum der Sowjets in Deutschland: MGB- und KGB-Auslandsaufklärung, GRU und die wichtigsten Zielobjekte der BOB-Atomenergieoperationen waren dorthin verlegt worden. Auf einer Fläche von zweieinhalb Quadratkilometern befanden sich die Büros, Dienstleistungseinrichtungen und Wohnhäuser der bedeutendsten Sowjets in Deutschland.

Durch den Umzug aus den alten BOB-Büros im Föhrenweg in ein größeres Gebäude auf dem amerikanischen Gelände in der Clayallee bekamen die BOB-Mitarbeiter den Ansporn und den Platz, den sie brauchten, um alle Sowjetoperationen in einem Referat zusammenzufassen. Der neu eingerichtete Lageraum enthielt eine erstaunliche Sammlung von Informationen über das Karlshorster Gelände, darunter Namenslisten der sowjetischen Bewohner, ihre dienstlichen und privaten Telefonnummern, Adressen, Arbeitsplätze und Autokennzeichen. Neben Beschreibungen von Büros und Wohnhäusern wurden Notizbücher mit den Grundrissen von Wohnungen geführt, die der KGB als sichere Häuser zur Ausbildung von Illegalen, aber auch für Treffen mit Agenten aus West-Berlin und anderen Orten nutzte. Um den damals verwendeten Berliner Stadtplan von 1943 zu aktualisieren, veranlaßte BOB die US Air Force, Luftaufnahmen von Karlshorst zu machen. Anhand dieser genaueren Pläne wurden dann Flüchtlinge und andere Quellen über Karlshorst befragt.

Im Frühjahr 1955 war der Lageraum zum Brennpunkt einer umfangreichen Operation geworden, ostdeutsche Quellen mit Zugang zu Karlshorst zu gewinnen. Obwohl sich auf dem sowjetischen Gelände bis auf ein streng ausgewähltes Kontingent von deutschen Angestellten längst keine Deutschen mehr aufhielten, beschäftigten die Sowjets nach wie vor Deutsche, um diese Stadt in der Stadt in Ordnung zu halten. BOB tat sich also nach deutschen Angestellten mit Passierscheinen für das Gelände um, die dort arbeiteten oder regelmäßig ein und aus gingen: Arbeiter zur Reparatur der Versorgungsanlagen, Kuriere, die Müllabfuhr und so weiter. Diese Personen konnten detaillierte, häufig dokumentarisch belegte Erkenntnisse über die Sowjets liefern, bei denen sie arbeiteten. Selbst die Putzfrauen in dem Hotel für sowjetische Funktionäre konnten die Meldezettel mitnehmen, die die Gäste mit ihrem richtigen Namen ausfüllen mußten.

Mit Hilfe solcher Angaben prüfte BOB die Vertrauenswürdigkeit sowjetischer Spione, die sich selbst angeboten hatten. Eine falsche Antwort etwa auf die Frage: »War Iwan Iwanowitsch am 12. Mai in Karlshorst?«, konnte die Tarngeschichte selbst des erfahrensten Spions erschüttern. Einer der ostdeutschen BOB-Agenten arbeitete in der Militärverwaltung, die für die Wohnungen der GRU-Angehörigen und deren Instandhaltung zuständig war. Im Büro stand ein Kanonenofen, in dem die Sowjets Dokumente verbrennen sollten. Sie paßten jedoch nicht auf, und der Agent konnte diverse angeschmorte Unterlagen bergen und seinem BOB-Führungsoffizier übergeben.[1] Auch im Karlshorster Postamt, wo belichtete Privatfilme von sowjetischen Offizieren entgegengenommen und zur Entwicklung weitergeschickt wurden, hatte BOB eine Quelle, die nicht nur Sowjets identifizierte und beschrieb, sondern gelegentlich auch Schnappschüsse fürs »Verbrecheralbum« der Operationsbasis lieferte.

Die im Lageraum gesammelten Erkenntnisse wurden außerdem benutzt, um festzustellen, welche deutschen Angestellten auf dem Karlshorster Gelände KGB- oder MfS-Informanten waren. Man ging davon aus, daß fünfundzwanzig Prozent von ihnen dem KGB oder MfS Bericht erstatteten. Der KGB war gewiß in der Lage, sie umzudrehen und gegen die BOB-Operationen einzusetzen. Dank der umfassenden Datenbank im Lageraum konnte BOB nun auch die Zuverlässigkeit neu angeworbener Agenten überprüfen.

BOBs kreative Gegenmassnahmen

So gewann BOB im Lauf der Zeit einen recht guten Überblick über das eingezäunte und streng bewachte Gelände. Als die fotografischen Überwachungsmöglichkeiten besser wurden, kamen auch Fotos von in Karlshorst wohnhaften Sowjets in die Alben. In einem Fall versteckte BOB eine Kamera in der Stullenbüchse eines deutschen Arbeiters, der seinen Lastwagen genau gegenüber dem Eingang zum KGB-Gebäude parkte, die Büchse auf die Ablage hinter den Fahrersitz stellte und in aller Ruhe die in der Mittagspause ein und aus gehenden KGB-Offiziere fotografierte, während er sein Brot verzehrte.

Agenten mit Zugang zu sowjetischen Büros oder Wohnungen wurden von BOB angehalten, Mikrofone anzubringen. Einmal fanden KGB-Techniker in einem Kronleuchter im Büro des KGB-Residenten Korotkow einen Sender. Der impulsive Korotkow wollte ihn dort hängenlassen und den Amerikanern bei Gelegenheit ein paar deutliche Worte sagen, doch man brachte ihn davon ab. Später erfuhr der KGB vom stolzen Geschäftsführer der Elektrofirma, daß der Sender der Amerikaner eine Reichweite von über drei Kilometern gehabt hatte. Durch diesen Vorfall geriet die KGB-Sicherheit derart ins Wanken, daß dieser Vorfall in leicht veränderter Form anderen sowjetischen Einheiten in Karlshorst, etwa der GRU, in Sicherheitsunterweisungen als Lehrstück erzählt wurde.[2]

Kronleuchter und Lampen waren beliebte Zielobjekte bei BOB-Operationen. In einem anderen Fall hörte ein BOB-Agent, ein Elektriker, zufällig, daß seine Firma neue Beleuchtungskörper für die umgebauten Büros im KGB-Gebäude liefern sollte, darunter einen großen hölzernen Kronleuchter. Der Agent wußte nicht, in welchem Zimmer er hängen sollte, doch es mußte sich um ein großes Büro oder einen Konferenzraum handeln. Er brachte den zerlegten Kronleuchter nach West-Berlin, wo ein Arm ausgehöhlt und mit Mikrofon und Sender ausgestattet wurde. Dann kam der Kronleuchter wieder ins KGB-Lager. Wochen vergingen, und nichts geschah. Der Agent berichtete später, der Kronleuchter sei ohne den eingebauten Sender an die Firma zurückgegeben worden. Der für den Fall zuständige BOB-Offizier forderte den Agenten dringend auf, in den Westen zu kommen. Doch dieser weigerte sich. Der Verdacht werde nicht auf ihn fallen, meinte er. Schließlich hätten viele andere ebenfalls Zugang zu dem Lager gehabt. Der Führungsoffizier war davon nicht überzeugt und zog den Agenten erst einmal aus dem Verkehr. Ein halbes Jahr geschah nichts; dann erschien der Agent nicht mehr zu den Treffen in West-Berlin. BOB erfuhr später, daß nach der Entdeckung des Senders alle in Frage kommenden Arbeiter vom MfS observiert worden waren. Der Agent war beim Treff mit seinem BOB-Führungsoffizier am 8. August

1957 beobachtet und eine Woche später festgenommen worden. Er wurde wegen Spionage verurteilt und saß neun Jahre im Gefängnis, bevor er 1966 im Rahmen des Programms »Gefangene gegen Lösegeld« freigekauft wurde und BOB seine Geschichte erzählen konnte.[3]

Sowjetische Sicherheitsmaßnahmen kamen BOB regelmäßig in die Quere. Als der Lageraum endlich geschaffen war und BOB im Lauf des Jahres 1954 versuchte, sein Agentennetz in Karlshorst zu erweitern, gingen die Sowjets gerade daran, überzählige deutsche Mitarbeiter zu entlassen und durch Sowjets oder andere Deutsche, die vom MfS überprüft worden waren, zu ersetzen. Entlassene Angestellte wurden vom sowjetischen Sicherheitspersonal ermahnt, niemandem etwas über das Gelände zu erzählen und sofort zu melden, wenn jemand sie nach West-Berlin locken wollte. Manchmal verfehlte diese Warnung allerdings ihre Wirkung. In einem Fall floh ein ehemaliger Angestellter, der sehr viel wußte, nach West-Berlin, wo er vom KGB entführt werden sollte. Einer seiner früheren Kollegen, der sich an dem Entführungsplan hätte beteiligen sollen, vereitelte das Vorhaben jedoch, indem er zu BOB überlief.[4]

Am 16. September 1957 berichtete Pjotr Popow, BOBs Quelle bei der GRU, daß einige Bereiche in Karlshorst wieder deutscher Zuständigkeit unterstellt werden sollten. Außerdem sollten alle dort wohnenden Deutschen ausziehen, der Komplex sollte verkleinert, der Zaun verstärkt werden und ein Regiment KGB-Truppen die Bewachung übernehmen.[5] Doch die Ostdeutschen wandten sich dagegen, denn es hätte bedeutet, daß eine Reihe politisch wichtiger DDR-Beamter hätte umziehen müssen. Außerdem war ein doppelter Drahtzaun zu teuer, und die Sowjets beschieden sich mit einem drei Meter hohen Holzzaun.[6] Im Februar 1958 hatten nach BOB-Schätzungen immer noch rund vierhundert Deutsche regelmäßig Zugang zum Gelände.[7]

Während der KGB seine Sicherheitsmaßnahmen verstärkte, hielt er das MfS an, die dort beschäftigten Deutschen zur Informantentätigkeit zu bewegen. Sie sollten hauptsächlich Gerüchte über angebliche Kontakte von Kollegen zu westlichen Nachrichtendiensten melden. Das erschwerte BOB die Infiltration von Karlshorst. Deshalb versuchte man, die in Berlin vertretenen amerikanischen Nachrichten- und Spionageabwehrdienste dazu zu bringen, unkoordinierte Operationen gegen das sowjetische Sperrgebiet einzustellen. Ähnliche Versuche, den BND zu veranlassen, keine Operationen mehr durchzuführen, die unter Umständen BOB-Quellen gefährdeten, erregten schließlich das Interesse des KGB-Agenten Heinz Felfe, der beim BND die Sowjetspionageabwehr leitete.

Aktualisierung der Informationen im Lageraum

Die im Berliner Tunnel gewonnenen Erkenntnissen waren ein unerwarteter Glücksfall für die Spionageabwehr und verbesserten BOBs Möglichkeiten, Anfragen über nachrichtendienstliche Aktivitäten der Sowjets zu beantworten.[8] Während der Laufzeit des Projekts wurden die Tunnelinformationen getrennt von den Datenbeständen des Lageraums gehalten, um ihre Geheimhaltung sicherzustellen. Doch nach der Entdeckung des Tunnels gingen sie komplett in die Akten im Lageraum ein und bestätigten erneut die Notwendigkeit, eine Datenbank in solcher Tiefe und Genauigkeit über Karlshorst zu unterhalten. Nachdem der Tunnel im April 1956 geschlossen worden war, suchte man nach neuen Quellen, um die Datenbank fortzuführen. Eine Quelle begann im Frühjahr 1955 zu sprudeln und lieferte bis in den Herbst 1960 Informationen.[9] Der Agent arbeitete in der sowjetischen Verwaltung, die unbegleitete sowjetische Frachttransporte von Berlin nach Moskau bearbeitete. In seiner normalen dienstlichen Tätigkeit erfuhr er den Namen des sowjetischen Absenders und den Namen des Empfängers in Moskau. Da aber jede sowjetische Einheit in Karlshorst den Papierkrieg für diese Transporte nach eigenem Gusto erledigte und die Absender mit eigenen Fahrzeugen zum Frachtbüro brachte, konnte er auch herausfinden, welcher sowjetischen Dienststelle die Absender angehörten: KGB, GRU, Botschaft, Handelsdelegation oder der Beratergruppe der Nationalen Volksarmee der DDR.

Darüber hinaus handelte es sich nicht um normale Transporte. Der BOB-Agent erfuhr problemlos, wenn ein Absender für immer nach Moskau zurückkehrte, weil die Kisten dann oft Möbel, Musikinstrumente und Haushaltsgeräte enthielten, die fast immer besonders verpackt werden mußten. Allmählich erwarb sich der Agent einen Ruf als freundlicher, hilfsbereiter Kollege und lernte die sowjetischen Fahrer und sogar einige Absender kennen, redete mit ihnen und erfuhr dabei so manches über ihre ehemaligen Dienststellen und neuen Aufgaben. So konnte er viele Offiziere und andere Personen identifizieren: 1331 vom KGB, 156 von der GRU, 431 von der sowjetischen Botschaft in Ost-Berlin, 199 von der Handelsdelegation und 170 sowjetische Militärberater. Daß die Anzahl der KGB-Offiziere so hoch war, ist nicht verwunderlich, denn der KGB war in Karlshorst wesentlich stärker vertreten als andere Ämter. Beim Überprüfen der ersten Meldungen dieses Agenten im Jahr 1955 anhand von Lageraumakten zeigte sich sofort, daß er korrekt berichtete, und er unterstrich seine Zuverlässigkeit, als er die Fotos von bekannten KGB- oder GRU-Offizieren aus mehreren Aufnahmen, die man ihm vorgelegt hatte, herausfand.

Im Sommer 1960 wurden der Agent und seine Frau allerdings nervös. Obwohl der Fall mit großer Umsicht und ohne Einschaltung anderer BOB-Agenten geführt worden war, spürte der Führungsoffizier, der seit dem Kriegsende in Deutschland gedient hatte, daß das Ehepaar abgezogen werden mußte. Als BOB den beiden vorschlug, sie in Westdeutschland anzusiedeln, waren sie sehr erleichtert. Im September 1960 verließen sie die DDR. Ein solches Happy-End ist bei derartigen Operationen selten.

Die Tunneloperation hatte auch die ersten wirklichen Erkenntnisse über eine neue Einheit einer sowjetischen Hauptverwaltung erbracht: die Sonderabteilung OO der UKR. Diese Abteilung unter der Leitung von Oberst Leonti W. Schatalow war für die Sicherheit des gesamten Personals und aller Einrichtungen des sowjetischen Heeres im Raum Karlshorst verantwortlich. Einige im Tunnel gewonnene Informationen, wie die Adressen der verschiedenen OO-Elemente und der Wohnungen ihrer Mitarbeiter, ließen sich anhand von vorhandenen Aktenbeständen im Lageraum überprüfen. Doch erst mußte die »Bananenkönigin« auftreten und von BOB ausführlich befragt werden, bis man die wahre Bedeutung dieser Abteilung erkannte.

Die Bananenkönigin

Im Sommer 1956 erfuhr BOB vom Übertritt einer jungen Frau, die ihrer eigenen Aussage nach KBG-Offizierin aus Karlshorst war und an einer Operation gegen eine Einheit der amerikanischen militärischen Spionageabwehr in West-Berlin teilgenommen hatte. Nach einem ersten Gespräch im Vernehmungszentrum in Westdeutschland brachte BOB die Frau zu weiteren Befragungen nach Berlin. Zu erfahren, was sie wußte, war ein schwieriges Unterfangen. Sie steckte voller phantastischer Anekdoten über ihre Arbeit für die sowjetische Spionageabwehr in Karlshorst und anderswo in der DDR. Die meisten ließen sich anhand des Tunnelmaterials überprüfen, und wenn sich ein Widerspruch ergab und sie weiter befragt wurde, griff sie jedesmal nach einer auf dem Tisch stehenden Obstschale und nahm sich eine Banane, die sie umständlich schälte. Die Umgebung schien sie dabei völlig zu vergessen. Dieses geschickte Ablenkungsmanöver, das ihr den Spitznamen »Bananenkönigin« einbrachte, konnte ihre wichtigste Vernehmerin, eine erfahrene, Russisch sprechende Frau, die sich auf den sowjetischen Nachrichtendienst spezialisiert hatte, nicht beeindrucken.[11]

Um die Angaben der Bananenkönigin über Karlshorst richtig einzuordnen, mußten die BOB-Befrager herausfinden, wie sie an diese Informationen gekommen war. Sie gewannen schließlich ein buntes Bild von den Auswirkungen des Krieges und der sowjetischen Besatzung auf eine raffinierte, eitle junge Frau, deren größtes Talent darin bestand, Männern alles weismachen zu können, was sie ihnen vorspielte. Sie war in der Sowjetunion geboren, geriet gegen Kriegsende in die sowjetische militärische Spionageabwehr, arbeitete dort als Dolmetscherin und nahm im Lauf der Zeit eine ganze Reihe von Identitäten an. Zwar spielte sie oft die KGB-Offizierin, aber sie war immer nur Agentin, nie reguläre Angehörige des KGB. Mitte der fünfziger Jahre wurde sie der UKR GSWG in Potsdam zugeteilt. In der Regel unterstützte sie Oberst Schatalows Sonderabteilung in Karlshorst. Bei einer Abwehroperation, an der sie beteiligt war, ging es um die Kontaktaufnahme mit einem Mitarbeiter einer amerikanischen Militäreinrichtung in West-Berlin, den Schatalow anwerben wollte. Bei dieser Gelegenheit lief sie über. Die Akten im Lageraum bestätigten die meisten Angaben der Bananenkönigin. Gelegentliche Ungenauigkeiten ließen sich auf ihren Agentenstatus zurückführen: Die Sowjets weihten sie nie ganz ein, wie sie es bei einem KGB-Stabsoffizier getan hätten. Dennoch gewann das Tunnelmaterial durch ihre Darstellung der Zusammenarbeit zwischen der Potsdamer UKR, der Karlshorster Sonderabteilung und Pitowranows KGB-Apparat zusätzlich an Tiefe und Detailgenauigkeit.

Nach den Geschichten zu urteilen, die sie erzählte, war das Leben bei der militärischen Abwehr 1955/56 nie langweilig. Auch der geringste verdächtige Zwischenfall mußte untersucht werden, und die Bananenkönigin war an vielen dieser Operationen beteiligt. So hatte zum Beispiel ein Oberleutnant auf der Fahrt in den Heimaturlaub nach Angaben des Zugschaffners vierzig goldene Uhren bei sich gehabt. Die zuständigen Abwehroffiziere witterten sofort Spionage, und das erregte die Aufmerksamkeit der UKR. Der Leutnant wurde aus dem Zug geholt und verhört, brachte aber überzeugend vor, daß er die Uhren – sie waren im übrigen nicht aus Gold – von seinem Ersparten gekauft hatte, um sie zu Hause in der Sowjetunion weiterzuverkaufen. In einem anderen Fall vermutete man, sowjetische Soldaten seien von subversiven Agenten oder durch von den Amerikanern geschickte Ballons vergiftet worden. Die Untersuchung ergab dann allerdings, daß die Soldaten Tollwut bekommen hatten, nachdem sie einen tollwütigen Fuchs erschossen und verzehrt hatten.

Was die Abteilung OO betraf, sprach die Bananenkönigin ausführlich über die »Agentensektion«, wie sie sie nannte. Ihre Beschreibung bestätigte andere Berichte, wonach die UKR aktiv gegen Versuche der Westalliierten vorging, sowjetische Armeeangehörige zu gewinnen. Obwohl die Sowjets ihrer militärischen Abwehr hin und wieder verboten, Agentenoperationen in West-Berlin und Westdeutschland durchzuführen, waren derartige Einsätze in den fünfziger und sechziger Jahren durchaus üblich. Der größte und interessanteste Auftrag von Schatalows Sonderabteilung, an dem die Bananenkönigin mitgewirkt hatte, war die Sicherheitsüberprüfung von Hauptmann Jewgeni Nezwetailo, einem Führungsoffizier einer Nachrichtendiensteinheit in Karlshorst. Die Geschichte war ein Schulbeispiel dafür, wie die militärische Spionageabwehr des KGB gegen einen Offizier des militärischen Nachrichtendienstes vorging. Nezwetailo wurde aufgrund seines Erfolgs verdächtigt, Doppelagent zu sein. Seine Operationen waren makellos, doch seine außerehelichen Affären brachten seine Vorgesetzten oft in Verlegenheit. Bei seiner Operation setzte OO mehrere Informanten ein, die mit Nezwetailo zusammenarbeiteten. Außerdem brauchte man einen Agenten, der eine nähere Beziehung zu dem Offizier aufbauen konnte – die Bananenkönigin.

Sie schlüpfte in die Rolle einer Dolmetscherin für die sowjetischen Berater der NVA und wurde Nezwetailo als Mitarbeiterin vorgestellt, die

Deutsch konnte und bei Agententreffs in sicheren Häusern in Ost-Berlin oder auf Reisen nach Westdeutschland als seine Ehefrau auftreten konnte. Auf einer dieser Reisen traf sich Nezwetailo mit einer Funkerin des Auslandsnachrichtendienstes, die aus irgendeinem Grund aus dem Verkehr gezogen werden sollte. Sie wurde angewiesen, ihr Funkgerät zu zerstören, und Nezwetailo und die Bananenkönigin brachten sie nach Karlshorst zurück. Die Bananenkönigin sollte OO berichten, was Nezwetailo bei diesen Anlässen tat. Doch im April 1956 beschloß OO, die Bananenkönigin vom Fall Nezwetailo abzuziehen, weil ihr Einsatz bei dem Mitarbeiter der militärischen Spionageabwehr der Amerikaner wichtiger war. Um die Beziehung im Rahmen der Tarnung zu beenden, sollte ein OO-Informant das Paar beim Tanz in einem Ostberliner Restaurant beobachten und das melden. Nezwetailo, der gar nicht wußte, daß die Königin von OO auf ihn angesetzt worden war, wurde für sein ungebührliches Verhalten in der Öffentlichkeit gerügt, und die Affäre endete mit einem entsprechenden Eintrag in die OO-Fallakten.

Bei der militärischen Spionageabwehr des KGB ging es nicht immer so bunt zu. Kondraschow erinnert sich an einen Fall, in dem die UKR und der Karlshorster KGB-Apparat gemeinsam einen westlichen Nachrichtendienst dazu bringen wollten, mit einem sowjetischen militärischen Chiffrierer Kontakt aufzunehmen. Kondraschow arbeitete dabei direkt mit dem stellvertretenden UKR-Chef zusammen, der für die operative Seite des Falls zuständig war. Ein vertrauenswürdiger Offizier wurde ausgewählt und im Chiffrieren ausgebildet. Zur Tarnung erhielt er eine Stellung im Chiffrierraum einer Militäreinheit, der mit besonderen Chiffriermaschinen ausgestattet war. Zweck dieser vom Stabschef des sowjetischen Heeres, M. W. Sacharow, gebilligten Operation war die Weitergabe von militärischen Desinformationen. Der Offizier wurde, laut Kondraschow, tatsächlich von den Amerikanern oder den Engländern angeworben, doch das sowjetische Militär war schließlich nicht imstande oder nicht willens, zutreffende Militärinformationen zur Tarnung der Desinformationen zur Verfügung zu stellen.

Alles reisst sich um Emigranten

Eine weitere KGB-Aktivität zog Mitte der fünfziger Jahre die Aufmerksamkeit von BOB auf sich: die Arbeit der Emigrantenabteilung. Diese Abteilung, eine der größten des Karlshorster Apparats, war für die Infiltration der vielen Emigrantenorganisationen zuständig, die sich nach dem Krieg in Westdeutschland und anderen westeuropäischen Ländern gebildet hatten. Seit der Oktoberrevolution und der Massenflucht von Tausenden Russen, die allesamt als Feinde des neuen Sowjetstaats galten, war der Staatssicherheitsdienst von der Bedrohung durch solche antisowjetischen Organisationen geradezu besessen. Als nach der deutschen Niederlage eine riesige neue Emigrantenwelle in Gang kam, verstärkte sich diese Angst, zumal der KGB wußte, daß die CIA mehrere Emigrantenorganisationen unterstützte. Deswegen war die Rekrutierung von Informanten in diesen Gruppen eine der vordringlichen Aufgaben des Karlshorster KGB-Apparats.

Oft meldeten sich vom KGB angeworbene Emigranten selbst bei den westlichen Behörden. Andere wurden von der westlichen Spionageabwehr entdeckt. Indem man diese Agenten umdrehte, um sie gegen ihre KGB-Führungsoffiziere einzusetzen, konnte BOB Abteilungsleiter, einzelne Führungsoffiziere sowie operative Hilfseinrichtungen entdecken und individuelle oder zu bestimmten Gruppen gehörende KGB-Zielpersonen feststellen.[12] Von diesen Doppelagenten erfuhr man auch, wie sehr sich der KGB über die politische Tätigkeit und die Propagandaaktivitäten der CIA unter sowjetischen Emigranten aufregte. Zur Abwehr dieser Aktivitäten konzentrierte sich der KGB auf Kontakte mit hochrangigen Personen in von der CIA unterstützten Organisationen und Einrichtungen. Überrascht stellte BOB fest, wie bereitwillig der Karlshorster KGB-Apparat dabei Risiken auf sich nahm, um solche Personen auch in West-Berlin aufzusuchen und anzuwerben.

Ein beliebter operativer Treffpunkt war das sowjetische Ehrenmal im Tiergarten. Es lag zwar im britischen Sektor, wurde aber von Sowjets bewacht und war deshalb ein sicherer Ort, wenn man erste Kontakte mit potentiellen Agenten aus Emigrantenkreisen aufnehmen wollte. Sobald das Eis gebrochen war und der KGB sich überzeugt hatte, daß eine Anwerbung zu erwarten war, wagten sich Führungsoffizier und potentieller Agent in die ungeschützten Weiten West-Berlins hinaus, etwa in den

Botanischen Garten oder in bestimmte Cafés und Restaurants. Ein beliebter Treffpunkt war das Restaurant Haus Wien am Kurfürstendamm. Die CIA bat BOB mehrfach, diese Westberliner Treffs zu überwachen, um die beteiligten sowjetischen Führungsoffiziere zu identifizieren und Einzelheiten zu erfahren, die man später beim Doppelagenten abfragen konnte, um seine Zuverlässigkeit und Loyalität zu testen. In einigen Fällen wurde BOB sogar aufgefordert, einen oder mehrere der KGB-Offiziere festzuhalten, damit man sie verhören und vielleicht sogar anwerben konnte. Dieser Fall trat aber nie ein. Es wäre auch kaum möglich gewesen, denn die Offiziere trugen amtliche sowjetische Kennkarten und kamen stets in Zweier- oder Dreiergruppen nach West-Berlin. Außerdem hätte eine Festnahme die Doppelagentenoperation zum Scheitern verurteilt und für politischen Aufruhr gesorgt.[13]

In der nachstalinistischen Zeit versuchte der KGB, Emigranten mit dem Argument zur Mitarbeit zu gewinnen, die ehemaligen schlimmen Seiten des sowjetischen Systems seien jetzt verschwunden. Dieser Ansatz trat nach Chruschtschows Geheimrede im Februar 1956 noch stärker in den Vordergrund. Sobald der betreffende Emigrant angebissen hatte, wurden die Treffs in sichere Häuser in Karlshorst verlegt, wo er von seinem Führungsoffizier befragt wurde. Es wurden aber auch Sitzungen mit Spezialisten durchgeführt, die ihn ins Chiffrieren und in den einseitigen Sprechfunkverkehr einwiesen. In einem Fall beauftragte ein Funkausbildungsoffizier Agenten, die Sendeleistung von Radio Liberty bei den Programmen für die sowjetischen Streitkräfte in Ostdeutschland zu ermitteln.

Wenn sich die Kontakte mit Agenten aus Emigrantenkreisen gut entwickelten, wurden die Treffs auch in Westdeutschland oder der Schweiz arrangiert, wie etwa im Rahmen der im Sommer und Herbst 1959 in Genf stattfindenden Gipfel- und Außenministerkonferenzen. Im allgemeinen wurden Agenten aus Emigrantenkreisen dem Abteilungsleiter vorgestellt. Pitowranows Nachfolger, Alexander Korotkow, schien diese Begegnungen besonders zu genießen und hörte mit Interesse, was seine Landsleute über das politische Leben in der Bundesrepublik berichteten. Da diese Emigranten nicht nur ihre engere Umgebung, sondern auch die allgemeineren Entwicklungen in Westdeutschland beobachteten, lieferten sie auch nützliche Informationen über die sowjetische Haltung in aktuellen Fragen. Manche dieser Ansichten wurden ihnen allerdings von ihren Führungsoffizieren suggeriert. Andererseits konnten sie unter bestimmten Bedingungen, etwa wenn sie nach Moskau eingeladen wurden, brauchbare Erkenntnisse über innenpolitische Probleme und politische Maßnahmen der Sowjetunion sammeln.[14]

Schwierige Kooperation zwischen BOB und BND

Am 5. Mai 1958 erhielt Bill Harvey Besuch von Generalmajor Ralph Osborne, dem Chef des Nachrichtendienstes der US Army in Europa, der unter anderem für die Informationsbeschaffung und die Spionageabwehraktivitäten der US Army in West-Berlin verantwortlich war. Gegenstand des Gesprächs waren die Interessenkonflikte zwischen BOB und der Spionageabwehr der Army bei Operationen gegen das sowjetische Sperrgebiet in Karlshorst. Diese Operationen waren inzwischen durch verschärfte Sicherheitsmaßnahmen vor allem des MfS erheblich erschwert worden. Berichte aus Karlshorst waren für die BOB-Führungsoffiziere jedoch unabdingbare Informationsquellen über die dortigen Zustände, während gleichzeitig die Zahl der deutschen Angestellten, die auf dem Areal arbeiteten oder aus anderen Gründen regelmäßigen Zugang zu ihm hatten, sank und es schwerer wurde, die verlorenen Agenten durch neue zu ersetzen. Sie wurden entweder entlassen oder flohen aus Angst vor der Stasi, oder weil sie das Leben in Ost-Berlin nicht mehr aushielten, in den Westen. Wenn Karlshorst weiterhin beobachtet werden sollte, mußte BOB das Spionageabwehrkorps der Army (CIC) zur Zusammenarbeit überreden, und um dies zu erreichen, mußte das CIC von der überragenden Bedeutung Karlshorsts überzeugt werden. Diesem Ziel diente das Treffen mit Osborne.

David Murphy setzte den Gast über Karlshorst ins Bild, und Harvey drängte darauf, BOB die oberste Verantwortung für die Beobachtung des Komplexes zu übertragen. Seinem Vorschlag zufolge sollten alle Flüchtlinge, die Informationen über dieses Ziel besaßen, automatisch zu BOB geschickt werden, und sämtliche Informationsbeschaffungs- oder Spionageabwehroperationen gegen Karlshorst sollten mit BOB koordiniert werden. Als Gegenleistung würde BOB die Army auf Anfrage mit Informationen über Karlshorst und die dort stationierten sowjetischen Einheiten versorgen. Obwohl dieser Vorschlag Osborne sinnvoll erschienen sein mochte, behielten jene BOB-Offiziere recht, die angesichts der Haltung seiner Untergebenen vorausgesagt hatten, daß er ihn ablehnen würde.[15] Erst ein halbes Jahr später, nachdem die sowjetischen und ostdeutschen Medien begonnen hatten, West-Berlin als »Geheimdienstsumpf« zu bezeichnen, überprüften die amerikanischen Geheimdienste ihre Aktivitäten und waren schließlich bereit, sie der Koordination und Oberaufsicht der CIA zu unterstellen.[16]

Außerdem suchte BOB die Zusammenarbeit mit dem BND, dessen Vorgänger, die Organisation Gehlen, bereits Operationen in Ostdeutschland durchgeführt hatte und ein Hauptziel der KGB-Spionageabwehr gewesen war. BOB kannte also das Sicherheitsrisiko, dem man sich aussetzte, erfuhr aber nie, daß der KGB durch Vermittlung eines einzigen Mannes, Heinz Felfe, viele Geheimnisse der Partnerschaft zwischen BOB und BND teilte. Felfe war gewiß gut plaziert. Der geborene Dresdner war im Zweiten Weltkrieg beim SS-Sicherheitsdienst (SD) gewesen und hatte nach dem Krieg, nachdem er in englische Kriegsgefangenschaft geraten war, kurzzeitig als Spion für die Briten gearbeitet. 1951 war er von einem anderen Dresdner, Hans Clemens, der ebenfalls beim SD gewesen war und jetzt der Organisation Gehlen angehörte, mit dem KGB in Verbindung gebracht worden. Wenig später begann Felfes Karriere als KGB-Agent im künftigen westdeutschen Nachrichtendienst, in dem er bis 1961 in eine Position gelangte, in der er praktisch die Spionageabwehr gegen die Sowjetunion dominierte und darüber hinaus von den Operationen vieler befreundeter Dienste erfuhr, einschließlich derjenigen von BOB. Bis zu seiner Verhaftung im November 1961 fügte er dem BND und der westdeutschen und alliierten Sicherheit enormen Schaden zu.[17]

Im Juni 1956 besuchte BOB-Chef Murphy die BND-Zentrale in Pullach und informierte Felfe und andere BND-Vertreter über das Zielobjekt Karlshorst. Zu dieser Zeit hatte der BND einen Agenten mit dem Decknamen »Lena« in Ost-Berlin, ein Mitglied der Nationaldemokratischen Partei Deutschlands und Direktor des Parteiverlages Verlag der Nation, dessen politische Informationen für den BND von großem Interesse waren. Lena meldete dem BND, daß er vom KGB als Quelle für politische Informationen über Westdeutschland angeworben worden sei, wonach der BND, statt die Operation abzubrechen, Lena als Doppelagenten führte. In der Folgezeeit lieferte Lena dem BND umfangreiches Material über den Karlshorster KGB-Apparat, einschließlich Telefonnummern, Autokennzeichen sowie der Beschreibung von sicheren Häusern und KGB-Angehörigen. Bei dem Informationstreffen im Juni bat Felfe Murphy, diese Angaben anhand der BOB-Akten zu überprüfen. Murphy versprach es, und es folgte eine wahre Lawine von Prüfungsersuchen. Bei den Antworten wurde darauf geachtet, daß sie keine Informationen aus heiklen Fällen oder dem Tunnelmaterial enthielten, doch das war Routine und bedeutete nicht, daß BOB damals einen Verdacht gegen Felfe hegte.

Der verblüffendste Aspekt des Falls Lena war die Tatsache, daß sein KGB-Führungsoffizier sich offenbar mit vollem Namen vorgestellt hatte: Wladimir Konstantinowitsch Schtschukin. Das war höchst ungewöhnlich. Normalerweise benutzten die Führungsoffiziere des Karlshorster KGB-Apparats Decknamen, wie zum Beispiel Felfes Führungsoffizier. Als BOB im Oktober 1956 auf Anfrage des BND das Kennzeichen des Autos überprüfte, mit dem Schtschukin zu den Treffs mit Lena fuhr, entdeckte man das Auto vor dem Haus des KGB-Deutschlandexperten Wadim Kutschin, der eine bedeutende Rolle im Fall John gespielt hatte. BOB fand außerdem heraus, daß Schtschukin und Kutschin im Mai 1955 unter Benutzung ihrer Diplomatenpässe eine Messe in Westdeutschland besucht hatten.[18] Bei der Untersuchung des Falls John erfuhr BOB, daß Wadim K. Umnow, Wadim der Jüngere genannt, während Johns Aufenthalt in Moskau Kutschins Assistent gewesen war. John war im Dezember 1954 aus Moskau nach Ost-Berlin zurückgekehrt, und Schtschukin war im Februar 1955 in Karlshorst eingetroffen. Waren Umnow und Schtschukin ein und dieselbe Person?

Umnow hatte im Herbst eine Stellung in Karlshorst antreten sollen, trat sie aber nicht an, nachdem Spuren von Tuberkulose in seiner Lunge entdeckt worden waren. Es wäre naheliegend gewesen, ihn zu Kutschins Moskauer Assistenten im Fall John zu ernennen, während er sich in ärztlicher Behandlung befand. Als der KGB einen Führungsoffizier für Lena suchte, beschloß man offenbar, die Schtschukin-Identität für Umnow zu schaffen, der sie für die Dauer des Lena-Falls benutzte. Tatsächlich waren Umnow und Schtschukin dieselbe Person. Dies wurde klar, als er Ende 1960 an die sowjetische Botschaft in Wien versetzt wurde, wo er die Leitung der Gruppe N, also der Illegalenunterstützung, übernahm. Nachdem er Karlshorst 1960 verlassen hatte, hatte er in Moskau in der Verwaltung S gearbeitet, der Illegalenabteilung des KGB. Umnows KGB-

Kollegen nahmen fälschlicherweise an, der Deckname sei nötig, weil er mit seinem wahren Namen bei einem früheren Auslandseinsatz enttarnt worden war. In Wirklichkeit mußte er in Wien als Schtschukin auftreten, weil er diesen Namen nicht nur im Umgang mit Lena, sondern auch bei seinen Reisen von Ost-Berlin ins europäische Ausland benutzt hatte.[19]

1956 drängte Felfe seine BND-Kollegen, ihre in Vorbereitung befindliche Studie über Karlshorst abzuschließen und die Agenten vor Ort aufzufordern, »niedrig angesiedelte Beobachtungsquellen mit Zugang zu dem Gelände« zu rekrutieren. Im Dezember 1956 wurde daraufhin ein BND-Mitarbeiter, der mit Karlshorst zu tun hatte, von einem CIA-Verbindungsoffizier gebeten, es mit der Anwerbung solcher Quellen langsam angehen zu lassen, um BOBs umfangreiche Beobachtung nicht zu stören. Als der BND-Mitarbeiter einen Monat später erneut davon sprach, Quellen in Karlshorst anwerben zu wollen, wiederholte der CIA-Verbindungsoffizier seine Einwände. In einem Brief an BOB, in dem er über diese Gespräche berichtete, wies er darauf hin, daß BOB den BND im letzten Sommer über Karlshorst informiert und damit erst auf dieses Ziel gestoßen habe.[20] BOB wußte zwar, daß Felfe die treibende Kraft hinter den Bemühungen des BND in bezug auf Karlshorst war, unterstellte ihm aber keine finsteren Beweggründe.

Der CIA-Verbindungsoffizier sprach in dem Gespräch im Dezember 1956 auch die Karlshorst-Studie an, an der der BND seit geraumer Zeit arbeitete. Sie sollte sämtliche verfügbaren Informationen des BND enthalten, von Telefonnummern über Autokennzeichen bis zu Adressen von sicheren Häusern und den Namen sowjetischer Agenten. Der CIA-Offizier schlug vor, die Studie von BOB prüfen zu lassen, bevor sie vervielfältigt und in Umlauf gebracht wurde. Doch der Vorschlag wurde nicht aufgegriffen, und als BOB die Studie schließlich erhielt, enthüllte sie, so umfangreich sie war, wie beschränkt die operativ gültigen Informationen des BND waren. So enthielt sie zum Beispiel sämtliche Telefonnummern von Karlshorst – nicht nur die des sowjetischen Areals –, von denen die meisten im Ostberliner Telefonbuch zu finden waren.[21]

Im September 1957 stellte BOB fest, daß der BND weiterhin von Flüchtlingen gegebenen Hinweisen auf mögliche Karlshorster Quellen nachging, ohne sich mit der CIA-Basis abzustimmen. Auf Druck aus Berlin sagten höhere BND-Mitarbeiter schließlich zu, Gehlen zu fragen, ob er bereit sei, BOB in bezug auf Karlshorst den Vorrang einzuräumen, obwohl sie bezweifelten, daß er damit einverstanden sein würde. Die Telegramme, die zwischen Berlin und Pullach ausgetauscht wurden, nahmen mit der Zeit eine gewisse Schärfe an. So fragte ein BND-Mitarbeiter an, ob andere westliche Nachrichtendienste zugesagt hätten, »draußen zu bleiben«. Umgekehrt drohte Murphy damit, daß BOB, wenn Gehlen nicht zustimmte, Anfragen des BND in bezug auf Karlshorst nicht mehr bearbeiten werde.[22]

Am 10. Oktober wurde BOB mitgeteilt, daß Gehlen den Vorschlag ablehne, aber zusichere, ohne vorherige Absprache mit der CIA keine Operationen in Gang zu setzen. Außerdem werde man, wenn die Basis einen besseren Zugang zu einem vom BND entdeckten potentiellen Agenten habe, BOB diese Spur überlassen – wenn BOB versprach, alle aus dieser Quelle kommenden Informationen mit dem BND zu teilen. Wie nicht anders zu erwarten, wies die Osteuropaabteilung der CIA in Washington BOBs übereilte Idee zurück, sich zu rächen, indem man dem BND keine Quellen mehr zur Verfügung stellte. Sie hob hervor, daß Gehlen angesichts seiner Verpflichtung gegenüber der Regierung der Bundesrepublik BOB so weit entgegengekommen sei, wie er konnte.[23] BOB gab sich damit zufrieden und erkannte an, daß der BND als Nachrichtendienst eines souveränen Staates und Verbündeten der USA niemals einem anderen Nachrichtendienst das Recht abgetreten hätte, Operationen in Deutschland durchzuführen, die die Sicherheit der Bundesrepublik berührten. Darüber hinaus war BOB, wie der BND sehr wohl wußte, nicht einmal in der Lage gewesen, dem amerikanischen Militär die Zustimmung zu ähnlichen Vorschlägen abzuringen.

Felfe drängte darauf, die BND-Operationen gegen Karlshorst zu erweitern, weil dies engere Beziehungen zu BOB nach sich zog. In den folgenden Jahren reiste Murphy mehrmals nach Pullach, und Felfe besuchte regelmäßig Berlin. Dieser intensive Austausch mit der CIA bot Felfe einen zusätzlichen Vorwand für seine Berlin-Reisen. Die Treffen mit Felfe fanden sogar in sicheren Häusern der CIA-Basis statt. Die junge Analytikerin, die ihm gereinigte Berichte über Karlshorst vortrug, nahm Felfe als wichtigtuerischen und dennoch erstaunlich farblosen Mann mit herablassendem, fast hochmütigem Benehmen wahr. Bei diesen Reisen war Felfe für gewöhnlich in Begleitung eines CIA-Verbindungsoffiziers, der jedoch nicht rund um die Uhr auf ihn aufpassen konnte, so daß er immer eine Gelegenheit fand, sich in Karlshorst mit seinem KGB-Führungsoffizier zu treffen. 1959 war das operative Engagement des BND in Karlshorst derart angewachsen, daß er einen ausschließlich für Karlshorst zuständigen Mitarbeiter nach Berlin schickte, der ein Büro im US-Hauptquartier an der Clayallee erhielt und bis kurz nach dem Bau der Berliner Mauer im August 1961 dort blieb.

Felfes Karriere als KGB-Agent endete wenige Monate später. Der Hinweis, der zu seiner Enttarnung führte, kam von Michail Goleniewski, einem Oberstleutnant des polnischen Staatssicherheitsdienstes, der seit 1958 geheime Mitteilungen an die CIA gesandt hatte und am 4. Januar 1961 nach West-Berlin übergelaufen war. Goleniewski hatte berichtet, daß sechs BND-Angehörige, die 1956 zu einem offiziellen Besuch in Washington weilten, sowjetische Agenten seien. Nachdem er sich in einem sicheren Haus im Westen befand und diesen Bericht bestätigt hatte, begannen umfangreiche Ermittlungen gegen Felfe, die schließlich zu seiner Verhaftung und Verurteilung führten. Er blieb noch aus der Gefängniszelle durch Briefe an seine »Mutter« in Ostdeutschland mit dem KGB in Verbindung und mußte von den vierzehn Jahren seiner Haftstrafe nur sechs absitzen. Am 14. Februar 1969 wurde er gegen einundzwanzig Deutsche ausgetauscht, drei Westdeutsche, die in der Sowjetunion festgehalten worden waren, und achtzehn Ostdeutsche, die als westliche Spione in ostdeutschen Gefängnissen gesessen hatten.[24]

Felfes Memoiren

Siebzehn Jahre später erschienen unter dem Titel *Im Dienst des Gegners* Felfes Memoiren, die aus einer Reihe von sorgfältig redigierten, um seine Karriere im BND gerankten »Enthüllungen« bestanden. Tatsächlich war es ein Gemeinschaftsprodukt von KGB und MfS. Der KGB stellte den Kontakt zwischen Felfe und dem MfS her, das Herbert Brehmer das Buchprojekt anvertraute. Brehmer und Felfe verbrachten mehrere Monate in einer KGB-Wohnung in Moskau, wo ihnen gereinigtes Material aus KGB-Akten zur Verfügung gestellt wurde, das sie in ihrem Manuskript verarbeiten sollten. Als das Manuskript fertig war, wurde es dem KGB zur Prüfung übergeben. Laut Felfe bestand der KGB auf dem im Buch verwendeten Parteijargon.[25]

In dem Kapitel »Meine Operationen« beschreibt Felfe unter anderem seine Rolle bei der Zusammenarbeit mit BOB in bezug auf Karlshorst. Die gegen Karlshorst gerichtete Aufklärungsoperation des BND mit dem Decknamen »Diagramm« führte unter seiner Leitung zu, wie er schreibt, »ziemlich umfangreichen« Ergebnissen, einem fünfbändigen Handbuch mit sowjetischen Telefonnummern, Quartierplänen, Straßenkarten und Personaldaten. Laut Felfe enthielt dieses Handbuch alles, was BND und CIA über Karlshorst wußten. Verteilt wurde es an den Generalbundesanwalt, die Landeskriminalämter, das BfV – und an die Berliner CIA-Basis, deren Analytiker sie, wie oben erwähnt, unhandlich und mit unwesentlichen Informationen überfrachtet fanden. Felfe jedoch war stolz auf sein Meisterwerk, und die Darstellung aus seinen Memoiren wurde seither häufig wiederholt und ausgeschmückt. So soll in Felfes Büro angeblich eine große, mehrfarbige Karte des sowjetischen Komplexes in Karlshorst gehangen haben, auf der selbst die Parkpklätze und Toiletten von einzelnen KGB-Offizieren verzeichnet waren. BOB hatte Felfe einen schwarzweißen Straßenplan von Karlshorst zur Verfügung gestellt, auf dem die wichtigsten Standorte angegeben waren. Aber er war nicht farbig, und Toiletten waren nicht seine oberste Priorität. Felfes Darstellung ist insgesamt mit Übertreibungen gespickt. So behauptet er, die CIA sei durch die Operation »Diagramm« gezwungen gewesen, »gewünschte Daten und Informationen über das KGB in Mitteleuropa in Pullach ... abzurufen«. Dies entsprach nicht der üblichen Praxis. Auch hatte BOB der Diagramm-Gruppe keine Informationen von exponierten Quellen überlassen.[26]

Merkwürdigerweise hat Felfe, als er in seinen Erinnerungen die Beziehung zur Berliner CIA-Basis im Zusammenhang mit Karlshorst darstellte, die Rolle des Doppelagenten Lena mit keinem Wort erwähnt. Immerhin wäre es vielleicht nie zu derart engen Beziehungen zwischen BOB und dem BND gekommen, wenn es den Lena-Fall und das Interesse, das er bei BOBs Karlshorst-Analytiker hervorrief, nicht gegeben hätte. Es ist schwer vorstellbar, warum der Lena-Fall aus Felfes Karlshorst-Geschichte gestrichen wurde, es sei denn, die KGB-Lektoren des Buchs wollten es so. Möglicherweise wollte der KGB die wahre Identität des Führungsoffiziers von Lena und seine frühere Rolle im Fall John weiterhin verschleiern oder verbergen, welche Gelegenheit für politische Erkenntnisse über die Bonner Regierung und die Weiterleitung von Spielmaterial über die Lage in der DDR durch den BND der Fall Lena ihm eröffnete.

Felfes langjähriger KGB-Führungsoffizier, den er als Alfred 2 kannte, war Witali W. Korotkow, der seit 1952 in Wien stationiert gewesen war, bevor er 1955 nach Karlshorst versetzt wurde. Nach dem Ende seiner dortigen Dienstzeit kehrte er 1961 in die Moskauer Zentrale zurück, wo er in der für Operationen gegen die westdeutschen Nachrichtendienste zuständigen Abteilung der KGB-Spionageabwehr unterkam.[27] Dies war eine zu erwartende Versetzung nach Felfes Verhaftung, und Korotkow, der in seiner neuen Stellung mit der Auswertung der Felfe-Materialien befaßt war, dürfte auch derjenige gewesen sein, der während Felfes Haft die geheime Korrespondenz mit ihm führte. Laut Korotkow bestand Felfes Wert vor allem darin, daß er in der Lage war, den KGB über geplante Aktionen von BND, BfV oder CIA gegen sowjetische Ziele zu unterrichten. Außerdem lieferte er wertvolle Informationen über die Bewaffnung der Bundeswehr. Dem Politbüro der KPdSU war diese Quelle derart wichtig, daß es sich 1961 trotz bedrohlicher Anzeichen dagegen entschied, die Operation auf Eis zu legen. 1961 bezeichnete Korotkow als Felfes Schicksalsjahr, in dem »sich die Schlinge um seinen Hals zuzog«. Die Entscheidung, seinen »Top-Spion« weiter zu beschäftigen, kommentierte er mit den Worten: »Die Politik gewann und opferte Felfe.«[28]

Unser Interview mit Felfe

Als wir Felfe interviewten, schien er von der Aufmerksamkeit geschmeichelt zu sein. Er bemerkte, daß er in der Vergangenheit regelmäßig als »geehrter Gast« die Sowjetunion besucht habe, doch seine russischen Freunde seien »innerhalb von zwei Jahren nach der Vereinigung alle aus Karlshorst verschwunden, obwohl sie vier Jahre Zeit hatten, um ihre Angelegenheiten zu regeln«. Offenbar hatte sie die strenge Überwachung schon 1992 vertrieben. Felfes Haltung zum KGB und zur Sowjetunion hat sich seit der Veröffentlichung seiner Memoiren geändert. Korotkow hat in dem obenzitierten Gespräch mit der *Berliner Zeitung* gesagt, daß Felfes Informationen nie angezweifelt worden seien, weil er sich aus »tiefer Überzeugung zur Zusammenarbeit mit der sowjetischen Aufklärung entschlossen« hatte. Als das ganze System zusammenbrach, mußte sich auch Felfes Weltsicht verändern. Heute ist seine Einstellung gegenüber seinen ehemaligen Genossen sehr nüchtern. Im Gegensatz zu dem fanatischen »Antiimperialisten« und überzeugten Kommunisten, als den er sich in seinem Buch darstellte, ist er zutiefst traditionsgebunden und konservativ, kurz, ein bürgerlicher Mensch. Er hatte geglaubt, die Sache des Marxismus-Leninismus zu fördern, indem er für die Sowjetunion arbeitete, ist inzwischen aber zu der Einsicht gelangt, daß er das Land, dem er diente, falsch eingeschätzt hatte. Dieser Eindruck von Felfes Haltung paßt zu dem Bild, das sich seine Bekannten in den fünfziger Jahren von ihm machten, die ihn als ichbezogenen Menschen erlebten, der gern gut lebte und es liebte, im Mittelpunkt zu stehen. Sein Denken bewegte sich in den fast vierzig Jahren, die er mit der Sowjetunion verbunden war, in den Bahnen, die von deren Ideologie vorgegeben wurden.

Im Interview sprach er offen über sein Doppelleben.[29] Seiner Aussage nach ist er von seinen Führungsoffizieren nie davor gewarnt worden, daß er durch die Enthüllungen von KGB-Überläufern gefährdet sein könnte, etwa Deriabins Hinweis, daß es in der Organisation Gehlen zwei Sowjetagenten mit den Decknamen Peter und Paul gebe. Korotkow hat Goleniewski gegenüber Felfe nie erwähnt, obwohl er, wie Felfe später herausfand, wußte, daß dieser Fall zu seiner Enttarnung führen konnte. Aber Korotkow hatte von seinen Vorgesetzten vermutlich den Befehl erhalten, Stillschweigen zu bewahren, weil man Felfe als Informanten behalten wollte. Die These, daß er vom KGB geopfert worden sei, um den BND in Schwierigkeiten zu bringen, wies Felfe kurz und bündig zurück: »Quatsch!«[30]

Warum Korotkow in dem Gespräch mit der *Berliner Zeitung* angedeutet hat, daß Golizyn ihn enttarnt hatte, konnte sich Felfe nicht erklären. Zu Golizyns Übertritt machte er dabei folgende merkwürdige Bemerkung: »Golizyn lieferte Informationen, bevor er überlief, und erst nachdem diese Informationen bestätigt worden waren, wurde er akzeptiert. So erfuhren die Amerikaner, was er zu sagen hatte, bevor er tatsächlich übergelaufen war. Es war ein Tauschgeschäft.« Wahrscheinlich beruht diese Äußerung auf dem, was Felfes Führungsoffizier nach seiner Entlassung aus der Haft über seine Enttarnung gesagt hatte. Nur durch die Behauptung, Golizyn habe vor seinem Übertritt im Dezember 1961 Informationen weitergegeben, konnte ihm die Schuld an Felfes Verhaftung einen Monat zuvor angelastet werden.[31]

Wenn Felfe den KGB auf andere Überläufer oder Spionagefälle ansprach, wurde ihm regelmäßig versichert: »Niemand kann etwas von dir wissen. Mach dir keine Sorgen.« Felfe führte als Beispiel eine Rede Erich Mielkes an, in der er die westdeutsche Spionage in der DDR angegriffen und angeblich neben anderen auch Felfe erwähnt hatte. Daraufhin hatte sich General Alexander Korotkow umgehend zu Mielke begeben und ihm gesagt: »Hände weg! Das ist unser Mann.« Mielke hatte erwidert: »In Ordnung! Niemand außer mir weiß von ihm, und niemand wird jemals von ihm erfahren.«

Laut Felfe war der Klarname seines Führungsoffiziers »Alfred 1« Iwan I. Sumin. Bevor Alfred 2 (Witali Korotkow) seine Nachfolge antrat, nahm er ebenfalls an den Treffs mit Felfe teil. Danach traf sich Alfred 2 für gewöhnlich allein mit Felfe. Gelegentlich wurde er jedoch von General Alexander Korotkow begleitet, dessen Hauptthema Felfe zufolge die Politik war: »Er war nur an der Bundesrepublik Deutschland interessiert, an ihrer Haltung und ihren Absichten. Die CIA erwähnte er nicht.« Als Alfred 2 ihm die Hilfe des KGB anbot, um sein Ansehen im BND zu steigern, lehnte Felfe nach eigener Aussage ab. Er wollte die Beziehung zum KGB so einfach wie möglich gestalten und befürchtete, die angebotene Unterstützung würde seine Lage komplizieren. Im übrigen schien die CIA auch in den Gesprächen mit Alfred 2 keine Rolle zu spielen. Zum Beispiel war er nicht informiert, als Felfe 1956 nach Washington reiste. Felfe schickte ihm allerdings an eine Deckadresse eine Postkarte. Den Bericht über die Reise nahm Alfred 2 kommentarlos zur Kenntnis. Er fragte nicht nach, schien jedoch verärgert darüber zu sein, daß es die Amerikaner gewesen waren, nicht die Sowjets, die Felfe als erste in ihre Hauptstadt eingeladen hatten.

Als Felfe ihm von den Informationen berichtete, die er im Rahmen der Operation Diagramm von der CIA erhalten hatte, unterbrach ihn Alfred 2: »Uns interessiert, wenn jemand Zugang zu unseren Tresoren hat. Andere Dinge sind nicht von Interesse. Wir wissen, was wir in Karlshorst haben und wie es funktioniert, und wir wissen es besser als die Amerikaner.« Bei anderer Gelegenheit erklärte Felfes Führungsoffizier, daß untergeordnete Operationen gegen Karlshorst, ob sie nun vom BND oder von der CIA durchgeführt wurden, ihn nicht interessierten. »Das ist deine Sache«, fügte er hinzu. Felfe hat das mangelnde Interesse für Informationen über Karlshorst nie verstanden. Als er Alfred 2 zum Beispiel fünf dicke Notizbücher – wohl die BND-Studie über Karlshorst – anbot, erwiderte dieser nur: »Mach damit, was du willst.« Auf der anderen Seite achtete er darauf, daß das MfS nichts gegen CIA- oder BND-Agenten unternahm, die gegen Karlshorst operierten, wenn Felfe dadurch in Gefahr geraten wäre. Felfe zufolge hat er vom KGB nie spezielle Anfragen über CIA-Offiziere erhalten, die er in Berlin oder im CIA-Vebindungsbüro kennenlernte. Wenn ein Name fiel, wurde er nach den üblichen Personendaten und Anzeichen für eventuelle Angreifbarkeit gefragt, mehr nicht. Felfe berichtete trotz dieses offensichtlichen Desinteresses weiterhin pflichtschuldig auch über alle Aktivitäten in bezug auf Karlshorst und die CIA.

Um die Vorgehensweise des KGB bei Berliner Operationen, an denen er beteiligt war, zu illustrieren, erwähnte Felfe den Fall Lena. Als der BND erfuhr, daß Lena vom KGB angeworben worden war, wurde der Fall, da er als sowjetischer Doppelagentenfall galt, automatisch Felfe übergeben. Er besteht darauf, daß sein KGB-Führungsoffizier mit ihm nicht vorher über den Fall gesprochen habe. Als er über ihn berichtete, habe sein Führungsoffizier erwidert, er solle damit tun, was er wolle, den KGB interessiere es nicht. Lena konnte berichten, was er wollte. Absprachen über den Fall hat es nie gegeben, noch hat Felfes Führungsoffizier in bezug auf den Aktenabgleich der Lena-Informationen bei der Berliner CIA-Basis nachgefragt. Warum der KGB-Offizier gegenüber Lena seinen Klarnamen benutzte, kann sich auch Felfe nicht erklären. Er hat Schtschukin nie getroffen. Das hätte der KGB nie erlaubt, da es die Vermengung zweier Operationen bedeutet hätte.

Den größten Teil der Zeit über, die Felfe für den KGB arbeitete, scheint sich weder er selbst noch der sowjetische Nachrichtendienst Sorgen über seine Sicherheit gemacht zu haben. Das sichere Haus in Karlshorst, in dem er mit Alfred 2 zusammentraf, wurde nur einmal gewechselt, und der KGB überließ Felfe selbst die Entscheidung darüber, wann er nach Berlin reisen konnte, ohne sich zu gefährden. Wenn er seinen Führungsoffizier nicht antraf, weil dieser krank oder in Urlaub war, empfand es Felfe nicht als Problem. Er fuhr einfach zurück nach Pullach und wartete die nächste Gelegenheit ab.

Es ist vielfach angenommen worden, daß bei den gegen Karlshorst gerichteten Operationen, die Felfes Karriere so förderlich waren, der KGB seine Hände im Spiel hatte. Man ging davon aus, daß Felfe nur in enger Absprache mit den Sowjets gehandelt hatte. Weiterhin war man überzeugt, daß der KGB großen Wert auf Informationen über Personal,

Operationen und Einrichtungen der CIA legte und deshalb mit speziellen Anfragen auf Felfes Berichte reagiert hatte. Felfe bestreitet dies. Kann man ihm glauben? Nicht unbedingt. Angesichts der neuen Erkenntnisse über die Arbeit des Karlshorster KGB-Apparats erscheint eine genauere Untersuchung der Darstellung, die er selbst von seiner Beziehung zum KGB gegeben hat, angebracht.

Es ist klar, daß Felfe von Anfang an von der deutschen Abteilung der Spionageabwehrverwaltung des KGB-Auslandsnachrichtendiensts geführt wurde, vermittelt durch die Spionageabwehreinheit in Karlshorst. Deren Hauptaufgabe bestand in der Unterwanderung der westdeutschen Nachrichten- und Sicherheitsdienste und im Schutz der sowjetischen Interessen gegen Operationen dieser Dienste. Für die Sowjets war Felfe eine Quelle, die ideal plaziert war, um ihren Interessen zu dienen, und sie betrachteten seine Operation Diagramm hauptsächlich als ein Mittel, mit dem er seine Stellung im BND stärkte. Seine Berichte über BOB und die Aktionen gegen Karlshorst stellten wahrscheinlich nur einen Bruchteil der von ihm gelieferten Informationen über den BND und andere westdeutsche Geheimdienste sowie die politischen und militärischen Entwicklungen in Westdeutschland dar. Es ist deshalb verständlich, daß die KGB-Führung davor zurückschreckte, Felfes Diagramm aus einem Motor seines Aufstiegs im BND zu einem Instrument der aktiven Ausforschung der Berliner CIA-Basis und ihrer Aktionen gegen Karlshorst zu machen. Wenn der KGB Felfe spezifische Aufträge erteilt hätte, wäre ihm klar gewesen, wo die wirklichen sowjetischen Interessen lagen, und jeder Fehltritt hätte bei BOB die Alarmglocken auslösen können.

Die ganze Geschichte wird man erst erfahren, wenn der SWR bereit ist, sie an die Öffentlichkeit zu bringen. Doch es liegt auf der Hand, daß Felfe BOBs Operationen gegen Karlshorst erheblich geschadet hat. Der Schwerpunkt des KGB lag zweifellos auf Informationen über den BND. Es kann jedoch als sicher angenommen werden, daß der unablässige Informationsstrom über Personal und Operationen der Berliner CIA-Basis, der dem KGB von Felfe zufloß, der Spionageabwehrabteilung in Karlshorst zugute kam. Deren Offiziere müssen ihn als willkommene Ergänzung ihrer sonstigen Operationen gegen die in West-Berlin stationierten amerikanischen Nachrichtendiensteinheiten betrachtet haben.

DAS SPIEL DER ILLEGALEN

Die größte und bedeutendste Einheit des Karlshorster KGB-Apparats war die Dritte Abteilung, die Illegalenoperationen auf der ganzen Welt unterstützte. Sowohl der sowjetische militärische Nachrichtendienst als auch der KGB-Auslandsnachrichtendienst stützten sich stark auf Illegale, unter fremder Identität im Ausland lebende Sowjetbürger. Diese Illegalen waren an den größten Erfolgen der sowjetischen Nachrichtendienste im Zweiten Weltkrieg und im Kalten Krieg entscheidend beteiligt. Vor dem Sieg der Alliierten über Deutschland hatten sowjetische Illegalenoperationen Agentennetze in Österreich und Deutschland gebraucht, um die erforderlichen Personaldokumente zu beschaffen. Nach 1945 wurde Ostdeutschland, genauer die Dritte Abteilung des Karlshorster KGB-Apparats, zum bedeutendsten Zentrum für die Unterstützung der Illegalen.

Das wichtigste Ereignis für die Illegalenverwaltung war 1957 der Verlust von »Oberst Abel«, einem ihrer erfahrensten und geschicktesten Illegalen. Oberst Abel war der Deckname, den Wiljam G. Fischer 1957 den FBI-Beamten bei seiner Festnahme nannte. Nachdem er schon vor dem Zweiten Weltkrieg als Illegaler operiert hatte, wurde er nach Kriegsende mit einer neuen Identität ausgestattet und gelangte 1948 über Auffanglager für Staatenlose in Deutschland und Kanada in die Vereinigten Staaten. Fischer war der erste Illegale, der nach dem Krieg in den USA festgenommen wurde. Im Gegensatz zu gelegentlich geäußerten Vermutungen war er nicht nur ein »Schläfer« gewesen, sondern hatte Helen und Morris Cohen angeleitet, zwei illegale Agenten, die wertvolle Quellen im amerikanischen Atomwaffenprogramm führten. Fischers Stolperstein war sein Assistent, der KGB-Illegale Reino Hayhanen, der wegen Trunksucht nach Moskau zurückgerufen wurde. Im Mai 1957 lief Fischer in

Paris über, nachdem ihm von einem KGB-Offizier in der Residentur befohlen worden war, mit dem Zug über West-Berlin und Karlshorst nach Moskau zu fahren.

Die Dritte Abteilung in Karlshorst

Illegale stellten stets eine bedeutende Komponente der sowjetischen Nachrichtendiensttätigkeit dar, und nach 1945 war Ostdeutschland das wichtigste Zentrum für die Unterstützung von KGB-Illegalen. Die Karriere von Alexander Korotkow, bis zu seinem Tod im Jahr 1961 Chef der Karlshorster Residentur, illustriert, wie wichtig die Illegalen für den KGB waren. Aufgrund der Erfahrungen, die er in den dreißiger Jahren als Illegaler gesammelt hatte, bot er sich als erster Nachkriegsresident der NKGB-Auslandsverwaltung in Berlin geradezu an, denn die Unterstützung von Illegalen sollte zu den Hauptaufgaben der Residentur gehören. Obwohl der NKGB überall im Land Zugriff auf sämtliche amtlichen und politischen Akten hatte, rekrutierte er seine eigenen Quellen für die Unterstützung der Illegalen. Als Korotkow 1947 nach Moskau zurückkehrte, übernahm er die Illegalenverwaltung des KI. Spätere Residenten hoben in ihren Lebensläufen regelmäßig besonders die Arbeit in Illegalenoperationen hervor. Alexej A. Krochin und Anatoli I. Lasarew waren beide Chef der Illegalenverwaltung des KGB, und ein anderer Chef dieser Verwaltung, Juri I. Drosdow, hatte seine Laufbahn unter Korotkow in Karlshorst begonnen.[1]

Nachdem das KI aufgelöst worden war und die Illegalenoperationen in die Verantwortung des MGB zurückgekehrt waren, blieb Korotkow in der Illegalenarbeit. Andere Experten wurden in Regionalabteilungen versetzt, wo sie aber weiterhin Illegale betreuten.[2] Dieser Wechsel war eine Folge der im MGB geführten Debatte darüber, ob die Illegalenverwaltung als einzige Einheit des Auslandsnachrichtendienstes Illegale anwerben, ausbilden, dokumentieren, ausschicken und führen sollte. Anfang der fünfziger Jahre wurden tatsächlich einige Illegalenoperationen Regionalabteilungen übertragen. Zum Beispiel begann die österreichisch-deutsche Abteilung, in Vorausschau auf eine Zeit, in der es schwerer sein würde, zwischen Ost und West hin und her zu reisen, in Westdeutschland illegale Residenturen aufzubauen.

Im August 1953 berief der neue Chef der Auslandsverwaltung, Alexander S. Panjuschkin, eine Sitzung ein, in der über Vorschläge für die künftige Illegalenarbeit diskutiert werden sollte. Einer dieser Vorschläge sah die Schaffung einer eigenen Illegalenverwaltung in der Ersten Hauptverwaltung vor.[3] Die Idee stieß auf Zustimmung, und die neue »Spezialverwaltung« oder Verwaltung S blieb über die Jahre hinweg ein bedeutendes Element der KGB-Operationen. Ihre von Karlshorst gesteuerten Aktivitäten in Ostdeutschland spielten eine wichtige Rolle in Ausbildung und Dokumentation von KGB-Illegalen.

Einer der Illegalen in Deutschland war Jewgeni J. Runge, Deckname Max, der im Oktober 1967 zur Berliner CIA-Mission überlief. Der Fall erregte großes Aufsehen – Übertritte waren nach dem Bau der Mauer selten.[4] Runge nannte eine Reihe von Westdeutschen, die für den KGB arbeiteten, doch was der Öffentlichkeit entging, waren die umfangreichen Informationen über die für die Illegalen zuständige Dritte Abteilung in Karlshorst und die Beziehungen zwischen der Illegalenverwaltung und anderen Einheiten des KGB in Moskau und Karlshorst. Runges Laufbahn bietet einen faszinierenden Einblick in Arbeitsweise und Personal der deutschen Illegalenoperationen des KGB und belegt darüber hinaus, in welchem Ausmaß BOB die Karlshorster Illegalenoffiziere, die in den fünfziger und sechziger Jahren mit Runge arbeiteten, bekannt waren.

Als Deutschstämmiger 1928 in der östlichen Ukraine geboren, entkam Runge zu Beginn des Zweiten Weltktiegs der Zwangsumsiedlung nach Zentralasien, nahm während der deutschen Besetzung die deutsche Staatsbürgerschaft an und wurde von den sich zurückziehenden deutschen Truppen mitgenommen.[5] Nach abenteuerlichen Zwischenstationen, darunter einem kurzen Aufenthalt in einem amerikanischen Kriegsgefangenenlager, befand er sich bei Kriegsende in der SBZ und besuchte in Ost-Berlin die Schule. Dort wurde er von Offizieren der SMAD-Abteilung für Repatriierung aufgefordert, seine Ausbildung in Ostdeutschland fortzusetzen. Was er nicht wußte, war, daß die Offiziere nach Kandidaten suchten, die als Illegale arbeiten konnten, und Runge brachte die besten Voraussetzungen dafür mit. Er wurde informell von Terenty F. Nowak angesprochen, einem hoch dekorierten Staatssicherheitsoffizier, der im Krieg mit sowjetischen Partisanen hinter den deutschen Linien gekämpft hatte und jetzt zur Tarnung im sowjetischen Konsulat angestellt war. Als Runge 1953 zum ersten Mal Karlshorst besuchte, wurde er dem Chef der

Illegalenverwaltung, Korotkow, und Boris J. Baryschnikow, dem Chef der Karlshorster Illegalenabteilung, vorgestellt.[6] Man sagte ihm, daß seine Fähigkeiten im Illegalenprogramm gebraucht würden und er dabei zum »echten« Geheimdienstler werden könne.[7] Anschließend wurde er formell rekrutiert und mit seinem ersten Führungsoffizier, Nikolai N. Balaschow, zusammengebracht, der seine Funk- und Illegalenausbildung überwachte. Gleichzeitig setzte Runge sein Studium der Politökonomie an der Humboldt-Universität in Ost-Berlin fort und schloß es 1954 ab. 1955 wurde er als Unterleutnant des KGB vereidigt.

Balaschows Vorgesetzter in der Illegalenabteilung in Karlshorst war Jewgeni F. Michailow, ein auf deutsche Operationen spezialisierter Illegalenoffizier, der später in der Moskauer Zentrale für Runges Aktivitäten in Westdeutschland verantwortlich wurde. Michailow, der fließend Deutsch sprach, war von April bis Juni 1953 durch die Kriegsgefangenenlager in der Sowjetunion gereist, um mit Kandidaten für die Agentenarbeit in Westdeutschland zu sprechen. Er stand angeblich dem Illegalenchef Korotkow nahe, dem er es zu verdanken hatte, daß er im September 1953 nach Berlin abkommandiert wurde.[8]

Die Dokumente, die es Runge ermöglichten, zu einem Bürger der Bundesrepublik Deutschland zu werden, erhielt Karlshorst vom polnischen Geheimdienst und von einem Agenten der Illegalenabteilung in der Westberliner Polizei. 1956 heiratete Runge auf Anweisung des KGB Walentina Rusch, eine in Westdeutschland operierende sowjetische Agentin. Ihr Führungsoffizier, Jewgeni I. Mosewnin, ein höherer Beamter im Bereich der Illegalenführung, war neben Runges Führungsoffizier und beider Chef, Michailow, der einzige Gast der kleinen Hochzeitsfeier.[9]

Das Paar ließ sich in Köln nieder und eröffnete als Tarnung ein kleines Geschäft. Runge führte von Köln aus zwei Agenten. Der eine war ein Kellner, der bei diplomatischen Empfängen angestellt wurde und gelegentlich Mikrofone in Zimmern anbrachte, die von hohen Regierungsvertretern benutzt wurden. Runge lernte diesen Informanten kennen, als er Verwandte in der DDR besuchte. Zusammengebracht wurden sie von Dmitri I. Swetlakow, der als Zweiter Sekretär der sowjetischen Botschaft in Ost-Berlin getarnt war.[10] Runges zweiter Agent mit dem KGB-Decknamen Arnold konnte als Hausmeister der französischen Militärmission in Bad Godesberg wichtige Dokumente über die NATO und die militärische Zusammenarbeit zwischen der Bundesrepublik und Frankreich beschaffen.

Als 1956 der Aufstand in Ungarn ausbrach und die Sowjets auf eine westliche Intervention gefaßt waren, wurde Runge aufgefordert, umgehend Informationen über die Überlegungen der NATO zu liefern. Außerdem sollte er jede amerikanische Truppenbewegung an der deutsch-tschechoslowakischen Grenze melden. Der KGB erreichte Runge über Kurzwellenfunk und sendete für gewöhnlich einmal wöchentlich als Amateurübertragungen getarnte verschlüsselte Funksprüche, doch diese Verbindung war nur einseitig; Runge mußte seine Mitteilungen schriftlich an Deckadressen in Ost-Berlin und Wien schicken. Da die Briefe zwei oder drei Tage unterwegs waren, hatte Runge außerdem eine Wiener Telefonnummer erhalten, die er jedoch nur im Fall einer militärischen Krise benutzen sollte.[11]

Mit Ausnahme dieser Notfalltelefonnummer blieb Runges Kommunikationssystem während seiner gesamten Dienstzeit in Westdeutschland gleich. Die Zeiten und Frequenzen der KGB-Sendungen wurden in einen Funkplan eingetragen. Die Mitteilungen waren in Morseziffern verschlüsselt, die Runge mit Hilfe eines Miniaturblocks entschlüsselte, den er nur einmal benutzte. Mit einem simplen Umwandlungsalphabet übersetzte er die Zahlen dann in den russischen Text. Die Antwort an den KGB, die er in Briefen an seine Deckadressen schickte, enthielten geheime Nachrichten. Bis auf heikle Dinge wie Namen, Adressen, Treffpunkte und Uhrzeiten, die Runge ebenfalls mit einem nur einmal zu benutzenden Block verschlüsselte, waren diese Briefe im Klartext geschrieben.[12]

Im Januar 1960 wurde Runge aus Sicherheitsgründen nach Karlshorst zurückgerufen. Der Westberliner Polizeibeamte, der Runges Personalausweis ausgestellt hatte, war verhaftet worden. Nachdem Runges Frau das Geschäft in Köln aufgelöst hatte, folgte sie ihrem Mann nach Moskau. Im Herbst 1960 war der KGB zu der Überzeugung gelangt, daß Runges Tarnung nicht aufgeflogen war, und schickte ihn mit der Anweisung, nach Frankfurt am Main umzuziehen, nach Westdeutschland zurück. Ein halbes Jahr später wurde ihm mitgeteilt, er solle den Kontakt mit Agent Arnold abbrechen.

Vor der Rückkehr nach Westdeutschland wurde Runge ein neuer Agent unterstellt: Heinz Sütterlin, Deckname Walter. Sütterlin war vom MfS angeworben, aber an den KGB abgetreten worden, wovon er selbst erst erfahren hatte, als er seinen KGB-Führungsoffizier, Leonid Prochorow, kennenlernte, der offiziell als Dritter Sekretär an der sowjetischen

Botschaft in Ost-Berlin geführt wurde. Walter hatte aus einer Reihe von Zielpersonen, deren Namen Prochorow ihm gegeben hatte, Leonore Heinz ausgesucht, eine Sekretärin im westdeutschen Außenministerium, die später den KGB-Decknamen Lola erhielt. Es gelang ihm, sie für sich einzunehmen, und nach ihrer Hochzeit überredete er sie, ihm Dokumente aus ihrem Ministerium zu beschaffen. Laut Runge lag dieser Auftrag nahe, weil Walter auf Frauen »eine seltsame Faszination« ausübe.

Aus dieser Quelle erhielt der KGB die Korrespondenz westdeutscher Botschaften, hauptsächlich in Entwicklungsländern, Anweisungen des Außenministeriums und Monatsberichte des BND. Aber trotz der Zahl der Dokumente, die Lola lieferte, und ihrer zweifelsfreien Echtheit enthielten sie kaum Informationen über die Beziehungen der Bundesrepublik einerseits zu ihren wichtigsten NATO-Partnern und andererseits zu den sozialistischen Ländern, noch gaben sie Aufschluß über geplante Aktionen gegen die Sowjetunion. Nach Aussage von Runge glaubte man in Moskau nicht, daß Lola so viel Material beschaffen konnte, und argwöhnte ein Täuschungsmanöver. Auf jeden Fall mußte sie in der Frage, welche Informationen sie auswählen sollte, angeleitet werden. Da Walter dazu offenbar nicht in der Lage war, beabsichtigte Moskau, so bald wie möglich den direkten Kontakt zwischen Runge und Lola herzustellen. Doch Walter hatte als angeblichen Grund für seinen Wunsch nach Einblick in amtliche Dokumente eine nicht näher bezeichnete Weltfriedensbewegung genannt. Wie würde Lola reagieren, wenn sie plötzlich einem KGB-Offizier gegenüberstand, auch wenn er perfekt Deutsch sprach? Schließlich fand am 12. Dezember 1966 ein erstes Treffen statt. Runge glaubte, daß Lola nicht abgeneigt war, teilte Moskau in seinem über eine Wiener Adresse geschickten Bericht aber mit, er habe den Eindruck gehabt, daß Walter observiert werde. Einen für den 23. Dezember geplanten Treff mit Walter ließ er vorsichtshalber platzen.

Der Bericht löste in der Moskauer Zentrale eine Überprüfung der Operationen und des Falls Lola aus. Runge wurde nach Budapest beordert, wohin sein langjähriger Führungsoffizier, Michailow, versetzt worden war. Er weigerte sich jedoch, da ein gewöhnlicher Westdeutscher längere Zeit auf ein Visum für Ungarn warten mußte und eine plötzliche Reise nach Budapest möglicherweise Verdacht erregt hätte. Die Zentrale wies ihn daraufhin an, über Karlshorst nach Moskau zu kommen. Seine Frau Walentina folgte ihm, nachdem sie aus Ost-Berlin ein Telegramm erhalten hatte, in dem ihr mitgeteilt wurde, daß ihr Mann erkrankt sei. Am 3. Februar kam das Ehepaar Runge in Moskau mit einem Mann zusammen, der sich als Sergej Alexandrowitsch Kondraschow vorstellte. Runge nahm an, es mit dem Chef der österreichisch-deutschen Abteilung zu tun zu haben. Kondraschow war in Begleitung des für Runge zuständigen Offiziers der Illegalenverwaltung.

Als Kondraschow erklärte, daß Walter im Verdacht stehe, ein Doppelagent für die westdeutsche Spionageabwehr zu sein, widersprach Runge und entgegnete, er halte die Operation für sauber und fortsetzbar. Um seine Ansicht zu untermauern, wies er darauf hin, daß Walter seit dem Treffen am 12. Dezember nichts geschehen sei. Doch je mehr er sich engagierte, desto stärker wurde seine Loyalität angezweifelt. Das Leben als Illegale in Westdeutschland war für Runge und seine Frau jedenfalls zu Ende.

Da Runge nach Ansicht des KGB durch seinen Kontakt zu Walter kompromittiert war, konnte er nicht sofort nach Westdeutschland zurückkehren, so daß Walentina den Auftrag erhielt, ihre Tarnfirma in Frankfurt am Main zu schließen. Runge unterstützte sie von Karlshorst aus und half, während er sich dort aufhielt, der Dritten Abteilung der Residentur, an deren Spitze damals Boris Naliwaiko stand.[13] Auf Anregung von Alexander M. Sacharowski, dem Chef der Ersten Hauptverwaltung, traf Kondraschow am 15. Mai 1967 in Ost-Berlin mit Runge zusammen, um mit ihm über seine künftige Verwendung zu sprechen; die früheren Sicherheitsbedenken waren offenbar ausgeräumt worden. Ein Hauptpunkt des Gesprächs war Runges Weigerung, seinen Sohn in einem Internat in der Sowjetunion zu lassen; er wollte ihn nach Westdeutschland mitnehmen. Diese Forderung erweckte Mißtrauen, aber es gab auch KGB-Offiziere, die fanden, daß man sie erfüllen sollte.

Im Oktober 1967 lief Runge zusammen mit seiner Frau und seinem Sohn in den Westen über. Einer KGB-Akte zufolge nannte eine verläßliche Quelle als Gründe, die Runge zu diesem Schritt bewogen hatten, »die Entscheidung des KGB, ihn, ohne es ihm zu sagen, vom Fall ›W‹ abzuziehen, seine Weigerung, ohne seinen Sohn einen neuen Posten anzutreten, und seine Enttäuschung vom Kommunismus«. Der KGB fand, daß es Runge an Disziplin fehle und er sich der Verletzung der Sicherheitsregeln schuldig gemacht habe; außerdem habe er exorbitante finanzielle Forderungen gestellt.

Unterdessen war die Walter-Lola-Operation, ohne daß Runge davon wußte, tatsächlich weitergeführt worden. Walters früherer Führungsoffizier, Prochorow, hatte sich im August 1967 in Wien mit ihm getroffen. Doch Walter und Lola wurden verhaftet, nachdem der sowjetische Agentenring entdeckt worden war. Nach der Haftentlassung im Jahr 1972 ging Walter, alias Heinz Sütterlin, über Jugoslawien und Ost-Berlin nach Dresden. Seine Hoffnung auf ein ruhiges Rentnerdasein endete mit der deutschen Wiedervereinigung. Doch er erhält weiterhin seine Rente – diesmal von seinen ehemaligen Gegenspielern in Bonn.[14] Seine Frau Leonore beging am 15. Oktober 1967 im Gefängnis Selbstmord.[15] In der KGB-Zentrale in Moskau wurde in den Personalakten der für den Fall Runge verantwortlichen Offiziere eine Abmahnung vermerkt.

Obwohl Runge ein Illegaler war und als solcher nie offiziell über Dinge informiert wurde, die außerhalb seiner Operation lagen, war er zu einem angesehenen Offizier geworden, der beachtliche Erfolge aufzuweisen hatte. Außerdem kannte er sich in der Karlshorster Illegalenabteilung aus, in der seine Laufbahn begonnen hatte. Während seines Aufenthalts in Berlin 1967 erfuhr er aus eigener Anschauung, daß Karlshorst trotz der nach dem Bau der Mauer verschärften Sicherheitsmaßnahmen eines der wichtigsten ausländischen Zentren zur Unterstützung von Illegalen geblieben war.[16] Laut General Lasarew, dem Chef der Verwaltung S, mit dem Runge im Sommer 1967 zusamentraf, blieb die DDR das einzige Land im Ostblock, wo noch Namen lebender Personen für im Ausland operierende Illegale benutzt wurden. Die echten Träger dieser Namen, die für gewöhnlich keine Ahnung hatten, daß sie auf diese Weise zu Mitarbeitern des KGB geworden waren, wurden überwacht, um die Sicherheit der Illegalen zu gewährleisten, die sich hinter ihrer Identität versteckten.

Außerdem gehörten zu jeder KGB-Bezirksgruppe in der DDR Repräsentanten der Dritten Abteilung oder der Gruppe N – N von *nelegaly* (Illegale). Diese Offiziere suchten nach Personen, deren Lebenslauf als Legende von Illegalen verwendet werden konnte. Sie ließen sich von den DDR-Behörden die Namen von Personen geben, die aus Westdeutschland oder anderen Staaten einreisten. Noch besser waren die Fälle von Einwanderern in die DDR. War der Betreffende überprüft und stand fest, daß er ernsthaft beabsichtigte, in die DDR überzusiedeln, wurde er unter verschiedenen Vorwänden angeworben und zur Geheimhaltung verpflichtet. Daß irgendwo im Ausland ein KGB-Illegaler seinen Namen annehmen würde, erfuhr er nicht. Dies alles war extrem zeitaufwendig und arbeitsintensiv, so daß es nicht verwunderlich ist, daß die Dritte Abteilung in Karlshorst stets die größte der Residentur war.

Zu den Aufgaben der Dritten Abteilung gehörte außerdem die Bereitstellung von Dokumenten und deren Fälschung. Weiterhin beschäftigte sie Agenten in der DDR – Runge nannte sie »Praktikanten« –, die mithalfen, Illegale mit Tarngeschichten oder Dokumenten zu versorgen und Kandidaten für die illegale Arbeit ausbildeten. Die DDR war für die Verwaltung S als sicherer Ort, an dem Illegale unter ostdeutscher Tarnung leben und sich mit den Bedingungen außerhalb der Sowjetunion vertraut machen konnten, von enormem Wert. Die Ausbildung von Illegalen in der DDR, an der Runge beteiligt war, wurde sehr ernst genommen. Bevor die Kandidaten einen Auslandsauftrag erhielten, wurden sie einer realitätsnahen Prüfung unterzogen, einem Rollenspiel, in dem Runge einen Westdeutschen spielte, der ihre Ansichten zu Tagesereignissen auf die Probe stellte, sie mit Frauen oder Alkohol in Versuchung brachte und es ihnen schwermachte, Informationen aus ihm herauszuholen. Auf diese Weise prüfte Runge die politische Zuverlässigkeit, den Charakter und die operativen Fähigkeiten sowie den Einfallsreichtum der künftigen Illegalen. Nach der Übung bewertete Runge ihre Leistungen und besprach sie mit dem Chef der Illegalenabteilung, Naliwaiko, und Vertretern der anderen Abteilungen der Residentur.

Während Runges Aufenthalt in Karlshorst wurde Naliwaiko durch seinen bisherigen Stellvertreter, Marius A. Jusbaschjan, abgelöst, der bis 1970 im Amt blieb, als Naliwaiko auf den letzten Auslandsposten seiner Karriere nach Karlshorst zurückehrte. In seinen Memoiren schreibt Naliwaiko, daß »das operative Klima ... keine grundlegenden Veränderungen durchgemacht« habe, und als er Karlshorst 1974 endgültig verließ, bestätigte er noch einmal, welche Bedeutung Ostdeutschland für die Illegalenoperationen des KGB besaß: Moskau hatte die Arbeit der Dritten Abteilung in diesem Jahr als »höchst zufriedenstellend« bezeichnet.[17]

DER FALL POPOW

1957 war für BOB das Jahr, in dem Oberstleutnant Popow, BOBs Quelle bei der GRU in der DDR, vom Schweriner Stützpunkt der RU in Schwerin zum Illegalenreferat der Strategischen Nachrichtendienstlichen Operationsgruppe (Opergruppe) der GRU in Karlshorst versetzt wurde. Die Konfrontation zwischen KGB und CIA, die Popow auslöste, zeigte deutlich, wie brisant die Lage in Berlin geworden war und welche Bedeutung BOB und KGB für die jeweilige Seite im Kalten Krieg gewonnen hatten. Im Westen ist viel über den Fall Popow geschrieben worden; die vorliegende Darstellung stützt sich allerdings als erste auf CIA-Akten, mit denen die Erinnerung der beteiligten Offiziere aufgefrischt wurde.[18] SWR-Archivmaterial zu diesem Thema ist nicht freigegeben worden; aber Generalmajor Valentin W. Swesdenkow, der beim Karlshorster KGB-Apparat und in der Moskauer Zentrale wichtigste KGB-Offizier in diesem Fall, hat uns geduldig Rede und Antwort gestanden. Die Gegensätze zwischen der KGB-Sichtweise und der CIA-Darstellung sind erstaunlich und sind wohl vor allem darin begründet, daß Popow den KGB in seinen Verhören über das volle Ausmaß seiner Beziehungen zur CIA getäuscht hat.

Der Fall begann am Neujahrstag 1953 in Wien, als Popow einen Brief in den Wagen eines Mitarbeiters des auswärtigen Dienstes der USA steckte. In dem Schreiben wurden gegen Geld Informationen angeboten. Als Grund gab der Schreiber an, er müsse eine Abtreibung für seine Freundin bezahlen. Der Brief wurde an die Wiener CIA-Mission weitergeleitet, die alsbald ein Treffen mit Popow vereinbarte und dabei seine Identität und seinen potentiellen Wert als Quelle im sowjetischen militärischen Nachrichtendienst bestätigte. Popows Führungsoffizier wurde George Kisevalter, der den Fall sechseinhalb Jahre betreute, bis Popow vom KGB festgenommen wurde.

Nach der KGB-Version, die Popow zu seiner Entlastung vorgebracht hatte, wurde Popow im Februar 1953 bei einem Treff mit »Bash«, einem österreichischen GRU-Agenten, von zwei Personen festgehalten, die sich als österreichische Polizisten ausgaben, in die amerikanische Militärpolizeikaserne gebracht, dort verhört und dann mit der Drohung angeworben, andernfalls werde er in der Öffentlichkeit als sowjetischer Nachrichtendienstoffizier enttarnt. Der KGB argwöhnte außerdem, daß Popows

Liebesleben ihn für diese Anwerbung geeignet gemacht hatte. Obwohl die Spionageabwehr der Wiener KGB-Residentur später von einer Quelle bei der österreichischen Polizei hörte, es gebe in der Gruppe der sowjetischen Streitkräfte in Österreich einen Verräter im Rang eines Oberstleutnants, konnte der Hinweis nicht erhärtet werden.[19]

Nach dem Rückzug der sowjetischen Besatzungstruppen aus Österreich kehrten viele GRU-Offiziere, auch Popow, auf Urlaub und zur Versetzung nach Moskau zurück. Popow war von der CIA über fernmeldetechnische und andere nachrichtendienstliche Vorkehrungen unterrichtet worden, die nötig waren, um in Moskau wieder Kontakt aufzunehmen. Es folgte eine Phase der Verwirrung, da die CIA nicht wußte, daß Popow in der DDR stationiert werden sollte. Er traf dort Ende September 1955 ein und wurde nach Schwerin abkommandiert. Am 10. Januar 1956 nahm er Verbindung zu einem Angehörigen der britischen Militärmission auf, der den nahegelegenen Hafen Stralsund besuchte. Er übergab ihm ein Schreiben und ein Notizbuch mit Nachrichten für den CIA-Führungsoffizier, der ihn in Wien betreut hatte. Popows Beschreibung durch den Verbindungsoffizier sowie der Inhalt des Briefs und des Notizbuchs ließen keinen Zweifel daran, daß Popow wieder aufgetaucht war und Kontakt aufnehmen wollte. Der Brief wurde an die Berliner SIS-Mission weitergeleitet, die ihn BOB-Chef Bill Harvey und dessen Stellvertreter, David Murphy, übergab, der für Sowjetoperationen zuständig war. Die beiden alarmierten sofort das CIA-Hauptquartier, das BOB den Hintergrund des Vorfalls erklärte und alles vorbereitete, damit Kisevalter seinen neuen Posten in Berlin antreten konnte.[20]

So erfuhr der SIS von der Existenz einer ergiebigen CIA-Quelle im sowjetischen militärischen Nachrichtendienst in Ostdeutschland, und es ist darüber spekuliert worden, ob George Blake, der zu dieser Zeit in Berlin stationiert war, von dem Fall, wenn auch nicht von der Identität der Quelle, Kenntnis erhalten hat. Blake bestreitet, jemals erfahren zu haben, daß Popow mit der britischen SIS-Mission Kontakt aufgenommen hatte, und Kondraschow bestätigt, daß Blake nie von Popow gesprochen hat.[21]

Nachdem der SIS Popows Nachricht an Harvey und Murphy weitergeleitet hatte, wurde die Einrichtung einer regelmäßigen Nachrichtenverbindung zu Popow in Angriff genommen. Der SIS-Offizier hatte geistesgegenwärtig für den 24. Januar einen weiteren Treff mit Popow in Stralsund verabredet. Bis zu diesem Termin waren es nur noch zehn Tage, in denen die Grundlagen für die Kommunikation mit Popow geschaffen werden mußten. Harvey und Murphy baten deshalb Oberst »Al« Bellonby, den Leiter der amerikanischen militärischen Verbindungsmission, in eine Reise einer Gruppe seiner Offiziere an diesem Tag Stralsund einzubeziehen. Die Beziehungen zwischen der CIA und dem Militär hatten sich seit der frühen Nachkriegszeit nicht sonderlich verbessert, doch Bellonby hatte große Hochachtung vor Bill Harvey. Der Vorschlag wurde auf höchster Ebene genehmigt, das Treffen fand statt, und die ostdeutsche Phase der Operation Popow lief an.[22]

Popow erzählte es im KGB-Verhör so: Die CIA habe ihn an seinem neuen Standort aufgesucht und gezwungen, seine Beziehungen zu ihr wieder aufzunehmen. Dem KGB zufolge steckte eine junge Frau »einen Brief von Grossman [Deckname von Kisevalter] in Popows Briefkasten, nachdem sich Popow geweigert hatte, diesen Brief auf der Straße von ihr entgegenzunehmen«. Um den KGB-Eindruck zu festigen, er sei ein großer Frauenheld, behauptete Popow außerdem, er habe die Überbringerin verführt.[23] In Wirklichkeit nahm ein BOB-Hilfsagent, ein älterer Mann, dessen Zuverlässigkeit erwiesen war und der kein Mißtrauen erwecken würde, alle folgenden Treffs mit Popow im Raum Schwerin wahr. Die Kurierfahrten fanden bis Dezember 1956 etwa einmal im Monat statt. In dieser Phase der Operation lieferte Popow die ersten harten Beweise für den Inhalt von Chruschtschows Geheimrede und darüber hinaus umfangreiche Erkenntnisse über die von der RU GSWG betriebenen Agentennetze.[24]

Die Treffs mit dem BOB-Kurier und die geheimen Nachrichten von Popow, die gelegentlich auch über andere Kanäle eintrafen, waren nicht nur wertvoll, sondern auch frustrierend. Mittlerweile war Kisevalter in Berlin eingetroffen, hatte bei BOB ein kleines Büro bezogen und durchforstete das Tunnelmaterial nach Hinweisen. Er wollte sich endlich persönlich mit Popow treffen, um Mißverständnisse auszuräumen, die sich bei vorsichtig abgefaßten indirekten Mitteilungen zwangsläufig einschleichen. Außerdem hatte das freundschaftliche Verhältnis zwischen Kisevalter und Popow in Wien dazu beigetragen, daß die Quelle nicht versiegte. Kisevalter war Popows Freund, Vaterersatz, Vertrauter und Berater geworden; kein anderer hätte den Fall so gut führen können.

Fahrten nach Ost-Berlin oder zur RU-Zentrale in Wünsdorf als Tarnung für den Abstecher nach West-Berlin zu arrangieren war nicht einfach, doch Popow gelang es während seiner Schweriner Zeit dreimal, sich mit seinem Führungsoffizier zu treffen. Gelegentlich standen den BOB-Offizieren dabei die Haare zu Berge. Einmal hatte Popow vergessen, wo das sichere Haus lag, und das Notizbuch mit den Telefonnummern für den Notfall hatte er in Schwerin gelassen. Er fuhr deshalb nach Karlshorst zurück und rief von dort seine Frau in Schwerin an, die ihm die Telefonnummern durchgab. Dann fuhr er wieder nach West-Berlin, meldete sich bei der BOB-Telefonzentrale, sprach mit seinem Führungsoffizier und kam schließlich zum vereinbarten Treffpunkt. Selbst nach seiner Versetzung nach Ost-Berlin kam er mit dem Berliner Nahverkehr nicht zurecht. Einmal nahm er eine S-Bahn von einem Ostberliner Bahnhof, die ohne Halt in West-Berlin bis Potsdam durchfuhr. Als er ausstieg, wurde er von einem sowjetischen Militärpolizisten angehalten, der auch noch seinen Vorgesetzten dazuholte. Der ließ Popow zwar mit dem nächsten Zug durch West-Berlin zurückfahren, meldete den Vorfall aber, und Popow bekam eine dienstliche Rüge, weil er unerlaubt nach West-Berlin gefahren war. Ein anderes Mal kam Popow zu früh zu einem Treffen, ging deshalb einfach in die nächste Kneipe und trank dort ein paar Bier.[25]

Bei einem Treffen Ende März 1957 in West-Berlin legte Popow eine Nachrichtenbombe, die seine Sicherheit erschüttern sollte. Marschall Georgi Shukow hatte die GSWG besucht und vor ranghohen Truppenkommandeuren eine Rede gehalten. Darin hatte er einige heikle Fragen angesprochen, unter anderem die Notwendigkeit, mit der Weitergabe von sowjetischen militärischen Geheimnissen an die NVA vorsichtig zu sein. Weiter hatte er die sowjetische Intervention in Ungarn und die sowjetischen Militärstrategien für den Ernstfall besprochen, zum Beispiel einen Plan, am zweiten Kriegstag bis zum Ärmelkanal vorzustoßen. Andere Themen der Rede waren die Einsatzbereitschaft und Disziplin der GSWG, neue sowjetische Waffenentwicklungen und die atomare Schlagkraft der US Army, die Shukow herunterzuspielen versuchte. Den Text dieser Rede übermittelte Popow der CIA, und diese gab ihn am 29. März 1957 unter strengsten Vorsichtsmaßnahmen an einen begrenzten Verteilerkreis weiter.[26]

Der Bericht wurde unter ebenso strenger Geheimhaltung nach London geschickt. Da sich der Inhalt auf die sowjetischen Streitkräfte in Deutschland bezog, gelangte der Text schließlich auch zur SIS-Mission in Berlin.

Natürlich wurde die Quelle nicht genannt. Aber der Fall Popow war dem SIS durch den Kontakt zur britischen Mission bekannt, und SIS und CIA standen wegen verschiedener Aspekte des Falls weiter miteinander in Verbindung. So nahm Murphy zum Beispiel im März 1957 in London an einer gemeinsamen Sitzung teil, in der Popows Verbindungen zu RU-Agenten in der britischen Zone diskutiert wurden. In der Berliner SIS-Mission geriet der Bericht wahrscheinlich auch George Blake in die Hände, der für sowjetische Operationen zuständig war. Blake weist in seinen Erinnerungen darauf hin, daß er alles, was an Interessantem über seinen Tisch ging, an den KGB weitergegeben habe. Vermutlich hat er auch den Bericht über die Shukow-Rede weitergeleitet.[27]

Dem KGB zufolge verhielt es sich anders: Ein befreundeter Dienst habe ihm die Kopie eines Berichts über die Shukow-Rede zugespielt, den die Amerikaner von einem ihrer Agenten erhalten hätten. KGB-Spionageabwehrexperten gingen davon aus, daß die Quelle Shukows Rede persönlich gehört hatte, und auf der Teilnehmerliste der Veranstaltung stand Popows Name. Diese Erkenntnis wurde mit einem älteren KGB-Bericht aus Wien verglichen, der zur weiteren Verwendung abgelegt worden war, und dann wurde der erfahrene Spionageabwehrexperte Swesdenkow in Karlshorst mit der Untersuchung des Falls betraut, ohne daß Popow als Verdächtiger genannt wurde. Swesdenkow sollte vom KGB-Apparat unterstützt werden, doch seine Berichte direkt an die KGB-Führung in Moskau schicken.

Der Bericht über die Shukow-Rede sorgte in der KGB-Zentrale für helle Aufregung, und das nicht nur, weil er zeigte, daß die Amerikaner einen hochrangigen Agenten in der GSWG hatten. Shukow selbst war inzwischen umstritten. Als größter sowjetischer Kriegsheld war er nach Stalins Tod aus dem »Exil« zurückgekehrt und zum Ersten Stellvertretenden Verteidigungsminister ernannt worden. Nachdem er im Februar 1955 als Bulganins Nachfolger Verteidigungsminister geworden war, hatte Shukow Größe und Einfluß der politischen Organe im sowjetischen Militär verringert, was ihm die Feindschaft der sakrosankten Politischen Hauptverwaltung und vieler Mitglieder des ZK der KPdSU eintrug. Im Mai 1956 hatte er für ein ZK-Plenum eine vernichtende Kritik von Stalins Führung während des Krieges vorbereitet. Obwohl er die Rede nicht hielt, hatte er sich damit doch den Zorn mächtiger Hardliner im Präsidium, wie zum Beispiel Molotow, zugezogen. Shukow schlug sich zwar in der

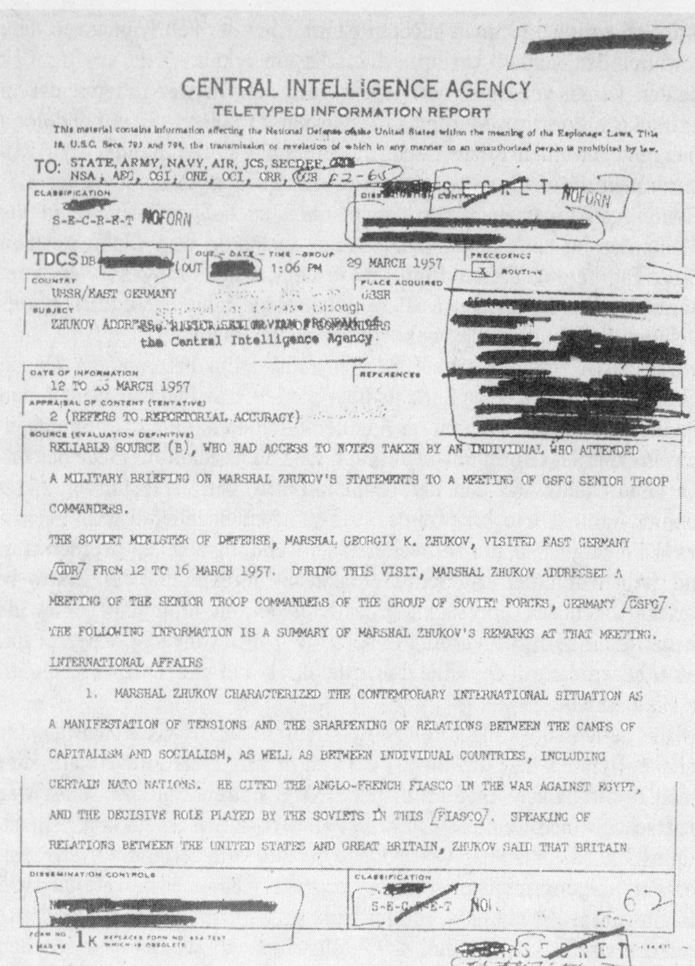

CENTRAL INTELLIGENCE AGENCY
TELETYPED INFORMATION REPORT

This material contains information affecting the National Defense of the United States within the meaning of the Espionage Laws, Title 18, U.S.C. Secs. 793 and 794, the transmission or revelation of which in any manner to an unauthorized person is prohibited by law.

TO: STATE, ARMY, NAVY, AIR, JCS, SECDEF, NSA, AEC, OCI, ONE, OCI, ORR, OCR

CLASSIFICATION: S-E-C-R-E-T NOFORN

TDCS DB [illegible] OUT 1:06 PM 29 MARCH 1957

PRECEDENCE: X ROUTINE

COUNTRY: USSR/EAST GERMANY

PLACE ACQUIRED: USSR

SUBJECT: ZHUKOV ADDRESS TO SENIOR GSFG COMMANDERS

Approved for release through the HISTORICAL REVIEW PROGRAM of the Central Intelligence Agency

DATE OF INFORMATION: 12 TO 16 MARCH 1957

APPRAISAL OF CONTENT (TENTATIVE): 2 (REFERS TO REPORTORIAL ACCURACY)

SOURCE (EVALUATION DEFINITIVE): RELIABLE SOURCE (B), WHO HAD ACCESS TO NOTES TAKEN BY AN INDIVIDUAL WHO ATTENDED A MILITARY BRIEFING ON MARSHAL ZHUKOV'S STATEMENTS TO A MEETING OF GSFG SENIOR TROOP COMMANDERS.

THE SOVIET MINISTER OF DEFENSE, MARSHAL GEORGIY K. ZHUKOV, VISITED EAST GERMANY [GDR] FROM 12 TO 16 MARCH 1957. DURING THIS VISIT, MARSHAL ZHUKOV ADDRESSED A MEETING OF THE SENIOR TROOP COMMANDERS OF THE GROUP OF SOVIET FORCES, GERMANY [GSFG]. THE FOLLOWING INFORMATION IS A SUMMARY OF MARSHAL ZHUKOV'S REMARKS AT THAT MEETING.

INTERNATIONAL AFFAIRS

1. MARSHAL ZHUKOV CHARACTERIZED THE CONTEMPORARY INTERNATIONAL SITUATION AS A MANIFESTATION OF TENSIONS AND THE SHARPENING OF RELATIONS BETWEEN THE CAMPS OF CAPITALISM AND SOCIALISM, AS WELL AS BETWEEN INDIVIDUAL COUNTRIES, INCLUDING CERTAIN NATO NATIONS. HE CITED THE ANGLO-FRENCH FIASCO IN THE WAR AGAINST EGYPT, AND THE DECISIVE ROLE PLAYED BY THE SOVIETS IN THIS [FIASCO]. SPEAKING OF RELATIONS BETWEEN THE UNITED STATES AND GREAT BRITAIN, ZHUKOV SAID THAT BRITAIN

DISSEMINATION CONTROLS: [redacted]

CLASSIFICATION: S-E-C-R-E-T NOFORN

FORM NO. 1K 1 MAR 54 REPLACES FORM NO. 934 TEST WHICH IS OBSOLETE

SECRET

CIA-Informationsbericht, 29. März 1957, über Shukows Rede vor GSWG-Truppenkommandeuren.

Auseinandersetzung zwischen Chruschtschow und der Gruppe um Molotow und Malenkow im Juni 1957 auf die Seite des ersteren, aber die beiden kamen nie besonders gut miteinander aus, und Chruschtschow entließ Shukow im Oktober 1957. Daß Shukows Geheimrede im Westen bekannt geworden war, sickerte zu einer Zeit durch, als das Präsidium von inneren Konflikten zerrissen war. Der KGB muß unter ungeheurem Druck gestanden haben, die undichte Stelle zu finden.[28]

Inzwischen hatte Popow über einen Bekannten in der GRU-Personalabteilung seine Versetzung zur GRU-Opergruppe in Karlshorst in die Wege geleitet. Im April wurde sie genehmigt. Murphy, der die Treffs mit Popow überwacht hatte, wurde ihm in Vorbereitung auf diese Versetzung vorgestellt. Doch Kisevalter blieb weiterhin sein Führungsoffizier. Ein Neuer hätte nie das Maß an Vertrauen gewonnen, das Kisevalter von Popow entgegengebracht wurde. Ende Juni kam Popow in Karlshorst an, wo er dem Illegalenreferat der Opergruppe zugeteilt wurde. Was er zu tun hatte, bestätigte, daß die GRU-Opergruppe die Unterstützung von Illegalen genauso ernst nahm wie der KGB. In diesem Sommer setzte Popow zwei Illegale ein, während sie über Berlin nach Moskau zurückkehrten, und arbeitete mit einem, der für den Einsatz in einem deutschsprachigen Land ausgebildet wurde. Außer den Informationen über die von ihm betreuten Illegalen unterrichtete Popow BOB eingehend über den organisatorischen Aufbau der GRU-Opergruppe, ihr Personal und ihre Büros.

In dieser Zeit zeigte ein asiatischer Journalist seinem Kontaktmann bei BOB einen ausführlichen Bericht über Shukows DDR-Reise, den er angeblich von Jewgeni Pitowranow erhalten hatte.[29] Er stimmte weitgehend mit Popows Darstellung überein. Der BOB-Führungsoffizier kannte den Fall Popow nicht und maß deshalb dem Bericht keine besondere Bedeutung bei. Eine Zeitlang war der Journalist von einem Ostberliner Mitarbeiter, den er als Pitowranow identifizierte, in der sowjetischen Botschaft über die sowjetische Haltung zu wichtigen Fragen informiert worden, die er in den Medien des Westens und der Dritten Welt darstellen sollte. Gehörte der Shukow-Bericht zu den üblichen Handzetteln, die der Journalist bei diesen Gesprächen erhielt, oder wollte Pitowranow durch Vermittlung des Journalisten, den er weiterhin als Sprachrohr benutzte, eine Reaktion auslösen?[30]

Hätte Swesdenkow alle Sicherheitsfälle der Jahre 1956 und 1957 in Berlin überprüft, wäre ihm aufgefallen, daß sich die westlichen Nachrichtendienste zunehmend auf Karlshorst konzentrierten. BOB hatte eine Einheit der RU GSWG im Visier, auf die eine übergelaufene OO-Agentin aus Karlshorst hingewiesen hatte, die selbst mit der Untersuchung dieser Einheit betraut gewesen war. Weiter hatte BOB versucht, den Chef des militärischen Nachrichtendienstes der DDR, der unter der Schirmherrschaft von Popows GRU-Opergruppe stand, zum Überlaufen zu bewegen. Im September 1957 berichtete Popow von sowjetischen Plänen, die Zahl der deutschen Angestellten auf dem Gelände in Karlshorst schneller zu verringern. Außerdem meldete er, daß die GRU-Büros routinemäßig nach Wanzen abgesucht wurden, wohl weil der KGB die von BOB in einem Kronleuchter installierte Wanze gefunden hatte. Nach Swesdenkow war ein Sonderüberwachungsteam aus Moskau geschickt worden, das Popow observieren sollte. Die Gruppe bestand aus Offizieren der Zweiten Hauptverwaltung, die alle in Karlshorst gedient hatten. Sie konzentrierten sich darauf, Popow in Ost-Berlin zu beschatten; eine Überwachung in West-Berlin galt als zu riskant.[31]

Im Oktober war Popow für die Entsendung einer illegalen Mitarbeiterin, Margarita Tairowa, verantwortlich, die über Paris nach New York gehen und dort ihren Ehemann treffen sollte, einen weiteren illegalen Mitarbeiter der GRU. Die CIA hatte das FBI von ihrer Ankunft informiert, so daß sie von Anfang an unter Überwachung stand. Das FBI beschattete auch das Treffen mit ihrem Ehemann. Das Ehepaar berichtete der GRU später, es habe sich beobachtet gefühlt, sei aber den Überwachern entkommen und habe sich, wie vom Notfallplan vorgesehen, abgesetzt. Kurz nach diesem Zwischenfall ging Popow auf Heimaturlaub in die UdSSR und kam im Januar 1958 zurück. Anzeichen für eine Gefahr waren ihm nicht aufgefallen, obwohl nach Shukows Entlassung die Atmosphäre in der GRU-Zentrale düster war. Swesdenkow zufolge machte sich der KGB Sorgen über die Anzahl der GRU-Illegalen, die Popow möglicherweise enttarnt hatte. Man hatte auch Angst, Popow könnte ausführlich über das im Ausland stationierte GRU-Personal berichtet haben.[32]

Nach der Rückkehr aus dem Urlaub setzte Popow seine BOB-Operation unverdrossen fort. Im März berichtete er über die Anwesenheit von GRU-General P. P. Melkischew in Karlshorst, der dort seinen wichtigsten schwedischen Spion, Stig Wennerström, treffen wollte.[33] Melkischews Besuch im Zusammenhang mit einem derart heiklen Fall legte den Schluß nahe, daß die GRU von etwaigen Sicherheitsproblemen nichts ahnte. Dafür gab es Anzeichen einer bevorstehenden KGB-Untersuchung. Etwa um diese Zeit berichtete Popow seinen BOB-Führungsoffizieren, daß Hauptmann Jewgeni Nezwetailo aus einer Nachrichtendiensteinheit der RU GSWG zur Opergruppe versetzt worden war. Nachdem Nezwetailo im Frühjahr 1956 von Oberst Schatalows OO-Abteilung unter die Lupe genommen worden war, hätte es dem üblichen Vorgehen dieser Abteilung entsprochen, ihn anschließend als Informanten in der GRU-Opergruppe einzusetzen.

Im Mai und Juni 1958 ging Popow erneut auf Heimaturlaub. Im Juli tauchte ein alter Bekannter, Iwan M. Stach, auf seiner Geburtstagsfeier auf. Popow und Stach, ein Offizier aus der Ersten Hauptverwaltung des KGB, hatten zusammen einen Fortbildungslehrgang in der Militärisch-Diplomatischen Akademie in Moskau besucht. Die Ehefrauen beider Männer stammten aus Kalinin nordöstlich von Moskau, und beide Männer hatten während des Lehrgangs dort gewohnt. Auf den langen Bahnfahrten zwischen den beiden Städten hatten sie sich angefreundet. Stach erschien 1958 zu einem operativen Treffen in Ost-Berlin, meldete sich beim Karlshorster Apparat und besuchte dann seinen Freund Popow. War das Zufall, oder hatte es der KGB geplant?[34]

Besorgniserregender war das von Oberstleutnant Dmitri F. Skarnin plötzlich an den Tag gelegte Interesse an Popow. Snarnin war für die Spionageabwehr der Opergruppe zuständig. Normalerweise beschränkte sich sein gesellschaftlicher Verkehr auf die höheren Dienstgrade der Opergruppe, doch ab Mitte Juli nahm er plötzlich an allen Volleyballspielen der GRU-Offiziere teil. Dieses Verhalten fiel derart aus dem Rahmen, daß ein GRU-Offizier bemerkte: »Nicht genug, daß wir Informanten unter uns haben, jetzt kommt er [Skarnin] auch noch selbst, um uns zu beobachten!«

Als sich die Anzeichen des KGB-Interesses an der GRU-Opergruppe häuften, berichtete Popow seinen BOB-Führungsoffizieren darüber. Sie waren nicht zu übersehen. Außerdem wußte Popow, welche Rolle Schatalow, Skarnin und andere Offiziere der militärischen Spionageabwehr in Karlshorst spielten. Ihm war bekannt, daß sie der UKR in Potsdam unterstanden und für die Sicherheit aller militärischen Einheiten der Berliner Garnison, auch der GRU, zuständig waren. Ebenso kannte er den Unterschied zwischen der militärischen Spionageabwehr des KGB und dem KGB-Apparat unter Pitowranow beziehungsweise Korotkow. Sogar die Rolle des Apparats bei Aktenüberprüfungen potentieller GRU-Agenten konnte er beschreiben. Popow bemerkte also sehr wohl, daß die Opergruppe plötzlich im Mittelpunkt des Interesses stand. Doch wie viele in der Welt der Spionageabwehr war auch er von der weltfremden Hoffnung erfüllt, daß man ihm nicht auf die Spur kommen würde.

In den nächsten Wochen schien sich Popows Leben in den gewohnten Bahnen abzuspielen. Allerdings machte er sich nach wie vor Gedanken um seinen Mangel an operativen Erfolgen. Um ihm zu helfen, ließ BOB einen seiner amerikanischen Agenten, einen Studenten, angeblich auf Popows Anwerbungsversuche eingehen. Damals sah dieses Unternehmen wahrscheinlich ganz vernünftig aus, aber es hätte zum Bumerang werden können. Später wurde ein zweiter GRU-Offizier mit Popow zusammen auf diesen Fall angesetzt. Da Popow kein Englisch konnte, schien dies logisch zu sein. Doch BOB hätte schon zu diesem Zeitpunkt auffallen müssen, daß man sich bei der GRU Gedanken darüber machte, ob die Anwerbung des amerikanischen Studenten echt war.[35]

Die Befürchtung des KGB, Tairowa sei in New York beschattet worden, hatte sich seit Popows erster Befragung offenbar gelegt. Am 8. November bat Popow BOB dringend um einen Treff. Aufgeregt erzählte er, aus Moskau sei eine Botschaft eingetroffen, in der Fragen über seine jugoslawische Freundin gestellt würden, mit der er von Ostdeutschland aus weiter in Briefwechsel gestanden habe. Ohne Popows Wissen hatte sich die Frau wegen der sowjetischen Unterdrückung der ungarischen »Freiheitskämpfer« vom Kommunismus abgewandt, über die Rolle der kommunistischen Partei Österreichs bei Wahlbetrügereien ausgesagt und im August 1958 der Wiener Polizei von ihrer früheren Beziehung zu Popow erzählt. Die Lage verschärfte sich im Oktober, als die Polizei alarmiert wurde, weil ein betrunkener GRU-Offizier in die Wohnung der Frau in Wien eindringen wollte. Infolge der anschließenden Untersuchung und einer GRU-Aktenprüfung über die Frau richtete sich die Aufmerksamkeit wieder auf ihre Beziehung zu Popow. In seiner Antwort an Moskau übte Popow Selbstkritik, spielte aber auch die Anzahl der von ihm geschriebenen Briefe herunter und berief sich auf operative Gründe. Popow und die Angehörigen des »Teams Popow« der Berliner CIA-Basis hofften, daß es damit sein Bewenden haben würde.[36]

Während der nächsten Tage wurde Popow wie üblich in die Arbeit der Opergruppe einbezogen. In der Nacht vom 15. auf den 16. November war er sogar diensthabender Offizier und hatte damit Zugang zu allen Akten der Einheit – was vielleicht eine Falle war. Am nächsten Morgen traf ein Drahterlaß der GRU-Zentrale ein, durch den Popow als Hauptführungsoffizier des amerikanischen Studenten angewiesen wurde, die Akte des Falls persönlich in Moskau abzuliefern. Swesdenkow zufolge hatte der KGB inzwischen der GRU mitgeteilt, daß Popow aus Berlin abgezogen werden müsse.

Dennoch hielten es weder Popow noch seine BOB-Führungsoffiziere für besonders auffällig, daß er nach Moskau bestellt worden war, um einen laufenden Fall zu besprechen. Nie war die Rede davon, daß Popow überlaufen sollte. Er hätte es wahrscheinlich abgelehnt. Doch wenn BOB gewußt hätte, daß er gefährdet war, hätte man ihn dazu gedrängt. Worüber Popow mit BOB sprechen wollte, war Chruschtschows Rede vom 10. November, in der dieser angekündigt hatte, die Bestimmungen des Potsdamer Abkommens und die Viermächtekontrolle Berlins außer Kraft zu setzen. Als die BOB-Offiziere nach dem Treffen die Mäntel anzogen, war Popows einzige Sorge, was er seinen Freunden in Moskau als Geschenk mitbringen sollte.[37]

In Berlin war danach nichts mehr von Popow zu hören. Am 8. Dezember wurde der KGB-Vorsitzende Serow an die Spitze der GRU versetzt. Chruschtschow hatte Serow schon immer ablösen wollen, doch der Zeitpunkt schien etwas mit dem Fall Popow zu tun zu haben. Am selben Tag berichtete eine zuverlässige BOB-Quelle, Swesdenkow, der, wie wir heute wissen, die Untersuchung gegen Popow leitete, sei endgültig nach Moskau abgereist. Aus derselben Quelle erfuhr BOB, daß Popows Ehefrau am 17. Dezember Gepäck für die Rückreise in die UdSSR aufgegeben hatte.

Weihnachten 1958 schickte Popow ein Signal für einen Treff in Moskau. Aus dem vorgeschlagenen Ort ging hervor, daß es eine »Blitzbegegnung« sein würde, bei der er eine Nachricht übergeben wollte. Doch er erschien erst zum zweiten vorgeschlagenen Termin, dem 4. Januar. Bei diesem Treff wurde eine Nachricht übergeben, die besagte, daß er aus der GRU entlassen, in die Reserve überstellt und bis zu einem neuen Auftrag nach Kalinin heimgeschickt worden war. Swesdenkow erklärte, dies sei auf Betreiben des KGB geschehen, um Popow von geheimen GRU-Informationen fernzuhalten und gleichzeitig dem KGB Zeit zu lassen, die Reaktion der Amerikaner auf den Fall zu erkunden und zu sehen, ob Popow Komplizen hatte. Die KGB-Überwachung blieb bestehen, doch

Popow bemerkte nicht, daß er beschattet wurde. Am 21. Januar bat er um einen zweiten Treff, bei dem er keine Nachricht überbrachte, aber eine Mitteilung der CIA erhielt. Dieser Treff wurde von KGB-Offizieren observiert, und Popow wurde daraufhin Tag und Nacht beschattet. KGB-Agenten berichteten, am 3. Januar 1959 habe die »amerikanische Funknachrichtenzentrale in Frankfurt am Main« mit der Aussendung verschlüsselter Nachrichten an einen Agenten in der UdSSR begonnen.[38]

Dann hatte der KGB Glück. Damit Popow vor seiner Abreise aus Moskau die neuen Funkanweisungen in der Hand hatte, war von der CIA eine verschlüsselte Nachricht abgefaßt worden, die per Post nach Kalinin geschickt werden sollte, wenn er im Januar nicht noch einmal um einen Kurzkontakt bat. Durch ein Versehen wurde dieser Brief abgeschickt, obwohl Popow den Treff bestellt hatte. Der Brief wurde abgefangen, fotografiert, wieder ins Kuvert gesteckt und weitergeschickt.[39] Der Schlüssel wurde dann von KGB-Technikern geknackt. In dem Brief ging es um den Funkverkehr, um neue Auslandsadressen, an die Popow schreiben konnte, und um Nachfragen zu seinem Bericht über Atom-U-Boote. Seine nachrichtendienstliche Tätigkeit für die CIA war offensichtlich. Daß er von arglosen Marineoffizieren Informationen über die sowjetischen Atom-U-Boote bekommen konnte, bestätigte nur, daß er weiterhin eine ernsthafte Bedrohung der Sicherheit darstellte. KGB- und GRU-Führung beschlossen, ihn bei seinem nächsten Besuch in Moskau festzunehmen.[40]

Am Abend des 18. Februar hielt sich Swesdenkow im KGB-Klub auf, als ihm ein atemloser Offizier mitteilte, der Chef der Beschattungsabteilung wolle ihn dringend sprechen. Offenbar hatte sich Popow in der Nähe von Serebrjany Bor, einem Waldgebiet nordwestlich von Moskau, mit einer Geliebten getroffen. Die beiden wurden von dem wütenden Ehemann überrascht, und Popow war geflohen, wobei er seine Beschatter abgehängt hatte. Die Agenten holten ihn wieder ein, doch der Zwischenfall überzeugte den KGB, daß man eine Flucht Popows in den Westen nicht riskieren durfte. Noch am selben Abend wurde er festgenommen, und bei der Durchsuchung seines Hauses in Kalinin fand der KGB seine Funkausrüstung und den Text eines Briefes, den er beim nächsten Treff in Moskau hatte übergeben wollen. Er wurde in das Gefängnis Lefortowo eingewiesen, und die Verhöre begannen.[41]

Popow erschien am 18. März zu einem dritten Kurzkontakt. Er trug die Uniform eines Obersten der Transporttruppe und sah gut aus. Die Nachricht, die er übergab, hatte das übliche Notizbuchformat. Darin stand, daß er einer Transporteinheit in der Region Swerdlowsk zugeteilt worden sei. Den Berliner Briefkasten, der ihm beim letzten Kontakt vorgeschlagen worden sei, werde er nicht nutzen. Außerdem bat er um eine Moskauer Adresse und fügte ein paar militärische Informationen hinzu, die weit unter seinem üblichen Standard lagen. Abgesehen von der mäßigen Qualität der militärischen Angaben wiesen auch andere Anzeichen in dieser Nachricht sowie in einer im Berliner Briefkasten eingetroffenen Botschaft aus Swerdlowsk darauf hin, daß Popow wahrscheinlich unter sowjetischer Kontrolle stand. Der Text im Notizbuch war ganz normal von vorn nach hinten geschrieben, während Popow früher immer absichtlich von hinten nach vorn geschrieben hatte. Außerdem war die Nachricht im Gegensatz zu früheren nicht numeriert.[42]

Der Argwohn war begründet. Im Verhör hatte Popow schnell ein Geständnis abgelegt, aber betont, daß er unter Zwang gehandelt und sich nur wenig mit den Amerikanern eingelassen habe. Die GRU-Illegalen mußten zurückgerufen werden, und da Popow ehrlich zu bereuen schien, sollte er einige Monate als Doppelagent agieren, bis die Illegalen in die UdSSR zurückgeholt worden waren. Popow schien zu glauben, daß seine Mitarbeit das Strafmaß verringern könnte, weshalb Swesdenkow überzeugt war, er werde der CIA nicht signalisieren, daß er unter KGB-Überwachung stand. Der Vorschlag wurde angenommen, obwohl man Popow damit in die Lage versetzte, sich mit seinem CIA-Kontaktmann in Moskau zu treffen. Um die Anzahl dieser Begegnungen möglichst gering zu halten, sollte Popow vorgeblich nach Alapajewsk im Bezirk Swerdlowsk versetzt werden. Er bekam Haftverschonung, damit er nicht wie ein Gefangener aussah. Obwohl Popow beim ersten Kontakt mit der CIA am 18. März überwacht werden sollte, war das Vorhaben riskant. Zu Swesdenkows Erleichterung ging jedoch alles glatt.

Bei einem zweiten Treff mit dem CIA-Kontaktmann am 23. Juli wurden Popow detaillierte Fragen zu sowjetischen Raketenbasen übergeben. Die KGB-Offiziere, die Swerdlowsk als offiziellen Dienstort Popows ausgesucht hatten, wußten offenbar nicht, daß dort eine Raketenbasis gebaut wurde.[43] Am 18. September erhielt Popow neue Anweisungen der CIA für weitere Treffs in Bussen der Moskauer Linie 107. Inzwischen war jedoch die Sicherheit der GRU-Illegalen gewährleistet, und es wurde beschlossen, beim nächsten Treff im Oktober mit Popows Scharade Schluß zu machen.[44]

Die Kontaktaufnahmen im Sommer verstärkten die Befürchtungen der CIA hinsichtlich Popows Status. Bei einem Treff am 18. September auf der Toilette eines Restaurants konnte Popow endlich eine echte Nachricht übergeben, die er ohne Wissen des KGB abgefaßt hatte. Sie war mit Bleistift in Druckbuchstaben in Popows Handschrift auf acht kleine Papierfetzen geschrieben, die zu einer festen Rolle von Zigarettengröße zusammengedreht waren. Die Rolle war in einen Lappen eingewickelt und mit einem Bindfaden in Popows Hose befestigt gewesen. Aus dem Inhalt der Nachricht, die im Stil dem entsprach, was Popows Führungsoffizier seit Jahren zu lesen bekommen hatte, ging hervor, daß der Text in einem Zeitraum von mehreren Tagen geschrieben worden war.

Popow erklärte, daß er im Februar festgenommen worden sei und versucht habe, den Umfang seiner Tätigkeit für die CIA herunterzuspielen und sich als »Opfer eurer [CIA-]Aggression« darzustellen.[45] Er bestätigte die CIA-Befürchtungen, daß die Treffs mit ihm seit Februar unter KGB-Überwachung stattgefunden hatten. Wenn er mitmache, sei ihm versprochen worden, daß man ihn als Doppelagenten in Berlin einsetzen werde. Doch obwohl seine Behandlung nach dem Treff im Juli besser geworden sei, habe KGB-Oberst Swesdenkow, der leitende Offizier der Untersuchung, erklärt, es sei noch zu früh, von einer Entsendung nach Berlin und einer Fortführung seiner Doppelagententätigkeit zu sprechen.[46] Weiter schrieb Popow, der KGB wolle seinen Fall zu Propagandazwecken ausschlachten und beim bevorstehenden Gipfeltreffen zwischen Chruschtschow und Eisenhower zur Sprache bringen. Er bat die CIA, sich für ihn einzusetzen, und unterstrich, seine Botschaft müsse unbedingt vor dem KGB geheimgehalten werden. Offenbar sei der KGB über die US-Botschaft genau informiert, und der KGB mißtraue ihm weiterhin. Unmittelbar nach seiner Festnahme sei er von zwei Generalen über Shukows Rede vor der GSWG im März 1957 vernommen worden. Einer der verhörenden Offiziere sei Generalmajor Oleg M. Gribanow gewesen, der Chef der Zweiten Hauptverwaltung des KGB.[47]

Warum war dieser Brief so wichtig, wenn die CIA ohnehin argwöhnte, daß Popow unter sowjetischer Kontrolle stand? Zum einen war es von Popow ein einmaliges Zeichen von Mut und professionellem Verhalten. Der Brief bestätigte nicht nur die amerikanischen Vermutungen, sondern teilte auch genau mit, was der KGB über seine Zusammenarbeit mit der CIA wußte und was nicht. Vor allem enthielt er die KGB-Pläne für die zeitlich geschickt geplante Ausnutzung des Falls zu Propagandazwecken. Die wichtigste Information des Briefs war allerdings der Hinweis auf das Verhör über die Shukow-Rede. Als der Westen diese Rede in die Hand bekommen hatte, war der KGB natürlich auf Popow aufmerksam geworden. Doch Shukows Stern war im Sinken, und das Verhör war möglicherweise auch von den Verknüpfungen zwischen Politik und Geheimdienst im Kreml beeinflußt worden. Wie konnte man einen General, dessen Beliebtheit Chruschtschow ein Dorn im Auge war, besser diskreditieren als dadurch, daß man Popow dazu brachte, eine Verbindung zwischen Shukow und ihm, dem amerikanischen Spion, herzustellen?

Der von Popow mit BOB-Unterstützung angeworbene amerikanische Student traf sich am 14. Oktober 1959 mit seinem GRU-Führungsoffizier. Es war eine heikle Begegnung. Die CIA wußte bereits, daß Popow aufgeflogen war, wollte den Studenten in seiner Rolle als Doppelagent jedoch möglichst lange halten. Der BOB-Führungsoffizier erklärte ihm die Lage und ließ ihn selbst entscheiden, ob er zu dem Treff gehen wollte. Der Student entschied sich dafür, und das Treffen verlief ohne Probleme. In Moskau beendete der KGB am 16. Oktober das Spiel mit einem Donnerschlag. Popow wurde im Bus 107 verhaftet, und der mit ihm angetroffene CIA-Offizier wurde festgehalten. Popows Vorahnungen hatten sich erfüllt. Die Festnahmen von Personen, die BOB unterstützt hatten und in den Fall Popow verwickelt waren, hatten schon begonnen. So endete für BOB das Spiel der Illegalen.

Der Fall Popow wurde unter Ausschluß der Öffentlichkeit am 6. und 7. Januar 1960 vor dem Militärsenat des Obersten Gerichts der UdSSR verhandelt. Nach Darstellung des KGB »beantragte der KGB in Anbetracht von Popows aufrichtigem Schuldbekenntnis … und seines Wunschs, dazu beizutragen, den durch seinen Verrat entstandenen Schaden zu mindern und ihm ergebene Menschen zu retten, das Kollegium möge gegen Popow nicht die Todesstrafe verhängen«. Dennoch wurde Popow zum Tode verurteilt und im Juni 1960 hingerichtet. Da Amerikaner und Sowjets 1960 mitten in der Berlin-Krise steckten, hatte Moskau wenig Spielraum, Milde walten zu lassen. Das letzte Wort hat wahrscheinlich Chruschtschow selbst gesprochen.[48]

Die Vereinigten Staaten verdankten Popow viel. Jahrelang war er für sie die beste Garantie für eine »Frühwarnung« gewesen und hatte von allen damaligen Quellen die wertvollsten Informationen über das sowjetische Militär geliefert. Dank seiner Tätigkeit wurde der sowjetische militärische Nachrichtendienst zu einem offenen Buch. Er identifizierte über 650 GRU-Offiziere und lieferte Hunderte von Hinweisen auf GRU-Agenten. Im KGB-Bericht werden seine Leistungen mit einem Zitat aus den Schlußfolgerungen der CIA-Analytiker gewürdigt, denen zufolge »die Berichterstattung eines einzigen Menschen unmittelbaren und erheblichen Einfluß auf die Militärorganisation der Vereinigten Staaten, ihre Doktrin und ihre Taktik ausübte und das Pentagon in die Lage versetzte, im wissenschaftlichen Forschungsprogramm mindestens 500 Millionen Dollar einzusparen«.[49] Schließlich bewies Popow großen Mut, als er der CIA mitteilte, daß er überwacht wurde. Woher dieser Mut rührte und was ihn motivierte, ergibt sich vielleicht aus einer Äußerung, die er 1955 kurz vor seiner Abreise aus Wien gegenüber George Kisevalter machte: »Das gefällt mir so an eurer Organisation: Ihr nehmt euch Zeit zum Trinken und zur Entspannung, und ihr achtet den einzelnen. Bei uns gilt natürlich der einzelne nichts; der Staat ist alles.«[50]

IV

MACHTPROBEN

KGB UND MFS: PARTNER ODER KONKURRENTEN?

Die Öffnung der Akten des MfS hat eine ganze Lawine von Veröffentlichungen über Struktur und Operationen der Stasi ausgelöst. Unbekannt geblieben ist jedoch noch, wie die Sowjets mit dem MfS zusammenhingen. Dies wird hier erstmals anhand von KGB-Dokumenten sowie Berichten von KGB-Offizieren dargestellt, die unmittelbar mit dem MfS zu tun hatten. In den Entstehungsjahren erschütterten zwei Schläge den ostdeutschen Sicherheitsdienst und seine sowjetischen Ziehväter: Berijas »Reformversuch« des sowjetischen Staatssicherheitsdiensts und der Aufstand vom 17. Juni. Während BOB den Tunnel ausbaute, seine Ergebnisse auswertete und dazu benutzte, eine Vielzahl von Operationen gegen die Sowjets in Karlshorst in Gang zu setzen, versuchte der Staatssicherheitsveteran Jewgeni Pitowranow, die Stasi wiederaufzubauen und in das Sicherheitssystem des Warschauer Pakts zu integrieren. Dabei mußte sich Pitowranow gegen die Kritik des neuen KGB-Vorsitzenden Serow ebenso wehren wie gegen Ulbrichts Versuche, mit Hilfe der Stasi seinen politischen Gegnern den Garaus zu machen.

Nach Berijas Sturz wurde Pitowranow zum stellvertretenden Innenminister Nikolai Schatalin gerufen, der ihm eröffnete, er müsse in Berlin nach dem Rechten sehen: »Nach dem Putsch müssen die Dinge wieder in Ordnung gebracht werden.« Pitowranow stand dem MfS und seinem Verhalten während des Aufstands äußerst kritisch gegenüber. In einem Brief vom 7. August 1953 an den Innenminister der UdSSR, Sergej Kruglow, schrieb er, »die Ereignisse vom 17. Juni und ihre Folgen haben den Umfang der feindseligen Arbeit gegen die DDR aufgezeigt, kamen aber für unsere Sicherheitskräfte und die der DDR völlig überraschend«. Zudem seien die Staatssicherheitseinheiten der DDR »nicht in der Lage gewesen, mit den feindlichen Untergrundkräften fertig zu werden«. Als

Beispiel wies Pitowranow darauf hin, daß »die Sicherheitskräfte der DDR in der achttausend Mitglieder zählenden Ostberliner SPD-Organisation nur vier und in den Gewerkschaften und Kirchen überhaupt keine Informanten« hätten. »Angesichts der Schwäche des deutschen Sicherheitssystems und der Aufwiegelung der feindlichen Elemente in Deutschland« müsse sein Karlshorster Apparat selbst gegen die Kräfte tätig werden, »die in der DDR die feindselige Subversion organisieren«.

Er schlug vor, in der Fünften Abteilung des Apparats, die schon für die Arbeit gegen das Eindringen feindlicher Elemente in den DDR-Staatsapparat zuständig war, »eine geheimpolitische Abteilung mit drei Referaten« zu schaffen, um »die führenden Organe der bürgerlichen politischen Parteien« in der DDR sowie »die westdeutschen und West-Berliner subversiven Zentren und ihre Untergrundorganisationen auf DDR-Gebiet« zu überwachen. Desgleichen beabsichtigte Pitowranow, den Abteilungen in den Bezirken der DDR zusätzliches Personal zuzuteilen, »um den Untergrund je nach Lage in den Bezirken zu bekämpfen«. Er regte an, eine Inspektorengruppe zu bilden, die »kritische Hilfe leistet und die Arbeit der Bezirksämter überwacht«. Sowohl Hochkommissar Semjonow als auch sein Stellvertreter Judin hätten diese Vorschläge gebilligt, und er erbat jetzt die Entscheidung des Ministers.[1]

Pitowranow reagierte auf die Lage, die er im Sommer 1953 in der DDR vorfand, also damit, daß er einerseits die ostdeutschen Sicherheitsdienste für unfähig erklärte, die Probleme zu bewältigen, und andererseits seinen eigenen Apparat ausbaute. Das stand im Gegensatz zu den bisherigen Bemühungen, das MfS zu einer formal selbständigen Einheit zu entwickeln, der man die Verantwortung für die Staatssicherheit in Ostdeutschland überlassen konnte. Zwar waren die Juni-Ereignisse auch für die Sowjets ein schwerer Schock, aber in diesem Vorschlag, selbst wieder die Fäden in die Hand zu nehmen, spiegelte sich auch die gepaltene Meinung des KGB hinsichtlich der Zukunft der ostdeutschen Staatssicherheit wider. Sollte das MfS ein eigenständiger Partner sein oder ein Hilfsdienst bleiben? Pitowranow setzte zwar sofort Maßnahmen in Gang, um die Lage nach dem 17. Juni besser in den Griff zu bekommen, war sich aber auch im klaren darüber, daß die Beziehungen zur Stasi verbessert werden mußten.

Ein Großteil der Schwierigkeiten war in der Organisationsstruktur des Karlshorster Apparats begründet. Dessen Abteilungen waren entsprechenden Abteilungen im Moskauer Hauptquartier der Auslandsverwaltung unterstellt und befolgten sowohl bei ihren eigenen Operationen – von denen die Ostdeutschen keine Ahnung hatten – als auch bei der Beratung der ihnen entsprechenden Einheiten des MfS die Direktiven ihrer jeweiligen Kontrolleure in Moskau. Aber in Moskau wie in Karlshorst waren die Abteilungen streng voneinander getrennt. Der Deutschlandabteilung der Ersten Hauptverwaltung oblagen zwar die Verwaltung des Apparats und die Leitung der politischen Aufklärungsarbeit gegen deutsche Ziele, aber über die Aktivitäten der anderen Abteilungen wußte sie nicht Bescheid. So gingen beispielsweise Befehle der Spionageabwehrabteilung nach Karlshorst, ohne daß die Deutschlandabteilung davon erfuhr.

In Karlshorst war Pitowranow als ranghöchster Offizier theoretisch für sämtliche KGB-Aktivitäten in seinem Bereich verantwortlich und konnte die Direktiven aus Moskau abändern oder sogar widerrufen. Doch das war nicht ohne weiteres möglich, denn die Residentur in Karlshorst war keine operative Einheit, sondern vor allem mit Verwaltung und logistischer Unterstützung, Aktenführung und Decknamenkontrolle befaßt. Noch schwieriger wurde die Lage, wenn eine Einsatzdirektive an einen Karlshorster Abteilungsleiter vom KGB-Vorsitzenden oder dessen Vertreter unterzeichnet war. Dann unterrichtete der Resident den KGB-Vorsitzenden von eventuellen negativen Folgen der Direktive und beließ die gesamte Verantwortung für die Operation bei Moskau. Dies ist eine Situation, wie sie auch dem Chef jeder größeren CIA-Mission bekannt ist.

Dieser chaotische Zustand behinderte die Zusammenarbeit mit den Ostdeutschen. Bei Pitowranows Ankunft war jede Abteilung in Karlshorst für die Ausbildung einer spiegelbildlichen MfS-Einheit zuständig. Die unterschiedlichen Resultate beeinträchtigten den gesamten Ausbildungs- und Bereitschaftszustand des MfS. Oft kam es zwischen den für die Beratung zuständigen Offizieren und denen, die unter ausschließlicher MGB-Kontrolle handelten, zu Auseinandersetzungen. Die Offiziere, die eine MfS-Unternehmung gegen ein amerikanisches Agentennetz in Ostdeutschland an sich ziehen wollten, beschuldigten die Berater oft, sie arbeiteten »für Gehlen statt für das MGB«.[2] Angesichts dieser Umstände beschloß Pitowranow die Gründung einer getrennten Beratergruppe, als deren Leiter er Wassili I. Bulda auswählte, der in Moskau Referent für den Karlshorster Apparat war und vorher in der Spionageabwehrabteilung gedient hatte.[3] Daneben berief Pitowranow solche Geheimdienstveteranen wie Chatschik G. Oganessjan und Wassili F. Samoilenko in seine Beraterabteilung.[4] Um der Kritik an Karlshorst entgegenzutreten, ohne die Moskauer Bürokraten zu kränken, forderte er jede Abteilung der Auslandsverwaltung auf, einen Vertreter in die neue Beratungsabteilung zu entsenden. Die Berater hatten ihre Büros im MfS und wurden auch von diesem bezahlt. Sie fühlten sich zwar immer noch ihren Abteilungen in Karlshorst verantwortlich, aber die neue Organisationsstruktur erleichterte eine einheitliche Haltung der Residentur gegenüber dem MfS.[5]

Pitowranow stellte Bulda SED-Chef Ulbricht vor, dem er bei dieser Gelegenheit versprach, daß man im MfS keine Quellen mehr anwerben werde – eine Praxis, über die sich Ulbricht beschwert hatte.[6] Außerdem äußerte Pitowranow die Erwartung, daß das MfS geschickter und leistungsfähiger werden und das MGB dadurch in die Lage versetzen würde, die strenge Kontrolle zu lockern und die Zahl der Berater zu verringern. Es war zum Beispiel üblich, daß sowjetische Berater Bewerbungen beim MfS überprüften und den Hintergrund der Kandidaten ausforschten. Pitowranow wies Ulbricht auch darauf hin, daß ZK und Politbüro der SED mehr Verantwortung für die ostdeutschen Dienste übernehmen müßten, wenn die sowjetische Präsenz reduziert werde. Vor allem müßten die Ostdeutschen mehr Agenten im Westen gewinnen. Wo es den MfS-Offizieren an Erfahrung fehle, würden die sowjetischen Berater einspringen und deren Hinweisen auf potentielle Agenten, die für den KGB von Interesse seien, nachgehen. Dies markiert einen Neuanfang der Westaufklärung, die im argen lag, seitdem 1951/52 die KI-Residenturen im Karlshorster MGB-Apparat aufgegangen waren.[7]

Serow stellt sich vor die Deutschen

In Moskau war jemand anderer Meinung.[8] Am 5. April 1954 schickte Iwan Serow, inzwischen Vorsitzender des neu gebildeten KGB, Pitowranow einen Brief, in dem er ihm vorhielt, der Zustand der deutschen operativen Arbeit hänge »im wesentlichen vom Umfang der Führung ab, die ihr von der Beraterabteilung zuteil wird, die, wie Sie wissen, unbefriedigend arbeitet und den deutschen MWD-Organen keine ausreichende

Hilfe ist«. Er fuhr fort: »Wir können ... Ihrer Feststellung nicht zustimmen, ›die überwältigende Mehrheit der Funktionäre des MfS der DDR sind noch nicht in der Lage, selbständig zu arbeiten‹. Wenn sich diese Stimmung bei den sowjetischen Beratern und der Führung der ostdeutschen Staatssicherheit breitmachen sollte, würde das ihre Arbeit beeinträchtigen.«

Nach Serows Auffassung verfügte der Staatssicherheitsdienst der DDR bereits über genügend erfahrenes Personal. Immerhin hätten die Ostdeutschen bereits »antidemokratische Formationen und Spionagenester auf dem Gebiet der DDR ausgehoben sowie mehrere Agenten in Westberliner Spionagezentren eingeschleust«. Von manchen Spionageabwehroffizieren wurden die Massenverhaftungen westlicher Agenten allerdings mißbilligt, da es sich zum großen Teil nur um Bestätigungsquellen für den Fall einer Grenzschließung handelte. Ihrer Ansicht nach waren die Verhaftungen ausschließlich zu Reklamezwecken vorgenommen worden; sie stärkten zwar die Moral der SED, stellten aber keine gute Spionageabwehrtaktik dar. Einer dieser Offiziere erklärte im Rückblick, er habe hundertdreißig Agenten der Organisation Gehlen in der DDR gekannt, die ihre Funkgeräte nur alle zwei oder drei Monate benutzten, um ein Lebenszeichen auszusenden. Ihre Verhaftung habe nur zur Folge gehabt, daß unbekannte Agenten an ihre Stelle traten. »Warum sie nicht an ihrem Platz lassen, ... wenn wir doch wußten, wer und wo sie waren?«[9]

Darüber hinaus warf Serow den sowjetischen Beratern vor, sie wüßten über wertvolle Agenten der Deutschen nicht Bescheid, ließen die deutschen Operationsoffiziere in der konkreten Arbeit ohne Führung und seien über den Stand der Dinge auf deutscher Seite nicht auf dem laufenden. Nach seiner Auffassung suchten die Karlshorster Offiziere die Berater in den Bezirken zu selten auf, um ihnen beim Umgang mit ihren DDR-Kollegen zur Hand zu gehen. Serows Hauptsorge war jedoch die Schwäche der ostdeutschen Staatssicherheitsorgane im Kampf gegen die feindlichen Geheimdienstzentren in West-Berlin. Er rügte, daß fast nichts geschehe, »um Leute anzuwerben, die direkt für die Geheimdienste des Feindes arbeiten; unter den Funktionären dieser Dienste ist nicht ein Agent angeworben worden«. Um diesen Mangel zu beheben, sollten sowjetische Führungsoffiziere Agenten in den westlichen Diensten anwerben, deren Informationen nicht nur für den KGB wertvoll seien, sondern auch für die Überprüfung von Erkenntnissen des DDR-Staatssicherheitsdiensts benutzt werden könnten. Damit versuchte der KGB, einen für das Verhältnis zu den seiner Kontrolle unterstehenden osteuropäischen Diensten typischen Widerspruch aufzulösen. Einerseits wollte Moskau, daß seine Offiziere die besten ostdeutschen Fährten selbst übernahmen, andererseits ermunterte es das MfS, sein Operationsfeld zu erweitern.

Auf Serows Geheiß befahl Pitowranow die Einleitung »aktiver offensiver Operationen gegen die feindliche Aufklärung und andere subversive Organe und Dienste in West-Berlin«. Die Verantwortung dafür sollte die »auf Empfehlung des KGB in der Berliner Bezirksverwaltung der DDR-Staatssicherheit geschaffene Spezialabteilung für West-Berlin« erhalten. Ihre Aufgabe bestand darin, »breite Agentennetze anzuwerben, die in der Lage sind, [den KGB] systematisch über die Lage in West-Berlin zu informieren, rechtzeitig über in Vorbereitung befindliche, gegen [ihn] gerichtete Aktionen zu berichten und zu gewährleisten, daß Maßnahmen ergriffen werden, um die Vorhaben der subversiven Zentren und Organisationen des Gegners in West-Berlin zu zerschlagen«. Außerdem sollte sie unter den Westberlinern, die in der DDR arbeiteten, und den DDR-Einwohnern, die in West-Berlin arbeiteten, Agentennetze aufbauen. Unterstützung erwartete der KGB von ostdeutschen Dienststellen, die in dem Plan ebenso aufgezählt wurden wie die vorrangigen Zielobjekte, darunter sieben amerikanische Einrichtungen, wie zum Beispiel der RIAS. Daneben enthielt die Liste zwar auch französische Einrichtungen, aber keine britischen. Das war merkwürdig, konnte jedoch bedeuten, daß man um die Sicherheit von George Blake besorgt war. Die Aufzählung angeblich zur Organisation Gehlen gehöriger Einrichtungen wirkt übertrieben, obwohl der KGB doch gerade diese Gruppe intensiv unterwandert hatte, wie der Fall Felfe belegt.[10]

Im Lauf der Zeit nahmen Umfang und Leistungsfähigkeit der Sicherheits- und Nachrichtendienste der DDR zu. Gleichzeitig änderte der KGB-Apparat in Karlshorst mehrfach den Namen, um mit der Entwicklung der Beziehungen zwischen sowjetischen und ostdeutschen Diensten Schritt zu halten. 1954 hieß der KGB Berlin »Inspektorat für Fragen der Staatssicherheit unter dem Hohen Kommissar«, 1955 »Apparat des Chefberaters des KGB der UdSSR beim Ministerium für Staatssicherheit der DDR«. Wenig später erhielt er die Bezeichnung, die er bis 1992 behielt: »Apparat des KGB-Vertreters in Deutschland«. Die Beraterabteilung, mit deren Hilfe der KGB die MfS-Operationen kontrolliert hatte, erhielt nun eine Koordinations- und Verbindungsfunktion, die sich in dem Kürzel KiS (»Koordinazija i swjas«, Koordinierung und Verbindung) niederschlug.

Einen wesentlichen Teil des KGB-Apparats in der DDR stellten die in den Bezirkshauptstädten eingerichteten Abteilungen dar. Die Personalstärke dieser zumeist in Gebäuden der sowjetischen Militärkommandantur untergebrachten Einheiten richtete sich nach Größe und Bedeutung des Bezirks, überstieg aber selten zwanzig Offiziere. Sie hatten eine dreifache Aufgabe: Sie sollten die Verbindung zu den MfS-Bezirksverwaltungen aufrechterhalten, unabhängig vom MfS Operationen gegen KGB-Ziele entwickeln und durchführen sowie die einseitigen Operationen des Karlshorster Apparats unterstützen. Außerdem hatten sie regelmäßig politische Lageberichte über ihren Bezirk zu liefern. Diese Berichte fielen meist recht ungetrübt und optimistisch aus, da kritische Kommentare nur zusätzliche Arbeit und Nachprüfungen zur Folge gehabt hätten. Um diese Aufgaben erfüllen zu können, unterhielten die Bezirksbüros ein Netz von Hilfsagenten und Kontakten bei örtlichen Behörden, Polizeidienststellen, Wirtschaftsunternehmen und Bildungseinrichtungen. Zwischen Karlshorst und den Bezirkshauptstädten herrschte ein reger Besuchsverkehr, die Kontrolle durch den Berliner Apparat war streng, und die Bezirkschefs hatten jede Woche an einer Stabssitzung in Karlshorst teilzunehmen. Doch die Umstellung von der Beratungs- auf die Verbindungsfunktion fiel nicht immer leicht. Zwar versuchte der KGB, Bezirksoffiziere einzusetzen, die mit ihren deutschen Partnern gut auskamen, aber es ergaben sich dennoch oft Spannungen. Den KGB-Offizieren gefiel nicht, daß die deutschen Funktionäre, vor allem die des MfS, immer weniger bereit waren, Befehle widerspruchslos auszuführen. Dieser Wandel machte sich auf allen Ebenen des sowjetisch-deutschen Verhältnisses bemerkbar.[11]

Der Ulbricht-Faktor

Die Aufsicht über die Sicherheits- und Geheimdienste lag in allen kommunistischen Ländern bei der Parteiführung. Chruschtschow hatte den KGB fest im Griff, und Ulbricht gebot über das MfS. Diese politische

Dynamik beherrschte auch die Beziehungen zwischen dem Karlshorster KGB-Apparat und dem MfS. Akut wurden die Schwierigkeiten im Umgang mit der SED – verstärkt durch Uneinigkeit im KGB selbst – in der Zeit vor dem Mauerbau 1961; gerade in dieser kritischen Phase beeinträchtigten sie die Karlshorster Leistung sehr.

Ulbricht war besessen davon, jede Opposition in der SED auszuschalten, obgleich seine Führung nie ernsthaft in Frage gestellt wurde. So hatte er nach dem Aufstand vom 17. Juni und nach Berijas Verhaftung einen starken Rivalen beseitigt: Staatssicherheitsminister Zaisser. Aber es war ihm ein Dorn im Auge, daß es ihm nicht gelang, seinen eigenen Mann, Mielke, an Zaissers Stelle zu setzen, und er sich mit der Ernennung Wollwebers abfinden mußte. Als Chef der Spionageabwehr trug Mielke eine Mitverantwortung an den Juni-Ereignissen, doch das war nicht das Haupthindernis für seine Berufung. Was ihm schadete, war sein gespanntes Verhältnis zu einigen Sowjetführern. Ende 1954 begann Ulbricht seinen Kreuzzug, um Wollweber abzusägen. Er war entschlossen, seinen Minister für Staatssicherheit auszuwechseln und seine persönliche Autorität über diesen entscheidenden Bestandteil der Staatsmacht zu festigen. Dazu brauchte er die Hilfe des KGB, und diese verschaffte er sich ohne zu zögern. Bei einem Abendessen in der Ostberliner Sowjetbotschaft ließ Ulbricht durchblicken, daß Wollweber ein schwacher Sicherheitsminister sei. »Wir müssen überlegen, wie wir diesen wichtigen Sektor stärken können«, sagte er. Pitowranow, der ebenfalls anwesend war, pflichtete ihm bei. Wollweber sei »der Aufgabe einfach nicht gewachsen«, erklärte er und fügte hinzu: »Die sowjetische Seite war an [seiner] Wahl nicht beteiligt«.

Ulbricht war nicht davon überzeugt; er wußte, wie eng Wollwebers Beziehungen zu den Sowjets waren. Deshalb hakte er nach und fragte Pitowranow, was für einen Nachrichtendienst die Sowjets denn geschaffen hätten, wenn er ihn nicht einmal über die Aktivitäten der »Opposition« in der SED auf dem laufenden halten könne. Als Beispiel führte er ein Treffen zwischen Parteirivalen wie Wollweber, Grotewohl und Schirdewan an, das wenige Tage zuvor im Ostberliner Restaurant »Wolga« stattgefunden hatte und über das er nicht informiert worden sei. Desgleichen habe er nichts von den Seitenhieben erfahren, die Schirdewan während eines Flugs von Peking im Gespräch mit dem sowjetischen Chefideologen Michail Suslow gegen ihn ausgeteilt hatte. Pitowranow erwiderte, daß es den sowjetischen Tschekisten untersagt sei, die Partei- und Staatsführung der UdSSR auszuspionieren. Wahrscheinlich gelte diese Regel auch für den Staatssicherheitsdienst der DDR. Dann spielte er die Angriffe auf Ulbricht herunter: »Ach, wissen Sie, Schirdewan ist ein Kind. Er braucht lediglich einen freundlichen Klaps auf den Hintern.«[12]

Ulbricht ließ nicht locker. Er fragte Pitowranow, was er denn von Mielke als Nachfolger Wollwebers halte. Pitowranow bemerkte, danach habe er ihn schon einmal gefragt und dieselbe Antwort erhalten wie dieses Mal: Das sei Sache des ZK der SED. Ulbricht drang jedoch so lange in Pitowranow, bis er Farbe bekannte: »Mielke ist ein harter und energischer Arbeiter, der in der Vergangenheit gute Dienste geleistet hat. Aber in seiner früheren Vergangenheit gibt es einige Dinge, die schwer zu verstehen sind. Sein Bruder starb in West-Berlin, was er dem Zentralkomitee der SED nie gemeldet hat. Die Gründe für dieses Schweigen kennen wir nicht.« Da er das Gefühl hatte, daß Ulbricht glaubte, für die Ernennung Mielkes die Zustimmung des KGB zu benötigen, fügte Pitowranow hinzu, er traue Mielke nicht über den Weg: »Er ist jedem gegenüber verschlagen und unaufrichtig, auch uns gegenüber, obwohl er sich immer als guter Freund ausgibt. Am besten wäre es, Sie wählten einen Ihrer besten Ersten Bezirkssekretäre aus und machten einen Profi wie Mielke oder Markus Wolf zu seinem Stellvertreter.« Pitowranow hatte eindeutig ein Faible für Wolf, aber da Mielke und Wolf bekanntlich nicht miteinander auskamen, wurde seine Anregung nie ernsthaft in Erwägung gezogen.[13]

Die Angelegenheit Mielke war mit dem Essen in der Botschaft nicht zu Ende. Bevor Pitowranow nach Moskau zurückkehrte, meldeten sich KGB-Chef Serow und der seit langem mit Ulbricht befreundete Alexander Korotkow zum Besuch an, um ihn aus Berlin zu verabschieden. Kurz darauf erfuhr Pitowranow, daß der Besuch keineswegs so zufällig war, wie Serow am Telefon behauptet hatte: Serow und Korotkow trafen nämlich mit Ulbricht zusammen und segneten Mielkes Aufstieg zum Staatssicherheitsminister ab. Als sie Berlin kurz darauf verließen, waren sie über und über mit Geschenken des dankbaren Mielke beladen.[14]

Mittlerweile bereitete Ulbricht den Sowjets Probleme anderer Art. Am 7. Februar 1955 informierte Serow das ZK der KPdSU über die Verärgerung des Karlshorster KGB-Apparats. Offenbar hatte Ulbricht die DDR-Staatssicherheitsorgane angewiesen, die repressiven Maßnahmen gegen

»Personen, die der Zersetzung und Sabotage verdächtig sind«, zu verstärken. Hinsichtlich des Landwirtschaftsministeriums hatte Ulbricht behauptet, »mindestens zehn bis zwölf Prozent der dort Tätigen sind Feinde«, und »veranlaßt, daß Verdächtige im Ministerium durchsucht und verhaftet werden, auch wenn keine Beweise ihrer kriminellen Machenschaften vorliegen«. Ähnlich wollte Ulbricht auch in anderen Ministerien vorgehen. Als Wollweber einwandte, man müsse die Gesetze beachten, konterte Ulbricht: »Es wäre angebracht, die Strafverfolgungsbehörden vorübergehend anzuweisen, Festnahmen nicht auf vierundzwanzig Stunden zu begrenzen, wie es das Gesetz vorschreibt, sondern auf zwei Wochen.« Serow stellte klar: »Den deutschen Freunden ist vom Inspektorat nahegelegt worden, bei der Behandlung von Fragen wie der Durchsuchung und Verhaftung sowie der Festnahme von Verdächtigen für zwei Wochen, wie es Genosse Ulbricht verlangt, vorsichtig vorzugehen, um keine Unschuldigen in Mitleidenschaft zu ziehen und nicht eine Atmosphäre der Unsicherheit für führende Persönlichkeiten der Ministerien zu schaffen, die ihnen einen Vorwand für die Flucht in den Westen liefern könnte.«[15] Serow wollte mit seinem Brief an das ZK vermutlich auch sein Eintreten für die von Chruschtschow geforderte »sozialistische Legalität« und die seit Berijas Sturz durchgeführte Reform der Sicherheitsorgane demonstrieren.[16] Der tiefere Grund war aber wohl die negative Einschätzung Ulbrichts durch einige Leute in Moskau.

Trotz Ulbrichts Präferenz für Mielke konnte sich Wollweber zunächst halten und avancierte im November 1955, als das Sekretariat für Staatssicherheit wieder zum MfS wurde, zum Minister. Während seiner Amtszeit konnte die Stasi - mit sowjetischer Hilfe - einige nennenswerte Gegenspionageerfolge verbuchen. Außer den von Serow in seinem Brief vom 5. April 1954 angesprochenen Operationen wird in den KGB-Akten eine Operation »Strela« (Pfeil) erwähnt, die im Juli/August 1954 zur Verhaftung von 359 Personen führte, von denen 203 der Organisation Gehlen und anderen westdeutschen Geheimdiensten angehörten; darüber hinaus wurden sieben Funkgeräte beschlagnahmt. Im April 1955 gelang der Stasi im Rahmen der Operation »Wesna« (Frühling) ein massiver Schlag gegen amerikanische, britische und westdeutsche Geheimdienststellen sowie andere subversive Organisationen. 640 Personen wurden festgenommen und vier amerikanische, fünf britische sowie drei westdeutsche Agentennetze liquidiert; dreizehn tragbare Funkgeräte, Geheimschriftmaterial, Waffen und andere Ausrüstung wurden beschlagnahmt. Zusätzlich zu diesen Erfolgen machte sich auch die Geheimdiensteinheit von Markus Wolf bemerkbar, aus der die Hauptverwaltung Aufklärung (HVA) hervorgehen sollte. Es hatte ganz den Anschein, als wollten die Stasi und der gesamte Sicherheitsapparat der DDR erwachsen werden.

Das MfS im Warschauer Pakt

Am 18. Januar 1956 beschloß die Volkskammer der DDR die Schaffung eines Ministeriums der Nationalen Verteidigung. Aus den Verbänden der Kasernierten Volkspolizei wurde die Nationale Volksarmee (NVA). Noch im selben Monat wurde die NVA in die Streitkräfte des Warschauer Pakts unter dem Oberbefehl von Sowjetmarschall Konew eingegliedert. Gleichzeitig wurden die Beziehungen des MfS zu den anderen Sicherheitsdiensten des Ostblocks auf eine formellere Ebene gehoben. Seinen Ausdruck fand dies in der Einladung zu der Konferenz dieser Dienste, die unter Vorsitz Serows vom 7. bis 11. März in Moskau stattfand. Das MfS sollte ein Mitspracherecht in bezug auf das Vorgehen der osteuropäischen Dienste in der DDR erhalten. Außerdem beunruhigten Serow die Anzeichen zunehmender nationaler Gefühle in Ungarn und Polen.[17] Tagesordnungspunkte der Konferenz waren die Vereinigung der Kräfte gegen die »Regierungen der Hauptaggressoren USA und England«; die Festlegung der Hauptstoßrichtung der Geheimdiensttätigkeit der einzelnen Länder; die Durchführung gemeinsamer Maßnahmen gegen die wichtigsten »Aggressorstaaten«; der Informationsaustausch über die Tätigkeit gegnerischer Geheimdienste gegen die Länder des »demokratischen Lagers« sowie die Koordinierung und gegenseitige Unterstützung im Bereich der Fernmeldeaufklärung und der operativ-technischen Dienste.[18]

Punkt zwei, die Hauptstoßrichtung der Aktivitäten der einzelnen Länder, wurde in bilateralen Gesprächen zwischen Vertretern des KGB und dem jeweiligen Dienst festgelegt. Alle anderen Themen wurden im Plenum behandelt. Zu Punkt 1 legte Serow einen Überblick über die internationale Lage vor. Er unterstrich, welch große Summen die amerikanischen und britischen Geheimdienste für die »totale Spionage« ausgäben. Als Hauptgebiete, auf die sich die gegen die Sowjetunion arbeitenden

Dienste konzentrierten, nannte er »die Nachrichtengewinnung über Atomtechnik, Flugzeugindustrie, Seestreitkräfte, Docks, Seestraßen, Erdölindustrie und diverse militärische Einheiten«. In diesem Zusammenhang betonte er die »Notwendigkeit, den achtlosen Umgang mit Geheimdokumenten zu bekämpfen und die Abwehr in den Streitkräften zu verbessern«. Weiterhin warnte er »vor dem Einsatz nationalistischer Gruppen durch den Feind, der damit die politisch-moralische Einigkeit der Volksdemokratien untergraben wolle«. Hauptbasis für die Anwerbung feindlicher Agenten seien reaktionäre Emigrantenorganisationen: »Gestützt auf diese Organisationen werden Provokationen und antidemokratische Aktionen gegen die Länder des demokratischen Lagers angezettelt. Deshalb kommt es entscheidend darauf an, daß wir unsere Erfahrungen austauschen und unser Vorgehen koordinieren.«

Um die amerikanische und britische Geheimdiensttätigkeit zu zerschlagen, drängte die sowjetische Delegation auf »die Anwerbung von Quellen in den führenden Kreisen und politischen Parteien der kapitalistischen Länder, die zu einer Vielzahl grundlegender Aufklärungsfragen dokumentarische Informationen liefern können. ... Besonders kommt es auf den Stand der Mobilisierungspläne an, denn heute, da Kriege nicht mehr erklärt werden, zählt jede Stunde.« Desgleichen sei es wichtig, »die Widersprüche zwischen den imperialistischen Staaten auf politischem, wirtschaftlichem und militärischem Gebiet aufzuzeigen und auszunutzen«. Im übrigen äußerten die Sowjets Interesse an Bereichen wie den aktiven Maßnahmen, der Gegenspionage, der wissenschaftlich-technischen Nachrichtenbeschaffung und der Einrichtung illegaler Residenturen.

Ein Delegationschef beklagte das Fehlen einer direkten Verbindung zum MfS der DDR, was die Arbeit gegen feindliche Zentren in Westdeutschland und West-Berlin behindert habe. Die DDR-Delegation erläuterte die speziellen Probleme West-Berlins und der Bundesrepublik und schlug zur Verbesserung der Zusammenarbeit unter anderem »den Austausch von politischem und operativem Material ..., konzentrierte Schläge gegen feindliche Zentren in Westdeutschland und die Koordinierung der Aktivitäten an den Grenzen der DDR zu Polen und der Tschechoslowakei« vor. In seinen Abschlußbemerkungen stimmte Serow der Auffassung zu, daß die Staatssicherheitsdienste der Volksdemokratien Kontakt zum MfS der DDR halten müßten, wozu eine Sondergruppe in Berlin eingerichtet werden sollte.

Die bilateralen Gespräche zwischen KGB und DDR wurden auf sowjetischer Seite von Generalmajor Panjuschkin geführt, dem Chef des Auslandsnachrichtendiensts, der späteren Ersten Hauptverwaltung des KGB. Nach Ansicht der sowjetischen Delegation mußte das MfS seine Hauptbemühungen gegen Westdeutschland und West-Berlin richten, was allerdings auch für die UdSSR, Polen, die Tschechoslowakei und Ungarn galt. Der Umfang der Aktivitäten und die zu bearbeitenden Ziele wollte man für jeden Staat getrennt festlegen. Die DDR sollte in den verwundbarsten Zielen illegale Residenturen schaffen, während die Abwehrorgane der Volksdemokratien sich auf die Emigrantenorganisationen in Westdeutschland konzentrieren würden. Die DDR-Delegation erklärte, sie halte es für nötig, in Frankreich tätig zu werden, um das Saarland angemessen abdecken zu können. Das war für BOB von besonderem Interesse, da die Basis seit Jahren dank der Berichterstattung eines illegalen Residenten, den sie schon zu Beginn der Operation umgedreht hatte, die Tätigkeit der HVA des MfS im Saarland hatte beobachten können.[19] Das bilaterale Gespräch endete mit der Bitte der DDR, genauer zu definieren, wie die Zusammenarbeit mit den Staatssicherheitsorganen der Volksdemokratien sich gestalten solle. Man war sich einig, daß operative Gruppen der Volksdemokratien auf dem Gebiet der DDR nur mit Zustimmung des MfS aktiv werden dürften. Diese Demonstration der Blocksolidarität war aber kaum mehr als schöner Schein. Zwar finden sich in den Konferenzprotokollen des KGB keine Anzeichen von Uneinigkeit, aber der Gang der Ereignisse sollte diese Solidarität und die Loyalität einiger osteuropäischer Partner gegenüber der Sowjetunion auf eine harte Probe stellen.

Kontroversen um Chruschtschows Geheimrede

Die Turbulenzen begannen mit dem XX. Parteitag der KPdSU im Februar 1956, auf dem Chruschtschow in einer »Geheimrede« Stalin und dessen Herrschaftssystem auf eine Art und Weise brandmarkte, daß seine Zuhörer ihm kaum zu folgen vermochten. Die Rede schlug in der gesamten kommunistischen Welt ein wie ein Blitz. In einem Brief an die Parteiorganisation des KGB beschrieb das ZK die von der Rede in verschiedenen Ländern ausgelösten Reaktionen. Im allgemeinen scheuten KGB-Offiziere aus Furcht, angeschwärzt zu werden, davor zurück, im Beisein von Kollegen ihre Meinung über heikle innenpolitische Fragen zu äußern, aber nach Chruschtschows Rede fragten sich viele in aller Offenheit, was eigentlich im Land vorgehe.

In Ostdeutschland schienen sich die Chefs der Staatssicherheitsorgane sogar noch mehr vor den Kopf gestoßen zu fühlen als ihre sowjetischen Kollegen. Kritische Äußerungen über den neuen, antistalinistischen Kurs hörte der Karlshorster KGB-Apparat vor allem von jenen Angehörigen der DDR-Führung, die Chruschtschow vorwarfen, daß sie über diese plötzliche Kehrtwende nicht im voraus unterrichtet worden waren. Doch Pitowranow beschloß, diese Bemerkungen nicht nach Moskau weiterzuleiten. BOB erfuhr durch Oberstleutnant Popow, der Quelle in der Nachrichtendienstverwaltung der GSWG, von den offiziellen Sitzungen und der Sprachlosigkeit seiner Offizierskollegen. Auch der Berliner Tunnel, der seit März 1956 voll funktionstüchtig war, lieferte Erkenntnisse. So sprach General Gretschko, der am Parteitag teilgenommen hatte, in Telefongesprächen mit Familienangehörigen, die von BOB mitgehört wurden, über seine Eindrücke.

In den Monaten nach der Geheimrede ließ Chruschtschow den Plan fallen, Polen militärisch unter Druck zu setzen, und akzeptierte die dortige neue Führung. Doch Ungarn war etwas anderes. Nachdem im Oktober in Budapest die offene Revolte ausgebrochen war, hatte Imre Nagy am 1. November das Amt des Ministerpräsidenten angetreten und mit dem sowjetischen Botschafter in Ungarn, Juri Andropow, über den Abzug der sowjetischen Truppen verhandelt. Als ihm dies nicht zugesichert wurde, kündigte Nagy die Mitgliedschaft im Warschauer Pakt auf und erklärte die Neutralität Ungarns. Am Sonntag, dem 4. November, marschierten daraufhin starke sowjetische Truppenverbände in Ungarn ein und machten die Hoffnung des Landes auf Unabhängigkeit zunichte.

Die eindrucksvollste europäische Protestaktion gegen die Unterdrückung des ungarischen Aufstandes fand am 5. November in West-Berlin statt. Die Westberliner, die wegen der Rückwirkung für ihre eigene Sicherheit stets nervös auf alles reagierten, was die Sowjetunion unternahm, waren schockiert, daß sie zuerst den Abzug aus Ungarn zugesagt hatte und dann doch wieder einmarschiert war. Hunderttausend aufgebrachte Westberliner versammelten sich zu einer Demonstration auf der Straße des 17. Juni, und einen Augenblick sah es aus, als wollten sie geradewegs durchs Brandenburger Tor nach Ost-Berlin marschieren. In dieser heiklen Situation gelang es dem damaligen Berliner Parlamentspräsidenten Willy Brandt, die Massen davon abzuhalten. Die Führungskraft, die er damit bewies, verhalf Brandt schlagartig zu internationalem Ruhm.

Vergleichbare Proteste im Osten gab es nicht. Den Bewohnern Ost-Berlins und der übrigen DDR steckte noch die Erfahrung des Aufstands von 1953 in den Knochen; sie blieben ruhig. Der Karlshorster KGB-Apparat hatte allen Anlaß, mit der Leistung seines Schützlings MfS in dieser Zeit zufrieden zu sein. Dennoch testeten beide Dienste während des gesamten Kalten Krieges immer wieder, wie weit sie in ihren Beziehungen zueinander gehen konnten.

Korotkow löst Pitowranow ab

Pitowranow und Korotkow waren aus sehr unterschiedlichem Holz geschnitzt. Pitowranow hatte hauptsächlich in der Abwehr in der UdSSR gedient, während Korotkow schon vor dem Krieg und unmittelbar nach Kriegsende in Deutschland stationiert gewesen war. Als erster Berliner Resident des Auslandsnachrichtendiensts nach dem Kriege hatte Korotkow eng mit Ulbricht zusammengearbeitet. So unterschiedlich die Laufbahnen von Pitowranow und Korotkow waren, so unterschiedlich waren auch ihre Temperamente. Pitowranow war vorsichtig, präzise und zurückhaltend und wog seine Worte sorgfältig ab. Korotkow hingegen war impulsiv, verlor schnell die Fassung und ließ seine Wut an jedem aus, der gerade in der Nähe war. Das hinderte ihn zwar nicht daran, andere Offiziere objektiv einzuschätzen und ihr Vertrauen zu gewinnen, aber die Zuneigung der höheren Chargen von KGB und Partei brachte es ihm nicht ein.

In den gegensätzlichen Auffassungen Pitowranows und Korotkows in der Mielke-Frage spiegelten sich die Meinungsunterschiede wider, die im KGB über das Verhältnis zum MfS herrschten. Sollte der KGB den ostdeutschen Dienst weiterhin für sich ausnutzen oder ihm größere

Unabhängigkeit einräumen? Doch wie ernst war der Konflikt zwischen KGB und MfS überhaupt? Die meisten führenden Offiziere des Karlshorster KGB-Apparats wußten, daß es ihnen schwerfallen würde, in Westdeutschland ähnlich verläßliche Quellen aufzutun wie das MfS. Folglich förderte der KGB die Entfaltung der Auslandsaufklärung des MfS, solange er von deren Erfolgen profitierte. Die HVA hatte unter Ausnutzung des Flüchtlingsstroms eine große Anzahl von Agenten in die Bonner Regierung eingeschleust, von denen viele in sicherheitsrelevanten Behörden wie dem Bundesamt für Verfassungsschutz, dem Auswärtigen Amt und dem Verteidigungsministerium sowie in CDU und SPD plaziert waren, wo sie große Mengen von Geheimdokumenten beschafften. Obwohl viele KGB-Funktionäre in Karlshorst und Moskau HVA-Chef Markus Wolf diesen Erfolg zuschrieben, war er auch das Verdienst anderer MfS-Offiziere wie Wolfs Stellvertreter Horst Jaenicke.

Die Informationen der HVA-Quellen wurden vom KGB stets sehr geschätzt, auch wenn sie ihm für gewöhnlich nicht bekannt waren. In besonders wichtigen Fällen wandte er sich an einen seiner verläßlichen Kontakte im MfS, um die gewünschten Informationen zu erhalten. Ein gutes Beispiel dafür ist der Fall des Brandt-Referenten und HVA-Agenten Günter Guillaume, dessen Berichterstattung von solcher Bedeutung war, daß der KGB die Authentizität und Vollständigkeit der Informationen mit Hilfe seiner Quellen in der HVA nachprüfte. Sofort nach Eintreffen wurden diese Berichte durch Offiziersboten von Andropow persönlich an Gromyko geschickt, da sie oft Hinweise enthielten, die für diesen von Interesse waren. Immerhin handelte es sich um Informationen höchster Güte über die Lage in Deutschland und die Gespräche mit den Westmächten. Hatte Gromyko die Berichte gelesen, brachte der Kurier sie zum KGB zurück. Als Brandt wegen der Guillaume-Affäre zum Rücktritt gezwungen war, versicherte ihm Breshnew in einem persönlichen Brief, die sowjetische Seite habe »keine Kenntnis von dieser Zeitbombe« gehabt. Damals fragte sich mancher, ob der KGB die HVA wegen der negativen Rückwirkungen auf die sowjetisch-westdeutschen Beziehungen gerügt habe. Tatsächlich beschränkte sich die professionelle Reaktion darauf, daß man den Verlust einer Quelle von dieser Güte bedauerte.[20]

Nachdem er im Herbst 1957 seinen neuen Posten in Karlshorst angetreten hatte, konnte Korotkow aus nächster Nähe verfolgen, wie Ulbricht seine Widersacher in der SED ausschaltete und die DDR an Selbstbewußtsein gewann. Auf dem 35. Plenum des ZK der SED im Februar 1958 wurden die Ulbricht-Gegner Schirdewan und Wollweber ihrer Partei- und Regierungsämter enthoben.[21] Wollweber hatte offenbar die besondere Abneigung des SED-Chefs auf sich gezogen; wie BOB im weiteren Verlauf des Jahres 1958 berichtete, hatte Ulbricht ihm ein Gerichtsverfahren angedroht und versucht, ihn aus seinem Haus auf dem Karlshorster Gelände werfen zu lassen und seiner Privilegien als ambulanter Patient des dortigen sowjetischen Krankenhauses zu berauben.[22]

Ein anderes Thema des ZK-Plenums war »die Einmischung von KGB-Beratern in die inneren Angelegenheiten der DDR in flagranter Verletzung der Souveränität der DDR«. Dem sowjetischen Botschafter Puschkin wurde vorgeworfen, diese Einmischung zugelassen zu haben. Daß dies überhaupt zur Sprache kommen konnte, zeugte von der wachsenden Unabhängigkeit der SED in Sicherheitsfragen. Popows Gruppe wurde nach dem Plenum gesagt, die SED habe den DDR-Geheimdiensten verboten, die ostdeutschen Sportorganisationen für operative Zwecke auszunutzen. Dasselbe galt aufgrund der Diskussionen auf dem Plenum für die Leipziger Messe.[23]

Bürokratisches Tauziehen zwischen KGB und MfS

Ulbrichts Freund Korotkow sah sich bald einem Angriff auf seine Position in Karlshorst ausgesetzt. Den Vorwand lieferte die bekannte Frage, inwieweit der KGB die ostdeutschen Dienste für sich einspannen sollte. Neues Gewicht erhielt sie in dem Streit, der zwischen Korotkow und dem bisherigen Komsomol-Chef Alexander N. Schelepin ausbrach, den Chruschtschow im Dezember 1958 anstelle von Serow zum KGB-Vorsitzenden ernannt hatte. Die anschließende Geschichte von Korotkows Tod und dem erbitterten Kampf zwischen seinem Karlshorster Apparat und Schelepin ist bis heute nicht erzählt worden. Sie umfaßt den Zeitraum von 1959 bis 1961, als die Lage in Berlin krisenhafte Züge annahm, die dann im Bau der Mauer gipfelten. Wie schon während Berijas Interregnum 1953 wurde der Karlshorster KGB-Apparat wiederum in einem kritischen Augenblick von Führungskämpfen an der Spitze geschwächt.

Ende 1958 wurde Serow an die Spitze der GRU versetzt, also eine

Ebene herabgestuft. Als Grund gaben höhere KGB-Offiziere später an, daß die GRU nach der Enttarnung des CIA-Spions Popow in ihrer Strategisch-Operativen Gruppe gestärkt werden sollte. Doch das war nicht der wahre Grund. Ebensowenig hatte bei Schelepins Ernennung die Absicht im Vordergrund gestanden, das mit Serow verbundene stalinistische Image auszulöschen und den KGB stärker in »den strategischen, politisch-ökonomischen und ideologischen Kampf mit den kapitalistischen Mächten« einzubeziehen, obwohl all dies sicherlich eine Rolle gespielt hat. Aber nach Meinung vieler lag der Hauptgrund für Serows Entlassung darin, daß er zuviel wußte.

Viele KGB-Offiziere verübelten es Schelepin, daß er jeden aus dem KGB zu entfernen versuchte, dem man Verbindungen zu Serow nachsagte, und daß er den Dienst offenbar als Sprungbrett für seine eigenen Ambitionen zu benutzen gedachte. Seine Absicht, den KGB direkt in den »politischen Kampf« einzubeziehen, ließ darüber hinaus einen Rückfall in die stalinistische Vergangenheit befürchten, als der Dienst in die Machtkämpfe innerhalb der Führung verwickelt war. Unbeliebt machte sich Schelepin zudem dadurch, daß er die Zahl der Urlaubsheime und Sanatorien des KGB verringerte, den Sold herabsetzte und die Vergünstigungen beschränkte. Viele räumten zwar ein, daß Schelepin die innere Spionageabwehr organisatorisch und methodisch vorangebracht hatte, als sich aber herausstellte, daß viele Schlüsselpositionen an Partei- und Komsomolfunktionäre vergeben wurden, die Schelepin persönlich ausgewählt hatte, beklagten auch sie sich darüber, daß die Interessen des Dienstes denen der Parteiführung untergeordnet worden seien.[24]

Schelepin war ein Intrigant von hohen Gnaden. Kaum hatte er sein Amt angetreten, hielt er nach Möglichkeiten Ausschau, wie er Korotkows Einfluß ausschalten konnte. Für seinen Geschmack war Korotkow schon viel zu lange im Amt und viel zu freimütig, aber als Chef des Karlshorster Apparats hatte er eine Schlüsselposition des KGB inne. Bei Schelepins Intrige behilflich war Alexander M. Sacharowski, der stellvertretende KGB-Vorsitzende und Chef der Ersten Hauptverwaltung, der wenig für Korotkow übrig hatte. Bald begannen Geschichten über die Privilegien zu kursieren, die Korotkow aufgrund seiner Beziehung zu Serow in Karlshorst eingeräumt worden seien, und Schelepin verlangte von Korotkow, kaum waren diese Gerüchte aufgetaucht, einen schriftlichen Bericht über den Karlshorster Apparat. Darüber hinaus setzte er die KGB-Spionageabwehr ein, um die Deutschlandabteilung in Moskau, den Karlshorster Apparat sowie Korotkows Kontakte mit Freunden und Kollegen zu observieren.[25]

Nichts von alldem brachte den Bericht hervor, den sich Schelepin erhofft hatte. Als die Frist ablief, rief Sacharowski den Leiter der Deutschlandabteilung, Leonid J. Sjomontschuk, zu sich und befahl ihm, den Bericht zu schreiben. Dieser verwies jedoch darauf, daß der Karlshorster Apparat aus getrennten Abteilungen bestehe, die jeweils anderen Einheiten in Moskau unterstünden. Sjomontschuks Weigerung wirft ein charakteristisches Licht auf die bürokratische Wirklichkeit des Verhältnisses zwischen Karlshorst und der Moskauer Zentrale. »Wie«, fragte er, »soll ich einen Bericht über die Aktivitäten des gesamten Apparates schreiben, der dem Vorsitzenden persönlich untersteht, wenn ich lediglich weiß, was im Bereich Deutschland vor sich geht? Ich weiß nichts von den Operationen gegen den Hauptgegner, die Vereinigten Staaten, nichts über die Abwehr, nichts über die Sowjetkolonie, die Illegalen und so weiter und so fort. Warum ruft Ihr Vertreter nicht sämtliche Abteilungs- und Verwaltungsleiter zu sich und sagt ihnen, was sie schreiben sollen?«

Dies geschah, aber auch diese Gruppe wandte ein, daß man von Moskau aus keinen solchen Bericht verfassen könne. Nur Korotkow kenne die Einzelheiten der Operationen in seinem Bereich. Alexej A. Krochin, der Chef der Illegalenverwaltung, sagte, Korotkow tue hinsichtlich der Illegalenoperationen nur, was man ihn zu tun angewiesen habe: »Warum sollte er uns dazu Rede und Antwort stehen müssen?«[26] Das war angesichts Korotkows langer Erfahrung mit Illegalen vernünftig. Fadeikin, inzwischen Chef der Dreizehnten Abteilung, regte an, Korotkow auf der abhörsicheren Leitung anzurufen und das Nötige erklären zu lassen.[27] Sjomontschuk rief ihn an, beschrieb die Lage und erfuhr von Korotkow, daß er den Bericht am Montag abschicken werde.

Am Montag traf zwar kein Bericht an, aber Korotkow teilte mit, er werde nach Moskau kommen und den Bericht persönlich überbringen. Um auf jeden Fall einen Bericht für Schelepin in der Hand zu haben, verfaßte Sjomontschuk einen Entwurf, der von Sacharowski überarbeitet wurde. Im Grunde enthielt der Bericht nichts Aufregendes. Er stellte lediglich fest, daß die Arbeit mit den deutschen »Freunden« sich im vergangenen Jahr verbessert habe und das Niveau der gesammelten Informationen gestiegen sei. Korotkow legte Schelepin diesen Entwurf bei einer Sitzung der hohen Funktionäre der Ersten Hauptverwaltung vor. Schelepin kritiserte Korotkow scharf für den Bericht und bemerkte, er solle nicht nur mit den Deutschen arbeiten, sondern sich um seinen eigenen Apparat kümmern. Darauf Korotkow: »Dann packe ich meinen Koffer und verschwinde.« Schelepin reagierte mit der Anordnung, eine Untersuchungskommission zu bilden, die die Lage in Karlshorst prüfen sollte.

Als die Kommission ihren Bericht vorlegte, erörterte Schelepin das Ergebnis mit Korotkow, wobei er die Ermahnung wiederholte, die zur Schaffung der Kommission geführt hatte: »Achte mehr auf die Überwachung des Apparats, arbeite mit deinen eigenen Leuten und koordiniere diese Arbeit mit der militärischen Abwehr. Schließlich steht dort eine Armee von uns, die um ihre Sicherheit besorgt ist. Du mußt dein Terrain für deine eigene Geheimdienstarbeit benutzen und darfst dich nicht auf die deutschen Freunde verlassen. Wir brauchen unsere eigenen Trümpfe in der Hand.«

Korotkow wußte, daß die Idee von Sacharowski kam, und erwiderte, dafür brauche er einen geeigneten Stellvertreter. Sjomontschuk solle nach Karlshorst versetzt werden. Dieser protestierte jedoch; er habe von Auslandsposten die Nase voll, erklärte er. Außerdem beruhe der Bericht der Kommission insofern auf einer falschen Voraussetzung, als in Wirklichkeit nichts ohne die Deutschen unternommen werden könne. Der KGB habe einfach nicht mehr genug Personal mit ausreichenden Deutsch- und Landeskenntnissen, um seine Aufgaben allein erfüllen zu können. Im übrigen sei es »dumm anzunehmen, man könne die Bürger eines befreundeten und verbündeten Landes ohne Erlaubnis des Gastgeberdienstes anwerben«. Sollte der KGB das versuchen, würde es zu Auseinandersetzungen zwischen den Parteien und Regierungen kommen. Schelepin ließ Sjomontschuks Einwände unbeachtet und wies ihn lediglich an: »Sag Korotkow, daß du mit den Deutschen arbeiten wirst. Er hat damit nichts zu tun.«

Korotkow kehrte nach Berlin zurück, wurde aber Ende Juni 1961 von Schelepin erneut zum Vortrag im Zentralkomitee nach Moskau gerufen. Nach der Diskussion am 27. Juni ging Korotkow in die Deutschlandabteilung der Ersten Hauptverwaltung, schilderte seinen Besuch im ZK und telefonierte mit Serow. Später begaben sich die beiden alten Freunde in den KGB-Sportklub im kleinen Dynamo-Stadion in Petrowka und spielten Tennis. Dabei erlitt Korotkow einen Herzanfall und starb. Die Auseinandersetzung mit Schelepin, die Karlshorst seit Beginn der Berlin-Krise fast kampfunfähig gemacht hatte, hatte ihren Preis gefordert. Mielke kam mit mehreren seiner Vertreter, darunter Bruno Beater und Markus Wolf, zur Beisetzung nach Moskau. Wolf sprach in fließendem Russisch den Nachruf des MfS.

DAS CHRUSCHTSCHOW-ULTIMATUM

»Nun, sind Sie bereit, Berlin zu verlassen?« Oberstleutnant Popow hatte es als Witz gemeint, aber weder George Kisevalter noch David Murphy war zum Scherzen zumute. Man schrieb den 17. November 1958. Popow hatte einen dringenden Treff verlangt, um über seine bevorstehende Abreise nach Moskau zu sprechen. Alle hofften, daß es nur ein kurzer Besuch werden würde, obwohl sie es besser wußten: Popows Abreise konnte das Ende der Operation bedeuten. Aber das war nicht die einzige Sorge. Eine Woche zuvor hatte Chruschtschow erklärt, durch die Verletzung des Potsdamer Abkommens hätten die westlichen Verbündeten ihr Aufenthaltsrecht in Berlin verwirkt. Die UdSSR werde die Aufgaben, die sie noch in Berlin ausübe, der DDR übertragen; die Westmächte müßten sich von nun an mit den Ostdeutschen verständigen. Nach dem kleinen Witz erläuterte Popow, er halte die Drohung, das Potsdamer Abkommen aufzukündigen, für echt, denn darüber sei schon seit geraumer Zeit nachgedacht worden. Moskau sei zwar bereit, die Drohung wahrzumachen, warte aber gespannt auf die Reaktion des Westens. Sogar Popows GRU-Einheit habe die Weisung erhalten, »täglich über die Reaktion der Besatzungsmächte und der Westberliner Bevölkerung zu berichten«.

Kisevalter wollte die knappe Zeit des Treffs nutzen, um mit Popow über die Kommunikationswege im Notfall zu sprechen, aber Popow ließ sich des langen und breiten über die Stimmung in Karlshorst aus, die sich seit Chruschtschows Rede völlig verändert habe. Alle Welt scheine überzeugt, daß man hinsichtlich der Deutschlandfrage in den Beziehungen zum Westen an einem Wendepunkt angelangt sei. »Die entscheidenden Punkte sind klar«, sagte Popow. »Wir werden die Souveränität in Ost-Berlin den Ostdeutschen übertragen, so daß die Westmächte gezwungen sind, mit den Ostdeutschen zu verhandeln. Zweitens wird die DDR versuchen, ... euren Einfluß in West-Berlin zu verringern.« Die DDR wisse genau, wie viele Truppen der Westen in Berlin unterhalte, und werde nur einer bestimmten Anzahl die Durchquerung ihres Gebiets erlauben. Es sei möglich, daß die sowjetischen Truppen ganz aus Ost-Berlin abgezogen würden, was eine Situation schaffen würde, in der »wir unsere Truppen aus Berlin abgezogen haben und ihr nicht«.[1]

Popows Vorhersage erwies sich als zutreffend. Chruschtschows Rede folgte die sowjetische Note vom 27. November 1958, in der vorgeschlagen wurde, Berlin zu einer entmilitarisierten Freien Stadt zu machen. Wenn dies nicht binnen sechs Monaten geschehe, würden die Sowjets ihre Verantwortlichkeiten in Berlin auf die DDR übertragen. Die USA unterstrichen in ihrer Erwiderung, daß sie »eine einseitige Aufkündigung ihrer Rechte und Verpflichtungen in Berlin durch die Sowjetunion nicht hinnehmen« würden.[2] Das Ultimatum und die in ihm enthaltene Bedrohung der alliierten Rechte in West-Berlin riefen eine Krise hervor, die das Leben der Westberliner und der in der Stadt stationierten alliierten Streitkräfte in den kommenden Monaten beherrschen sollte. Es hätte den Westen nicht überraschen dürfen. Die Sowjets hatten schon seit einiger Zeit nach einer Möglichkeit gesucht, der DDR die Zuständigkeit für Berlin-Verhandlungen mit den westlichen Alliierten zu übertragen und jede Verantwortung für Handlungen, durch die der Westen zum Abzug aus der Stadt gezwungen werden sollte, abzulehnen.

Die DDR-Behörden bereiteten sich ab Ende 1957 darauf vor, die Verantwortung für den Umgang mit West-Berlin und den Westalliierten zu übernehmen. Im Oktober 1957 führte die DDR eine Währungsreform durch und riegelte die Grenze zwischen Ost- und West-Berlin ab, um zu verhindern, daß Spekulanten Gewinn aus der Währungsumstellung schlugen, indem sie zwischen beiden Stadtteilen hin- und herwechselten. Damit war erneut bewiesen, daß sich der Verkehr über die Sektorengrenze bei entsprechendem Personalaufwand unterbinden ließ. Gleichzeitig trafen bei der CIA Berichte ein, denen zufolge die DDR vorhatte, den S-Bahn-Verkehr von Potsdam nach Ost-Berlin über den Berliner Außenring umzuleiten. Zudem wurden die Kontrollen des nicht-alliierten Zug- und Lastwagenverkehrs verschärft: Postwaggons wurden zur Inspektion abgehängt, Frachtladungen beschlagnahmt und Reisende durchsucht.[3] Darüber hinaus versuchten Sowjets und DDR-Behörden bei jeder Gelegenheit, die USA zu zwingen, in Fragen, für die bislang das sowjetische

Militär zuständig gewesen war, mit der DDR zu verhandeln. Als zum Beispiel am 7. Juni ein amerikanischer Armeehubschrauber versehentlich in Ostdeutschland landete, übergaben die Sowjets die Insassen der DDR, so daß die amerikanische Militärmission mit dieser über ihre Freilassung verhandeln mußte. Diplomatischen Bemühungen, die Sowjets zur Intervention zu bewegen, schlugen fehl, und die Freigabe des Hubschraubers und seiner Insassen wurde schließlich in Verhandlungen zwischen dem amerikanischen und dem ostdeutschen Roten Kreuz erreicht. Die Schnelligkeit, mit der Sowjets und Ostdeutsche jeden Zwischenfall zu einer Machtprobe hochstilisierten, zeigte, wie ernst es ihnen mit der Übergabe der Verfügungsgewalt über Ost-Berlin war.[4]

In Vorbereitung auf diese Machtübertragung ging Ulbricht auch gegen die seit dem Aufstand vom 17. Juni 1953 virulente Opposition innerhalb der SED vor. Viele Oppositionelle hofften, daß die Ankunft des als Wirtschaftsfachmann geltenden neuen sowjetischen Botschafters Michail G. Perwuchin, der im Februar 1958 nach Berlin kam, Ulbricht zu größerem Pragmatismus veranlassen werde. Doch diese Hoffnung zerstob rasch. Angesichts der Vorpostenlage der DDR als Nachbar des NATO-Mitglieds Westdeutschland brauchten die Sowjets in der DDR vor allem Stabilität, und wenn Ulbricht sie ihnen liefern konnte, dann hielten sie an ihm fest, egal, wie skandalös seine Politik auch sein mochte. In ihrer Einschätzung der BOB-Berichte über die Enttäuschung vieler Parteifunktionäre der mittleren und unteren Ebene über den Sturz führender Oppositioneller bezweifelte die Berliner Vertretung des US-Außenministeriums, daß »diesen Unruhemomenten in naher Zukunft größere Bedeutung zukommen« werde, und sagte voraus, »daß die Parteidisziplin erhalten bleiben« werde. Der V. Parteitag der SED bestätigte diese Schlußfolgerung. Die unverdrossen optimistischen Quellen in der Gruppe um Schirdewan hofften immer noch auf einen Wandel, aber es war offensichtlich, daß die Opposition gegen Ulbricht nicht vorankam. Die Sowjets und die DDR konnten ihre Ziele in der Berlin-Politik ungehemmt verfolgen.[5]

Die sowjetische Angsttaktik

Im Januar 1958 behinderten die Sowjets durch eine Reihe von Störmanövern die Bewegungsfreiheit alliierter militärischer Eisenbahnzüge und Lkw-Kolonnen zwischen West-Berlin und Westdeutschland. Indem sie auf das Recht pochten, Militärfahrzeuge zu inspizieren und die Marschbefehle der Passagiere von Militärzügen abzustempeln, lag es in ihrem Ermessen zu entscheiden, wer nach West-Berlin reisen und was dorthin transportiert werden durfte.[6] Da es BOB-Angehörigen verboten war, die Autobahn zu benutzen, wurden ihre Autos von Militärfahrern nach Helmstedt gefahren, während sie selbst mit dem Zug reisten. Auf diese Weise wurden zusätzliche Spannungen verhindert. Doch durch die Störungen des militärischen Eisenbahn- und Straßenverkehrs kurz vor Chruschtschows Rede am 10. November gelang es den Sowjets, ein von Unruhe und Isolationsgefühlen geprägtes Klima zu schaffen, das den Schock, den das Ultimatum bei BOB auslöste, beträchtlich verstärkte.

Als die Krise auch 1959 anhielt, gab es Überlegungen, die Mitarbeiter der Berliner CIA-Basis als echte Militärs zu tarnen. Schließlich hatte sich BOB schon immer als militärische Dienststelle ausgegeben. Möglicherweise würde das BOB-Personal Felduniformen und Waffen tragen, militärisches Gerät benutzen oder sogar an Manövern der Streitkräfte teilnehmen müssen. Die Zeiten, als Bill Harvey verlangt hatte, daß jeder Neuankömmling mit einer Waffe umgehen konnte, waren längst vorbei. Das größte Problem bestand jedoch darin, wie im Fall einer Evakuierung der Basis sichergestellt werden konnte, daß sämtliche Geheimakten vernichtet wurden. Seit 1945 hatten sich gewaltige Papierberge angehäuft. Harvey hielt auf den Safes in seinem Büro Brandsätze bereit, und auf dem Dach des BOB-Gebäudes wurden komplizierte Verbrennungsgeräte aufgestellt. CIA-Techniker führten deren Handhabung vor, aber ausprobiert wurden sie nie.[7] Für die Mitarbeiter der Operationsbasis waren diese Vorbereitungen auf den Ernstfall höchst beunruhigend, und das um so mehr, je näher der Ablauf des Ultimatums rückte. Jeder wußte, daß sich die Zugehörigkeit zur CIA kaum verheimlichen lassen würde, wenn es zum Schlimmsten kommen sollte.

Anfang 1958 nahmen die westlichen Verbündeten der sowjetischen Absicht, die Eisenbahn- und Straßenkontrollpunkte der DDR zu übergeben, die Spitze, indem sie beschlossen, DDR-Kontrolleure zwar zu akzeptieren, sie aber als »Agenten« der Sowjets zu betrachten, so daß die letzte Verantwortung für den ungehinderten Personenverkehr von und nach Berlin nach wie vor bei den Sowjets lag. Aber würden die westlichen Verbündeten zur Durchsetzung des unbeschränkten Zugangs nach Berlin auch Gewalt einsetzen? Anfang September 1958 weigerten sich Briten und Franzosen immer noch, das Thema zu diskutieren. Unklar ist, inwieweit die Hinnahme ostdeutscher »Agenten« an den Kontrollpunkten und die Debatte um die Eventualfallplanung die im November verkündeten sowjetischen Entscheidungen beeinflußt haben. Obwohl die Reaktion des Auslands auf das Ultimatum ein Hauptthema der sowjetischen Geheimdiensttätigkeit gewesen sein muß, ist bislang kein SWR-Archivmaterial darüber aufgetaucht.[8]

Wenngleich die westdeutsche Wiederaufrüstung für den KGB weiterhin ein Grund zur Sorge war, stellte die Berlin-Frage 1958 eindeutig das beherrschende Thema dar. Nachdem die DDR am 11. Dezember 1957 ein neues Paßgesetz verabschiedet hatte, das die »Republikflucht« mit drastischen Strafen belegte, waren zwar die Gesamtflüchtlingszahlen zurückgegangen, aber die Zahl derer, die über West-Berlin flüchteten, nahm sprunghaft zu. Allen Bemühungen der DDR-Behörden zum Trotz blieb die Berliner Sektorengrenze das wichtigste Schlupfloch in den Westen. Der anschwellende Flüchtlingsstrom, vor allem die Flucht von Angehörigen der Intelligenz, trieb die sowjetischen und ostdeutschen Funktionäre fast zur Verzweiflung. Sie beschuldigten sich gegenseitig, aber die Sowjets waren immer noch nicht bereit, der DDR Gegenmaßnahmen zu gestatten, die eine Konfrontation mit dem Westen heraufbeschwören konnten.[9] Dieser frustrierenden Situation war es wohl zuzuschreiben, daß die Sowjets West-Berlin im Ultimatum vom 27. November als »Zentrum feindseliger Tätigkeit gegen die DDR und andere sozialistische Länder« bezeichneten.[10] In dieser Rolle der Stadt liege die eigentliche Bedrohung der Stabilität der DDR. Die Sowjets hofften offenkundig, die Bevölkerung der NATO-Staaten davon überzeugen zu können, daß die Wahrung der alliierten Rechte in West-Berlin nicht das Risiko eines Krieges wert sei.

Dieses Propagandaspiel war nicht neu. Schon 1953 waren als Anstifter des Aufstands vom 17. Juni »subversive Kreise« in West-Berlin ausgemacht worden. Ein Jahr darauf hatte KGB-Resident Pitowranow in dieselbe Kerbe gehauen, als er die DDR aufforderte, mit ihren Agenten schärfer gegen diese Kreise vorzugehen. 1956 erregte der Fall eines Agenten des militärischen Nachrichtendienstes der USA großes Aufsehen, der angeblich unter Mitnahme eines Tresors voller Dokumente in den Osten übergelaufen war. Tatsächlich war es ein KGB-Agent gewesen, der es sowjetischen Geheimdienstoffizieren ermöglicht hatte, besagten Tresor zu entwenden und per Lkw durch die amerikanische Zone nach Karlshorst zu schaffen. In einer Artikelserie über diesen Vorfall nannte das *Neue Deutschland* zahlreiche mutmaßliche CIA-Agenten beim Namen, während gleichzeitig in West-Berlin Handzettel verteilt wurden, auf denen die Bewohner der Stadt davor gewarnt wurden, amerikanische Geheimdiensteinrichtungen aufzusuchen. Am 27. Januar 1958 berichtete der KGB Andropow und dem ZK voller Stolz, daß der Berliner Senat eine Untersuchung der Kampfgruppe gegen Unmenschlichkeit eingeleitet habe. Im Sommer 1958 sahen sich die Führer sowohl der Kampfgruppe als auch der Freiheitlichen Juristen zum Rücktritt gezwungen.[11]

»Spionagesumpf West-Berlin«

In der massiven diplomatischen und Medienkampagne zur Stützung des Chruschtschow-Ultimatums stand das Thema »Spionagesumpf West-Berlin« an erster Stelle. Für seine Aufbereitung zuständig waren der KGB und sein Karlshorster Apparat. Als Leiter dieses Programms wurde eigens der Spionageabwehroffizier und Westdeutschlandexperte Juri J. Litowkin nach Berlin versetzt, dessen Anwesenheit in Karlshorst BOB im Mai 1959 bestätigte. Als das Programm Anfang 1958 anlief, versuchte der KGB die osteuropäischen Geheimdienste einzubeziehen. Laut Michal Goleniewski, der CIA-Quelle im polnischen Geheimdienst, verweigerten sie jedoch die Teilnahme, weil dabei ihre Quellen in den westlichen Geheimdiensten bekannt würden.[12] Trotzdem war die Kampagne schon einige Zeit vor dem November-Ultimatum in Gang. Ihren Höhepunkt erreichte sie im Frühjahr und Sommer 1959. In den Zusammenhang dieser Kampagne gehört ein in Moskau angefertigtes KGB-Memorandum über Bill Harvey und die Berliner CIA-Basis vom 21. Juni 1958, in dem es heißt: »Das verfügbare Material läßt vermuten, daß ›Big Bill‹ und seine Kollegen aktive Aufklärung gegen die Länder des sozialistischen Lagers leisten, in denen sie ein großes Agentennetz unterhalten.«[13]

Leser der westlichen Geheimdienstliteratur mögen es unglaublich finden, daß eine Propagandakampagne dieser Größenordnung, die zudem mit einer außenpolitischen Initiative koordiniert war, schon Monate vor der Ernennung Schelepins zum KGB-Vorsitzenden im Dezember 1958 ausgearbeitet worden ist. Gilt doch Schelepin weithin als Schöpfer »der aktiven oder Desinformationsmaßnahmen« des KGB und Gründer der Desinformationsabteilung D in der Ersten Hauptverwaltung.[14] Wie Golizyn behauptet, sollen der russisch-chinesische Bruch, das Ausscheren Rumäniens unter Nicolaie Ceauçescu, der Prager Frühling und das Auftreten der sowjetischen Dissidenten sorgfältig geplante aktive Maßnahmen gewesen sein, die das Ziel verfolgten, den Westen zu verwirren und zu schwächen. Manche teilen diese Auffassung auch heute noch und halten alles, was sich seit 1989 in der früheren Sowjetunion und Osteuropa ereignet hat, für Schachzüge eines Generalplans und Ausdruck dessen, was Golizyn die »Neue Methodik« nennt. Aber die meisten Wissenschaftler und Geheimdienstexperten weisen diese Vorstellung zurück.[15] Andererseits sind viele ehemalige KGB-Offiziere überzeugt, daß der Westen den Zusammenbruch der Sowjetunion herbeigeführt hat.

Über die Umstände, die 1959 zur Gründung der Abteilung D führten, gibt es widersprüchliche Auffassungen. Die einen, wie zum Beispiel Golizyn, schreiben die Veränderung allein Schelepin zu, der den KGB angeblich aktiv »in den strategischen, politischen, wirtschaftlichen und ideologischen Kampf mit den kapitalistischen Mächten« einbeziehen wollte. Andere sehen die Ursprünge der Abteilung D weniger in der »Neuen Methodik« als vielmehr in bürokratischen und operativen Zwängen. Tatsächlich wurde sie geschaffen, um die Wirksamkeit der aktiven Maßnahmen zu verbessern. Laut Alexander Sacharowski, dem damaligen Chef der Ersten Hauptverwaltung, unterbreiteten die Residenturen teils abstruse Vorschläge für aktive Maßnahmen, die von den jeweiligen Länderreferaten auf ihre Verwendbarkeit geprüft wurden. Es gab weder einen Gesamtplan noch eine zentrale Koordinierungsstelle. Dem sollte nun die Abteilung D abhelfen, die im Normalfall keine eigenen Operationen durchführen, sondern die Aktivitäten der Referate und Residenturen koordinieren sollte. Für aktive Maßnahmen wie Täuschung, Desinformation, Kompromittierung und Bloßstellung waren die Mitwirkung, das Fachwissen und gelegentlich auch die Genehmigung anderer Ministerien sowie des Militärs vonnöten. Ein Hauptgrund für die Schaffung der

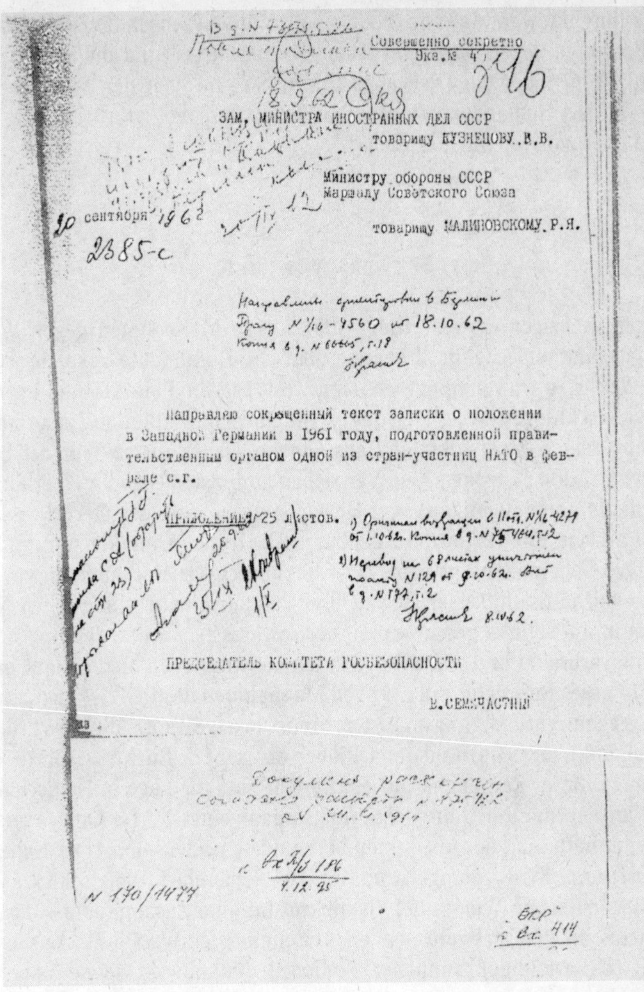

Совершенно секретно
Экз.№ 4

ЗАМ. МИНИСТРА ИНОСТРАННЫХ ДЕЛ СССР
товарищу КУЗНЕЦОВУ В.В.

Министру обороны СССР
Маршалу Советского Союза

товарищу МАЛИНОВСКОМУ Р.Я.

20 сентября 1962
2385-с

Направляю сокращенный текст записки о положении в Западной Германии в 1961 году, подготовленной правительственным органом одной из стран-участниц НАТО в феврале с.г.

ПРИЛОЖЕНИЕ: 25 листов.

ПРЕДСЕДАТЕЛЬ КОМИТЕТА ГОСБЕЗОПАСНОСТИ

В.СЕМИЧАСТНЫЙ

Bericht des KGB-Vorsitzenden Semitschastni vom 20. September 1962 an den stellvertretenden Außenminister Kusnezow und Verteidigungsminister Malinowski über die Auswirkung der Berlin-Krise auf die westdeutsche Außen- und Verteidigungspolitik. Der Bericht stammte wahrscheinlich von einem osteuropäischen Dienst. Den Vermerken nach zu urteilen, wurde er in der KGB-Kampagne gegen Verteidigungsminister Franz Josef Strauß verwendet.

Abteilung D war, daß sie helfen sollte, die wachsende Zahl aktiver Maßnahmen gegen Westdeutschland zu bewältigen und die sowjetische Politik gegenüber der DDR abzustützen. So groß war der Arbeitsdruck, daß der Deutschlandexperte Kondraschow 1962 als Erster stellvertretender Leiter zur Abteilung D stieß.[16]

Schwere Vorwürfe

In den sechziger Jahren wurden die aktiven Maßnahmen gegen Westdeutschland ausgedehnt. Erbeutete deutsche Dokumente aus dem Zweiten Weltkrieg wurden eingesetzt, um westdeutsche Politiker und Beamte mit den schlimmsten Untaten des Naziregimes in Verbindung zu bringen, unter anderen Staatssekretär Hans Globke, Generalinspekteur der Bundeswehr Adolf Heusinger und Vertriebenenminister Theodor Oberländer. Ebenfalls unter Benutzung von Gestapoakten wurde das Gerücht in die Welt gesetzt, Bundeskanzler Adenauer habe früher Kontakte zum französischen Geheimdienst gehabt. Zur Stützung dieser Maßnahmen wurden Fälle von antisemitischer Gewalt und Vandalismus westdeutschen Neonazis in die Schuhe geschoben, in der sowjetischen und osteuropäischen Presse verbreitet und von KGB-Agenten bei westlichen Medien lanciert.

Ein gutes Beispiel für die aktiven Maßnahmen des KGB ist die Kampagne gegen Verteidigungsminister Franz Josef Strauß, die 1962 ihren Höhepunkt erreichte und im Oktober zu seinem Rücktritt führte. Ein Element dieser Kampagne war ein Bericht über die Lage in Deutschland, den im Februar 1962 ein »Regierungsorgan« eines NATO-Landes ausgearbeitet hatte und der über einen befreundeten osteuropäischen Geheimdienst zum KGB gelangt war. Am 20. September 1962 schickte der KGB-Vorsitzende Wladimir J. Semitschastni eine Zusammenfassung des Berichts an den stellvertretenden Außenminister Wassili W. Kusnezow und an Verteidigungsminister Rodion J. Malinowski sowie über die KGB-Verbindungsstellen an die Regierung der DDR und der ČSSR. In dem Bericht wurde die Rückwirkung der Berlin-Krise auf die westdeutsche Außen- und Verteidigungspolitik beschrieben und betont, daß die Bundesrepublik in der NATO bleiben müsse, aber auch festgestellt, die Deutschen träten aufgrund der Berliner Ereignisse selbstbewußter auf:

»Die Ära der vollständigen Unterwerfung unter den alliierten Oberbefehl ... ist zu Ende.« Diese Veränderung sei bei Adenauers letzten Washington-Besuchen und im zunehmend eigenständigen Handeln von Verteidigungsminister Strauß sowohl in Europa als auch in Amerika deutlich geworden.[17]

Als wesentliche Aspekte der westdeutschen Verteidigungsdoktrin nannte die KGB-Zusammenfassung unter anderem »die Schaffung von Abschreckungsstreitkräften«,[18] eine vorgeschobene Truppenaufstellung als »Grunddogma der Verteidigung«, die vollständige und dauerhafte Integration der NATO-Streitkräfte zur Verwirklichung dieser Ziele und schließlich die »Unzulässigkeit der Diskriminierung der Bundeswehr gegenüber anderen verbündeten Streitkräften bei Organisation, Ausrüstung und Zuweisung von Kampfaufträgen«. Nach einem Hinweis auf die negativen Auswirkungen dieser von Strauß verfolgten Politik auf die Entspannungspläne in Europa hieß es in dem Bericht weiter, das Bundesverteidigungsministerium schließe gegenseitige Kontrollen für eine Warnung vor einem Angriff zwar nicht aus, habe aber kategorisch verlangt, daß sich solche »Kontrollen auf das ganze Gebiet zwischen Atlantik und Ural erstrecken«.

Mehrmals kam der Bericht auf Strauß' Absicht zu sprechen, der Bundesrepublik Zugang zu Atomwaffen zu verschaffen und das amerikanische Atommonopol in Zweifel zu ziehen. Wie de Gaulle gebe sich auch Strauß nicht mehr mit verbalen Zusicherungen zufrieden, aber weil »er mit einem so notwendigen Verbündeten wie den Vereinigten Staaten keinen Konflikt will, kann er den von Frankreich eingeschlagenen Weg nicht gehen«. Strauß habe jedoch zu verstehen gegeben, wenn man sich über die Atomwaffen nicht einigen könne, »wird das die Bundesrepublik Deutschland unvermeidlich Frankreich in die Arme treiben«.

Obwohl schon mehrere Monate alt, paßte dieser Bericht hervorragend in die Anti-Strauß-Kampagne. Zur Verbreitung ausgewählt hatte ihn der Erste stellvertretende Leiter der Abteilung D, Kondraschow. Für die These, daß der Bericht in der Kampagne gegen Strauß eingesetzt wurde, spricht auch, daß er an die Ostdeutschen und die Tschechen weitergeleitet wurde, deren Geheimdienste in dieser Desinformationskampagne eng mit dem KGB zusammenarbeiteten. Zudem hatte Sacharowski als Chef des Auslandsnachrichtendienstes in einem Vermerk für Kondraschows Boß, Iwan Agajanz, angeordnet: »Vorschlag ausarbeiten und nach Berlin schicken.« Agajanz gab den Befehl an Kondraschow weiter, der ihn abzeichnete. Ihren erfolgreichen Abschluß fand die Kampagne, die bereits im Mai eingeleitet worden war, als Strauß infolge der Angriffe des *Spiegels,* der dabei vom KGB geliefertes Material benutzte, von seinem Amt zurücktrat.[19] Die Operation war ein klassisches Beispiel der aktiven Maßnahmen, mit denen »sowjetfeindliche Mitglieder fremder Regierungen kompromittiert« werden sollten.

BOB hatte sich hauptsächlich mit den zunehmenden Attacken des Ostens gegen die »subversive Tätigkeit« solcher Einrichtungen wie dem amerikanischen Rundfunksender RIAS auseinanderzusetzen. Unter den Alliierten wurde zwangsläufig über Konzessionen an die Sowjets diskutiert, mit denen diesen Anschuldigungen begegnet werden konnte. Im Dezember 1958 zum Beispiel telegrafierte US-Botschafter Llewellyn Thompson aus Moskau Vorschläge nach Washington, zu denen unter anderen »die Beendigung offenkundiger westlicher Aktivitäten in Berlin wie der Betrieb der Rundfunkstation« gehörte. Im Februar 1959 bemerkte der britische Unterstaatssekretär Hoyer Millar dem amerikanischen Außenminister John Foster Dulles gegenüber, »eine Konzession, die der Westen machen könnte, wäre eine Verringerung der Propaganda und ähnlicher Tätigkeiten in West-Berlin«.[20]

Unmittelbar nach Chruschtschows Ultimatum vom November schienen die westlichen Regierungen weder die gewaltige Propagandaanstrengung und Geheimdienstpräsenz des Sowjetblocks in Ost-Berlin noch die Notwendigkeit bemerkt zu haben, der sowjetischen Darstellung West-Berlins als Spionagesumpf entgegenzutreten. Dennoch bereitete BOB Ende 1958 einen ernsthaften diplomatischen und propagandistischen Gegenangriff vor. Außerdem wiesen die Verbündeten am 31. Dezember 1958 die sowjetische Haltung zu Berlin in aller Form zurück. Bestätigt fühlen konnten sie sich in dieser Position durch die im selben Monat abgehaltene Wahl zum Berliner Abgeordnetenhaus, in der bei einer Wahlbeteiligung von 92 Prozent nur 1,9 Prozent der Stimmen auf die SED entfielen, so daß sie nicht ins Abgeordnetenhaus einziehen konnte. Alles schien auf eine große Konfrontation zwischen Ost und West hinauszulaufen.

DIE SOWJETISCHE PROPAGANDAKAMPAGNE WIRD ABGEWEHRT

Während BOB noch das Material für den Gegenangriff gegen die »Spionagesumpf«-Kampagne zusammenstellte, verlangte ein weiterer Schritt Chruschtschows sofortige Aufmerksamkeit: die Ankündigung des Abzugs der sowjetischen Truppen aus Ost-Berlin. In einem in West-Berlin verbreiteten Pamphlet erklärten die Sowjets, »die sowjetische Kommandatur werde geschlossen und die Wachtruppen würden im Zuge der Übergabe ihrer Funktionen an die Ostdeutschen abgezogen«.[1] Natürlich wurde erwartet, daß die Westalliierten dem Beispiel folgen und ihre Streitkräfte ebenfalls aus Berlin abziehen würden. Doch damit hätten sie die Westberliner Bevölkerung schutzlos den DDR-Sicherheitsdiensten ausgeliefert. Die Solidarität des Westens wurde auf eine harte Probe gestellt. Und die Frage, ob die Sowjets sich wirklich aus der Stadt zurückziehen wollten, wurde zum Test für die Leistungsfähigkeit von BOBs Nachrichtengewinnung im sowjetischen Hauptquartier in Karlshorst.

Ein BOB-Lagebericht vom 11. Februar 1959 ließ vermuten, daß die Sowjets sich bereit machten, die letzten in Ost-Berlin verbliebenen Einheiten ihrer Streitkräfte abzuziehen. Die Angehörigen von KGB und militärischem Nachrichtendienst erhielten, wie Popow angekündigt hatte, eiligst eine nichtmilitärische Tarnung. Außerhalb Berlins wurden neue Einrichtungen für die Sowjets gebaut, einschließlich Kasernen und Familienunterkünfte. Die militärischen Fernmeldeverbindungen sollten aus Karlshorst verlagert werden. Zudem schulten Ausbilder der sowjetischen Luftwaffe DDR-Mannschaften in der Kontrolle des Flugverkehrs in den Luftkorridoren über Berlin. Seit 1945 hatte im dafür zuständigen Berliner Luftsicherheitszentrum nur sowjetisches und alliiertes Personal, nicht aber Ostdeutsche gearbeitet.[2]

Einen Teil dieser Informationen hatten die Sowjets wahrscheinlich absichtlich durchsickern lassen, um den Westen zu beeindrucken. Ein sowjetischer Funktionär teilte einer BOB-Quelle in der SED mit, man sei dabei, »das Gelände in Karlshorst fast völlig an die Ostdeutschen zu übergeben«.[3] Die BOB-Quellen in Karlshorst konnten dies nicht bestätigen, wenngleich sich im April und Mai zeigte, daß die Sowjets offensichtlich ihre Präsenz in Ost-Berlin abbauten. Die letzten deutschen KGB-Angestellten wurden durch Sowjetbürger ersetzt, die KGB-Fahrbereitschaft wurde der sowjetischen Botschaft unterstellt, und die Verwaltung des KGB-Apparats wies alle Lieferanten und Baufirmen an, ihre Rechnungen künftig nicht mehr an den KGB, sondern an die sowjetische Botschaft zu richten.[4] Die sowjetische Vermittlung für Ferngespräche und Telegramme in Karlshorst sollte abgebaut werden, die – seit ihrer Einrichtung 1954 ungenutzte – Vermittlung der sowjetischen Botschaft im Stadtzentrum aber bleiben.[5]

Dennoch gab es keinen Anhaltspunkt für einen allgemeinen Abzug der Sowjets. Ein Bericht vom 20. April deutete eher auf das Gegenteil hin. Zwar waren den sowjetischen Militäreinheiten in Ost-Berlin noch keine Mittel für 1959 zugewiesen worden, aber kein Kommandeur oder Verwaltungsoffizier hatte einen Abberufungsbefehl erhalten.[6] Und obwohl eine Fernmeldeaufklärungseinheit des KGB von Karlshorst nach Potsdam verlegt worden war, sah es so aus, als würde das für alle Hochsicherheitsleitungen der Sowjets in Berlin zuständige 11. Fernmelderegiment des KGB in Weißensee verbleiben.[7]

Ende Juni wurde klar, daß die Sowjets im Augenblick nicht die Absicht hatten, ihre Soldaten aus Ost-Berlin abzuziehen und Karlshorst aufzugeben. Die seit Januar 1959 eingefrorenen Reparatur- und Bauetats für Berlin wurden freigegeben, und das Kommen und Gehen sowjetischen Personals normalisierte sich. Ende August hatte sich die Stärke der sowjetischen Kolonie in Karlshorst nicht erheblich verändert. Am 1. September öffnete die sowjetische Schule wieder ihre Pforten. Abgesehen von der drastischen Verringerung der Zahl ostdeutscher Arbeitskräfte und einer zentraleren Rolle des MfS in bezug auf die Sicherheit des Geländes war die Lage in Karlshorst unverändert.[8]

Über die Frage des sowjetischen Abzugs aus Berlin durfte BOB jedoch die Bemühungen nicht aus den Augen verlieren, den sowjetischen Spionagevorwürfen entgegenzutreten. Gewiß hatte der Berliner Senat, wie der KGB im Januar 1958 berichtete, eine Untersuchung der Kampfgruppe gegen Unmenschlichkeit eingeleitet, die ganz oben auf der KGB-Liste der subversiven Organisationen rangierte. Doch einem CIA-Bericht zufolge hatte der Senat damit nur auf die öffentliche Kritik an den nichtamtlichen antikommunistischen Gruppen in West-Berlin reagiert und verfolgte mit der Untersuchung hauptsächlich das Ziel, die sowjetischen Vorwürfe über die westliche Spionagetätigkeit damit zu kontern, daß man »illegale kommunistische Aktivitäten in West-Berlin samt … der für ihre Leitung verantwortlichen Ostberliner Büros« bloßstellte.[9] Als Teil dieses Vorhaben plante der Senat, wie es hieß, sogar eine Materialausstellung über die in Ost-Berlin vertretenen Geheimdienste.

Der Fall Karl Linke

Am 22. Januar 1959 wurde die erste Salve des Gegenangriffs im Spionagekrieg abgefeuert. Die *BZ* machte mit der Schlagzeile auf: »Nach West-Berlin übergelaufen: Spionagechef der Zonen-Armee«. Tags darauf nahm ein Bild des Chefs des militärischen Nachrichtendiensts der DDR, Generalmajor Karl Linke, die gesamte Frontseite ein. Daneben stand die Schlagzeile »Ost-Berlin – Das größte Spionagezentrum Europas«, und darunter: »Die Flucht seines Stellvertreters in den Westen bedeutet für ihn das Ende seiner Karriere.« In derselben Ausgabe wurde ausführlich von einer Pressekonferenz in West-Berlin berichtet, in der Linkes Stellvertreter, Oberstleutnant Siegfried Dombrowski, die Spionagetätigkeit Ost-Berlins geschildert hatte. Die *BZ* teilte mit, Dombrowski habe Linkes Tagebuch mit Einzelheiten über einen Besuch im Hauptquartier der sowjetischen Abwehr in Moskau mitgebracht. Die Presse in ganz Westeuropa und Nordamerika griff die Geschichte auf und veröffentlichte eindrucksvolle Details über die militärische Aufklärung der DDR und die sowjetischen Berater von der GRU, die ihre Operationen planten und lenkten.

Wie hatte BOB – in Abstimmung mit westdeutschen Stellen – so schnell auf die sowjetischen Spionagevorwürfe reagieren können? Um diese Frage zu beantworten, muß man zwei Jahre zurückgreifen. Im September 1956 hatte eine der besten BOB-Quellen in Karlshorst, die wir Frau K. nennen wollen, gemeldet, ihr sei die Stelle der Haushälterin bei

Volksarmeegeneral Karl Linke angeboten worden. Zuvor hatte sie bei KGB-General Pitowranow gearbeitet, auf dessen Empfehlung sie die neue Stelle erhielt, die sie im Dezember 1956 antrat. Schon vor dem Krieg Mitglied der KPD, war Linke nach Hitlers Machtübernahme nach Moskau emigriert und hatte die sowjetische Staatsangehörigkeit angenommen. Nach Kriegsende kehrte er nach Ostdeutschland zurück, wo er zunächst bei der Staatlichen Plankommission unterkam, bevor er einen leitenden Posten bei der Kasernierten Volkspolizei annahm. 1952 wurde er schließlich Chef des militärischen Nachrichtendienstes der DDR, der offiziell als Verwaltung für allgemeine Fragen firmierte.[10]

Linke und seine Frau waren eingefleischte Kommunisten und höchst mißtrauisch. Das mißtrauische Paar befürchtete, Frau K. könnte eine Westagentin sein, und stellte ihr daher Fallen, als sie ihre Arbeit aufnahm. So verteilten die Linkes beispielsweise Papiere auf dem Schreibtisch des Generals so, daß sie sofort erkennen konnten, ob Frau K. sie angerührt hatte. Einmal zwang Frau Linke Frau K. sogar, sich einer Leibesvisitation zu unterziehen. Im April 1957 war Frau K. wegen dieser unwürdigen Behandlung und der ständigen Streitereien mit Frau Linke fast soweit, die Stelle aufzugeben und nach West-Berlin zu flüchten. Aber je mehr Frau K. ihre Arbeitgeber verabscheute, desto mehr gefiel den Linkes ihre Arbeit, und schließlich entschuldigten sie sich gar bei ihr wegen ihres Mißtrauens. Mittlerweile war Frau K. aufgefallen, daß sich Linke trotz seiner Geheimniskrämerei alles andere als sicherheitsbewußt verhielt. Telefonlisten und andere dienstliche Papiere ließ er auf dem Schreibtisch liegen, wichtigere Dokumente verschloß er in einer Schreibtischschublade, deren Schlüssel problemlos nachgemacht werden konnte. Als ihr Führungsoffizier merkte, daß Frau K. dank ihrer Stellung Zugang zu möglicherweise nützlichen Informationen hatte, überredete er sie, wenigstens noch ein halbes Jahr auszuharren; als Gegenleistung werde BOB ihr bei der Ansiedlung im Westen behilflich sein.[11]

Der Nachrichtengewinn war gewaltig und vergrößerte sich noch, als Berichte aus dem Berliner Tunnel und später von Popow einen Großteil der Informationen über das Verhältnis Linkes und seines Diensts zu den GRU-Beratern bestätigten. Am aufschlußreichsten war ein von Linke für das Verteidigungsministerium verfaßter Bericht über eine im März 1957 im GRU-Hauptquartier in Moskau abgehaltene Konferenz, auf der Fragen wie die strategische Aufklärung, geheime Fernmeldeverbindungen und die Berichtsauswertung erörtert worden waren. Er nannte die GRU-Referenten beim Namen und stellte eine Liste der Hauptmissionen seines Diensts auf, für die sich die Sowjets besonders interessierten. Außerdem notierte Linke die Bemerkung eines GRU-Offiziers, der gesagt hatte, oft sei »es eine gute Idee, Deutsche unter dem Deckmantel der britischen oder französischen Geheimdienste anzuwerben«. Desgleichen riet man Linke, »Quellen, die nicht absolut sauber sind, nicht einfach fallenzulassen, sondern lediglich besonders zu behandeln«, nämlich umzudrehen und als Doppelagent zu führen. Linkes Bericht lieferte einen faszinierenden Einblick in das Verhältnis zwischen den Ostdeutschen und ihren sowjetischen »Freunden«. Daß er vom Chef des ostdeutschen Dienstes selbst stammte, machte ihn zu einer Rarität. Für BOB am interessantesten waren die Schlaglichter, die er auf das Verhältnis zwischen GRU und KGB warf. In einem Gespräch über die Beziehungen zwischen MfS und militärischem Nachrichtendienst meinte ein GRU-Offizier zu Linke: »Ein gutes Verhältnis ist zwar nötig, aber die volle Unabhängigkeit nicht weniger. Wir lassen es unter keinen Umständen zu, daß unser Staatssicherheitsdienst Einsicht in unsere Aufklärungsarbeit bekommt.« Angesichts der Art und Weise, wie der KGB die Ermittlungen gegen Popow handhabte, muß man diese Äußerung allerdings als Wunschdenken bezeichnen.

Popow bestätigte Linkes Konferenzbericht und lieferte darüber hinaus eine realistischere Version der Beziehungen zwischen GRU und Linkes Dienst. Zwischen beiden Diensten waren offenbar Unstimmigkeiten aufgetreten, die den Schwierigkeiten, die der KGB mit dem MfS hatte, nicht unähnlich waren. Beispielsweise erhielten die GRU-Berater vom militärischen Nachrichtendienst der DDR »Erkundungsberichte« über Deutsche, an denen die GRU als potentielle Agenten interessiert war. Doch im Januar/Februar 1958 kam die GRU nicht mehr so leicht an diese Berichte. Die Ostdeutschen wollten die Kandidaten selbst anwerben und reduzierten daher die Zahl der Berichte, die sie an die GRU weiterleiteten.

Im Juni 1957 war es im Fall Linke zu einer Krise gekommen. Frau K. erbat ein Dringlichkeitstreffen, weil ihr beim Abschreiben eines neuen Telefonverzeichnisses von Linkes Dienst ein Tintentropfen auf das Original gefallen war. Sie befürchtete, enttarnt zu werden. Hinzu kam, daß sie fast den ganzen Sommer über keinen Zugang zu Geheimdokumenten haben würde. Linke, der auf Urlaub in die UdSSR reisen und das Haus in dieser Zeit seinen Kindern und Enkeln überlassen wollte, hatte darauf bestanden, daß Frau K. solange unbezahlten Urlaub nahm. Sie konnte im September 1957 wiederkommen, aber zu diesem Zeitpunkt sollte sie schon im Westen sein. Bei BOB war man sich einig, daß sie nicht länger zum Bleiben überredet werden konnte.[13]

Nach Auswertung der Informationen, die Frau K. über Linke, seinen Dienst, dessen Personal und Beziehungen zur GRU beschafft hatte, lag es für BOB auf der Hand, daß er seinen Vorgesetzten ein Sicherheitsleck dieser Größenordnung niemals erklären könnte. Daher wurde beschlossen, die Frau K. verbleibende Zeit für den Versuch zu nutzen, Linke anzuwerben oder zum Überlaufen zu bewegen. Indem Frau K. den Vorschlag überbrachte, ließ sich die Operation zudem ohne jegliches Sicherheitsrisiko abwickeln, ein wichtiger Faktor, wenn man Linke zum Mitmachen überreden wollte. Im Anwerbungsbrief sollten ihm vor allem ein neuer Start, eine neue Identität, ärztliche Behandlung für seine chronisch kranke Frau sowie ein garantiertes Einkommen versprochen werden. Sollte die Anwerbung fehlschlagen, konnte BOB die heiklen Informationen über Linke jederzeit dazu benutzen, beträchtliche Unruhe in den ostdeutschen militärischen Nachrichtendienst und seine Beziehungen zur GRU zu tragen. Doch im Sommer 1957 hatte niemand bei BOB auch nur die geringste Ahnung von dem bevorstehenden sowjetischen Ultimatum und der anschließenden Propagandakampagne.[14]

Die Anwerbungsaktion begann damit, daß Frau K. darum bat, ihren Sommerurlaub am 30. Juni antreten zu dürfen – nach der Abreise von Frau Linke, aber noch vor Linkes Urlaub. Am einfachsten wäre es nun gewesen, wenn Frau K. den Brief irgendwo hinterlassen hätte, wo ihn ihr Arbeitgeber mit Sicherheit finden mußte, und anschließend nach West-Berlin gegangen wäre. Aber dann hätte BOB nicht erfahren, wie Linke reagierte, und es wäre schwierig gewesen, auf eventuelle Kontaktbitten seinerseits zu reagieren. Also stellte BOB Sender bereit, die Frau K. in Linkes Haus installieren sollte. Ein Unterstützungstrupp sollte Frau K. die Sender bringen. Gleichzeitig sollte ein weiterer Trupp eine Empfangsstelle einrichten, die nahe genug am Karlshorster Gelände lag, um die Funksignale zu empfangen.

Am Abend des 27. Juni, einem Donnerstag, nahm Frau K. die Sender entgegen, und am folgenden Abend traf sie sich in West-Berlin mit ihrem Führungsoffizier, der ihr den Anwerbebrief aushändigte und ihr letzte

Instruktionen darüber gab, wie sie die Sender aufstellen sollte. Am nächsten Morgen, Samstag, dem 29. Juni, ging Frau K. wie gewohnt zur Arbeit. Nachdem Linke ins Büro gefahren war, installierte sie die Sender im Arbeitszimmer und nahm ein geheimes Telefonverzeichnis, das Original von Linkes Bericht über seine Moskaureise und ein Bündel russisch und deutsch geschriebener Briefe vom Schreibtisch. Sie versteckte alles in ihrem Kleid, schaltete die Sender ein und legte den Anwerbebrief mitten auf den Schreibtisch.

Später am Tag berichtete der Hilfsagent am Empfangsgerät bei Karlshorst, er erhalte das Sendesignal, höre aber sonst nichts. Frau K. war inzwischen in West-Berlin eingetroffen; sie kehrte nie mehr nach Ost-Berlin zurück. Bis zum 30. Juni wurden mehrere Bänder abgehört, aber ohne Erfolg. BOB-Quellen teilten mit, General Linke sei offenbar in Ungnade gefallen und aus seiner Villa in Karlshorst ausgezogen, aber Genaueres erfuhr die Basis erst über ein Jahr später. Am Abend des 5. August 1958 setzte sich Linkes Stellvertreter Dombrowski mit seiner Frau und seinen Söhnen nach West-Berlin ab. Neben umfangreichen Angaben über den ostdeutschen militärischen Nachrichtendienst lieferte Dombrowski auch die ersten konkreten Informationen über das Nachspiel zur Operation von Frau K.[15] Seine Aussagen wurden einige Wochen später bestätigt, als Popow berichtete, ein Oberstleutnant Dombrowski sei in den Westen übergelaufen. Als Kisevalter entgegnete, Dombrowski sei lediglich Stellvertreter für Verwaltungsangelegenheiten gewesen, erwiderte Popow: »Der Mann hat vielleicht nicht an Operationen teilgenommen, aber an Sitzungen, und er weiß natürlich über das Personal im [ost-]deutschen Geheimdienst bestens Bescheid.«

Dombrowski zufolge waren er und Linke am 29. Juni 1957 bis 13.30 Uhr im Büro gewesen, dann habe er, Dombrowski, sich in den Urlaub verabschiedet. Linkes letzter Amtstag im Büro sei der 22. Juli gewesen, als er in einer Anweisung seine Befugnisse seinem Stellvertreter übertragen habe. Am 25. Juli habe Verteidigungsminister Willi Stoph bekanntgegeben, Linke habe aus Gesundheitsgründen einen unbefristeten Urlaub angetreten. Den wahren Grund für sein Ausscheiden hätten nur der amtierende Leiter, die Sekretärin, die auf Linkes Befehl ein neues Exemplar der geheimen Telefonliste für ihn getippt habe, und drei sowjetische Berater gekannt. Ende September hätten jedoch alle im Dienst gewußt, was passiert war, und sich hinter vorgehaltener Hand darüber empört, daß Linke so glimpflich davongekommen war; jeder andere wäre aus der SED ausgestoßen und zu zehn Jahren Gefängnis verurteilt worden. Mitte Juli seien sämtliche Telefonnummern des Dienstes geändert und die Familien, die Haushaltspersonal beschäftigten, angewiesen worden, dieses zu entlassen. Als Vorsorge gegen weitere amerikanische Versuche, zu höheren ostdeutschen Offizieren Kontakt aufzunehmen, habe man begonnen, deren Wohnungen zu überwachen. Die Personalüberprüfung nach dem Linke-Reinfall habe lediglich die fristlose Entlassung von acht untergeordneten Angestellten zur Folge gehabt. Den Sowjetberatern sei nichts geschehen; sie hätten weiterhin Dienst getan.[16]

Der Fall Linke und der Übertritt Dombrowskis veranlaßten das CIA-Hauptquartier am 20. November 1958, BOB anzuweisen, diese Operationen in Abstimmung mit den Westberliner Behörden in die geplante Gegenattacke im »Spionagesumpf«-Streit einzubeziehen. Das Ergebnis war eine Pressekonferenz am 22. Januar, deren Wirkung durch die Ausgabe eines Handzettels verstärkt wurde, in dem das Material aus dem Fall Linke mit Dombrowskis Informationen kombiniert wurde. Beides zusammen stellte einen sensationellen Beweis für den westlichen Vorwurf dar, Ost-Berlin sei ein sowjetischer und ostdeutscher Spionagepfuhl.[17]

BOBs Gegenangriff verärgert Gromyko

Während die erste Phase des BOB-Gegenschlags in der westlichen Presse hohe Wellen schlug, lief eine Aktion der Sowjet- und Ostdeutschlandexperten der Basis an, die zwar weniger spektakulär, aber nicht minder wichtig war. Während der Vorbereitungen auf die Außenministerkonferenz der vier Mächte über Berlin, die im Mai 1959 in Genf stattfinden sollte, äußerte das US-Außenministerium die Besorgnis, die Sowjets könnten in den Beratungen die Frage der »subversiven Aktivitäten« anschneiden. Um dem begegnen zu können, begann BOB, die Gegenaufklärungserkenntnisse über das Ausmaß der von Ost-Berlin ausgehenden Spionagetätigkeit der sowjetischen, ostdeutschen und osteuropäischen Geheimdienste zu sammeln. Die von BOB zusammengestellten Dokumente wurden der amerikanischen Mission in Berlin vorgelegt und ans CIA-Hauptquartier zur Verwendung durch das Außenministerium weitergeleitet. Vor Beginn der Genfer Konferenz kam William Bundy, der dem CIA-Team der Delegation vorstand, nach Berlin, um sich mit den Gegebenheiten vor Ort und dem BOB-Material vertraut zu machen.[18]

Am 1. Juni trafen sich die alliierten Außenminister in der Residenz ihres sowjetischen Kollegen Andrej Gromyko zu einem informellen Gespräch. US-Außenminister Christian Herter, der kurz zuvor die Nachfolge von John Foster Dulles angetreten hatte, eröffnete die Diskussion damit, daß er aus den BOB-Papieren über »subversive Aktivitäten und Hetzpropaganda, die ihren Ursprung in Ost-Berlin haben und gegen West-Berlin und die Bundesrepublik gerichtet sind«, zitierte. Es folgte eine detaillierte Beschreibung der sowjetischen, ostdeutschen und osteuropäischen Geheimdienste, die in Ost-Berlin vertreten waren. Herter unterbrach zweimal die Verlesung des BOB-Materials: Das erste Mal verwahrte er sich gegen die persönlichen Beschuldigungen, die im ostdeutschen Rundfunk gegen ihn erhoben worden waren; das zweite Mal wies er die in der DDR-Presse veröffentlichten Verunglimpfungen des westdeutschen Außenministers Heinrich von Brentano zurück. Dazu das Sitzungsprotokoll: »Gromyko, der während der ganzen Verlesung mit versteinertem Gesicht dasaß, schien ... nicht recht zu wissen, was er antworten sollte. Er begann damit, daß er sagte, die Leute, die diese Papiere ausgearbeitet hätten, hätten sich offensichtlich viel Mühe gemacht.« Sodann zog er sich darauf zurück, daß »Fragen der Propaganda und Subversion nicht zu den zu behandelnden Hauptfragen gehörten. Sie stünden erst an vierter oder fünfter oder gar sechster Stelle.«[19] In einem Brief an Präsident Eisenhower über die Sitzung schrieb Herter: »Ich glaube, [einige Passagen] brachten Gromyko ziemlich in Verlegenheit«, und prophezeite, in den weiteren Sitzungen »werden wir davon wohl kaum noch etwas hören«.[20]

Der Schlagabtausch zwischen Herter und Gromyko fand in der westlichen Presse ein breites Echo. Neben dem Hinweis auf Gromykos versteinertes Gesicht griff die Presse mehrere Punkte des BOB-Materials auf, darunter die Beschreibung des KGB-Hauptquartiers in Karlshorst. Die Schlagzeile der *New York Herald Tribune* vom 7. Juni verkündete: »Beide Seiten spielen Spion – Rote besser finanziert und aktiver; wenn der Westen klein beigibt, droht Gefahr«. Dieses Sperrfeuer bereitete für den Augenblick allen sowjetischen Bemühungen ein Ende, das Thema der

Nachrichtengewinnung in Berlin zum Gegenstand ernsthafter diplomatischer Verhandlungen zu machen. Das Thema kam zwar wieder hoch, als sich die Berlin-Krise zuspitzte und der KGB neue aktive Maßnahmen in Gang setzte, erlangte aber nie wieder denselben Einfluß auf die Weltmeinung.

Diese Folge des sowjetischen und ostdeutschen Schlages gegen die Geheimdienststellen in West-Berlin war ebenso positiv wie unerwartet. Daß es den amerikanischen Geheimdiensten allerdings nicht gelang, ihre Flüchtlingsoperationen zu koordinieren, gereichte nicht nur der östlichen Gegenspionage zum Vorteil, sondern belastete auch die Beziehungen zwischen den amerikanischen Geheimdiensten und dem Westberliner Senat. Als die Informationen über die Ostberliner Spionagetätigkeit freigegeben wurden, begriffen die amerikanischen Stellen, wie dringlich das Problem einer Lösung bedurfte, und waren nun zur Abstimmung ihrer Aktivitäten bereit. Doch als diese neue Ära der Kooperation endlich heraufdämmerte, fragten sich viele bei BOB, ob es nicht schon zu spät war, um den immer leistungsfähigeren Sicherheits- und Spionageabwehrdiensten der DDR entgegenwirken zu können. Neue BOB-Operationen waren zunehmend schwerer zu bewerkstelligen, und laufende Aktionen konnten nur unter großen Schwierigkeiten weitergeführt werden.

BLUFFS, DROHUNGEN UND GEGENDRUCK

Für BOB war 1959 ein gutes Jahr gewesen. Die Quellen in Karlshorst hatten die Informationen geliefert, die die westlichen Verbündeten brauchten, um zu beweisen, daß der von Chruschtschow angekündigte militärische Abzug aus Ost-Berlin ein Bluff war. Unter Benutzung der Akten und neuerer operativer Berichte hatte BOB detaillierte Erkenntnisse über das Ausmaß der von Ost-Berlin aus betriebenen geheimdienstlichen und subversiven Tätigkeit der Sowjets und der DDR liefern können. Die Veröffentlichung dieser Informationen und ihre Benutzung durch den US-Außenminister gegenüber Gromyko hatten den sowjetischen Attacken gegen den angeblichen Westberliner Spionagesumpf den Boden entzogen und das Thema als diplomatischen Schachzug unbrauchbar gemacht. BOB-Chef Murphy war zufrieden und sah in guter Stimmung seinem für den Sommer 1960 vorgesehenen Abschied von Berlin entgegen. Sein Nachfolger war bereits vor Ort: sein bisheriger Stellvertreter William Hood.

BOB bereitet sich auf den Pariser Gipfel vor

Da die vier Mächte für Mai 1960 eine weitere Gipfelkonferenz einberufen hatten, begann BOB im Januar, die Unterlagen in Geheimdienstfragen zusammenzustellen. Dazu gehörte auch ein Geheimdienstbericht vom 5. Mai 1960, der erneut bestätigte, daß die sowjetischen Streitkräfte immer noch keine Anstalten machten, Ost-Berlin zu verlassen.[1] Da niemand wußte, ob das Thema »Spionagesumpf« nicht doch wieder zur Sprache kommen würde, mußte auch der Lagebericht über die amerikanischen Geheimdienstaktivitäten in West-Berlin aktualisiert werden. Aufgrund neuer Absprachen unter den amerikanischen Diensten koordinierten sie ihre verdeckten Operationen jetzt mit der CIA-Basis, so daß redundante Operationen vermieden wurden. Zum ersten Mal seit Kriegsende konnte BOB den politischen Entscheidungsträgern präzise Angaben über alle amerikanischen Geheimdienstaktivitäten in Berlin zur Verfügung stellen.

Kontroversen gab es 1960 weiterhin hinsichtlich der Befragung der ostdeutschen Flüchtlinge. Die amerikanischen Geheimdienste gewannen in diesen Gesprächen nicht nur wichtige Erkenntnisse für die alliierte Sicherheit, sondern auch neue Informationen über die DDR und Hinweise auf mögliche Agenten. Doch die Westberliner und westdeutschen Behörden empfanden die Befragungen als Einmischung in ihre Angelegenheiten. Durch gezieltere Anfragen ließ sich diese Kritik teilweise entschärfen. Im April, einen Monat vor Beginn der Gipfelkonferenz, war der Prozentsatz der von den Amerikanern befragten Flüchtlinge drastisch gesunken. Außerdem war das von BOB ausgearbeitete neue Befragungssystem wesentlich effektiver als das bisherige Verfahren.

Gegenstand der Berichte vor der Gipfelkonferenz war auch die Frage, wie sich eventuelle Gipfelvereinbarungen über die Stationierung alliierter Truppen, die möglicherweise die alliierte Verantwortung für die Sicherheit West-Berlins verwässerten, auf die Geheimdiensttätigkeit auswirken würden. Solche Vereinbarungen konnten die Rechtsgrundlage für die Flüchtlingsbefragung, ja die gesamte geheimdienstliche Tätigkeit gefährden. BOB warnte auch vor einer Verkleinerung der amerikanischen Garnison in Berlin, weil dies für die Geheimdienste, deren Tarnung und Logistik völlig von der Militärpräsenz abhing, einen erheblichen Einschnitt bedeutet hätte.

Desgleichen unterstrich BOB die negativen Auswirkungen eines sowjetischen Separatfriedensvertrages mit der DDR. Besorgnis rief vor allem die Möglichkeit hervor, daß durch einen solchen Vertrag der Zugang nach West-Berlin gefährdet werden könnte. Aber auch andere Aspekte des Vertrages konnten die Stellung der Verbündeten in West-Berlin beeinträchtigen. Unmittelbar vor seiner Abreise zum Pariser Gipfel betonte Murphy in einem Bericht ans CIA-Hauptquartier, daß ein Friedensvertrag wahrscheinlich »die Errichtung einer ›internationalen Grenze‹ zwischen Ost- und West-Berlin« nach sich ziehen würde. »Damit besäße die DDR erstmals eine ›Rechtsgrundlage‹ für die Beseitigung der derzeit unkontrollierten Bewegungen über die Sektorengrenze. So könnte sie nicht nur den Flüchtlingsstrom abschnüren, sondern auch verhindern, daß Tausende von Ostberlinern dem ›demoralisierenden‹ Einfluß West-Berlins ausgesetzt werden.« Dies würde nicht nur Ostdeutschland stärken, sondern auch die Aufklärungstätigkeit in Mitleidenschaft ziehen: »Wir könnten fast keine Flüchtlinge mehr befragen, und der Kontakt mit den jetzigen Quellen wäre kaum noch möglich.« Prophetische Worte.[2]

Die KGB-Berichterstattung vor dem Gipfel

Nach Murphys Ansicht befand sich das Ulbricht-Regime in einer nahezu ausweglosen Lage. Seine düstere Einschätzung wurde jedoch nicht von allen CIA-Analytikern geteilt. So zeichnete beispielsweise eine Lageeinschätzung der CIA vom 3. Mai 1960 ein optimistischeres Bild, das sowohl den damaligen Nachrichtendienstberichten als auch den kürzlich in ostdeutschen und sowjetischen Archiven entdeckten Dokumenten widersprach. Die NIE enthielt beispielsweise die unglaubliche Feststellung: »Der derzeitige Flüchtlingsstrom verschärft zwar von Zeit zu Zeit die Knappheit bestimmter Fachkräfte, aber auf das Wirtschaftswachstum [der DDR] wirkt er sich wahrscheinlich kaum aus.«[3]

Im Gegensatz dazu stellte der spätere KGB-Vorsitzende Juri Andropow im August 1958 vor dem ZK der KPdSU warnend fest, der Anteil der Intelligenzler am Flüchtlingsstrom sei seit 1957 um fünfzig Prozent gestiegen. Im November 1959 erneuerte er seine Warnung. Einen Monat später bestätigte der Sowjetbotschafter Perwuchin Murphys Bild von West-Berlin als dem Schaufenster der westlichen Demokratie mit den Worten, die »unkontrollierte Grenze ... veranlaßt die Bevölkerung zum Vergleich zwischen den beiden Teilen der Stadt, der leider nicht immer zugunsten des demokratischen [Ost-]Berlin ausfällt«.[4] Die Besorgnis ist unverkennbar. Dennoch liegen uns keine Berichte vor, aus denen hervorginge, daß der Karlshorster KGB-Apparat ebenfalls Informationen über den beklagenswerten politischen und wirtschaftlichen Zustand in der DDR sammelte. Angesichts des großen sowjetischen Interesses an Ostdeutschland hätte man annehmen sollen, daß KGB-Chef Schelepin bei Korotkow auf diesbezügliche Berichte gedrängt hatte. Für das Fehlen solchen Materials haben wir keine Erklärung. Vielleicht war es eine Folge des Streits zwischen der Moskauer Zentrale und Korotkow über den Umgang mit dem MfS.

Offenbar lieferten auch andere KGB-Residenturen nicht viel bessere Informationen. Der einzige KGB-Bericht über Gipfelvorbereitungen, den wir in den SWR-Archiven finden konnten, war ein Überblick über den westdeutschen militärischen Abschirmdienst vom April 1960 mit westdeutschen Äußerungen zur internationalen politischen Lage und zu den Aktivitäten des Ostblocks am Vorabend des Gipfels. Aber der Bericht wurde erst am 16. November 1960 in Moskau verteilt.[5] Doch es spielte keine Rolle: Nach dem Abschuß der amerikanischen U-2 über Swerdlowsk hatte Chruschtschow den Gipfel platzen lassen. Vielleicht hatte man ihn gewarnt, Eisenhower werde von seiner Haltung in der deutschen Frage nicht abgehen. Schelepins Jahresbericht 1960 enthielt einen Hinweis darauf.[6] Außerdem lieferte der KGB einen ausgezeichneten Bericht über den geplatzten Gipfel, der dem Memorandum eines »in West-Berlin stationierten westlichen Diplomaten« entnommen war, allerdings erst am 18. November verteilt wurde. In dem Bericht wurde die Enttäuschung der ostdeutschen Führung über die schlechte Wirtschaftslage der DDR hervorgehoben. Sein Verfasser stellte einen vernichtenden Vergleich zwischen den Problemen Ost-Berlins und den Erfolgen West-Berlins an, schloß aber mit der Prophezeiung, die Sowjets würden den toten Punkt bald überwinden.[7]

Andere KGB-Berichte geben wenig Aufschluß über das Ausmaß des Gipfelfehlschlags und seiner Auswirkungen auf die beteiligten Länder. Einer behandelte beispielsweise die politischen Schwierigkeiten, die der Bundesminister für gesamtdeutsche Fragen, Ernst Lemmer, mit diversen Vertriebenenorganisationen und mit Adenauer persönlich hatte. In bezug auf Berlin soll Lemmer geäußert haben, die UdSSR werde nicht aggressiv handeln, sondern allmählich vorgehen, was er für gefährlicher hielt, da West-Berlin »schwierigen Situationen, vor allem einer neuen Blockade, nicht standhalten« könne.[8] Die nächsten beiden Berichte derselben Akte waren dem KGB von seinen »ungarischen Freunden« geliefert worden. Der erste beschrieb die Abrüstungsgespräche, die Generalinspekteur der Bundeswehr Adolf Heusinger mit der italienischen Regierung geführt hatte.[9] Der zweite betraf eine Äußerung Bundeskanzler Adenauers, der gegenüber dem Apostolischen Nuntius in Bonn erklärt hatte, die Vereinigten Staaten hätten »die Vorbereitungen für die Übergabe von ›Polaris‹-Raketen an die Bundesrepublik abgeschlossen«. Die Übergabe könne jedoch erst erfolgen, wenn der Beschluß der Westeuropäischen Union annulliert worden sei, der der Bundesrepublik den Besitz offensiver Waffen untersage. Adenauer bat den Vatikan, ihn in seinem Bemühen zu unterstützen, den Beschluß rückgängig zu machen. Die Bitte wurde am 8. Juli vom Kardinalskollegium für Auswärtige Angelegenheiten behandelt und gebilligt, und Nuntius Testa wurde ermächtigt, bei seinem bevorstehenden Besuch in der Bundesrepublik darüber mit Adenauer zu sprechen.[10]

Als der Gipfel im Mai platzte, befürchteten manche ein Wiederaufleben der sowjetischen »Spionagesumpf«-Kampagne. Das geschah tatsächlich in gewissem Maße. Diesmal richtete sie sich aber nur noch gegen die CIA. Aber ihr fehlte die frühere Stoßkraft, vermutlich weil die Sowjets befürchteten, der Schuß könne nach hinten losgehen: Am 28. September ließ Schelepin in Moskau die Kopie eines regelmäßigen Berichts des Bundesamts für Verfassungsschutz zirkulieren, in dem von der Verhaftung von über fünfhundert Personen mit Sitz in West-Berlin die Rede war, die der Spionage für die Sowjetunion und deren Satellitenstaaten beschuldigt wurden.[11]

Eine weitere Reaktion des KGB auf den U-2-Abschuß war die Ausarbeitung einer Reihe von aktiven Maßnahmen mit dem Ziel, CIA-Direktor Dulles zu diskreditieren, in dem Chruschtschow zu Recht den Mann hinter den Spionageflügen vermutete. Der dem Sekretariat des ZK der KPdSU vorgelegte KGB-Vorschlag wurde wahrscheinlich in Abteilung D der Ersten Hauptverwaltung ausgearbeitet, deren Quellen in ihm benutzt wurden.[12] Ein unmittelbar mit den BOB-Operationen verbundener Aspekt des Vorschlags betraf die amerikanische Praxis, Angehörige westdeutscher Geheimdienste mit amerikanischen Papieren auszustatten. Allein das zeigt, wie wichtig den Sowjets diese Kampagne war. Um ihre Wirkung zu verstärken, riskierte der KGB sogar die Preisgabe von Informationen über laufende Operationen, in diesem Fall die Beteiligung von Heinz Felfe, dem KGB-Maulwurf im westdeutschen Nachrichtendienst, der einen BND-Mitarbeiter ins US-Hauptquartier in Berlin entsandt hatte, der als Verbindungsmann zu BOB über die Karlshorster Operationen berichten sollte. Es war geplant, über solche und ähnliche Aktivitäten Artikel zu verfassen, die »durch die verfügbaren Kanäle [KGB-Agenten] in der bürgerlichen Presse« veröffentlicht werden sollten.[13]

Die SED droht mit einem Staatsstreich in West-Berlin

Im Juli 1960 berichtete BOB von Plänen der SED, in West-Berlin Zwischenfälle zu provozieren und Unruhe zu schüren, um Chruschtschows Behauptung zu untermauern, die Lage in Berlin könne »gefährliche Zwischenfälle auslösen«. Das Ulbricht-Regime konnte derlei problemlos unternehmen – auf dem Papier jedenfalls. In West-Berlin selbst gab es sechstausend SED-Mitglieder, und mit der von der DDR betriebenen S-Bahn ließen sich Ostberliner Kampfgruppen rasch in großer Zahl nach West-Berlin transportieren. Schon ein Jahr zuvor hatte BOB beunruhigt reagiert, als die DDR an ihrem Nationalfeiertag am 7. Oktober versucht hatte, auf allen reichsbahneigenen Einrichtungen in West-Berlin die neue DDR-Fahne zu hissen. Dazu wurden fünftausend als Eisenbahner verkleidete Angehörige der Kampfgruppen entsandt.[14] Die Westberliner erblickten darin eine Einschränkung der Autorität des Senats und der Alliierten. Die Polizei wurde angewiesen, die Flaggen einzuholen, wobei es zu einigen heftigen Zusammenstößen kam. Anschließend drängte der amerikanische Stadtkommandant darauf, im Wiederholungsfall zur Unterstützung der Polizei alliierte Truppen einzusetzen. Um dies zu bewerkstelligen, sei ein Plan zur Koordinierung des Vorgehens von Polizei und alliierten Truppen erforderlich.[15]

Zur Planungsvorbereitung arbeitete BOB für den amerikanischen Stadtkommandanten einen Bericht über das DDR-Potential für subversive Aktionen in West-Berlin aus. Es stellte sich heraus, daß die Eventualfallplanung der US Army ganz auf einen möglichen Angriff regulärer Streitkräfte des Warschauer Pakts abgestellt war. Demzufolge sollten die US-Truppen zum Schutz des Lebens und Eigentums der Amerikaner im Umkreis der amerikanischen Kolonie Verteidigungsstellungen beziehen. Die Unterstützung der Westberliner Polizei bei der Verteidigung ziviler Einrichtungen wie des Rathauses, der Polizeireviere und Rundfunkstationen wurde kaum berücksichtigt. Feindliche Elemente konnten problemlos von Ost-Berlin aus eindringen und die amerikanischen Einrichtungen einfach aussparen, um sich ganz auf die Besetzung ziviler Befehlsstellen zu konzentrieren. Auf diese Weise konnte die DDR die Stadt unter Umständen in ihre Gewalt bringen. Schien diese Horrorvision auch unwahrscheinlich, so hatten die Ereignisse vom Oktober 1959 doch gezeigt, daß sie nicht auszuschließen war.[16]

Bezeichnenderweise war in den diesbezüglichen Berichten, die von BOBs SED-Quellen eintrafen – der erste von ihnen wurde am 9. Juli 1960 weitergeleitet –, von sowjetischen Militäraktionen gegen West-Berlin keine Rede, sondern nur von der Schaffung der Voraussetzungen für die Inbesitznahme lebenswichtiger ziviler Einrichtungen durch die DDR. Die Berichte beschleunigten die gemeinsame Planung von US-Stadtkommandant und Polizei, während man in Washington beunruhigt war. Vielleicht weil dieses Szenarium einen neuen Faktor ins Berliner Kalkül einführte, kam man im CIA-Hauptquartier auf die Idee, die BOB-Quellen plapperten lediglich sowjetische Desinformationen nach, mit denen der KGB die von der Berlin-Krise ausgelöste Besorgnis aufheizen wollte. Beweise für diesen Verdacht haben sich nicht gefunden.

Außerdem fragte man sich, ob die Sowjets ein derartiges Vorgehen der DDR überhaupt billigen würden. BOB stellte im Bericht an die Zentrale zunächst klar, daß keine Geheimdienststelle der USA in West-Berlin eine Quelle besaß, die diese Frage verläßlich beantworten konnte. Da man jedoch davon ausgehen müsse, daß derartige Pläne existierten, könnte Ulbricht bei Chruschtschow darauf drängen, ihm dieses Vorgehen zu erlauben, wenn die Lage reif dafür sei. Daß die DDR-Bürger zu Tausenden nach West-Berlin strömten, treibe den SED-Chef nachgerade zur Verzweiflung. Es könnte den Sowjets schwerfallen, »Ulbricht daran zu hindern, den anscheinend reifen Apfel zu pflücken, wenn er es nur richtig anstellt«. Man müsse den Sowjets deshalb unmißverständlich klarmachen, daß die alliierten Truppen in West-Berlin der Polizei auf jeden Fall unter die Arme greifen würden, wenn die öffentliche Sicherheit bedroht sei.[17]

Chruschtschow kontra Bundestag

Am 8. Juli 1960 drohte Chruschtschow unvermittelt mit der Unterzeichnung eines Separatfriedensvertrags mit der DDR, falls der Bundestag, wie schon seit 1954, in Berlin tagen würde. Aufgrund der Ereignisse seit Beginn der Berlin-Krise im Oktober 1958 überlegten die Alliierten, ob eine weitere Bundestagssitzung in Berlin die Aufregung wert war. Sowohl Franzosen als auch Briten suchten nach einer Möglichkeit, wie die Sitzung verhindert oder zumindest vertagt werden konnte, ohne die Bundesrepublik oder West-Berlin zu verärgern. Der KGB berichtete über eine Mitteilung, die der britische Botschafter in Moskau, Sir Patrick Reilly, im Juli 1960 zu dieser Frage an das Außenministerium in London geschickt hatte. Chruschtschow habe sein Warnung zwar nicht in »kategorischer Form« vorgebracht, so Reilly, aber »die Westmächte sollten die darin enthaltene ›Drohung‹ nicht unterschätzen«. Möglicherweise sei »die Absicht der Bundesrepublik Deutschland, in Berlin eine Sitzung des Bundestages abzuhalten, von Chruschtschow als Herausforderung empfunden worden, die nicht unbeantwortet bleiben« könne. Sogar der deutsche Botschafter in Moskau, Hans Kroll, habe empfohlen, die Sitzung nicht abzuhalten. Abschließend warnte Reilly, die Abhaltung der Sitzung könne sehr ernste Folgen haben. Dieser Bericht wurde von Schelepin erst am 3. Oktober an Kusnezow im Außenministerium weitergeleitet, als er durch andere Ereignisse in und um West-Berlin gegenstandslos geworden war.[18]

Chruschtschow setzte sich durch; die Bundestagssitzung fand nicht statt. Gleichzeitig schien die DDR entschlossen zu sein, der Bundesregierung das Leben schwerzumachen. Sie benutzte zwei seit langem geplante Veranstaltungen in Berlin – eine von ehemaligen Kriegsgefangenen und eine von Vertriebenen – als Vorwand für die Einführung neuer Reisekontrollen. Mit der Begründung, die Veranstaltungen seien »ein provokatorischer Mißbrauch West-Berlins durch die BRD mit Billigung und Unterstützung der westlichen Alliierten«, erklärte die DDR am 30. August, ab Mitternacht würden »über in Westdeutschland ansässige Personen auf dem Weg nach Ost-Berlin Reisekontrollen verhängt, die bis Mitternacht des 4. September in Kraft bleiben« würden. Dies geschah ohne Vorwarnung und kam für die westlichen Verbündeten, die Westdeutschen und die Westberliner völlig überraschend.[19]

Angesichts der herrschenden Umstände war BOB davon überzeugt, daß die Kontrollen darauf abzielten, zwischen Ost- und West-Berlin eine internationalen Grenze zu schaffen. In einer ans CIA-Hauptquartier gerichteten Analyse vom 13. September 1960 beschrieb BOB die Folgen dieses Vorgehens: Mehr als tausend Westdeutschen war die Einreise in die DDR versagt worden. Anderen wurde der Übergang von West- nach Ost-Berlin verwehrt. Darüber hinaus sank die Zahl der im Westen ankommenden Flüchtlinge dramatisch; in der Woche vom 31. August bis 6. September gelang nur noch 3041 Menschen die Flucht nach West-Berlin, während es in der Vorwoche noch 4544 gewesen waren.[20] Tatsächlich, so der BOB-Bericht, hätten es die Ostdeutschen geschafft, »eine wirksame Kontrolle der Bewegungen zwischen Ost- und West-Berlin über die Fahrzeug- und Fußgängerübergangsstellen einzurichten«. An der westdeutschen Grenze mußten die Reisenden einen Fragebogen mit Fragen zum möglichen Nazi-Hintergrund und über ihre Tätigkeit im Krieg ausfüllen. Gleichzeitig begann die DDR mit einer »ausgedehnten … Kampagne in Ostdeutschland und Ost-Berlin, mit der den dortigen Einwohnern die verschärften Reisekontrollen nahegebracht werden sollten, die zum … Schutz gegen westdeutsche Revanchisten erforderlich« seien.[21]

Hinsichtlich der langfristigen Auswirkungen dieser Aktion wiederholte BOB die Auffassung, daß die derzeitige Situation, »in der Woche für Woche Tausende von Ostdeutschen nach West-Berlin flüchten und weitere Tausende die Westsektoren besuchen, für das ostdeutsche Regime untragbar« sei.[22] Mit ihrem repressiven Vorgehen wolle die DDR unter Beweis stellen, daß sie schrittweise Maßnahmen gegen West-Berlin ergreifen, die Bande zwischen Berlin und der Bundesrepublik schwächen und unter den Alliierten Zwietracht säen könne. Außerdem sei zu befürchten, daß »in den Köpfen der Westberliner Zweifel an der Bereitschaft oder Fähigkeit der Alliierten entstünden, dem ostdeutschen Druck auf Berlin zu widerstehen«.

Sodann unterstrich BOB die Achillesferse sowohl der sowjetischen als auch der alliierten Position in Berlin: die Viermächteverantwortung für die Stadt. Einerseits hätten die Sowjets den Viermächtestatus verletzt, indem sie Ost-Berlin als Hauptstadt der DDR anerkannten. Andererseits hätten die westlichen Verbündeten sich unterdessen »auf dem schmalen Grat zwischen ihrer Rechtsposition, daß für Berlin der Viermächtestatus gelte, und der Wirklichkeit bewegt, in der Berlin in allen Punkten ein

Bundesland der Bundesrepublik geworden« sei. Diese mißliche Lage eröffne den Sowjets und den Ostdeutschen Chancen für »Manipulation und Ausbeutung«. Das Dilemma dadurch aufzulösen, daß man der Bundesrepublik eine noch größere Rolle in West-Berlin einräume und gleichzeitig von Frankreich, England und den Vereinigten Staaten verlange, die Präsenz der Bundesrepublik in West-Berlin zu verteidigen, werde in der britischen und französischen Öffentlichkeit auf wenig Gegenliebe stoßen. Die von BOB vorgeschlagene Alternative war eine »neue, anhaltende und kraftvolle Betonung des Viermächtestatus und der Auffassung, Groß-Berlin [einschließlich Ost-Berlins] stelle ein Gebiet dar, das die vier Mächte als künftige Hauptstadt eines wiedervereinigten Deutschland treuhänderisch verwalten«. Sowjets und Ostdeutsche seien in diesem Punkt besonders empfindlich. Einmal habe die SED-Führung sogar die Verlegung der Hauptstadt nach Leipzig ins Auge gefaßt. Nachdem die SED beschlossen habe, ihre Zentrale in Ost-Berlin zu belassen, hätte die Verlegung der Hauptstadt einen ärgerlichen Prestigeverlust und administratives Chaos bedeutet. Daher rühre die Angst der SED vor freien Wahlen in ganz Berlin und einem UN-Status der Stadt, worüber 1959 spekuliert worden sei. Mache man sich die Anregung von BOB zu eigen, der auch die Unterstützung der Westberliner Bevölkerung sicher sei, könnten die Alliierten die Sowjets und die SED in einer Zeit großer Anfälligkeit aus dem Gleichgewicht bringen.[23]

Als Murphy diese Analyse in Washington im CIA-Hauptquartier und im Außenministerium erörterte, fand die von BOB getroffene Einschätzung der Auswirkungen der DDR-Kontrollen allgemeine Zustimmung. Die Vorschläge der Basis stießen jedoch auf wenig Begeisterung. Die amerikanischen Regierungen hatten allesamt die 1948 vollzogene Teilung Berlins hingenommen. Für die Anfälligkeit der Sowjets und der Ostdeutschen in dieser Frage bestand wenig Verständnis. Folglich glaubte man nicht, daß die Sowjets und die DDR, die das Problem der Stabilität der DDR durch eine Veränderung des Status quo in Berlin lösen wollten, durch einen Rückgriff auf den Viermächtestatus von ihrem Kurs abzubringen waren. Unterstützung erhielt Murphy für die fortdauernde Anwesenheit alliierter Truppen, »um zu verhindern, daß West-Berlin gewaltsam eingenommen wird«. Washington wollte vor allem sicherstellen, daß die Sowjets in ihrem Streben nach Stabilität und der Ausschaltung West-Berlins als Fluchtweg und Schaufenster der Demokratie ihren ostdeutschen Freunden keinesfalls erlaubten, etwas zu unternehmen, das den Westen und insbesondere die Vereinigten Staaten, in denen Präsidentschaftswahlen bevorstanden, demütigen könnte. Sogar in der Osteuropaabteilung der CIA war man der Meinung, in Berlin sei kaum etwas zu machen. In diesen Diskussionen klangen bereits jene an, die kaum ein Jahr später nach dem Bau der Berliner Mauer geführt werden sollten.

Der KGB und die Kontrollen vom September 1960

Am 3. November 1960 brachte der KGB einen Bericht in Umlauf, der wiederum auf einem Memorandum eines in West-Berlin tätigen westeuropäischen Diplomaten beruhte.[24] Nach einem Kommentar zu den DDR-Kontrollen im September wurden die am 10. Oktober von der DDR eingeführte Bestimmung, nach der Westdeutsche für den Besuch Ost-Berlins eine Sondergenehmigung beantragen mußten, und die alliierte Antwort behandelt - Ostdeutsche, die in Länder reisen wollten, welche die DDR nicht anerkannt hatten, wurde der Interzonenpaß verweigert. In dem Bericht wurde vermutet, Ulbricht habe entweder beim Bukarester Treffen der kommunistischen und Arbeiterparteien oder bei seinem Besuch in der Sowjetunion im August die Zustimmung der Sowjets zu seinen Maßnahmen erhalten. Hinsichtlich der Kontroverse über den Viermächtestatus Berlins war von besonderem Interesse, daß der Bericht näher auf den beim sowjetischen Stadtkommandanten General Nikolai Sacharow wegen der Kontrollen im September eingelegten Protest einging. Sacharow habe den Protest mit der Behauptung zurückgewiesen, die DDR genieße in ihrem Gebiet volle Souveränität. Desgleichen habe er Klage geführt, weil »die Westmächte revanchistischen Gruppen Land- und Luftverbindungen zur Verfügung stellten, die einzig für die Besatzungstruppen vorgesehen« seien.

Es folgte die Darstellung einer Zusammenkunft des Regierenden Bürgermeisters Willy Brandt mit Vertretern ausländischer Regierungen in West-Berlin. Bei diesem Treffen hatte Brandt angeblich gesagt, man müsse sich auf »eine ganze Reihe von Maßnahmen der ostdeutschen Behörden« gefaßt machen, »mit denen die beiden Teile Berlins getrennt und die Verbindungen zwischen der Bundesrepublik und Westberlin zerschlagen« werden sollten. Die Einzelmaßnahmen würden sich dabei so unerheblich ausnehmen, daß die Besatzungsmächte nichts dagegen unternehmen könnten. Da die westlichen Stadtkommandanten weder 1948 bei der Spaltung der Stadtverwaltung noch beim Aufstand von 1953 eingeschritten seien, könne die DDR, wie Brandt meinte, auch weiterhin mit der Passivität der westlichen Verbündeten rechnen. Sie habe vermutlich das Gefühl, »eine gewisse Handlungsfreiheit« zu genießen, wenn sich ihr Vorgehen ausschließlich gegen die Bundesrepublik und West-Berlin richte und die Besatzungsmächte und ihre Verbindungen nicht berühre. Als weiteres Beispiel der Westberliner Besorgnisse nannte der Bericht die Empfehlung des Senats, zusätzliche alliierte Truppen in Berlin zu stationieren, um der Sowjetunion »eindrucksvoll vor Augen zu führen«, daß der Westen entschlossen war, die Stadt zu verteidigen. Der Diplomat schloß: »In der herrschenden Situation könnte eine Fehleinschätzung dieser Entschlossenheit fatale Folgen haben.« Der KGB wurde durch solche Berichte in der Auffassung bestärkt, daß sich seine Ziele in Berlin am besten erreichen ließen, wenn er einen Schritt nach dem anderen tat, die Folgen sorgfältig abwog und dafür sorgte, daß Ulbricht nicht aus der Reihe tanzte.

Eine andere Darstellung der Lage in Berlin, die Schelepin am 10. Dezember 1960 Gromyko zusandte, beruhte auf einem Bericht eines westeuropäischen Botschafters in Moskau an seine Regierung vom 11. Oktober.[25] Wiederum läßt die lange Verzögerung darauf schließen, daß eine KGB-Quelle in der Hauptstadt des Botschafters an den Bericht gelangt war und ihn über KGB-Kanäle an die Moskauer Zentrale geschickt hatte. Unter Hinweis auf die zentrale Bedeutung, die der Berlin-Frage in der sowjetischen Politik beigemessen werde, erklärte der Botschafter, die Bonner Entscheidung, den Handel mit der DDR abzubrechen, habe in Moskau schwere Verstimmung ausgelöst, zumal man befürchtete, die BRD könne »ähnliche Maßnahmen gegen die UdSSR« ergreifen. Die westdeutsche Aufkündigung des Interzonenhandelsabkommens am 30. September 1960 scheine Chruschtschow überrascht zu haben. Er wisse, daß die Sowjetunion die wirtschaftlichen Verluste der DDR bei Unterbrechung des Handels mit der Bundesrepublik nicht ausgleichen könne. Trotz der lebenswichtigen Bedeutung diesbezüglicher Informationen war der KGB offenbar nicht in der Lage gewesen, Moskau hinsichtlich der westdeutschen Absichten vorzuwarnen. Tatsächlich enthält der Bericht als einziger in der gesamten uns verfügbaren KGB-Berichterstattung einen Hinweis auf die Aufkündigung des Interzonenhandelsabkommens. Die Krise selbst wurde Mitte Dezember, als die Empfänger des Berichts vom 10. Dezember gerade dabei waren, ihn zu lesen, durch den Abschluß eines neuen Interzonenhandelsabkommens sowie neuer Handelsvereinbarungen zwischen BRD und UdSSR beigelegt.

Der westeuropäische Diplomat beendete seinen Bericht mit der Feststellung, der veröffentlichte Notenwechsel zwischen der UdSSR und den USA über die deutsche Wiederbewaffnung sowie Chruschtschows Äußerungen in der UN-Generalversammlung in New York dienten dem Zweck, »die Aufmerksamkeit auf die Berlin-Frage zu lenken«. Keine andere Frage berühre die Interessen der Sowjetunion »mehr als diese, denn sie beobachtet besorgt die rasche Wiedergeburt der wirtschaftlichen und militärischen Macht der BRD. Für Chruschtschow steht bei der Lösung dieses Problems sein persönliches Ansehen auf dem Spiel. Er wiegt sich in der Hoffnung, das zu schaffen, was seinen Vorgängern mißlang, nämlich die Westmächte zur Aufgabe Berlins zu zwingen und damit die Grenze des Sowjetblocks an die Elbe zu verlegen.« Die mangelnde Berichterstattung der KGB-Quellen über Dinge, die der sowjetischen Führung vor Augen geführt hätten, daß der Westen nicht gewillt war, West-Berlin aufzugeben, verdeutlicht erneut, daß der KGB nur ungern Berichte weiterleitete, die das Mißfallen der Sowjetführung erregt hätten.

In einer Unterrichtung des neugewählten Präsidenten John F. Kennedy durch Präsident Eisenhower und sein Kabinett im Dezember 1960 sagte Außenminister Herter über Berlin: »[Die Lage] ist akut und gefährlich, und Mr. Chruschtschow steht unter schwerem Druck, die Berlin-Frage zu regeln und den Flüchtlingsstrom durch den Eisernen Vorhang nach Westen zu unterbinden.« Für einen Pragmatiker wie Kennedy muß diese Formulierung wie die Einleitung zu dem Vorschlag geklungen haben, Chruschtschow bei der Suche nach einem Ausweg aus seinem Dilemma zu helfen. Dennoch ging das Jahr in Berlin ruhig zu Ende, und die andernorts geführten Gespräche über Berlin verliefen freundschaftlich und entspannt, sei es nun zwischen US-Botschafter Dowling und dem Ostberliner Sowjetbotschafter Perwuchin oder zwischen den Teilnehmern der NATO-Außenministertagung von 1960.

Was BOB betraf, hatte der hektische Verlauf der sich verschärfenden

Berlin-Krise Allen Dulles dazu veranlaßt, Murphys Rückkehr nach Washington zu verschieben. William Hood wurde aus Berlin abberufen und an seiner Stelle John Dimmer zum Stellvertreter ernannt. Dulles ließ sich auf einer Westeuropareise von Murphy über den neuesten Stand unterrichten. Das Gespräch begann in Dulles' Flugzeug auf dem Weg von Frankfurt nach Den Haag und wurde in der Botschafterresidenz fortgesetzt, wo Dulles mit seiner Delegation mitten in einen Empfang für den Operationschef der US Navy, Admiral Arleigh Burke, hineinplatzte. Als die Gäste den CIA-Chef erblickten, scherten sie aus der Empfangsreihe aus und drängten sich um ihn, wohl in der Hoffnung, aus seinem Munde geheime Neuigkeiten über die Berlin-Krise zu hören. Dulles entzog sich jedoch dem Ansturm und ging auf sein Zimmer, um sich auf die Fortsetzung des Berlin-Briefings am späteren Abend vorzubereiten. In dieser Sitzung erfuhr Dulles, daß die Führungsoffiziere zunehmend damit beschäftigt waren, ihre Agenten auf den unvermeidlichen Augenblick vorzubereiten, in dem die verstärkten ostdeutschen Sicherheitsmaßnahmen und die strengere Kontrolle der Bewegungen über die Sektorengrenze die Chancen für eine Nachrichtengewinnung, wie sie die USA in Berlin seit 1945 betrieben hatten, drastisch mindern, wenn nicht unmöglich machen würden. Letztlich war diese Vorbereitung aufs Unvermeidliche BOBs eigentliche Aufgabe.

V

DIE BERLINER MAUER

VORBEREITUNG AUF DAS UNVERMEIDLICHE

Ungeachtet der Vielschichtigkeit der Berlin-Frage war man sich bei BOB darüber im klaren, daß die Vorbereitung der Agenten im Osten auf die unvermeidliche Schließung der Sektorengrenzen beschleunigt werden mußte. Dennoch begann das Jahr 1961 für die Basis noch in Hochstimmung. Die gesamte Mannschaft wartete gespannt auf das Auftauchen des mysteriösen »Heckenschützen«, über dessen Identität die CIA rätselte, seitdem im März 1958 sein erster geheimnisvoller Brief eingetroffen war. Spätere Mitteilungen hatten teilweise obskure Hinweise auf mögliche Unterwanderungen der westlichen Geheimdienste durch den KGB und den polnischen Geheimdienst enthalten, unter anderem auf zwei der wichtigsten Sowjetspione im Einzugsbereich der Berliner Basis: George Blake, den KGB-Spion im britischen Geheimdienst, der den Berliner Tunnel kompromittiert hatte, und Heinz Felfe, der beim BND für die gegen Karlshorst gerichteten Operationen verantwortlich war. Obwohl die Berichte des Heckenschützen bereits überprüft wurden, konnte man auf seine Spuren erst reagieren, wenn man seine Identität kannte. Und jetzt schien das Rätsel kurz vor der Auflösung zu stehen. Die Erregung bei BOB war fast mit Händen zu greifen.

In der BOB-Telefonzentrale war für den Heckenschützen eine Notrufnummer eingerichtet und den Telefonisten eingeschärft worden, ja keinen Anruf zu verpassen. Schließlich meldete sich ein Anrufer, der angab, er handle im Auftrag eines Herrn Kowalski. In Warschau wurde ein toter Briefkasten eingerichtet, in dem der Heckenschütze sein Material hinterlegen konnte, das von einem Agenten abgeholt werden sollte. So geschah es. Dann konnte der letzte Akt beginnen. Da noch niemand den Heckenschützen gesehen hatte, kam ein heimlicher Treff an irgendeiner Straßenecke nicht in Frage. Die Anweisungen für ihn mußten möglichst einfach sein, und die Kontaktmannschaft von BOB mußte sich sofort ausweisen können. Schließlich wurde als Ort dieser entscheidenden Zusammenkunft das amerikanische Konsulat ausgewählt. Es stand allen Zivilpersonen offen, befand sich aber unmittelbar neben dem von Militärpolizisten bewachten Militärareal des amerikanischen Geländes an der Clayallee. Ein eindrucksvolles Büro wurde gefunden, Mikrophone wurden installiert.

Am 4. Januar um 17.30 Uhr kam ein Anruf des Zwischenträgers, der mitteilte, Kowalski werde in einer halben Stunde erscheinen. Entgegen seiner bisherigen konspirativen Art bemerkte der Anrufer, Kowalski habe um besonders umsichtige Behandlung seiner Frau gebeten. Der Telefonist gab die Mitteilung an den Heckenschützen-Einsatztrupp weiter, und der Kontaktplan lief an. Der Chef der Osteuropaabteilung, der den Heckenschützen empfangen sollte, ging zum Konsulatseingang. »Bob«, der Mann, der gerade als »Sondervertreter« Washingtons aus Westdeutschland eingeflogen war, begab sich ins Konsulatsgebäude. Die Telefonzentrale wurde in Alarmzustand versetzt, falls der Heckenschütze seine Pläne ändern sollte. Das sichere Haus, das der Einsatztrupp nach dem ersten Kontakt aufsuchen sollte, wurde hergerichtet; das für den Transport dorthin nötige Einsatzfahrzeug wurde vor dem Haupteingang des Konsulats bereitgestellt. Als Fahrer war ein Mann mit Polnischkenntnissen ausgesucht worden, um auf polnisch geführte Gespräche des Heckenschützen mit seiner Frau mithören zu können. Als alles bereit war, begaben sich BOB-Chef Murphy und sein neuer Stellvertreter Dimmer voller gespannter Erwartung in den Mithörraum.[1]

Um 18.06 Uhr fuhr ein Taxi am Konsulat vor, dem ein Mann und eine Frau entstiegen, beide mit Reisetasche.[2] Sie blickten furchtsam zum Konsulatseingang hinauf und machten ein paar zögernde Schritte auf ihn zu. Das Paar wurde vom BOB-Abteilungschef begrüßt, ins Konsulat gebeten, dem »Sondervertreter« Washingtons vorgestellt und in das vorbereitete Büro geführt. Hier wurde ihnen eröffnet, daß die Vereinigten Staaten ihnen Asyl gewähren würden, wenn der Mann seine Identität preisgebe und bereit sei, sich von amerikanischen Behörden befragen zu lassen. Nach einer verlegenen Pause erläuterte der Mann auf deutsch, die Frau sei nicht seine Ehefrau, sondern seine Geliebte. Auch für sie bitte er um Asyl. Als man ihm dies zugesichert hatte, fragte er, ob die Frau im Flur warten könne; er wolle sehr heikle Dinge besprechen.

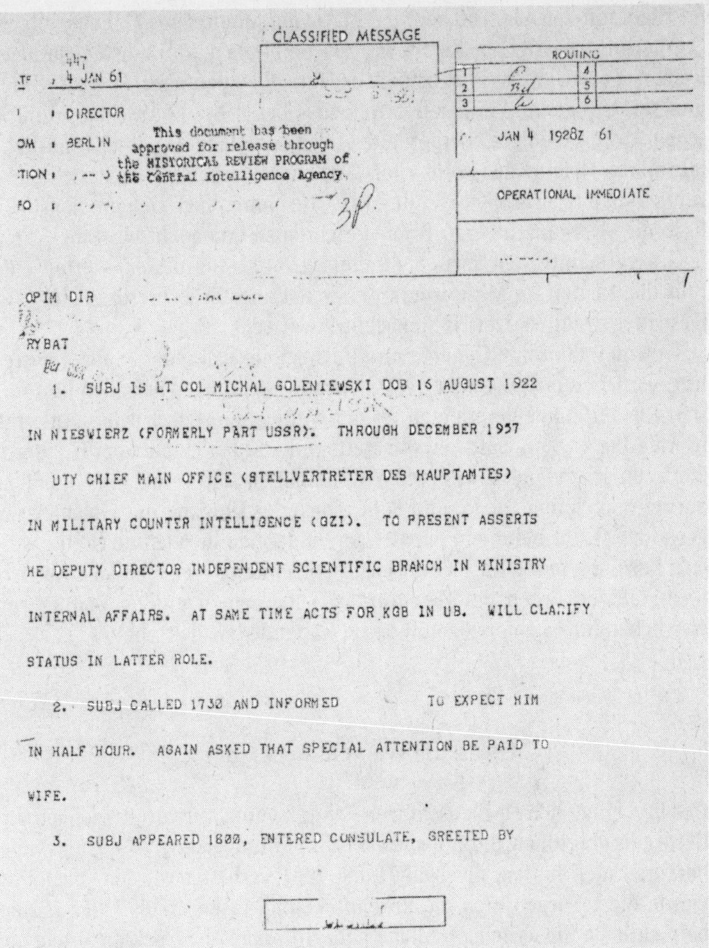

CLASSIFIED MESSAGE

ROUTING

DATE : 4 JAN 61

TO : DIRECTOR

FROM : BERLIN

This document has been approved for release through the HISTORICAL REVIEW PROGRAM of the Central Intelligence Agency.

JAN 4 1928Z 61

OPERATIONAL IMMEDIATE

OPIM DIR

RYBAT

1. SUBJ IS LT COL MICHAL GOLENIEWSKI DOB 16 AUGUST 1922 IN NIESWIERZ (FORMERLY PART USSR). THROUGH DECEMBER 1957 DEPUTY CHIEF MAIN OFFICE (STELLVERTRETER DES HAUPTAMTES) IN MILITARY COUNTER INTELLIGENCE (GZI). TO PRESENT ASSERTS HE DEPUTY DIRECTOR INDEPENDENT SCIENTIFIC BRANCH IN MINISTRY INTERNAL AFFAIRS. AT SAME TIME ACTS FOR KGB IN UB. WILL CLARIFY STATUS IN LATTER ROLE.

2. SUBJ CALLED 1730 AND INFORMED TO EXPECT HIM IN HALF HOUR. AGAIN ASKED THAT SPECIAL ATTENTION BE PAID TO WIFE.

3. SUBJ APPEARED 1800, ENTERED CONSULATE, GREETED BY

Drahtbericht, BOB, 4. Januar 1961, über die sichere Ankunft des »Heckenschützen« Michail Goleniewski.

Allein mit den CIA-Offizieren, erklärte der Mann, seine Geliebte, die in Ost-Berlin ansässig sei, kenne ihn als polnischen Journalisten namens Roman Kowalski. In Wirklichkeit sei er Oberstleutnant Michail Goleniewski, bis Januar 1958 stellvertretender Leiter des polnischen militärischen Abwehrdienstes. Seither leite er das unabhängige wissenschaftlich-technische Referat des polnischen Auslandsnachrichtendienstes. Gleichzeitig fungiere er als Quelle des KGB im polnischen Geheimdienst. Er habe die »Heckenschützen«-Briefe geschrieben und auch selbst die Anrufe des vermeintlichen Zwischenträgers getätigt. Bei diesen Worten entfuhr den Leuten im Mithörraum ein Seufzer der Erleichterung, und ihre Gesichter strahlten. Der Heckenschütze war echt.

Goleniewski, seine Geliebte und ihr Begleitoffizier, der »Sondervertreter«, verließen am 5. Januar 1961 Berlin in Richtung Wiesbaden und reisten von dort in die Vereinigten Staaten weiter. Sofort nach seiner Ankunft in Amerika begann Goleniewskis Befragung. Er berichtete über Hunderte von polnischen und sowjetischen Geheimdienstoffizieren und Agenten, darunter auch über Blake und Felfe. Doch der Umgang mit Goleniewski gestaltete sich zunehmend schwieriger, und schließlich lehnte er eine weitere Zusammenarbeit ab. Eine Geisteserkrankung - er hielt sich für den rechtmäßigen Erben des Zarenthrons - hat seinen großen Beitrag zur westlichen Nachrichtengewinnung im Kalten Krieg überschattet.[3]

Grossreinemachen bei BOB

Der Jubel über den Heckenschützen-Erfolg konnte nur vorübergehend die Besorgnis übertönen, die Goleniewskis Enthüllungen über Blake und Felfe hervorgerufen hatten, die beide Ende 1961 verhaftet wurden. Verstärkt wurde diese Sorge durch die Erkenntnis, daß es bei BOBs Hilfsagenten beträchtliche Sicherheitsprobleme gab. Hilfsagenten schickten Briefe ab, erstellten oder bedienten tote Briefkästen, führten Hintergrundüberprüfungen durch und nahmen Überwachungsaufgaben wahr. Gebraucht werden sie in allen Geheimdiensten, aber in einer geteilten Stadt wie Berlin mit ihrem ausgeprägten Dialekt mußten es unbedingt Einheimische sein. Um so sorgfältiger mußte bei der Auswahl ihrer Aufträge das Kompromittierungsrisiko abgewogen werden, und sie mußten »sauber« sein, durften also nicht vom Feind eingeschleust sein. Zudem mußten sie ihre Aufgaben in Ost-Berlin ausführen, im Herrschaftsgebiet des MfS, das Anfang der sechziger Jahre nur allzu oft Westagenten schnappte und umdrehte. In einer Zeit, da der Zugang nach Ost-Berlin von Westen her eingeengt wurde, konnte sich BOB erst recht keine internen Spione leisten.

Um ermessen zu können, wie sehr BOB auf diese Agenten angewiesen war, muß man wissen, wie sie angeworben wurden und organisiert waren. Im Lauf der Zeit hatte sich bei BOB ein zentrales Referat für »Hilfsoperationen« herausgebildet, das für Anwerbung, Ausbildung und Führung der Hilfsagenten verantwortlich war. Ein Glanzposten war es nicht, denn es gab weder Abwehrdurchbrüche zu erwarten noch aufregende Nachrichten weiterzuleiten, mit denen ein Führungsoffizier sich auszeichnen konnte. Folglich wurde diese Aufgabe meist jungen Leuten bei ihrem ersten Auslandseinsatz übertragen, und deren Deutschkenntnisse mochten noch so gut sein: Sie reichten nicht aus, um genau den Typ des findigen Berliners zu finden und anzuwerben, der bereit war, für die Aufgabe eines Briefes in Ost-Berlin eine Gefängnisstrafe zu riskieren. Deshalb wurde in einigen Hilfsagentennetzen ein ortsansässiger Vermittler eingeschaltet, der »Hauptagent« genannt wurde. Die zumeist aus Berlin stammenden Hauptagenten spürten über ihre Freunde und Verwandten Agenten auf, die für den Job geeignet waren. In vielen Fällen garantierten sie für Kontinuität und besaßen erhebliche Eigenständigkeit, weil ihre Führungsoffiziere, wenn sie Talent bewiesen, rasch von anderen Dienststellen abgeworben wurden.

Angesichts des Ausmaßes der Agententätigkeit in Berlin überstieg der Informationsbedarf stets das Angebot an Agenten. Als für Popow ein »sauberer« Kurier gesucht wurde, stand jedoch einer zur Verfügung: ein älterer Ostberliner Rentner mit dem Decknamen »der Alte«, dessen Nichte in West-Berlin wohnte. Ein Freund hatte ihn mit einem BOB-Hauptagenten bekannt gemacht, einem geselligen Berliner, der mehreren BOB-Führungsoffizieren nacheinander als Fatso bekannt war und schon seit den frühen fünfziger Jahren mit BOB in Kontakt stand. Fatso war in einem kleinen Betrieb in West-Berlin tätig, aber seine Hauptaufgabe bestand in der Anwerbung von Hilfsagenten. Manche von ihnen wohnten wie »der Alte« in Ost-Berlin; andere hatten dort gewohnt, waren aber nach West-Berlin umgezogen. Wen man wofür einsetzen konnte, hing von Art und Dauer des Auftrags ab. Für seine Kuriergänge zu Popow in

Schwerin brauchte der Agent gültige DDR-Papiere und mußte frei reisen können – daher war die Wahl auf einen Rentner gefallen. Nach der Festnahme Popows durch den KGB am 16. Oktober 1959 mußte BOB den »Alten« warnen, daß »der Person, die er 1956/57 kennengelernt hatte, etwas zugestoßen war«. Der für die Überbringung dieser Nachricht ausgesuchte »Hans« war gerade erst zum Referat für Hilfsoperationen gestoßen, sprach aber bereits Deutsch wie seine Muttersprache und hatte sich schnell in Berlin eingelebt.

Mittlerweile begegnete die CIA Fatso mit Mißtrauen. Auf Veranlassung Washingtons hatte die BOB begonnen, die operative Geschichte der Agenten im Umkreis von Fatso zu überprüfen, nachdem einer von ihnen im Dezember 1958 verhaftet worden war. Dieser hatte aus dem Gepäckraum des Berliner Ostbahnhofs eine Aktentasche mit einer Kamera abholen sollen, die dort von einem anderen Agenten hinterlegt worden war, der die Kamera bei der Fotoüberwachung in Karlshorst benutzt hatte. Zur Überprüfung gehörte auch eine Untersuchung aller operativen Aktionen, an denen der verhaftete Agent beteiligt gewesen war.[4] Zwar ergaben sich keine Beweise, daß Fatso vom MfS angeworben worden war, aber es erschien doch gefährlich, ihn weiterhin zur Anwerbung von Hilfsagenten einzusetzen; viele seiner Leute kannten sich gegenseitig, was eine wirksame operative Abschottung erschwerte oder unmöglich machte. Infolgedessen ließ BOB im August 1959 Fatso fallen. Es war offensichtlich, daß er schon zu lange zur operativen Szene gehörte. Mancher alte Hase bei BOB beobachtete es mit Bedauern, aber die meisten betrachteten die Korrektur als überfällig. Sie hofften, daß damit das Schlimmste überstanden war. Doch sie täuschten sich.

Fatsos Fehler

Hans versicherte dem »Alten«, »die Person, die er 1956/57 kennengelernt habe«, kenne weder seinen wirklichen Namen noch seine Adresse. Eine Garantie, daß er nicht in Verdacht gerate, könne er ihm aber nicht geben. Er versprach dem »Alten«, wenn er wolle, werde man ihm finanziell unter die Arme greifen, damit er sich in West-Berlin niederlassen könne. Der »Alte« dankte Hans für das Angebot, aber in seinem Alter wolle er die

Wohnung, in der er sein ganzes Leben verbracht habe, nicht aufgeben. Das mußte Hans wohl oder übel akzeptieren, und er traf Vorkehrungen für einen eventuellen künftigen Kontakt. Bevor er ging, schärfte er dem »Alten« ein, daß weitere Kontakte mit Fatso ebenso ausgeschlossen seien wie weitere operative Aktivitäten. Fatso sei dem MfS bekannt, und es wäre gefährlich, sich mit ihm einzulassen.[5] Danach verlor sich die Spur des »Alten«. Später stellte sich heraus, daß er im November 1959 festgenommen, wegen Kontakten mit »amerikanischen Spionen« vor Gericht gestellt und zu einer Haftstrafe verurteilt worden war. Er kam im Mai 1962 frei und lebte unbehelligt in Ost-Berlin. Als er eine der wenigen Besuchserlaubnisse in der Zeit der Mauer für einen Besuch bei seiner Nichte nutzte, kontaktierte er BOB und berichtete von seiner Haft.

Ende 1960, als die Berliner Operationsbasis verzweifelt Hilfsagenten brauchte, um ihre Spione im Osten auf die verschärften Grenzkontrollen einzustellen, startete das MfS eine Aktion, die zwar erfolglos blieb, aber ein bezeichnendes Licht auf den miserablen Zustand der operativen Hilfsstrukturen der BOB warf. Am 24. November erhielt Fatso einen Brief von einem seiner früheren Agenten, den BOB wegen des Verdachts von Kontakten zum MfS fallengelassen hatte. Dem Brief lag ein Schreiben eines MfS-Offiziers mit einer geschraubt formulierten Anwerbung bei, in der Fatso für seine Mitarbeit gedankt und er zu einem Treffen »Auge in Auge« eingeladen wurde.[6] Da Fatso nicht mehr in BOBs Diensten stand, hatte man ihm eine Telefonnummer mit geringem Sicherheitsgrad gegeben, die er anrufen sollte, wenn etwas geschah, das seine oder BOBs Sicherheit beeinträchtigen konnte. Als Fatso die Briefe erhielt, setzte er sich sofort mit BOB in Verbindung und händigte die Briefe aus. In dem Stasi-Schreiben wurde Fatso überschwenglich für seine »guten Dienste« gedankt. Er habe das MfS »von der Erledigung eines Auftrags im Ostbahnhof in Kenntnis gesetzt«, so daß es »Agenten S.« auf frischer Tat ertappen und in der Folge auch »Agenten R.« verhaften konnte.[6]

Was bedeutete das? Agent »S.« war niemand anderes als der BOB-Hilfsagent, der die Kamera vom Ostbahnhof abholen sollte und im Dezember 1958 verhaftet worden war. Im Zusammenhang mit Fatsos Hinweis auf den Ostbahnhofauftrag fiel auch der Name »Günther«, der gleichfalls jahrelang BOB-Hilfsagent gewesen war, in Wirklichkeit aber von der Stasi gesteuert wurde, ohne daß Fatso oder BOB es wußten. Ursprünglich hatte Günther die Kamera abholen sollen, doch in diesem

Fall hätte das MfS die Chance vergeben, einen sauberen BOB-Hilfsagenten zu schnappen und mehr über die Hilfsoperationen der CIA-Basis herauszufinden. Deshalb verzögerte der »Karlshorst-Fotograf«, der ebenfalls unter MfS-Kontrolle stand, die Überbringung des Gepäckscheins nach West-Berlin, bis es für BOB zu spät war, Günther zu kontaktieren, der es seinerseits so einrichtete, daß er nicht aufzufinden war. BOB mußte schnell Ersatz suchen, und so wurde der in West-Berlin wohnhafte »S.« zum Opferlamm.[7]

Mit dem Hinweis auf die Rolle von »S.« bei der Enttarnung von »R.« sollte Fatso offenbar zusätzlich unter Druck gesetzt und zur Zusammenarbeit gezwungen werden. »R.« war niemand anders als der »Alte«, der 1959 nach Popows Festnahme verhaftet worden war. Im Verhör von »S.« hatte die Stasi wahrscheinlich erfahren, daß er mit der Nichte des »Alten« und deren Mann befreundet war. Das MfS dürfte gehofft haben, daß sich Fatso durch die Verbindung zum Fall Popow möglicherweise davon abhalten lassen würde, die CIA-Operationsbasis über die Anwerbungsfalle zu unterrichten. Doch wer war Günther, in den das MfS bei der Planung dieser Falle soviel Vertrauen gesetzt hatte?

Fatso hatte den ihm bekannten, in West-Berlin wohnhaften Günther 1954 als Hilfsagent angeworben.[8] Als er bei der Aufgabe eines Briefes in Ost-Berlin verhaftet wurde und sich herausstellte, daß er einen falschen, von BOB gelieferten DDR-Ausweis bei sich trug, wurde er gezwungen, sich schriftlich zur Arbeit für das MfS zu verpflichten, und erhielt einen Decknamen. Danach wurde er freigelassen. Seinem amerikanischen »Boss« sollte er sagen, er habe den Brief aufgegeben, und dann sollte er regelmäßig zu Treffs mit dem MfS nach Ost-Berlin kommen. Fatso und seinem BOB-Führungsoffizier erklärte er allerdings, daß er nicht daran denke, sich dort wieder blicken zu lassen.[9] Der Versuch, Günther einem Lügendetektortest zu unterziehen, scheiterte an seinem schlechten Gesundheitszustand. Er wurde daher auf Eis gelegt und erhielt keine weiteren operativen Aufträge, blieb aber mit Fatso in Kontakt. Im Frühjahr 1959 sollte er jedoch reaktiviert werden. Da BOB verzweifelt nach Leuten suchte, die operative Aufträge in Ost-Berlin zu übernehmen bereit waren, wollte man ihn verkleiden und mit einer Perücke ausstatten. Sein Gesundheitszustand hatte sich verbessert, aber anscheinend war ein Lügendetektortest zur Klärung der Frage seiner Verbindungen zum MfS immer noch nicht möglich. Deshalb erhielt er dann doch keine Aufträge.[10] Am

30. September 1959 wurde er im Zuge der Überprüfung sämtlicher Hilfsagenten von BOB aufgrund von Sicherheitsbedenken im Zusammenhang mit dem Vorfall vom Juni 1956 »ohne Vorwarnung« fallengelassen.[11]

In dem Stasi-Brief an Fatso bedankte sich das MfS auch herzlich dafür, daß er im November und Dezember 1959 die Verstecke zweier Agentenfunkgeräte verraten habe. Das war in der Zeit nach dem Chruschtschow-Ultimatum, als BOBs Sowjetabteilung nach alternativen Verbindungen für ihre Agenten suchte. Obwohl Günther aus der BOB-Agentenliste gestrichen war, hatte man ihn beauftragt, die Löcher zu graben, in denen die Funkgeräte versteckt werden sollten. Es liegt auf der Hand, daß Günther niemals dafür hätte eingesetzt werden dürfen, ganz gleich, wie sehr dem Führungsoffizier die Auslieferung der Funkgeräte an seine Agenten auf den Nägeln brannte. Die Stasi erfuhr von Günther, in welchen Nächten die Funkgeräte vergraben werden sollten, und ging die Nummernschildeintragungen dieser Tage an den Berliner Grenzübergängen durch. Nachdem alle Fahrzeuge aussortiert waren, die einen nachvollziehbaren Grund für einen Besuch in West-Berlin hatten, verhaftete die Stasi bald darauf den unabhängigen BOB-Agenten, der das Auto für den Transport der sperrigen Funkgeräte zur Verfügung gestellt hatte.[12]

Der MfS-Brief an Fatso bewies, daß sofort etwas unternommen werden mußte, um möglicherweise umgedrehten Agenten den Zugang zu Informationen zu versperren, die für andere BOB-Agenten in Ostdeutschland gefährlich sein konnten. Nie war die Notwendigkeit von alternativen Verbindungen größer als damals, aber wenn die Referate der Operationsbasis weiterhin koordiniert vorgingen, lieferte man dem MfS geradezu eine Straßenkarte mit den Wegen zu den noch vorhandenen guten Agenten. Von nun an mußte jeder Führungsoffizier in den Bereichsreferaten seine eigenen Hilfsagenten auftreiben und dafür sorgen, daß sie nicht auch in anderen Fällen eingesetzt wurden. Das war ein hartes Gebot, denn es bedeutete, daß die Basis ausgerechnet in einer Zeit, als es galt, sich auf das Unvermeidliche vorzubereiten, das Tempo ihrer Operationen verlangsamen mußte.

Planungen für eine ungewisse Zukunft

Während BOB alles tat, um die Verbindung zu den Agenten im Osten auch dann noch aufrechterhalten zu können, wenn verschärfte Kontrollen an der Sektorengrenze Zusammenkünfte in West-Berlin unmöglich machten, mußte man gleichzeitig damit rechnen, daß es sehr schwerfallen würde, neue Quellen zu finden und anzuwerben. Die militärischen Dienste, deren verdeckte Operationen BOB jetzt koordinierte, bekamen dies als erste zu spüren, aber es betraf auch die anderen Dienste. Wie die Probleme mit den Hilfsagenten gezeigt hatten, war der Hauptgrund dafür die wachsende Leistungsfähigkeit des ostdeutschen Staatssicherheitsdiensts. Das MfS übertraf mittlerweile nicht nur den KGB, sondern auch die einstige Gestapo. Ein Heer von Informanten, hochwertige Abhöranlagen und eine ausgezeichnete Gegenspionage in West-Berlin wirkten zusammen, um jeden neuen Fall schon im Keim zu ersticken. Personen in bedeutender Stellung gerieten bei jeder ungewöhnlichen Abwesenheit von ihrem Arbeitsplatz sofort unter Verdacht, und gerade solche Flüchtlinge hatten BOB die meisten Hinweise auf potentielle Agenten geliefert. Das MfS leitete unverzüglich eine Untersuchung ein, die auch die Familienangehörigen, Nachbarn, Mitarbeiter und alle einbezog, die eine Einladung nach West-Berlin empfangen haben konnten. Zudem hatte die »Spionagesumpf«-Kampagne des KGB der Anwerbung potentieller Agenten bereits enge Grenzen gesetzt. Sogar Ostdeutsche mit eindeutig antikommunistischer Haltung zögerten, sich auf eine Geheimdiensttätigkeit einzulassen. Immerhin risikierte man dabei in einer Zeit scharfer Kontrollen an den Sektorengrenzen und in den S- und U-Bahnen einen nicht genehmigten Besuch in West-Berlin.

Die Operationsbasis hatte vor, ihre Quellen mit unpersönlichen Kommunikationsmitteln für den Fall auszustatten, daß Treffs in West-Berlin unmöglich wurden, aber die Führungsoffiziere wußten nur zu gut, wie schwierig dies war. Funkgeräte nach Ost-Berlin zu schmuggeln, war riskant und schwierig. Hinzu kam, daß die Agenten in ihrer Bedienung ausgebildet werden mußten. Außerdem barg diese Form der Verbindung Gefahren. Entdeckten Familienangehörige oder Freunde des Agenten das Funkgerät, war kaum zu verhindern, daß es einem MfS-Informanten zu Ohren kam. Zudem gelang es dem MfS immer häufiger, Funksprüche abzufangen und ihre Quelle zu orten, wenn ein Agent tatsächlich auf

Sendung ging. Deshalb legte BOB den Schwerpunkt darauf, die Agenten im Verfassen verschlüsselter Meldungen auszubilden. In West-Berlin, Westdeutschland und ganz Westeuropa wurde in einer großangelegten Kampagne nach Personen gesucht, die bereit waren, Briefe aus Ostdeutschland zu empfangen und an BOB weiterzuleiten. In umgekehrter Richtung organisierte der KGB aus Furcht, während der Berlin-Krise den Kontakt mit seinen Agenten in West-Berlin und Westdeutschland nur schwer aufrechterhalten zu können, in Westeuropa ein Netz toter Briefkästen für den Notfall.[13]

Die BOB-Führungsoffiziere würden ihre verschlüsselten Anweisungen mit einem Sprechfunkgerät an ihre Agenten senden, die für den Empfang lediglich ein normales Kurzwellenradio benötigten, so daß der Gegner zwar die Funksprüche leicht mithören und aufzeichnen konnte, aber keinen Anhaltspunkt für den Aufenthaltsort des Empfängers hatte. Zu ihrem Leidwesen mußte BOB jedoch feststellen, daß die DDR-Post regelmäßig nach Schwarzhörern fahndete. Natürlich entrichteten die BOB-Agenten ihre Rundfunkgebühren, doch es zeigte sich, daß die Peilwagen der Post auch die vom Hörer eingestellte Frequenz erkennen konnten. Schließlich ermittelte BOB nach langem Suchen ein in Ostdeutschland erhältliches Grundig-Modell, das ausreichend abgeschirmt war, so daß die benutzte Frequenz nicht festgestellt werden konnte.

Die Ausbildung der Agenten in dieser Technik war erheblich einfacher als bei Verwendung eines Funkgeräts. Zum einen ließ sich das Material für das Entziffern der Botschaften viel leichter verstecken; zum anderen schien diese Art der Verbindung die Agenten zu beruhigen, da es sich offenbar wirklich nur um eine Notvorkehrung handelte, die mehr Flexibilität in die Verbindung bringen, aber nicht die Treffs in West-Berlin ersetzen sollte. Die Agenten hatten so viele Zeitungsartikel und Filme über beschlagnahmte Funkgeräte gesehen, daß schon der bloße Gedanke an eine Funkübertragung sie erschreckte. Aber es war nicht leicht, Agenten, die ohnehin schon mit dem Überschreiten der Sektorengrenze eine Gefängnisstrafe riskierten, dazu zu bringen, nun auch noch das Dechiffrieren zu lernen.

Das Ostdeutschlandreferat, dessen Agenten weiterhin wertvolle Erkenntnisse über die Lage in der DDR lieferte, zeichnete sich in dieser anstrengenden Zeit vor dem Bau der Mauer besonders aus. Es unterstand einem harten, kompromißlosen Chef mit Decknamen »Fritz«, der schon vor der Auflösung des Referats für Hilfsoperationen mit dem Aufbau eines eigenen Agentennetzes begonnen hatte. Einige dieser Agenten, zumeist »nette alte Rentnerinnen«, stellten gegen bescheidenes Entgelt ihre Wohnung als sicheres Haus zur Verfügung. Sie waren völlig eigenständig und hatten keinerlei Verbindung zur früheren Hilfsstruktur, so daß die Spionageabwehr des MfS in einer für BOB kritischen Zeit ausgeschaltet war.

Immer auf der Suche nach Verbesserungsmöglichkeiten für die Verbindung zu den Agenten, sah Fritz zufällig in einem amerikanischen Elektronikkatalog eine Anzeige für ein primitives Infrarotgerät, das eher wie ein Spielzeug und weniger wie ein ernstzunehmendes Kommunikationsinstrument aussah. Da sein Referat über Agenten verfügte, die in Sichtweite von Gebäuden westlich der Sektorengrenze wohnten, wollte er das Gerät bestellen und ausprobieren. Ein Infrarotgerät selbst begrenzter Reichweite wäre für seine Zwecke perfekt geeignet gewesen. Da das Gerät aber in Amerika hergestellt wurde, durfte es erst eingesetzt werden, wenn das CIA-Amt für Kommunikationsmittel es getestet und gebilligt hatte, was nie geschah. Hätte die Operationsbasis das Gerät vor Ort kaufen können, hätte sie es selbst erprobt. Dieses Widerstreben gegen die Einführung neuer Techniken war vermutlich einer der Gründe, aus denen Bill Harvey die Leute von der Kommunikationsforschung als »Quasselärsche« titulierte.

Aufstand in der DDR?

Trotz der intensiven Beschäftigung mit einer verbesserten Verbindung zu den Agenten im Osten unterrichtete BOB die amerikanische Regierung weiterhin auch über andere Themen, wie Personalveränderungen in SED-Führung und DDR-Regierung. Ein gutes Beispiel dafür ist der Abstieg des DDR-Ministerpräsidenten Otto Grotewohl. Im Juni 1959 beschrieb BOB das Verhältnis zwischen Ulbricht und Grotewohl als kühl. Den BOB-Quellen zufolge hatte sich Grotewohl 1957/58 an den gegen Ulbricht gerichteten Aktivitäten der Schirdewan-Gruppe beteiligt. Ulbricht wußte davon, hatte aber nichts unternommen, weil er befürchtete, die Sowjets würden sich wie in früheren Auseinandersetzungen hinter

23 March 1961

MEMORANDUM FOR: Deputy Director (Intelligence)

SUBJECT: Clandestine Action in Support of the U.S. Berlin Policy

1. Attached is a memorandum written in response to Dr. Kissinger's request for a survey of clandestine actions which might possibly be undertaken in support of the U.S. position on Berlin. It is requested that you

An Analysis of the Berlin Problem:

13. Attached for your consideration is a study of the Berlin situation prepared in October 1960 by a senior officer of this organization who has been stationed in Berlin for a number of years. It is submitted as much for the flavor of the views presented as for the actual prognosis and proposals the paper contains. While some of the specific Soviet actions which the paper predicts appear to have been shelved or delayed, we believe the basic analysis of Soviet intentions is sound and that the description of Soviet and East German tactics is plausible. The paper perhaps underestimates the degree to which economic prosperity in West Berlin conditions the populace against the Communist system, but the possibility cannot be ignored of a shift of loyalties over the long term of the remaining West Berlin population in face of a successful Eastern campaign to cripple the West Berlin economy, a campaign which might succeed unless the Western allies take bold measures to ensure the free flow of goods and people between West Berlin and West Germany.

23 March 1961

Attachment:
Study of the Berlin Situation

Auszug aus einem Memorandum von Gordon M. Stewart, Leiter der Osteuropaabteilung, an DDI, 23. März 1961, über Geheimaktionen zur Stützung der amerikanischen Berlin-Politik.

Grotewohl stellen. Immerhin war er ihr »Vorzeigesozialist«, dessen Übertritt von der SPD die Schaffung der SED ermöglicht hatte. Ulbricht und Grotewohl lagen über Kreuz, seit der SED-Chef Ende der vierziger Jahre im Namen der »sozialistischen Moral« von Grotewohl verlangt hatte, das Verhältnis mit seiner Sekretärin zu beenden. Im anschließenden Streit hatte Grotewohl einen Nervenzusammenbruch erlitten, den er im sowjetischen Krankenhaus in Karlshorst auskurierte. Der Sowjetbotschafter in der DDR wies Ulbricht daraufhin an, Grotewohl die Scheidung von seiner Frau zu gestatten und ihn seine Sekretärin heiraten zu lassen.[14]

Im September 1960 rief Ulbricht den Staatsrat ins Leben, um die Entscheidungsgewalt vollends in die Hand zu bekommen. BOB berichtete, Grotewohl habe trotz eines Schlaganfalls, den er offenbar Anfang September erlitten hatte, dem Gründungsakt des Staatsrates beiwohnen müssen. Anschließend habe er sich in ein Sanatorium bei Moskau begeben. Im Dezember 1960 bezweifelten Mitarbeiter Grotewohls, daß er seine Amtsgeschäfte jemals wiederaufnehmen würde.[15] Inzwischen verbreiteten die DDR-Medien weiterhin angebliche Äußerungen Grotewohls, so als übe er das Amt des Ministerpräsidenten immer noch aus.[16] Den BOB-Quellen zufolge kehrte Grotewohl Anfang 1961 in die DDR zurück, nahm aber seine Amtsgeschäfte nicht wieder auf. Dennoch publizierten die DDR-Medien auch jetzt noch von ihm vorgenommene Ernennungen, um den Eindruck zu erwecken, alles laufe wie gewohnt. Tatsächlich lebte Grotewohl zurückgezogen in seinem Haus in der neuen Wohnenklave der DDR-Führung in Wandlitz. Er blieb zwar bis zu seinem Tod 1964 im Amt, besaß aber keinen Einfluß mehr. Sein Nachfolger war Willi Stoph.[17]

Im März 1961 besuchte David Murphy das CIA-Hauptquartier in Washington. Einen Monat vor dem Debakel der Landung in der Schweinebucht auf Kuba sprach alles für Berlin als nächsten Krisenpunkt. Der Flüchtlingsstrom hielt unvermindert an. Während des langen Osterwochenendes waren über fünftausend Menschen nach West-Berlin geflohen. Noch waren Geheimdienstunternehmungen nicht durch das Kuba-Abenteuer in Verruf geraten, und Henry Kissinger, der aus Harvard nach Washington gekommen war, um die Regierung in der Berlin-Frage zu beraten, hatte angeregt, eine Liste geheimer Aktivitäten aufzustellen, »die zur Stützung der amerikanischen Position in Berlin unternommen werden können«. Die Osteuropaabteilung der CIA verfaßte daraufhin ein Memorandum, in dessen Begleitnotiz darauf hingewiesen wurde, die

TELEGRAM INFORMATION REPORT TELEGRAM

CENTRAL INTELLIGENCE AGENCY

This material contains information affecting the National Defense of the United States within the meaning of the Espionage Laws, Title 18, U.S.C. Secs. 793 and 794, the transmission or revelation of which in any manner to an unauthorized person is prohibited by law.

CLASSIFICATION — DISSEMINATION CONTROLS

~~SECRET~~ ~~CIA INTERNAL USE ONLY~~

COUNTRY	GERMANY	REPORT NO.	[redacted]
SUBJECT	IMPLICATIONS OF NEW EAST GERMAN MEASURES AGAINST WEST BERLIN – SITUATION REPORT AS OF 7 SEPTEMBER 1960	DATE DISTR.	13 SEPTEMBER 1960
		PRECEDENCE	
		REFERENCES	
DATE OF INFO.			
PLACE & DATE ACQ.	GERMANY, BERLIN		
APPRAISAL	COMMENTARY	FIELD REPORT NO.	[redacted]

This document has been approved for release through the HISTORICAL REVIEW PROGRAM of the Central Intelligence Agency

Date 3/9/94

HRP 94-1

THIS IS UNEVALUATED INFORMATION. SOURCE GRADINGS ARE DEFINITIVE. APPRAISAL OF CONTENT IS TENTATIVE.

SOURCE: STAFF OFFICERS OF THIS ORGANIZATION STATIONED IN BERLIN SINCE 1952–54.

PREPARED FOR INTERNAL USE OF THIS ORGANIZATION AS BACKGROUND INFORMATION ON THE CONTROL MEASURES TAKEN BY THE EAST GERMAN REGIME DURING 31 AUGUST – 4 SEPTEMBER 1960. THOUGH BASED ON ALL AVAILABLE DATA, THE VIEWS EXPRESSED ARE THOSE OF BASE OFFICERS. THIS REPORT WAS PREPARED BEFORE THE NEW EAST GERMAN MEASURES WHICH TOOK EFFECT ON 9 SEPTEMBER 1960.

1. UNDER THE PRETEXT THAT TWO LONG SCHEDULED MEETINGS IN WEST BERLIN MANIFESTED FEDREP REVANCHIST PLANS AGAINST ITS EASTERN NEIGHBORS AND THEREBY REPRESENTED FURTHER PROVOCATIVE FEDREP MISUSE OF WEST BERLIN CONDONED AND SUPPORTED BY THE WESTERN ALLIES, THE SED REGIME ON 30 AUGUST ANNOUNCED THAT CONTROLS ON TRAVEL TO EAST BERLIN OF WEST GERMAN RESIDENTS WOULD BE IMPOSED AS OF MIDNIGHT AND CONTINUE THROUGH MIDNIGHT 4 SEPTEMBER. THIS ACTION CAME WITHOUT PRIOR WARNING

CLASSIFICATION — DISSEMINATION CONTROLS

SECRET ~~CIA INTERNAL USE ONLY~~

OCI ONE OCR ... IO

TELEGRAM INFORMATION REPORT TELEGRAM

Best Copy Available

CIA-Informationsbericht, 13. September 1960, BOB-Analyse über die Auswirkungen neuer DDR-Maßnahmen gegen West-Berlin.

informelle Aufstellung bedeute »keine Empfehlung der CIA, die Aktionen tatsächlich zu unternehmen«.[18]

Die Überlegungen gingen von der Annahme aus, die Sowjetunion beabsichtige »die Eingliederung Ost-Berlins in Ostdeutschland zu vollenden und die westliche Position in West-Berlin so angespannt zu gestalten, daß dem Westen letztlich keine Alternative zum Abzug und zur Anerkennung Ostdeutschlands als souveränem Staat ... mehr bleibt«. Angeregt wurden unter anderem Maßnahmen, die den wirtschaftlichen Druck in Ostdeutschland erhöhen sollten. Der letzte Punkt der Aufstellung unter der Überschrift »Wie steht es mit einem Aufstand?« enthielt Vorschläge, die auf verstärkte »Instabilität in Ostdeutschland« abzielten. Sie müßten »präzise kalkuliert« werden, denn sie sollten »keineswegs die Bevölkerung zum Aufstand anstacheln«, sondern vielmehr »Konzessionen an die Bevölkerung ... bewirken«. Angesichts der Leistungsfähigkeit des ostdeutschen Polizeistaates und des Mangels an Agenten für die Durchführung solcher Aktionen – Organisationen wie die Freiheitlichen Juristen und die Kampfgruppe gegen Unmenschlichkeit bestanden praktisch nicht mehr – waren die Anregungen höchst unrealistisch. Personen mit »kritischen Berufsfertigkeiten« sollten verstärkt zur Flucht bewogen und ausgewählte westdeutsche Politiker zu Kontakten mit ostdeutschen Politikern ermutigt werden, »um Ideen und Pläne zu übermitteln«. Was den Flüchtlingsstrom anbelangte, so beschuldigte die ostdeutsche Propaganda den Westen ohnehin schon der Provokation. Es ist daher fragwürdig, ob es sinnvoll war, sich bei politisch derart heiklen Aktionen, wie sie hier vorgeschlagen wurden, der westdeutschen Unterstützung vergewissern zu wollen.

Die übrigen Vorschläge entsprachen weithin denen des langfristigen Berlin-Plans, den die Osteuropaabteilung der CIA auf der Grundlage von BOB-Empfehlungen nach Verschärfung der DDR-Grenzkontrollen im September 1960 ausgearbeitet hatte. Dazu gehörten eine verstärkte kulturelle und militärische Präsenz des Westens in Berlin, eine Stärkung des weltweiten Interesses an der Aufrechterhaltung der Freiheit Berlins und die Abwehr der kommunistischen Propaganda gegen die Stadt. Als Vorbedingung für die Realisierung dieser Vorschläge war dem Memorandum zufolge die Mitwirkung der westdeutschen Regierung erforderlich. Von bestimmten Geheimaktionen – etwa dem Boykott ostdeutscher Firmen oder der Störung der Tätigkeit ostdeutscher Handelsvertreter im Ausland

– erwartete man, daß sie »die Kommunisten wirtschaftlich unter Druck setzen« würden. Gleichzeitig wurde festgestellt, ohne die Zustimmung der NATO-Partner würden verdeckte Operationen »fast mit Sicherheit wirkungslos« bleiben.

Was die Frage eines möglichen Aufstands anbelangte, war die Antwort eindeutig. Die Verfasser des Memorandums stellten zwar das Thema zur Debatte, erklärten aber unumwunden, ein Aufstand sei »keine machbare Geheimaktion, es sei denn, ein offener militärischer Konflikt zwischen der Sowjetunion und dem Westen stünde unmittelbar bevor«. Faßte der erste Teil der Empfehlungen für Maßnahmen zur »Steigerung der Instabilität in Ostdeutschland« frühere Konzepte zusammen, so war die eindeutige Ablehnung eines inszenierten Aufstands ein Signal dafür, daß sich die CIA zumindest in Mitteleuropa nicht der Illusion hingab, ein von den Sowjets gestütztes kommunistisches Regime lasse sich von außen durch verdeckte Operationen stürzen. Doch die Erwartung, die CIA könne »bei Bedarf« in Ostdeutschland örtliche Aufstände anzetteln, steckte einigen Entscheidungsträgern weiterhin im Hinterkopf und sollte im Spätsommer wieder hervorgeholt werden.

Atomwaffen für die NATO?

Der Schwerpunkt der KGB-Berichterstattung in dieser Zeit lag auf den Beziehungen zur neuen Kennedy-Administration in Washington. Die Verzögerung, mit der die Informationen zu Chruschtschow gelangten, dürfte deren Wert für ihn jedoch beträchtlich vermindert haben. Beispielsweise legte der KGB am 24. April 1961 eine Analyse von Kennedys Außenpolitik vor. Darin hieß es, die Regierung der Bundesrepublik sei besorgt über Kennedys Interesse an einer Entspannung der Beziehungen zur Sowjetunion. Adenauer befürchte, eine solche Entspannung könne zu Entscheidungen über Deutschland und Berlin führen, die der Bundesrepublik zum Nachteil gereichten. Um Kennedy von seinem Kurs abzubringen, lasse die Bundesregierung anklingen, daß auch sie die Beziehungen zur UdSSR verbessern wolle; sie werde in der westeuropäischen Politik nicht den Bremser spielen. Sorgen bereite der Bundesregierung auch die neue Militärpolitik der Kennedy-Administration, die angekündigt habe, sie werde die Pläne, »die NATO zur ›vierten Atommacht‹ zu machen«, nicht weiterverfolgen. Der Bundesrepublik solle also keine Verfügungsgewalt über Atomwaffen übertragen werden. Bundesverteidigungsminister Strauß wurde mit der Bemerkung zitiert: »Die neue amerikanische Politik wirft Fragen hinsichtlich der Aufstellung der Bundeswehr als solcher auf und versetzt der Moral der Truppe einen nicht wiedergutzumachenden Schlag.« Das Memorandum endete mit der Feststellung, die Bundesrepublik werde »weiterhin Atomwaffen für die Bundeswehr verlangen«.[19]

Andere KGB-Berichte unterstrichen die sowjetischen Interessen in dieser kritischen Zeit. Ende März berichtete der italienische Botschafter in Moskau nach Rom, die Sowjets verdoppelten ihre Bemühungen um ein Abkommen mit Bonn, weil sie befürchteten, die Unterzeichnung eines separaten Friedensvertrags mit der DDR würde zu »einer Zunahme der Unzufriedenheit bei den Deutschen« führen. Der Botschafter stellte außerdem fest, »die sowjetische Drohung, die Verbindungen zwischen West-Berlin und Westdeutschland zu unterbrechen, könnte auf die UdSSR zurückschlagen; dennoch betreibt die Sowjetregierung sie weiter, weil sie von ihren Verbündeten, vor allem von der DDR, dazu gedrängt wird«. Abschließend unterstrich der Botschafter die sowjetische Besorgnis über »die Aufrüstung Westdeutschlands und die Unterstützung, die der Bundesrepublik von ihren Verbündeten zuteil wird«.[20]

Frühere Berichte über die Besorgnis der Bundesrepublik, Amerikaner und Sowjets könnten ihre Meinungsverschiedenheiten auf Kosten Westdeutschlands beilegen, wurden bestätigt, als der KGB über ein Gespräch berichtete, das der deutsche Botschafter in Paris, Herbert Blankenhorn, Ende April mit einer nicht identifizierten Quelle geführt hatte. Bei dieser Gelegenheit soll Blankenhorn gesagt haben, wenn die NATO Atomwaffen besäße, würde »die Gefahr des Ausbruchs eines Atomkrieges die Russen zwingen, von einseitigen Maßnahmen gegen West-Berlin abzusehen«. Leider, so Blankenhorn weiter, gebe es Informationen, »die uns glauben lassen, daß die Kennedy-Regierung in dieser Frage eine andere Auffassung vertritt«. In Kennedys Umgebung herrsche die Ansicht vor, daß sich der Berlin-Konflikt nicht zu einem Weltkrieg ausweiten dürfe. Er müsse »lokal« bleiben, und die NATO dürfe keine Atomwaffen erhalten. Blankenhorn erklärte, trotz dieser Meinungsunterschiede werde »die Bundesrepublik das außenpolitische Vorgehen der Vereinigten Staaten unterstützen und erwarte von dieser volle und bedingungslose Unterstützung in der Berlin-Frage«.[21]

Das Thema des Zugangs der Bundeswehr zu Atomwaffen bestimmte das ganze Frühjahr 1961 über die Berichterstattung. Am 6. Mai berichtete der KGB ausführlich über eine Unterredung Adenauers mit einer NATO-Sondierungsgruppe unter Dean Acheson. Der Bundeskanzler hatte in dem Gespräch die Sorge geäußert, die Kennedy-Administration, die sich nach der Blamage in der Schweinebucht auf Lateinamerika konzentriere, betrachte Europa als zweitrangig. Er befürchtete, daß die Verbündeten, wenn die NATO keine eigenen Atomwaffen habe, in einem Konflikt mit der UdSSR erst zu spät eingreifen würden und die Sowjets ganz Europa erobern könnten. Adenauer: »Wenn dieses Problem nicht gelöst wird, besteht die Gefahr, daß die NATO zusammenbricht und mehrere europäische Länder gezwungen sein werden, ihre eigenen Abschreckungskräfte aufzustellen.« Acheson versicherte Adenauer: »Im Falle eines Konflikts mit der Sowjetunion werden die Vereinigten Staaten sofort eingreifen.« Atomwaffen würden aber nur im äußersten Notfall eingesetzt. Dem KGB-Bericht zufolge soll Acheson in dem Gespräch den Eindruck gewonnen haben, die Bundesrepublik werde »ihre Intrigen unter den NATO-Staaten in der Frage der … Atomwaffen« fortsetzen. Vergleicht man den Bericht jedoch mit Achesons eigener Niederschrift der fünfstündigen Unterredung am 9. April 1961, so scheint der KGB Adenauers Verlangen nach Atomwaffen für die NATO übertrieben dargestellt zu haben.[22]

Alles in allem befaßte sich die KGB-Berichterstattung in dieser Zeit weniger mit der Berlin-Krise und den Problemen der UdSSR mit der DDR als vielmehr mit der Frage eines möglichen Zugangs der Bundesrepublik zu Atomwaffen auf dem Umweg über die NATO. Im SWR-Archiv fand sich aus der kritischen Zeit von Januar bis Juni 1961 kein einziger vom KGB verbreiteter Bericht über die sich verschärfende Berlin-Krise oder über Pläne für deren Lösung. Der Grund dafür scheint die persönliche, geheimniskrämerische Führung der Berlin-Politik durch Chruschtschow gewesen zu sein. Die KGB-Funktionäre auf allen Ebenen scheinen keinerlei Drang verspürt zu haben, Berichte der ausländischen Residenturen weiterzuleiten, die Chruschtschows Auffassungen zuwiderliefen oder den Anschein erweckten, als kritisierten sie seine Art der Behandlung der Berlin-Frage. Obwohl Berlin bei Chruschtschow und Ulbricht weit oben auf der Prioritätenliste rangierte, waren beide entschlossen, ihre eigentlichen Pläne geheimzuhalten.

Viele Beobachter waren der Ansicht, die Tagung des Politischen Beratenden Ausschusses des Warschauer Pakts in Moskau am 28. und 29. März 1961 habe bei der sowjetischen Planung des Mauerbaus eine entscheidende Rolle gespielt. Auf der offiziellen Tagesordnung tauchte das Thema Berlin allerdings nicht auf. Aus kürzlich freigegebenen Dokumenten geht hervor, daß sich die am 15. März 1961 vom Präsidium des ZK der KPdSU gebilligte und den Mitgliedstaaten des Warschauer Pakts zugestellte Tagesordnung ausschließlich militärische Angelegenheiten des Warschauer Pakts umfaßte.[23] Nachdem die Tagesordnung abgehandelt war, sprachen Ulbricht, der turnusgemäß den Vorsitz innehatte, und andere Delegierte das Berlin-Problem in gewohnter Manier an, indem sie auf die Gefahren eines unkontrollierten Übertritts von subversiven Elementen von West- nach Ost-Berlin hinwiesen. Die Massenflucht der DDR-Bevölkerung sei eine Folge westlicher Provokationen. Man war sich einig, daß die Grenzkontrollen verstärkt werden müßten. Ulbricht stellte in seiner Rede einen Zusammenhang zwischen der Massenflucht nach West-Berlin und der Aufrüstung der Bundesrepublik her, indem er behauptete, der Arbeitskräfteverlust der DDR komme den westdeutschen Aufrüstungsanstrengungen zugute. Bezeichnenderweise betonte er außerdem die Notwendigkeit, »die Unverletzlichkeit« der DDR für den Fall zu garantieren, daß Westdeutschland auf DDR-Maßnahmen zur Korrektur der Lage in Berlin mit dem Bruch des Interzonenhandelsabkommens reagierte.

Diese Erörterungen gingen ins Tagungsprotokoll ein. Konkrete Maßnahmen für die Schließung der Grenze oder den Bau einer Mauer wurden offenbar nicht besprochen. Die Vorbereitungen dazu wurden unter völliger Geheimhaltung getroffen. Darüber hinaus wollte Chruschtschow, der wußte, daß eine Grenzschließung in Ost- wie Westdeutschland feindselige Reaktionen auslösen würde, verhindern, daß die sowjetische Mitwirkung vorzeitig bekannt wurde. Bevor er sich unwiderruflich auf ein solches Vorgehen festlegte, wollte er die Haltung der neuen US-Regierung zu Berlin auf die Probe stellen, obwohl für ein Gipfeltreffen noch kein Termin vereinbart war.

Am 19. Mai 1961 schickte der Ostberliner Sowjetbotschafter Perwuchin einen Brief an Außenminister Gromyko, um ihn vor dem Wiener

Treffen zwischen Kennedy und Chruschtschow in der Berlin-Frage auf den neuesten Stand zu bringen. Die ostdeutschen Freunde, schrieb er, »möchten jetzt über die Sektorengrenze zwischen dem demokratischen Berlin und West-Berlin eine Kontrolle verhängen, die es ihnen ermöglicht, ›das Tor zum Westen zu schließen‹, wie sie es nennen, den Bevölkerungsaderlaß der Republik zu reduzieren und die Aktionen wirtschaftlicher Diversion gegen die DDR zu schwächen, die unmittelbar von West-Berlin ausgehen«. Diese deutlichen Worte lassen darauf schließen, daß die DDR tatsächlich Vorbereitungen traf, »das Tor zu schließen«.[24]

Bald darauf eröffnete der Wiener Gipfel die nächste und hektischste Phase der Berlin-Krise. Seine Auswirkungen hallten noch in den Hauptstädten von Ost und West nach, als »Sascha« Korotkow, der nach Moskau beordert worden war, um zur Leistung des Karlshorster Apparats Stellung zu nehmen, am 27. Juni 1961 verstarb. So mußte Karlshorst in den bevorstehenden kritischen Tagen ohne seinen bewährten Chef auskommen.

COUNTDOWN ZUM MAUERBAU

Chruschtschow wiederholte in Wien sein Ultimatum vom November 1958, daß er, wenn das Berlin-Problem nicht binnen eines halben Jahres geregelt sei, mit der DDR einen separaten Friedensvertrag abschließen werde, mit dem die alliierten Rechte in Berlin enden würden. Kennedy, dem noch das Schweinebucht-Debakel in den Knochen saß, war nach den Gesprächen entschlossen, die Stellung der Verbündeten mit allen nötigen Maßnahmen zu verteidigen. Die Planung dieser Maßnahmen, die auch Vorschläge für paramilitärische Untergrundaktionen der CIA in der DDR umfaßte, beherrschte in den folgenden Jahren die Tätigkeit der Regierung in bezug auf Berlin. Trotz aller Warnungen, die DDR werde sich gezwungen sehen, den Flüchtlingsstrom nach Westen abzuschneiden, blieb dieser Aspekt des Berlinproblems unbeachtet. Die Frist bis zum Bau der Mauer lief ab.

Während Murphys Washingtonbesuch im März 1961 war beschlossen worden, ihn im Frühsommer durch William Graver abzulösen. Bill Graver war ein alter Berlin-Hase; von 1954 bis 1958 hatte er bei BOB die Operationen gegen DDR-Ziele geleitet. Danach übernahm er im CIA-Hauptquartier das für die Unterstützung der BOB-Aktivitäten zuständige Referat. Graver, der seine Kollegen buchstäblich wie ein Turm überragte, war bei BOB als »der Lange« bekannt.[1] Bis zu seinem Amtsantritt sollte Dimmer, seit fast einem Jahr stellvertretender Leiter und Operationschef der Basis, die Stellung halten. Als der Wiener Gipfel unmittelbar bevorstand, waren die BOB-Führungsoffiziere immer noch mit der schwierigen, aber entscheidenden Aufgabe beschäftigt, ihre Agenten mit Kommunikationsmitteln für den Fall der Schließung der Sektorengrenzen zu versorgen.

Kondraschow war damals stellvertretender Resident in Wien. Er war ein Sprachgenie und in diplomatischen Kreisen sehr beliebt. Stets tadellos gekleidet – eine Hinterlassenschaft seines Aufenthalts in London, wo er George Blake geführt hatte –, konnte er wie kein anderer sowjetischer Diplomat in Wien in fließendem Englisch, Deutsch oder Französisch über politische Themen parlieren, ohne mit dem ideologischen Jargon der Sowjets zu langweilen.

Das erste Gipfelgespräch fand am 3. Juni in der Residenz des amerikanischen Botschafters statt. Es war ein Sparringskampf, in dem Kennedy und Chruschtschow sich gegenseitig abtasteten. Die folgende Sitzung wurde in der sowjetischen Botschaft abgehalten. Beim Thema Berlin kühlte sich die Atmosphäre merklich ab. Chruschtschow brachte seinen Plan vor, mit der DDR notfalls einen einseitigen Friedensvertrag zu schließen, wonach »alle Zugangsrechte nach Berlin erlöschen, weil damit der Kriegszustand endet«. Kennedys Frage, »ob ein solcher Friedensvertrag den Zugang nach Berlin blockieren« werde, bejahte Chruschtschow, denn »die UdSSR betrachtet ganz Berlin als Territorium der DDR«. Dann erneuerte er sein sechsmonatiges Ultimatum: Wenn im Dezember keine Interimsvereinbarung zustande käme, werde das Recht auf Zugang nach West-Berlin aufgehoben, und die westlichen Truppen müßten abrücken. Chruschtschow ging davon aus, daß die alliierten Garnisonen zu einem Abkommen mit der DDR nicht bereit sein würden und deshalb abgezogen werden müßten. Zur »Wahrung des Prestiges«, fügte er hinzu, könnten symbolische Truppenkontingente verbleiben, einschließlich sowjetischer Truppen, aber sie alle unterlägen der Kontrolle der DDR. Sein Entschluß, einen Friedensvertrag zu unterzeichnen, stehe unwiderruflich fest; er werde dies im Dezember tun, wenn die Vereinigten Staaten eine Interimsvereinbarung ablehnten. Kennedy beendete den Gipfel mit dem berühmt gewordenen Spruch: »Das [wird] ein kalter Winter.«[2]

Nach dieser Begegnung ist viel darüber spekuliert worden, was Chruschtschow von Kennedy hielt, angeblich nicht viel. Doch laut Kondraschow, der selbst anwesend war, erklärte Chruschtschow unmittelbar nach der Zusammenkunft gegenüber seinem Gefolge: »Da haben wir einen Präsidenten, der die Weltlage zutiefst versteht. Er weiß, was er will, und verteidigt seine Position kraftvoll.« Dies änderte jedoch nichts daran, daß der Countdown zum Bau der Mauer begonnen hatte. Kennedy unterbrach seine Rückreise in die USA in London, um die sowjetische Herausforderung mit Premierminister Harold Macmillan zu besprechen.

Die beiden Staatsmänner waren sich einig, daß der Westen ungeachtet eines separaten Friedensvertrages der Sowjetunion mit der DDR in Berlin bleiben müsse, und diskutierten den Wortlaut einer förmlichen Antwort an Chruschtschow. Außenminister Alexander Douglas-Home sagte nach dem Treffen, Kennedy habe »befürchtet, Mr. Chruschtschow könnte durch seine Schwierigkeiten mit der DDR zu einem Vorgehen in Berlin gezwungen sein. ... Immer noch kommen jährlich fast eine Million Flüchtlinge nach Westdeutschland.« Der Premierminister fügte hinzu, es sei »ein Armutszeugnis für das Sowjetsystem, daß so viele Menschen das kommunistische Paradies verlassen wollen«.[3]

Ulbricht fühlte sich jedenfalls gedrängt, das Flüchtlingsproblem zu lösen. Am 15. Juli lobte er in einer Pressekonferenz in Ost-Berlin die sowjetische Haltung. Im anschließenden Frage-und-Antwort-Spiel machte er eine eigenartige Bemerkung, in der die kommenden Ereignisse anklangen. Auf die Frage eines westdeutschen Korrespondenten, ob die Forderung, Berlin in eine Freie Stadt umzuwandeln, bedeute, daß am Brandenburger Tor eine Staatsgrenze errichtet werden solle, erwiderte Ulbricht: »Niemand hat die Absicht, eine Mauer zu errichten.« Später erlangte diese Äußerung Berühmtheit, aber damals nahmen zumindest die amerikanischen Beamten sie kaum wahr. Sie waren voll und ganz mit dem Problem beschäftigt, wie sie der potentiellen Bedrohung ihrer Position in West-Berlin begegnen könnten.[4]

Das Flüchtlingsproblem sorgt für Unruhe

Die Kennedy-Administration konzentrierte sich darauf, die notwendigen Vorkehrungen für die erwartete Krise wegen des Zugangs nach Berlin zu treffen. Eine herausragende Rolle spielte dabei der frühere Außenminister Dean Acheson, der am 28. Juni in seinem ersten Bericht an den Präsidenten zur Härte riet: Es komme alles darauf an, Chruschtschow unmißverständlich klarzumachen, daß es ihm nicht gelingen werde, die Verbündeten aus West-Berlin zu vertreiben. Die amerikanischen Truppen müßten bereit sein, einzuschreiten, wenn der Zugang nach Berlin in Frage gestellt werde.[5] Zwei Tage später verfaßte Sicherheitsberater McGeorge Bundy ein Memorandum, in dem er den Außenminister und den

CIA-Direktor um Aufschluß darüber ersuchte, welche »Vorbereitungen getroffen werden müssen, damit wir fortschreitend Instabilität nach Ostdeutschland und Osteuropa tragen können, wann immer dies nach dem 15. Oktober angeordnet wird«. Desgleichen bat Bundy um Vorschläge, »wie dieses Potential den Sowjets verdeutlicht werden kann, ehe sie kritische Entscheidungen über Berlin« träfen. Offenbar gaben sich die Entscheidungsträger immer noch übertriebenen Vorstellungen über die Möglichkeiten der CIA in der DDR hin.[6]

Die Osteuropaabteilung der CIA machte sich keine falschen Vorstellungen. Auf einer Sitzung im CIA-Hauptquartier am 22. Juni 1961 erklärte der frühere BOB-Chef Bill Harvey: »Es ist unrealistisch zu glauben, wir könnten in die SBZ ein ausreichend großes, zuverlässiges und fähiges Schläfernetz infiltrieren, das dann … bei der Organisation von Widerstandsgruppen mitwirken [sowie] im Bereitschaftszustand verharren kann, bis es im Zusammenhang mit militärischen Unternehmungen aktiviert wird. Wägt man diese Aufgabe gegen die Abwehrkapazität des Ministeriums für Staatssicherheit ab, dann übersteigt sie unsere Möglichkeiten.« Die Osteuropaabteilung war derselben Ansicht. Die meisten Anwesenden erinnerten sich noch lebhaft an den Zusammenbruch des von den Freiheitlichen Juristen durchgeführten paramilitärischen Programms in der DDR. Die Idee, Schritte zu unternehmen, um »den Flüchtlingsstrom zu vermehren«, wurde einmütig verworfen. Sollten die im Rahmen des Acheson-Plans vorgesehenen militärischen Aktionen in die Tat umgesetzt werden, würde es automatisch auch den Flüchtlingsstrom verstärken. Wenn man noch mehr tat, könnte es nach Meinung der Gruppe »eine Berlin-Krise forcieren, weil sich der Osten gezwungen sähe, eine Blockade über die Stadt zu verhängen«.[7]

Zur Vorbereitung einer für den 13. Juli anberaumten Sitzung des Nationalen Sicherheitsrates berichtete die CIA: »Die Sowjets sind vermutlich der Meinung, der Westen verfüge gegenwärtig nur über begrenzte Möglichkeiten, in Ostdeutschland Widerstand anzufachen.« Weiter hieß es in dem Bericht, »die Sowjets könnten in ihrem Vorgehen gegen Berlin zu mehr Vorsicht neigen, wenn Moskau aufgrund geheimer westlicher Warnungen und Aktivitäten zu der Überzeugung gelange, eine Berlin-Krise werde in den Satellitenstaaten eine insgeheim unterstützte Welle von Unruhen hervorrufen«. Diese naive Vorstellung, »den Sowjets ein Signal zu senden«, war in der damaligen Situation fehl am Platz. Deutlicher hätte die sowjetische Behauptung, die Unruhe in Ostdeutschland einschließlich des Flüchtlingsstroms sei die Folge zielgerichteten Handelns der westlichen Regierungen, kaum noch bestätigt werden können.[8]

Als wollte er genau dies demonstrieren, schickte der KGB-Vorsitzende Schelepin Außenminister Gromyko am 13. Juli 1961 einen umfangreichen Bericht über die gegen die DDR gerichteten Aktivitäten »revanchistischer und militaristischer Organisationen in Westdeutschland und West-Berlin«. Diese Gruppen würden zunehmend aktiv, und ihre Aktivitäten würden von der Bonner Regierung unterstützt. Adenauer habe im Juli 1960 vor Zuhörern gesagt: »Wenn das deutsche Volk treu auf der Seite des Westens steht, wird der Tag kommen, an dem ›Ostpreußen‹ befreit wird.«[9] Damals war in der KGB-Berichterstattung nur schwer zwischen Objektivität und ideologischer Korrektheit zu unterscheiden, doch über die alliierte Geheimdienstpräsenz waren die Sowjets gut informiert. In einem KGB-Bericht über die Berliner CIA-Basis in den Jahren 1960/61 wurde festgestellt: »Die größte Außendienststelle in Europa betreibt die CIA in West-Berlin.« Die militärisch getarnte Basis sei in amerikanischen Geheimdienstkreisen als »Berlin Operations Branch of the Army Detachment« bekannt: »Die CIA-Zweigstelle in Westberlin funktioniert als unabhängiges Organ, das unmittelbar Washington untersteht.« Als ihr Chef wurde »Dave« Murphy genannt.[10]

Während die Amerikaner weiterhin auf die Zugangskrise fixiert waren, mit der sie im Herbst 1961 nach der Unterzeichnung eines Separatfriedensvertrages rechneten, sah man in der sowjetischen Botschaft in Ost-Berlin das Dilemma zwischen dem angestrebten Friedensvertrag und dem weiter anschwellenden Flüchtlingsstrom. Am 7. Juli betonte Botschafter Perwuchin in einem Brief an Außenminister Gromyko, der Friedensvertrag und die Kontrolle der Verkehrswege zwischen der Bundesrepublik und West-Berlin würden nicht nur die Souveränität der DDR unterstreichen, sondern schüfen »auch die Voraussetzungen für die Lösung des viel akuteren Problems der DDR: dem Exodus der Bevölkerung nach Westdeutschland«. Dann kam Perwuchin auf die Schwierigkeiten zu sprechen, die sich für die DDR ergeben könnten, wenn sie die Kontrolle über die Luftkorridore erlangte. Die sowjetischen Militärs und die DDR müßten gemeinsam ein Verfahren ausarbeiten, um Flugzeuge, die sie verletzten, aufzuspüren und abzufangen. Hinsichtlich des militärischen Verkehrs auf der Straße drängte Perwuchin darauf, schon vor Inkrafttreten des Friedensvertrags mit der DDR damit zu beginnen, die Papiere aller Einzelpersonen zu kontrollieren und sämtliche Frachtladungen zu inspizieren. Schon bei Beginn der Berlin-Krise 1958 hatten die Sowjets solche Veränderungen einzuführen versucht, sich aber den alliierten Protesten gebeugt. Des weiteren schlug Perwuchin vor, die DDR solle damit beginnen, von alliierten Militärs höhere Eisenbahntransitgebühren zu verlangen, als sie in der Bundesrepublik zahlten. Außerdem empfahl er, den Ost- und Westteil des Schienenverkehrs in der Stadt voneinander zu trennen, was allerdings schwer zu bewerkstelligen und kostspielig sei.[11]

Washingtons Hauptsorgen waren weiterhin die Aufrechterhaltung des Zugangs nach West-Berlin und die Reaktion auf einen möglichen militärischen Angriff. Doch ein Telegramm des Bonner US-Botschafters Dowling vom 12. Juli über die »wachsende Unruhe in der Zonenbevölkerung« blieb nicht ohne Wirkung. Dowling sagte voraus: »Der Flüchtlingsstrom kann sich zur echten Überschwemmung auswachsen, wenn gegen die Einreise aus der Zone nach Ost-Berlin und von dort weiter über die Sektorengrenze keine zusätzlichen und härteren Beschränkungsmaßnahmen ergriffen werden.« Er schloß mit der Frage, ob die Vereinigten Staaten in diesem Fall wie am 17. Juni 1953 einfach zusehen könnten. Dies würde »das Ende unseres Ansehens und Einflusses in Deutschland bedeuten«.[12] In der Antwort vom 22. Juli wurde erklärt, »wenn die DDR die Kontrollen zwischen der sowjetischen Zone und Ost-Berlin verschärft, könnten die Vereinigten Staaten nicht viel dagegen unternehmen«. Die Kennedy-Administration schien die Absicht zu haben, das Recht der Sowjets oder der DDR zur Schließung der Sektorengrenzen anzufechten.[13]

Chruschtschow wird zu spät informiert

Am 20. Juli 1961 sandte Schelepin ein Schreiben an Chruschtschow, in dem er die KGB-Berichterstattung über die NATO-Ministertagung in Oslo im Mai zusammenfaßte, während der sich die Außenminister der USA, Englands, Frankreichs und der Bundesrepublik zu getrennten Berlin-Gesprächen getroffen hatten. Der Bericht war das Resultat der Anstrengung vieler KGB-Agenten, die laut Schelepin an hoher Stelle »in den Außenministerien, Generalstäben und anderen Regierungsstellen der Westmächte sowie in der NATO-Struktur tätig« waren. Er gewährte Chruschtschow wichtige Einblicke in die militärischen Pläne der westlichen Verbündeten für den Fall einer Störung des Zugangs nach West-Berlin. Behandelt wurden die Planungen für eine Luftbrücke und die Einbeziehung von »Live Oak« in die NATO-Kriegspläne, einer amerikanisch-britisch-französischen Operation, die als Antwort auf die Berlin-Krise gedacht war. Außerdem enthielt der Bericht eine Darstellung der westlichen Diskussion darüber, wann und unter welchen Bedingungen Atomwaffen eingesetzt werden sollten. Den KGB-Quellen zufolge hatten die Westmächte konkreten Aktionen gegen die UdSSR, die DDR oder andere Unterzeichner eines Friedensvertrages noch nicht endgültig zugestimmt. Wenn die Sowjets die alliierte Präsenz in West-Berlin attackieren sollten, befürchteten die NATO-Mitglieder, nur die Wahl zwischen zwei Dingen zu haben: Nachgeben oder Krieg. Die Außenminister der USA, Englands, Frankreichs und der Bundesrepublik wollten daher Positionen ausarbeiten, die sie in eventuellen Verhandlungen mit der UdSSR einzunehmen gedachten. Sie hofften, mit solchen Verhandlungen den Abschluß eines Friedensvertrages mit der DDR hinauszögern zu können.[14] Wieso dieser gründliche Bericht Chruschtschow erst so lange nach dem Treffen mit Kennedy zugeleitet wurde, ist unverständlich. An dem alten Problem des KGB, die Informationen rechtzeitig dorthin zu leiten, wo sie benötigt wurden, hatte sich offenbar seit den Tagen, als der als »eisernes Sitzfleisch« bekannte Molotow das Kominform schuf, wenig geändert.

Des weiteren war dem KGB ein ausgezeichneter Bericht über die SPD-Überlegungen zur Berlin-Krise im Juni und Juli zugegangen. In einer Rede vor der Parteiführung im Juni hatte Herbert Wehner angeblich gesagt, die westliche Führung bekunde zwar ihre feste Absicht, in Berlin zu bleiben, sage aber nichts über die Erlangung der Einheit Deutschlands. Nach Meinung neutraler Länder, insbesondere Indiens, und einiger Kreise im Westen sei diese Position nicht ganz solide. Man dürfe sich nicht nur auf die Westmächte verlassen, fuhr Wehner fort. Er empfehle vielmehr eine weltweite Propagandakampagne für die Selbstbestimmung Deutschlands und die Aufrechterhaltung der Freiheit Berlins. Es wäre hilfreich gewesen, wenn Gromyko diesen detaillierten Bericht schon Anfang August erhalten hätte, als die Entscheidung über die Schließung der Grenze getroffen wurde. Erhalten hat er ihn aber erst am 31. August.[15]

Weitere Anzeichen dafür, daß die Westmächte bereit waren, die Freizügigkeit in ganz Berlin zu opfern, zeigten sich in einer Sitzung der Interministeriellen Koordinierungsgruppe der US-Regierung für Berlin am 26. Juli, einen Tag nach Kennedys großer Berlin-Rede. Acheson war der Meinung, die westliche Verhandlungsposition könnte irgendwann »eine Entmutigung der Bewegung der Bevölkerung im Unterschied zu echter politischer Asylsuche« enthalten. Ein ungewöhnlicher Vorschlag, wenn man bedenkt, daß täglich Tausende von Ostdeutschen ins Flüchtlingsaufnahmelager Marienfelde strömten.[16] Acheson modifizierte seine Haltung später, indem er eine allgemeine Zusage vorschlug, »von übermäßigen Bevölkerungsbewegungen abzuraten, solange in der Stadt eine vernünftige Freizügigkeit herrscht, einschließlich des Rechts, im einen Teil zu wohnen und im anderen zu arbeiten, ohne wirtschaftlich oder auf andere Weise dafür bestraft zu werden«.[17] Doch weder die Sowjets noch die DDR hätten diesen Plan jemals akzeptiert.

In der Rede am 25. Juli 1961 hatte sich Kennedy ausschließlich mit den lebenswichtigen Interessen der USA in West-Berlin und den militärischen und anderen Maßnahmen befaßt, die die Vereinigten Staaten ergreifen würden, wenn die Sowjets diese Rechte anfochten. Von der Freizügigkeit in ganz Berlin war mit keinem Wort die Rede gewesen – ein weiteres Signal an den Osten, daß man sich seinen Bemühungen, die Grenze in Berlin in den Griff zu bekommen, nicht zu widersetzen gedachte. Im Zusammenhang mit dieser Rede zeigt sich erneut, wie schleppend Schelepin Informationen an die Sowjetführung weiterleitete. Erst am 26. August teilte er dem ZK mit, daß der KGB mehrere Briefe aus Westdeutschland mit einer russischen Übersetzung der Kennedy-Rede abgefangen habe. Die Briefe seien irreführend gewesen und eingezogen und vernichtet worden. Tatsächlich war die Übersetzung korrekt gewesen. Vielleicht unterschlug Schelepin die Einzelheiten dieser Briefe, weil er wußte, daß sie von einer antisowjetischen Emigrantenorganisation in Westdeutschland verfaßt und versandt worden waren – einem wichtigen Ziel des Karlshorster KGB-Apparats? Man wird es wohl nie erfahren.[18]

Die Sowjets rechnen mit einem Friedensvertrag

Mittlerweile bereitete sich der Westen auf die Ministerkonsultationen über Berlin vor, die am 5. August in Paris beginnen sollten. Zu Vorgesprächen mit den Verbündeten reiste eine amerikanische Delegation am 27. Juli von Washington ab. Auch der KGB rechnete mit einer sich lange hinziehenden Krise. In einem Memorandum an Chruschtschow vom 29. Juli schlug Schelepin vor, in verschiedenen Teilen der Welt eine Lage zu schaffen, »die die Aufmerksamkeit und Streitkräfte der Vereinigten Staaten und ihrer Satelliten ablenkt und bindet, während die Frage geklärt wird, was ein deutscher Friedensvertrag für West-Berlin bedeutet«. Man müsse »den herrschenden Kreisen der Westmächte vor Augen führen, daß die Entfesselung eines militärischen Konflikts wegen West-Berlin zum Verlust ihrer Position nicht nur in Europa, sondern auch in ... Lateinamerika, Asien und Afrika führen kann«. Das Programm wurde offenbar von Chruschtschow gebilligt. Aus Schelepins Liste möglicher aktiver Maßnahmen wählten Verteidigungsminister Malinowski und der stellvertretende KGB-Vorsitzende Iwaschutin einige wenige aus, die dem Westen demonstrieren sollten, daß die Sowjets bereit waren, »als Antwort auf bewaffnete westliche Provokationen in Berlin einen Gegenangriff zu starten«. Für besonders wichtig hielten es die beiden, den Westen hinsichtlich des militärischen Potentials der UdSSR zu täuschen; vielleicht ließ sich dem Westen weismachen, daß man bereits ein Flugzeug mit Atomantrieb erprobt hatte.[19]

Mit einem auf der Grundlage von Schelepins Liste in Gang gesetzten zweiten Programm wurde eine seit einiger Zeit laufende Kampagne zur Diskreditierung der westdeutschen Militärführung fortgesetzt, durch die hohen Offizieren der Bundeswehr eine Nazivergangenheit angehängt werden sollte. Diese Kampagne hatte nur marginale Wirkung, obwohl die Sowjets mit den Ergebnissen durchaus zufrieden waren. Im März 1962 hatte der KGB erfahren, daß sich NATO-Generalsekretär Dirk Stikker im NATO-Rat besorgt über die sowjetischen Attacken auf Generalinspekteur Adolf Heusinger geäußert und verlangt hatte, das Bündnis solle sich öffentlich vor Heusinger stellen. Nach einigem Hin und Her hatte der Rat schließlich einer entsprechenden Erklärung des Generalsekretärs zugestimmt.[20]

In den KGB-Berichten der damaligen Zeit kommt der anhaltende Optimismus der Sowjets zum Ausdruck, daß ein separater Friedensvertrag mit der DDR erreichbar sei. Die Schließung der Berliner Sektorengrenze wird nirgends erwähnt. Obwohl der KGB gewisse Sorgen wegen möglicher »Gegenmaßnahmen bezüglich der Besuche von Bürgern der UdSSR und anderer sozialistischer Länder in West-Berlin« äußerte, wiederholte ein KGB-Memorandum vom 3. August die Formel: »Nach Abschluß des Friedensvertrages wird die Grenze zwischen Ost- und West-Berlin zu einer Staatsgrenze.« Da die Mehrheit der Flüchtlinge die DDR über West-Berlin verlasse, sollten der S- und U-Bahnverkehr zwischen Ost- und West-Berlin eingestellt, die militärische Präsenz an der Grenze verstärkt, die Zahl der Übergänge reduziert und die Zahl der in West-Berlin arbeitenden Ostberliner gesenkt werden. Im Gegensatz zu Perwuchin, der in seinem Brief vom 7. Juli empfohlen hatte, den Verkehr zwischen Ost- und West-Berlin wegen der zu erwartenden Probleme nicht noch mehr einzuschränken, hatte sich der KGB mit geringfügigen Vorbehalten auf die Seite derer geschlagen, die eine Verschärfung der Grenzkontrollen verlangten. Manche Vorstellungen des KGB – etwa die einer gewinnbringenden Absprache mit dem Westberliner Senat, um einigen Ostberlinern weiterhin die Arbeit in West-Berlin zu erlauben – waren allerdings unrealistisch. Diese Vorschläge zeigen, wie wenig praktische Hilfe die Moskauer Zentrale nach Korotkows Tod aus Karlshorst bekam.[21]

Der KGB warnte zwar wie schon Perwuchin vor den wirtschaftlichen Folgen der geplanten Maßnahmen, betonte aber, die DDR könne mit der Schließung der Verkehrswege der Bundesrepublik nach West-Berlin sowie damit reagieren, daß sie die Lieferung von Rohstoffen, Nahrungsmitteln und Fertigwaren unterbinde. Hinsichtlich des Friedensvertrages wies der KGB darauf hin, daß er bei gewissen Ostdeutschen, die »unter dem Einfluß der westlichen Propaganda« stünden, auf Widerspruch stoßen könne, und eine Verschlechterung der Lebensmittelversorgung oder der allgemeinen Wirtschaftslage würde dieses Problem noch verschärfen. Da zu erwarten war, daß »die Vorbereitungszeit für die Unterzeichnung des Friedensvertrages ... von einer Zunahme der Flucht von DDR-Bewohnern in den Westen begleitet sein« werde, riet der KGB, den Friedensvertrag »binnen kürzestmöglicher Zeit« zu unterzeichnen. Geht man davon aus, daß der Begriff »Friedensvertrag« mittlerweile zum Kodewort für verschärfte Kontrollen an der Sektorengrenze geworden war, gewinnt man den Eindruck, daß zumindest die Moskauer Zentrale begriffen hatte, daß schneller gehandelt werden mußte, als noch im Schelepin-Plan vom 29. Juli vorgesehen gewesen war.[22]

Die Möglichkeit des Abbruchs des Interzonenhandels durch die Bundesrepublik, die im KGB-Memorandum vom 3. August anklang, war für die Sowjetunion und die DDR eine ständige Sorge, seit er im September 1960 aus Protest gegen die ostdeutschen Reisebeschränkungen für Westdeutsche eingestellt worden war. Auch Ulbricht war in seiner Rede vor dem Politischen Beratenden Ausschuß des Warschauer Pakts im März 1961 auf dieses Problem eingegangen, und sein getreuer Gefolgsmann Erich Honecker forderte auf dem am 3. und 4. Juli 1961 abgehaltenen 13. Plenum des ZK der SED wirtschaftliche Notmaßnahmen für den Fall, daß die Bundesrepublik das Interzonenhandelsabkommen aufkündige.[23] Der Ministerrat der UdSSR hatte schon am 1. Juni »im Fall einer Unterbrechung der Handelsbeziehungen sofortige Hilfeleistungen für die DDR« beschlossen. Bestärkt wurde diese Befürchtung durch einen Brief, den Mikojan und Gromyko am 29. Juli dem ZK zukommen ließen. Eine Gegendrohung der UdSSR oder der DDR, den Handel mit der Bundesrepublik einzustellen, hielten sie für wirkungslos. Statt dessen forderten sie wie der KGB die Unterbrechung des Zivilverkehrs zwischen West-Berlin und der Bundesrepublik.[24]

Auch ein anderer Schritt der Sowjetführung stand im Zusammenhang mit der bevorstehenden Schließung der Sektorengrenze. Das Parteipräsidium wies das Außen- und Verteidigungsministerium sowie den KGB an, so schnell wie möglich eine großangelegte Propagandakampagne in Gang zu setzen, um angebliche Vorbereitungen der Staaten des Nahost-Pakts (CENTO) am Südrand der UdSSR, wie des Iran und der Türkei, auf einen Nuklearangriff auf die UdSSR bloßzustellen. Damit ließe sich die Grenzschließung in Berlin als defensive Reaktion auf westliche »Aggressionspläne« hinstellen. Am 5. August kamen auf Ulbrichts Antrag die Parteichefs der Warschauer-Pakt-Staaten in Moskau zusammen, um die Berlin-Frage zu erörtern. Die Grenzschließung wurde nicht diskutiert, wenngleich alle Delegierten sie für notwendig hielten und wie der polnische Parteichef Wladyslaw Gomulka »die offene Grenze zwischen unserem Berlin und West-Berlin« verurteilten. Sofern es zu Gesprächen zwischen Chruschtschow und Ulbricht über die Einzelheiten und den Zeitpunkt der Grenzschließung kam, müssen sie unter vier Augen oder nur in

Gegenwart der engsten Berater stattgefunden haben. Zweifellos billigte Chruschtschow Ulbrichts Vorhaben, wollte aber die sowjetische Beteiligung daran geheimhalten.[25]

Unterdessen handelten andere Akteure in Ost und West weiterhin so, als seien der Abschluß eines separaten Friedensvertrages und dessen Folgen die Hauptgefahren der nächsten Zukunft. Am 8. August sandte die Erste Hauptverwaltung des KGB an GRU-Chef Serow einen aus französischer Quelle stammenden Bericht über die Absicht der amerikanischen Luftstreitkräfte in Europa, eine Luftbrücke einzurichten, falls die UdSSR oder die DDR den Landzugang nach West-Berlin abriegelte. Außerdem wurden die alliierten Pläne für die Luftunterstützung einer kleinen Streitmacht besprochen, die eventuell über die Autobahn Helmstedt–Berlin den Landzugang nach West-Berlin erzwingen sollte. Dies war die von »Live Oak« geforderte »Bodensondierung«.[26]

In Paris endeten am 9. August die Berlin-Konsultationen der westlichen Außenminister mit dem Beschluß, die Verhandlungen mit der UdSSR über Berlin irgendwann im Oktober oder November abzuhalten. Über den Zeitpunkt der öffentlichen Bekanntgabe dieser westlichen Bereitschaft hatte man sich nicht einigen können. Der Westen schien nicht wahrzunehmen, daß die Ereignisse in Moskau und Ost-Berlin seine Planungen schnell zu Makulatur werden ließen. Nur einmal scheint ein westlicher Außenminister in diesen wichtigen Monaten begriffen zu haben, worum es ging, als nämlich Bundesaußenminister Heinrich von Brentano die Besorgnis des Regierenden Bürgermeisters Willy Brandt über die Wirkung der DDR-Störaktionen auf die Ostdeutschen wiedergab. Deren Lage werde sich verschlechtern, »wenn die Tür zu Berlin zugeht«. Brentanos Bemerkungen veranlaßten US-Außenminister Dean Rusk zu der Äußerung, »ein Versuch, den Flüchtlingsstrom zu unterbinden, … könnte zu einer Explosion führen und die erörterten Probleme schneller als erwartet akut werden lassen«.[27] Drei Wochen nach den Pariser Konsultationen sandte KGB-Chef Schelepin einen detaillierten Bericht über die Sitzungen an Chruschtschow. Doch da war er durch die Ereignisse vom 13. August bereits gegenstandslos geworden.[28]

Der überraschende Mauerbau

Nach Aussage von Pjotr Abrassimow, der Perwuchin als Botschafter in der DDR ablöste, wurde die formelle Entscheidung für den Bau der Mauer am 6. August 1961 vom Präsidium des ZK der KPdSU und vom Politbüro des ZK der SED getroffen. Abrassimow bemerkt dazu, »die DDR allein hätte nie daran gedacht, so etwas zu tun – soviel Eigenständigkeit wäre ihr nie eingeräumt worden«. Diese Darstellung ist übertrieben. In Wirklichkeit bestand gar keine Notwendigkeit für eine solche Sondersitzung des Präsidiums; die sowjetische Führung wußte, daß sie mit der Billigung des Protokolls des Treffens der Parteichefs der Warschauer-Pakt-Staaten am 5. August die Schließung der Grenze sanktioniert hatte. Am 7. August trat in Ost-Berlin das SED-Politbüro zu einer Sondersitzung zusammen, in der Ulbricht seinen Kollegen Chruschtschows »Entscheidung« mitteilte, »die Grenze in der Nacht vom 12. zum 13. August zu schließen«. Überdies sollte am 11. August die Volkskammer tagen, um den Beschluß, zügig zu einem Friedensvertrag zu kommen, abzusegnen. Im MfS rief Mielke seine Untergebenen zu sich, um sie über den Beschluß der Volkskammer und über eine Operation mit Decknamen »Rose« zu unterrichten, die in den nächsten Tagen anlaufen werde und deren Vorbereitungen unter strengster Geheimhaltung zu treffen seien.[29]

Geheimhaltung auch in Moskau. Trotz fortbestehender Sorge der sowjetischen und ostdeutschen Führung, der Westen könnte zurückschlagen, indem er den Interzonenhandel einstellte, trat das Präsidium des ZK der KPdSU unter Vorsitz Chruschtschows erst am 12. August, als in Ost-Berlin die letzten Vorbereitungen für die Grenzschließung getroffen wurden, zu einer Sondersitzung zusammen, um sich mit dieser drängenden Frage zu beschäftigen. Der DDR wurde für den Fall einer Unterbrechung der Handelsbeziehungen mit der Bundesrepublik Deutschland Soforthilfe zugesagt. Wie ernst dieses Versprechen gemeint war, zeigt die Tatsache, daß die Staatliche Plankommission (»Gosplan«), das Außenhandelsministerium und andere Ministerien angewiesen wurden, eine »Sondermaterialreserve« zu bilden, mit deren Hilfe das »normale Funktionieren der DDR-Industrie« gewährleistet werden konnte. Diese Reserve sollte der sowjetischen Produktion entnommen und notfalls im Ausland angekauft werden, wofür von der Staatsbank dreiundfünfzig Tonnen Gold zur Verfügung gestellt wurden. Die Dringlichkeit der Angelegenheit wurde dadurch unterstrichen, daß das Präsidium die Kommission für Ausreisevisa anwies, für Fachleute der Staatlichen Plankommission binnen fünf Tagen Visa für die DDR auszustellen, so daß sie in der ostdeutschen Industrie mitarbeiten konnten.[30] Offenkundig rechnete das Präsidium damit, daß die bevorstehende Grenzschließung den Westen zu Handelssanktionen veranlassen würde. Da aber die Durchführung eines so weitreichenden Beschlusses den Kreis der Eingeweihten erheblich ausweiten mußte, hielt man es für nötig, mit seiner endgültigen Verabschiedung bis zur letzten Minute zu warten.

Die von einem kleinen Stab unter Politbüromitglied Erich Honecker geleitete Schließung der Grenze begann am späten 12. August.[31] Kurz nach Mitternacht wurde der öffentliche Verkehr zwischen den Sektoren eingestellt, entlang der Sektorengrenze wurden Stacheldrahthindernisse errichtet. Berlin war geteilt. Die Ereignisse jenes Augustwochenendes 1961 sind in zahllosen Veröffentlichungen geschildert worden. Dennoch bleiben Fragen. Erstens: War die Aktion vom 13. August Teil des ursprünglichen Plans für einen Friedensvertrag zwischen UdSSR und DDR, mit dem Chruschtschow im Juni Kennedy überrascht hatte, oder handelte es sich vor allem um eine Initiative der DDR, der Chruschtschow zugestimmte hatte und deren Zeitpunkt und Umfang von der Notwendigkeit diktiert worden waren, den Flüchtlingsstrom zu stoppen? Beides ist teilweise richtig. Chruschtschow hätte sein eigenes Vorhaben – den Abschluß eines Friedensvertrags mit der DDR – bevorzugt, denn wenn seine Drohungen wirksam gewesen wären, hätte sich der Status West-Berlins tatsächlich verändern können. Dieses Ziel verfolgte er sogar noch nach dem Bau der Mauer. Ulbricht hielt dieses Ergebnis gleichfalls für wünschenswert, stärkte seine Position jedoch, indem er die Abkapselung West-Berlins und die Unterbindung des Flüchtlingsstroms vorbereitete. Zwar erwähnte er seine Vorstellungen gelegentlich gegenüber sowjetischen Schlüsselfiguren, aber das ganze Ausmaß seiner Absichten gab er wahrscheinlich nicht preis. Wir glauben nicht, daß der vorgeschlagene Friedensvertrag lediglich ein Kodewort für den Mauerbau war. Doch als Chruschtschow merkte, daß der Westen seinen Vorschlägen für West-Berlin nicht zustimmen würde, und zugleich das Flüchtlingsproblem Ausmaße erreichte, die den Bestand des DDR-Regimes bedrohten, machte er sich Ulbrichts Plan zu eigen.

Zweitens: Konnte die DDR ihre Vorbereitungen ohne Beteiligung des

Karlshorster KGB-Apparats und der KGB-Zentrale in Moskau treffen? Die Unterlagen im SWR-Archiv legen den Schluß nahe, daß die DDR auf eigene Faust handelte. Die Pläne des KGB für aktive Maßnahmen und der Schwerpunkt seiner Berichterstattung lassen vermuten, daß er fast bis zum letzten Augenblick glaubte, es gehe um den Friedensvertrag. Ulbricht überging auch die eigene Bürokratie, indem er Honecker die Verantwortung für die Planung und Ausführung der Aktion am 13. August übertrug. Aber hätte nicht Mielke als Staatssicherheitsminister von Ulbrichts Plan Wind bekommen und seine KGB-Freunde informieren müssen? Mielkes Loyalität galt zuallererst Ulbricht und nicht den Sowjets, und obwohl er vermutlich zu den wenigen DDR-Funktionären gehörte, die die Pläne für den 13. August kannten, bedeutete dies nicht, daß er dies postwendend dem Karlshorster KGB-Apparat mitteilte. Er kannte die verwickelten Beziehungen zwischen KGB und MfS, die zur Abberufung von Alexander Korotkow, dem Mielke mehr vertraut hatte als den meisten KGB-Funktionären, geführt und vielleicht sogar seinen Tod mitverschuldet hatten.

Zu guter Letzt: Kam die Schließung der Sektorengrenzen für die amerikanischen Amtsträger in West-Berlin und Washington überraschend, weil ihre Geheimdienste es versäumt hatten, sie darüber zu informieren, was vor sich ging? In diesem Zusammenhang sei daran erinnert, daß die Amerikaner selbst überlegten, wie der Flüchtlingsstrom eingedämmt werden konnte. Außerdem hatten die Vereinigten Staaten bei vielen Gelegenheiten, offiziellen wie inoffiziellen, klargemacht, daß die Freizügigkeit in ganz Berlin kein lebenswichtiges amerikanisches Interesse sei. Berühmt ist die Erklärung von Senator William Fulbright, der am 30. Juli im amerikanischen Fernsehen gesagt hatte, die Russen hätten ohnehin die Macht, die Grenze zu schließen, ohne dadurch irgendeinen Vertrag zu verletzen.[32]

Peter Wyden zeigt in seinem Buch *Wall,* warum von einem Geheimdienst, der in einem ihm verschlossenen Gebiet operierte, nicht erwartet werden konnte, ein so geheimes Unternehmen wie die Grenzschließung vom 13. August im voraus in Erfahrung zu bringen: »Kein Wunder, daß die westlichen Geheimdienste von den Vorbereitungen der DDR zum Bau der Mauer nichts erfahren hatten. Alle vorbereitenden Schritte blieben praktisch unsichtbar. ... Nur etwa zwanzig verläßliche Führer wußten, was bevorstand.« Die Stacheldrahtverhaue und Wachtürme, die als erstes errichtet wurden, um die westliche Reaktion zu testen, waren an die Truppen »als Teil ihrer Ausrüstung für ›Übungen‹« ausgegeben worden.[33] Der Bau der Betonmauer begann erst, als feststand, daß der Westen nicht dagegen einschreiten würde.

Hatte irgendein amerikanischer Geheimdienst glaubwürdige Vorausinformationen über die bevorstehende Grenzschließung besessen? Wenn der Kreis der Eingeweihten erst am Freitag, dem 11. August, erweitert wurde und die Aktion erst am Samstagnachmittag anlief, muß die Antwort nein lauten. BOBs erfolgreiche Konzentration auf die Überwachung des sowjetischen Komplexes in Karlshorst erwies sich in dieser Hinsicht als Schwäche: Nur ein sehr nahe bei Ulbricht plazierter Agent hätte in der Woche vor der Grenzschließung Anzeichen dafür bemerken können. 1961 war der KGB-Offizier Oleg Gordijewski als Hospitant des Außenministeriums nach Ost-Berlin abgeordnet worden, wie es für Absolventen des Instituts für Internationale Beziehungen ungeachtet ihrer künftigen Aufgaben üblich war. Er kam am 11. August an, und das einzig Unangenehme, was er in seiner Karlshorster Unterkunft erlebte, war ein Überfall von Bettwanzen. Am Samstag, dem 12. August, wurden er und seine Kollegen am Nachmittag angewiesen, in dieser Nacht nicht auszugehen. Als sie am nächsten Morgen erwachten, war die Sektorengrenze zu.[34]

Wie hätten die NATO-Verbündeten reagiert, wenn eine zuverlässige Quelle im voraus gemeldet hätte, am 13. August werde die Grenze geschlossen? In diesem Zusammenhang wird oft der Fall des GRU-Obersten Oleg Penkowski ins Feld geführt. Dieser hatte ungemein umfassende Informationen darüber geliefert, wie die Sowjets eventuellen Versuchen des Westens begegnen wollten, nach Unterzeichnung eines Separatfriedensvertrages mit der DDR den Zugang nach Berlin gewaltsam zu öffnen. Wie die CIA später erfuhr, hatte Penkowski bereits vier Tage vor dem Beginn der Operation vom bevorstehenden Bau der Mauer erfahren, aber zu diesem Zeitpunkt keinen Kontakt zu seinen westlichen Führungsoffizieren gehabt.[35] Das bedeutet, daß Penkowski am 8. oder 9. August an die Information gelangt war, also einige Zeit, nachdem in Moskau und Berlin die Würfel gefallen waren. Wer nun glaubt, diese Nachricht hätte noch rechtzeitig verarbeitet und verteilt werden können, um in der US-Regierung, von den NATO-Verbündeten ganz zu schweigen, den für ein wirkungsvolles Handeln nötigen Konsens zu erzielen, darf sich einer höchst lebhaften Phantasie rühmen.

GEWINNER UND VERLIERER

Die wichtigste Aufgabe der CIA nach der Schließung der Grenze bestand darin, Präsident Kennedy davon zu überzeugen, daß die Wut der Westberliner über die Tatenlosigkeit der Verbündeten besänftigt werden mußte, wenn er der sowjetischen Drohung mit dem Abschluß eines Separatfriedensvertrages glaubwürdig entgegentreten wollte. Unterdessen hatte BOB alle Hände voll damit zu tun, mit den Auswirkungen der Mauer auf seine Operationen fertig zu werden. Die Basis aktivierte die Notverbindungen zu ihren Quellen, verlagerte den Schwerpunkt der Operationen und reduzierte ihren Stab. Daneben versorgte sie General Clay mit Informationen, der als Kennedys persönlicher Berlin-Beauftragter erneut nach Berlin gekommen war. Als das Jahr 1961 zu Ende ging, verwandte BOB alle Mühe darauf, mit den Agenten im Osten in Kontakt zu bleiben, und versuchte gleichzeitig, die ostdeutschen Grenztruppen mit gezielter Propaganda zu verunsichern.

David Murphy war am Samstag, dem 12. August 1961, auf Heimaturlaub in San Francisco angekommen. Am nächsten Tag erhielt er einen verzweifelten Anruf aus dem CIA-Hauptquartier: »Sie haben die Sektorengrenze geschlossen. Kommen Sie schnellstens her!« Nach der Ankunft in Washington meldete sich Murphy in der Osteuropaabteilung. Hier erfuhr er zum ersten Mal von einem schwerwiegenden »Geheimdienstversagen« im Zusammenhang mit dem Vorgehen der DDR am 13. August. Offenbar war man im Weißen Haus nicht auf die Wut und Verzweiflung vorbereitet gewesen, die Hunderttausende Westberliner auf die Straßen trieb, um sowohl gegen den Stacheldraht an der Sektorengrenze als auch gegen die Tatenlosigkeit des Westens zu protestieren. Für die Einwohner West-Berlins bedeutete letztere ganz einfach Verrat. Wie war es möglich, daß die Kennedy-Administration diese Reaktion nicht vorhergesehen hatte? Die Berliner Mission des US-Außenministeriums und die Operationsbasis der CIA hatten unaufhörlich die Trommel gerührt, um darauf hinzuweisen, daß die Position des Westens in West-Berlin grundlegend von der Unterstützung und dem Vertrauen der Bevölkerung abhänge.

Während sich die Nachrichten über die Massendemonstration vor dem Schöneberger Rathaus überstürzten, erhielt der Präsident einen dringenden Appell Willy Brandts, der Unterstützung brauchte, um eine Vertrauenskrise aufgrund der »Zweifel an der Entschlossenheit der drei Mächte und ihrer Reaktionsfähigkeit« zu verhindern.[1] Amerikanische Beamte in Berlin betonten in ihren Mitteilungen, die Westberliner interpretierten die ausbleibende westliche Reaktion auf die Schließung der Grenze so, daß der Westen ein unzuverlässiger Verbündeter sei, wenn es darum gehe, sich sowjetischem und ostdeutschem Druck gegen die Stadt zu widersetzen. Während er noch die einlaufenden Telegramme las, wurde Murphy vom DDP Richard Helms ins Büro des Direktors gerufen. Allen Dulles eröffnete ihm, daß er zu einer Sitzung im Weißen Haus mitkommen müsse, in der über die amerikanische Reaktion auf die Westberliner Moralkrise beraten werden sollte.

Als Dulles und Murphy eintrafen, hatte die Sitzung bereits begonnen. Neben dem Präsidenten war die gesamte Lenkungsgruppe Berlin anwesend. Die Stimmung war von Frustration und Verärgerung über die Berliner Ereignisse geprägt. Der Präsident, dem gegenüber Brandt den Viermächtestatus von Berlin betont hatte, war offenbar entschlossen, seine Position klarzustellen. Er gab Dulles und Murphy deutlich zu verstehen, daß »unsere Vorladungen in Ost-Berlin nicht gelten«. Es lag auf der Hand, daß Kennedy von Murphy nicht hören wollte, die Grenzschließung sei unannehmbar. Hingegen begrüßte er Aufschlüsse über die Westberliner Moral. Dulles und Murphy erklärten ihm, daß die Berliner in Ost und West ihre Stadt trotz der seit Kriegsende eingetretenen Veränderungen stets als ein Ganzes angesehen hatten. Die Familien seien miteinander in Kontakt geblieben; Geburtstage und Jahrestage würden gemeinsam begangen und die Besuche von Sektor zu Sektor fortgesetzt. Die Unterbindung ihrer Bewegungsfreiheit sei für die Westberliner ein schwerer Schock. Sie brauchten jetzt die Zusicherung, daß die Vereinigten Staaten und ihre Verbündeten sie nicht aufgäben. Diese Ausführungen fand der Präsident offenbar sinnvoll. Er wies Verteidigungsminister Robert McNamara an, die US-Truppen in Berlin zu verstärken – dies war eine der wenigen konkreten Bitten Brandts gewesen –, und schickte Vizepräsident Lyndon B. Johnson und General Clay nach Berlin.[2]

Diese Maßnahmen beruhigten die Westberliner etwas, und der Westberliner Senat verlegte sich stärker darauf, sich Gesten des Widerstandes gegen die Sowjets und ihre osteuropäischen Verbündeten auszudenken, statt nur über die Tatenlosigkeit des Westens zu klagen. Am 17. August verbot Willy Brandt den Angestellten des Senats Kontakte mit Vertretern der UdSSR oder anderer sozialistischer Länder, die in Ost-Berlin wohnten oder arbeiteten. Kontakte mit Mitarbeitern der tschechoslowakischen, polnischen oder jugoslawischen Militärmission in West-Berlin sollten geschäftsmäßig und rein amtlich bleiben. Außerdem drängte Brandt bei den ausländischen Konsulaten und anderen Institutionen in West-Berlin darauf, daß keine Vertreter der UdSSR und anderer sozialistischer Länder zu offiziellen Empfängen eingeladen wurden.[3]

Moskaus Prioritäten waren weiterhin der Friedensvertrag mit der DDR und eine Lösung für West-Berlin im sowjetischen Sinn. Tatsächlich enthielten die DDR-Verordnung über die Grenzschließung und alle weiteren Verordnungen zur Grenzfrage den Hinweis, sie blieben »bis zum Abschluß eines Friedensvertrages« in Kraft. Die am 13. August ursprünglich auf dreizehn festgelegte Zahl der Grenzübergänge wurde auf sieben reduziert. Ausländern, einschließlich der Angehörigen der Westberliner Besatzungstruppen, stand nur ein Grenzübergang offen; für Westdeutsche gab es zwei.[4] Die Position der Westmächte in West-Berlin war zweifelsohne weiterhin bedroht. Am 23. August und 2. September teilten die Sowjets den Westalliierten mit, für die Benutzung der Luftkorridore durch »kommerzielle Flugzeuge« gebe es keine Rechtsgrundlage, und am 4./5. September drohten sie mit dem Auszug aus dem Berliner Luftkontrollzentrum. Parallel dazu beschuldigte die DDR die Vereinigten Staaten, sie mißbrauchten sowohl die Luftkorridore als auch den Landzugang, und protestierte gegen die Verstärkung der amerikanischen Berlin-Garnison am 20. August. Sie kündigte an, sie werde »letztlich die Kontrolle über den gesamten Verkehr nach Berlin verlangen«. Sowjetische Aktionen gegen die Luftkorridore schienen unmittelbar bevorzustehen, doch wurden die Drohungen mehrere Monate lang nicht wahrgemacht.[5]

Vermehrte Störmanöver gegen Ost-Berlin-Besuche von amerikanischem Personal bestärkten die Auffassung, daß die Sowjets weiterhin beabsichtigten, mit der DDR einen separaten Friedensvertrag abzuschließen und die Alliierten aus West-Berlin zu verdrängen. Obwohl Kennedy entschlossen war, die amerikanische Stellung in der Stadt zu behaupten, und sich insbesondere über mögliche Störungen in den Luftkorridoren besorgt zeigte, verstand er auch die westeuropäische Befürchtung, die USA versäumten eine Chance zu Verhandlungen mit den Sowjets, wenn sie sich im Zusammenhang mit einer Friedensvertragskrise auf militärische Vorbereitungen konzentrierten. Infolgedessen begann die Administration nach Mitteln und Wegen zu suchen, wie man an die Sowjets herantreten konnte; so wurden zum Beispiel die Vereinten Nationen als Vermittler bei der Lösung des Berlin-Problems in Erwägung gezogen.[6]

Unterdessen bereiteten sich die USA weiterhin auf einen Krieg vor. Am 8. September unterschrieb Kennedy ein Nationales Sicherheitsmemorandum, das vorsah, Umfang und Bereitschaftsgrad der konventionellen Streitkräfte in Europa zu erhöhen.[7] Ein neuer Bericht von Oberst Penkowski vom 16. September enthielt alarmierende Informationen, die die militärischen Vorbereitungen noch dringlicher erscheinen ließen. Laut Penkowski sollten Anfang Oktober umfangreiche Manöver der Streitkräfte der Sowjetunion und der Ostblockstaaten beginnen, deren Zweck darin bestehe, »diese gewaltige Streitmacht exakt zum Zeitpunkt der Unterzeichnung des Friedensvertrages mit Ostdeutschland [im Anschluß an den KPdSU-Parteitag im Oktober] in kampfbereitem Zustand in der Hinterhand zu haben«. Der Bericht ließ darauf schließen, daß anschließend der alliierte Zugang nach Berlin angefochten werden würde. Die Sowjets glaubten, daß der Westen nach der ersten Pille – der Schließung der Grenze – auch die zweite schlucken werde.[8]

Die sowjetische Sicht der Mauerkrise

Die Sowjets waren überzeugt, daß der Westen nicht an Verhandlungen über Berlin interessiert war. Am 4. September sandte KGB-Chef Alexander Sacharowski eine Einschätzung der westlichen Haltung zu Berlin-Verhandlungen an Wladimir Semjonow ins Außenministerium. Darin hieß es, die Vereinigten Staaten, England und Frankreich richteten ihr Hauptaugenmerk auf das Problem West-Berlin und vernachlässigten völlig die Frage eines Friedensvertrages. Der Westen sei zwar entschlossen, die Öffentlichkeit von seiner Absicht zu überzeugen, bei der Verteidigung seiner »lebenswichtigen« Interessen alle diplomatischen Möglichkeiten auszuschöpfen, aber die Weigerung der Westmächte, in Verhandlungen einzutreten, sei auf die Tatsache zurückzuführen, daß ihre Verbündeten und die neutralen Länder die von ihnen geplanten Aktionen nicht unterstützen würden. Der Westen habe vor, der Sowjetunion militärisch entgegenzutreten, wenn ihm der Zugang nach Berlin streitig gemacht werde. Zunächst werde er jedoch mit einer Luftbrücke reagieren, damit ihm die Möglichkeit bleibe, der UdSSR oder der DDR vorwerfen zu können, als erste militärische Maßnahmen ergriffen zu haben. Dieser Bericht gab die westliche Haltung ziemlich korrekt wieder.[9]

Andere KGB-Berichte betrafen mögliche Verhandlungen zwischen den Außenministern Rusk und Gromyko während der Tagung der UN-Generalversammlung in New York. In diesen Zusammenhang gehörte ein Bericht, der dem KGB von Markus Wolfs HVA zugegangen war und den General Michail Kotow, der stellvertretende Leiter der Ersten Hauptverwaltung, an Semjonow weiterleitete. Nach Ansicht der HVA war der Berliner Senat fest davon überzeugt, »die Vereinigten Staaten, England und Frankreich würden West-Berlin nicht verlassen, gleichgültig, ob ein Friedensvertrag mit der DDR unterzeichnet wird oder nicht«. Er sei zudem der Meinung, die Luftkorridore seien »unverletzlich, weil die Westmächte der Sowjetunion zu verstehen gegeben haben, jeder ›Übergriff‹ in den Luftkorridoren würde zu einem neuen Weltkrieg führen«. Andererseits hätten die Alliierten den Senat darauf aufmerksam gemacht, daß »hinsichtlich der rechtlichen und fiskalischen Bindungen zwischen West-Berlin und der BRD ... Konzessionen gemacht werden« müßten.[10]

Am 30. September schickte Schelepin einen Bericht über eine Sitzung der Bundesregierung vom 30. August an Wassili W. Kusnezow im Außenministerium, obwohl die Verläßlichkeit der Quelle noch geprüft wurde und die Information bereits einen Monat alt war. In dem Bericht hieß es, Adenauer habe sich zufrieden darüber geäußert, daß es »auf der Pariser Außenministerkonferenz mit entscheidender Unterstützung durch Frankreich gelang, die Position der BRD zu behaupten«. Weiter habe er erklärt, Kennedy wolle ebensowenig wie Macmillan und de Gaulle, »daß Berlin zu einer bewaffneten Auseinandersetzung führt. Die Amerikaner und Engländer hoffen, daß künftige Verhandlungen zu annehmbaren Ergebnissen führen. Frankreich ist durch Algerien und die Reorganisation seiner Streitkräfte behindert.« Adenauer sei zu dem Schluß gelangt, die Westmächte seien sich einig, »daß sich West-Berlin im Fall eines solchen Konflikts unmöglich halten ließe und niemand den Ausgang der ursprünglich begrenzten, örtlichen Aktionen vorhersagen könne«.[11]

Der Bericht enthält Fehler und Auslassungen, die auf mangelnde Aufmerksamkeit im Informationsdienst des KGB hindeuten. Die einzige Pariser Außenministerkonferenz, von der Adenauer gesprochen haben könnte, waren die Ministerkonsultationen vom 4. bis 9. August, also kurz vor dem Mauerbau. Daß Adenauer dieses weltbewegende Ereignis am 30. August – nach dem Mauerbau – unerwähnt gelassen haben soll, ist unwahrscheinlich. Außerdem war zwischen dem 30. August und der Weiterleitung des Berichts am 30. September eine weitere Außenministerkonferenz in Washington abgehalten worden, und am Rande der UN-Generalversammlung hatten die Gespräche zwischen Rusk und Gromyko begonnen. Bei beiden Gelegenheiten war die Möglichkeit von Verhandlungen das Thema, und man hätte einen diesbezüglichen Kommentar des KGB-Offiziers erwartet, der den Bericht entwarf.

Für Chruschtschow war die Schließung der Sektorengrenze in Berlin ein Triumph: Der Zusammenbruch der DDR war verhindert und Ulbricht besänftigt worden, und das ohne westliche Gegenmaßnahmen. Im Anhang eines ZK-Beschlusses wurde die Aktion vom 13. August als »großer Erfolg« bezeichnet. Durch sie seien »die von West-Berlin ausgehenden Kanäle für die Durchführung subversiver und diversionistischer Tätigkeit gegen die sozialistischen Länder geschlossen worden«. In den Verhandlungen hätten »die Westmächte die Frage der Kontrollen an den Westberliner Grenzen nie aufgeworfen. Überdies gaben US-Vertreter zu, ... daß die Maßnahmen vom 13. August den Lebensinteressen der DDR und der anderen sozialistischen Länder entsprachen.«

Der Karlshorster KGB-Apparat hätte sich vielleicht nicht ganz so überschwenglich ausgedrückt. Mitte September war er immer noch dabei, die Auswirkungen der Aktion auf seine Partner im MfS, auf die Bevölkerung und die eigenen Operationen abzuschätzen. Am 23. September traf ein Vertreter des KGB-Apparats mit einem zuverlässigen Kontaktmann im MfS zusammen, der an einer Konferenz höherer MfS-Funktionäre teilgenommen hatte, in der die Ergebnisse der Grenzschließung bewertet worden waren. Nach der einleitenden Feststellung, alles verlaufe normal, berichtete die MfS-Quelle, während der ersten Tage nach der Grenzschließung seien MfS und Volkspolizei damit beschäftigt gewesen, »Personen festzunehmen, die sich abschätzig ... über die Schließung der Grenze geäußert haben. ... Über siebentausend Personen wurden in Untersuchungshaft genommen, die meisten aber bald wieder freigelassen, weil es für ihre Inhaftierung keinen Grund gab. Etwa eintausend Personen kamen ins Gefängnis. Die Untersuchungsergebnisse sind in diesen Fällen noch nicht bekannt.« Des weiteren berichtete der MfS-Agent, einige Abteilungsleiter seines Ministeriums hätten sich ungehalten darüber geäußert, daß sie in die Vorbereitungen der Grenzschließung nicht einbezogen worden waren. Infolgedessen seien diverse operative Fragen, wie die Verbindung mit Agenten in West-Berlin, unberücksichtigt geblieben, und jetzt lasse sich die Situation nur noch schwer bereinigen.[12]

Dieser Vorwurf fand ein Echo im Karlshorster Apparat. Der KGB befürchtete eine Erschwerung seiner Operationen, wenn die Besuche von Sowjetbürgern in West-Berlin behindert werden sollten. Doch bald bemerkten der KGB und das MfS, daß die Mauer ihnen zugute kam. Aus der Sektorengrenze war rasch eine internationale Grenze geworden, und mit den neuen Kontrollen hatten beide Dienste die Möglichkeit und die Zeit, Westdeutsche und Ausländer gründlicher auf einen möglichen operativen Einsatz im Westen hin zu überprüfen. Gleichzeitig sah sich die Stasi weniger inneren Sicherheitsrisiken ausgesetzt; die Mauer reduzierte den Flüchtlingsstrom schlagartig und schloß im Lauf der Zeit praktisch jede unkontrollierte Bewegung zwischen Ost- und West-Berlin aus.

BOB macht Bestandsaufnahme

Die Einschätzung des MfS, seit dem Bau der Mauer habe sich die Lage stabilisiert, war nicht ganz zutreffend. Nach den Erkenntnissen der Berliner CIA-Basis konnte das SED-Regime allerdings davon ausgehen, daß es die Bevölkerung im Zaum halten konnte, nachdem das Berliner »Sicherheitsventil« geschlossen worden war. Unruhen war durch verschiedene Maßnahmen vorgebeugt worden. Beispielsweise waren mindestens dreißigtausend Ostberliner, die vor dem 13. August in West-Berlin gearbeitet hatten, angewiesen worden, andernorts in Ostdeutschland »minderwertige Arbeiten zu übernehmen«. In Berlin wären diese Menschen ein Sicherheits- und Moralrisiko gewesen. Außerdem zog die Volksarmee jetzt auch Jugendliche im Alter von 18 bis 23 Jahren ein, die bisher nicht eingezogen worden waren, weil sie zu den politisch am wenigsten verläßlichen DDR-Bürgern gehörten: Sie hatten fast die Hälfte der Flüchtlinge gestellt. Der Militärdienst sollte weniger die Verteidigung als vielmehr die innere Sicherheit stärken, indem den jungen Männern militärische Disziplin abgefordert und sie aus dem Kreis ihrer Familie und ihrer Nachbarschaft herausgelöst wurden. Die Wehrpflicht, die trotz des Arbeitskräftemangels im Januar 1962 eingeführt wurde, trug zur gedrückten Stimmung der Bevölkerung bei, die nach den Kommunalwahlen Mitte September unter Lebensmittelknappheit und einem Anstieg der Verbraucherpreise zu leiden hatte. Doch gab es nach Erkenntnis der Berliner CIA-Basis »keine Hinweise auf einen ›organisierten Widerstand‹ oder ›spontane Aufstände großen Umfangs‹«.[13]

Was BOB betraf, hatte die Grenzschließung die operative Welt auf den Kopf gestellt, denn kein DDR-Bürger konnte nunmehr ohne amtliche Erlaubnis West-Berlin besuchen. Berlin hatte als einmalige Operationsbasis im Kalten Krieg ausgedient. Dennoch klang in einem Brief des neuen BOB-Chefs Bill Graver an das Washingtoner Hauptquartier Hoffnung an. »Immer noch überquert der Verkehr die Grenze in beiden Richtungen«, schrieb er. Es sei aber noch zu früh, um sagen zu können, ob sich neue Schlupflöcher finden würden. Überraschenderweise kamen täglich immer noch dreißig bis vierzig Flüchtlinge nach West-Berlin, im Gegensatz beispielsweise zu Bayern, wo sich zwischen dem 13. und 31. August wegen der sehr viel strengeren Grenzkontrollen nur einhundert Flüchtlinge gemeldet hatten. Manche Flucht war dramatisch und fand ein breites öffentliches Echo. Andere Fluchtversuche endeten tragisch.[14] Ab Anfang November gingen sie dann aufgrund des Ausbaus der Grenzanlagen und der Ausdehnung der Kontrollen auf das grenznahe Gebiet drastisch zurück. Das bedeutete, daß nur noch »legale Reisende« mit triftigem Grund für einen Besuch Ost-Berlins operativ eingesetzt werden konnten. Die Grenzbarrieren und die Fußgänger- und Autokontrollen entlang der Grenze machten eine »schwarze« Grenzüberquerung unmöglich.[15]

Angesichts der neuen Lage begann BOB sich umzustellen. Oberste Priorität hatte jetzt die zweiseitige Kommunikation mit den Agenten, die vor der Grenzschließung entsprechend ausgebildet worden waren. Anfang November unterhielt BOB Kontakt mit über fünfundzwanzig Agenten, die vor dem Mauerbau mit alternativen Kommunikationsmitteln ausgerüstet worden waren. An zweiter Stelle stand die Reaktivierung von Agenten, denen man vor dem 13. August keine Funkgeräte hatte aushändigen oder keine toten Briefkästen hatte zuweisen können. Für die Kontaktaufnahme mit ihnen mußten neue, sichere Methoden entwickelt werden, sie mußten das nötige Kommunikationsmaterial erhalten und in dessen Benutzung ausgebildet werden. Dazu brauchte man Kuriere, deren Missionen noch sorgfältiger geplant und ausgeführt werden mußten als nach früheren Rückschlägen. Unter den neuen Bedingungen durfte man sich keinen einzigen Sicherheitsausrutscher erlauben.[16]

Des weiteren untersuchte BOB Möglichkeiten für die Anwerbung neuer Quellen unter »legalen Reisenden«, beispielsweise Ost-West-Händlern oder anderen, die die Grenzübergänge relativ leicht passieren konnten. Durch diese Quellen erhielt BOB die »schnelle Reaktionsfähigkeit«, die man brauchte, um dem US-Oberkommando in West-Berlin in Zeiten erhöhter Spannungen die Informationen an die Hand geben zu können, die es benötigte, um die sowjetischen und ostdeutschen Handlungen beurteilen zu können. Am meisten verließ sich Graver dabei auf »Fritz«, jenen zähen Leiter des Ostdeutschlandreferats, der nach dem Chruschtschow-Ultimatum von 1958 darauf bestanden hatte, daß die BOB-Agenten mit alternativen Kommunikationsmitteln ausgestattet wurden. Er war jetzt Operationschef der Basis und für alle verdeckten Operationen verantwortlich.[17]

Gravers Mühe wurde belohnt. Im Jahr nach dem Mauerbau konnte BOB einen zweiseitigen Kontakt mit über dreißig Quellen im Osten einrichten. Für sie organisierte BOB über fünfzig Versorgungsoperationen ohne einen einzigen Verlust. Im selben Zeitraum wurden 262 Berichte weitergeleitet, die auf den Informationen dieser Quellen beruhten. Aber bei BOB gab man sich keinen Illusionen hin: Im Lauf der Zeit würden diese Quellen dem Isolierungsgefühl erliegen und den Kontakt abbrechen; andere würden vom MfS aufgespürt werden. Dennoch verfügte BOB in einer kritischen Zeit über ein Potential in der DDR wie kein anderer westlicher Dienst. Im Bereich der verdeckten Operationen betonte Graver, es gebe kein Zurück zu den antikommunistischen Gruppen der fünfziger Jahre. Er empfahl indirekte Aktionen, »mit denen dem DDR-Regime Ärger bereitet, die Berlin-Problematik weltweit in den Vordergrund gerückt und die Moral der Westberliner gestärkt werden kann«. Diese

Strategie lag auf der Linie des von der Osteuropaabteilung der CIA und der Berliner Basis ausgearbeiteten langfristigen Berlin-Plans, nur daß sie an die neuen Gegebenheiten angepaßt worden war. Überdies kamen Gravers Vorschläge, indem sie zum »weltweiten Protest gegen das ostdeutsche Vorgehen« anregten, den Wünschen von Justizminister Robert Kennedy entgegen.[18]

Ein Hauptziel der Aktionen, die die DDR-Führung irritieren und ihr »Grenzregime« stören sollten, waren die Grenztruppen. BOB ermunterte sie zur Desertion und sorgte für ein enormes Medienecho. Die Deserteure wurden zu Helden, und den Grenzern, die auf ihrem Posten blieben, wurde mit Brandts Worten ins Gewissen geredet: »Laß dich nicht zum Lumpen machen.« Ein frisch in Berlin eingetroffener CIA-Offizier, der fließend Deutsch sprach, wurde mit der Befragung geflohener Grenzsoldaten betraut. Er schrieb ihre Geschichten in einem ansprechenden Stil auf deutsch nieder, so daß sich die Lokalpresse darum riß und sie auch andernorts Erwähnung fanden. Verständlicherweise waren die amerikanischen Militärs darauf bedacht, die Überläufer ausgiebig zu befragen. BOB konnte jedoch nicht abwarten, bis die Befragungen abgeschlossen waren, denn dann war aus ihren Geschichten die Luft raus, und dank der Beteiligung eines BOB-Offiziers am Befragungsteam konnte die Basis das Material an die Presse weiterleiten, solange es noch eine Nachricht war. Um auch einem weltweiten Publikum Artikel über das geteilte Berlin nahezubringen, schuf und unterhielt BOB ein umfangreiches Agentennetz in den internationalen Medien.[19]

Daß BOB inzwischen personell überbesetzt war, lag auf der Hand. Wie hart auch gearbeitet wurde, um mit den Quellen im Osten in Kontakt zu bleiben, neue Quellen aufzutun oder den neuen Umständen angepaßte verdeckte Operationen zu organisieren, es wurden sehr viel weniger Offiziere benötigt als vor dem 13. August. Zum Personalabbau gehörte auch die Zusammenlegung mehrerer Referate zu zwei Abteilungen und die Schaffung einer dritten Abteilung für die verdeckten Operationen, die mit freigesetzten Offizieren bemannt wurde. Der Verzicht auf Mitarbeiter fiel nicht leicht, dennoch wurden Personalabbau und Versetzungen sofort in Angriff genommen und bis 1962 fortgesetzt.

Einige BOB-Offiziere wurden zu einem Arbeitsstab in Westdeutschland versetzt, der sich mit der Frage befaßte, wie man im Fall einer militärischen Auseinandersetzung wegen des Zugangs nach Berlin den Widerstand in Ostdeutschland unterstützen könne. Das Programm entstand aus der Erkenntnis, daß die CIA ein mit zweiseitigen Kommunikationsmitteln ausgerüstetes Untergrundnetz in der DDR weder besaß noch ausschließlich dazu ins Leben rufen konnte, bei Bedarf den Widerstand anzufachen. Der Arbeitsstab wählte unter ostdeutschen Flüchtlingen Freiwillige aus und bildete sie aus. Wenn es die Umstände zuließen, sollten sie in die DDR eingeschleust werden und Informationen über Truppenbewegungen des Warschauer Paktes liefern sowie den örtlichen Widerstand leiten. Murphy, inzwischen stellvertretender Leiter der Osteuropaabteilung der CIA, verdeutlichte Henry Kissinger die Grenzen, die der CIA bei der Unterstützung des ostdeutschen Widerstands gesetzt waren. Da aber die Hauptsorge der Kennedy-Administration der Möglichkeit eines bewaffneten Konflikts im Zusammenhang mit einem Separatfrieden zwischen UdSSR und DDR galt, glaubten die engsten Berater des Präsidenten wider besseres Wissen den Widerstand in der DDR als Faktor in die alliierte Eventualfallplanung einbeziehen zu können.[20]

Noch am 9. August 1962 wurden in einem Lagevortrag vor Kennedy verdeckte Aktionen als durchführbarer Aspekt eines Vier-Phasen-Programms dargestellt. In Phase eins sollten sie vorbereitet werden; in Phase 2 sollte zu passivem Widerstand aufgefordert werden, und in den Phasen 3 und 4 würden die USA, während die militärischen Operationen begannen, »zu vereinzelten Akten des aktiven Widerstands aufrufen«, es aber »unterlassen, zu einem Aufstand zu ermuntern, es sei denn, ein allgemeiner Krieg stünde unmittelbar bevor«.[21] Eine höchst unrealistische Projektion. Man hatte es mit der DDR von 1962 und nicht mehr mit dem Europa von 1942 zu tun, als in den alliierten Plänen und Operationen der wachsende Widerstand gegen die Nazi-Besatzer eine wichtige Rolle spielte.

Die Mauer veränderte alles. Graver mußte sich auf völlig neue Gegebenheiten einstellen, und keine war anspruchsvoller als die Frage, welches Verhältnis er zu General Clay finden würde, dem neuernannten Berater des Präsidenten »im Rang eines Botschafters mit zeitweiliger Stellung in Berlin«. Clays Ernennung war eine Folge des Kurzbesuchs, den er Berlin zusammen mit Vizepräsident Johnson im August 1961 unmittelbar nach der Schließung der Grenze abgestattet hatte. In den militärischen und zivilen Führungsetagen hielten viele Clays Entsendung allerdings eher für einen symbolischen Akt.[22] Clay selber glaubte jedoch, ihm komme bei der Wiederherstellung der Moral der Westberliner eine entscheidende Rolle zu. Nach dem Krieg hatten Allen Dulles und seine Nachfolger in Berlin fast drei Jahre gebraucht, bis sie durch die Berichterstattung während der Blockade sein Vertrauen gewannen. Graver dagegen gelang es, seine Informationen für Clay unverzichtbar zu machen, so daß sich zwischen den beiden rasch ein solides Arbeitsverhältnis entwickelte.

Wie gut das Verhältnis zwischen Graver und Clay war, zeigte sich während des Berlinbesuchs von Justizminister Robert Kennedy Anfang 1962. Für BOB bot der Besuch eine willkommene Gelegenheit zu demonstrieren, wie man auf Kennedys Forderung nach Stärkung der Westberliner Moral und weltweiter Behandlung des Berlin-Problems reagiert hatte. CIA-Direktor John McCone hatte BOB von Kennedys Besuch unterrichtet und Graver ans Herz gelegt, dem Justizminister das Untergrundprogramm zu erläutern, an dem er so großes Interesse hatte. Obwohl Kennedys Terminkalender gespickt voll war, sorgte Clay dafür, daß BOB Gelegenheit dazu bekam. Graver revanchierte sich damit, daß er eine Begegnung zwischen Kennedy und zwei ostdeutschen Studenten arrangieren half. Die beiden studierten in West-Berlin, waren aber in den Sommerferien in der DDR gewesen und hatten durch den Mauerbau in der Falle gesessen, aus der sie schließlich von ihren Kommilitonen befreit worden waren. Graver und die Studenten suchten Kennedy frühmorgens, vielleicht ein wenig zu früh, in der Westberliner Residenz des Bonner US-Botschafters auf, die auch anderen hohen Besuchern als Unterkunft diente. Als man sie in Kennedys Salon führte, hörten sie im Bad die Dusche rauschen. Wenig später erschien Kennedy, nur mit einer Unterhose bekleidet, im Zimmer, zog sich ein Hemd über und begann das Gespräch. Die Studenten waren verblüfft und sagten später zu Graver: »Ein deutscher Minister hätte sowas nie getan!«[23]

Die politische Lage in Deutschland

Kurz vor Clays Ankunft in Berlin am 19. September 1961 fanden in Westdeutschland Bundestagswahlen statt. Adenauer wurde zwar wiedergewählt, aber mit einer kleineren Mehrheit als zuvor. Da die SPD eindrucksvolle Gewinne verzeichnete, begann sich der KGB für die Pläne dieser Partei zu interessieren. Am 28. September schickte der stellvertretende KGB-Vorsitzende Iwaschutin dem ZK der KPdSU einen Bericht über eine Sitzung von Vorstand, Fraktion und Parteirat der SPD am 19. und 20. September in Bonn. Thema der Sitzung waren die Stimmengewinne der SPD zu Lasten der CDU und die Aussichten der Sozialdemokraten für eine Regierungsbildung gewesen. Der Parteivorsitzende Erich Ollenhauer hatte sich für eine Koalition der drei größten Parteien ausgesprochen. Brandt hatte ihn unterstützt und vorausgesagt, in naher Zukunft werde die außenpolitische Lage der Bundesrepublik noch komplizierter werden, was die Bildung einer neuen Regierung auf breitestmöglicher Grundlage verlange. Nach seinen Informationen, so Brandt weiter, seien die Alliierten in der Berlin- und Deutschlandfrage zu Kompromissen zu Lasten der Bundesrepublik bereit. Als Gegenleistung würden sie eine vorteilhafte Regelung für West-Berlin verlangen. Angesichts der in West-Berlin herrschenden Unsicherheit könnte es nützlich sein, wenn die Stadt zum Sitz der Vereinten Nationen würde. Am Ende der Sitzung war Brandt dem Bericht zufolge zu jedem Vorgehen ermächtigt worden, das die komplexe Situation erfordere.[24]

Einem anderen KGB-Bericht aus einer »bewährten Quelle« zufolge sahen einige Regierungsmitglieder die alliierten Pläne für Verhandlungen mit der Sowjetunion genauso. Außenminister von Brentano und Verteidigungsminister Strauß sollen Adenauer Anfang Oktober darauf hingewiesen haben, daß der Westen zu Konzessionen bereit sei, etwa zur De-facto-Anerkennung der DDR und der Oder-Neiße-Linie sowie zu der Zusage, die Bundeswehr nicht mit Atomwaffen auszurüsten. Als Gegenleistung der DDR werde eine Garantie des alliierten Zugangs nach West-Berlin erwartet. Die beiden Minister hatten aufgrund dessen angeblich empfohlen, die Bundesrepublik solle sich »stillschweigend mit der De-facto-Anerkennung der DDR abfinden, da sie künftig ohnehin nicht mehr zu vermeiden« sei, und Verhandlungen mit der DDR über den zivilen Zugang nach West-Berlin aufnehmen, die Diskussionen über die Ostgrenze aber hinauszögern. Hinsichtlich einer Pufferzone zwischen NATO und Warschauer Pakt und des Verbots von Atomwaffen für die Bundeswehr forderten sie Adenauer dem Bericht zufolge auf, er solle solche Ansinnen »mit der Begründung ablehnen, dadurch würde die NATO geschwächt«.[25]

Die Atomwaffenfrage tauchte in der KGB-Berichterstattung immer wieder auf, doch scheint der KGB die amerikanischen Äußerungen dazu nie weitergeleitet oder nie erhalten zu haben. In einem Schreiben von Präsident Kennedy an Bundeskanzler Adenauer vom 13. Oktober 1961 hieß es beispielsweise: »Was die nukleare Komponente der europäischen Sicherheit betrifft, ... ist es seit langem die Politik der US-Regierung, die Verfügungsgewalt über nukleare Sprengköpfe keinem Staat zu übertragen, der sie nicht schon besitzt, und keinem solchen Staat Informationen oder Material zukommen zu lassen, die zu deren Herstellung nötig sind.«[26] In den Berichten der KGB-Quellen wurde der Besitz von Trägersystemen häufig mit dem Besitz von Atomsprengköpfen verwechselt, die den Westdeutschen allenfalls unter NATO-Aufsicht übergeben werden konnten.[27] Vielleicht war diese Verwechslung Absicht, um der sowjetischen Anti-Atom-Kampagne zusätzliche Munition zu verschaffen. Ein Bericht über eine Zusammenkunft des SPD-Vorsitzenden Ollenhauer mit dem Vorsitzenden des Komitees für den Kampf gegen den Atomtod und Gewerkschaftsvertretern im Oktober dürfte die Sowjets erfreut haben. Demnach hatte Ollenhauer erklärt, mangels einer Volksbewegung gegen die Atomrüstung erscheine es nicht tunlich, eine solche künstlich zu schaffen. Die Gewerkschafter sprachen sich jedoch für eine Ausdehnung der Aktivitäten des Komitees aus, und das SPD-Präsidium schloß sich dem in einer nachfolgenden Sitzung an.[28]

Nervenproben

Kaum hatte General Clay sein neues Quartier im Gästehaus in Wannsee bezogen, kam es mit den US-Oberkommandos in Heidelberg und Paris zu einer Kontroverse über die Westberliner Exklave Steinstücken. Um Flagge zu zeigen, flog Clay im Hubschrauber hinüber, unterhielt sich eine Zeitlang mit den Bewohnern und kehrte mit einem Flüchtling zurück, der sich dort versteckt gehalten hatte. Die Westberliner waren begeistert über dieses Zeichen der Unterstützung. Im Bericht über seine Aktion an Außenminister Rusk bemerkte Clay: »Ich bin sicher, daß in Washington Entschlossenheit herrscht, und wir müssen den Menschen in West-Berlin sowie den ostdeutschen und sowjetischen Truppen vor Augen führen, daß sie auch hier herrscht.«[29]

Die nächste größere Krise, die Panzerkonfrontation am Checkpoint Charlie in der Friedrichstraße, wurde durch Clays Anordnung vom 29. September ausgelöst, bei einer Sperrung des Grenzübergangs für den alliierten Verkehr durch die DDR die Barrieren mit Panzern und anderem schweren Gerät zu beseitigen. Die Erörterung dieser theoretischen Möglichkeit in Washington, Berlin und allen dazwischenliegenden Stellen, wie etwa Bonn, Heidelberg und Paris, dauerte bis zum 23. Oktober, als Allan Lightner jr., ein in Berlin tätiger Beamter des US-Außenministeriums, am Checkpoint Charlie von einem DDR-Grenzsoldaten angehalten wurde und seine Papiere vorzeigen sollte. Lightner weigerte sich und blieb eine Stunde dort sitzen, bis ihn die US-Militärpolizisten aufforderten, in den amerikanischen Sektor zurückzukehren. Als Botschafter Llewellyn Thompson die Angelegenheit in Moskau gegenüber Gromyko ansprach, entgegnete dieser, die DDR habe sich im Recht befunden.[30]

Nach diesem Zwischenfall wurden sowjetische Panzer in die Nähe der Friedrichstraße verlegt und parkten nur wenige Häuserblocks vom Checkpoint Charlie entfernt. Als Antwort wurden auch amerikanische Panzer in die Friedrichstraße geschickt, die aber jeden Tag um siebzehn Uhr nach Tempelhof zurückkehrten. Am 26. Oktober fuhren die sowjetischen Panzer in die Friedrichstraße und rollten auf die Sektorengrenze zu. Die amerikanischen Panzer wurden daraufhin in aller Eile aus Tempelhof zurückbeordert. Die anschließende Konfrontation der Panzer gehörte zu den dramatischsten Augenblicken des Kalten Krieges in Berlin.

BOB prüfte rasch die Nationalität der Panzer, indem sich ein als Diplomat getarnter Offizier in der Friedrichstraße auf die Ostberliner Seite begab und die russische Unterhaltung der Panzermannschaften belauschte. Als Clay sicher war, daß es sich tatsächlich um sowjetische Panzer handelte, die mit sowjetischen und nicht mit DDR-Soldaten bemannt waren, verkündete er in einer Pressekonferenz, ihre Anwesenheit beweise die Verantwortlichkeit der Sowjetunion für das Vorgehen der ostdeutschen Polizei.[31] Um 17.55 Uhr Berliner Zeit rief Clay Präsident Kennedy an, berichtete ihm über die Lage und sagte ihm, bis Montag, den 30. Oktober, werde kein weiterer Versuch unternommen, Zivilisten den Übergang nach Ost-Berlin zu ermöglichen.[32]

Inzwischen nahm die Zahl der sowjetischen Panzer im Umkreis der Friedrichstraße ständig zu. Wie es weiterging, ist unklar. Einige Quellen, darunter Clay selbst, haben erklärt, Clay habe gegen dreiundzwanzig Uhr einen Anruf des Präsidenten erhalten. Graver zufolge, der sich zu diesem Zeitpunkt im Lagezentrum aufhielt, sagte Clay als erstes, die Situation sei ruhig. Dann fügte er hinzu, ihm sei gerade ein Bericht über Panzerbewegungen ausgehändigt worden, die aber offenbar nicht in der Nähe der Friedrichstraße stattfanden. Clay schloß: »Ich rufe Sie an, wenn sich etwas tut.«[33]

Dem US-Außenministerium zufolge »ist keine andere Aufzeichnung über diese Unterhaltung gefunden worden«.[34] Aber der KGB scheint beide Anrufe mitgehört zu haben. Am 31. Oktober schickte Schelepin dem ZK einen Bericht über die Telefonate. Im ersten Teil des Berichts wurden Clays Lagebericht und seine Ankündigung wiedergegeben, bis Montag keine weiteren Grenzübertritte mehr zu versuchen. Kennedy fragte Clay, was die Briten und Franzosen an ihren Grenzübergängen täten, worauf dieser antwortete: »Die Franzosen … schicken ihre Leute mit militärischer Eskorte durch den Checkpoint. Was die Engländer angeht, so zeigen sie schon seit fünfzehn Jahren ihre Ausweise vor.« In dem Anruf um dreiundzwanzig Uhr hatte Kennedy dem Bericht zufolge empfohlen: »Am besten schickt man nur Leute in Uniform hinüber, bis wir von Thompson etwas hören.« Clay war einverstanden und bemerkte: »Ich glaube, Mr. President, es handelt sich hier um eine Nervenprobe.« Darauf erwiderte Kennedy, er sei sicher, daß Clays Nerven stark genug seien.[35]

Am 27. Oktober um Mitternacht standen dreißig Sowjetpanzer in der Friedrichstraße bereit, die sich jedoch am nächsten Morgen zurückzogen. Nach amerikanischer Darstellung hatten Clay und die USA »einen eindrucksvollen Sieg errungen«.[36] Doch dieser Sieg stand auf tönernen Füßen. Am 23. Dezember verlangten DDR-Grenzsoldaten von den Zivilbeamten, die den amerikanischen Stadtkommandanten, General Albert Watson, auf dem Weg zu einer Sitzung mit den Sowjets in Karlshorst begleiteten, die Vorlage ihrer Ausweise. Watson verweigerte die Genehmigung dazu und wurde daraufhin nicht nach Ost-Berlin hineingelassen. Er konterte damit, daß er dem sowjetischen Stadtkommandanten, Oberst Andrej Solowjow, den Zutritt nach West-Berlin untersagte. Am 30. Dezember schließlich erklärte Solowjow, er bedauere den Vorfall, aber die Ostdeutschen hätten nur ihre Befehle befolgt.[37]

Watsons Entscheidung, dem sowjetischen Stadtkommandanten das Betreten West-Berlins zu untersagen, löste eine erbitterte diplomatische Auseinandersetzung aus, die bis 1962 anhielt. Am 13. März berichtete der

Karlshorster KGB-Apparat sowjetischen Funktionären in Berlin, der französische Stadtkommandant, Jean Lacomme, solle durch Edouard K. Toulouse abgelöst werden, weil sich Lacomme seinem amerikanischen Kollegen zu gefügig gezeigt habe. Die französischen Behörden seien »mit den Aktionen der Amerikaner unzufrieden, die das Prinzip der ›gemeinsamen Verantwortung‹ verletzten und versuchten, ihre englischen und französischen Verbündeten herumzukommandieren«. Als die Amerikaner General Toulouse gebeten hätten, dem sowjetischen Stadtkommandanten den Zutritt zum französischen Sektor zu verweigern, habe dieser abgelehnt und gesagt, er müsse »den Vorschlag an die französische Botschaft in Bonn weiterleiten«.[38]

Das Stadtkommandantenproblem erledigte sich im Sommer 1962 von selbst, als die Sowjets diesen Posten ganz abschafften. In einem KGB-Lagebericht, der auf Informationen des MfS und des Karlshorster Apparats beruhte, hieß es, die Abschaffung der sowjetischen Kommandantur sei »in herrschenden Westberliner Kreisen mit Besorgnis aufgenommen« worden.[39] Unterdessen besuchten amerikanische Zivilbeamte weiterhin Ost-Berlin, zeigten aber ihre Diplomatenpässe vor. Auch in der Frage der Truppenbewegungen über die Autobahn zeigte sich die amerikanische Regierung unentschlossen. Ende November erschienen in westlichen Zeitungen sowjetischen Quellen zugeschriebene Artikel, in denen die amerikanischen Truppenbewegungen auf der Autobahn als »provokatorisch« bezeichnet wurden. Nach amerikanischer Auffassung waren sie dagegen »eine Routineangelegenheit in normaler Ausübung seit langem geltender Rechte«. Der KGB, der bei Unstimmigkeiten unter den Westalliierten stets hellhörig wurde, berichtete Gromyko und dem ZK, Clay habe den britischen und französischen Stadtkommandanten ersucht, dem amerikanischen Beispiel zu folgen und »demonstrative Fahrten ihrer Truppen über die … Autobahn zu organisieren«. Dieses Ersuchen sei sowohl von den Briten als auch von den Franzosen abgelehnt worden. Dieser Bericht traf zu. Anfänglich wollte Präsident Kennedy »vermeiden, den Sowjets die Chance zu geben, die Alliierten mit der plausiblen Behauptung zu spalten, der ganze Ärger gehe von einer US-Provokation aus«. Am 9. Dezember beschloß er jedoch, die Truppenbewegungen fortzusetzen, weil sonst »bei den Kommunisten der Eindruck entstünde, es sei ihnen gelungen, uns einzuschüchtern«.[40]

Das letzte größere diplomatische Ereignis von 1961 waren die Gespräche der Außenminister der USA, Englands, Frankreichs und der Bundesrepublik in Paris vom 10. bis 12. Dezember. Thema waren Verhandlungen mit der UdSSR über die Berlin-Frage. Das Ergebnis war für die NATO-Verbündeten wenig ermutigend. Frankreich widerstrebten Verhandlungen mit der UdSSR, und niemand konnte die Tatsache leugnen, daß sich die sowjetische Haltung seit 1958 nicht verändert hatte.[41] Im einzigen KGB-Bericht über diese Gespräche wurde eine Rede wiedergegeben, die Bundesaußenminister Gerhard Schröder im Dezember vor dem NATO-Rat in Paris gehalten hatte. Darin habe er, so der Bericht, die bekannte Auffassung der Bundesrepublik zu Verhandlungen mit der Sowjetunion über Berlin und Deutschland wiederholt.[42] Weitergeleitet wurde dieser Bericht erst am 28. April 1962, so daß er auf die sowjetische Analyse der in der Tagung im Dezember zutage getretenen Dissonanzen zwischen den Westmächten keinen Einfluß gehabt haben kann. Ebensowenig kann er zu dem sowjetischen Beschluß beigetragen haben, Anfang Februar mit ernsten Störungen westlicher Flüge durch die Luftkorridore zu beginnen.

Im Dezember 1961 war aus dem anfänglichen Stacheldrahtgewirr auf Betonpfosten eine Reihe mächtiger und überaus häßlicher Barrieren quer durch Berlin und zwischen West-Berlin und dem Umland geworden. Um einen Durchbruch von Autos oder Lastwagen durch die Kontrollstellen zu verhindern, hatte die DDR bis Jahresende alle Fahrzeugübergänge derart umgestaltet, daß sich der Verkehr mühsam im Schrittempo hindurchwinden mußte. Das Brandenburger Tor wurde mit einer ungewöhnlich dicken, aber niedrigeren Mauer verschlossen, die offensichtlich als Panzersperre gedacht war. Nach sowjetischer Darstellung sollten niedrigere Mauer und »Landschaftsgestaltung« die Gegend »verschönern« und den Ostdeutschen einen angenehmen Anblick des Brandenburger Tors vermitteln. Weihnachten 1961 war für die Berliner auf beiden Seiten der Mauer alles andere als ein Fest, zu schmerzhaft erinnerte es daran, daß sie von ihren Freunden und Verwandten abgeschnitten waren. Als Zeichen der Solidarität mit den Menschen in Ost-Berlin stellten die Westberliner entlang der Mauer Christbäume auf. Im Rückblick auf den August 1961 schien klar, wer diese Runde gewonnen hatte.

EPILOG

Die Berliner Mauer war ein bedeutender taktischer Sieg für den KGB, denn sie hielt BOB in Ostdeutschland auf Distanz. Aber der Kampf um Berlin sollte noch viele Jahre weitergehen. Binnen eines Jahrzehnts hatte Willy Brandts Ostpolitik die volle Anerkennung der DDR durch den Westen, den praktischen Verzicht auf die Wiedervereinigung und die Unterzeichnung des Viermächteabkommens zur Folge, das West-Berlin als getrennte Einheit erhielt. Für die Sowjetunion mußte es wie eine letzte Ironie des Schicksals wirken, daß diese Veränderungen das Werk eines sozialdemokratischen Kanzlers waren. Von Lenin bis hin zu Chruschtschow hatten die Sowjetführer die Sozialdemokraten nie als legitime Verfechter des sozialen und wirtschaftlichen Wandels anerkannt. Die von Andropow in die Wege geleiteten Verhandlungen mit dem Brandt-Berater Egon Bahr, in denen das Fundament der Neuen Ostpolitik gelegt und eine Verbindung zwischen Brandt und Breshnew hergestellt wurde, waren ein letzter verzweifelter Versuch, die Kluft zwischen der sowjetischen Orthodoxie und den Sozialdemokraten zu überbrücken. Daß Brandt durch die Enttarnung von Günter Guillaume, dem Spion, den ausgerechnet das vom KGB geschaffene MfS in Brandts Amt geschickt hatte, zum Rücktritt gezwungen wurde, schien wie ein schäbiges Possenstück am Rande dieser diplomatischen Durchbrüche.

Trotz des neuen diplomatischen Status der DDR waren die Ostdeutschen enttäuscht, nachdem die Ostpolitik eingeleitet worden war. Die ostdeutsche Wirtschaft rang unablässig mit Problemen, obwohl sie in den Genuß sowohl besonderer Handelsbeziehungen zu Westdeutschland als auch der Einbeziehung in den Gemeinsamen Markt kam. Die DDR war gezwungen, westdeutsche Häftlinge, darunter viele Opfer des Geheimdienstkrieges, gegen Milliarden harter Währung auszutauschen. Zudem zerbröckelte, als die letzte Dekade der sowjetischen Macht begann, allmählich das kommunistische System in Ostdeutschland. Manche sind der Meinung, Juri Andropow, der länger als alle seine Vorgänger und Nachfolger KGB-Chef war, hätte das kommunistische System, wenn er lange genug am Leben geblieben wäre, mit seiner harten, klugen Führung länger über Wasser halten können. Aber mit Glasnost und Perestroika, die sein Nachfolger Michail Gorbatschow in Gang setzte, beschleunigte sich der Zerfall. Im Sommer 1989 waren die polnischen Kommunisten in eine nichtkommunistische Regierung eingetreten, und die Ungarn öffneten ihre Westgrenze und ließen Tausende ostdeutscher »Touristen« in den Westen ausreisen. Wieder einmal stimmten die Ostdeutschen mit ihren Füßen gegen den Verbleib im Ostblock ab.

In diesem Sommer machte Kondraschow, mittlerweile Sonderberater des KGB-Vorsitzenden Wladimir A. Krjutschkow, wie seit vielen Jahren als Gast von Staatssicherheitsminister Mielke Sommerurlaub in der DDR. Am Tag vor seiner Abreise nach Moskau überraschte ihn Mielke mit einer dringenden Frage. »Sergej«, fragte er, »was denkt sich Gorbatschow eigentlich? Ist ihm klar, daß die DDR, wenn eure Politik gegenüber Polen und Ungarn so weitergeht, die dadurch freigesetzten gesellschaftlichen Kräfte nicht mehr beherrschen kann? Gorbatschow und eure Führung sollten begreifen, daß die Deutsche Demokratische Republik zerschmettert wird!« Mielke bat Kondraschow, diese Botschaft Krjutschkow zur Weiterleitung an Gorbatschow zu überbringen. Als Kondraschow erfuhr, daß Mielkes Botschaft Gorbatschow erreicht hatte, fragte er, ob es eine Reaktion gegeben habe. »Keine«, antwortete Krjutschkow.

Beim Besuch Ost-Berlins im Oktober 1989 machte Gorbatschow klar, daß die sowjetischen Truppen der DDR bei der Unterdrückung der wachsenden inneren Opposition nicht zu Hilfe kommen würden. Am 18. Oktober 1989 wurde Ulbrichts Nachfolger Honecker als SED-Parteichef abgesetzt, und am Jahresende war das Brandenburger Tor offen. Am 3. Oktober 1990 war Deutschland wieder ein geeintes Land. Die einstigen Besatzungsmächte legten den September 1994 als Datum für den Abzug der westlichen Truppen aus West-Berlin und den Rückzug der sowjetischen Streitkräfte aus Ost-Berlin und Ostdeutschland fest. Der KGB-Apparat in Karlshorst, dem jetzt Generalmajor Anatoli Nowikow vorstand, wurde schon lange vorher, nämlich 1992 geschlossen. Als die US-Army am 4. Juli 1994 ihren letzten Unabhängigkeitstag in Berlin feierte, wurde die Operationsbasis Berlin in einer Feier deaktiviert, der CIA-Direktor R. James Woolsey, David Murphy und andere ehemalige BOB-Chefs beiwohnten.

Wie konnte die DDR, der Eckstein der sowjetischen Position in Osteuropa, zusammenbrechen? Kaum eine Regierung der Zeitgeschichte dürfte je über ihre Gegner so genau informiert gewesen sein wie die Moskauer. Ihre häufig dokumentarisch untermauerten Informationen erlangtc sic aus Quellen, die Zugang zu den höchsten Stellen hatten. Die Westmächte hingegen erhielten vergleichsweise wenig Informationen über die Pläne, das Potential oder die Absichten der Sowjets. Unsere Analyse des neuerdings freigegebenen KGB-Aktenmaterials offenbart, daß die sowjetischen Schätze an Geheimdiensterkenntnissen die sowjetische Politik niemals in dem Maß mitgestaltet haben, wie es möglich gewesen wäre.

Nirgendwo fiel diese Disparität zwischen Information und Einfluß deutlicher ins Auge als in Ostdeutschland. Gezwungen, das Diktat ihrer Führer widerspruchslos hinzunehmen, schrieben die Agenten ihre Berichte so um, daß sie in die herrschende sowjetische Ideologie paßten. Zudem war die Sowjetführung nicht in der Lage - oder nicht gewillt -, ihren Geheimdienstvorteil zu nutzen, um bei den DDR-Herren auf eine Änderung ihrer Politik zu drängen. Als Gorbatschow dies endlich tat, kam für die DDR und die Mauer rasch das Ende, und ihm folgte der Zusammenbruch der Sowjetunion auf dem Fuße.

ANHANG

ABKÜRZUNGEN

ADSO	Stellvertrender Direktor für Sonderoperationen (bei CIG und CIA)
BfV	Bundesamt für Verfassungsschutz
BND	Bundesnachrichtendienst
BOB	Berlin Operations Base (Berliner Operationsbasis der CIA)
CENTO	Central Treaty Organization (Nahostverteidigungspakt)
CIA	Central Intelligence Agency (Nachrichtendienst der USA)
CIC	U. S. Army Counterintelligence Corps (Spionageabwehrkorps der US Army)
CIG	Central Intelligence Group (Zentrale Nachrichtengruppe; Vorläufer der CIA)
COI	Office of the Coordinator of Information (Büro des Informationskoordinators)
DCI	Director of Central Intelligence (Direktor von CIG oder CIA)
DDP	Deputy Director for Plans (stellvertretender Direktor für Planungen der CIA)
DVdI	Deutsche Verwaltung des Innern
ECA	Economic Cooperation Administration (Amt für wirtschaftliche Zusammenarbeit, USA)
EVG	Europäische Verteidigungsgemeinschaft
FBI	Federal Bureau of Investigation (Bundeskriminalamt der USA)
FDJ	Freie Deutsche Jugend
GCHQ	Government Communications Headquarters (GB)
Gestapo	Geheime Staatspolizei im »Dritten Reich«
GKO	Gossudarstwenny Komitet Oborony (Staatliches Verteidigungskomitee, UdSSR)
GPU	Gossudarstwennoje Polititscheskoje Uprawlenije (Staatliche Politische Verwaltung; Vorgängerorganisation des NKWD und KGB, 1922/23)
GRU	Glawnoje Raswedywatjelnoje Uprawlenije (Nachrichtendienstliche Hauptverwaltung des Generalstabs der sowjetischen Streitkräfte)
GSOWG	Gruppa Sowjetskich Okkupazionnych Woisk w Germanii (Gruppe der sowjetischen Besatzungstruppen in Deutschland, 1945–1949)
GSWG	Gruppa Sowjetskich Woisk w Germanii (Gruppe der sowjetischen Truppen in Deutschland, ab 1949)

Gulag	Glawnoje Uprawlenije Lagerej (Hauptverwaltung der Straflager in der UdSSR)
GUSIMS	Glawnoje Uprawlenije Sowjetskogo Imuschtschestwa Sagranizei (Hauptverwaltung für sowjetisches Vermögen im Ausland beim Ministerrat der UdSSR)
HA XV	Hauptabteilung XV des Staatssekretariats für Staatssicherheit im Innenministerium der DDR
HVA	Hauptverwaltung Aufklärung des MfS (Auslandsnachrichtendienst der DDR)
IWF	Institut für Wirtschaftswissenschaftliche Forschung
K 5	Kommissariate 5 der Kriminalpolizei in der SBZ (politische Geheimpolizei)
KGB	Komitet Gossudarstwennoi Besopasnosti (Komitee für Staatssicherheit, UdSSR; sowjetischer Nachrichtendienst, seit 1954)
KI	Komitet Informazii (Informationskomitee; sowjetischer Auslandsnachrichtendienst, 1947–1951)
KPdSU	Kommunistische Partei der Sowjetunion
KVP	Kasernierte Volkspolizei
LDP	Liberal-Demokratische Partei Deutschlands
MfS	Ministerium für Staatssicherheit
MGB	Ministerstwo Gossudarstwennoi Besopasnosti (Ministerium für Staatssicherheit, UdSSR; Vorgängerorganisation des KGB, 1946–1954)
MID	Ministerstwo Inostrannych Del (Außenministerium, UdSSR)
MWD	Ministerstwo Wnutrennych Del (Ministerium des Innern, UdSSR; Vorgängerorganisation des KGB, 1953/54)
NATO	North Atlantic Treaty Organization (Organisation des Nordatlantikvertrages)
NIE	National Intelligence Estimate (Nationale Lageeinschätzung des CIA)
NKGB	Narodny Komissariat Gossudarstwennoi Besopasnosti (Volkskommissariat für Staatssicherheit; Vorgängerorganisation des KGB, 1941 und 1943–1946)
NKO	Narodny Komissariat Oborony (Volkskommissariat für Verteidigung, UdSSR)
NKWD	Narodny Komissariat Wnutrennych Del (Volkskommissariat des Inneren, UdSSR; Vorgängerorganisation des KGB, 1922/23 und 1934–1946)
NSA	National Security Agency (Nationale Sicherheitsagentur, USA)
NSC	National Security Council (Nationaler Sicherheitsrat, USA)
NSDAP	Nationalsozialistische Deutsche Arbeiterpartei
NTS	Nazionalno Trudowoi Sojus (Nationale Arbeitsunion)
NVA	Nationale Volksarmee (DDR)
OCI	Office of Current Intelligence (CIA)
OMGUS	Office of Military Government (US-Militärregierung in Deutschland)
OO	Osoby Otdely (Sonderabteilungen der Spionageabwehr der Sowjetarmee)
OPC	Office of Policy Coordination (Politische Koordinationsabteilung der CIA)
ORE	Office of Reports and Estimates (CIA-Abteilung für Berichte und Lageeinschätzungen)

OSO	Office of Special Operations (Abteilung für Sonderoperationen von CIG und CIA)
OSS	Office of Strategic Services (Büro für Strategische Dienste, Vorgängerorganisation der CIA)
RU	Raswedywatjelnoje Uprawlenije (Nachrichtendienstliche Verwaltung der GSWOG und GSWG)
SAG	Sowjetische Aktiengesellschaft
SANACC	State-Army-Navy-Air Force Coordinating Committee (Koordinationskomitee von Außenministerium, Heer, Marine und Luftwaffe der USA)
SBONR	Sojus Borby sa Oswoboshdenja Narodow Rossii (Kampfbund zur Befreiung des russischen Volkes)
SBZ	Sowjetische Besatzungszone in Deutschland
SD	Sicherheitsdienst des Reichsführers SS
SED	Sozialistische Einheitspartei Deutschlands
SHAEF	Supreme Headquarters Allied Expeditionary Force (Oberstes Hauptquartier der Alliierten Expeditionstruppen)
SI	Secret Intelligence (Nachrichtenbeschaffungsabteilung des OSS)
SIS	Secret Intelligence Service (britischer Nachrichtendienst)
SMAD	Sowjetische Militäradministration in Deutschland
Smersch	Smert Spionam (»Tod den Spionen«; Spionageabwehr der Roten Armee)
SNIE	Special National Intelligence Estimate (Nationale Sonderlageeinschätzung des CIA)
SS	Schutzstaffel (paramilitärischer Kampfverband der NSDAP)
SSU	Strategic Service Unit (Einheit für Strategische Dienste im US-Kriegsministerium)
SWR	Sluschba Wneschnei Raswedki (Auslandsnachrichtendienst der Russischen Föderation)
Tscheka	Tschreswytschajnaja Komissija po Borbe s Kontrrewoljuziej i Sabotaschem (Außerordentliche Kommission zum Kampf gegen Konterrevolution und Sabotage; erste sowjetische Geheimpolizei, 1917–1922)
UdSSR	Union der Sozialistischen Sowjetrepubliken
UKR	Spionageabwehrverwaltung (der GSOWG und GSWG)
UN	United Nations (Vereinte Nationen)
USFET	U. S. Forces, European Theatre (US-Streitkräfte auf dem europäischen Kriegsschauplatz, Hauptquartier)
USIG	Uprawlenije Sowjetskogo Imuschtschestwa w Germanii (Verwaltung des sowjetischen Vermögens in Deutschland)
WEU	Westeuropäische Union
X-2	Spionageabwehrabteilung von OSS und SSU
ZK	Zentralkomitee

ANMERKUNGEN

Die Interviews wurden, wenn nicht anders vermerkt, von David Murphy geführt. Die Drahtberichte und Mitteilungen von BOB gingen an den DCI, die Schriftberichte an den Chef der Osteuropaabteilung. Die Informationsberichte der CIA wurden im Hauptquartier verfaßt und verteilt.

Abkürzungen

AWP RF	Archiwy Wneschnei Politiki Rossiskoi Federatsii (Außenpolitisches Archiv der Russischen Föderation, Moskau)
AWP SSSR	Archiwy Wneschnei Politiki Sojusa Sowjetskich Sozialistitscheskich Respublik (Außenpolitisches Archiv der UdSSR, Moskau)
CIA-HRP	CIA Historical Review Programm bei der Historical Review Group des CIA-Zentrums zum Studium der Nachrichtendienste
CSHP	Clandestine Services History Project
CWIHP	Cold War International History Project, Woodrow Wilson International Center for Scholars, Washington, D. C.
FRUS	*Foreign Relations of the United States,* hg. vom Office of History des US-Außenministeriums
KBS	*Weterany wneschnei raswedki Rossii. Kratki biografitscheski sprawotschnik*
NARA	National Administration of Records and Archives, Washington, D. C. (Record Group [RG] 226 enthält die OSS-Akten)
SWRA	SWR-Archiv
W Ch	ein sicheres sowjetisches Telefonnetz in der UdSSR und den besetzten Gebieten
ZChSD	Zentr chrannenija sowremennoi dokumentatsii (Zentrum zur Aufbewahrung zeitgenössischer Dokumente, Moskau)

Die Berliner Operationsbasis der CIA

1 AWP SSSR, Fonds Sekretariat Molotow, Verzeichnis 5, Mappe 332, Hefter 29.

2 Vgl. Andrew/Gordiewsky, *KGB,* S. 412 f.; Brown, *Wild Bill Donovan,* S. 422 f. Als Wsewolod Merkulow, der Volkskommissar für Staatssicherheit, Stalin, Molotow und Berija Bericht erstattete, erwähnte er, daß Fitin sich in Begleitung seines Stellvertreters Owakimian befand.

3 Ihre Aktivitäten für NKWD beziehungsweise NKGB sind durch Venona bestätigt worden. Venona war die Entschlüsselungsoperation der Funküberwachung der US Army, der es gelang, in den Schlüssel des sowjetischen Nachrichtendiensts einzubrechen. Die entschlüsselten Botschaften wurden 1995/96 von der Nationalen Sicherheitsagentur (NSA) veröffentlicht: Venona Historical Monograph 2, »The 1942–43 New York-Moscow KGB Messages«, und Venona Historical Monograph 3, »The 1944–45 New York-Moscow KGB Messages«.

4 Als Beispiel sei hier ein NKGB-Memorandum genannt (SWRA, Akte 36514, Bd. 1, S. 279–283), das aus zwei OSS-Berichten von Allen Dulles aus Bern bestand.

5 SS-Sturmbannführer Wilhelm Höttl, der Chef der Operationen des SS-Nachrichtendienstes in Südosteuropa, bot dem OSS seine Dienste an, beschrieb die Reste seines Agentennetzes und führte das OSS zu seinem Funkzentrum in Westösterreich. Oberst Andrew H. Berding, der X-2-Chef der deutschen OSS-Mission, setzte Donovan am 8. Juni 1945 über diese Affäre ins Bild. Er empfahl, den Sowjets die von Höttl erhaltenen Informationen mitzuteilen und sie aufzufordern, sich an der Nutzung des Agentennetzes zu beteiligen. In einem zweiten Schreiben sprach sich Berding dafür aus, dieses Angebot mit Bedingungen zu versehen, wie dem Verbot sowjetischer Verhöre von Höttl und seinen Männern und einer gemeinsamen Nutzung des Funkzentrums (Berding an Donovan, »Hoettl Case«, 8. Juni 1945, und »Hoettl Case: Additional Observations«, NARA RG 226, Eintrag 108; vgl. Berding an Donovan, »Documents Pertaining to Hoettle Case«, 27. Juni 1945, NARA RG 226, Eintrag 108).

6 Generalleutnant Fitin an Major General John Deane, 1. August 1945, NARA RG 226, Eintrag 108; vgl. Brown, *Last Hero,* S. 753 f.

7 Interview mit Hugh Montgomery, 9. November 1993. Montgomery gehörte zu der OSS-Einheit, die das Funkzentrum zerstörte.

8 Frank Wisner, damals Chef der SI-Abteilung, wartete nicht und schickte drei OSS-Offiziere durch die sowjetischen Linien nach Berlin, um unter den Angestellten einer Fabrik, die einem der Offiziere vor dem Krieg gehört hatte, potentielle Agenten herauszufinden. Der aus dieser Operation resultierende Bericht war der erste OSS-Bericht über die Lebensbedingungen im sowjetisch besetzten Berlin (Wisner an Shephardson und Penrose, 17. Mai 1945, NARA RG 226, Box 20, Eintrag 108B).

9 Bradley, *A Soldier's Story,* S. 551.

10 Zusätzlich zur mündlichen Einweisung erhielt Clay von Dulles ein langes Memorandum, in dem er nicht nur die vor der deutschen SSU-Mission stehenden Probleme, sondern auch seine Gedanken über den Platz, den ein neues Deutsch-

land künftig in Europa einnehmen könnte, niedergeschrieben hatte (NARA RG 226, Ordner 847, Mikrofiche 1642, Rolle 74).

11 Smith, *Lucius D. Clay,* S.261 f. Smith verteidigt Clays Haltung von 1945/46, als er eine Kooperation mit den Russen für möglich hielt, und hebt die breite Unterstützung hervor, die diese Auffassung in den USA erfuhr (S.287–295). Unserer Ansicht nach war Clays Haltung angesichts der von den Sowjets verfolgten Politik äußerst naiv.

12 Murphy, *Diplomat Among Warriors,* S.290; Buchin/Jakowlew, *170 000 Kilometrow s G. K. Schukowym,* S.135.

13 BOB, Wochenbrief, 17. November 1947, CIA-HRP.

14 Durand gehörte zur X-2-Abteilung des OSS und hatte schon lange auf der Liste der Offiziere gestanden, die nach Berlin geschickt werden sollten. Seine Berufung auf den operativ aktivsten, aber auch politisch heikelsten Posten im Bereich der deutschen SSU-Mission konnte als logische Folge aus der Ernennung von Crosby Lewis, dem X-2-Chef der deutschen Mission, zum Missionschef verstanden werden. Zugleich war es ein Signal dafür, daß die Dominanz von SI-Offizieren wie Helms und Wisner in der Mission vorüber war.

15 Durand, »Report on Berlin Operationss Base«, 8. April 1948, CSHP 24.

16 Memorandum, Bastedo an Dulles, »Status of Planning for the German Unit«, 25. Dezember 1944, NARA RG 226, Box 207, Ordner 2915, Eintrag 146; vgl. Wisner an Shephardson und Penrose, 17. Mai 1945, NARA RG 226, Box 20, Eintrag 108B.

17 NARA RG 226, Box 169, Eintrag 108.

18 NARA RG 226, Box 152, Eintrag 888; Box 169, Eintrag 108.

19 Interviews mit Thomas Polgar, 19. Oktober 1993, und Peter Sichel, 14. Dezember 1993. Wie sehr solche Informationen geschätzt wurden, zeigt ein Monatsbericht der SI Production Division im SSU-Hauptquartier, in dem es heißt: »Im Dezember 1945 ist Berlin eindeutig zum besten Nachrichtenbeschaffer über sowjetische politische Aktivitäten hinsichtlich der CDU in der Sowjetzone geworden« (NARA RG 226, Box 202, Ordner 2820, Eintrag 146).

20 Vgl. Murphy ans US-Außenministerium, 29. Dezember 1945, FRUS 1945, Bd. 3, S.1079–1091.

21 Interview mit Askold W. Lebedew, 23. August 1994 (Kondraschow); BOB Intelligence Report L–1495, »Russian Methods of Influencing Top-Level Functionaries«, 26. April 1946, CIA-HRP. Zu den Methoden, die die SMAD anwandte, um die Vereinigung von SPD und KPD zu erreichen, vgl. Naimark, *Die Russen in Deutschland,* S.348–358.

22 Das Folgende beruht auf: SWRA, Akte 60345, Bd. 1, S.147–159. Adressat des Sitzungsberichts war die Sowjetführung. Ein Exemplar schickte Molotow für gewöhnlich an den Chef des Auslandsnachrichtendiensts, der es im Archiv ablegte. In diesem Fall wurde der Bericht vermutlich vom Berliner MGB-Apparat nach Moskau gesandt und dort für weitere MGB-Untersuchungen archiviert. Zum Beispiel glaubte das MGB, daß Max Fechner ein britischer Agent war. In diesen Verdacht war Fechner geraten, weil er trotz mehrerer Aufforderungen seine komfortable Wohnung im britischen Sektor nicht aufgeben wollte, und dieser

Verdacht hing ihm an, obwohl er schließlich doch nach Ost-Berlin umgezogen war. Später erhielt das MGB Berichte, denen zufolge die Briten den Inhalt von Diskussionen im SED-Politbüro kannten, und es wurde gemutmaßt, daß Fechner das Leck sei.

23 NARA RG 226, Mikrofilm 1656, Rolle 2, Berichte A-67509, »Elections in the Trade Unions«; A-67527, »SPD Efforts to Counter Merger«; A-67797, »KPD-SPD Merger in the Russian Zone of Berlin«; A-69359, »Political Propaganda and Pressure by the KPD, FDGB and NKVD«; A-69723, »Party Activities in Berlin«.

24 SWRA, Akte 60 345, Bd. 3, S. 46–82.

25 BOB-Quellen berichteten über eine Konferenz, auf der im März 1946 Marschall Shukow, SMAD-Experten, eine Regierungsdelegation aus Moskau und Vertreter der ostdeutschen Industrie über die »Schwierigkeiten des industriellen Reparationsprogramms« berieten. Die Fabrikdirektoren konnten nie sicher sein, daß die Maschinen, die sie für die Produktion für die Sowjets benötigten, nicht einem Demontagebefehl zum Opfer fallen würden. In einem Fall war in einer Fabrik, die Reparationsgüter produzieren sollte, der nach der ersten Demontage verbliebene Maschinenpark sorgfältig repariert und gewartet worden, nur um anschließend auch noch abtransportiert zu werden (SSU Intelligence Dissemination A-67697, 20. März 1946, »Russian-German Conference Regarding Reparations Programms«, NARA RG 226, Mikrofiche 1656, Rolle 2).

26 Clay, *Entscheidung in Deutschland*, S. 182.

27 Lowenhaupt, »On the Soviet Nuclear Scent«.

28 Memorandum, 31. August 1951, »Survey of the Special Operations, Section on Germany«, CIA-HRP; vgl. Memorandum, amtierender DSO an stellvertretenden DCI, »OSO Relations with CIC«, 6. Oktober 1951, CIA-HRP.

29 Memorandum an den Chef des Auslandsstabes der Osteuropaabteilung über BOBs Bemühungen, »das sowjetische Atomenergieprogramm und ihr Beschaffungsprogramm in Ostdeutschland zu infiltrieren«, 13. Januar 1953, CIA-HRP.

30 Schriftberichte, BOB an Hauptquartier, 5. Mai, 5. Juni und 7. Oktober 1953, CIA-HRP.

31 Lowenhaupt, »Chasing Bitterfeld Calcium 1946–1950«.

32 Interview mit Jewgeni Pitowranow, 1. November 1994 (Kondraschow).

33 Lowenhaupt, »On the Soviet Nuclear Scent«.

34 Durand, »Report on Berlin Operations Base«, 8. April 1948, CSHP 24.

35 Bradley, *A Soldier's Story*, S. 464.

36 Durand, »Report on Berlin Operations Base«, 8. April 1948, CSHP 24.

37 Ebd.; Interviews mit Offizieren, die in dieser Zeit in Berlin und in der deutschen Mission in Heidelberg gedient haben.

38 Richard Cutler, »OSS Recollections«, unveröffentlichtes Manuskript; Interview mit Thomas Polgar, 19. Oktober 1993.

39 Durand, »Report on Berlin Operations Base«, 8. April 1948, CSHP 24.

40 Hierzu und zum Folgenden siehe: Schriftbericht an Chef Osteuropaabteilung, 26. Mai 1956, CIA-HRP.

41 Interview mit Thomas Polgar, 19. Oktober 1993,

42 Ebd.; Interview mit Whitney Tucker, 20. Juni 1996.

43 Durand, »Report on Berlin Operations Base«, 8. April 1948, CSHP 24.
44 Ebd.
45 Belic war der Sohn eines Obersten in Denikins Armee, der bei Kämpfen in Südrußland fiel. George und seiner Mutter gelang die Flucht in die USA. Im Zweiten Weltkrieg diente er als Nachrichtendienstexperte bei der US Navy (vgl. Bower, *The Red Web,* S. 92 f.).
46 Die deutsche CIA-Mission half im Dezember 1946, Granowski aus Schweden nach Deutschland zu bringen. Seiner Beschreibung der NKGB-Operationen in der Ukraine, der nach Kriegsende von der Tschechoslowakei an die UdSSR abgetretenen Karpato-Ukraine und der SBZ konnte BOB die ersten soliden Informationen über Organisation, Personal und Methoden des NKGB entnehmen. Vgl.: Memorandum, Chef Auslandsabteilung M, 11. März 1949, CIA-HRP; Granovsky, *I Was an NKVD Agent.*
47 Durand, »Report on Berlin Operations Base«, 8. April 1948, CSHP 24; Wise, *Molehunt,* S. 172–174; Chachavadze, *Crowns and Trenchcoats.*
48 Interview mit Don Huefner, 19. August 1993; vgl. Bower, *The Red Web.*
49 Conquest, *Inside Stalin's Secret Police,* S. 150.
50 Dschirkwelow, *Secret Servent,* S. 30.
51 Interview mit Thomas Polgar, 19. Oktober 1993, und Peter Sichel, 14. Dezember 1993.
52 Memorandum an DCI, »Major General Leonid A. Malinin«, undatiert, CIA-HRP.
53 *Washington Post,* 18. April 1949; *New York Times,* 20. April 1949; *New York Herald Tribune,* Pariser Ausgabe, 20. April 1949.
54 Durand, »Report on Berlin Operations Base«, 8. April 1948, CSHP 24.
55 Aktennotiz, Hecksher an SR/CE, 30. Juni 1955.
56 SWRA, Akte 38 179, Bd. 51, S. 308–313.
57 Naliwaiko, *Tri desjatiletija na perednem kraje.*
58 Bericht 160/2487, 14. November 1967, SWRA.

Die sowjetische Residentur in Karlshorst

1 Koautor Kondraschow war kurz nach seinem Eintritt in die Zweite (Spionageabwehr-)Verwaltung des MGB zur Pawlowski-Operation abgestellt worden.
2 Pawlowski war Halbjude und lebte in ständiger Angst, zum Opfer von Stalins antisemitischen Säuberungen zu werden. Er blieb noch eine Weile im Nachrichtendienst, endete aber schließlich in einer psychiatrischen Klinik. Als Koautor Kondraschow in späteren Jahren einmal mit seiner Tochter Ost-Berlin besuchte, wurden sie von Stasichef Mielke, der ihnen etwas Besonderes bieten wollte, in einem MfS-Gästehaus bei Berlin untergebracht. Es sei ein Ort, hatte Mielke augenzwinkernd erklärt, den die »russischen Freunde« unmittelbar nach dem Krieg schon einmal benutzt hätten. Wie sich herausstellte, war es Schloß Dammsmühle.
3 Chruschtschow ernannte Alexander Schelepin zum KGB-Vorsitzenden, um den

Einfluß von Funktionären wie Serow zu verringern oder auszuschließen, und Breshnew benutzte die Höflinge Semjon Zwigun und Georgi Zinew, um den KGB-Vorsitzenden Juri Andropow im Auge zu behalten.

4 Jeschow wurde zunächst auf den Posten des Volkskommissars für Wassertransport abgeschoben und erst im April 1939 verhaftet. Anfang Februar 1940 wurde er hingerichtet. Vgl. Conquest, *Inside Stalin's Secret Police,* S. 76–85; Zitrinjak, »Rasstrelnoje Delo Jeschowa«.

5 Fitin, Memoiren, SWRA; zu Fitins Person siehe KBS. Daraus geht hervor, daß Fitin zu den mehr als zweihundert jungen Kommunisten mit höherer Bildung gehörte, die 1938 vom ZK der KPdSU zur Nachrichtendienstarbeit verpflichtet wurden, um den Schaden zu überwinden, den die Säuberungen beim Auslandsnachrichtendienst angerichtet hatten. Fitin stieg innerhalb eines Jahres, als Einunddreißigjähriger, zum Chef dieses Dienstes auf, den er durch die hektischen Jahre des Krieges führte. Soweit dies unter Stalin möglich war, entwickelte sich Fitin zu einem Nachrichtendienstprofi von Graden, weshalb er regelmäßig mit seinem Chef, Volkskommissar für Staatssicherheit Merkulow, über Kreuz lag.

6 Ebd.; vgl. Sudoplatow, *Special Tasks.*

7 Wassili Tischtschenko zum Beispiel, der Chef der Belorussischen Abteilung der Vierten Verwaltung, wurde für zwei Monate ins belagerte Leningrad geschickt und verhörte dann, nachdem die deutsche 6. Armee in Stalingrad kapituliert hatte, deutsche Offiziere. Anschließend wurde er von der Vierten Verwaltung abkommandiert und mit diplomatischer Tarnung nach Skandinavien entsandt. Unter dem Decknamen Rasin spielte er später eine wichtige Rolle beim Aufbau des sowjetischen Nachrichtendienstapparats in Deutschland. Vgl. Tischtschenko, *Wospominanije Rasina.*

8 Knight, *Berija.*

9 General Anatoli Oleinikow, ein Offizier mit großer Erfahrung in der militärischen Abwehr, bestätigte im Juni 1994 den Autoren gegenüber, daß diese Veränderungen einzig und allein aus dem Machtkampf resultierten.

10 Stalins Mißtrauen gegenüber den Kriegsgefangenen läßt sich an seinem Befehl vom 11. Mai 1945 an die Erste und Zweite Belorussische Front, die Erste, Zweite, Dritte und Vierte Ukrainische Front sowie die Genossen Berija, Merkulow, Abakumow und andere ablesen, mit dem er die Einrichtung von Auffanglagern anordnete. In diesen an jeder Front eingerichteten Lagern wurden ehemalige Kriegsgefangene und verschleppte Zivilisten festgehalten und von der Smersch verhört (Wolkogonow, *Stalin,* S. 668).

11 Stephan, »Smersch«. Laut Armeegeneral Pawel Iwaschutin, der im Zweiten Weltkrieg Chef der Spionageabwehr der Dritten Ukrainischen Front war, wurde die militärische Abwehr »aus einem reinen Spionageabwehrorgan in einen mächtigen Nachrichten- und Gegenspionagedienst umgewandelt, der nicht nur nach feindlichen Agentennetzen suchte, sondern auch Operationen im Hinterland des Feindes durchführte«. Iwaschutin ist überzeugt, daß die Smersch bessere Resultate geliefert hat als der NKGB und daß dies der Grund für Abakumows Beförderung gewesen ist. Vgl. Stoljarow, *Golgofa.*

12 Vgl. Schriftbericht, Chef OSO-Station Karlsruhe an Chef FBM, 26. Juli 1949, Anhang F, »Structure and Personnel of the CI Directorate of the Group of Soviet Occupation Forces in Germany«, CIA-HRP.
13 Andrew/Gordiewsky, *KGB*, S. 444–451; Intelligence Report, »Activities of General Ivan Serov in Poland«, 8. November 1958, CIA-HRP.
14 Vgl. Killian, *Einweisen zur völligen Isolierung;* von Flocken/Klonovsky, *Stalins Lager.* Einer sowjetischen Quelle zufolge sind 1945 über zehntausend »Naziverbrecher« in der SBZ verhaftet und verurteilt worden, eine Zahl, die von der neuen Geschichte des Auslandsnachrichtendienstes, die beim SWR in Vorbereitung ist, bestätigt wird.
15 NKO-Bericht, »Illegale Naziorganisationen«, SWRA, Akte 36514, Bd. 2, Dokument 14/15, S. 295.
16 Personalakte Sidnews, Staatssicherheitsarchiv Omsk.
17 Ebd.; vgl. Buchin/Jakowlew, *170 000 Kilometrow s G. K. Schukowym*, S. 144–146.
18 Bericht von Generalleutnant Wadis, Chef der Verwaltung der Spionageabwehr Smersch, Erste Belorussische Front, Februar 1945, SWRA.
19 Schriftbericht, Chef OSO-Station Karlsruhe an Chef FBM, 26. Juli 1949, CIA-HRP.
20 *Sowjetskaja Wojennaja Enziklopedija*, Bd. 6, S. 142 f.
21 Interview mit Georgi Korotja, 17. Dezember 1994 (Kondraschow). Die Trennlinie zwischen den Aktivitäten von Innenministerium und Staatssicherheit in Deutschland zu ziehen fiel selbst sowjetischen Amtsinhabern schwer. So beklagte sich Generalmajor Iwan S. Kolesnitschenko, der SMAD-Chef von Thüringen, 1947 über die Aktivitäten des »NKWD« (das zu diesem Zeitpunkt bereits zum MWD geworden war), obwohl die anstößigen Aktionen vom MGB-Opersektor des Landes Thüringen durchgeführt worden waren (Naimark, *Die Russen in Deutschland*, S. 493 f.).
22 AWP SSSR, Fonds Sekretariat Molotow, Verzeichnis 7, Mappe 416, Hefter 30. Diese Beraterposten waren sehr begehrt, und zwischen Volkskommissariat des Äußeren (Narkomindel) und NKGB/NKWD wurde heftig um die Ernennungen gekämpft. Der politische Berater von Marschall Rokossowskis Zweiter Belorussischer Front war zum Beispiel Amajak Kobulow, der jüngere Bruder von Bogdan und ein Mitglied des engsten Kreises um Berija. Vor dem Krieg war er NKWD-Resident in Berlin gewesen. Vgl. Costello/Tsarev, *Deadly Illusions*, S. 441.
23 Aus der vom SWR vorbereiteten Geschichte der Aktionen des Auslandsnachrichtendienstes gegen deutsche Ziele.
24 *Dwa generala.* Bei den in dieser geheimen Publikation dargestellten Generalen handelt es sich um Iwan Agajanz und Alexander Korotkow.
25 Soboljow, der erste Politische Berater der SMAD, wurde 1946 von Semjonow abgelöst. Vgl. Murphy, *Diplomat Among Warriors.*
26 Schriftbericht, Chef OSO-Station Karlsruhe an Chef FBM, 26. Juli 1949, CIA-HRP.
27 Tschebrikow, *Istorija sowjetskich organow gossudarstwennoi besopastnosti.*
28 Sudoplatow, *Special Tasks*, S. 238; Dziak, *Chekisty.* Im Staatssicherheitsdienst wurde die Absetzung von Merkulow, Kobulow und anderen als Degradierung verstanden, und Abakumow galt allgemein als Sieger im Kampf mit Berija.
29 Holloway, *Stalin and the Bomb*, S. 134, 148.

30 CIA-Informationsbericht, »Notes on the Administration for Soviet Property in Germany«, 2. Dezember 1953, CIA-HRP.
31 SWRA, Akte 60345, Bd. 3, Dokument s/6147, S. 186–188.
32 Informationsbericht, OSO Information Control, »Re-Organization of the Russian Intelligence Services in Germany«, 11. September 1947, CIA-HRP.
33 Bericht 0167, Kowaltschuk an Abakumow, 19. Dezember 1946, SWRA, Akte 60345, Bd. 2.
34 Modin, *Mes camerades de Cambridge,* S. 129f., 150; vgl. Narinsky/Parish, »New Evidence«.
35 SWRA, *Federalnaja sluschba wneschnei raswedki rossiskoi federazii,* S. 269. In der Verordnung, mit der das KI 1949 ins Außenministerium eingegliedert wurde, heißt es: »Das Informationskomitee wird in administrativer, finanzieller und organisatorischer Hinsicht kein Teil des Ministeriums für Äußere Angelegenheiten (MID), sondern bleibt eine unabhängige Organisation. Das Informationskomitee ist eine geheime Organisation und wird aus Sonderfonds des Ministerrats der UdSSR finanziert.«
36 Australian Archives, Australian Capital Territory, Commonwealth Research Service, A6283 XR1, item 7, S. 2.
37 SWRA, *Federalnaja sluschba wneschnei raswedki rossiskoi federazii.*
38 Sudoplatow, *Special Tasks,* S. 237. In der Verordnung von 1949 wurde ausdrücklich festgestellt, daß das KI »in operativ-politischer Hinsicht ... dem Außenminister persönlich« unterstehe.
39 SWRA, *Federalnaja sluschba wneschnei raswedki rossiskoi federazii.*
40 Ebd.; Australian Archives, Australian Capital Territory, Commonwealth Research Service, A6283 XR1, item 7, Absätze 85f.
41 Vgl. Stoljarow, *Golgofa,* Kapitel »General-Polkownik Abakumow: Fakty i kommentarii«, das nach Aussage des Herausgebers »die erste wahrheitsgetreue Darstellung der Umstände und der Gründe des Todes eines großen sowjetischen Spionageabwehroffiziers« enthält.
42 Das Folgende beruht auf: Interview mit Jewgeni Pitowranow, 21. Juni 1994 (Kondraschow).
43 Naliwaiko, *Tri desjatiletija na perednem kraje.*
44 Das Folgende beruht auf Tischtschenko, *Wospominanije Rasina.* Tischtschenko hatte bis 1930 in der Mandschurei und anschließend in Berlin gedient. 1935 war er Resident in Wien geworden und nach dem Krieg Resident in Stockholm und Helsinki gewesen.
45 *Raswedtschik* 3/1989. Diese hausinterne Publikation des KGB wird heute vom SWR herausgegeben.
46 Nach der Auflösung des KI kam Iljitschow in die Dritte Verwaltung des MID, die für Deutschland und Österreich zuständig war. Vgl. SWRA, *Federalnaja sluschba wneschnei raswedki rossiskoi federazii.*
47 Ebd.
48 Australian Archives, Australian Capital Territory, Commonwealth Research Service, A6283 XR1, item 7, S. 12.

49 SWRA, *Federalnaja sluschba wneschnei raswedki rossiskoi federazii.*

50 Ein Hauptziel bei der USIG war Jewgeni Lewin, der bei wissenschaftlich-technischen Operationen des KGB viele Jahre lang eine herausragende Rolle spielte. Nach der Auflösung der USIG soll er stellvertretender Leiter der sowjetischen Handelsdelegation in Ost-Berlin gewesen sein. Bekannt wurde Lewin jedoch als Leiter der KGB-Gruppe beim Staatlichen Komitee für die Koordinierung der wissenschaftlichen Forschungsarbeit und Chef von Oleg Penkowski. Vgl.: Schriftbericht, BOB an Chef Osteuropaabteilung, »Status of Effort to Locate Soviet Atomic Energy Representatives in the GDR«; Schecter/Deriabin, *Die Penkowskij-Akte,* S. 33.

51 SWRA, *Federalnaja sluschba wneschnei raswedki rossiskoi federazii.*

Die Berliner Blockade

1 Interview mit Peter Sichel, 14. Dezember 1993.

2 FRUS, Bd. 2, S. 908.

3 Memorandum, DCI an den Präsidenten, 16. März 1948, Harry S. Truman Library, Papiere von Harry S. Truman, Akten des Sekretärs des Präsidenten.

4 Verschlüsseltes Telegramm 20 420 aus Berlin, 9. Januar 1948, SWRA, Akte 38 179, Bd. 4, S. 268–272.

5 Verschlüsseltes Telegramm 06/20233, 6. Januar 1948, SWRA, Akte 38 179, Bd. 4, S. 266 f. Clay berichtet, daß die Sowjets einen eigenen Satz von Druckplatten verlangten, um die neue Währung in Leipzig, das heißt in ihrer Besatzungszone, drucken zu können. Die USA lehnten dieses Ansinnen ab. Als Grund dafür gibt Clay die Erfahrungen an, die man beim Druck des Besatzungsgeldes mit den Sowjets gemacht hatte *(Entscheidung in Deutschland,* S. 237).

6 SWRA, Akte 38 179, Bd. 4a, S. 136 f.

7 Harris, »March Crisis, Act I«.

8 Die Anwesenheit dieser westlichen Einheiten war nicht nur eine Attraktion für die unzufriedene ostdeutsche Bevölkerung, sondern hatte auch Auswirkungen auf die sowjetischen Truppen. So konnte BOB zum Beispiel mit Hilfe eines Soldaten einer Fernmeldeeinheit, die in der Nähe von Weimar stationiert war, Kontakt zu Sowjets aufnehmen, die er dort kennengelernt hatte (Interview mit Peter Sichel, 14. Dezember 1993).

9 Harris, »March Crisis, Act II«. Einige von Harris' Thesen sind inzwischen überholt, da er sich auf falsche Annahmen über den Aufenthaltsort und die Position mehrerer sowjetischer Offiziere stützte. Shukow war von Januar bis März 1948 nicht in Berlin, sondern zunächst im Krankenhaus, wo er sich von einem Herzanfall erholte, und ab Februar Befehlshaber des Militärbezirks Ural; Malinin war bereits wegen seiner unerlaubten Kontakte mit Amerikanern abberufen worden (er wurde im Juni 1948 vor Gericht gestellt und verurteilt); Generalmajor P. M. Malkow war Chef der SMAD-Verwaltung für innere Angelegenheiten; und Kobulow schließlich war ab 1948 Chef der USIG.

10 KI-Bericht, 13. Mai 1948, SWRA, Akte 38179, verschlüsselte Telegramme der KI-Residentur, Bd. 51, S.213–215.
11 Interview mit Askold W. Lebedew, 23. August 1994 (Kondraschow).
12 ORE 41–48, 14. Juni 1948, CIA-HRP.
13 Progress Report, Operationschef an ADSO, 30. Juni 1948, CIA-HRP.
14 Memorandum, Hillenkoetter an Verteidigungsminister, »Current Situation in Berlin«, 30. Juni 1948, CIA-HRP.
15 Memorandum, Hillenkoetter an Verteidigungsminister, »Situation in Berlin«, 28. Juni 1948, CIA-HRP.
16 CIA-Informationsbericht, »Russian Unilateral Dismissal of Berlin Police Officials«, 21. Februar 1949, CIA-HRP.
17 CIA-Informationsbericht, »Possible Removal of Police President Paul Markgraf«, CIA-HRP.
18 Memorandum, Hillenkoetter an den Präsidenten, 10. Dezember 1948, CIA-HRP.
19 CIA-Informationsbericht, »Soviet Measures to Further Tighten the Sector Blockade of Berlin«, 30. Dezember 1948, CIA-HRP.
20 CIA-Informationsbericht, »Indoctrination of Police in the Soviet Sector of Berlin«, CIA-HRP.
21 CIA-Informationsbericht, »SED Preparations for Illegal Work in Western Berlin«, 7. März 1949, CIA-HRP.
22 CIA-Informationsbericht, »Progress of the SED Membership Purge«, 7. März 1949, CIA-HRP.
23 Vertrauliches Interview, 3. November 1993; Interviews mit Thomas Polgar, 19. Oktober 1993, und Peter Sichel, 14. Dezember 1993; CSHP 098, Juli 1971, »Illegal Border Crossing Programm«, S.16–18, CIA-HRP.
24 Hierin folgten die Sowjets dem koreanischen Vorbild. 1946/47 hatte die sowjetische Armee in Nordkorea sogenannte Polizeioffiziersschulen eingerichtet, die als Tarnung paramilitärischer Einheiten dienten und Anfang 1948 in der nordkoreanischen Volksarmee aufgingen.
25 CIA-Informationsbericht, »Berlin East Sector Police Presidium – Paramilitary Police«, 23. März 1949, CIA-HRP.
26 Interview mit Gordon Stewart, 6. November 1993.
27 FRUS, 1948, Bd. 2, S.931.
28 Bericht der Berliner KI-Residentur, 3. Juni 1948, SWRA.
29 Dieser Bericht des Berliner MGB-Opersektors ist ein Beispiel dafür, daß der MGB-Apparat in Deutschland in Konkurrenz mit der KI-Residentur weiterhin über politische Themen recherchierte und berichtete.
30 Grathwol/Moorhus, *American Forces in Berlin,* S.48.
31 SWRA, Akte 38179, Bd. 4, S.325–327.
32 *New York Times,* 19. September 1972. Bauer hatte vor dem Krieg der KPD angehört, war nach Frankreich ins Exil gegangen, hatte im Spanischen Bürgerkrieg gekämpft und war während des Zweiten Weltkriegs in der Schweiz interniert. Nach Kriegsende kehrte er nach Deutschland zurück und führte zunächst die KPD-Fraktion im hessischen Landtag. 1947 ging er nach Ostdeutschland, wo

er später Chefredakeur des Deutschlandsenders wurde (vgl.: *Der Spiegel,* 13. September 1971). Bauer blieb nicht lange eine Quelle der KI-Residentur, denn im August wurde er verhaftet und der Zusammenarbeit mit Noel Field angeklagt, der in Budapest als amerikanischer Spion vor Gericht stand. Bauer wurde von einem sowjetischen Gericht zum Tode verurteilt, dann aber zu fünfundzwanzig Jahren Gefängnis begnadigt. 1955 wurde er aus dem Gulag nach Westdeutschland entlassen, wo er zu einem Berater von Willy Brandt wurde. Er starb im September 1972.

33 Bericht des Berliner KI-Residenten, 3. Juli 1948, SWRA, Akte 35887, Bd. 2, S. 15f.

34 SWRA, Akte 44331, Bd. 1, S. 63–66. Daß die deutschen Gesprächsteilnehmer darauf beharrten, den Interzonenhandel als Waffe gegen die KPD einzusetzen, verstand man auf sowjetischer Seite als Beweis für ihre Weigerung, den gewachsenen sowjetischen Einfluß nach dem Sieg von 1945 anzuerkennen, und für ihre Absicht, Westdeutschland von Ostdeutschland zu trennen.

35 SWRA, Akte 35887, Bd. 2, S. 43–45.

36 FRUS, 1948, Bd. 2, S. 999–1006.

37 SWRA, Akte 40712, Bd. 2, S. 77–80. Die Schnelligkeit, mit der dieses Dokument nach Moskau gelangte, läßt darauf schließen, daß Guy Burgess die Quelle war, der damals im Vorzimmer des Staatssekretärs im Außenministerium, Hector McNeil, arbeitete.

38 SWRA, Akte 40712, Bd. 1, S. 346–351.

39 FRUS, 1948, Bd. 2, S. 925.

40 SWRA, Akte 40712, Bd. 2, S. 77–80; vgl. FRUS, 1948, Bd. 2, S. 1173–1179.

41 SWRA, Akte 40712, Bd. 2, S. 160–163.

42 Ebd. In FRUS, 1948, Bd. 2, S. 1179, heißt es, Marshall habe seinen Kollegen mit Clays Unterstützung »detaillierte Informationen über die Operation der Luftbrücke« gegeben. Clay erwähnt in *Entscheidung in Deutschland,* S. 415, Bevins Sorge über den »langsamen Ausbau der Luftbrücke«, die er mit der Auskunft beschieden habe, daß die täglich transportierte Tonnage bald doppelt so groß sein werde.

43 Interview mit Askold W. Lebedew, 23. August 1994 (Kondraschow).

44 Interview mit Georgi Korotja, 17. Dezember 1994 (Kondraschow).

45 SWRA, Akte 40712, Bd. 1, S. 7–11.

46 FRUS, 1948, Bd. 3, S. 276, 290f.

47 SWRA, Akte 43274, Bd. 1, S. 151–156.

48 Ebd., S. 160–162. Laut Kondraschow ist dieser Bericht ein Beweis dafür, daß die deutsche Bevölkerung und deutsche Politiker jener Zeit die Wiederbewaffnung ablehnten, einschließlich der Schaffung sogenannter Arbeitseinheiten.

49 Ebd., S. 182f. Laut Kondraschow waren dieser und ähnliche Berichte in den Augen des sowjetischen Nachrichtendienstes und der Sowjetführung eine Bestätigung der amerikanischen Absicht, Deutschland gegen den Willen der Bevölkerung und anderer Länder wiederzubewaffnen. Nach seinem Verständnis befanden sich europäische Länder wegen der sowjetischen Rolle beim Sieg über Deutschland unter dem Einfluß der Sowjetunion.

50 Ebd., S. 122 f.
51 Ebd., S. 223–225.
52 SWRA, Akte 40712, Bd. 2, S. 329–331.
53 Ebd., S. 507–509.
54 Acheson, *Present at the Creation,* S. 267 f.
55 SWRA, Akte 40712, Bd. 3, S. 268 f.
56 FRUS, 1949, Bd. 3, S. 751.
57 SWRA, Akte 43297, Bd. 4, S. 30 f., Nr. 1791, 9. Juni 1949.
58 KI-Bericht 18972/i/1091, 9. Juni 1949, SWRA, Akte 35837, Bd. 2, S. 164–166.
59 SWRA, Akte 43297, Bd. 4, S. 123. Der Bericht stammte möglicherweise von einer Quelle in Reuters Büro.
60 Ebd., S. 131.
61 FRUS, 1949, Bd. 3, S. 422–425.

Der Koreakrieg

1 »The Cold War in Asia«, *CWIHP Bulletin* 6–7 (Winter 1995/96).
2 Pechatnov, »The Big Three After World War II«, S. 19.
3 Bericht, Resident Walerian (Deckname Rasins), 22. Oktober 1949, SWRA, Akte 44330, Bd. 1, S. 226 f.
4 Schriftbericht 1201, Resident Walerian, 29. August 1949, SWRA, Akte 44330, Bd. 1, S. 139–142.
5 Verschlüsseltes Telegramm 601/22233 aus Berlin, 20. Oktober 1949, SWAR, Akte 43297, Bd. 4, S. 114 f.
6 KI-Bericht 3719/s, 23. Oktober 1949, SWAR, Akte 44333, Bd. 1, S. 214–216.
7 KI-Bericht 4280/z, 12. Dezember 1949, SWAR, Akte 44353, Bd. 1. S. 419–422.
8 KI-Bericht 4278/z, 12. Dezember 1949, SWAR.
9 Schriftbericht 1207 aus Berlin, SWRA, Akte 43274, Bd. 1, S. 285–288.
10 KI-Bericht 1407/3, 29. April 1950, SWRA. Innerhalb des KI ging dieser Bericht an Grauer in der Desinformationsabteilung und Iwan I. Agajanz, bis 1949 Resident in Frankreich und seither Chef der für Europa zuständigen Zweiten Verwaltung des KI. 1958 sollte Agajanz der erste Chef der Desinformationsabteilung des KGB werden. Stalin und das Politbüro erhielten diesen Bericht nicht; er ging nur an Gromyko und Wyschinski.
11 Acheson, *Present at the Creation,* S. 308.
12 Ninkovich, *Germany and the United States,* S. 84.
13 Weathersby, »New Russian Documents«.
14 Weathersby, »Soviet Aims in Korea«, S. 22–24.
15 Acheson, *Present at the Creation,* S. 405.
16 Ninkovich, *Germany and the United States,* S. 85. Die Situation war nicht mit Korea vergleichbar, wo die sowjetischen Streitkräfte Ende 1947 nur mit zwei Divisionen präsent waren und 1948 vollständig abzogen. Vgl. die im November

1947 von den stellvertretenden Stabschefs, G-2, der US Army in Korea herausgegebene Studie »North Korea Today« (die Verfasser waren David E. Murphy und William J. Spahr).
17 Stellvertretende Stabschefs, G-2, der US Army in Korea, »North Korea Today«.
18 Ridgeway, *The Korea War*, S. 8. Vgl. Weathersby, »New Russian Documents«, Botschaft 2 auf S. 36, mit der Kim Il Sung um Waffen für drei weitere Divisionen zusätzlich zu den sieben bestehenden bat. Stalin erfüllte ihm die Bitte.
19 FRUS, 1950, Bd. 4, S. 697.
20 Naimark, »To Know Everything and to Report Everything«, S. 22–24.
21 Bericht 4749/i, 24. Juni 1952, SWRA, Akte 70465, Bd. 1, S. 124–130.
22 Intelligence Memorandum, CIA an den Präsidenten, »Increased Capabilities of Paramilitary Forces in Soviet Zone Germany«, 21. August 1950, Harry S. Truman Library, Akten des NSC; vgl. CIA/ORE-Bericht, »Probable Developments in Eastern Germany by the End of 1951«, 9. September 1950, CIA-HRP.
23 Acheson, *Present at the Creation*, S. 436 f.
24 Hyland, *The Cold War*, S. 55.
25 KI-Bericht 3128/s, 31. August 1950, SWRA, Aktennummer unbekannt, S. 272 f.
26 FRUS, 1950, Bd. 4, S. 706–709.
27 Modin, *Mes camerades de Cambridge*, S. 207.
28 KI-Bericht 27/z, 4./5. Januar 1951, SWRA.
29 FRUS, 1950, Bd. 4, S. 730–733.
30 Modin, *Mes camerades de Cambridge*, S. 210.
31 NIE 17, »Probable Soviet Reactions to a Remilitarization of Western Germany«, 27. Dezember 1950, CIA-HRP.
32 FRUS, 1950, Bd. 4, S. 698 f.
33 FRUS, 1951, Bd. 3, S. 1331.
34 NIE 4, »Soviet Courses of Action with Respect to Germany«, 1. Februar 1951, CIA-HRP.
35 »Einschätzung der Informationsarbeit der Berliner Residentur, 1. April bis 30. Juni 1951«, SWRA, Akte 58286, Bd. 1, S. 14–31. Im russischen Sprachgebrauch bedeutet Desinformation nicht nur die absichtliche, sondern allgemein die Verbreitung falscher Informationen.
36 FRUS, 1951, Bd. 3, S. 445 f.
37 KI-Bericht 733/z, 7./8. Februar 1951, SWRA, Aktennummer unbekannt, S. 70–73.
38 KI-Bericht 141/z, 9. Januar 1951, SWRA, Aktennummer unbekannt, S. 18 f. Laut FRUS, 1951, Bd. 4, hatte McCloy am 16. Dezember 1951 mit Adenauer über die NATO-Tagung gesprochen und ihm die Positionen erläutert, »welche die USA in Brüssel hinsichtlich weiterer Schritte in bezug auf Deutschland vertreten würden«.
39 KI-Bericht 5508/z, 26. September 1951, SWRA, Akte 45513, Bd. 1, S. 117–122.
40 KI-Bericht 4064/z, 28. Juli 1951, SWRA.
41 KI-Bericht 4388, 11./12. August 1951, SWRA, Akte 45513, Bd. 1, S. 242–244.
42 KI-Bericht 3634/z, 13. Juli 1951, SWRA, Akte 45513, Bd. 3, S. 199–204.
43 KI-Bericht 2208/s, 5. Mai 1951, SWRA, Akte 45513, Bd. 3, S. 1–4.
44 FRUS, 1951, Bd. 3. S. 1079–1081.

45 KI-Bericht, SWRA, Akte 45513, S.224.
46 Memorandum, Truscott an DCI, 6. Juli 1951, CIA-HRP.
47 MGB-Bericht 7619/s, 28. Dezember 1951, SWRA, Aktennummer unbekannt, S.423–425.
48 KI-Bericht, 13. November 1951, SWRA, Akte 45513, Bd. 4, S.286–290.
49 »Einschätzung der Informationsarbeit der Berliner Residentur, 1. April bis 30. Juni 1951«, SWRA, Akte 58286, Bd. 1, S.14–31.
50 KI-Bericht 5/2/2716, 26. Juli 1951, SWRA, Aktennummer unbekannt, S.225f.
51 KI-Bericht 5680/s, 2. Oktober 1951, SWRA, Akte 45513, Bd. 4, S.139–142.
52 KI-Bericht 950/i, 9. November 1951, SWRA, Akte 45513, Bd. 4, S.223–227.
53 MGB-Bericht 6212, SWRA, Akte 43297, Bd. 5, S.223–225.

Kalte Krieger in Berlin

1 Warner, *Under Harry Truman,* Dokument 38; vgl. Darling, *The Central Intelligence Agency,* S.261.
2 Bericht der Berliner KI-Residentur, 12. Mai 1948, SWRA, Akte 38179, Bd. 5a, S.213–215.
3 NARA NND 740/32 SANACC 395, »Utilization of Refugees from the Soviet Union in U. S. National Interest«, 17. März 1948.
4 Memorandum, Hillenkoetter an Sekretär des NSC, »Utilization of the Mass of Soviet Refugees«, 19. April 1948, CIA-HRP.
5 Warner, *Under Harry Truman,* Dokument 43.
6 Darling, *The Central Intelligence Agency,* S.280.
7 Warner, *Under Harry Truman,* Dokument 47.
8 Interview mit Don Huefner, 17. Februar 1995. Murphy geriet 1950 in diesen Schmelztiegel, als er zum Chef einer Gemeinsamen Sowjetoperationsbasis von OSO und OPC in München ernannt wurde. Es war einer der seltenen Fälle, in denen das OPC zugestand, daß es angesichts der begrenzten Zahl verfügbarer Agenten und der Wirksamkeit der sowjetischen Spionageabwehr wenig Sinn hatte, unabhängige Agentenoperationen gegen die Sowjetunion durchzuführen (vgl. Warner, *Under Harry Truman,* S. XXI)
9 Sutton wurde später mit dem berüchtigten Bund Deutsche Jugend (BDJ) identifiziert, einem OPC-Projekt, das sowohl als westdeutsches Pendant zur ostdeutschen FDJ als auch als rückwärtige Organisation für den Fall einer Invasion aus dem Osten gedacht war (vgl. Hersh, *The Old Boys,* S.360f.).
10 Coleman, *The Liberal Conspiracy,* S.16; vgl. Warner, »Origins of the Congress for Cultural Freedom«.
11 Interview mit Clara Grace Harvey, 15./16. November 1993. Die geborene C. G. Follick, Oberst des Women's Army Corps, gehörte zu de Neufvilles Stab und wurde später Mitarbeiterin von General Truscott, bevor sie 1954 Bill Harvey, den damaligen BOB-Chef, heiratete.

12 Helms, »Richard Helms Remembers«, S. 4.

13 Interviews mit Gordon Stewart, 6. November 1993; Peter Sichel, 14. Dezember 1993; Thomas Polgar, 19. Oktober 1993. Stewart war OSO-Chef der deutschen CIA-Mission, Sichel Chef der OSO-Station in Berlin und Polgar OSO-Berater von General Truscott.

14 Interview mit Paul Haefner, 22. April 1994.

15 KI-Bericht 1245/z, 19. April 1950, SWRA, Akte 45513, Bd. 1, S. 172.

16 FRUS, 1950, Bd. 4, S. 824 f., 829 f., 844–847, 849, 861 f.

17 KI-Bericht 3509/z, 7. Juli 1951, unterzeichnet von Sorin, Akte unbekannt; vgl. FRUS, 1951, Bd. 3, S. 2008–2011. Am 15. August, nachdem bereits eine halbe Million Menschen die Dienste der Besucherzentren in Anspruch genommen hatten, versuchten elftausend FDJ-Mitglieder in West-Berlin zu demonstrieren – vermutlich, um die Festivalteilnehmer von weiteren Besuchen in West-Berlin abzuhalten. Die Menge wurde aber von der Westberliner Polizei zerstreut, wobei hundertfünfzehn Demonstranten festgenommen wurden (vgl. FRUS, ebd., S. 2012–2014).

18 Brief von Rainer Hildebrandt an den DCI, 10. Februar 1959, CIA-HRP.

19 Bericht 237, 18. Dezember 1952, SWRA, Akte 68881, Bd. 2, S. 89–117.

20 Schriftbericht, BOB-Chef an Chef Osteuropaabteilung, »Press Reaction to the Dissolution of the Kampfgruppe gegen Unmenschlichkeit«, 6. April 1959, CIA-HRP. Hildebrandt ist heute Leiter des von ihm gegründeten Museums am Checkpoint Charlie in Berlin.

21 Interview mit Paul Haefner, 22. April 1994.

22 Nach Truschnowitschs Verschwinden wurde in den ostdeutschen Nachrichten verkündet, er sei »freiwillig geflohen«, nachdem er »mit dem amerikanischen Geheimdienst und dem NTS gebrochen« habe. 1992 sandte der SWR seinem Sohn die Dinge, die Truschnowitsch bei sich gehabt hatte, und teilte ihm das Ergebnis der von sowjetischen Militärärzten vorgenommenen Autopsie mit. In dem Brief vom 5. Oktober 1992 bestätigte der SWR, daß die Entführung von »Angehörigen des sowjetischen Geheimdiensts ausgeführt worden [ist], welche ihn zu Tode brachten«.

23 Chochlow gehörte der Neunten Abteilung an, dem organisatorischen Nachfolger von Pawel Sudoplatows Sonderbüro Nummer Eins. Später wurde sie zur Dreizehnten Abteilung und dann zur Abteilung V. Nachdem Oleg A. Ljalin 1971 in England übergelaufen war, wurde die Abteilung aufgelöst. Ihre Aufgaben erhielt die Verwaltung S (Illegale) der Ersten Hauptverwaltung.

24 Blake, *No Other Choice*, S. 23; Interview mit George Blake, 7. April 1995 (Kondraschow).

25 Schrifterlaß, Chef Osteuropaabteilung an Chef CIA-Mission Frankfurt und BOB-Chef, 21. Juli 1954, CIA-HRP. Im Münchener Geheimdienstdschungel der Jahre 1946–1951 war es unter Informanten aus Emigrantenkreisen nicht unüblich, Berichte zu erfinden oder auszuschmücken, um die Bezahlung in Zigaretten, Kaffee und dergleichen aufzubessern.

26 Coffin, *Once to Every Man*, S. 86; vgl. Memorandum, Chef Auslandsabteilung S an Operationsfreigabeoffizier, 29. Mai 1951, CIA-HRP.

27 Drahtbericht, BOB, 4. September 1951, CIA-HRP; vgl. Schrifterlaß, Chef Osteuropaabteilung an Chef CIA-Mission, Frankfurt, und BOB-Chef, 21. Juli 1954, CIA-HRP.

28 MGB-Bericht 6498/i, 2. Oktober 1952, SWRA.

29 Bericht I/2375, Kawersnew an Sergej Ogolzow, SWRA, Akte 68881, Bd. 2, S.89–117. Ogolzow war zu dieser Zeit Chef der aus dem Zusammenschluß von Auslandsnachrichtendienst und Spionageabwehr entstandenen Nachrichtendienstlichen Hauptverwaltung des MGB und amtierender Minister.

30 SWRA, Akte 85793, Bd. 19, S.5–71.

31 Drahtbericht, Berlin an DCI, 9. Februar 1954, CIA-HRP. C. D. Jackson, ein früherer Präsident des Nationalrats für ein Freies Europa, war ein begeisterter Anhänger der Ballonpropaganda, seit er im August 1951 den Start der ersten Ballons von Radio Free Europe in die Tschechoslowakei miterlebt hatte (vgl. Mickelson, *America's Other Voice*).

32 Schriftbericht, BOB-Chef über Stationschef Karlsruhe an Chef Auslandsabteilung M, 16. August 1950; Schriftbericht, BOB-Chef an Station Karlsruhe, 9. April 1951, CIA-HRP; Interview mit Thomas Polgar, 19. Oktober 1993.

33 Ebd.

34 Ausgearbeitet hatte den Plan Jewgeni Krawzow, der Chef der österreichisch-deutschen Abteilung. Sawtschenko, der Chef der Auslandsverwaltung, und sein Stellvertreter Fedotow hatten ihn gegengezeichnet. Die Zusammenstellung der Entführergruppe und die Planung vor Ort wurden Kawersnew übertragen, dem MGB-Residenten in Karlshorst (Deriabin, *The Secret World*, S.188–193). Zu den Arbeitsbedingungen bei der Wismut und den politischen Auswirkungen auf die SED siehe Naimark, *Die Russen in Deutschland*, S.300–315.

35 SWRA, Akte 70465, Bd. 1, S.138f.

36 Ebd.

37 Es gibt mehrere Gründe, die dafür sprechen, daß diese Sekretärin bereits Agentin des MGB war. Die Ermittlungen nach der Entführung ergaben, daß sie unter recht zweifelhaften Umständen nach West-Berlin geflohen und dort von den Freiheitlichen Juristen angestellt worden war. Außerdem wurde in einem an Molotow und andere gerichteten MGB-Bericht über den Fall Linse und die Kampagne gegen den Juristenkongreß ein auf den Namen der Sekretärin folgender Passus ausgemerzt. Darüber hinaus waren die vierundzwanzig Stunden, die zwischen ihrem Übertritt und der Veröffentlichung ihres Briefs lagen, zu kurz, um sie zu vernehmen und anschließend den Brief zu schreiben. Im übrigen gab es Anfang der fünfziger Jahre in Berlin nur sehr wenige Überläufer von West nach Ost.

38 Schriftbericht, OPC Berlin, »International Congress of Jurists and Soviet Zone Show Trials«, 8. August 1952, CIA-HRP.

39 MGB-Bericht 5577/i, 11. August 1952, SWRA, Akte 70465, Bd. 1,l S.176–179.

40 Vgl. Bericht, Chef Osteuropaabteilung an DDP, 5. August 1952.

41 MGB-Bericht 5577/i, 11. August 1952, SWRA, Akte 70465, Bd. 1,l S.176–179; vgl. Walter Sullivan, »U. S. Again Protests Berlin Kidnapping«, in: *New York Times*, 7. August 1952.

42 »Soviet Returns Food U. S. Sent to Dr. Linse«, in: *New York Times,* Berliner Ausgabe, 11. Dezember 1952.

43 »Hintergrundmaterial über die Entführung von Dr. Linse«, Ermittlungsbericht der Westberliner Polizei, 13. November 1952. Der Bericht wurde vom Westberliner Polizeipräsidenten Dr. Johannes Stumm der Öffentlichkeit zugänglich gemacht (vgl. zum Beispiel *Morgenpost, Tagesspiegel, Der Abend,* 14. November 1952).

44 Schrifterlaß an BOB-Chef, »Walter Linse«, 24. Februar 1956; Schriftbericht an Osteuropaabteilung, 6. Juni 1956, CIA-HRP.

45 Bericht, Kawersnew an Ignatjew, 3. März 1953, SWRA.

46 Vgl. Karl Wilhelm Fricke, »Entführungsopfer postum rehabilitiert«, in: *Deutschland Archiv,* Nr. 5/1996, S. 713 ff.; ders., »Postscriptum zum Fall Walter Linse«, in: *Deutschland Archiv,* Nr. 6/1996, S. 917 ff.

47 Vertrauliches Interview, 1. März 1995; Interviews mit Walter O'Brien, 15. August 1994 und 23. März 1995. O'Brien war Chef von BOBs Spionageabwehrabteilung.

48 Warner, *Under Harry Truman,* Dokument 73.

49 Ebd., Dokumente 78 und 79.

50 Memorandum, Hecksher an Chef Osteuropaabteilung, »Amendment No. 3 to Project«, 12. Mai 1952, CIA-HRP.

51 Bericht, Kawersnew an Ignatjew, 3. März 1953, SWRA. Die Abteilung D, wie Kawersnew die Einheit nannte, habe die Aufgabe, in Ostdeutschland ein Agentennetz aufzubauen, das »von den Amerikanern geplante« militärische Operationen unterstützen solle.

52 Memorandum, Chef Osteuropaabteilung an DDP, »German Mission Investigation of the Arrest of Soviet Zone Members of the CIA-Sponsored Stay-Behind Resistance Network«, 12. Oktober 1953, CIA-HRP.

53 Memorandum, Polgar (jetzt in der Osteuropaabteilung im Hauptquartier in Washington) an Chef Osteuropaabteilung, 15. August 1957, CIA-HRP.

54 »Lemmers Agentenchef Erdmann«, in: *Neues Deutschland,* 28. Juni 1958.

55 »Umgang mit Unrecht«, in: *Der Spiegel,* 16. Juli 1958, S. 35 f.

56 Ebd.

57 Haro Lippe-Gaus, »Der falsche Doktor. Theo Friedenau und sein Untersuchungsausschuß«, in: *Frankfurter Allgemeine Zeitung,* 19. Juli 1958.

Der Staatssicherheitsdienst der DDR

1 Vergleiche hinken, aber das MfS war nach allgemeiner Ansicht größer als die Gestapo, die nur einen Mitarbeiter auf 10 000 Einwohner beschäftigte, während in der DDR am Ende auf 200 Einwohner ein MfS-Mitarbeiter kam.

2 Eine eingehende Darstellung der Entwicklung der ostdeutschen Polizei und Staatssicherheit findet sich bei Naimark, *Die Russen kommen,* S. 445–499. Zu

beachten ist, daß viele der dort dem NKWD beziehungsweise MWD zugerechneten Aktivitäten in Wirklichkeit Aktionen des MGB waren.

3 Generalmajor Melnikow an Abakumow, MK/23959, 10. Oktober 1949, SWRA, Akte 68881, S. 37–41.
4 Brief 12, 7. Januar 1950, SWRA, Akte 68881, S. 153–155. Der Chef der Zweiten Hauptverwaltung des MGB (Spionageabwehr), Pitowranow, wurde vom Karlshorster MGB-Apparat über den Brief informiert. Wieviel Bedeutung man ihm beimaß, zeigt die Tatsache, daß er unter anderem an Stalin weitergeleitet wurde.
5 Generalmajor Melnikow an Abakumow, MK/23959, 10. Oktober 1949, SWRA, Akte 68881, S. 37–41.
6 Mitschrift, Generalmajor Melnikow über W Ch an Pitowranow, 5. Februar 1950, SWRA, Akte 68881, S. 171.
7 SWRA, Akte 68881, Bd. 1, S. 184–187.
8 Vgl. CIA-Informationsbericht, 22. März 1954, CIA-HRP.
9 SWRA, Akte 68881, Bd. 1, S. 214–221.
10 Ebd.
11 SWRA, Akte 68881, Bd. 2, S. 89–117.
12 Ebd.
13 SWRA, Akte 68881, Bd. 3, S. 1–4.
14 Ebd., S. 21–28, Abschnitt 9.
15 Beschluß des KI-Kollegiums, »O Sosdanii Predstawitelstwa Kollegii Pri Wneschnepolititscheskoi Raswedke GDR«, 19. Juli 1951, SWRA.
16 Siebenmorgen, *»Staatssicherheit« der DDR*, S. 112.
17 Markus Wolf, Chronology, 11. Oktober 1973, CIA-HRP.
18 Vgl. Referent Osteuropaabteilung, 14. März 1952, CIA-HRP.
19 Schrifterlaß, Osteuropaabteilung an BOB, 17. September 1952, CIA-HRP.
20 Ebd.; Interviews mit O'Brian, 15. August 1994 und 2. März 1995.
21 Meier, *Geheimdienst ohne Maske*, S. 157–159.
22 Schrifterlaß, Osteuroapabteilung an BOB, 9. April 1957, CIA-HRP.
23 Bericht über die IWF-Mitarbeitersitzung, 2. Februar 1953, CIA-HRP.
24 »Special Staff Meeting, IWF, 7. Mar. 1953«, CIA-HRP.
25 Memorandum, amtierender DDP (Helms) an DCI, CIA-HRP. BOB versuchte in den Tagen vor der Verhaftung vergeblich, zwei sowjetische Berater des IWF zum Überlaufen zu bewegen.
26 Dallin, *Die Sowjetspionage*, S. 398–401; »Die Vulkanisierten«, in: *Der Spiegel*, 22. April 1953, S. 5f.
27 Schriftbericht, BOB, 16. Juni 1953, CIA-HRP. In diesem Bericht wird der Inhalt von sechs Filmrollen wiedergegeben, die BOB am 5. Januar 1953 von dem Informanten beim IWF erhalten hatte. Die Informationen betrafen IWF-Erkenntnisse über verschiedene Aspekte des Interzonenhandels. Unter anderem enthielt das Material einen Bericht über Gespräche zwischen der Deutschen Notenbank und der Bank von England, die angeblich an direkten Kontakten mit DDR-Handelsorganisationen interessiert war, diese aber geheimhalten wollte.
28 Wollweber hatte am Kieler Matrosenaufstand von 1918 teilgenommen und später

für die KPD im Preußischen Landtag und im Reichstag gesessen. Berühmtheit erlangte er, als er nach Hitlers Machtantritt maritime Sabotageaktionen gegen die Nazis organisierte. Nachdem er 1940 in Schweden verhaftet und zu Gefängnis verurteilt worden war, erhielt er 1944 die sowjetische Staatsbürgerschaft und reiste in die UdSSR aus, wo er blieb, bis er im März 1946 in die SBZ zurückkehrte. Vgl. Dallin, *Die Sowjetspionage,* S. 160, 429; Sudoplatow, *Special Tasks,* S. 25.

Stalins Friedensangebot

1 NIE 53-1, 1. Mai 1952, CIA-HRP.
2 Vgl. Wettig, »Stalin and German Reunification«.
3 SWRA, Akte 45 513, Bd. 5, S. 93–98.
4 Ebd., S. 103–105. Dieser Bericht über die Bonner Kabinettssitzung am 18. Dezember 1951 ist möglicherweise einem Schreiben von Verkehrsminister Seebohm an die FDP-Landesvorsitzenden entnommen, in dem es weiter heißt: »Adenauer wird sich in einer schrecklichen Sackgasse wiederfinden, denn das deutsche Volk wird zufrieden damit sein, wenn die Remilitarisierung niemals stattfindet.«
5 SWRA, Akte 53 272, Bd. 1, S. 162–198.
6 SWRA, Akte 45 513, Bd. 5, S. 285–288.
7 Bericht 4285/1, 11. Mai 1952, SWRA, Aktennummer unbekannt, S. 324–340.
8 Vgl. SWRA, Akte 45 513, Bd. 6, S. 192 f.
9 Ebd., S. 133–145.
10 »Beschluß der II. Parteikonferenz der Sozialistischen Einheitspartei Deutschlands zur gegenwärtigen Lage und zu den Aufgaben im Kampf für Frieden, Einheit, Demokratie und Sozialismus«, in: *Protokoll der Verhandlungen der II. Parteikonferenz,* S. 492.
11 Protokoll des Treffens am 7. April 1952, Archiv des Präsidenten der Russischen Föderation, Fonds 45, Verzeichnis 1, Akte 303, Blatt 179; vgl. Pieck, *Aufzeichnungen zur Deutschlandpolitik,* S. 396 f.
12 CIA-Informationsberichte über Ostdeutschland vom 3., 5. und 10. Dezember 1952 sowie 4. und 6. März 1953, CIA-HRP.
13 Bericht 1586/i, Pitowranow an G. M. Puschkin, 13. März 1953.
14 Interview mit Georgi Korotja, 17. Dezember 1994 (Kondraschow).
15 SWRA, Akte 15 513, Bd. 6, S. 133–145.
16 Memorandum an DDP, »Evacuation of Berlin«, 9. Juli 1952, CIA-HRP.
17 Memorandum, Kirkpatrick über DDP an DCI, »Berlin Coordination«, 23. Juni 1952, CIA-HRP.

Der sowjetische Geheimdienst nach Stalins Tod

1 »Boy Diplomat« war Richard Helms, damals DDP, »Black Prince« James Angleton, der Chef des CIA-Stabes, und »Bishop« Gordon Stewart, der stellvertretende Chef der deutschen CIA-Mission.
2 Bericht 768/i, 23. Februar 1953, SWRA, Akte 45513, Bd. 7, S. 105f.
3 Wolkogonow, *Stalin,* S. 768.
4 Bericht 1684/r, 19. März 1953, SWRA, Akte 45513, Bd. 7, S. 130–132; vgl. Deriabin, *The Secret World,* S. 216f.; Sudoplatow, *Special Tasks,* S. 359.
5 Knight, »Beria the Reformer«; vgl. Richter, »Reexamining Soviet Policy Towards Germany«, S. 13.
6 Anklageschrift gegen Berija (Fall 0029–53), Bd. 3, S. 140f.; Bd. 8, S. 29.
7 MGB-Bericht 708/i, 19. Februar 1953, SWRA, Akte 45513, Bd. 7. S. 97–99. Dieselbe Quelle wies darauf hin, daß führende SED-Funktionäre wie Rudolf Herrnstadt und Gerhart Eisler bereits observiert würden und Säuberungen unter der Intelligenz geplant seien. Auch dieser Bericht ging zwar an Berija, Malenkow, Bulganin und Chruschtschow, nicht aber an Stalin.
8 MWD-Bericht 44/B ans Präsidium des ZK der KPdSU, unterzeichnet von Berija, 6. Mai 1953, SWRA, Akte 3581, Bd. 7.
9 Richter, »Reexamining Soviet Policy Towards Germany«; Tschujew, *Sto Sorok Besed s Molotowym.* Amtliche Akten über diese Sitzung waren nicht aufzufinden.
10 »Ein Dokument von großer historischer Bedeutung«, S. 651. Bei diesem Dokument handelt es sich um einen Beschluß des Politbüros der KPdSU »Über die Maßnahmen zur Gesundung der politischen Lage in der Deutschen Demokratischen Republik«, der Ulbricht und Grotewohl Anfang Juni in Moskau übergeben wurde.
11 Anklageschrift gegen Berija, Bd. 7, S. 64f., 74, 118.
12 Schrifterlaß, Sowjetrussische Abteilung an deutsche CIA-Mission, 9. September 1953, CIA-HRP.
13 Anklageschrift gegen Berija.
14 Deriabin, *The Secret World,* S. 169f. Laut Deriabin, der zu dieser Zeit der deutschen Abteilung der Auslandsverwaltung angehörte, soll Berija die Ansicht gehabt haben, den MWD-Apparat in der DDR später auf eine neue Personalstärke von dreitausendsechshundert Mann zu bringen.
15 Interview mit Wassili Bulda, 5. Januar 1995 (Kondraschow).
16 Biographischer Abriß, »Medvedev, Pavel Nikolaevich (Col)«, CIA-HRP.
17 Interview mit Wassili Bulda, 5. Januar 1995 (Kondraschow).
18 Interview mit Jewgeni Beresin, 4. Mai 1995 (Kondraschow).
19 Interview mit Leonid Sjomontschuk, 24. Oktober 1994 (Kondraschow).
20 *Sowjetskaja Wojennaja Enziklopedija,* Bd. 3, S. 48f., Bd. 8, S. 486f.
21 Herrnstadt, *Das Herrnstadt-Dokument,* S. 74.
22 Richter, »Reexamining Soviet Policy Towards Germany«; Ostermann, »The United States, the East German Uprising of 1953, and the Limits of Rollback«.

Der 17. Juni 1953

1 Interview mit Jewgeni Pitowranow, in: *Globus* 17, Januar 1993.

2 Das Folgende stützt sich auf Kutschins Bericht und Ostermann, »New Documents«. Kutschins Bericht befindet sich in einer Akte, die in einem früheren KGB-Archiv im Uralgebiet aufbewahrt wird. Sie beginnt im März 1953, enthält aber keine Dokumente mehr aus der Zeit von Stalins Tod bis zum 16./17. Juni. In Ostermanns Publikation sind zwei wichtige Dokumente zitiert: der an Molotow und Bulganin adressierte Bericht, in dem Sokolowski, Semjonow und Pawel Judin, der stellvertretende Hohe Kommissar, am 24. Juni 1953 die Ereignisse vom 17. bis 19. Juni in Berlin und der DDR darstellten, und der dem ZK der SED am 20. Juli 1953 vorgelegte Bericht über die Ereignisse.

3 Im Bericht von Sokolowski, Semjonow und Judin wird behauptet, die Stasi hätte bereits am 14. Juni erfahren, daß Streiks geplant waren, habe diese Informationen aber nicht an die Sowjetische Hohe Kommission weitergegeben. Kutschins Bericht widerspricht dieser Darstellung.

4 Fadeikin über W Ch an MWD Moskau, 17. Juni 1953, 12.25 Uhr, SWRA.

5 Dieser über W Ch gesandte Drahtbericht war der erste einer Reihe von Meldungen, die Semjonow allein oder zusammen mit Sokolowski oder Gretschko im Verlauf der Ereignisse des 17. Juni und ihrer Nachwirkungen abgegeben hat. Sie befinden sich in: AWP SSSR, Fonds Sekretariat Molotow, Verzeichnis 12a, Mappe 200, Hefter 51, MID SSSR, Sekretariat des Ministers W. M. Molotow, 1953, Geheim, 17.6.53–20.6.53, und werden zitiert in Harrison, »The Bargaining Power of Weaker Allies«.

6 Zu Sokolowski und Goworow vgl.: *Wojenny Enziklopeditscheski Slowar.*

7 Interviews mit Thomas Polgar, 19. Oktober 1993, und ehemaligen BOB-Offizieren.

8 Ostermann, »The United States, the East German Uprising of 1953, and the Limits of Rollback«. Seit Thomas Powers *(CIA,* S. 87) diese Geschichte aufgebracht hat, ist sie zahllose Male wiederholt worden. Ostermann führt sie in einem jüngeren Artikel (»Keep the Pott Simmering«) erneut an, zitiert in einer Fußnote aber aus einem Brief von Thomas Polgar an den Autor, in dem dieser »behauptet, daß ›niemals ein Kabel abgeschickt worden ist, in dem um die Erlaubnis ersucht wurde, die Aufständischen mit Waffen zu versorgen‹. Hecksher ›hätte ein solch dummes Kabel nie abgesandt. Hätte er es getan, hätte der Stationschef … Hecksher seines Postens enthoben und nach Hause geschickt.‹«

9 Interviews mit Thomas Polgar, 19. Oktober 1993, Peter Sichel, 14. Dezember 1993, und Gordon Stewart, 6. November 1993. Darüber hinaus befragte Murphy entweder persönlich oder telefonisch achtzehn ehemalige BOB-Offiziere, die damals in Berlin gedient haben.

10 Memorandum, Wisner an Bross, »Developments in East Germany: Overt and Covert Propaganda«, 18. Juni 1953, CIA-HRP. Die »hochrangige Erörterung« hatte am selben Tag im NSC stattgefunden. Allen Dulles hatte in dieser Sitzung erklärt, daß »die Vereinigten Staaten absolut nichts mit der Anstiftung dieser

Unruhen zu tun haben und daß unsere Reaktion bisher darin bestanden hat, uns darauf zu beschränken, ... unsere Sympathie und Bewunderung auszudrücken« (FRUS, 1952–1954, Bd. 7, S. 1587).

11 Herrnstadt, *Das Herrnstadt-Dokument,* S. 87f. In seinem mit Semjonow und Judin verfaßten Bericht vom 24. Juni 1953 spielte Sokolowski diesen Aspekt herunter und gab Ulbricht die Schuld an den Ereignissen.

12 Das Folgende stützt sich auf: SWRA, Akte 68881, Bd. 2, S. 328f.

13 Die genaue Position, die Amajak Kobulow zu diesem Zeitpunkt einnahm, ist unklar, doch aus dem Wortlaut des Berichts läßt sich schließen, daß er noch nicht offiziell zum Residenten berufen worden war. Da diese Position mit der Ernennung zum stellvertretenden Innenminister verknüpft war und diese die Zustimmung des Parteipräsidiums voraussetzte, hatte Kobulow den Posten vermutlich noch nicht angetreten, und durch Berijas Sturz sollte er ihn auch nie erhalten.

14 Verschlüsseltes Telegramm aus Paris, sh/t 17794/1384, 28. Juni 1953, SWRA, Akte 68881, S. 204–206.

15 Archiv der Allgemeinen Verwaltung, Sekretariat des ZK der KPdSU.

16 Bericht von Sokolowski, Semjonow und Judin an Molotow und Bulganin, 24. Juni 1953.

17 Knight, *Berija,* S. 194–199.

18 Memorandum 965/t, 19. Juni 1953, SWRA, Akte 55331, Bd. 1, S. 269–287.

19 Sudoplatow, *Special Tasks,* S. 370; CIA-Informationsbericht, »Arrest of S. A. Goglidze and Amayak Kobulov in Berlin«, 30. Juli 1956, CIA-HRP.

20 Drahtbericht, Fedotow und Fadeikin an MWD Moskau, 30. Juni 1953, SWRA.

21 Vgl. Knight, *Berija,* S. 203–210.

22 Herrnstadt, *Das Herrnstadt-Dokument,* S. 130–132, 136f.

23 CIA-Informationsbericht, »Organization of the Soviet Intelligence Organs«, 24. Februar 1955, S. 7f., CIA-HRP.

24 Ostermann, »The United States, the East German Uprising of 1953, and the Limits of Rollback«, S. 25–33.

25 Bericht 411/k, Kruglow an Molotow, 7. August 1953, SWRA, Akte 70485, Bd. 2.

26 Memorandum, Bross an DCI, »Proposal for Establishing Food Depots along Zonal Boundaries«, 11. August 1953, CIA-HRP.

Der Fall Otto John

1 Der BOB-Bericht über den Fall John findet sich als Zusammenfassung in einer undatierten Aktennotiz für den Auslandsnachrichtendienststab im CIA-Hauptquartier, CIA-HRP.

2 Frederik, *Das Ende einer Legende;* vgl. Bohnsack/Brehmer, *Auftrag Irreführung,* S. 196–198. »Fredy« erhielt als westdeutscher Verleger von der MfS-Abteilung X,

der für aktive Maßnahmen zuständigen Abteilung der HVA, Manuskripte, die er unter verschiedenen Pseudonymen verlegte. Das Buch über John veröffentlichte er jedoch unter seinem eigenen Namen.

3 Fröhder, *Ich will nicht als Verräter sterben.*

4 Zusammenfassung der Akte John (SWRA, Akte 76863).

5 Als Lochner 1942 von Deutschland nach Spanien ging, blieb seine deutsche Frau in Berlin. John, der für die Lufthansa häufig nach Madrid flog, half dem Ehepaar Lochner, miteinander in Verbindung zu bleiben (Interview mit Robert Lochner, März 1995 [Bailey]).

6 SWRA, Akte 36514, Bd. 1, S. 187–191; vgl. Knightley, *Kim Philby,* S. 141 f. Durch seine Unterwanderung des OSS hat das NKGB wahrscheinlich auch vom Interesse des OSS an John als Vertreter des deutschen Widerstandes erfahren; vgl. Heideking/Mauch, *American Intelligence and German Resistance,* Dokument 34, S. 191 f., Dokument 44, S. 222 f.

7 Borovik, *The Philby Files.*

8 Deriabin, *The Secret World,* S. 196 f.

9 Kutschin, alias Karpow, nennt in Frederik, *Das Ende einer Legende,* S. 543, als eine sowjetische Quelle im BfV Johns Sekretärin Vera Schwarte. Bevor sie für John arbeitete, war Schwarte bei der Abwehr für Canaris tätig gewesen. Nach dem Krieg hatte sie zunächst für die Sowjets gearbeitet und war dann, als Flüchtling getarnt, in den Westen geschickt worden, um dort eine Stelle bei John zu suchen. Vgl. den Schriftbericht an den amtierenden Chef des Apparats, Karlshorst, »Wera Schwarte«, 28. März 1951, CIA-HRP, in dem die Verbindung zu Canaris, ihre Verhaftung durch die Gestapo und die Festnahme durch die Sowjets im Dezember 1945 ausführlich dargestellt sind. Diese Informationen wurden Peter Sichel von der Quelle »Gertie« am 18. Januar 1946 übermittelt. In seinem Buch *Zweimal kam ich heim* merkt John selbst an, daß Kutschin ihm Kopien von BfV-Berichten gezeigt habe, die noch keine drei Wochen alt waren, woraus er auf eine sowjetische Unterwanderung des BfV schloß. John deutete jedoch nicht an, wer nach seiner Meinung die Quelle gewesen war.

10 SWRA, Akte 76863, Bd. 1, S. 68.

11 Bericht 2/1277, 10. September 1954, SWRA, Akte 76863, Bd. 1, S. 109.

12 Frischauer, *The Man Who Came Back,* S. 171.

13 Fröhder, *Ich will nicht als Verräter sterben.*

14 Frischauer, *The Man Who Came Back,* S. 254.

15 Fröhder, *Ich will nicht als Verräter sterben.*

16 Ebd. Kondraschow zufolge waren nur Kutschin und Tschernjawski beteiligt, keine Psychologen. Gegenüber Kondraschow erklärte Tschernjawski später, er sei mißverstanden worden. Die Aussage, John sei freiwillig nach Karlshorst gegangen, aber nicht freiwillig dort geblieben, wiederholte Tschernjawski mehrfach: 1995 gegenüber dem deutschen Journalisten Ernst Leiser und in einem Brief an John sowie 1996 gegenüber dem *Focus*-Reporter Wolf Gephardt.

17 *Novoje Wremja* 42/1992.

18 Frederik, *Das Ende einer Legende.*

19 SWRA, Akte 76863, Bd. 1, S. 21.
20 SWRA, Akte 77403, Bd. 1, S. 272; Akte 76863, Bd. 1, S. 47.
21 John, *Zweimal kam ich heim;* Befragungsbericht, BOB, 22. September 1955, CIA-HRP.
22 Ebd.
23 Frederik, *Das Ende einer Legende*, S. 549 f.
24 Das Folgende beruht auf: Interview mit Henrik Bonde-Henriksen, 13. Februar 1994 (Bailey).
25 Scherer, »Ein Opfer der Geschichte«.
26 Brief an die Herausgeber, *Frankfurter Allgemeine Zeitung*, 8. Oktober 1993.

Der Berliner Tunnel

1 Bei Drucklegung des vorliegenden Buches fanden sich Hinweise auf den Tunnel in mindestens achtzehn Sachbüchern und einem Roman von Ian McEwan: *The Innocent*, New York 1990. Heinz Höhne und Hermann Zolling sprachen in *Pullach intern* als erste von Gehlens Beteiligung. Vgl. auch: »Spies for Sale. Post-War Germany«; Jeffrey-Jones, *CIA and American Democracy;* Grose, *Gentleman Spy.*
2 Huntington, »The Berlin Spy Tunnel Affair«; vgl. auch: Interviews mit Frank Rowlett, 21. Oktober 1993, Walter O'Brien, 15. August 1994 und 29. März 1995, William Hood, 28. April 1997.
3 Hersh, *The Old Boys*, S. 378; vgl.: Schriftbericht, CIA-Missionschef, Frankfurt, an DCI, »Special Intelligence«, 17. September 1953, CIA-HRP. Die Tarnung als Lagerhaus wird in einem Abriß des Vorhabens im Anhang zu diesem Schriftbericht erwähnt.
4 Martin, *Wilderness of Mirrors*, S. 76.
5 Interview mit Frank Rowlett, 21. Oktober 1993.
6 Ebd.; vgl. Blake, *No Other Choice.*
7 Marchetti/Marks, *CIA and the Cult of Intelligence*, S. 34.
8 Pincher, *Too Secret Too Long*, S. 252.
9 Corson/Trento/Trento: *Widows*, S. 29.
10 Le Tissier, *Berlin*, S. 372 f.
11 Perry, *Eclipse*, S. 28 f.
12 Wise, *Molehunt*, S. 25.
13 Netschiporenko, *Passport to Assassination.*
14 Grose, *Gentleman Spy.*
15 Interview mit Frank Rowlett, 21. Oktober 1993.
16 Das Folgende beruht auf: Interviews mit Walter O'Brien, 15. August 1994 und 29. März 1995, Hugh Montgomery, 9. November 1993.
17 Vgl. Martin, *Wilderness of Mirrors*, S. 77.
18 Das Interesse von Dulles am Tunnel geht aus einer Notiz vom 16. September

1953 von DDP Richard Helms (CIA-HRP) hervor, in der Rowlett angewiesen wird, sofort nach der Rückkehr von seiner Deutschlandreise den DCI aufzusuchen. Am Rand steht in Rowletts Handschrift: »Erledigt.«

19 Schriftbericht, CIA-Missionschef, Frankfurt, an DCI, »Special Intelligence«, 17. September 1953, CIA-HRP.

20 Ebd.

21 Blake, *No Other Choice*, S. 6.

22 Ebd., S. 16–18. Blake nennt Juri I. Modin als den KGB-Offizier, der den ersten Treff mit ihm wahrnahm. Kondraschows Rolle sollte verborgen bleiben, weil er in dieser Zeit an der KSZE-Menschenrechtskonferenz in Madrid teilnahm und der KGB die sowjetische Seite nicht in Mißkredit bringen wollte. Natürlich wußte der KGB, daß die Engländer Kondraschows Rolle im Fall Blake kannten.

23 Spionagebericht der Königlichen Kommission zum Fall Petrow, den der KGB von »einem freundlichen Kontaktmann unter den Anwälten, denen unsere Sache am Herzen lag«, erhielt.

24 SWRA, Akte »Diomid«, 12. Februar 1954. In *No Other Choice* gibt Blake an, daß die Treffs jedesmal in der Nähe einer U-Bahn-Station stattfanden.

25 SWRA, Akte »Diomid«. In einem Artikel im Londoner *Sunday Telegraph* wurde Anfang 1997 eine grobe Skizze des Tunnels abgedruckt, die Blake angefertigt und an den KGB weitergegeben haben soll (Thornton/Thomas, »Revealed«). Im Interview mit Kondraschow stritt Blake am 11. März 1997 ab, jemals für den KGB eine Skizze der im Artikel abgebildeten Art gezeichnet zu haben. Kondraschow zufolge benutzte Blake seine Minox-Kamera, um eine SIS-Zeichnung des Tunnels zu fotografieren, doch in den SWR-Archiven fand sich keine Spur von dieser Aufnahme.

26 SWRA, Akte »Diomid«, Anlage zu Kondraschows Bericht vom 12. Februar 1954 über den Treff mit Diomid am 18. Januar 1954.

27 Blake, *No Other Choice;* Interview mit George Blake, 7. April 1995 (Kondraschow). Daß Philby einen Rachefeldzug gegen den Westen führte, vor allem gegen diejenigen, die er für seine Enttarnung haftbar machte, geht aus seinen Erinnerungen hervor (Harrison, »More Thoughts on Kim Philby's *My Silent War*«).

28 Interview mit Cleveland Cram, 28. Februar 1995.

29 Nach dem Biographischen Handbuch SWR (1995) wurde Tischkow Stellvertreter der KGB-Schule 101 und 1960 deren Leiter. Von seiner Rolle als für technische Angelegenheiten zuständiger stellvertretender Chef der Ersten Hauptverwaltung ist keine Rede. Daß er dieses Amt innehatte, ist von CIA-Quellen bestätigt worden (»Biographic Summary«, 6. Juni 1972, CIA-HRP).

30 SWRA, Akte »Diomid«, S. 293.

31 Ebd., S. 317; Memorandum, KGB-Vorsitzender Serow an Verteidigungsminister Bulganin, 20. September 1954.

32 Schriftbericht, BOB-Chef an CIA-Missionschef, Frankfurt, 18. Oktober 1954, CIA-HRP.

33 Interview mit C. G. Harvey, 15./16. November 1993.

34 Schriftbericht, BOB-Chef an CIA-Missionschef, Frankfurt, 18. Oktober 1954, CIA-HRP.
35 Aktennotiz, 29. November 1954, CIA-HRP.
36 Die technischen Einzelheiten über den Bau des Tunnels und die Abhöroperation sind ausführlich beschrieben in Huntington, »The Berlin Spy Tunnel Affair«.
37 Telefoninterview mit F. E. Kindell, 21. März 1995, und Brief von F. E. Kindell, 26. Mai 1995.
38 Diese Darstellung stammt aus amtlichen Berichten, die mit F. E. Kindell, dem leitenden Fernmeldeingenieur am Standort Altglienicke, sowie mit Botschafter Hugh Montgomery überprüft wurden, der während der gesamten Betriebszeit des Tunnels als Harveys Hauptassistent fungierte.
39 Interview mit George Blake, 24. Mai 1994 (Kondraschow).
40 Das Folgende beruht auf: Interview mit Wadim F. Gontscharow, 21. November 1994 (Kondraschow).
41 Wladimirow, »Ulbricht prosil menja nasywat jewo prosto Walterom«.
42 Memorandum, CIA-Stab über CI-Stabschef an Chef SR/CI, 26. November 1962, CIA-HRP.
43 Interview mit Jewgeni Pitowranow, 1. November 1994 (Kondraschow).
44 Das Folgende beruht auf: Interview mit Wadim F. Gontscharow, 21. November 1994 (Kondraschow).
45 Die folgende Darstellung beruht auf Aufzeichnungen von mitgehörten Telefonaten bis zur Trennung der Abhörleitungen am 22. April um 15.35 Uhr; auf Abschriften der Unterhaltungen von Russen und Deutschen, die über das Mikrofon im Abhörraum mitgehört wurden, das erst um 15.50 Uhr abgeschaltet wurde; auf Interviews mit Hugh Montgomery, der sich damals an Ort und Stelle befand. Die Daten aus den Sprach- und Telegrafieleitungen wurden »The Berlin Tunnel Operation«, Anhang A, CSHP-150, CIA-HRP, entnommen.
46 Mitschrift eines verschlüsselten Telefongesprächs von Semjonow mit Puschkin, SWRA.
47 Mitschrift eines verschlüsselten Telefongesprächs, Nr. 1365, Nr. 3990-M, 23. April 1956, SWRA.
48 *New York Herald Tribune*, 27. Mai 1956.
49 Le Tissier, *Berlin*, S.373. Vgl. auch: *Neues Deutschland*, 28. April 1956.
50 »Spies for Sale«. Die Skizze stammt laut Quellenangabe von Popperfoto. In allen diesen Skizzen wird der Eingang zum Tunnel fälschlicherweise nicht im Lagerhaus eingezeichnet. Das könnte auf die Besorgnis des KGB um den Schutz seiner Quelle zurückzuführen sein, weil wohl nur jemand mit Insiderwissen gewußt hätte, wo der Tunnel auf der amerikanischen Seite begann. Doch das »kochende« Kaffeewasser entspricht so sehr den Behauptungen von Gontscharow und Pitowranow, daß man daraus wohl folgern kann, daß die ganze Geschichte ein Märchen ist.
51 Thornton/Thomas, »Revealed«.
52 Drahtbericht, BOB, 10. Mai 1956, CIA-HRP. BOB-Quellen berichteten, der Leiter der Hauptverwaltung für Telefonleitungen im DDR-Ministerium für Post- und

Fernmeldewesen sei der Ansicht gewesen, die Sowjets seien »zufällig auf den Abhörraum gestoßen, als sie Fehler in ihren Leitungen gesucht hätten«.

53 Joseph C. Evans, ein ehemaliger CIA-Offizier, der von Anfang bis Ende an der Tunneloperation beteiligt war und dann Spionageabwehrspezialist und bekannter Autor über Spionagethemen wurde, zieht denselben Schluß. In dem Aufsatz »Berlin Tunnel Intelligence« widerlegt er verschiedene Behauptungen, die im Tunnel gewonnenen Erkenntnisse seien Desinformationen gewesen, und unterstreicht den Wert der dabei gewonnenen Informationen.

54 »The Berlin Tunnel Operation«, CSHP–150, Abschnitt 5: »Production«, 24. Juni 1968, CIA-HRP.

55 Corson/Trento/Trento, *Widows.*

56 »The Berlin Tunnel Operation«, CSHP–150, Anhang B: »Recapitulation of the Intelligence Derived«, 24. Juni 1968, CIA-HRP.

57 Ebd.; CIA-Informationsbericht, »The Grechko Family and Their Friends«, 17. April 1959, CIA-HRP.

58 »The Berlin Tunnel Operation«, CSHP–150, 24. Juni 1968, CIA-HRP.

59 »Soviet Russia Division Counterintelligence 1946–56«, CSHP–334, S. 207–209; CIA-Informationsbericht, »RU Detachments in Berlin«, 22. August 1956, CIA-HRP; CIA-Informationsbericht, »Soviet Military Intelligence GSFG: Inspecting Commissions from Moscow (28 Mar.–21 April 1956)«, 17. Dezember 1956.

60 CIA-Informationsbericht, 9. Juli 1957, CIA-HRP.

61 CIA-Informationsbericht, 13. Dezember 1957, CIA-HRP.

62 CIA-Informationsbericht, 30. September 1958, CIA-HRP.

63 CIA-Informationsbericht, »Visits of KGB Inspection Commissions to GSFG: 1955–56«, 15. September 1958, CIA-HRP.

64 CIA-Informationsbericht, »Relationship of the KGB to Wismut SDAG«, 7. August 1958, CIA-HRP.

65 CIA-Informationsbericht, »Lt. General E. P. Pitovranov«, 23. Juli 1958, CIA-HRP.

66 Memorandum, C/SR Division, 26. März 1958, CIA-HRP.

Programme für Überläufer

1 Einzelheiten über Ostdeutschland in den frühen fünfziger Jahren verdanken wir einem ehemaligen Mitglied von BOBs »Redcap«-Referat; vgl. auch: Aktennotiz, BOB-Schriftbericht an CIA-Hauptquartier, »Relation Between Soviets and the German Population and Their Bearing on REDCAP Operations«, 11. Dezember 1953, CIA-HRP.

2 Memorandum, stellvertretender Leiter der Auslandsabteilung S an Stab C, »Request for Operational Clearance«, 8. August 1951, CIA-HRP; vgl.: vertrauliches Interview, 18. April 1994; handschriftliche Erklärung zum Lebenslauf von Wladimir Kiwi, undatiert, CIA-HRP.

3 Schriftberichte, BOB, 2. April und 5. Mai 1952, CIA-HRP.

4 Drahtbericht, BOB, 27. August 1952, CIA-HRP.
5 Schriftbericht, BOB, 5. September 1952, CIA-HRP.
6 Drahtbericht, BOB an CIA-Mission, Frankfurt, 19. August 1952, CIA-HRP.
7 Drahtbericht, BOB, 24. August 1995, CIA-HRP. Agenten als aktive sowjetische Soldaten auszugeben und mit dem Fallschirm in der UdSSR abzusetzen wurde niemals ernsthaft erwogen. Sie als Offiziere oder Unteroffiziere auf Urlaub zu tarnen, barg administrative Komplikationen und machte es außerdem erforderlich, daß die Agenten ihr militärisches Hintergrundwissen auf dem neuesten Stand hielten, was nur wenigen gelang.
8 Schriftbericht, BOB, 13. April 1953, CIA-HRP.
9 Schriftbericht, Chef der Osteuropaabteilung an CIA-Missionschef, Frankfurt, 21. Juli 1954, CIA-HRP. Diese dreiseitige Auseinandersetzung über Orlow hatte vielleicht mehr mit den Beteiligten selbst als mit den Gegebenheiten des Falls zu tun. Die deutsche Mission wurde von dem ehemaligen BOB-Chef Lester Houck bedrängt, der jetzt eine hohe Stabsposition in der Mission innehatte. Nach kurzer Amtszeit in Berlin war er durch Bill Harvey abgelöst worden, der zwar ganz mit seinem Tunnelprojekt beschäftigt war, sich aber nicht davon abhalten ließ, sich in einem Konflikt mit einer höheren Dienststelle vor seine Leute zu stellen. Der Verfasser des Schriftberichts aus der Osteuropaabteilung, deren Operationschef Peter Sichel, war jahrelang BOB-Chef gewesen und erklärte Harvey und Houck wahrscheinlich voll Genugtuung, daß sie sich in diesem Fall geirrt hatten.
10 Schriftbericht, BOB, 10. August 1954, CIA-HRP.
11 ZOPE war eine von der deutschen OPC-Mission gegründete Emigranten-»Dachorganisation«.
12 Drahtberichte, BOB, 21., 25. und 26. August 1954, CIA-HRP.
13 Memorandum, 27. August 1954, CIA-HRP.
14 Drahtbericht, BOB an CIA-Mission, Frankfurt, und DCI, 4. September 1954, CIA-HRP.
15 Drahtbericht, BOB, 8. September 1954, CIA-HRP.
16 Drahtbericht, CIA-Mission, Frankfurt, an DCI, 8. September 1954, CIA-HRP.
17 Drahtbericht, CIA-Mission, Frankfurt, an DCI, 27. November 1958, CIA-HRP.
18 Memorandum, an Chef der Sowjetrußlandabteilung, 24. Dezember 1959, CIA-HRP.
19 Schriftbericht, BOB, 4. März 1955, CIA-HRP.
20 Drahtbericht, BOB, 9. Oktober 1956, CIA-HRP.
21 Schriftbericht, BOB an CIA-Mission, Frankfurt, 4. Mai 1953, CIA-HRP.
22 Schriftbericht, BOB, 8. April 1953; Memorandum, Osteuropaabteilung an Stab C, 15. Juni 1953, CIA-HRP.
23 Schriftbericht, BOB, 2. Januar 1957, CIA-HRP. Die KGB-Emigrantenabteilung verlangte, daß ihr diese Quelle über die Aktivitäten von SBONR berichte. Die CIA setzte diese Organisation zwar nicht mehr zu nachrichtendienstlichen Operationen ein, war aber nach wie vor an den Möglichkeiten interessiert, die sie für die Verbreitung antisowjetischer Propaganda bot. Der KGB betrachtete in seiner verbohrten Ansicht von Emigration und Emigranten SBONR als aktives Zielobjekt.

24 Als Absolvent eines frühen paramilitärischen OPC-Programms, das später eingestellt wurde, wurde Scharow von der Vereinigten Sowjetoperationsbasis in München zunächst dafür in Betracht gezogen, als Spion mit dem Flugzeug in der UdSSR abgesetzt zu werden. Statt dessen beschloß die deutsche CIA-Mission im Oktober 1952, ihn zur Ausbildung zum Ermittler im Rahmen des »Redcap«-Programms nach Berlin zu schicken (Drahterlaß, Mission, Frankfurt, an BOB und Sowjetoperationsbasis, München, 28. Oktober 1952, CIA-HRP). Seine Führungsoffiziere bemerkten jedoch, daß er für diese Arbeit weder geeignet war noch Interesse aufbrachte. In gegenseitigem Einvernehmen verließ er Berlin und wanderte später in die USA aus (vgl.: Schriftbericht, BOB, 1. August 1955, CIA-HRP). Auch andere Belege lassen darauf schließen, daß Scharow vielleicht doch kein KGB-Agent war. Anfang der siebziger Jahre brachte ein KGB-Überläufer eine Kopie der Fahndungsliste des KGB aus dem Jahr 1969 mit, in der auch Viktor J. Turko oder Turkow alias Scharow angeführt war. Dazu wurde angemerkt: »Ab September 1951 wurde er in einer amerikanischen Nachrichtendienstschule bei München für den Einsatz in der UdSSR ausgebildet, setzte diese Ausbildung 1952 acht Monate in den USA fort und kehrte danach nach Westdeutschland zurück. Zunächst wohnte er in einem sicheren Haus in West-Berlin, dann unter dem Namen Heinrich Müller in einer Privatwohnung. Später war er als Walter Berger offizielles Mitglied des ›CIC‹ in der Abteilung ›Political Diversion‹ tätig.«
25 Murphy, »Sasha Who?«.
26 Das Folgende beruht auf: Bericht der SWR-Spionageabwehrhauptverwaltung über Orlow.
27 Schriftbericht, BOB, 20. Oktober 1952, CIA-HRP.
28 Bagley, »Bane of Counterintelligence«. Der betreffende Offizier war Juri Litowkin, der später bei einer der wenigen Einheiten für »aktive Maßnahmen« im Ausland in Karlshorst stationiert war.
29 Memorandum, Chef der Osteuropaabteilung an DDP, »Defection Attempt in Vienna on 5 February 1955, Boris Yakovlevich Naliwaiko«, 7. Februar 1955, CIA-HRP.
30 Deriabin, *The Secret World*, S. 263 f.
31 Das Folgende beruht auf: Naliwaiko, *Tri desjatiletija na perednem kraje.*
32 Auf die Frage nach fehlenden KGB-Berichten über diesen Vorfall und andere Ereignisse des Jahres 1955 wurde uns geantwortet: »Die Akten im SWR-Archiv sind für das Jahr 1955 ziemlich dünn, und gerade über die interessantesten Dinge gibt es kaum Unterlagen.«
33 *New York Times*, 5. Juni 1995; Memorandum, an den Chef der Abteilung SR, 19. April 1955, CIA-HRP. Der Verfasser dieses Memorandums, Smirnows Begleitoffizier, war Alexander Sogolow, ein legendärer Freund von Möchtegernüberläufern. Murphy traf Sogolow zum ersten Mal 1949.
34 NIE 11-3-55, 17. Mai 1955, S. 45, CIA-HRP.
35 Das Folgende beruht auf: Entwurf eines Memorandums über BOB-Berichte, das das US-Außenministerium Botschafter Bohlen am 19. August 1955 in Moskau übergeben sollte, CIA-HRP.

36 Kondraschow bezweifelt, daß Puschkin jemals solche Aussagen gemacht hat.
37 Bei einem Treffen mit dem französischen Ministerpräsidenten Guy Mollet im Mai soll Chruschtschow erklärt haben, wenn Deutschland wiedervereinigt werden würde, »fordern wir, daß die gesellschaftlichen und wirtschaftlichen Errungenschaften Ostdeutschlands erhalten bleiben« (*Manchester Guardian*, 12. Juni 1956).

Operationsziel Karlshorst

1 Schriftbericht, BOB, 9. August 1954, CIA-HRP.
2 Ebd.; Interview mit Valentin W. Swesdenkow, 17. November 1995 (Kondraschow). Im September 1957 berichtete Popow eine ähnliche Geschichte, die er bei einer Sicherheitsunterweisung gehört hatte. In diesem Fall hatte man dem amerikanischen Agenten, einem Elektriker, den Zugriff auf einen Kronleuchter gestattet, der in einem sicheren Haus der Opergruppe aufgehängt werden sollte. Die sowjetische Spionageabwehr vereitelte den Versuch (Schriftbericht, BOB an Chef Abteilung SR, 1. Oktober 1957, Auszug aus der Mitschrift der Besprechung mit Popow, S. 15 f., Absatz 60, CIA-HRP).
3 Schriftbericht, BOB, 25. Januar 1967, CIA-HRP.
4 Schriftbericht, BOB, 9. August 1954.
5 Schriftbericht, BOB an Chef Abteilung SR, 1. Oktober 1957, Auszug aus der Mitschrift der Besprechung mit Popow, S. 2, CIA-HRP.
6 Drahtbericht, BOB, 25. Oktober 1957, CIA-HRP.
7 Schriftbericht, BOB, 4. Februar 1958, CIA-HRP.
8 Als im Februar 1956 der Tunnel, der Fall Popow und andere Karlshorster Operationen zeigten, daß sich der sowjetische Nachrichtendienst in Ostdeutschland aktiv gegen Ziele in Westeuropa richtete, verfaßte Bill Harvey einen Drahtbericht an Richard Helms und James Angleton, in dem er anregte, BOB wegen der besonderen Verhältnisse in Berlin zusammen mit Washington die Zuständigkeit für die Bearbeitung der sowjetischen Spionageabwehr im europäischen Raum zu erteilen. Die Reaktion kann man sich vorstellen: Harvey bekam nie eine Antwort.
9 Das Folgende beruht auf: Schriftbericht, BOB, 2. Dezember 1960, CIA-HRP.
10 Die wahren Namen zu identifizieren wurde in den fünfziger Jahren um so wichtiger, je mehr in Karlshorst stationierte KGB-Offiziere mit Diplomatenpässen nach Westdeutschland und in andere westeuropäische Länder reisten. Die Pässe lauteten normalerweise auf ihren richtigen Namen, und gelegentlich konnte die KGB-Verbindung dieser Reisenden nur dank früherer Identifikationen des »Gepäckbeförderers« bestätigt werden.
11 Das Folgende beruht auf: Schriftbericht, BOB, Anhang A, »Positive Information on Soviet Intelligence Services in Germany«, 22. März 1957, CIA-HRP.
12 Einer der aktivsten Offiziere der Karlshorster Emigrantenabteilung in den fünfzi-

ger Jahren war Arkadi A. Fabritschnikow. Er benutzte den Decknamen Arkadi A. Awramenko und andere Pseudonyme, konnte aber durch die Kombination der Berichte von Doppelagenten, der Tunnelinformationen und der Berichte von Karlshorster BOB-Quellen identifiziert werden (Schrifterlaß, an BOB, 30. September 1957, CIA-HRP). Nach seiner Dienstzeit in Karlshorst kehrte er nach Moskau zurück und arbeitete dort in Emigrantenoperationen der Spionageabwehrverwaltung der Ersten Hauptverwaltung. Später wurde er leitender Offizier in der Zweiten, für die innere Spionageabwehr zuständigen KGB-Verwaltung (Biographischer Informationsbericht, 2. August 1974, CIA-HRP).

13 Drahtbericht, BOB, 7. November 1955, CIA-HRP.

14 CIA-Informationsbericht, 27. März 1959, CIA-HRP.

15 Schriftbericht, BOB, 7. Mai 1958, CIA-HRP.

16 Schriftbericht, BOB, 19. Mai 1958, CIA-HRP.

17 Reese, *Organisation Gehlen,* S. 211–229.

18 Drahtbericht, BOB, 24. Oktober 1956, CIA-HRP.

19 CIA-Informationsbericht, 3. August 1992, CIA-HRP.

20 Schrifterlaß, an BOB, 8. Februar 1957, CIA-HRP.

21 Ebd. Einige Jahre später erhielt BOB eine zweite Fassung der Karlshorst-Studie des BND, die ebensowenig wie die erste die überschwenglichen Erzählungen darüber rechtfertigte, wie sehr Felfe Gehlen mit seinen Akten, Karten und Diagrammen beeindruckte (vgl. Gordiewsky/Andrew, *KGB,* S. 582; Reese, *Organisation Gehlen,* S. 216).

22 Drahtbericht, BOB, 11. September 1957; Drahterlaß an BOB, 27. September 1957.

23 Drahterlaß, an BOB, 10. Oktober 1957, CIA-HRP.

24 Reese, *Organisation Gehlen,* S. 246–248.

25 Laut Bohnsack und Brehmer *(Auftrag Irreführung,* S. 81 f.) waren Felfes Memoiren ein Gemeinschaftswerk von KGB und MfS, das den Zweck hatte, den BND in Mißkredit zu bringen. Zu diesem Zweck wurde sogar eine Agentin in Gehlens Familie eingeschleust, die unter anderem private Tischgespräche belauschte, die Felfe später zur Verwendung in seinen Memoiren angeboten wurden. Vgl. auch Interview mit Heinz Felfe, 22. Mai 1996 (Bailey).

26 Felfe, *Im Dienst des Gegners,* S. 285 f.; vgl. Reese, *Organisation Gehlen,* S. 216; Gordiewsky/Andrew, *KGB,* S. 582; Interview mit Donald Hueffner, 19. August 1993.

27 Schrifterlaß, CIA-Hauptquartier, Juni 1962, CIA-HRP.

28 Manfred Quiring, »Regelmäßig wie ein Uhrwerk lieferte der Mann in Pullach an ›Alfred 2‹«, in: *Berliner Zeitung,* 3. November 1993. Witali Korotkow bezeichnete Felfe in diesem Gespräch als »Muster an Arbeitseifer«; er habe alle anderthalb bis zwei Monate durchschnittlich zwölf Minox-Filme geliefert. Dafür erhielt er ein Monatssalär von tausendfünfhundert D-Mark, das 1956 auf zweitausend D-Mark aufgestockt wurde, um Felfe zu unterstützen, der damals in der Nähe von München ein Haus baute.

29 Das Folgende beruht auf: Interview mit Heinz Felfe, 30. März 1995.

30 Vgl. Reese, *Organisation Gehlen,* S. 219, 229; Martin, *Wilderness of Mirrors,*

S. 105, 107. Die Theorie, nach der Felfe durch Goleniewski absichtlich enttarnt worden ist, beruht auf der Tatsache, daß dieser die Information in einer Unterhaltung erhielt, die er mit General Gribanow, dem Chef der KGB-Spionageabwehr, geführt hatte. Goleniewski hatte in einem Brief an die CIA geschrieben, Gribanow habe »sich ihm gegenüber gebrüstet, daß von den sechs Angehörigen der Organisation Gehlen, die an einer Orientierungstour der CIA durch die Vereinigten Staaten teilgenommen hätten, zwei Sowjetagenten gewesen seien« (Reese, *Organisation Gehlen,* S. 227). Ausgangspunkt der Spekulationen war die Erwähnung Gribanows, über den auch der Überläufer Juri I. Nosenko, der 1964 die Seiten gewechselt hatte, ausführlich berichtet hatte. Reese befindet sich im Irrtum, wenn sie annimmt, Goleniewski habe Gribanows Äußerung in einem Gespräch unter vier Augen gehört. Er hat sie vielmehr zum ersten Mal in einer Rede gehört, die Gribanow 1958 vor den versammelten Geheimdienst- und Sicherheitschefs der Ostblockstaaten hielt. 1960 gelang es Goleniewski, der als KGB-Agent im polnischen Geheimdienst diente, einem sowjetischen Berater eine Bestätigung von Gribanows Bemerkung zu entlocken. Zu Goleniewskis KGB-Verbindung vgl.: Memorandum, 4. Januar 1964, CIA-HRP.

31 Grundlage dieser Annahme könnte die Tatsache sein, daß Golizyn zuerst um Asyl ersuchte und, als er es erhalten hatte, aus einer nahegelegenen Schneewehe einen Briefumschlag hervorholte. Diese Geschichte ist mit leichten Abweichungen in mehreren Büchern über den Kalten Krieg veröffentlicht worden, zum Beispiel in Mangold, *Cold Warrior,* und Wise, *Molehunt.*

Das Spiel der Illegalen

1 Drosdow, *Nuschnaja rabota,* S. 83; vgl. Gordiewsky, *Next Stop Execution,* S. 137, 188; Kuzichkin, *Inside the KGB,* S. 79. Als Illegaler in Ostdeutschland war Drosdow seiner eigenen Aussage zufolge während der Verhandlungen, die 1962 zur Freilassung des sowjetischen Illegalen »Oberst Abel« aus amerikanischer Haft führten, als dessen ostdeutscher »Cousin Drieves« aufgetreten. Außerdem behauptet er, nach der Verhaftung von Heinz Felfe als deutscher Adliger im Namen einer Neonazi-Organisation unter falscher Flagge eine Quelle im BND angeworben zu haben, die dann von einem anderen Illegalen geführt wurde. Später war Drosdow an einem Tiefpunkt der sowjetisch-chinesischen Beziehungen KGB-Resident in Peking, bevor er zunächst stellvertretender Chef und dann Chef der Verwaltung S wurde.

2 Memorandum, »Illegal Rezidentura, KGB Germany«, 7. Dezember 1954, CIA-HRP.

3 Bericht, 16. Dezember 1954, CIA-HRP.

4 Vgl. zum Beispiel: »Spion Runge aus Liebe zu seinem Sohn übergelaufen«, in: *Bild,* 25. Oktober 1967; »Spionagezentrale in Karlshorst«, in: *Berliner Morgenpost,* 15. März 1968. Das *Neue Deutschland* beschuldigte am 25. Oktober 1967

Bonn und Washington eines Angriffs auf den Weltfrieden und warf Runge das Verbrechen der Republikflucht vor.

5 Das Folgende beruht, wenn nicht anders angegeben, auf: Memorandum, »Biography of Yevgeny Yevgenievich Runge«, 8. Januar 1968, CIA-HRP.

6 CIA-Informationsbericht, 16. Juni 1958, CIA-HRP. Baryschnikow hat Berlin einer verläßlichen BOB-Quelle zufolge am 11. Juni 1958 verlassen. Später wurde er unter Michail S. Zymbal alias Rogow zum stellvertretenden Chef der Verwaltung S. Er starb im November 1971 (vgl. *Krasnaja Swesda*, 12. November 1971).

7 Persönliche Treffen mit Korotkow waren insofern von Bedeutung, als sie dem Illegalen das Gefühl gaben, er wäre ein vollgültiger Geheimdienstoffizier, obwohl seine Ausbildung und sein operatives Vorgehen anders waren. Spätere Chefs der Verwaltung S behielten diese Praxis bei.

8 Memorandum, 7. Februar 1955, CIA-HRP; vgl. Memorandum, 9. Mai 1957, CIA-HRP.

9 Walentina war keine Sowjetbürgerin, sondern eine Ostberlinerin, die dem KGB durch ihre ausgezeichneten Leistungen im Russischunterricht in der Schule aufgefallen war. 1955 wurde sie vom KGB angewiesen, nach Westdeutschland überzusiedeln.

10 CIA-Informationsberichte, 27. August 1958, 13. Juli 1959, 17. September 1959, 8. Oktober 1959, 9. Juni 1960, und Memorandum, 16. Oktober 1963, CIA-HRP.

11 Memorandum, »Early Warning Procedures«, 1. April 1968, CIA-HRP.

12 Memorandum, »Biography of Yevgeny Yevgenievich Runge«, 8. Januar 1968, CIA-HRP.

13 Memorandum, »Modus Operandi of the KGB Apparat in East Germany with Specific Reference to Illegal Operations«, 5. Februar 1968, CIA-HRP, einschließlich zweier als Quellenmaterial gekennzeichneter Abschnitte: Teil 1, »How the KGB Apparat Gets Documentation for Future Illegals«; Teil 2, »My Work for the KGB Apparat in the GDR as a Tester and Trainer of Agents and Candidates for Illegal Work in the FRG and Other Western Countries«.

14 Stefan Westdorp, »Ich fand Spion Sütterlin«, in: *Bild*, 1. Dezember 1990.

15 »Rote Rosen«, in: *Der Spiegel*, 20. Oktober 1969, S. 54–60.

16 Das Folgende beruht auf: Memorandum, »Modus Operandi of the KGB Apparat in East Germany with Specific Reference to Illegal Operations«, 5. Februar 1968, CIA-HRP.

17 Naliwaiko, *Tri desjatiletija na perednem kraje.*

18 Vgl. Hood, *Mole.* Der Autor war bis zur Unterzeichnung des österreichischen Staatsvertrages Operationsleiter in der Wiener CIA-Mission.

19 Interviews mit Valentin W. Swesdenkow, November 1995 (Kondraschow).

20 »Popov. The Conformist Who Failed«, undatierte Monographie, S. 27, CIA-HRP.

21 Diese von Hyde in seiner Blake-Biographie erhobene Anschuldigung wurde von Blake sowohl in *No Other Choice* als auch 1995 im Interview mit Kondraschow zurückgewiesen. Laut Kondraschow wurde die Arbeitsakte über den Fall Blake wegen ihrer besonderen Bedeutung nicht vernichtet. Solche Akten enthalten eine Aufstellung aller Personen, über die ein Agent im Lauf der Operation berichtet hat. Kondraschow erklärt nachdrücklich, daß der Name Popow nicht auf der Liste

steht, und unterstreicht, daß Blake nach Ansicht des KGB mit der Enttarnung Popows nichts zu tun hatte.

22 »Popov. The Conformist Who Failed«, undatierte Monographie, S.28f., CIA-HRP.

23 Interviews mit Valentin W. Swesdenkow, November 1995 (Kondraschow).

24 »Popov: The Conformist Who Failed«, undatierte Monographie, S.31, CIA-HRP.

25 Ebd., S.37f., CIA-HRP. Swesdenkow zufolge hätte der Fall viel schneller aufgeklärt werden können, wenn die militärische Spionageabwehr des KGB auf den Bericht über Popows ungenehmigten Übergang nach West-Berlin reagiert hätte.

26 CIA-Informationsbericht, 29. März 1957, »Zhukov Address«, CIA-HRP.

27 Blake, *No Other Choice*, S.203.

28 Spahr, *Zhukov;* vgl. auch: »Tschego stojat polkowoditscheskije katschestwa Stalina?« in: *Westnik Archiwa Presidenta Rossiskoi Federatsii* 2, 1995, S.143–159.

29 CIA-Informationsbericht, »Zhukov Comments on Soviet Military Capabilities«, 30. April 1957, CIA-HRP.

30 Kondraschow bezweifelt, daß ein KGB-Mitarbeiter vom Rang Pitowranows für einen solchen Auftrag eingesetzt worden wäre.

31 Interviews mit Valentin W. Swesdenkow, November 1995 (Kondraschow).

32 Ebd.

33 Whiteside, *An Agent in Place*, S.72f.

34 Schriftbericht, BOB, 8. August 1958, Auszug aus der Mitschrift der Besprechung mit Popow, S.4, CIA-HRP.

35 »Popov. The Conformist Who Failed«, undatierte Monographie, S.40–42, CIA-HRP.

36 Ebd., S.45f.

37 Schriftbericht, BOB, 24. November 1958, S.8, CIA-HRP.

38 Interviews mit Valentin W. Swesdenkow, November 1995 (Kondraschow).

39 »The Popov Case«, 22. September 1980, S.8f., CIA-HRP. Die Geschichte vom versehentlich aufgegebenen Brief, der vom KGB abgefangen wurde, ist in zahlreichen Veröffentlichungen erzählt worden, zum Beispiel in Mangold, *Cold Warrior*, S.251f., und Wise, *Molehunt*, S.169. Sie diente als Beleg für die These, der Bericht über die Abfangaktion, der von KGB-Quellen wie Alexander Tscherepanow und Juri Nosenko weitergegeben wurde, sei vom KGB fabriziert worden. Dieser Theorie zufolge benutzte der KGB den abgefangenen Brief als Vorwand für die Enttarnung Popows, um einen Maulwurf in der CIA zu schützen.

40 Interviews mit Valentin W. Swesdenkow, November 1995 (Kondraschow).

41 Ebd.

42 »The Popov Case«, 22. September 1980, S.12f., CIA-HRP.

43 *Raketnyje woiska strategitscheskogo nasnatschenija*, S.57.

44 Interviews mit Valentin W. Swesdenkow, November 1995 (Kondraschow).

45 »The Popov Case«, 22. September 1980, S.12f., CIA-HRP.

46 Schriftbericht, BOB, Anhang K: russischer Text »Rollenbrief«, 18. September 1959, CIA-HRP.

47 Der zweite General könnte Filip I. Golikow gewesen sein, den Chruschtschow kurz zuvor zum Leiter der Politischen Hauptverwaltung der Sowjetarmee er-

nannt hatte, einer Institution, gegen die sich Shukow beharrlich gewehrt hatte (Spahr, *Zhukov*, S. 256–258).

48 Schriftbericht, BOB, Anhang K: russischer Text »Rollenbrief«, 18. September 1959, CIA-HRP.

49 Ebd.; vgl. Hood: *Mole*, S. 13; Ranelagh, *The Agency*.

50 »Popow. The Conformist Who Failed«, undatierte Monographie, S. 21, CIA-HRP.

KGB und MfS: Partner oder Konkurrenten?

1 SWRA, Akte 45 783, Bd. 3, S. 151–154.

2 Interview mit Georgi A. Korotja, 17. Dezember 1994 (Kondraschow).

3 Interview mit Wassili I. Bulda, 5. Januar 1995 (Kondraschow). Vgl.: Memorandum, »Bulda, Vasily Ilich«, undatiert, CIA-HRP.

4 Kurzbiographie Oganessjan, undatiert, CIA-HRP. Oganessjan war bis 1953 in Österreich stationiert gewesen und anschließend bis 1959 als Berater in Mielkes MfS in der Ostberliner Normannenstraße tätig. Zu Samoilenko vgl.: Biographisches Memorandum, 29. November 1956, CIA-HRP. Samoilenko war von 1953 bis 1955 als Hauptberater in Karl-Marx-Stadt (Chemnitz) tätig und übernahm dann eine höhere Beraterfunktion in Karlshorst. 1957 verließ er die DDR.

5 Interview mit Wassili I. Bulda, 5. Januar 1995 (Kondraschow).

6 Wieviel die Zusicherung wert war, ist schwer zu sagen. Wir wissen, daß das MGB im MfS jahrelang Quellen besaß und der KGB sich für Informationen, die er über die regulären Kanäle nicht mit Sicherheit zu erhalten hoffte, auf »vertrauenswürdige Kontakte« im MfS verließ.

7 Interview mit Wassili I. Bulda, 5. Januar 1995 (Kondraschow).

8 Das Folgende beruht, sofern nicht anders angemerkt, auf: Serow an Pitowranow, 5. Apr. 1954, SWRA, Akte 504 456, Bd. 1, S. 2–6.

9 Interview mit Georgi A. Korotja, 17. Dez. 1994 (Kondraschow).

10 SWRA, Akte 504 456, Bd. 1, S. 1–9.

11 Befragungsniederschriften, 8. Oktober 1967 und 15. Februar 1968, CIA-HRP.

12 Interview mit Jewgeni P. Pitowranow, 19. August 1994 (Kondraschow).

13 Wladimirow, »Ulbricht prosil menja nasywat jewo prosto Walterom«.

14 Interview mit Jewgeni P. Pitowranow, 19. August 1994 (Kondraschow). Solchen Geschenken sollte man allerdings nicht zuviel Bedeutung beimessen.

15 SWRA, Akte 84 834, Bd. 4, S. 81 f. Serow wußte, wovon er sprach. Ulbricht hatte am 12. Oktober 1954 in einer geschlossenen Sitzung der Volkskammer die Partei aufgefordert, aktiv an der Stasi-Arbeit mitzuwirken. Die »feindlichen Organisationen« müßten vernichtet werden. Mit diesen Fragen müßten sich die Parteisekretäre überall befassen und eng mit den Genossen von der Staatssicherheit zusammenarbeiten (SWRA, Akte 504 456, Bd. 1, Teil 3, S. 42 f.).

16 Vgl. auch Bobkow, *KGB i wlast*, S. 134 f.

17 Kondraschow wurde später als Mitglied einer KGB-Einsatzgruppe, die sich mit

dem Aufstand von Oktober und November 1956 beschäftigte, nach Ungarn entsandt.

18 Das Folgende beruht auf: Bericht über die Geheimdienstkonferenz der Staaten des Warschauer Pakts, SWRA, Akte 504456, Bd. 1, S. 70–78.

19 Interview mit Hugh Montgomery, 24. März 1995.

20 Vgl. auch Falin, *Politische Erinnerungen,* S. 265 f.

21 Drahtbericht, BOB, 17. Juni 1959, CIA-HRP.

22 Drahtbericht, BOB, 23. Juni 1958, CIA-HRP.

23 Schriftbericht, BOB, 7. März 1958, CIA-HRP.

24 Bobkow, *KGB i wlast,* S. 173–184, kritisiert Schelepin, weil er altgediente Leute durch junge, unerfahrene Parteikarrieristen ersetzt und zahlreiche miserabel vorbereitete organisatorische Veränderungen vorgenommen habe. Sein Haupteinwand gegen Schelepin war jedoch dessen Bestreben, den Dienst für seine eigene Karriere zu benutzen. Vgl. auch: CIA-Informationsbericht, »Close Associates of Shelepin and Semichastny During Their Tenure as Chief of the KGB; Impact of Shelepin on the KGB«, 26. März 1971, CIA-HRP; Golizyn, *New Lies for Old.*

25 Das Folgende beruht auf: Interview mit Leonid J. Sjomontschuk, 12. September 1994 (Kondraschow).

26 Krochin war 1950–1954 als Resident in Paris und wurde anschließend zum Leiter der Illegalenabteilung ernannt. Von 1966 bis 1971 war er dann wieder in Paris (KBS, S. 74 f.).

27 »Dreizehnte Abteilung« war die neueste Bezeichnung der Neunten, die ihrerseits Nachfolgerin des Ersten Sonderbüros war. Dieses war 1946 als Dienststelle für Sabotage und Sonderaufgaben auf der Grundlage der Vierten Verwaltung der Kriegszeit geschaffen worden. Die Abteilung hatte seit jeher eine eigene Gruppe im Karlshorster Apparat. Laut M. S. Dokutschajew, dem Chef der Auslandsaufklärung und stellvertretenden Leiter der Neunten Verwaltung (Wachdienst), war Fadeikin bei seiner Versetzung in die Dreizehnte Abteilung sein Vorgesetzter (vgl. *Moskwa. Kreml. Ochrana,* S. 23). Die offizielle SWR-Kurzbiographie Fadeikins unterschlägt diesen Abschnitt von Fadeikins Karriere (KBS, S. 143 f.).

Das Chruschtschow-Ultimatum

1 Schriftbericht, BOB an Chef, SR, 24. November 1958, S. 8–12, CIA-HRP. Laut Popow stellte sich der KGB auf die neue Lage ein, indem er einer größeren Zahl von Offizieren eine Tarnposition in Einrichtungen besorgte, die nach der Übergabe der militärischen Zuständigkeit an die DDR in Berlin bleiben würden. BOB war bereits aufgefallen, daß der KGB zunehmend nichtmilitärische Tarnungen benutzte, hatte dies aber nicht als grundsätzliche Abkehr von der militärischen Tarnung verstanden, sondern vermutet, daß der KGB den Angehörigen des Karlshorster Apparats die Möglichkeit geben wollte, nach Westdeutschland und in andere westeuropäische Staaten zu reisen. Popow zufolge war die GRU, die sich ganz auf militärische Agenten stützte, von dieser Entwicklung völlig überrascht worden.

2 FRUS, 1958–1960, Bd. 8, S. 133.
3 Memorandum, OCI, »The Berlin Situation«, 1. November 1957, CIA-HRP.
4 FRUS, 1958–1960, Bd. 9, S. 713–730.
5 Ebd., S. 711–713.
6 Wöchentlicher Nachrichtenbericht, 5. Februar 1959, Punkt 3, »Communist Tactic Against West Berlin«, CIA-HRP.
7 Martin, *Wilderness of Mirrors*, S. 68.
8 FRUS, 1958–1960, Bd. 8, S. 36–38.
9 Harrison, »Ulbricht and the Concrete ›Rose‹«. Es wirkt ironisch, daß viele Flüchtlinge, vor allem Angehörige der Intelligenz, weggingen, weil die Beschlüsse des V. Parteitags der SED gezeigt hatten, daß Ulbricht entschlossen war, den Sozialismus nach sowjetischem Vorbild zu vollenden. Da die Sowjets diese Beschlüsse nicht offen kritisieren konnten, reagierten sie darauf – etwa in einem an die KPdSU gerichteten Brief Juri Andropows vom 18. August 1958 – mit der Feststellung, die SED-Funktionäre verstünden nicht mit der Intelligenz umzugehen und brauchten Hilfe (ebd., S. 17).
10 FRUS, 1958–1960, Bd. 9, S. 711–713.
11 Bericht 1/16-291, 27. Januar 1958, SWRA-Akte 79541, Bd. 10, S. 125–127.
12 Memorandum zum Fall Goleniewski, undatiert, Teil 6: »Production«, Abschnitt D.3, S. 42, CIA-HRP.
13 SWRA, Akte 505891, S. 65–78, Memorandum 23/1/1537, 21. Juni 1958.
14 Vgl. Dziak, »The Organizational and Operational Tradition«.
15 Golizyn, *New Lies for Old*. Kondraschow war aufgrund der angespannten Lage nach den blutigen Zusammenstößen zwischen China und der UdSSR auf der Insel Damanski 1969 vorübergehend als Chef der Nachrichtendienstverwaltung der dortigen KGB-Grenzwachen an die sowjetisch-chinesische Grenze abkommandiert worden. Tatsächlich hatte der KGB-Vorsitzende Semitschastni das ZK schon 1963 darauf hingewiesen, daß Peking nach und nach die sowjetischen Inseln im Amur- und Ussuri-Fluß übernehmen wolle. Vgl. auch Prosumenschtschikow, »Postepennoje oswojenije sowetskich ostrowow«. Als sich die Kluft zwischen Moskau und Peking Ende der sechziger Jahre vertiefte, wurde in der Abteilung A eine geheime China-Sektion für aktive Maßnahmen gegen Peking geschaffen. Die Sektion habe fast die Hälfte der gesamten Stärke der Abteilung ausgemacht, in der damals mindestens hundert Personen arbeiteten (Memorandum, undatiert, »Department ›A‹« [Desinformation], CIA-HRP).
16 Anfang 1968 übernahm er die Leitung.
17 SWRA, Akte 87597, Bd. 26, S. 346–371.
18 Es gibt keine präzise russische Übersetzung des Begriffs »Abschreckung«. Für die westliche Politik benutzten die Sowjets das Wort *ustraschenije* (Einschüchterung), für ihre eigene *sdershiwanije* (Zurückhaltung) (Holloway, *Soviet Union and the Arms Race*).
19 Vgl. Dschirkwelow, *Secret Servant*, S. 298–301.
20 FRUS, 1958–1960, Bd. 8, S. 163, 320.

Die sowjetische Propagandakampagne wird abgewehrt

1 Wöchentlicher Nachrichtenbericht, 15. Januar 1959, CIA-HRP.
2 Karlshorst-Lageberichte, BOB, 16. Januar, 21. Januar und 11. Februar 1959, CIA-HRP.
3 Bericht, »Soviet Official's Comments on the Berlin Situation«, 6. April 1959, CIA-HRP.
4 Karlshorst-Lageberichte, BOB, 7. und 13. April 1959, CIA-HRP.
5 Nachrichtenbericht, »Dissolution of Soviet Long Distance Exchange Facilities in Karlshorst«, 9. April 1959, CIA-HRP.
6 Karlshorst-Lageberichte, BOB, 20. April 1959, CIA-HRP.
7 Nachrichtenbericht, »Description of the Soviet Compound at Karlshorst, East Berlin«, 16. April 1959; Wöchentlicher Nachrichtenbericht, 7. Mai 1959, Punkt 3, S. 1–16, CIA-HRP.
8 Karlshorst-Lageberichte, BOB, 1. Juli und 15. September 1959, CIA-HRP.
9 Wöchentlicher Nachrichtenbericht, »Investigation of Intelligence Operations in West Berlin«, 29. Januar 1959, S. 2 f., CIA-HRP.
10 Dokumententransfer- und Querverweismemorandum, 10. August 1956, CIA-HRP.
11 Schriftbericht, BOB, 1. Mai 1957, CIA-HRP.
12 Englische Übersetzung von Linkes Notizen über die Moskauer Tagung vom März 1957, CIA-HRP.
13 Drahtbericht, BOB, 22. Juni 1957, CIA-HRP.
14 Ebd.
15 Drahtbericht, BOB, 6. August 1958, CIA-HRP.
16 Memorandum, »Effect of a CE/PP Operation on the East German Military Intelligence Chief and his Organization«, undatiert, CIA-HRP.
17 Ein Nachspiel zum Fall Dombrowski zeigt, wie schwer sich in der Geheimdienstliteratur Wahrheit und Dichtung auseinanderhalten lassen: 1972 behaupteten Höhne und Zolling in *Pullach intern,* Dombrowski sei 1956 vom BND angeworben worden, habe General Linke 1957 nach Moskau begleitet und dem BND Linkes Bericht über die Konferenz zugespielt. Obwohl der KGB gegen Dombrowski Verdacht geschöpft habe, sei es dem BND gelungen, die Sowjets auszumanövrieren, indem er Dombrowski Berichte an den KGB weiterleiten ließ, die der BND in der Handschrift eines Sowjetberaters angefertigt habe. Dieser Trick habe Dombrowski jedoch nicht retten können, so daß der BND ihn im August 1958 angewiesen habe, sich auf Abruf zum Überlaufen bereitzuhalten. Er sei im Dezember 1958 in den Westen gekommen, und im Februar 1959 seien Linke und viele andere Offiziere des militärischen Nachrichtendienstes der DDR versetzt oder entlassen worden. Wie die Autoren auf diese dramatische Geschichte gekommen sind, wissen wir nicht, wenngleich sie zum Teil offenbar auf »literarisch überhöhten« Angaben aus BOBs Gegenangriffsmaterial vom Januar 1959 beruht.
18 Telefongespräch mit William Bundy, 1. Februar 1996.

19 FRUS, 1958–1960, S. 803 f. In der morgendlichen Vorbereitungssitzung der US-Delegation hatte Verteidigungsminister McElroy noch gemeint, »wir sollten auf alle Fälle den Umfang unserer Aktivitäten in Berlin feststellen, die den Sowjets aufstoßen«. Herter deutete an, er beabsichtige, das Thema am Nachmittag gegenüber den Sowjets anzuschneiden, und CIA-Vertreter Bundy versicherte ihm erneut, daß »unsere Daten über die kommunistischen Aktivitäten ohne Preisgabe der Quellen benutzt werden können« (ebd., S. 798 f.).

20 Ebd., S. 812.

Bluffs, Drohungen und Gegendruck

1 Das Folgende beruht auf: Karlshorst-Lagebericht, BOB, 5. Mai 1960, CIA-HRP.

2 Schriftbericht, BOB, 2. Mai 1960, CIA-HRP.

3 SNIE, »The Situation and Prospects in East Germany«, 3. Mai 1960, CIA-HRP.

4 Harrison, »Ulbricht and the Concrete ›Rose‹«.

5 Bericht 1/16–5827, 16. November 1960, SWRA, Akte 83 531, Bd. 22, S. 436–440.

6 Zubok, »Spy vs. Spy«, S. 12 f. Zum U-2-Zwischenfall siehe Beschloss, *May-Day.*

7 Bericht 3023-Sh, 18. November 1960, SWRA, Akte 83 531, Bd. 22, S. 442–446.

8 Bericht 1/16–4875, 3. September 1960, SWRA, Akte 83 531, Bd. 22, S. 75 f. Das Dokument steht im Zusammenhang mit dem Fehlschlag des Pariser Gipfels, obwohl es nicht unmittelbar auf ihn Bezug nimmt. Um diese Zeit wurde Lemmer Minister für Post und Fernmeldewesen.

9 Bericht 1/16–4968, 9. September 1960, SWRA, Akte 83 531, Bd. 22, S. 60 f.

10 Ebd., S. 62.

11 Bericht 2554-Sh, 28. September 1960, SWRA, Akte 83 531, Bd. 22, S. 116–145.

12 Zubok, »Spy vs. Spy«, S. 22–33. Ziffer 1e des Schelepin-Vorschlags vom 7. Juni enthält die Anregung, der KGB solle »eine satirische Broschüre über A. Dulles ausarbeiten, veröffentlichen und verteilen«. Das geschah dann auch unter der Leitung von Wassili R. Sitnikow, damals Stellvertreter von Agajanz in der Abteilung D. Die angeblich von einem Labour-Parlamentsmitglied verfaßte Publikation *A Study of a Master Spy* wurde 1961 in London verlegt (vgl. Blackstoch, *Agents of Deceit,* S. 280). Sitnikow war lange in Deutschland und Österreich tätig gewesen. Zur Abteilung D wurde er nach seiner plötzlichen Rückkehr aus Bonn versetzt, wo er von Januar bis Juli 1959 stationiert gewesen war. Später wurde er Berater des KGB-Vorsitzenden Andropow.

13 Vgl. Zubok, »Spy vs. Spy«, S. 27.

14 Wöchentlicher Nachrichtenbericht, 18. August 1960, CIA-HRP.

15 FRUS, 1958–1960, Bd. 9, S. 94 f., 101 f.

16 Schriftbericht, BOB, 1. August 1960, CIA-HRP.

17 Ebd.

18 SWRA, Akte 85 531, Bd. 22, S. 167 f.

19 Das Folgende beruht auf: CIA-Informationsbericht (Telegramm), 13. Sept. 1960,

CIA-HRP. Sowjetische Dokumente aus derselben Zeit lassen darauf schließen, daß die Sowjets ebenso überrascht wurden wie der Westen (vgl. Harrison, »Ulbricht and the Concrete ›Rose‹«, S. 27).

20 In einem Telegramm des Bonner US-Botschafters Dowling wurden diese Kontrollmaßnahmen nur insofern als erheblich bezeichnet, als die Ostdeutschen »so handeln, als sei bereits ein Separatvertrag in Kraft und als hätten ihnen die Sowjets de facto schon die Zugangskontrolle übertragen« (FRUS, 1958–1960, Bd. 9, S. 563).

21 Die Kampagne gegen in Westberlin arbeitende Ostberliner hatte schon vorher begonnen (CIA-Informationsbericht [Telegramm], »Implications of New East German Measures Against Berlin: Situation Report as of 7 September 1960«, 12. September 1960).

22 Das Folgende beruht auf: CIA-Informationsbericht (Telegramm), 12. September 1960. Im August 1953, nach dem Aufstand vom 17. Juni, waren 10 857 Flüchtlinge in West-Berlin eingetroffen; im August 1960 waren es 18 409.

23 Bei dieser Alternative sollte eine Absprache angestrebt werden, die eine weitere Ausdehnung der politischen Präsenz der Bundesrepublik in West-Berlin einschränkte, gleichzeitig aber die wirtschaftlichen und kulturellen Bindungen zwischen West-Berlin und Westdeutschland stärkte.

24 Das Folgende beruht auf: SWRA, Akte 83 531, Bd. 22, S. 295.

25 Das Folgende beruht auf: Bericht 3227, 10. Dezember 1960, SWRA, Akte 83 531, Bd. 22 (ohne Seitennennung). Zum Interzonenabkommen siehe: FRUS, 1961–1963, Bd. 14, S. 1–3.

Vorbereitung auf das Unvermeidliche

1 Drahtbericht, BOB, 4. Januar 1961; Schriftbericht, BOB, 15. Februar 1961, CIA-HRP.

2 Das Folgende beruht auf: Schriftbericht, BOB, 15. Februar 1961.

3 Operativbericht über den Fall Goleniewski, Teil 6: »Production«. Zu den Sowjetkontakten Goleniewskis vgl.: Memorandum, »Goleniewski's Work with the Soviets«, 4. Januar 1964, CIA-HRP.

4 Schriftbericht, BOB, 15. Mai 1959, CIA-HRP.

5 Kontaktbericht, 27. Oktober 1959, CIA-HRP.

6 Document Transfer and Cross Reference, Memorandum, 29. November 1960, CIA-HRP.

7 Schriftbericht, BOB, 24. Juli 1961, CIA-HRP.

8 Drahtbericht, BOB, 2. Juli 1954, CIA-HRP.

9 Kontaktbericht, 17. Juli 1956, CIA-HRP.

10 Schriftbericht, BOB, 2. Juni 1959, CIA-HRP.

11 Bericht über Agentenentlassung, 9. Oktober 1959, CIA-HRP.

12 Schriftbericht, BOB, 19. Juli 1961, CIA-HRP.

13 Memorandum, 18. Mai 1962, CIA-HRP.
14 CIA-Informationsbericht, 17. Juni 1959, CIA-HRP.
15 CIA-Informationsbericht, 15. und 16. Dezember 1960, CIA-HRP.
16 CIA-Informationsbericht, 6. Februar 1961, CIA-HRP.
17 CIA-Informationsbericht, 13. April 1961, CIA-HRP. Vgl. auch Torpey, *Intellectuals, Socialism, and Dissent,* S. 106 f.
18 Das Folgende beruht auf: Memorandum, Chef Osteuropaabteilung an DDP, betrifft Geheimaktionen zur Stützung der US-Berlin-Politik, 23. März 1961, CIA-HRP.
19 SWRA, Akte 84 909, Bd. 24, S. 116 f.
20 Bericht 1/16-1888, 3. Mai 1961, SWRA, Akte 84 909, Bd. 24, S. 83.
21 Bericht 1/16-1889, Mortin an G. M. Puschkin, 3. Mai 1961, SWRA, Akte 84 909, Bd. 24, S. 84 f.
22 Bericht 1/16-2333, A. A. Krochin an Semjonow, SWRA, Akte 84 909, Bd. 24, S. 162 f.; vgl.: FRUS, 1961-1963, Bd. 13, S. 269-272.
23 Die formelle Tagesordnung bestand aus einem Bericht des Oberkommandierenden der Streitkräfte des Warschauer Paktes, Marschall Gretschko, über den Bereitschafts- und Ausrüstungsstand sowie einem Bericht des stellvertretenden Vorsitzenden der Staatlichen Plankommission der UdSSR, M. W. Chrunitschew, über die Spezialisierung der Militärproduktion im Warschauer Pakt und die gegenseitigen Lieferungen militärischer Ausrüstung. Diese Berichte wurden in der Vormittagssitzung des 28. März vorgetragen, von der keine Mitschrift gefertigt wurde. Vgl.: ZChSD, f. 10, op. 3, d. 5 (Tagungsprotokoll).
24 Brief an W. S. Semjonow und I. I. Iljitschow; eine englische Übersetzung findet sich in Harrison, »Ulbricht and the Concrete ›Rose‹«, Anhang D.

Countdown zum Mauerbau

1 Wyden, *Wall,* S. 93.
2 FRUS, 1961-1963, Bd. 14, S. 87-98.
3 Ebd., S. 98-102.
4 Vgl. Catudal, *Kennedy and the Berlin Wall Crisis,* S. 125. Hope Harrison zitiert in »Ulbricht and the Concrete ›Rose‹« den Sowjetdiplomaten Juli Kwizinski, der behauptet, Ulbricht habe lediglich eine frühere Bemerkung Chruschtschows wiedergegeben: »Wir [die Sowjets] denken nicht im Traum daran, eine Mauer durch Berlin zu errichten.«
5 FRUS, 1961-1963, Bd. 14., S. 138-159.
6 Ebd., S. 162-165.
7 Memorandum, Chef Osteuropaabteilung, 22. Juni 1961, CIA-HRP.
8 SNIE 2-2-61, 11. Juli 1961, CIA-HRP. Ulbricht hatte auf der Moskauer Konferenz der Parteichefs der Warschauer-Pakt-Staaten vom 3. bis 5. August 1961 erklärt: »Sowohl Adenauer als auch Brandt haben in Gesprächen mit führenden amerika-

nischen Politikern gesagt, es sei notwendig und möglich, Mittel und Wege für einen von außen angezettelten Aufstand in der DDR mit dem Ziel zu finden, die Arbeiter- und-Bauern-Regierung zu stürzen« (ZChSD, f. 10, op. 3, d. 7).

9 SWRA, Akte 84 909, Bd. 24, S. 241–290.
10 SWRA, Akte 92 560, Bd. 9, S. 127–134.
11 Eine englische Übersetzung des Briefes findet sich in Harrison, »Ulbricht and the Concrete ›Rose‹«, Anhang F.
12 FRUS, 1961–1963, Bd. 14, S. 191 f.
13 Catudal, *Kennedy and the Berlin Wall Crisis,* S. 187 f.
14 Bericht 1795-sh, 20. Juli 1961, SWRA, Akte 84 909, Bd. 24, S. 225–233.
15 Bericht 2152-sh, 31. August 1961, SWRA, Akte 86 304, Bd. 25, S. 13–16.
16 FRUS, 1961–1963, Bd. 14, S. 228.
17 Ebd., S. 252.
18 *Istotschnik: Dokumenty russkoi istorii* 14/1995, S. 52–59. Als Archivquelle wurde ZChSD, f. 5, op. 30, d. 351, II. 26–31 (27–30 s ob) angegeben.
19 Zubok, »Spy vs. Spy«.
20 SWRA, Akte 87 579, Bd. 26, S. 77 f. Der KGB-Bericht 1/16–1874 vom 3. Mai 1962 wurde als Informationsbericht der Ersten Hauptverwaltung an Kusnezow erstellt, mit Kopie für I. I. Agajanz, damals Leiter der Abteilung D.
21 SWRA, Akte 87 668, Bd. 9, S. 61–67. Als Reaktion auf Ulbrichts Wunsch nach »geeigneten Maßnahmen« für die Grenzgänger beschloß das Präsidium des ZK der KPdSU am 20. Juli, dem SED-Chef zu raten, es wäre »angemessen, allmählich vorzugehen, ohne zunächst harte administrative Maßnahmen anzuwenden, damit sich die Lage nicht verschlechtert oder Gegenmaßnahmen der Westmächte ausgelöst werden« (ZChSD, f. 3, op. 14, d. 491, II. 21).
22 Ebd.
23 *Neues Deutschland,* 9. Juli 1961.
24 ZChSD, f. 3, op. 14, d. 947, II. 26–42.
25 ZChSD, f. 10., op. 3, d. 7.
26 Bericht 1/16–3338, 8. August 1961, SWRA, Akte 84 909, Bd. 24, S. 335. Eine der Informationsquellen war ein Brief des Chefs der Verbindungsmission des Oberbefehlshabers der französischen Truppen in Deutschland an die französische Botschaft in Bonn vom 13. April 1961. Abgefangen hatte ihn möglicherweise der in der Militärmission tätige KGB-Agent mit Decknamen »Arnold«, der eine Zeitlang von KGB-Oberstleutnant Jewgeni Runge von der Illegalenabteilung geführt wurde.
27 FRUS, 1961–1963, Bd. 14, S. 281–291.
28 Zubok, »Spy vs. Spy«, S. 28.
29 Harrison, »Ulbricht and the Concrete ›Rose‹«.
30 ZChSD, f. 3, op 14, d. 494, II. 1 f.
31 Wyden, *Wall,* S. 134.
32 Ebd., S. 81 f.
33 Ebd., S. 134–136.
34 Gordiewsky, *Next Stop Execution,* S. 93–96.
35 Schecter/Deriabin, *Die Penkowskij-Akte,* S. 249 f.

Gewinner und Verlierer

1 FRUS, 1961–1963, Bd. 14, S. 345 f.
2 Ebd., S. 347–349.
3 SWRA, Akte 86304, Bd. 25, S. 5.
4 Wöchentlicher Nachrichtenbericht, 24. August 1961, CIA-HRP.
5 Ebd.; vgl.: FRUS, 1961–1963, Bd. 14, S. 372, 384 f., 410.
6 FRUS, 1961–1963, Bd. 14, S. 393.
7 Ebd., S. 338 f., 393 und 398 f.
8 Schecter/Deriabin, *Die Penkowskij-Akte,* S. 253 f.; vgl. SNIE 11–10/1–61, 5. Oktober 1961, CIA-HRP. Der Verteiler dieser SNIE über den Penkowskij-Bericht enthielt die Fußnote: »Wir haben die Möglichkeit genau geprüft, ob die Quelle bewußt oder unbewußt als Kanal für Täuschungsmaterial benutzt worden sein könnte. Nach jetziger Einschätzung anhand der Empfindlichkeit und des Umfangs des gelieferten Materials halten wir dies für unwahrscheinlich.« Tatsächlich wurden Großmanöver in Deutschland nie zur Tarnung eines militärischen Überraschungsangriffs benutzt; beim Einfall in die Tschechoslowakei praktizierten die Sowjets diese Strategie jedoch durchaus erfolgreich.
9 SWRA, Akte 86304, Bd. 25, S. 33–45.
10 Ebd., S. 57.
11 Ebd., S. 52–56.
12 SWRA, Akte 87688, Bd. 9, S. 82–84. Nicht einmal Markus Wolf war über den bevorstehenden Mauerbau informiert worden, was ernste Probleme für die Kommunikation mit den HVA-Agenten nach sich zog (Wolf, *Spionagechef im geheimen Krieg,* S. 128 f., 143).
13 Schriftbericht, BOB, 6. November 1961, CIA-HRP.
14 BOB-Chef an CIA-Hauptquartier, 14. September 1961, CIA-HRP.
15 Schriftbericht, BOB, 6. November 1961, CIA-HRP.
16 Ebd.
17 Ebd.
18 FRUS, 1961–1963, Bd. 14, S. 348.
19 Interview mit Heinz Lychenheim, 22. Februar 1996.
20 Ebd.; Interviews mit Peter Ringland, 7. April 1995, und William Graver, 22. April 1996.
21 Ausland, *Kennedy, Khrushchev, and the Berlin-Cuba Crisis,* S. 156–169.
22 FRUS, 1961–1963, Bd. 14, S. 382.
23 Interview mit William Graver, 22. April 1996.
24 Bericht 2344-i, 28. September 1961, SWRA, Akte 86304, Bd. 25, S. 63 f.
25 Bericht 1/16-4621, SRWA, Akte 86304, Bd. 25, S. 101 f.
26 FRUS, 1961–1963, Bd. 14, S. 496.
27 McArdle Kelleher, »NATO Nuclear Operations«, S. 445.
28 SWRA, Akte 86304, Bd. 25, S. 127 f.
29 Vgl. FRUS, 1961–1963, Bd. 14, S. 441–443; Smith, *Lucius D. Clay,* S. 658 f.;

Ausland, *Kennedy, Khrushchev, and the Berlin-Cuba Crisis,* S. 37; Interview mit William Graver, 22. April 1996.

30 FRUS, 1961–1963, Bd. 14, S. 532–543; vgl.: Ausland, *Kennedy, Khrushchev, and the Berlin-Cuba Crisis,* S. 38 f.; Interview mit William Graver, 22. April 1996.

31 Interview mit William Graver, 22. April 1996.

32 Die wesentlichen Punkte des Telefongesprächs wurden in einem Drahtbericht von US-Stadtkommandant Watson an General Lauris Norstadt und in einem Drahtbericht Clays an Rusk wiederholt (FRUS 1961–1963, Bd. 14, S. 543).

33 Wyden, *Wall,* S. 263 f.; Smith, *Lucius D. Clay,* S. 661; Interview mit William Graver, 22. April 1996.

34 FRUS, 1961–1963, Bd. 14, S. 544.

35 Bericht 2613-sh, 31. Oktober 1961, SWRA, Akte 86 304, Bd. 25, S. 109 f.

36 Ebd.; Interview mit William Graver, 22. April 1996. Chruschtschow behauptet, der Rückzug der Panzer sei auf seine Initiative hin geschehen *(Chruschtschow erinnert sich,* S. 430 f.), während Wyden, *Wall,* S. 266 Fußnote, Robert Kennedy zitiert, der im Gespräch mit John Bartlow Martin gesagt hat, Präsident Kennedys Botschaft über den »Spezialkanal« an den Kremlherrn habe entsprechend gewirkt.

37 FRUS, 1961–1963, Bd. 14, S. 619, 704.

38 SWRA, Akte 509 492, Bd. 1, S. 33 f.

39 Ebd., S. 235–239.

40 FRUS, 1961–1963, Bd. 14, S. 640; SWRA, Akte 86 304, Bd. 25, S. 245; vgl. auch: FRUS, 1961–1963, Bd. 14, S. 648.

41 SWRA, Akte 87 597, Bd. 26, S. 69 f.; vgl.: FRUS, 1961–1963, Bd. 14, S. 650–681.

42 FRUS, 1961–1963, Bd. 14, S. 683. Während die Alliierten ihre militärische Reaktion auf eine Störung des Landzugangs nach Berlin zu koordinieren versuchten, besaß der KGB einen Agenten, Sergeant Robert Lee Johnson, der ihn aus dem Kurierzentrum der US-Streitkräfte auf dem Pariser Flugplatz Orly mit streng geheimen Dokumenten belieferte (Barron, *KGB,* S. 254–266).

BIBLIOGRAPHIE

CWIHP ist das Cold War International History Project des Woodrow Wilson International Center for Scholars, Washington, D. C.

Die *Studies in Intelligence* sind eine hausinterne Publikation der CIA.

Acheson, Dean: *Present at the Creation. My Years in the State Department,* New York 1969

Andrew, Christopher/Gordiewsky, Oleg: *KGB. Die Geschichte seiner Auslandsoperationen von Lenin bis Gorbatschow,* München 1990

Ausland, John C.: *Kennedy, Khrushchev, and the Berlin-Cuba Crisis, 1961–64,* Oslo 1996

Bagley, Tennent H.: »Bane of Counterintelligence. Our Penchant for Self-Deception«, in: *International Journal of Intelligence and Counterintelligence* 1/1993, S. 14–16.

Barron, John: *KGB. Arbeit und Organisation des sowjetischen Geheimdienstes in Ost und West,* München o. J.

Beschloss, Michael R.: *May-Day. The U-2 Affair,* New York 1986

Blackstoch, Paul W.: *Agents of Deceit,* Chicago, Illinois, 1966

Blake, George: *No Other Choice. An Autobiography,* London 1990

Bobkow, Filipp D.: *KGB i wlast,* Moskau 1995

Bohnsack, Günther/Brehmer, Herbert: *Auftrag Irreführung. Wie die Stasi Politik im Westen machte,* Hamburg 1992

Borovik, Genrikh: *The Philby Files,* London 1994

Bower, Tom: *The Red Web. MI6 and the KGB Mastercoup,* London 1989

Bradley, Omar: *A Soldier's Story,* New York 1951

Brown, Anthony Cave: *Wild Bill Donovan: The Last Hero,* New York 1982

Buchin, A. N./Jakowlew, N. N.: *170 000 Kilometrow s G. K. Shukowym,* Moskau 1994

Catudal, Honore M.: *Kennedy and the Berlin Wall Crisis. A Case Study in U. S. Decision Making,* Berlin 1980

Chachavadze, David: *Crowns and Trenchcoats,* New York 1990

Chruschtschow, Nikita S.: *Chruschtschow erinnert sich. Die authentischen Memoiren,* hg. von Strobe Talbott, Reinbek 1992

Clay, Lucius D.: *Entscheidung in Deutschland,* Frankfurt am Main 1950

Coffin jr., William Sloane: *Once to Every Man. A Memoir,* New York 1977

Coleman, Peter: *The Liberal Conspiracy. The Congress for Cultural Freedom and the Struggle for the Mind of Postwar Europe,* New York 1989

Conquest, Robert: *Inside Stalin's Secret Police,* London 1985

Corson, William R./Trento, Susan B./Trento, Joseph: *Widows,* New York 1980
Costello/Tsarev: *Deadly Illusions,* New York 1993
Dallin, David J.: *Die Sowjetspionage. Prinzipien und Praktiken,* Köln 1956
Darling, Arthur B.: *The Central Intelligence Agency. An Instrument of Government to 1950,* University Park, Pennsylvania, 1990
Deriabin, Peter: *The Secret World,* New York 1959
Drosdow, Juri I.: *Nushnaja rabota,* Moskau 1994
Dschirkwelow, Ilja: *Secret Servant,* London 1987
Dwa generala, Moskau 1992 (SWRA)
Dziak, John J.: *Chekisty,* Lexington, Massachusetts, 1988
ders.: »The Organizational and Operational Tradition«, in: Brian D. Dailey/Patrick J. Parker (Hg.), *Soviet Strategic Deception,* Lexington, Massachusetts, 1987
»Ein Dokument von großer historischer Bedeutung«, in: *Beiträge zur Geschichte der Arbeiterbewegung* 5/1990, S. 648–654
Evans, Joseph C.: »Berlin Tunnel Intelligence. A Bumbling KGB«, in: *International Journal of Intelligence and Counterintelligence* 1/1996
Falin, Valentin: *Politische Erinnerungen,* München 1993
Felfe, Heinz: *Im Dienst des Gegners. 10 Jahre Moskaus Mann im BND,* Hamburg/Zürich 1986
Flocken, Jan von/Klonovsky, Michael: *Stalins Lager in Deutschland, 1945–1950. Dokumentation – Zeugenberichte,* Berlin/Frankfurt am Main 1991
Frederik, Hans: *Das Ende einer Legende,* München, 1971
Frischauer, Willi: *The Man Who Came Back. The Story of Otto John,* London 1958
Fröhder, Christoph Maria: *Ich will nicht als Verräter sterben. Der Fall Otto John,* Transkript einer Fernsehsendung des Hessischen Rundfunks, 28. November 1993
Golizyn, Anatoli: *New Lies for Old,* New York 1984
Gordiewsky, Oleg: *Next Stop Execution,* London 1995
Granovsky, Anatoli: *I Was an NKVD Agent,* New York 1962
Grathwol, Robert P./Moorhus, Donita M.: *American Forces in Berlin, 1945–1994. Cold War Outpost,* Washington, D. C., 1994
Grose, Peter: *Gentleman Spy: The Life of Allen Dulles,* Boston, Massachusetts, 1994
Harris, William R.: »March Crisis, Act I«, in: *Studies in Intelligence* 10 (Herbst 1966)
ders.: »March Crisis, Act II«, in: *Studies in Intelligence* 11 (Frühjahr 1967)
Harrison, E. D. R.: »More Thoughts on Kim Philby's *My Silent War«,* in: *Intelligence and National Security* 3/1995, S. 514–525
Harrison, Hope M.: »The Bargaining Power of Weaker Allies in Bipolarity and Crisis. Soviet-East German Relations, 1953–1961«, Dissertation, Columbia University, 1993
ders.: »Ulbricht and the Concrete ›Rose‹. New Archival Evidence on the Dynamics of Soviet-East German Relations and the Berlin Crisis, 1958–1961«, CWIHP-Arbeitspapier 5 (Mai 1993)
Heideking, Jürgen/Mauch, Christof: *American Intelligence and German Resistance,* Boulder, Colorado, 1996
Helms, Richard: »Richard Helms Remembers the Early Days of the CIA«, in: *Central Intelligence Retirees Association Newsletter* 3/1994.

Herrnstadt, Rudolf: *Das Herrnstadt-Dokument. Das Politbüro der SED und die Geschichte des 17. Juni 1953,* hg. von Nadja Stulz-Herrnstadt, Reinbek 1990

Hersh, Burton: *The Old Boys. The American Elite and the Origins of the CIA,* New York 1992

Holloway, David: *The Soviet Union and the Arms Race,* New Haven, Connecticut, 1983

ders.: *Stalin and the Bomb. The Soviet Union and Atomic Energy, 1939–1956,* New Haven, Connecticut, 1994

Hood, William: *Mole,* New York 1982

Huntington, Thomas: »The Berlin Spy Tunnel Affair«, in: *American Heritage of Invention and Technology* 4 (Frühjahr 1995), S. 44–52

Hyde, H. Montgomery: *George Blake. Superspy,* London 1987

Hyland, William G.: *The Cold War,* New York 1991

Jeffrey-Jones, Rhodri: *CIA and American Democracy,* New Haven, Connecticut, 1989

John, Otto: *Zweimal kam ich heim,* Berlin 1965

Killian, Achim: *Einweisen zur völligen Isolierung. NKWD-Speziallager Mühlberg/Elbe, 1945–48,* Leipzig 1993

Knight, Amy: »Beria the Reformer«, in: *New York Times,* 3. November 1993.

dies.: *Beria. Stalin's Lieutenant,* Princeton, New Jersey, 1993

Knightley, Phillip: *Kim Philby, Geheimagent,* München 1989

Kuzichkin, Vladimir: *Inside the KGB,* New York 1990

Le Tissier, Tony: *Berlin. Then and Now,* London 1994

Lowenhaupt, Henry S.: »Chasing Bitterfeld Calcium, 1946–1950«, in: *Studies in Intelligence* 17 (Frühjahr 1973)

ders.: »On the Soviet Nuclear Scent«, in: *Studies in Intelligence* 2 (Herbst 1967)

Mangold, Tom: *Cold Warrior,* New York 1991

Marchetti, Victor/Marks, John D.: *CIA and the Cult of Intelligence,* New York 1975

Martin, David C.: *Wilderness of Mirrors,* New York 1980

McArdle Kelleher, Catherine: »NATO Nuclear Operations«, in: Ashton B. Carter/John D. Steinbrunner/Charles A. Zraket (Hg.), *Managing Nuclear Operations,* Washington, D. C., 1987

Meier, Richard: *Geheimdienst ohne Maske,* Bergisch Gladbach 1992

Mickelson, Sig: *America's Other Voice. The Story of Radio Free Europe and Radio Liberty,* New York 1983

Modin, Yuri: *Mes camerades de Cambridge,* Paris 1994

Murphy, Robert: Diplomat Among Warriors, New York 1964

ders.: »Sasha Who?«, in: *Intelligence and National Security* 1/1993, S. 102–107.

Naimark, Norman M.: *Die Russen in Deutschland. Die Sowjetische Besatzungszone 1945 bis 1949,* Berlin 1997

ders.: »›To Know Everything and to Report Everything‹. Building the East German Police State, 1945–49«, CWIHP-Arbeitspapier 10 (August 1994)

Naliwaiko, Boris Jakowlewitsch: »Konsul Beschat Otkasalsja«, in: *Nowoje Wremja* 37, 1993

ders.: *Tri desjatiletija na perednem kraje,* Moskau 1993 (SWRA)

Narinsky, Michail M./Parish, Scott D.: »New Evidence on the Soviet Rejection of the Marshall Plan«, CWIHP-Arbeitspapier 9

Netschiporenko, Oleg M.: *Passport to Assassination. The Never-Before Told Story of Lee Harvey Oswald by the KGB Colonel Who Knew Him,* New York 1993

Ninkovich, Frank A.: *Germany and the United States. The Transformation of the German Question Since 1945,* Boston, Massachusetts, 1988

Ostermann, Christian F.: »Keep the Pott Simmering. The United States and the East German Uprising of 1953«, in: *German Studies Review* 1/1996, S. 61–89.

ders.: »New Documents on the East German Uprising of 1953«, in: *CWIHP Bulletin* 5 (Frühjahr 1995)

ders.: »The United States, the East German Uprising of 1953, and the Limits of Rollback«, CWIHP-Arbeitspapier 11 (Dezember 1994)

Pechatnow, Vladimir O.: »The Big Three After World War II. New Documents on Soviet Thinking About Post War Relations with the United States and Great Britain«, CWIHP-Arbeitspapier 13 (Juli 1995)

Perry, Mark: *Eclipse. The Last Days of the CIA,* New York 1992

Pieck, Wilhelm: *Aufzeichnungen zur Deutschlandpolitik 1945–1953,* hg. von Rolf Badstübner und Wilfried Loth, Berlin 1994

Pincher, Chapman: *Too Secret Too Long,* New York 1984

Powers, Thomas: *CIA. Die Geschichte, die Methoden, die Komplotte. Ein Insider-Bericht,* Hamburg 1980

Prosumenschtschikow, Michail: »Postepennoje oswojenije sowjetskich ostrowow«, in: *Istotschnik* 6/1995

Protokoll der Verhandlungen der II. Parteikonferenz der Sozialistischen Einheitspartei Deutschlands. 9. bis 12. Juli 1952 in der Werner-Seelenbinder-Halle zu Berlin, Berlin 1952

Raketnyje woiska strategitscheskogo nasnatschenija. Wojenno-istoritscheskii trud, Moskau 1992

Ranelagh, John: *The Agency,* New York 1987

Reese, Mary Ellen: *Organisation Gehlen. Der Kalte Krieg und der Aufbau des deutschen Geheimdienstes,* Berlin 1992

Richter, James: »Reexamining Soviet Policy Towards Germany During the Beria Interregnum«, CWIHP-Arbeitspapier 3 (Juni 1992)

Ridgeway, Matthew B.: *The Korea War,* New York 1967

Schecter, Jerrold L./Deriabin, Peter S.: *Die Penkowskij-Akte. Der Spion, der den Frieden rettete,* Frankfurt am Main/Berlin 1993

Scherer, Hans: »Ein Opfer der Geschichte«, in: *Frankfurter Allgemeine Zeitung,* 24. September 1993, S. 13

Siebenmorgen, Peter: *»Staatssicherheit« der DDR. Der Westen im Fadenkreuz der Stasi,* Bonn 1993

Smith, Jean Edward: *Lucius D. Clay. An American Life,* New York 1990

Sowjetskaja Wojennaja Enziklopedija, Moskau, Bd. 3 (1976), 6 (1978), Bd. 8 (1980)

Spahr, William J.: *Zhukov. The Rise and Fall of a Great Captain,* Novato 1993

»Spies for Sale. Post-War Germany«, in: Tim Healey (Hg.), *Spies,* London 1978

Stephan, Robert: »Smersch. Soviet Military Counterintelligence During the Second World War«, in: *Journal of Contemporary History* (1987), S. 585–613

Stoljarow, K. A.: *Golgofa. Dokumentalnaja Powest,* Moskau 1991

Sudoplatow, Pawel A., u.a.: *Special Tasks,* New York 1994

Thornton, Jacqui/Thomas, Ian: »Revealed. The Map of Blake's Betrayal«, in: *Sunday Telegraph,* (London) 23. Februar 1997

Tischtschenko, Wassili P.: *Wospominanije Rasina,* unveröffentlichtes Manuskript, Moskau 1992

Torpey, John C.: *Intellectuals, Socialism, and Dissent,* Minneapolis, Minnesota, 1995

Tschebrikow, W. M., u.a.: *Istorija sowjetskich organow gossudarstwennoi besopastnosti,* Moskau 1980 (SWRA)

Tschujew, Felix: *Sto Sorok Besed s Molotwym,* Moskau 1991

Warner, Michael: »Origins of the Congress for Cultural Freedom, 1949-50«, in: *Studies in Intelligence* 38 (Sommer 1994), S.29-38

ders. (Hg.): *Under Harry Truman,* Washington, D. C., 1994

Weathersby, Kathryn: »New Russian Documents on the Korean War«, in: *CWIHP Bulletin* 6-7 (Winter 1995/96)

dies.: »Soviet Aims in Korea and the Origins of the Korean War. New Evidence from Russian Archives«, CWIHP-Arbeitspapier 8 (November 1993)

Weterany wneschnei raswedki Rossii. Kratki biografitscheski sprawotschnik, hg. von T. W. Samolis, Moskau 1995.

Wettig, Gerhard: »Stalin and German Reunification. Archival Evidence on Soviet Foreign Policy in Spring 1952«, in: *The Historical Journal* 2/1994, S.411-419

Whiteside, Thomas: *An Agent in Place,* New York 1966

Wise, David: *Molehunt,* New York 1992

Wladimirow, Igor: »Ulbricht prosil menja nasywat jewo prosto Walterom«, in: *Globus,* 21. Januar 1993

Wojenny Enziklopeditscheski Slowar, Moskau 1983

Wolf, Markus: *Spionagechef im geheimen Krieg. Erinnerungen,* München 1997

Wolkogonow, Dimitri: *Stalin. Triumph und Tragödie,* Düsseldorf 1989

Wyden, Peter: *Wall. The Inside Story of Divided Berlin,* New York 1989

Zitrinjak, Grigori: »Rasstrelnoje Delo Jeshowa. Schtrichi k portretu palacha«, in: *Liternaturnaja Gaseta,* 12. Februar 1992

Zubok, Vladislav M.: »Spy vs. Spy. The KGB vs. the CIA«, in: *CWIHP Bulletin* 4 (Herbst 1994)

DANKSAGUNG

David Murphy dankt den folgenden Personen für ihre Ermutigung und Unterstützung: David Gries, dem früheren Direktor des CIA-Zetrums zum Studium der Nachrichtendienste; dessen Nachfolger Brian Latell; John Pereira und James Hanrahan von der Historical Review Group des Zentrums; dem früheren CIA-Historiker Kenneth McDonald und seinem Nachfolger Kay Oliver sowie den Mitarbeitern der Historischen Abteilung; Bill McNair, dem Informationsprüfungsoffizier beim DDO und seinen großartigen Mitarbeitern; und John Hedley, dem Vorsitzenden des Publikationsprüfungsausschusses CIA. Ein besonderer Dank gilt Paul Redmond, dem für Spionageabwehr zuständigen stellvertretenden DDO, für seine Hilfe während der Recherchen für dieses Buch; David Hunt, dem früheren Sonderberater des DCI für Spionageabwehrfragen; und Jean Vertefeuille vom Spionageabwehrzentrum, die sich trotz ihrer Arbeitsbelastung die Zeit nahm, jedes Kapitel dieses Buchs gegenzulesen. Obwohl der Publikationsprüfungsausschuß der CIA keine Sicherheitsbedenken gegen die Veröffentlichung des Buchs vorgebracht hat, folgt aus dieser Prüfung nicht, daß es sich bei diesem Buch um eine offizielle Verlautbarung handelt, noch ist es eine Bestätigung der korrekten Darstellung oder eine Zustimmung zu den Ansichten der Autoren.

Zu Dank verpflichtet ist David Murphy außerdem den vielen pensionierten CIA-Kollegen, die ihm Rede und Antwort standen. Es waren zu viele, um sie alle mit Namen zu nennen, aber ohne ihren Beitrag und ihren Rat würde es dieses Buch nicht geben. Dies traf insbesondere für William Graver, seinen Nachfolger in Berlin, zu, der bis zu seinem Tod im Dezember 1996 stets bereit gewesen war, das Manuskript zu lesen und zu kommentieren. Schließlich schuldet David Murphy seiner Frau, Star, einen besonderen Dank für ihre liebevolle Unterstützung und die ungezählten Stunden, die sie mit diesem scheinbar endlosen Projekt zubrachte.

Sergej Kondraschows Dank gilt Generalmajor Juri Kobaladse, dem Chef des Pressebüros des SWR, und seinem Mitarbeiter Oberst Wladimir Karpow, der ihm bei der Freigabe von Dokumenten ein große Hilfe war. Für Rat und Hilfe bei seinen Nachforschungen dankt Sergej Kondraschow Generalmajor Alexander Beloserow, dem Chef des SWR-Archivs, sowie den Obersten Wjatscheslaw Masurow und Dmitri Worobyjew, die ihm ihre Zeit opferten, um ihm bei der Suche nach Dokumenten und der Vorbereitung für ihre Entlassung aus der Geheimhaltung zu helfen. Alle drei Autoren möchten Sergej Kondraschows Frau Rosa für ihre Herzlichkeit und Gastfreundschaft danken.

George Bailey ist dem Ullstein Archiv im Axel Springer Verlag, vor allem Eva Trapp, für die erwiesene Unterstützung zutiefst verpflichtet. Sein Dank gilt außerdem: Mstislav »Slava« Trushnovich und Yevgeny Redlich von der NTS, die insbesondere in bezug auf die Entführung und Ermordung von Slavas Vater, A. R. Trushnovich, eine wichtige Informationsquelle waren; Klaus Schütz, dem früheren Regierenden Bürgermeister von Berlin, für ein freimütiges Interview; Henrik Bonde-Henriksen, dem dänischen Journalisten, der Otto John befreite, für seine unermüdliche Kooperation; und Heinz Felfe, der in beispielhafter Weise auf eine ganze Reihe komplexer Fragen einging. George Baileys besonderer Dank gilt seiner Frau Beate für ihre tatkräftige Unterstützung, ihr Verständnis und ihren Humor.

Alle drei Autoren stimmen darin überein, daß dieses Buch ohne die Unterstützung von Jonathan Brent, dem Cheflektor der Yale University Press und der treibenden Kraft hinter der Buchreihe »Annals of Communism«, niemals fertiggestellt worden wäre. Bedanken möchten wir uns auch bei zwei Lektoren dieses Verlages: Julie Carlson für ihren außerordentlichen Beitrag zu diesem Buch und Dan Heaton für seine konstruktive Geduld. Gleicherweise dankbar sind wir unserem literarischen Agenten, Peter Matson, für das Verständnis, das er für die Arbeit mit drei Autoren mit völlig verschiedenem Hintergrund aufgebracht hat.

Die Unterstützung in Moskau war ein grundlegender Aspekt der Arbeit an diesem Buch. Ein besonderer Dank gilt deshalb unseren Freunden Sergej Karpowitsch und Gennadi Inosemzew und dessen Familie für die großzügige Gastfreundschaft, die wir bei ihnen erfahren haben. Last but not least danken wir Daniel J. Mulvenna für seinen klugen Rat und seine unentbehrliche Hilfe, Christian Seeger vom Propyläen Verlag für seinen großen Einsatz für das rasche Erscheinen der deutschen Ausgabe sowie den drei Übersetzern, Ralf Friese, Hermann Kusterer und Klaus-Dieter Schmidt, für ihre hervorragende Arbeit.

PERSONENREGISTER

DECK-, TARN- UND ALIASNAMEN

Bildnachweis
Ullstein Bilderdienst 12, 13, 25, 26. Alliiertes Museum, Berlin 15–18.
Alle anderen Abbildungen Yale University Press, New Haven.

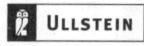